IDERSTEDT

Leibniz-Institut für Länderkunde Leipzig und
Sächsische Akademie der Wissenschaften zu Leipzig

LANDSCHAFTEN IN DEUTSCHLAND
WERTE DER DEUTSCHEN HEIMAT

Band 72

EIDERSTEDT

Eine landeskundliche Bestandsaufnahme im Raum
St. Peter-Ording, Garding, Tönning und Friedrichstadt

Herausgegeben von
Albert Panten, Haik Thomas Porada und Thomas Steensen
im Auftrag des Leibniz-Instituts für Länderkunde
und der Sächsischen Akademie der Wissenschaften zu Leipzig

Mit 80 Abbildungen und 2 Übersichtskarten

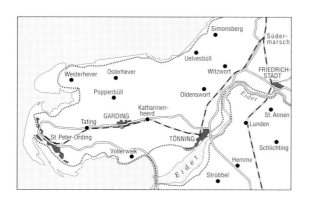

BÖHLAU VERLAG KÖLN WEIMAR WIEN
2013

Für die institutionellen Herausgeber:
Prof. Dr. Sebastian Lentz, Direktor des Leibniz-Instituts für Länderkunde e.V. Leipzig
Prof. Dr. Karl Mannsfeld, Vorsitzender der Kommission für Landeskunde der Sächsischen Akademie der Wissenschaften zu Leipzig

Wissenschaftlicher Beirat der Reihe:
Dr. Stefan Klotz, Halle/Saale, Vorsitzender;
PD Dr. habil. Karl Martin Born, Vechta; Prof. Dr. Dietrich Denecke, Göttingen;
Prof. Dr. Vera Denzer, Leipzig; Prof. Dr. Andreas Dix, Bamberg; Dr. Luise Grundmann, Leipzig; Prof. Dr. Carsten Lorz, Weihenstephan-Triesdorf; Prof. Dr. Winfried Schenk, Bonn; Prof. Dr. Dr. h.c. Peter A. Schmidt, Tharandt; Prof. Dr. Susanne Stoll-Kleemann, Greifswald; Dr. André Thieme, Dresden

Redaktion: Leibniz-Institut für Länderkunde
             z.Hd. Dr. Haik Thomas Porada
             Schongauerstraße 9, 04329 Leipzig
             E-Post: lid@ifl-leipzig.de, Internet: www.ifl-leipzig.de

Diese Publikation entstand in Kooperation mit dem Nordfriisk Instituut/Nordfriesischen Institut in Bräist/Bredstedt.

Die Drucklegung erfolgte mit freundlicher Unterstützung des Kreises Nordfriesland und der Nospa Kulturstiftung Nordfriesland

Bibliografische Information der Deutschen Nationalbibliothek:
Die Deutsche Nationalbibliothek verzeichnet diese Publikation in der Deutschen Nationalbibliografie; detaillierte bibliografische Daten sind im Internet über http://dnb.d-nb.de abrufbar.

Umschlagabbildung: Der Leuchtturm von Westerheversand (Foto: Ulf Dahl, Chemnitz)
Prägevignette: Das Wappen von Eiderstedt in der von 1613 bis 1959 gebräuchlichen Form und der Rote Hauberg von Südosten (Zeichnung: Dr. Carsten Liesenberg, München)

© 2013 by Böhlau Verlag GmbH & Cie, Köln Weimar Wien
Ursulaplatz 1, D-50668 Köln, www.boehlau-verlag.com

Alle Rechte vorbehalten. Dieses Werk ist urheberrechtlich geschützt.
Jede Verwertung außerhalb der engen Grenzen des Urheberrechtsgesetzes ist unzulässig.

Druck und Bindung: Finidr s.r.o., Český Těšín
Gedruckt auf chlor- und säurefreiem Papier
Printed in the Czech Republic

ISBN 978-3-412-09906-0

VORWORT

Die Halbinsel Eiderstedt ist ein markanter Abschnitt der schleswig-holsteinischen Nordseeküste. Im Süden bildet die Eider die Grenze Nordfrieslands zu Dithmarschen. Im Osten steigt hinter der Treeneniederung die Landschaft langsam in Richtung auf die Geest an. Die heutige Halbinsel geht auf drei frühere Inseln bzw. Harden zurück, die in einem über Jahrhunderte währenden Prozess durch Eindeichung miteinander und mit dem Hinterland verbunden wurden. Die Gewinnung von neuem Land war und die Sicherung der bereits errichteten Köge ist immer noch eines der Hauptanliegen der Eiderstedter Bevölkerung.

Die besondere Geschichte Nordfrieslands hat auch in Eiderstedt zahlreiche Spuren hinterlassen. Zwar hat sich die friesische Sprache hier nicht halten können – sie wurde bereits in der Frühen Neuzeit vom Niederdeutschen verdrängt –, aber eine eigene Identität konnten sich die Bewohner der Halbinsel bis zum heutigen Tag bewahren. Eiderstedt ist ein agrarisch geprägtes Gebiet mit den kleinstädtischen Zentren Garding und Tönning. Der Versuch, mit Friedrichstadt am östlichen Rand der Halbinsel im 17. Jahrhundert ein neues Handelszentrum im Nordseeraum zu begründen, hat zwar die in dieses Unternehmen gesetzten wirtschaftlichen Hoffnungen nicht erfüllt, dafür aber eines der interessantesten multikonfessionellen Gemeinwesen der Frühen Neuzeit in Europa geschaffen. Der im 19. Jahrhundert langsam einsetzende Badetourismus hat den bis dahin ärmsten Gegenden im Westen Eiderstedts zu einem ungeahnten Aufschwung verholfen. Heute ist St. Peter-Ording gerade bei Jugendlichen bundesweit ein Begriff, nicht zuletzt, weil hier im ausgedehnten Dünengürtel und auf den Wattflächen in den vergangenen Jahrzehnten Trendsportarten Fuß gefasst haben. Die Begründung des Nationalparks Wattenmeer 1985 und seine beträchtliche Erweiterung 1999 durch Beschlüsse des schleswig-holsteinischen Landtags haben die Basis dafür gelegt, dass diesem Gebiet 2009 der Titel eines Weltnaturerbes der UNESCO verliehen werden konnte.

Die Idee zu einem Band der Reihe „Landschaften in Deutschland – Werte der deutschen Heimat", der in Schleswig-Holstein angesiedelt sein sollte, entstand vor mehr als zehn Jahren aus einer Anregung des damaligen Direktors des Leibniz-Instituts für Länderkunde, Prof. Dr. Alois Mair. Ihm war es gelungen, den Direktor des Instituts für Geographie und ihre Didaktik, Landeskunde und Regionalforschung der Universität Flensburg, Prof. Dr. Manfred J. Müller (1941–2005), als Hauptbearbeiter für ein solches Vorhaben zu gewinnen. Eine auf die Darstellung der Halbinsel Eiderstedt bezogene erste Konzeption lag vor und auch eine ganze Reihe von Autoren war zur Mitarbeit bereit, als Manfred J. Müller nach kurzer, schwerer Krankheit verstarb. Es war sein Wunsch, dass Prof. Dr. Thomas Steensen, der Direktor des Nordfriesischen Instituts in Bredstedt, seine Aufgaben als Hauptbearbeiter übernehmen sollte. Die institutionellen Herausgeber der Reihe „Landschaften in Deutschland" und der Wissenschaftliche Beirat der Reihe sind Thomas Steensen zu großem Dank verpflichtet, dass er trotz vielfältiger anderer Aufgaben gemeinsam mit seinen Kollegen im Nordfriesischen Institut das Vermächtnis von Manfred J. Müller angetreten hat. Eine wesentliche Stütze wurde ihm dabei Albert Panten aus Niebüll, der seit mehreren Jahrzehnten als anerkannter Landeskundler und Historiker in Nordfriesland tätig ist.

Nachdem in einer ersten Autorenbesprechung im März 2007 im Nordfriesischen Institut in Bredstedt der Rahmen für die Erarbeitung der Kapitel für den landeskundlichen Überblick abgesteckt werden konnte, zeigte sich bald, dass die Erstellung der Suchpunktbeschreibungen auf größere Schwierigkeiten stoßen würde. Deshalb wurde der Heimatbund Landschaft Eiderstedt um seine Mitwirkung gebeten. Zahlreiche Ortschronisten trafen sich daraufhin im traditionsreichen Stallerhaus in Garding im Februar 2008 zu einer weiteren Autorenbesprechung. Die Redaktion der Zuarbeiten von mehr als 50 Autoren erwies sich in der Folgezeit als große Herausforderung für alle Beteiligten. Hier gebührt dem Nordfriesischen Institut und seinem Direktor abermals ein herzlicher Dank für die gute Kooperation. Claus Heitmann in St. Peter-Ording, Hauke Koopmann in Oldenswort, Sönnich Volquardsen in Tetenbüll und Fiete Pingel in Husum haben die Herausgeber des Bandes in selbstloser Weise bei allen redaktionellen Fragen unterstützt.

Das Eiderstedter Projekt wurde von Anfang an durch eine Reihe von Landes- und Kreisbehörden gefördert. Insbesondere der Landrat des Kreises Nordfriesland, Dieter Harrsen, hat die Arbeiten wohlwollend begleitet. Die Nospa Kulturstiftung Nordfriesland hat sich in namhafter Weise für das Zustandekommen des vorliegenden Bandes engagiert.

Dieser Band ist der Halbinsel Eiderstedt und dem östlich angrenzenden Gebiet um Friedrichstadt gewidmet. Das nordwestliche Dithmarschen ist nicht Bestandteil der vorliegenden Darstellung, auch wenn es im für diese Publikation gewählten Kartenausschnitt enthalten ist.

Das Leibniz-Institut für Länderkunde und die Kommission für Landeskunde der Sächsischen Akademie der Wissenschaften zu Leipzig sowie der Wissenschaftliche Beirat der Reihe „Landschaften in Deutschland" verbinden mit der Veröffentlichung der Ergebnisse der landeskundlichen Bestandsaufnahme für die Halbinsel Eiderstedt die Hoffnung auf eine weite Verbreitung des vorliegenden Bandes. An der Erarbeitung dieser Publikation waren Vertreter von mehr als 20 wissenschaftlichen Disziplinen beteiligt, die sich einer interdisziplinären Landeskunde verpflichtet fühlen. Entstanden ist sowohl ein Nachschlagewerk als auch eine Übersichtsdarstellung zur Genese und zum aktuellen Zustand einer bemerkenswerten Küstenlandschaft.

Dr. Stefan Klotz   *Prof. Dr. Sebastian Lentz*   *Prof. Dr. Karl Mannsfeld*

INHALTSVERZEICHNIS

Verzeichnis der Suchpunkte IX

Abbildungsverzeichnis XI

Autorenverzeichnis XV

Abkürzungsverzeichnis XIX

Landeskundlicher Überblick 1
   Naturraum 1
      Geologie und Oberflächenformen 1
      Böden 4
      Nordsee und Nordseeküste 13
      Landgewinnung und Küstenschutz 14
      Klima 22
      Vegetation 28
      Tierwelt 34
      Landschaftsgliederung 37
      Naturschutz 46
      Satellitenbildbeschreibung 50

   Geschichte 56
      Ur- und Frühgeschichte 56
      Mittelalter und Frühe Neuzeit 63
      Geschichte des 19. und 20. Jh. 77
      Kirchengeschichte 101

   Gebietsstruktur und Landnutzung 107
      Selbstverwaltung und Landesherrschaft bis 1867 107
      Verwaltungsgliederung ab 1867 110
      Bevölkerungsentwicklung und Migration 113
      Landwirtschaft 115
      Gewerbe, Industrie und Tourismus 118

Kulturraum	126
Orts-, Flur- und Personennamen	126
Sprache und Mundart	130
Siedlungsformen und ländliche Bauweise	132
Volkskunst, Brauchtum, Alltags- und Festkultur	140
Musikalisches Erbe	143
Bau- und Kunstgeschichte	144
Kunstlandschaft	147
Volksüberlieferung	150
Eiderstedt in der Literatur	152
Kulturhistorisch-biographischer Überblick	154
Das Museum der Landschaft Eiderstedt	158
Einzeldarstellung	161
Quellen- und Literaturverzeichnis	309

Anhang
A. Einwohnerzahlen von 1794 bis 2010	334
B. Gliederung des Quartärs in Schleswig-Holstein und Eiderstedt	336
C. Statistische Auswertung der Klimadaten von St. Peter-Ording 1971–2000	338
D. Übersicht zu den Deichen und Kögen (vgl. Abb. 4 und 5)	340
E. Aufgaben des Deich- und Hauptsielverbandes Eiderstedt sowie Kurzdarstellungen der 17 Sielverbände	342
F. Pflanzenarten	349
G. Tierarten	353
H. Gebiete und Objekte des Naturschutzes	357
I. Interpretationsschlüssel für die Satellitenbildbeschreibung	358
K. Vorschläge für landeskundliche Exkursionen	360
L. Personennamenverzeichnis	367
M. Geographisches Namenverzeichnis	371
N. Sachwortverzeichnis	381

VERZEICHNIS DER SUCHPUNKTE

Die Nummern entsprechen denen am Rande des Textes sowie denen auf der Übersichtskarte.

A 1 Westerheversand 161
  2 Westerhever mit Stufhusen und Wogemannsburg 164
  3 Alt- und Neuaugustenkoog.. 172
  4 Tümlauer Bucht 174
  5 Tümlauer-Koog........... 177

B 1 Uelvesbüll................ 179
  2 Norderheverkoog 182
  3 Norderfriedrichskoog und Jordflether Koog.......... 183
  4 Osterhever............... 185
  5 Sieversflether Koog 189
  6 Poppenbüll und St. Johanniskoog.......... 190
  7 Tetenbüll mit Tetenbüllspieker 195

C 1 Simonsberg mit Finkhaushalligkoog 199
  2 NSG Westerspätinge....... 204
  3 Adolfskoog und Roter Hauberg............ 207
  4 Witzwort mit Witzworter Strandwall............... 209
  5 Koldenbüttel mit Herrnhallig 212
  6 Friedrichstadt 216
  7 Oldenswort mit Moordeich, Tofting und Süderfriedrichskoog 228

  8 Hoyerswort.............. 233
  9 Südermarsch bei Husum mit Rosenburger Deep 234

D 1 Tating 236
  2 St. Peter-Ording mit Brösum, Böhl und Süderhöft........ 243

E 1 Garding.................. 260
  2 Garding, Kirchspiel........ 266
  3 Katharinenheerd mit Hemminghörn............ 266
  4 Bundesstraße 202 270
  5 Kotzenbüll............... 270
  6 Grothusenkoog 272
  7 Welt.................... 274
  8 Kating mit Katingsiel 277
  9 Vollerwiek............... 279
  10 Süder- und Norderbootfahrt . 282
  11 NSG Grüne Insel mit Eiderwatt............... 283
  12 Eidersperrwerk 286

F 1 Tönning mit Elisenhof und Olversum 287
  2 Eisenbahn Husum–Tönning– Garding–St.Peter-Ording ... 302
  3 Eider 303

IX

ABBILDUNGSVERZEICHNIS

Abb. 1	Oberflächenformen	2
Abb. 2a	Böden	6
Abb. 2b	Schematischer geologisch-pedologischer Profilschnitt durch die Marschenhalbinsel Eiderstedt	7
Abb. 2c	Gegenüberstellung von sechs repräsentativen Bodenprofilen	8
Abb. 3	Landnutzung	12
Abb. 4	Entstehungszeit der Köge	16
Abb. 5	Namen der Köge	18
Abb. 6	Sielverbände	21
Abb. 7a	Temperaturen in St. Peter-Ording 1971–2000	24
Abb. 7b	Ereignistage in St. Peter-Ording 1971–2000	24
Abb. 7c	Niederschläge in St. Peter-Ording 1971–2000	24
Abb. 7d	Kontinentalitätsindex in Norddeutschland 1971–2000	25
Abb. 7e	Häufigkeitsverteilung der Windrichtungssektoren in St. Peter-Ording 1994–2003	25
Abb. 8	Verbreitung ausgewählter Pflanzenarten	29
Abb. 9	Verbreitung ausgewählter Tierarten	36
Abb. 10	Landschaftsgliederung	39
Abb. 11	Übersichtskarte im Ausschnitt des Satellitenbildes	52
Abb. 12a	Satellitenbild vom 15. Juli 2002	53
Abb. 12b	Lahnung in RGB-Darstellung	54
Abb. 12c	Lahnung in CIR-Darstellung	54
Abb. 12d	Eidersperrwerk in RGB-Darstellung	54
Abb. 12e	Eidersperrwerk in CIR-Darstellung	54
Abb. 12f	Siedlung und Ackerflächen in RGB-Darstellung	55
Abb. 12g	Siedlung und Ackerflächen in CIR-Darstellung	55
Abb. 13	Fundstellen der Stein- und Bronzezeit	57
Abb. 14	Fundstellen der römischen Kaiser- und Völkerwanderungszeit	59
Abb. 15	Warften mit Hervorhebung der frühmittelalterlichen Gründungen	62
Abb. 16	Territoriale und kirchliche Gliederung um 1450	64
Abb. 17	Die Reichstagswahlen im Kreis Eiderstedt 1919–1933	90
Abb. 18a	Die Landtagswahlen im Kreis Eiderstedt 1947–1967	98
Abb. 18b	Die Landtagswahlen in Eiderstedt 1971–2012	99
Abb. 19	Eiderstedter Landschaftsverfassung	109
Abb. 20	Administrative Gliederung im 19. und 20. Jh.	111
Abb. 21	Beschäftigung und Pendlerverhalten	120

Abb. 22	Verteilung der sozialversicherungspflichtig Beschäftigten nach Wirtschaftszweigen in Tönning und St. Peter-Ording 2007.	122
Abb. 23	Kaufkraftverteilung	125
Abb. 24	Entwicklung des Haubarg-Bestandes 1989–2011	139
Abb. 25	Laserscanner-Aufnahme von Westerhever.	165
Abb. 26	Rosenhof in Westerhever 1978.	166
Abb. 27	Kirchturm von Westerhever mit starken Stützpfeilern 1955	167
Abb. 28	Pflanzen und Tiere in der Tümlauer Bucht.	176
Abb. 29	Bebauung aus dem Jahr 1936 im Tümlauer-Koog	179
Abb. 30	Gemälde von Albert Johannsen: „Auf dem Porrendeich bei Uelvesbüll"	181
Abb. 31	Mitteldeich des Norderheverkoogs	184
Abb. 32	Boßelverein des Heverbundes in Osterhever bei winterlichem Wettkampf	188
Abb. 33	Blick vom Deich des Wasserkooges auf das Deichsiel von Everschopsiel	189
Abb. 34	Schöpfwerk bei Neukrug	194
Abb. 35	Laserscanner-Aufnahme vom Tetenbüller Marschkoog	197
Abb. 36	Alter Kaufmannsladen als Museum im Haus Peters in Tetenbüll	199
Abb. 37a	Pilgerzeichen des späten Mittelalters aus Simonsberg-Lundenbergsand	200
Abb. 37b	Zinnkrug mit Stifterinschrift STINKE LEWENS aus Simonsberg-Lundenbergsand	200
Abb. 37c	Münzgewicht von 1581 für eine englische Goldmünze aus Simonsberg-Lundenbergsand.	200
Abb. 37d	Fundament-Findlinge der im 17. Jh. untergegangenen St. Georgs-Kirche in Simonsberg-Lundenbergsand.	201
Abb. 38	Wrack im Schifffahrtsmuseum Nordfriesland in Husum	202
Abb. 39	Seeseitige Bohlenwand des Stackdeiches von 1604 im Adolfskoog während der Ausgrabung	207
Abb. 40	Schrägperspektive vom Roten Haubarg mit teilweiser Schnittdarstellung.	208
Abb. 41	Roter Haubarg bei Witzwort.	208
Abb. 42	Altar der Dorfkirche von Witzwort.	211
Abb. 43	Eisenbahnbrücke über die Eider bei Friedrichstadt	217
Abb. 44a	Stadtentwicklung von Friedrichstadt zwischen dem 17. und 19. Jh.	218
Abb. 44b	Konfessionelle und soziale Topographie von Friedrichstadt in der ersten Hälfte des 19. Jh.	219
Abb. 45	Markt von Friedrichstadt mit blühender Krokuswiese.	220
Abb. 46	Museum zur Friedrichstädter Stadtgeschichte in der Alten Münze	221
Abb. 47	Remonstrantenkirche in Friedrichstadt	224
Abb. 48	Grundriss eines Hauses der römischen Kaiserzeit in Oldenswort-Tofting	229
Abb. 49	Herrenhaus Hoyerswort mit Haubarg.	233
Abb. 50	Wehle im Südermarschkoog.	235
Abb. 51	Höhenschichtenkarte für den Bereich Tating 2004	238
Abb. 52	Dorfstraße in Tating 1964.	240
Abb. 53	Bestands- und Gehölzplan vom Hochdorfer Garten in Tating 2009	241

Abb. 54	Blick durch den Hochdorfer Garten in Tating mit Hauparg	242
Abb. 55a	Amulett-Schlüssel der Wikingerzeit aus St. Peter-Brösum	244
Abb. 55b	Schalenspange der Wikingerzeit aus St. Peter-Wittendün	244
Abb. 56a	Anzahl der Betten in Hotels, Pensionen und Logierhäusern in St. Peter-Ording 1931	246
Abb. 56b	Kurkliniken, Hotels und Campingplätze in St. Peter-Ording 2010	247
Abb. 56c	Entwicklung der Gästezahlen 1879–2004 und der Anzahl der Übernachtungen in St. Peter-Ording 1992–2009	248
Abb. 57	Strandsegler bei St. Peter-Ording	251
Abb. 58	Pfahlbauten bei St. Peter-Ording	252
Abb. 59	Museum der Landschaft Eiderstedt in St. Peter-Ording	254
Abb. 60	Westküstenpark und Robbarium in St. Peter-Ording	255
Abb. 61	Wanderer im Watt vor St. Peter-Ording	256
Abb. 62	Pflanzen und Tiere am Strand und in den Dünen vor St. Peter-Ording	259
Abb. 63	Innenstadtplan von Garding mit Sehenswürdigkeiten	263
Abb. 64	Orgelfassade von 1512 in der Gardinger Christianskirche	264
Abb. 65	Denkmal für Theodor Mommsen in Garding	265
Abb. 66	Kirche von Katharinenheerd	268
Abb. 67	„Die beiden Drescher" auf den Scheunentüren des Olufshofs bei Katharinenheerd	269
Abb. 68	Lahnungen vor dem Grothusenkoog	273
Abb. 69	Blick durch die Ortslage auf die Kirche in Kating	278
Abb. 70	Windkraftanlagen bei Vollerwiek	280
Abb. 71	Vertragsschutzgebiet im Katinger Watt	285
Abb. 72	Luftaufnahme vom Eidersperrwerk	286
Abb. 73	Luftaufnahme von Tönning	291
Abb. 74	Denkmal für Friedrich von Esmarch in Tönning	293
Abb. 75	Stadtentwicklung von Tönning	294
Abb. 76	Hafen von Tönning mit Fischereifahrzeugen	299
Abb. 77	Zugbrücke nach niederländischem Vorbild in Tönning	300
Abb. 78	Multimar Wattforum Tönning des Nationalparks Wattenmeer	302
Abb. 79	Pflanzen und Tiere an der Eidermündung	305
Abb. 80	Vorland an der Außeneider	308

Suchpunktkarte und Landeskundliche Übersichtskarte (Gebiete und Objekte des Naturschutzes sowie Exkursionsrouten) in Rückentasche
Satellitenbildübersicht in Rückentasche

Gestaltung der Abbildungsunterlagen:
Dr. Marcus Apel/RapidEye AG, Dr. Erik Borg und Dr. Bernd Fichtelmann/DLR Neustrelitz (12a–g, Satellitenbildübersicht in Rückentasche); Jens Borleis und Matthias Weis (Titelskizze, 2, 3, 4a, 4b, 5, 6, 7, 8, 10, 11, 13, 14, 15, 16, 20, 21, 23, 24, zwei Übersichtskarten in Rückentasche); Peter Schaufuß und Werner Kraus/GIT HydroS Consult GmbH (44a, 44b, 53, 56a, 56b, 63, 75); Anja Müller und Dr. Konrad Großer/ IfL Kartographie (4c, 9a–e, 17, 18a, 18b, 19, 22, 56c, 56d); Margareta Erichsen/Nordfriesisches Institut (26, 27, 52); Dr. Carsten Liesenberg (Prägevignette, 40); Traudl Schneehagen (28, 62, 79)

Bildnachweis:
Deutsches Zentrum für Luft- und Raumfahrt und RapidEye AG (12a–g, Faltblatt in Rückentasche); Archäologisches Landesamt Schleswig-Holstein (37a–d, 38, Fotografin: Linda Hermannsen; 39, Fotograf: Michael Heuer); Ulf Dahl (Umschlagabbildung, 29, 31, 32, 33, 34, 36, 41, 42, 43, 45, 46, 47, 49, 50, 54, 57, 58, 59, 60, 61, 64, 65, 66, 67, 68, 69, 70, 71, 72, 73, 74, 76, 77, 78); Landesamt für Natur und Umwelt Schleswig-Holstein (25, 35, 51); Michael Müller-Wille (55a, 55b); Nissenhaus Husum, Inv.-Nr. B 3399 (30)

AUTORENVERZEICHNIS

Ove Andresen, Welt (Ortsgeschichte im Suchpunkt E7)
Dr. Marcus Apel, Brandenburg an der Havel (Satellitenbildbeschreibung; Anhang I)
Prof. Dr. Arno Bammé, Oldenswort (Eiderstedt in der Literatur; C8; F1; Anhang K)
Dipl.-Geogr. Michaela Becker, Mainz (Landschaftsräumliche Gliederung)
Ute Bodewaldt, St. Peter-Ording (Ortsgeschichte im Suchpunkt B6; Anhang A)
Dr. Erik Borg, Neustrelitz (Satellitenbildbeschreibung; Anhang I)
Hans Carstens, Simonsberg (Ortsgeschichte im Suchpunkt C1; Anhang A)
Susanne Dircks, Husum (Ortsgeschichte im Suchpunkt B3; Anhang A)
Prof. Dr. Rainer Duttmann, Kiel (Geologie und Oberflächenformen; Böden; A1; C7; D1, 2; E7, 10; Anhang B)
Dr. Bernd Fichtelmann, Neustrelitz (Satellitenbildbeschreibung; Anhang I)
Prof. Dr. Ludwig Fischer, Ottersberg (Siedlungsformen und ländliche Bauweise; A2, 5, B6, 7)
Dr. Heiner Fleige, Kiel (Geologie und Oberflächenformen; Böden)
Gudrun Fuchs, Tating (Ortsgeschichte in den Suchpunkten A4, 5; D1; Anhang A)
Dr. Stephan Gebhardt, Kiel (Böden)
Prof. Dr. Silke Göttsch-Elten, Rumohr (Volkskunst, Brauchtum, Alltags- und Festkultur; E3)
Dr. Manfred Haacks, Hamburg (Vegetation; Tierwelt; A1, 4; C2; D2; F3; Anhang F, G)
Dr. Astrid Hansen, Kiel (Bau- und Kunstgeschichte; B4, 6, 7, C3, 4, 5, 7, 8; D1, 2; E1, 5; F1; Anhang K)
Claus Heitmann, St. Peter-Ording (Ortsgeschichte in den Suchpunkten A5; D2; E5; Anhang A, K)
Hilke Herzberg, Garding (Ortsgeschichte in den Suchpunkten A4, 5)
Renate Holz, Husum (Ortsgeschichte in den Suchpunkten A1, 2, 3; B2, 4; Anhang A)
Horst Hoop, Vollerwiek (Ortsgeschichte im Suchpunkt E9; Anhang A)
Prof. Dr. Rainer Horn, Kiel (Böden)
Dr. Gundula Hubrich-Messow, Sterup (Volksüberlieferung)
Dipl.-Met. Elke Isokeit, Hamburg (Klima; Anhang C)
Angela Jansen, Witzwort (Ortsgeschichte im Suchpunkt C4; Anhang A)
Rudolf-Eugen Kelch, Husum (Vegetation; Tierwelt; Naturschutz; A2, 4; C2, 9; D2; E5, 11; F3; Anhang F, G, H, K)
Dr. Birgit Kellner, Kiel (Sprache und Mundart)
Hauke Koopmann, Oldenswort (Verwaltungsgliederung ab 1867; Ortsgeschichte in den Suchpunkten C7, 8; Anhang A)
Hans-Jürgen Krähe, St. Peter-Ording (Kunstlandschaft)

Dr. Karsten Krüger, Rethen an der Leine (Geologie und Oberflächenformen; Böden; A1; C7; D1, 2; E7, 10; Anhang B)

Dr. Hans Joachim Kühn, Lürschau (Ur- und Frühgeschichte; A2; B4, 6; C1, 3, 4, 5, 7; D1, 2; E1, 3, 5, 7, 8; F1)

Prof. Dr. Konrad Küster, Freiburg im Breisgau (Musikalisches Erbe; C5, 6, 7; D1; E1, 5; F1)

Bernd Laue, Garding (Ortsgeschichte in den Suchpunkten E1, 2; Anhang A)

Heike Löw, Katharinenheerd (Ortsgeschichte im Suchpunkt E3; Anhang A)

Wolfgang Müller, Koldenbüttel (Ortsgeschichte im Suchpunkt C5; Anhang A)

Prof. Dr. Jürgen Newig, Flintbek (Geologie und Oberflächenformen)

Albert Panten, Niebüll (Mittelalter und Frühe Neuzeit; Orts-, Flur- und Personennamen; Kulturhistorisch-biographischer Überblick; Ortsgeschichte in den Suchpunkten E 4, 8; F1, 2; Anhang A, D)

Nicolai Reeder, Poppenbüll (Ortsgeschichte im Suchpunkt B6; Anhang A)

Jürgen Rust, St. Peter-Ording (Ortsgeschichte im Suchpunkt E6)

Prof. Dr. Dr. Johannes Schilling, Kiel (Kirchengeschichte)

Dipl.-Ing. Rüdiger Schirmacher, Mildstedt (Nordsee und Nordseeküste; Landgewinnung und Küstenschutz; A2; D2; E12; Anhang E)

Prof. Dr. Thomas Steensen, Husum (Geschichte des 19. und 20. Jh.; Selbstverwaltung und Landesherrschaft bis 1867; Bevölkerungsentwicklung und Migration; Kulturhistorisch-biographischer Überblick; Ortsgeschichte in den Suchpunkten E4; F1, 2; Anhang A)

Prof. Dr. Dietbert Thannheiser, Münster in Westfalen (Vegetation; Tierwelt; Anhang F, G)

Dipl.-Ing. Thies Thiessen, Husum OT Schobüll (Landgewinnung und Küstenschutz; A3; B1, 2, 7; C9; E10; F3; Anhang E, K)

Christiane Thomsen, Friedrichstadt (Ortsgeschichte im Suchpunkt C6; Anhang A)

Dr. Birger Tinz, Berlin (Klima; Anhang C)

Dr. Dieter Undeutsch, St. Peter-Ording (Museum der Landschaft Eiderstedt in St. Peter-Ording)

Redlef Volquardsen, Tetenbüll (Landwirtschaft)

Sönnich Volquardsen, Tetenbüll (Ortsgeschichte in den Suchpunkten B5, 7; E8; Anhang A)

Dipl.-Geogr. Matthias Volmari, Husum (Gewerbe, Industrie und Tourismus; E 4; F 2)

Richard Wiborg, Uelvesbüll (Ortsgeschichte im Suchpunkt B1; Anhang A)

Material und Hinweise verdanken die Autoren und Herausgeber:

Rainer Borcherding, Naturschutzgesellschaft Schutzstation Wattenmeer e.V.
Holger A. Bruns, Naturschutzbund Deutschland, Naturzentrum Katinger Watt
Steffen Ahnert, Försterei Bremsburg, Treia
Jutta Erichsen, Informationsservice Kiel des Statistikamts Nord
Werner Feddersen, Nordsee-Museum, Nissenhaus, Husum
Jutta Förster, Naturschutzbund Deutschland, Simonsberg
Olaf Gerstandt, Husum

Sabine Gettner, Naturschutzgesellschaft Schutzstation Wattenmeer e.V.
Volquard Hamkens, Reimersbude/Witzwort
Claus Ivens, Kotzenbüll
Marlies Jannsen, Witzwort
Gerd Kühnast, Interessengemeinschaft Baupflege Nordfriesland und Dithmarschen, Husum
Dipl.-Soz. Harry Kunz, Nordfriisk Instituut, Bräist/Bredstedt, NF
Prof. Dr. Jürgen Lafrenz, Institut für Geographie der Universität Hamburg
Johannes Matthießen, Interessengemeinschaft Baupflege Nordfriesland und Dithmarschen, St. Peter-Ording
Albert Pahl, Westerhever
Melf Palm, Landesbetrieb für Küstenschutz, Nationalpark und Meeresschutz, Husum
Werner Petersen, Kirchspiel Garding
Dr. Walther Petersen-Andresen, Dagebüll
Fiete Pingel, Nordfriisk Instituut, Bräist/Bredstedt NF
Detlef Schaller, Landesbetrieb für Küstenschutz, Nationalpark und Meeresschutz, Husum
Bodo Schubert, Vermessungsbüro für Parks und Gärten, Blankenfelde
Rainer Schulz, Naturschutzgesellschaft Schutzstation Wattenmeer e.V.
Dr. Martin Stock, Landesbetrieb für Küstenschutz, Nationalpark und Meeresschutz, Husum
Sibylle Stromberg, Naturschutzbund Deutschland, Naturzentrum Katinger Watt
Michael Weineck, Ortskulturring Tetenbüll
Christiane Witte, Tönning

Redaktionelle Bearbeitung: Dipl.-Geogr. Corinna Dumke, Leipzig; Dipl.-Geogr. Andreas Kacirek, Leipzig; Katrin Klinger, Leipzig; Hauke Koopmann, Oldenswort; Albert Panten, Niebüll; Sophie Perthus, Leipzig; Dr. Haik Thomas Porada M.A., Leipzig; Johanna Bömer-Schulte, Leipzig; Anne-Katrin Schultz, Leipzig; Prof. Dr. Thomas Steensen, Husum; Sönnich Volquardsen, Tetenbüll.

Abschluss des Manuskripts: 31. Januar 2013

ABKÜRZUNGSVERZEICHNIS

Anmerkung: Alle hier nicht aufgeführten Abkürzungen sind im DUDEN nachzuschlagen.

AG	Arbeitsgruppe/Aktiengesellschaft	DDP	Deutsche Demokratische Partei
ALR	Amt für ländliche Räume	DHSV	Deich- und Hauptsielverband
ALSH	Archäologisches Landesamt Schleswig-Holstein	DKP	Deutsche Kommunistische Partei
ATKIS®-DGM	Digitales Geländemodell	DLR	Deutsches Zentrum für Luft- und Raumfahrt
ATKIS®-DLM	Digitales Landschaftsmodell	DLRG	Deutsche Lebens-Rettungs-Gesellschaft
B	Bundesstraße	DNVP	Deutschnationale Volkspartei
BAB	Bundesautobahn	DP	Deutsche Partei
BDM	Bund Deutscher Mädel	DStP	Deutsche Staatspartei
Bft	Beaufort (Maßeinheit der Windstärke)	DVP	Deutsche Volkspartei
		DVU	Deutsche Volksunion
BfN	Bundesamt für Naturschutz	DVWK	Deutscher Verband für Wasserwirtschaft und Kulturbau
BGR	Bundesanstalt für Geowissenschaften und Rohstoffe	DWD	Deutscher Wetterdienst
BHE	Bund der Heimatvertriebenen und Entrechteten	EDV	Elektronische Datenverarbeitung
BNL	Büro für Naturschutz und Landschaftsökologie (BNL Petry & Hoffmann GbR)	ETM+	Enhanced Thematic Mapper Plus
		EU	Europäische Union
		Familie	Familien-Partei Deutschlands
BSH	Bundesamt für Seeschifffahrt und Hydrographie	FDP	Freie Demokratische Partei
		FFH	Fauna-Flora-Habitat
CAU	Christian-Albrechts-Universität zu Kiel	FTZ	Forschungs- und Technologiezentrum
CDU	Christlich Demokratische Union Deutschlands	GB/BHE	Gesamtdeutscher Block/Bund der Heimatvertriebenen und Entrechteten
CIR	Colour Infrared		
DB	Deutsche Bahn	GDP	Gesamtdeutsche Partei
DBG	Deutsche Bodenkundliche Gesellschaft	GRL	Grüne Liste
		Grüne	BÜNDNIS 90/DIE GRÜNEN
DBV	Deutscher Bund für Vogelschutz	GSHG	Gesellschaft für Schleswig-Holsteinische Geschichte

HJ	Hitlerjugend	LVF	Landesamt für Vor- und Frühgeschichte
HTG	Hafentechnische Gesellschaft		
IAS	Iven-Agßen-Schule in Rödemis	LWG	Landeswassergesetz Schleswig-Holstein
IfL	Institut für Länderkunde Leipzig	LWK	Landwirtschaftskammer
		MELF	Ministerium für Ernährung, Landwirtschaft und Forsten des Landes Schleswig-Holstein
IFLOF	Interfachliche Forschungsgruppe für Landschaftsentwicklung, Orts- und Fremdenverkehrsplanung		
		MELFF	Ministerium für Ernährung, Landwirtschaft, Forsten und Fischerei des Landes Schleswig-Holstein
IG	Interessengemeinschaft		
IÖR	Institut für ökologische Raumordnung		
		MinUNF S-H	Ministerium für Umwelt, Natur und Forsten des Landes Schleswig-Holstein
IM S-H	Innenministerium des Landes Schleswig-Holstein		
K	Kreisstraße	Mio.	Million
k.A.	keine Angabe	MLR	Ministerium für ländliche Räume, Landesplanung, Landwirtschaft und Tourismus des Landes Schleswig-Holstein
KANF	Kreisarchiv Nordfriesland		
KdF	Kraft durch Freude (nationalsozialistische Organisation)		
KI	Kontinentalitätsindex	MLUR	Ministerium für Landwirtschaft, Umwelt und ländliche Räume Schleswig-Holstein
KPD	Kommunistische Partei Deutschlands		
KPL	Königlich Preußische Landesaufnahme	MSN	Microsoft Network
		MSpNW	Mittleres Springniedrigwasser
KZ	Konzentrationslager	MTH	Mittlerer Tidenhub
LAS	Landesarchiv Schleswig-Holstein, Schleswig	MThw	Mittleres Tidehochwasser
		MTnw	Mittleres Tideniedrigwasser
LANU S-H	Landesamt für Natur und Umwelt Schleswig-Holstein	MUNL	Ministerium für Umwelt, Natur und Landwirtschaft des Landes Schleswig-Holstein
LBEG	Landesamt für Bergbau, Energie und Geologie		
		NABU	Naturschutzbund Deutschland
LD S-H	Landesamt für Denkmalpflege Schleswig-Holstein	NASA	National Aeronautics and Space Administration
LIDAR	Light Detection and Ranging	ND	Naturdenkmal
LKN	Landesbetrieb für Küstenschutz, Nationalpark und Meeresschutz	NIhK	Niedersächsisches Institut für historische Küstenforschung Wilhelmshafen
LKÜ	Landeskundlicher Überblick	NIR	Nahes Infrarot
LN S-H	Landesamt für Naturschutz und Landschaftspflege Schleswig-Holstein	NN	Normalnull
		NOB	Nord-Ostsee-Bahn GmbH
		NP	Nationalpark
LSG	Landschaftsschutzgebiet	NPA	Landesamt für den Nationalpark Schleswig-Holsteinisches Wattenmeer
LV	Deutsches Landvolk		
LVermA S-H	Landesvermessungsamt Schleswig-Holstein		

NPD	Nationaldemokratische Partei Deutschlands	SPA	Special Protected Area (nach nationalem oder Länderrecht rechtsverbindlich ausgewiesenes Schutzgebiet im Sinne der Vogelschutzrichtlinie)
NPG	Nationalparkgesetz		
NS	Nationalsozialismus		
NSDAP	Nationalsozialistische Deutsche Arbeiterpartei		
		SPD	Sozialdemokratische Partei Deutschlands
NSFB	Nationalsozialistische Freiheitsbewegung		
		SSV	Südschleswigscher Verein
NSG	Naturschutzgebiet	SSW	Südschleswigscher Wählerverband
NSG SW	Naturschutzgesellschaft Schutzstation Wattenmeer e.V.		
		StatLA S-H	Statistisches Amt für Hamburg und Schleswig-Holstein – Statistikamt Nord
NTS	Nordsee-Tourismus-Service GmbH		
		SVSHKG	Schriften des Vereins für Schleswig-Holsteinische Kirchengeschichte
PAG	Propsteiarchiv Garding		
PC	Personal Computer		
PDS	Partei des demokratischen Sozialismus		
		TK	Topographische Karte
		TM	Thematic Mapper
PN	Pegelnull	TSV	Turn- und Sportverein
RAD	Reichsarbeitsdienst	UBA	Umweltbundesamt
REP	Die Republikaner	USA	Vereinigte Staaten von Amerika
RfL	Reichsamt für Landesaufnahme		
		USGS	United States Geological Survey
S-H	Schleswig-Holstein		
SA	Sturmabteilung	USPD	Unabhängige Sozialdemokratische Partei Deutschlands
SLC	Scan-Line Corrector, zur Kompensation der Vorwärtsbewegung von Landsat 7		
		UV	ultraviolett
		UWSH	Unabhängige Wählergemeinschaft Schleswig-Holstein
SGD	Staatliche Geologische Dienste Deutschlands		
		VD	Vermessungsdienst
sh:z	Schleswig-Holsteinischer Zeitungsverlag	VLGA	Verein für Lübeckische Geschichte und Altertumskunde
SHB	Schleswig-Holstein-Block		
SHBLD	Schleswig-Holsteinische Bauern- und Landarbeiterdemokratie	VSB	Völkisch-sozialer Block
		WBV	Wasserbeschaffungsverband
		WP	Wirtschaftspartei
SHG	Schleswig-Holsteinische Gemeinschaft	WRRL	Wasserrahmenrichtlinie der EU
SHLB	Schleswig-Holsteinische Landesbibliothek	WVG	Wasserverbandsgesetz
SHLP	Schleswig-Holsteinische Landespartei		

LANDESKUNDLICHER ÜBERBLICK

Naturraum

Geologie und Oberflächenformen

Eiderstedt gehört zu den in Deutschland seltenen größeren Landschaftseinheiten, die ausschließlich aus holozänen Sedimenten aufgebaut sind. Aufgrund seiner Lage zwischen der Nordsee im W und der im O angrenzenden Geest gehört die Halbinsel dem Naturraum der schleswig-holsteinischen Marschen an. Mit dem Ende der Weichselvereisung ca. 9500 v.Chr. kam es zu einem Meeresspiegelanstieg, in dessen Folge das Gebiet des heutigen Eiderstedts grundlegend umgestaltet wurde. Die Entstehung Eiderstedts geht auf einen Wechsel von Transgressionen (Übergreifen des Meeres auf Landmassen) und Regressionen (Vordringen der Küstenlinie meerwärts) zurück. Die heutige Marschenlandschaft ist somit das Resultat des holozänen Meeresspiegelanstiegs von mehr als 50 m. Aus Tiefbohrungen in West-Eiderstedt geht hervor, dass die Grenze zwischen Holozän und Pleistozän mit 20–30 m unter Flur (also deutlich unterhalb NN) relativ tief anzusetzen ist (ROSS 1971). Während die Gestalt der schleswig-holsteinischen Nordseeküste in ihren Grundzügen bereits während des Klimaoptimums im Atlantikum (ca. 5000 v.Chr.) angelegt war, unterlag die Halbinsel Eiderstedt durch Erosion und Akkumulation mariner Feinsedimente einem bis heute andauernden stetigen Wandel. In Dithmarschen und Eiderstedt stieg der Meeresspiegel im Früh- und Mittelholozän mit Geschwindigkeiten von ca. 2 m/Jh. vergleichsweise rasch, wähend er sich in der Folgezeit auf etwa 0,15 m/Jh. verlangsamte, wobei transgressive und regressive Phasen wechselten (MENKE 1976). Während der Transgressionsphasen kam es zur Ablagerung von marinen Sedimenten, die in Abhängigkeit von der gezeitenbestimmten Strömung entweder aus sandigen Sedimenten (Bewegtwasserfazies) oder feinkörnigeren Sedimenten (Stillwasserfazies) bestehen. In den Phasen der Regression setzte die Boden- bzw. Torfbildung ein. Anhand der auftretenden Sedimente lässt sich Eiderstedt vereinfacht in „Sand-Eiderstedt" und „Marsch-Eiderstedt" untergliedern (Abb. 1). Der größere Teil des heute „landfesten" Eiderstedts ist vor weniger als 1 000 Jahren entstanden.

Sand-Eiderstedt: Die größten Höhen erreicht Sand-Eiderstedt im Bereich von holozänen Dünenbildungen (bis 17,5 m bei Ording) entlang der gesamten Außenküste im W der Halbinsel. An einer Stelle ersetzen sie sogar den Deich. Eine mehr oder weniger durchgehende Dünenkette findet sich bereits auf Karten des 17. Jh. Weniger hoch ragen dagegen die ausgedehnten küstenparallelen „Sände" an der äußersten W-Küste auf. Sie liegen z.T. wenige Dezimeter oberhalb des mittleren Tidehochwassers (MThw) und dienen den Touristen als Badestrand und stellenweise als Pkw-Parkplatz. Der

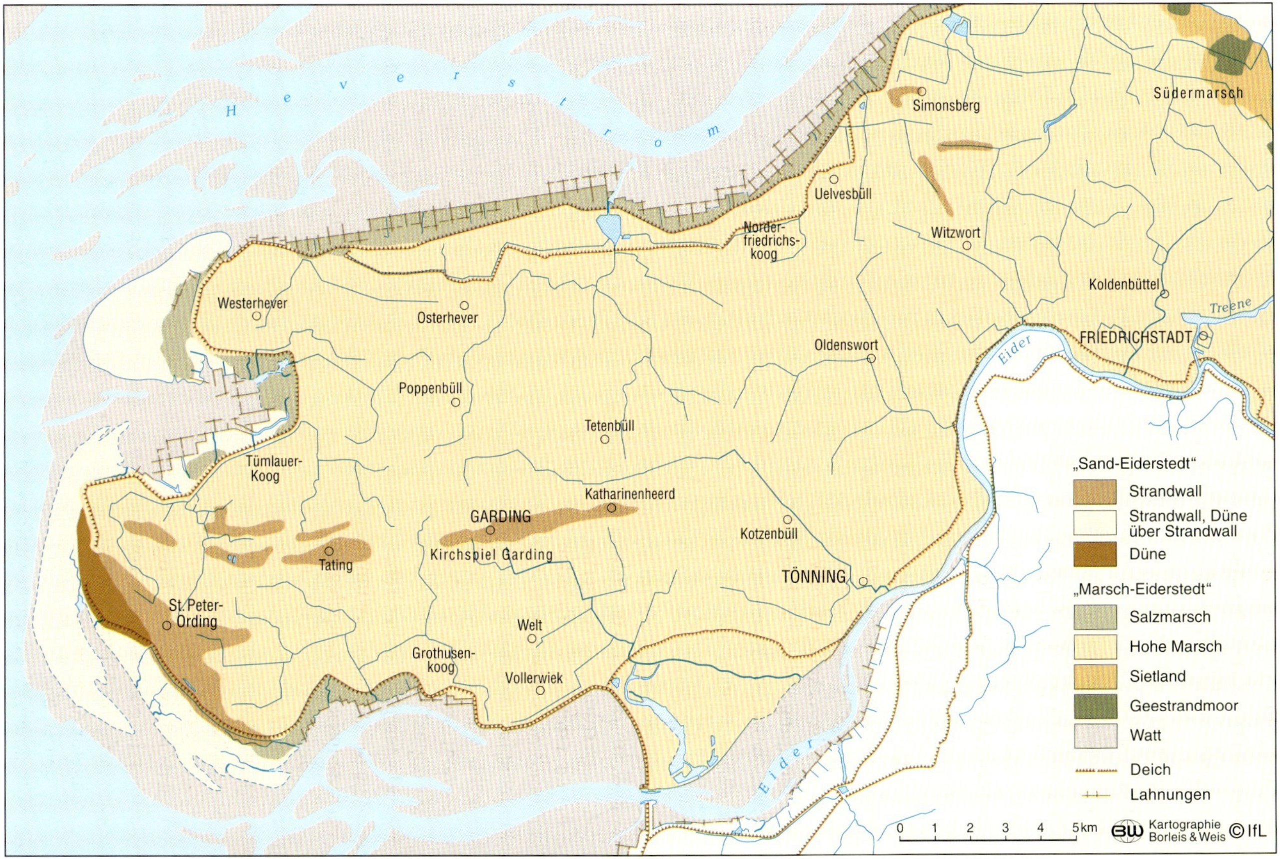

Abb. 1 Oberflächenformen (Entwurf: Karsten KRÜGER, nach BGR 1999 und 2005)

Hauptsand „Hitzsand" grenzt an seinem östlichsten Rand mit kleinen Dünenbildungen an die von Prielen durchzogene Niederungszone (vgl. „Priel" in Abb. 2b). Den rezenten küstenparallelen Hakenbildungen der Sände stehen die bereits zur Jungsteinzeit entstandenen OW-verlaufenden Hakenzüge von Ording über Brösum bis Tating gegenüber. Diese finden – mit einer (vermutlich natürlichen) Unterbrechung durch einen ehemaligen breiten Prielstrom – im Nehrungshaken von Garding–Katharinenheerd ihre Fortsetzung. Der zentrale Sand-Haken von Eiderstedt bildet gleichsam das „Rückgrat" der Halbinsel. Ein weiterer, kaum mehr erkennbarer Haken setzt nördlich der Eiderrinne bei Witzwort ein und zieht sich bis in das ehemalige Lundenberg hin, wobei die Namensgleichheit mit dem Ort Lunden in Dithmarschen auch auf eine genetische Gleichzeitigkeit hindeuten könnte.

M a r s c h - E i d e r s t e d t : Der weitaus größte Teil Eiderstedts besteht aus relativ ebener, im Regelfall über NN gelegener Marsch mit Höhenunterschieden, die abgesehen von den Warften (Wohnhügel) und Deichen, zumeist unterhalb eines Meters liegen. Die über Gesamt-Eiderstedt betrachtet nur geringen Höhendifferenzen der Köge von 1,7 m (Darrigbüll- und Leglichheitskoog im NO Eiderstedts) bis 2,2 m ü. NN (Süder- und Norderheverkoog im NW Eiderstedts) sind Ausdruck eines unterschiedlichen Alters – die „junge Marsch" liegt höher als die „alte Marsch" – und der Setzungseigenschaften der hier vorkommenden Sedimente. Während die sandig-schluffigen Fazies im Bereich der ehemaligen Süderhever wenig komprimierbar sind, neigen die tonig-schluffigen Sedimente, insbesondere solche, die hohe Anteile an organischer Substanz aufweisen, zu intensiver Sackung und Verdichtung nach Eindeichung und Entwässerung. Gleiches gilt für die von marinen Sedimenten überlagerten Torfe.

Im W, im Bereich von Utholm (= außen gelegenes Insellland), sind in der Marsch noch die gekrümmten Wasserläufe aus der Zeit vor der Eindeichung (ursprünglich Halligsituation mit noch vorhandenen Großwarften) sichtbar, die neben künstlich gezogenen geradlinig verlaufenden Gräben die Koogflächen gliedern. Dieses eigenartige Zusammenspiel, das auch an anderen Stellen in der Marsch Nord- und Ostfrieslands auftaucht, wird als „Puzzle"-Struktur bezeichnet, da die Flurstücke ineinander verhakt zu sein scheinen (D1). Der Eindruck wird noch verstärkt durch den Richtungswechsel der „Grüppen", die nur bei sehr hohen Süß- oder Meerwasserständen Wasser führen. Diese kleinen parallelen Gräben in Abständen von wenigen Metern werden auch heute im Zuge der Neulandgewinnung oder zur Sicherung des gewonnenen Neulandes im Überflutungsbereich angelegt, um einerseits das Flutwasser rasch abzuleiten und andererseits die zwischen ihnen befindlichen Wattbeete durch eine forcierte Sedimentation des mit der Flut herantransportierten Feinmaterials aufzuhöhen. Hierdurch wird die Entsalzung bzw. Aussüßung der abgelagerten Sedimente gefördert und ein vergleichsweise rascher Pflanzenbewuchs möglich. Im Unterschied zur heutigen einheitlichen Ausrichtung der Grüppen auf den lokalen Vorfluter wechselt die Entwässerungsrichtung der Grüppen älterer Köge von Fenne zu Fenne (D1); hiermit wird ein in der Marsch gelegenes, allseitig von Wasser umfasstes Flurstück bezeichnet. Die Puzzlestruktur weist im Allgemeinen auf eine Bedeichung um oder vor 1200 hin und ist damit ein Indikator für sehr alte Köge.

Die beiden ehemaligen Teilinseln der Utholm-Harde (Harde = Verwaltungsbezirk des Mittelalters) Westerhever und Holm bestehen jeweils aus einem frühen Ringkoog, wohl aus der Zeit vor 1200. Ein breites tidebeeinflusstes Gewässer, die „Süderhever", trennte Utholm von den Harden Everschop und Eiderstedt. Dieses „Tief" ist bereits im Mittelalter durchdämmt und Koog um Koog eingedeicht worden. Sein trichterförmiger Verlauf lässt sich östlich von Tating und westlich von Garding noch in der Deichlinie erkennen. Ringköge wie in Utholm existieren seit dem 12. Jh. auch im westlichen Teil von Everschop (z.B. der Poppenbüller St. Johanniskoog, Mimhusenkoog, Osterhever). Sie fielen teilweise (Nord-Everschop) den mittelalterlichen Sturmfluten zum Opfer. Bis ins 20. Jh. hinein gab es hier langwierige Wiedergewinnungsmaßnahmen.

Eine Besonderheit bietet die alte Harde Eiderstedt (Eiderstedt i.e. Sinne), denn sie besteht weitgehend aus einer einzigen riesigen Marschfläche ohne weitere Binnengliederung durch Deiche. Daher gibt es in diesem Bereich auch keine Koogsnamen. Sie ist in großen Teilen vor dem Mittelalter entstanden und war teilweise schon in der Römerzeit relativ dicht besiedelt. Erstaunlich ist die Höhenlage der 2 000 Jahre alten kaiserzeitlichen Marsch, denn sie erreicht flächenhaft ein Niveau von mehr als 1 m ü. NN. Eine Gliederung kann hier lediglich durch verschiedene parallel oder fächerförmig verlaufende Grabensysteme erfolgen. Eine denkbare alte Puzzlestruktur ist hier längst verschwunden. Die modernen Köge an den Rändern der Halbinsel weisen in der Regel eine rechtwinklige Blockflur auf.

Schließlich sind die Deiche und Warften als wichtige Teile der Oberflächenstruktur zu nennen. Die mittelalterlichen Deiche begannen mit einer Höhe von wenig mehr als 1 m. Heute misst der gewaltige Landesschutzdeich (Außendeich) durchgehend mindestens 8 m (außer vor St. Peter-Ording). Der Damm des Eidersperrwerkes erreicht 8,50 m ü. NN, der Außendeich von Westerhever 8,80 m. Viele Straßen verlaufen noch auf vollständigen, gekappten oder abgetragenen Deichen. Die Warften waren im Mittelalter im Allgemeinen höher als die Deiche, später war es umgekehrt. Die vielen kleinen flachen Hügel in der heutigen Landschaft sind nichts anderes als wüst gefallene Warften, da Eiderstedt in der Fläche (ohne Städte) zwischen 1850 und 1970 eine Bevölkerungsabnahme von mehr als einem Drittel hinnehmen musste. Was die Fläche Eiderstedts angeht, so vergrößerte sie sich – im Gegensatz zum übrigen Nordfriesland – seit dem Mittelalter trotz mancher schwerer Rückschläge kontinuierlich.

Jürgen Newig, Karsten Krüger, Heiner Fleige und Rainer Duttmann

Böden

Die Böden Eiderstedts lassen sich den Bodengroßlandschaften der Watten sowie der Marschen und Moore im Tideeinflussbereich als Bestandteil der Bodenregion des Küstenholozäns zuordnen. Sie umfassen alle vier Abteilungen der Deutschen Bodensystematik (AG Boden 2005): terrestrische, semiterrestrische, (semi-)subhydrische Böden sowie Moore.

Im Bereich der täglichen Überflutung sind semisubhydrische Böden (Bodentypen: Watt, Nassstrand) verbreitet. Semiterrestrische Böden sind typisch für die Strände West-Eiderstedts (Bodentyp: Strand) und Salzwiesen (Bodentyp: Rohmarsch), die Köge (Bodentypen: Kalk-, Klei-, Knick-, Organomarsch) und für die Strandwälle (Bodentyp: Gley). Terrestrische Böden haben sich auf den höher gelegenen, von Dünen überformten Strandwällen wie bei St. Peter-Ording (Bodentypen: Lockersyrosem, Regosol) entwickelt. Aus Torfen sind am Geestrand im Schutze von inzwischen abgetragenen Strandwällen Moore (Bodentyp: Niedermoor) entstanden. Typisch für Eiderstedt sind allerdings die aus marinen und brackischen Feinsedimenten hervorgegangenen Marschböden (Abb. 2a). Mit dem Herauswachsen des Wattsedimentes aus der täglichen Überflutungszone entstehen Rohmarschen (= Salzmarschen) mit einer biogenen Stabilisierung des Bodengefüges (D2). Nach Eindeichung entwickeln sich aus ihnen „Kulturböden", so dass bei schneller, nach wenigen Jahren abgeschlossener Salzauswaschung fruchtbare Kalkmarschen in den jüngeren Kögen vorliegen, die aufgrund hoher durchschnittlicher Entkalkungsraten von ca. 10 cm/Jh. (FINNERN u. BRÜMMER 1987) relativ schnell in Kleimarschen (ältere Köge) übergegangen sind (C7). Die aus der Oxidation der Eisensulfide resultierende Schwefelsäure und die durch den Abbau der organischen Substanz entstehende Kohlensäure führen zu einer im Vergleich zu den Landböden sehr schnellen Auflösung der Carbonate. Aufgrund einer Tonverlagerung (pedogenetische Deutung; vgl. BRÜMMER u. SCHROEDER 1968) und/oder Schichtung (geogenetische Deutung; vgl. MÜLLER 1985,1994) sind sie mit Knickmarschen vergesellschaftet. Als „Knick" wird dabei ein dichter, wenig durchlässiger tonreicher Bodenhorizont bezeichnet, der Staunässe hervorruft (E7). Die Überschlickung alter Bodenbildungen ließ die sogenannten Dwogmarschen entstehen. Ihre verfestigten fossilen Horizonte (fAh, fGo) können ebenfalls Staunässe hervorrufen. Marschen mit höherem Anteil an organischer Substanz werden als Organomarschen bezeichnet. Zudem enthalten sie oftmals pflanzenrest- und eisensulfidreiche Tone (ehemalige Schilfgebiete) und sind landwirtschaftlich nur als Grünlandstandorte nutzbar.

Mit den Kalkmarschen liegen die ertragreichsten Ackerstandorte in den jüngeren Kögen, d.h. an den „Rändern" der Halbinsel und im SO Eiderstedts im Bereich der Eider vor. Große, weniger für den Ackerbau geeignete Marschgebiete kennzeichnen den zentralen sowie den nordöstlichen Bereich Eiderstedts.

Entsprechend den Bodenkarten im Maßstab 1:25 000 dominieren in Eiderstedt Dwog- und Knickmarschen mit 39 % Anteil in den eingedeichten Flächen (Geologisches Landesamt S-H 1977). Kleimarschen nehmen einen Anteil von 27 % ein, Kalkmarschen kommen auf 22 % der Flächen vor. Organomarschen, Niedermoore und die Böden der Strandwälle machen nur einen Anteil von ca. 4 % aus. 8 % der Flächen werden von anthropogenen Böden aus natürlichen oder technogenen Substraten (Deiche, Abgrabungen, Bebauungen, etc.) eingenommen. Auffällig sind die Strandwallsysteme unterschiedlichen Alters, die für die Natur- und Kulturgeschichte Eiderstedts von großer Bedeutung sind. Während einer Transgressionsphase (ca. 1600–1900 v.Chr.) wurde die W-O-verlaufende Hauptnehrung gebildet, wobei im N der Nehrung ähnlich wie in anderen Teilen Nordfrieslands Moore und im S Marschböden entstanden (ELWERT u. SCHARAFAT 1976 u. 1979, MENKE 1976). Diese wurden allerdings im Verlaufe der beiden nachchristlichen Transgressionen wieder überschlickt (Dwogmarschen). Während der ersten nachchristlichen Transgression (ca. 100–200 n.Chr.) wurde der Strandwall zwischen Garding und Tating durch die (ehemalige) Süderhever, einen von S nach N verlaufenden Prielstrom, durchbrochen. Erst mit der Bedeichung im 13. Jh. wurde Utholm wieder mit Eiderstedt verbunden. Aus den abgelagerten sandig-schluffigen Sedimenten entstanden (verschlämmungsanfällige) Kleimarschen mit ansonsten günstigem Bodengefüge.

Im zentralen Eiderstedt herrschen Marschböden mit dichten Horizonten im Unterboden (Knick- und Dwogmarschen, Kleimarschen mit teilweise hohen Tongehalten) vor. Diese Böden sind schwer zu bearbeiten, so dass sie die typischen Grünlandstandorte bilden. Die Knick- und Dwogmarschen sind zweischichtig aufgebaut und aus den Sedi-

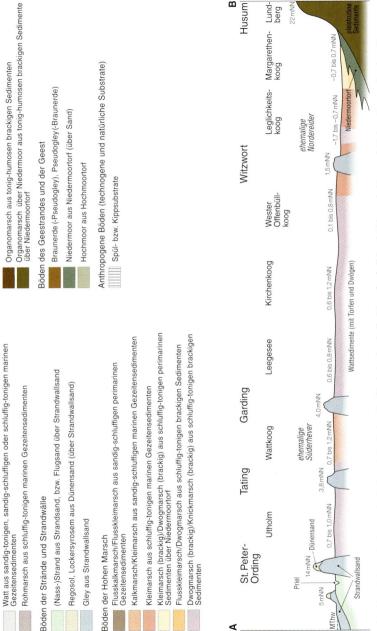

Abb. 2b Schematischer geologisch-pedologischer Profilschnitt durch die Marschenhalbinsel Eiderstedt (Entwurf: Heiner FLEIGE, Stephan GEBHARDT u. Karsten KRÜGER)

Bodenprofil Hitzsand bei Bad St. Peter
Nassstrand (lA) aus Strandsand
Junges marines, vegetationsfreies Gezeitensediment, bei Mthw täglich zweimal überflutet

| GK-Koordinaten: | R 3473457 / H 6019761 | Relief: | ebener Strand |
| Höhe über NN [m]: | 1,68 | Vegetationstyp: | vegetationsfrei |

zFo: gelbgrau, Feinsand, skelettfrei, sehr schwach humos, mittlere Lagerungsdichte, pH sehr schwach alkalisch, sehr carbonatarm, stark salzig, Einzelkorngefüge; schwach eisenfleckiges, bei Ebbe durchlüftetes Sediment

zFr: gelbgrau, mittelsandiger Feinsand, skelettfrei, mittlere Lagerungsdichte, pH sehr schwach alkalisch, sehr carbonatarm, sehr stark salzhaltig, Einzelkorngefüge, Muschelrückstände; ständig nasses Sediment

Bodenprofil bei Bad St. Peter
Normrohmarsch (MRn) aus Mischwatt über sandigen Ablagerungen
Junges, marines Gezeitensediment, mit halophiler Vegetation, periodisch überflutet

| GK-Koordinaten: | R 3474195 / H 6020194 | Relief: | ebene Marsch |
| Höhe über NN [m]: | 1,90 | Vegetationstyp: | Salzwiese (Andelwiese mit Strandsode, Andelgras, Portulak-Keilmelde) |

zGo-Ah: dunkelbraungrau, stark lehmiger Sand, schwach humos, skelettfrei, sehr geringe Lagerungsdichte, pH sehr schwach alkalisch, schwach carbonathaltig, stark salzhaltig, Krümelgefüge; marines, schwach eisenfleckiges Sediment mit beginnender Humusanreicherung, Aussüßung und Gefügebildung

zAh-Go: dunkelbraungrau, stark lehmiger Sand, skelettfrei, mittel humos, sehr geringe Lagerungsdichte, pH sehr schwach alkalisch, schwach carbonathaltig, sehr stark salzhaltig, Kohärent- bis Prismengefüge; marines, eisenfleckiges Sediment im gezeitenabhängigen Grundwasserbereich mit beginnender Humusanreicherung, Aussüßung, Setzung und Gefügeentwicklung

zGro: dunkelgrau, stark lehmiger Sand, skelettfrei, sehr schwach humos, geringe Lagerungsdichte, pH sehr schwach alkalisch, sehr carbonatarm, mäßig salzhaltig, Einzelkorngefüge, Muscheleinschlüsse; marines, sandiges eisenfleckiges Wattsediment im häufig nassen, überwiegend oxidierenden gezeitenabhängigen Grundwasserbereich

IlzGor: dunkelbraungrau, feinsandiger Mittelsand, skelettfrei, schwach humos, sehr geringe Lagerungsdichte, pH sehr schwach alkalisch, carbonatarm, stark salzhaltig, Prismen- bis Kohärentgefüge; marines, eisenfleckiges Sediment im überwiegend reduzierenden gezeitenabhängigen Grundwasserbereich

IlzGr: dunkelgrau, feinsandiger Mitteland, skelettfrei, sehr schwach humos, pH sehr schwach alkalisch, sehr carbonatarm, mäßig salzhaltig, Einzelkorngefüge; marines, eisenfleckiges Wattsediment im ständig nassen, reduzierenden Grundwasserbereich

Seiten 8–10
Abb. 2c   Gegenüberstellung von sechs repräsentativen Bodenprofilen

Bodenprofil Dünengebiet „Am Meere" bei Bad St. Peter
Normlockersyrosem (OLn) aus Dünensand über fossilem Regosol über fossilem Lockersyrosem
Junger, wenig entwickelter Boden aus Dünensand unter Dünenvegetation

GK-Koordinaten:	R 34744307 / H 6020974	Relief:	Dünenkuppe
Höhe über NN [m]:	6,60	Vegetationstyp:	Vegetation der Dünen (Krähenbeere, Besenheide, Strandhafer, Silbergras, Waldkiefer), aufgelockerter Bestand

Ai: dunkelgrau, mittelsandiger Feinsand, sehr schwach humos, geringe Lagerungsdichte, pH sehr stark sauer, carbonatfrei, Einzelkorngefüge; aufgewehtes Sediment mit beginnender Humusanreicherung

Cv: braungrau, mittelsandiger Feinsand, sehr schwach humos, pH sehr stark sauer, carbonatfrei, Einzelkorngefüge; aufgewehtes Sediment, kaum verändertes Ausgangssubstrat

fAh: dunkelbraungrau, mittelsandiger Feinsand, schwach humos, pH sehr stark sauer, carbonatfrei, Einzelkorngefüge; ehemaliger (fossiler) Oberboden aus aufgewehtem Sediment mit Humusanreicherung

Cv: gelblichgrau, mittelsandiger Feinsand, sehr schwach humos, geringe Lagerungsdichte, pH sehr stark sauer, carbonatfrei, Einzelkorngefüge; aufgewehtes Sediment, kaum verändertes Ausgangssubstrat mit humoser Sprenklung

fAi: dunkelrötlichgrau, mittelsandiger Feinsand, sehr schwach humos, pH stark sauer, carbonatfrei, Einzelkorngefüge; ehemaliger (fossiler) Oberboden aus aufgewehtem Sediment mit beginnender Humusanreicherung

Cv: gelbgrau, mittelsandiger Feinsand, sehr schwach humos, pH sehr stark sauer, carbonatfrei, Einzelkorngefüge; aufgewehtes Sediment, kaum verändertes Ausgangssubstrat mit humoser Sprenklung

Bodenprofil Hochdorf bei Tating
Normgley (GGn) aus Kleiauftrag über Strandwallsand
Boden mit jahreszeitlich schwankendem Grundwasserstand

GK-Koordinaten:	R 3480007 / H 6021375	Relief:	gegrüppter, schwach geneigter Hang
Höhe über NN [m]:	2,33	Vegetationstyp:	Grünland (Weide), früher Ackernutzung

rAp-Ah: dunkelbraungrau, mittel lehmiger Sand, skelettfrei, mittel humos, geringe Lagerungsdichte, pH stark sauer, carbonatfrei, Krümel- bis Subpolyedergefüge, Ziegelbruchstücke; aufgetragenes humoses Kleimaterial mit Humusanreicherung und Gefügebildung

Go: dunkelbraungrau, mittel lehmiger Sand, skelettfrei, schwach humos, mittlere Lagerungsdichte, pH stark sauer, carbonatfrei, Prismen- bis Subpolyedergefüge; aufgetragenes humoses Kleimaterial mit Gefügebildung im gelegentlich nassen, oxidierenden Grundwasserschwankungsbereich

Gor: dunkelbraungrau, mittel lehmiger Sand, skelettfrei, sehr schwach humos, mittlere Lagerungsdichte, pH mäßig sauer, carbonatfrei, Prismen-Kohärentgefüge; aufgetragenes humoses Kleimaterial im häufig nassen, überwiegend reduzierenden Grundwasserbereich

IIGr: dunkelbraungrau, Mittelsand, schwach kiesig, sehr schwach humos, pH sehr schwach sauer, carbonatfrei, Einzelkorngefüge, Muschelbruchstücke; begrabener Strandwallsand im ständig nassen, reduzierenden Grundwasserbereich

Bodenprofil Sietwende / Süderbootfahrt bei Welt
Normknickmarsch (MKn) aus geschichteten Gezeitensedimenten
Boden mit dichtem, wasserstauendem (Knick-)Horizont über grundwasserbeeinflusstem Unterboden

GK-Koordinaten:	R 3488073 / H 6020388	Relief:	gegrüppte, ebene Marsch
Höhe über NN [m]:	1,68	Vegetationstyp:	Grünland (Weide)

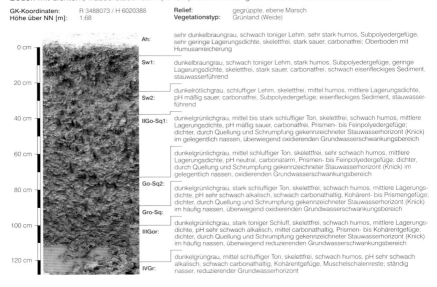

Ah: sehr dunkelbraungrau, schwach toniger Lehm, sehr stark humos, Subpolyedergefüge, sehr geringe Lagerungsdichte, skelettfrei, stark sauer, carbonatfrei; Oberboden mit Humusanreicherung

Sw1: dunkelbraungrau, schwach toniger Lehm, stark humos, Subpolyedergefüge, geringe Lagerungsdichte, skelettfrei, stark sauer, carbonatfrei; schwach eisenfleckiges Sediment, stauwasserführend

Sw2: dunkelrötlichgrau, schluffiger Lehm, skelettfrei, mittel humos, mittlere Lagerungsdichte, pH mäßig sauer, carbonatfrei, Subpolyedergefüge; eisenfleckiges Sediment, stauwasserführend

IIGo-Sq1: dunkelgrünlichgrau, mittel bis stark schluffiger Ton, skelettfrei, schwach humos, mittlere Lagerungsdichte, pH mäßig sauer, carbonatfrei, Prismen- bis Feinpolyedergefüge; dichter, durch Quellung und Schrumpfung gekennzeichneter Stauwasserhorizont (Knick) im gelegentlich nassen, überwiegend oxidierenden Grundwasserschwankungsbereich

Go-Sq2: dunkelgrünlichgrau, mittel schluffiger Ton, skelettfrei, sehr schwach humos, mittlere Lagerungsdichte, pH neutral, carbonatarm, Prismen- bis Feinpolyedergefüge; dichter, durch Quellung und Schrumpfung gekennzeichneter Stauwasserhorizont (Knick) im gelegentlich nassen, oxidierenden Grundwasserschwankungsbereich

Gro-Sq: dunkelgrünlichgrau, stark schluffiger Ton, skelettfrei, schwach humos, mittlere Lagerungsdichte, pH sehr schwach alkalisch, schwach carbonathaltig, Prismen- bis Prismengefüge; dichter, durch Quellung und Schrumpfung gekennzeichneter Stauwasserhorizont (Knick) im häufig nassen, überwiegend oxidierenden Grundwasserschwankungsbereich

IIIGor: dunkelgrünlichgrau, stark toniger Schluff, skelettfrei, schwach humos, mittlere Lagerungsdichte, pH sehr schwach alkalisch, mittel carbonathaltig, Prismen- bis Kohärentgefüge; dichter, durch Quellung und Schrumpfung gekennzeichneter Stauwasserhorizont (Knick) im häufig nassen, überwiegend reduzierenden Grundwasserschwankungsbereich

IVGr: dunkelgrüngrau, mittel schluffiger Ton, skelettfrei, schwach humos, pH sehr schwach alkalisch, schwach carbonathaltig, Kohärentgefüge, Muschelschalenreste; ständig nasser, reduzierender Grundwasserhorizont

Bodenprofil Moordeich
Normkleinmarsch (MNn) aus geschichteten marinen Gezeitensedimenten
Boden mit jahreszeitlich schwankendem Grundwasser unter Grünlandnutzung

GK-Koordinaten:	R 3497080 / H 6030430	Relief:	gegrüppte, ebene Marsch
Höhe über NN [m]:	1,21	Vegetationstyp:	Grünland (Weide), früher Ackernutzung

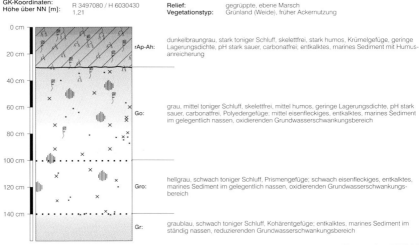

rAp-Ah: dunkelbraungrau, stark toniger Schluff, skelettfrei, stark humos, Krümelgefüge, geringe Lagerungsdichte, pH stark sauer, carbonatfrei; entkalktes, marines Sediment mit Humusanreicherung

Go: grau, mittel toniger Schluff, skelettfrei, mittel humos, geringe Lagerungsdichte, pH stark sauer, carbonatfrei, Polyedergefüge; mittel eisenfleckiges, entkalktes, marines Sediment im gelegentlich nassen, oxidierenden Grundwasserschwankungsbereich

Gro: hellgrau, schwach toniger Schluff, Prismengefüge; schwach eisenfleckiges, entkalktes, marines Sediment im gelegentlich nassen, oxidierenden Grundwasserschwankungsbereich

Gr: graublau, schwach toniger Schluff, Kohärentgefüge; entkalktes, marines Sediment im ständig nassen, reduzierenden Grundwasserschwankungsbereich

(Datengrundlage: LANU S-H)

menten der beiden nachchristlichen Transgressionen hervorgegangen (ELWERT 1972, 1976, 1979). So liegt eine geringmächtige Schicht schluffig-feinsandiger Tone meist mit scharfer Grenze über einem mittelalterlichen, dichten, schluffarmen Ton, der zu starker Staunässe führen kann und eine ackerbauliche Nutzung erschwert.

Im nordöstlichen Eiderstedt, im Übergang zur warthezeitlichen Altmoräne sind Niedermoore und Organomarschen verbreitet. Die Böden haben sich im Schutze eines nur noch in Resten (z.B. bei Witzwort) erhaltenen, N-S verlaufenden und zeitgleich mit der Hauptnehrung entstandenen Strandwalles gebildet, der ursprünglich mit der Lundener Nehrung Dithmarschens verbunden war. Während der zweiten nachchristlichen (mittelalterlichen) Transgression kam es zu einer Überflutung des vermoorten Gebietes durch die Ausdehnung des Heverstromes in der mittelalterlichen Sturmflut von 1362 mit der Entstehung der sogenannten Norderreider, die bereits ab 1489 wieder eingedeicht wurde (u.a. durch den Leglichheitskoog 1544). Im südöstlichen Eiderstedt dominieren (Fluss-) Kalk- und Kleimarschen im Mündungsgebiet der Eider.

Im W Eiderstedts treten entlang des Hauptstrandwalls noch Reste (z.B. bei Brösum) einer weitgehend erodierten älteren Nehrung (sogenannter Tholendorfer Strandwall, älter als 2000 v.Chr.) zu Tage. Charakteristische Böden dieser älteren, relativ flachen Strandwälle („Tholendorfer"-, „Garding-Tatinger"- und „Witzwort"-Strandwall) sind grundwasserbeeinflusste Böden (Gleye und Gley-Regosole, (D1) aus Reinsanden. Aufgrund ihrer Höhenlage von bis zu 4 m ü. NN stellen sie bevorzugte Siedlungsstandorte (z.B. Jungsteinzeitfunde bei Tholendorf und Brösum) dar. Aus den durch Auftrag von Klei entstandenen und seit der römischen Kaiserzeit besiedelten Warften entwickelten sich humusreiche Regosole. Ein jüngeres, durch Flugsande überformtes Strandwallsystem (ca. 1000–500 v.Chr.) mit Höhen bis zu 17,5 m ü. NN ist von St. Peter bis Süderhöft ausgebildet.

Die geringe Entwicklung der Böden vom Lockersyrosem, Regosol bis Podsol-Regosol zeigt die Dominanz der Winderosion gegenüber der Bodenbildung in der Vergangenheit. Die in der Tiefe auftretenden fossilen Ai- bzw. Ah(e)-Horizonte spiegeln die kurzen Bodenbildungsphasen wider (D2). Durch die Aufforstungsmaßnahmen im 19. Jh. wurde die windbedingte Übersandung der östlich angrenzenden Marschen weitgehend unterbunden.

Im Vorland von St. Peter ist ein aktiver bis zu 5 m hoher Strandwall (Bodentyp: Lockersyrosem) ausgebildet, in dessen Schutz sich in jüngerer Zeit Salzwiesen (Bodentyp: Rohmarsch, D2) entwickeln konnten. Diese sind auf der Bodenkarte 1:25 000 von St. Peter-Ording von 1977 noch nicht verzeichnet. Im westlichen Eiderstedt sind zwei kilometerlange, z.T. unter Tideeinfluss stehende, sich in steter Umlagerung begriffene Küstensande/Strandsande verbreitet, der Westerheversand (A1) und der Rochelsand bei St. Peter-Ording vom Bodentyp (Nass-)Strand. Sie riegeln die Tümlauer Bucht (A4) mit ihren Wattböden (Schlick- und Sandwatt, Bodentyp: Normwatt) und Salzwiesen (Bodentyp: Rohmarsch) teilweise ab (Abb. 2c).

Abb. 2b zeigt einen schematischen W-NO-orientierten Profilschnitt von ca. 40 km Länge durch die Marschenhalbinsel Eiderstedt von den Strandsanden im Vorland von St. Peter-Ording bis zur Altmoräne der Bredstedt-Husumer Geest. 91,9 % der binnendeichs gelegenen Fläche Eiderstedts werden landwirtschaftlich genutzt (nach ATKIS®-DLM, LVermA S-H 2006). Von den 263 km² landwirtschaftlicher Nutzfläche entfallen 69,6 % auf Grünland und 30,4 % auf Ackerland (StatLA S-H 2005). Die ackerbauliche

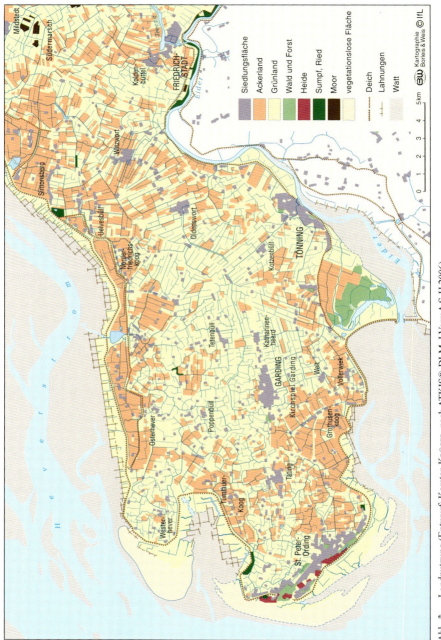

Nutzung findet dabei vor allem auf den Kalk- und Kleimarschböden statt (Abb 5, vgl. Abb. 2a). Hauptanbaufrüchte 2005 waren zu 57,6 % Winterweizen, 12,5 %Winterraps, 8,4 % Silomais und 0,9 % Wintergerste). So werden entsprechend dem hohen Ertragspotenzial 60,1 % der Kalk- und Kleimarschflächen ackerbaulich genutzt, während alle anderen Marschböden zwischen 60,6 % (Kleimarsch) und 96,4 % (Organomarsch über Niedermoor) als Grünland genutzt werden. Mit 5,3 % nehmen die Siedlungsflächen neben der Landwirtschaft die größte Fläche Eiderstedts ein. Größere Siedlungen finden sich vor allem auf den höher gelegenen Strandwall- und Dünenbildungen (St. Peter-Ording, Tating, Garding, Oldensworth und Witzwort), was u.a. auf die Sturmflutsicherheit zurückzuführen ist, oder an gut geeigneten Hafenstandorten entlang der Eider, wie das bei Tönning und Friedrichstadt der Fall ist.

Mit einem Waldanteil von nur 1,9 % gehört Eiderstedt zu den wald- und forstärmsten Gebieten Deutschlands. Größere Wald- und Forstareale befinden sich im S zwischen Kating und dem Eidersperrwerk sowie den Dünen und Strandwällen bei St. Peter-Ording, wo sie mit Heiden vergesellschaftet sind. Sonstige nicht land- und forstwirtschaftlich genutzte oder besiedelte Flächen („Ödland") wie Heide, Sumpf, Ried und Moor machen in der Summe einen Anteil von 0,9 % aus. Dabei sind Moore am Geestrand im O, Sümpfe und Riede kleinflächig über ganz Eiderstedt verbreitet (Abb. 3).

Heiner Fleige, Karsten Krüger, Stephan Gebhardt,
Rainer Horn und Rainer Duttmann

Nordsee und Nordseeküste

Die Nordsee ist ein durchschnittlich 94 m tiefes Randmeer des Atlantischen Ozeans im nordwestlichen Europa. Das Schelfmeer ist auf drei Seiten von Land begrenzt und öffnet sich trichterförmig zum nordöstlichen Atlantik. In einem 150-km-Bereich an dieser Küste leben etwa 150 Mio. Menschen. Die Nordsee ist ein wichtiger Handelsweg und dient Europa als Weg zu den Weltmeeren.

Der Salzgehalt des Meerwassers ist orts- und jahreszeitenabhängig und liegt zwischen 15 und 25 ‰ in der Nähe der Flussmündungen und bis zu 35 ‰ in der nördlichen Nordsee. Die Temperatur schwankt zwischen 10 °C und 25 °C, sie ist abhängig von der Tiefe und der Jahreszeit. Die Gezeiten werden durch die Gezeitenwelle aus dem Nordatlantik ausgelöst. Ebbe und Flut wechseln sich in einem Rhythmus von ca. 12,5 Stunden ab. Die Gezeiten sind periodische Wasserbewegungen in den Meeren, die vor allem durch die Anziehungskraft des Mondes verursacht werden. Das bewegliche Wasser auf der Erdoberfläche wird durch ihn zu einem „Wellenberg" aufgetürmt, der allerdings im freien Ozean nur eine Höhe von ½ m erreicht; in Meeresbuchten kommt es zu Stauwirkungen und es können so Gezeitenwellen von über 10 m Höhe entstehen. Das Ansteigen vom Niedrig- zum Hochwasser wird als „Flut", der umgekehrte Vorgang bis zum Eintreten des Niedrigwassers als „Ebbe" bezeichnet. Der Unterschied zwischen Hoch- und Niedrigwasser ist der „Tidenhub". Die zwei Tidenwellen pro Tag entstehen dadurch, dass die durch Gravitation miteinander verbundenen Himmelskörper gemeinsam um einen bestimmten Drehpunkt rotieren. Der Tidenhub ist an den Küsten sehr unterschiedlich. Er beträgt z.B. an der südnorwegischen Küste ca. 0,5 m und an der englischen Küste ca. 7 m, im Bereich der Eiderstedter Küste ca. 3 m.

Das Leben der Menschen an den Küsten ist seit den Anfängen der Besiedlung durch den ständigen Kampf gegen das Vordringen der Nordsee geprägt. Nach der letzten Eiszeit vor rund 10 000 Jahren verlief die Küste nördlich der Halbinsel Eiderstedt ca. 30 km weiter westlich. Seither ist der Meeresspiegel der Nordsee um etwa 40 m angestiegen. Seit weit über 1 000 Jahren hat der Mensch an der Gestaltung der Küsten und der Landschaft mitgewirkt und diese erheblich beeinflusst. Die großen „Mandränken" 1362 und 1634 veränderten die Küstenform stark. Durch Eindeichungen von Kögen entstand im Laufe von tausend Jahren die heutige Küstenlinie im Raum Eiderstedt (vgl. Anhang D).

Die Sturmflut vom 1. Februar 1953, die sogenannte Hollandkatastrophe, brachte an der schleswig-holsteinischen Küste keine wesentlich höheren Wasserstände. Dagegen führte bei der Flut vom 16./17. Februar 1962 der mit einer Windstärke von bis zu zwölf Beaufort aus NW über eine lange Zeit wehende Wind zu Wasserständen, die bis zu 3,5 m über dem normalen mittleren Tidehochwasser lagen. Diese Sturmflut brachte die bis dahin höchsten Wasserstände, auch für die Küsten der Halbinsel Eiderstedt. An sehr vielen Küstenabschnitten, besonders an den nach W, NW und N gelegenen Deichen, kam es zu schweren Ausschlägen an den Außenböschungen und zu Deichinnenrutschungen. Der Deich vor dem Uelvesbüller Koog brach. Viele Deiche wurden, obwohl sie in Lee, also an der dem Wind abgewandten Seite lagen, durch überlaufende Wellen an den Innenböschungen stark beschädigt. Menschen kamen, anders als in Hamburg, in Eiderstedt nicht ums Leben.

Nach wie vor werden die Nordseeküste und hier insbesondere die rund 63,4 km lange Küste Eiderstedts zwischen dem Husumer Hafensperrwerk im N und dem Eidersperrwerk im S durch Sturmfluten stark belastet. Der höchste bisher gemessene Wasserstand trat bei der Sturmflut vom 3. Januar 1976 an der N-Küste von Eiderstedt (Everschopsiel) mit einer Höhe von 5,14 m ü. NN (3,59 m über dem normalen mittleren Tidehochwasser) ein. Permanent wirken Ebbe und Flut auf die tidebeeinflussten Küsten sowie die vorgelagerten Vorland- und Wattflächen ein. Dadurch kommt es ständig zu hydromorphologischen Veränderungen in diesen Bereichen. Sollte es aus diesen Veränderungen zu Gefährdungen der Küstenschutzbauwerke, insbesondere der Deiche kommen, werden seitens des Landes Schleswig-Holstein Sicherungsmaßnahmen durchgeführt.

Rüdiger Schirmacher

Landgewinnung und Küstenschutz

L a n d g e w i n n u n g   u n d   V o r l a n d : Die Halbinsel Eiderstedt in einer Größe von ca. 380 km² ragt wie eine Großbuhne in einer mittleren Länge von der Linie Husum–Friedrichstadt bis St. Peter-Ording 30 km und einer mittleren Breite von 13 km in das Wattenmeer. An der S-Seite befindet sich überwiegend eine Flussküste an der Eider, dem längsten Fluss Schleswig-Holsteins. Die W-Seite wird durch eine Dünen- und Sandküste bei St. Peter-Ording, eine Sandküste bei Westerhever und die N-Küste durch das Wattenmeer mit umfangreichen Lahnungsfeldern und dem Heverstrom zur Nordsee abgegrenzt (Abb. 4).

Durch umfangreiche Eindeichungen im Laufe der Jahrhunderte wurden die „Dreilande" Utholm, Everschop und Eiderstedt räumlich eine Einheit. Neben den großen

Bedeichungen an der Eider und den mächtigsten Prielen war der erste Einzelkoog im 12. Jh. der Poppenbüller St. Johanniskoog nördlich von Garding. Durch die Eindeichung des Dammkooges nördlich von Koldenbüttel 1489 wurde die seit 1362 bestehende Insellage Eiderstedts beendet. Die letzte Eindeichung in Eiderstedt fand im Zuge der Eiderabdämmung 1967–1973 im Katinger Watt durch den Bau des Eiderdammes und des Leitdammes statt.

Die Neu- oder Wiedergewinnung von Land durch Deichbau setzte das Zusammenwirken von Menschen in einer Gemeinschaft nach bestimmten Regeln voraus. Das gewonnene und bedeichte, geschützte Land bildete dann einen natürlichen Deichverband. Da ein Deich ständig den Angriffen der See ausgesetzt ist, musste eine Gemeinschaft auch nach seiner Fertigstellung bestehen bleiben, um die Unterhaltung und in Notfällen die Deichverteidigung wirksam betreiben zu können. Eine solche Notgemeinschaft konnte ihre Aufgaben auf die Dauer nur dann bewältigen, wenn sie sich auf Rechtsvorschriften stützte, die den einzelnen Mitgliedern ihre Pflichten klar und gerecht auferlegten und die als unverletzbar angesehen wurden. So wuchs das Deichrecht zugleich mit der Deichbaukunst. Das alte Marschendeichrecht hat in Schleswig-Holstein im Spadelandrecht von 1557 seine erste umfassende Form gefunden und war in wesentlichen Teilen bis 1803 in Kraft. Mit der Schaffung übergreifender „Deichbände" verstärkte der Staat damals seinen Einfluss. 1971 übernahm das Land Schleswig-Holstein die alleinige Verantwortung für die Landesschutzdeiche.

Der Bau und die Verteidigung der Deiche stand von früh an in engstem Zusammenhang mit der Binnenentwässerung oder, wie sie in den Marschen genannt wird, der „Wasserlösung". Die tiefe Lage des Landes zum Meeresspiegel, die zeitweise starken Zuflüsse von den Höhenrücken und der Flutstau bei W-Wind vor der Küste stellten der Wasserlösung schwere Aufgaben, die ebenso wie der Deichbau nur gemeinschaftlich zu bewältigen waren. So bildeten die hinter einem Deiche liegenden Marschen von Natur einen Deich- und Wasserlösungsverband. Diese Doppelaufgabe kommt auch zum Ausdruck in dem alten Marschenrecht, das von Deich- und Sielrecht spricht und damit die Zusammengehörigkeit dieser beiden wichtigsten Aufgaben zum Ausdruck bringt. Die deichgenossenschaftliche Selbstverwaltung wurde durch die steigende Anteilnahme des Staates an den Aufgaben des Küstenschutzes abgelöst. Die seenahen Landschaften standen durch die Last der Deichunterhaltung am Rande des finanziellen Ruins und konnten ihre Aufgaben nicht mehr wahrnehmen.

Die Marsch lag schon bei ihrer Bedeichung in den meisten Bereichen nur wenig über dem Meeresspiegel. Mit zunehmendem Alter sackte der Boden mehr oder weniger stark zusammen. Daher umschließen die neuen Köge wie der Rand einer Schüssel auf höherem Niveau die alten Köge, deren Entwässerung dadurch erheblich erschwert ist. Der weitaus größte Teil Schleswig-Holsteins, etwa zwei Drittel seiner Fläche, schickt die Niederschläge zur W-Küste, da die Wasserscheide im O sehr nahe an der Ostsee liegt. Das Wasser fließt also überwiegend in die Marsch, die es weiter in die Nordsee zu leiten hat. Der Abfluss von der Geest her wurde durch die Begradigung, Vertiefung und Reinhaltung der Auen und Gewässer im 20. Jh. außerordentlich beschleunigt. Vorher hatte sich dieser solange verzögert, bis die Marschen ihr eigenes Wasser abgeführt hatten. Heute ist die Hochwasserwelle der Geest da, bevor die eigenen Niederschläge der Marschen zum Abfluss gelangt sind. Dadurch tritt ein Aufstau ein; dieser wird noch dadurch verstärkt, dass der Abfluss in die Nordsee häufig durch die vorherrschenden

16

W-Winde, die einen Stau vor der Küste erzeugen, für längere Zeit unmöglich gemacht wird. Die Marschen müssen also die eigenen Niederschläge mit dem Fremdwasser von der Geest zusammen speichern. Deshalb wurden Schöpfwerke und besondere Speicherbecken notwendig. Da Vordeichungen als erklärtes Ziel der Landesregierung zukünftig, nicht zuletzt aus Gründen des Naturschutzes im Nationalpark Schleswig-Holsteinisches Wattenmeer, nicht mehr stattfinden sollen, werden die Außentiefs (= Priele vom Seedeich in die Nordsee) durch Auflandungen im Vorland instabiler. Durch die Versandung und Verlängerung dieser Außentiefs sowie den Anstieg des Meeresspiegels verkürzt sich die Zeit, in der das Wasser aus den Sielzügen in die Nordsee abfließen kann.

Entlang der W-Küste von Schleswig-Holstein wird seit vielen Generationen die Tradition der Vorlandgewinnung und -erhaltung durch Lahnungsbau und Begrüppung gepflegt. Bis in die 1950er Jahre wurden diese Vorlandarbeiten zwecks Neugewinnung von landwirtschaftlichen Nutzflächen und aus Gründen des Küstenschutzes durchgeführt. Seit dieser Zeit steht der Küstenschutz im Vordergrund. Die große Bedeutung der Vorländer spiegelt sich z.B. im Landeswassergesetz des Landes Schleswig-Holstein wider. Demnach ist die Sicherung des Vorlandes, soweit dies für die Erhaltung der Schutzfunktion der Deiche erforderlich ist, im Interesse des „Wohls der Allgemeinheit" und somit eine Aufgabe des Landes Schleswig-Holstein (Abb. 5).

1993 trat in Schleswig-Holstein das Landesnaturschutzgesetz in Kraft. Dieses hat erhebliche Konsequenzen für die bisherige Bewirtschaftungspraxis der Vorländer entlang der W-Küste von Schleswig-Holstein. Im Landesnaturschutzgesetz werden u.a. Wattflächen und Salzwiesen als „vorrangige Flächen für den Naturschutz" bezeichnet. Alle Handlungen, die zu einer Beseitigung oder zu einer Änderung des charakteristischen Zustandes dieser Biotope führen können, sind verboten. Ausnahmen von diesen Verboten dürfen nur genehmigt werden, wenn die Beeinträchtigungen ausgeglichen werden können und die Maßnahmen aus überwiegenden Gründen des Allgemeinwohls notwendig sind. Befreit von dieser Regelung sind nur die notwendigen Vorlandarbeiten in den nicht im Nationalpark Schleswig-Holsteinisches Wattenmeer liegenden Vorländern. Aufgrund dieser Gesetzesvorgaben entwickelten Vertreter der Natur- und Küstenschutzverwaltung 1995 ein Konzept für ein „Vorland-Management". Demnach soll vorhandenes Vorland erhalten und vor schar liegenden Deichen die Entstehung neuen Vorlandes gefördert werden. Dies soll möglichst naturverträglich geschehen. Die Maßnahmen sind anhand eines Monitoring-Programms auf Effektivität und auf ihre Naturverträglichkeit zu überprüfen und weiterzuentwickeln. Es werden Gebiete als Vorrangflächen für eine natürliche Entwicklung unter Verzicht auf Küstenschutzmaßnahmen ausgewiesen. Diese Gebiete werden beobachtet und überwacht. Im Falle von Interessenkonflikten werden die zu ergreifenden Maßnahmen miteinander abgestimmt. Nach diesen Grundsätzen sind regionale Küstenschutz-Konzepte entwickelt worden, die nicht nur Maßnahmen zur Sicherung und zum Aufbau von Vorland einschließen, sondern auch beispielsweise die übrigen Maßnahmen des flächenhaften Küstenschutzes und der Außentiefunterhaltung einbeziehen.

Aufgrund ihrer künstlichen Entstehung liegen die Vorländer in einer energiereichen Umgebung oder werden durch Kantenerosion infolge von Wellenangriff bedroht. Eine Zunahme der hydrodynamischen Belastungen aus Seegang und Strömungen auch in der Folge des vorhergesagten Klimawandels würde die Gefahr von Kantenabbrüchen weiter vergrößern. In der Konsequenz könnten die bestehenden Vorländer von der

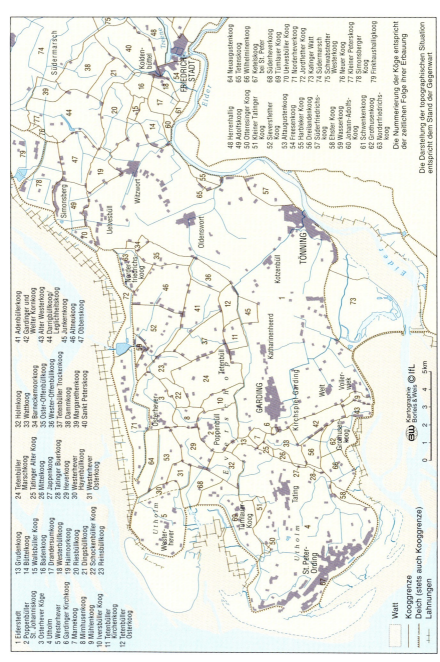

Kante her, also von See her aufgegeben werden. Um dies zu verhindern, sollen sich die künftigen Vorlandarbeiten vermehrt auf die Sicherung der Anwachszonen richten. Falls erforderlich, lässt sich dies auch durch die Einrichtung einer vorgelagerten „Turbulenzzone", in der die Energie umgelagert wird, erreichen. Heute gibt es an der schleswig-holsteinischen W-Küste rund 10 000 ha Salzwiesen. Hiervon liegen rund 6 000 ha im Nationalpark Schleswig-Holsteinisches Wattenmeer.

K ü s t e n s c h u t z : Nach dem Grundgesetz (Art. 74, Nr. 17) gehört der Küstenschutz zu den Gegenständen der konkurrierenden Gesetzgebung. Da die Küstenländer die Belange des Küstenschutzes in Länderwerken (Landeswassergesetz) wirksam geregelt haben, besteht – abgesehen von der Mitfinanzierung des Bundes von Schutzwerken – für den Bund keine Veranlassung, von seinem Gesetzgebungsrecht Gebrauch zu machen. Das Landeswassergesetz ist wiederum Grundlage für den „Generalplan Küstenschutz Integriertes Küstenzonenmanagement Schleswig-Holstein von 2001". In diesem Generalplan sind Leitbilder und Entwicklungsziele festgelegt. Sie schreiben den Schutz von Menschen und ihren Wohnungen durch Deiche und Sicherungswerke als oberste Priorität fest. Ferner sind im Generalplan Küstenschutz Handlungsziele und Prioritäten festgelegt, nach denen die erforderlichen Küstensicherungsmaßnahmen durchgeführt werden sollen. Allen Baumaßnahmen muss ein Abwägungsprozess vorgeschaltet werden, in dem alle Belange, ganz besonders die des Naturschutzes, mit denen des Küstenschutzes abgewogen werden müssen.

Nach dem „Generalplan Küstenschutz", den die Landesregierung nach der Sturmflut vom 16./17. Februar 1962 aufstellte und der 1977 sowie 1986 fortgeschrieben wurde, sind die Landesschutzdeiche vor den meisten Kögen auf der Halbinsel Eiderstedt mit einem großen Kostenaufwand verstärkt worden. Im zurzeit gültigen Generalplan von 2001 sind alle Landesschutzdeiche mit dem sogenannten Referenzwasserstand – das ist der Wasserstand, der bei einer Sturmflut heute eintreten könnte – überprüft worden. Hiernach sind für die Halbinsel Eiderstedt keine erhöhten Wellenüberläufe festgestellt worden. Aus diesem Grunde befinden sich nach dem Generalplan 2001 keine Deichverstärkungen in der höchsten Prioritätsstufe.

W a s s e r l ö s u n g : Der DHSV Eiderstedt ist ein Selbstverwaltungsorgan, ein Wasser- und Bodenverband im Sinne des WVG. Er wurde am 16. September 1941 gegründet und ist Nachfolger des 3. schleswigschen Deichbandes, der von 1803 bis 1937 bestand. Nördlich der Eider gab es vier größere Festlandverbände, den 1., 2., 3. und 4. schleswigschen Deichband, sowie vier selbstständige Inselverbände, nämlich Nordstrand und Pellworm mit je einem Verband und Föhr mit zwei Verbänden. Außer diesen größeren bestanden noch mehrere kleine Verbände, die entweder ihrer Natur nach oder aus der geschichtlichen Entwicklung heraus, nämlich durch Neubedeichung, entstanden. Südlich der Eider gab es sechs holsteinische Deichbände, die bis vor die Tore Hamburgs reichten (Abb. 6).

Zum heutigen DHSV Eiderstedt gehören der ehemalige Kreis Eiderstedt sowie die Gemeinden Südermarsch, Simonsberg mit Finkhaushallig im ehemaligen Kreis Husum. Die Gesamtgröße beträgt ca. 37 580 ha. Obgleich das Gelände augenscheinlich sehr eben und plan wirkt, ist die Höhenlage der Halbinsel durch die Zusammendeichung und durch die Sedimentation von der See her sehr unterschiedlich und liegt im Wesentlichen zwischen 1 m u. NN und 2 m ü. NN. Daher sind die normalen Wasserstände in den einzelnen Sielverbänden auf NN bezogen auch sehr unterschiedlich.

Noch heute sieht man nach erhöhten Niederschlägen in mehreren Bereichen an den Überschwemmungen sehr deutlich den Verlauf der alten Wattströme, die allmählich durchdeicht wurden. Besonders auffällig erscheint der in der ersten „Mandränke" 1362 entstandene Durchbruch der Hever zur Eider vom Adolfskoog über den Obbenskoog, dem Rosenburger Deep über den Dingsbüllkoog bei Koldenbüttel. Noch heute würden bei jedem normalen MThw (ca. 1,50 m ü. NN) etwa drei Viertel der Flächen Eiderstedts überflutet, wenn es keine Deiche gäbe.

Der DHSV setzt sich aus 17 eigenständigen Sielverbänden in unterschiedlichen Größen von ca. 750 bis 5 000 ha zusammen, die entsprechend ihren Einzugsgebieten nach unterschiedlichen Höhenlagen natürlich entstanden sind. Jeder Sielverband hat einen Vorstand und einen Ausschuss, der sich nach einer Satzung zusammensetzt und ein in sich zusammenhängendes, eigenes Einzugsgebiet betreut. Die Entwässerung ist damit alleinige Sache des einzelnen Sielverbandes. Das ist eine Besonderheit, die nur in Eiderstedt vorkommt. Kein Sielverband entwässert durch einen anderen Sielverband, eine Ausnahme gibt es nur bei den Spül- und Speicherbecken in Everschopsiel und Lundenbergharder Siel, die 1970–1973 im Zuge von Deichbaumaßnahmen zum Spülen des Außentiefs und zur Verbesserung der Binnenentwässerung hergestellt wurden. Die Grenzen zu den Nachbarverbänden werden durch Mitteldeiche oder natürliche Höhenlinien wie Straßen und Wege gebildet. Die Wasserlösung wird entweder in freier Vorflut über Deichsiele, durch künstliche Entwässerung über Schöpfwerke oder auch in Kombination aus beiden geregelt.

Die Eiderstedter Landschaft wird in besonderer Weise geprägt durch eine Vielzahl von Sielzügen und Gräben. Im Mittel sind es 25 m/ha Verbandsgräben und etwa 120 m/ha Grenz- und Parzellengräben. Hinzuzurechnen sind noch 600 ha Spätinge (für den Deichbau abgegrabene tiefer liegende Flächen) und Fleeten (Reste alter Priele) sowie die Vielzahl der Kuhlen (Tränkestellen auf fast jeder Weide). Fast 7 % der Landschaft sind von Gräben, die auch dem Natur- und Landschaftsschutz dienen, durchzogen.

Der DHSV Eiderstedt wird geleitet von einem Oberdeichgrafen und vier Deichratmännern. Sein höchstes Gremium ist die Deichversammlung, der die 17 Sielverbandsvorsteher angehören. Die Zusammensetzung der Deichversammlung und des Vorstandes ist nach einer Satzung geregelt. Der Sitz des DHSV ist in Garding, Johannisstraße 34, dort befinden sich auch das Büro und die Geschäftsleitung mit einem Dipl. Ingenieur als Geschäftsführer (Deichbaumeister) einer Dipl. Kauffrau (Deichrentmeisterin) und z.Z. drei Mitarbeitern. Durch das Büro des DHSV werden weiterhin noch drei eigenständige Nachbarverbände in einer Gesamtgröße von ca. 8 400 ha verwaltungsmäßig und technisch betreut. Die Geschäftsführung des Gewässer- und Landschaftsverbandes Tideeider und des Gewässer- und Landschaftsverbandes Husumer Mühlenau und Nördliches Eiderstedt, Einrichtungen, die zur Umsetzung der WRRL 2000 gegründet wurden, wird ebenfalls in der Geschäftsstelle in Garding abgewickelt. In Rothenspieker, in unmittelbarer Nähe des Eiderdeichsieles befindet sich der eigene Betriebshof des DHSV mit fünf Mann Stammpersonal, drei Hydraulikbaggern mit Räumschaufeln und Mähkörben, einem Schlepper, einem 30-Tonnen-Tieflader, zwei Mähbooten und weiterem technischen Gerät. Durch den Betriebshof werden die Regiearbeiten des DHSV und seiner 17 Unterverbände erledigt. Zusätzlich werden für Unterhaltungsarbeiten und über Ausschreibungen weitere Firmen angeworben (vgl. Anhang E).

Rüdiger Schirmacher und Thies Thiessen

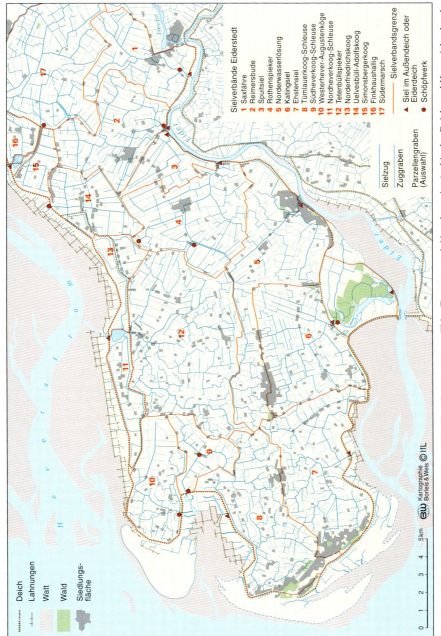

Abb. 6 Sielverbände, Stand 2012 (Entwurf: Rüdiger SCHIRMACHER u. Thies THIESSEN, nach Unterlagen im Archiv des Deich- und Hauptsielverbandes Eiderstedt in Garding)

Klima

Das Klima eines Ortes wird stets von fremdbürtigen (allochthonen) und eigenbürtigen (autochthonen) Einflüssen geprägt. Entsprechend der Lage in den durch vorherrschende W-Winde gekennzeichneten mittleren Breiten kommt es auf der Halbinsel Eiderstedt – wie in ganz Norddeutschland – zu kühlen Sommern und milden Wintern sowie ausreichendem Niederschlag zu allen Jahreszeiten. Der häufige Wechsel von Hoch- und Tiefdruckgebieten sorgt für einen unbeständigen Charakter des Wetters. Stellt sich einmal eine längere Phase mit Hochdruckeinfluss ein, so ist im Sommerhalbjahr mit trockenem und warmem Wetter zu rechnen, während sich im Winter je nach Lage des Hochs trocken-kaltes bzw. neblig-trübes Wetter einstellt.

Lokal modifiziert wird das Klima durch die Klimafaktoren (geographische Breite und Länge, Entfernung zum Meer, Relief u.a.m.). Für Eiderstedt bestimmend ist die unmittelbare Lage am Meer. Die Halbinsel wird dem Klimabezirk der Schleswig-Holsteinischen Nordseeküste zugeordnet, für den ein stark maritimes Klima mit gedämpften Jahres- und Tagesgängen der meisten meteorologischen Elemente typisch ist (z.B. KAUFELD et al. 1997; HENDL 2001; IfL 2003). Von diesen sollen nachfolgend die Lufttemperatur, die Bewölkung, die Sonnenscheindauer, der Niederschlag, die Luftfeuchtigkeit und der Wind näher untersucht werden. Ergänzend folgen Ausführungen zur Land-Seewindzirkulation, zur Wassertemperatur, zum Bioklima sowie zum Klimawandel in der Region.

Die folgenden Beschreibungen und statistischen Auswertungen stützen sich überwiegend auf meteorologische Mess- und Beobachtungswerte der Wetterwarte St. Peter-Ording (1951–2007) des Deutschen Wetterdienstes. Die im Anhang C angeführten Mittelwerte beziehen sich, wenn nicht anders angegeben, auf einen in der Klimatologie üblichen 30-jährigen Zeitraum (1971–2000).

Lufttemperatur und abgeleitete Größen: Aus den Klimadaten der Station St. Peter-Ording ergibt sich für den Zeitabschnitt 1971–2000 eine Jahresmitteltemperatur von 8,8 °C. Das kälteste Jahr der Gesamtreihe war 1963 mit 7,2 °C, 2007 wurden 10,5 °C erreicht. Das Monatsminimum von 1,4 °C wird übereinstimmend in den Monaten Januar und Februar und das Maximum im August mit 17 °C erreicht. Somit verschieben sich die Extrema – als typisches Merkmal des maritimen Jahresganges – um nahezu zwei Monate gegenüber dem Sonnentiefst- bzw. Sonnenhöchststand. So große Abweichungen werden in Deutschland nur an einigen weiteren exponierten Stationen der Nord- und Ostseeküste sowie auf hohen Bergen erreicht. Die mittlere Jahresschwankung als Differenz zwischen dem wärmsten und kältesten Monat beträgt nur 15,6 K und liegt damit deutlich unter Werten von über 20 K, wie sie z.B. im kontinentaleren östlichen Brandenburg auftreten (Abb. 7a).

Sehr tiefe winterliche Temperaturen werden erreicht, wenn es am Rande eines Hochdruckgebietes über Skandinavien zur Zufuhr von kalten Luftmassen aus O kommt. Bei vorhandener Schneedecke sind in allen drei Wintermonaten Dezember bis Februar Tiefstwerte von -17 bis -18 °C möglich. Am Erdboden kann die Temperatur in ungünstigen Lagen auch unter -30 °C absinken. Im Sommer treten hohe Temperaturen bei der Zufuhr von warmen Luftmassen aus SO auf. Dann können Höchstwerte von etwa 36 °C erreicht werden, es muss allerdings eine ablandige Komponente des Windes bestehen, da es sonst recht schnell zur Ausbildung des kühlen Seewindes kommt.

Die maritimen Verhältnisse zeigen sich ebenfalls bei der mittleren täglichen Temperaturschwankung. Sie beträgt nur 3,9 K im Januar und erreicht bereits im Mai mit 8,3 K das Maximum. Dies korrespondiert, wie später ausführlicher dargestellt wird, mit der geringen Bewölkung und damit langen Sonnenscheindauer im Küstengebiet in diesem Monat.

Aus den Tageswerten der Lufttemperatur werden sogenannte Ereignistage abgeleitet (Abb. 7b). Im Mittel werden pro Jahr 60 Frosttage beobachtet, diese treten von Oktober bis in den Mai hinein auf, wobei das Maximum mit jeweils etwa 14 Tagen im Januar und Februar erreicht wird. Frostfrei sind nur die Monate Juni bis September. Im langjährigen Mittel ist mit nur 14 Eistagen pro Jahr zu rechnen. Diese treten von November bis März, am häufigsten im Januar mit sechs Tagen auf.

Von April bis September kann es zu Sommertagen kommen, wobei von den jährlich zu erwartenden 13 Sommertagen fast alle von Juni bis August beobachtet werden. Heiße Tage werden in St. Peter-Ording recht selten registriert (1,5 Tage pro Jahr). Sie treten von Juni bis August auf, in einzelnen Jahren (1983) auch noch im September.

Auch bei den Ereignistagen wird die starke Maritimität des Klimas von Eiderstedt deutlich. Einerseits ist ihre Anzahl gegenüber dem Binnenland herabgesetzt, andererseits gibt es auch hier im Jahresverlauf eine starke Verzögerung gegenüber dem Sonnentiefst- bzw. Sonnenhöchststand.

Um einen tieferen Einblick in die Struktur des thermischen Überganges vom Meer zum Land zu geben, ist der Kontinentalitätsindex KI nach Kwiecień (1959) für Norddeutschland hilfreich (Abb. 7d). An der Nordseeküste folgen die gedrängten Isolinien dem Küstenverlauf. Die KI-Werte der Stationen Helgoland (KI = 0 %), List (KI = 28 %) und St. Peter-Ording (KI = 54 %) zeigen, dass der überwiegende Teil des thermischen Übergangs zwischen Land und Meer bereits in unmittelbarer Küstennähe erfolgt. Weiter landeinwärts nehmen die KI-Werte kaum noch zu (Heide, KI = 64 %). Betrachtet man den gesamten norddeutschen Bereich, erkennt man neben der dominierenden Erhöhung der Kontinentalität von N nach S auch ihre langsame Zunahme von W nach O. Das Maximum von 100 % wird im Bereich der Mecklenburgischen Seenplatte erreicht.

B e w ö l k u n g   u n d   S o n n e n s c h e i n d a u e r : Im 30-jährigen Mittel von 1971 bis 2000 sind im Raum Eiderstedt etwa 67 % (entspricht 5,3 Achtel) des Himmels mit Wolken bedeckt. Die monatlichen Werte bewegen sich im Laufe des Jahres zwischen knapp 60 % (4,7 Achtel) im Mai und August sowie 75 % (6,0 Achtel) im Dezember. Dementsprechend sind fast die Hälfte aller Tage des Jahres (142 Tage) als trübe Tage einzuschätzen. Im Jahresverlauf ist dabei von jeweils etwa zehn trüben Tagen in den Sommermonaten und von je zwölf bis 17 trüben Tagen in den Wintermonaten auszugehen. Dabei ist die jährliche Veränderlichkeit relativ groß, die extremen Werte liegen zwischen 79 und 181 Tagen pro Jahr. Heitere Tage treten weitaus seltener auf (31 Tage pro Jahr). Während es z.B. im Dezember im Mittel nur zwei heitere Tage gibt, sind im Mai bereits vier heitere Tage üblich. Auch hier ist die Schwankungsbreite mit zehn zu 54 Tagen relativ groß, aber deutlich geringer als bei den trüben Tagen.

In der Jahressumme beträgt die Sonnenscheindauer in St. Peter-Ording etwa 1 535 Stunden. Dazu trägt der Dezember nur 25 Stunden bei, was einer täglichen Sonnenscheindauer von 48 Minuten entspricht. Deutlich größer ist der Anteil des Monats Mai, wo immerhin an 232 Stunden (7,5 Stunden pro Tag) die Sonne scheint. Er liegt

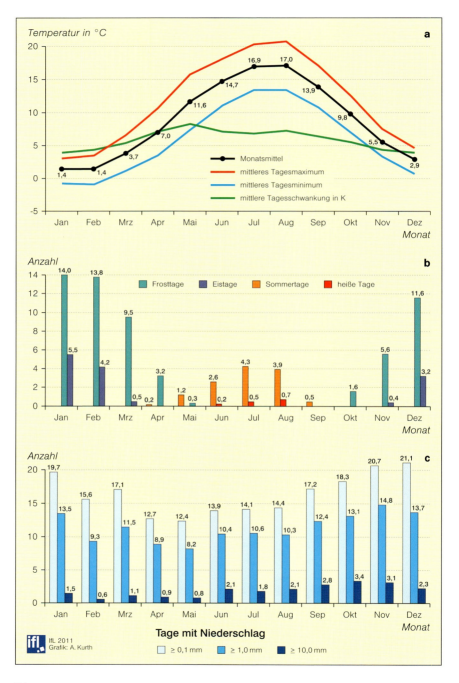

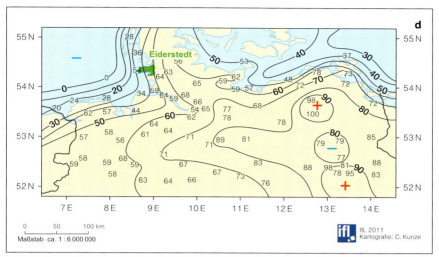

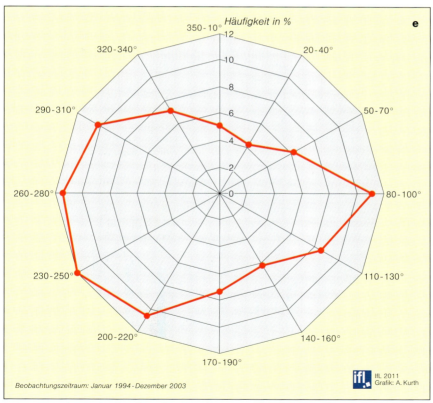

Beobachtungszeitraum: Januar 1994 - Dezember 2003

Seiten 24 und 25

Abb. 7a Monatsmittel der Lufttemperatur in °C, ihres mittleren täglichen Maximums und Minimums in °C sowie ihrer mittleren täglichen Tagesschwankung in K der Wetterwarte St. Peter-Ording 1971–2000 (Entwurf: Birger TINZ u. Elke ISOKEIT, mit Daten des Deutschen Wetterdienstes)

Abb. 7b Mittlere Anzahl der Sommertage (Tageshöchsttemperatur >= 25 °C), der heißen Tage (Tageshöchsttemperatur >= 30 °C), der Frosttage (Tagestiefsttemperatur < 0 °C) sowie der Eistage (Tageshöchsttemperatur < 0 °C) der Wetterwarte St. Peter-Ording 1971–2000 (Entwurf: Birger TINZ u. Elke ISOKEIT, mit Daten des Deutschen Wetterdienstes)

Abb. 7c Mittlere Anzahl Tage mit täglichen Niederschlagshöhen >= 0,1 mm, 1 mm und 10 mm der Wetterwarte St. Peter-Ording 1971–2000 (Entwurf: Birger TINZ u. Elke ISOKEIT, mit Daten des Deutschen Wetterdienstes)

Abb. 7d Linien gleichen Kontinentalitätsindexes nach KWIECIŃ (in %) für den Zeitraum 1971–2000 in Norddeutschland (Entwurf: Birger TINZ u. Elke ISOKEIT, nach TINZ u. HUPFER 2006)

Abb. 7e Häufigkeitsverteilung in Prozent der Windrichtungssektoren in Grad der Wetterwarte St. Peter-Ording 1994–2003 (Entwurf: Birger TINZ u. Elke ISOKEIT, mit Daten des Deutschen Wetterdienstes)

damit noch über den Werten der Sommermonate. An immerhin etwa 85 Tagen im Jahr scheint die Sonne gar nicht.

Niederschlag, Luftfeuchtigkeit und Nebel: Die mittlere jährliche Niederschlagshöhe beträgt in St. Peter-Ording 831 mm (1 mm entspricht 1 l/ m²) und ist damit höher als im Binnenland. In trockenen Jahren werden auch nur 550 mm erreicht, während in feuchten Jahren die Niederschlagshöhen mehr als 1 150 mm betragen können. Das monatliche Minimum wird im Februar mit 41 mm erreicht, die Monate April und Mai liegen aufgrund ihrer größeren Länge auf gleichem Niveau. Oktober und November stellen mit fast 100 mm die niederschlagsreichsten Monate dar. Das Maximum im Herbst ist ein typisches Element dieser Klimaregion, im norddeutschen Tiefland wird ansonsten das Niederschlagsmaximum im Sommer erreicht.

Die Zahl der Niederschlagstage liegt zwischen zwölf Tagen im Mai und je 21 Tagen im November und Dezember (Abb. 7c). Sie summieren sich auf 197 Tage im Jahr. Tage mit Niederschlagshöhen über 10 mm treten mit 0,6 Tagen im Februar und bis zu 3,4 Tagen im Oktober recht selten auf. Es kann also festgehalten werden, dass es im Raum Eiderstedt häufig zu Niederschlag kommt, der aber meist nur von geringer Intensität ist. Die größte Tagessumme in St. Peter-Ording wurde am 27. Juni 1991 mit 63 mm registriert. So hohe Werte werden meist im Zusammenhang mit Gewittern beobachtet, die im Mittel an 13 Tagen im Jahr auftreten.

Im Vergleich mit anderen Gebieten von Norddeutschland kommt es in Eiderstedt recht selten zur Ausbildung einer Schneedecke. Im Mittel liegt in St. Peter-Ording an 19 Tagen im Jahr Schnee. In schneereichen Wintern können es auch 87 Tage sein. In den Monaten November bis April kann mit einer Schneedecke gerechnet werden. Die maximale Häufigkeit wird im Januar und Februar erreicht (ca. sieben bzw. sechs Tage).

Bedingt durch die Lage am Meer sowie den häufig auflandigen Wind, ist der Wasserdampfgehalt der Luft recht hoch. Im Jahresmittel beträgt die relative Luftfeuchtigkeit 82 %, wobei die Monatsmittel zwischen je 76 % im Juni, Juli und August und je 90 % im Dezember und Februar liegen. Erreicht die Luftfeuchtigkeit 100 %, so kondensiert der Wasserdampf und es kann sich Nebel bilden. Im Jahresmittel werden

37 Nebeltage registriert. Als besonders nebelreich erweisen sich die Monate Oktober bis März. Sie weisen jeweils etwa fünf Nebeltage auf. In einem Februar wurden sogar schon einmal 23 Tage mit Nebel registriert. Während winterlicher Nebel viele Stunden oder den ganzen Tag anhalten kann, ist sommerlicher Nebel meist nur von kurzer Dauer. Er entsteht meist in den Morgenstunden, wenn sich unter Hochdruckeinfluss die Luft nachts stark abgekühlt hat.

W i n d : Die häufigsten Windrichtungen im Bereich der Halbinsel Eiderstedt sind SSW bis WNW (Abb. 7e). Insbesondere im Frühjahr treten häufig Winde aus O auf und bilden damit ein sekundäres Maximum in der Häufigkeitsverteilung. Sie gehen im Sommer zugunsten der W- und NW-Winde und vor allem im Herbst zugunsten der SW- und S-Winde dann deutlich zurück. Die Windrichtungsverhältnisse im Winter sind denen des Herbstes ähnlich. Abweichend von diesen mittleren Verhältnissen können in Einzeljahren bei extremen Witterungsverhältnissen (strenge Wintermonate, heiße Sommermonate) Winde aus östlichen Richtungen vorherrschen.

Das Jahresmittel der Windgeschwindigkeit liegt im Raum Eiderstedt zwischen 4 und 7 m/s (Windstärke 3–4 Bft) wobei die höheren Windgeschwindigkeiten in unmittelbarer Ufernähe der Eider und in Richtung Schleswig-Holsteinisches Wattenmeer zu verzeichnen sind und die niedrigeren in bebauten Ortslagen.

Der Wind weht im Allgemeinen am stärksten aus südwestlichen bis nordwestlichen Richtungen und besonders stark im Winter. In den Monaten Dezember bis Februar werden 25 Tage mit Böen der Windgeschwindigkeit von mindestens Windstärke 8 registriert, das entspricht rund 36 % der jährlich zu erwartenden Sturmtage (etwa 70 Tage). Im Herbst ist im langjährigen Mittel von 18 Tagen mit mindestens Windstärke 8 in Böen und im Frühjahr und Sommer von jeweils etwa 13 derartigen Tagen auszugehen (vgl. Anhang C).

Die höchsten Böen traten beim Orkan Daria am 25. und 26. Januar 1990 auf, hier wurden Spitzenböen bis 42 m/s (etwa 150 km/h) gemessen. Die Orkantiefs Vivian (26. Februar 1990) und Verena (13. Januar 1993) brachten Spitzenböen bis 41 m/s (etwa 148 km/h).

Ein besonderes Kennzeichen des Küstenklimas ist die Herausbildung der Land- und Seewindzirkulation (Erklärung z.B. in Bock et al. 2002). Seewind entsteht in der warmen Jahreszeit an Strahlungstagen und bei schwacher allgemeiner Luftbewegung. Durch die unterschiedlich starke Erwärmung von Land und Meer stellt sich im Tagesverlauf ein Luftdruckunterschied ein, der durch den Seewind (auflandig, von der See in Richtung Land wehend) kompensiert wird. Er setzt typischerweise am späten Vormittag ein und erreicht am Nachmittag seine größte Stärke von maximal 4–5 Bft. Zum Abend hin flaut er wieder ab. Durch den Seewind wird das Auftreten hoher Temperaturen am Nachmittag verhindert, der Temperaturunterschied zu nicht durch Seewind beeinflussten Gebieten kann über 10 K betragen. Der Seewind dringt maximal 100 km landeinwärts vor und beeinflusst somit die gesamte Halbinsel Eiderstedt. Nachts kann Landwind auftreten, der in umgekehrter Richtung weht und meist nur schwach ausgeprägt ist.

B i o k l i m a : Auf Grund seiner günstigen bioklimatischen Eigenschaften ist das Klima des Gebietes Eiderstedt für den Touristen und Erholungssuchenden empfehlenswert. Positiv zu werten sind die weitgehend fehlenden Belastungsfaktoren Hitze, Schwüle, Lichtmangel und erhöhte Schadstoffkonzentration in der Luft. Zusammen mit

den Reizfaktoren (niedrige Temperatur, UV-Strahlung und Wind) sowie den Schonfaktoren (ausgeglichene Tages- und Jahresgänge der Temperatur) werden dem menschlichen Organismus Anpassungen abverlangt, die ihn weder unter- noch überfordern.
An der Nordseeküste kommt es gelegentlich bis vermehrt zu Kältereiz, aber nur selten zu Wärmebelastung. Moderater Kältereiz ist aus bioklimatischer Sicht als günstig einzuschätzen, da er die Anpassungsfähigkeit des Körpers aufrechterhält. Wärmebelastung hingegen kann nur begrenzt durch physiologische Vorgänge (Schwitzen) und Verhaltensänderungen (Schatten aufsuchen, Ruhe) begegnet werden. Sie führt zu einem Leistungsabfall. Somit ist ein Sommerurlaub an der Nordseeküste für die Gesundheit des Menschen wesentlich verträglicher als ein Aufenthalt in hitzebelasteten Gebieten, z.B. in der Mittelmeerregion. Bei auflandigem Wind ist die Luft an der Küste in der Regel pollen- und schadstoffarm sowie bei Brandung mit meersalzhaltigem Aerosol angereichert. Daraus ergeben sich positive Indikationen für Atemwegserkrankungen und Pollenallergien.

W a s s e r t e m p e r a t u r : Für den Tourismus ist ebenfalls die Wassertemperatur und dabei insbesondere das Auftreten erträglicher Werte für den sommerlichen Badebetrieb (Badesaison) von Interesse. Für einen Badetag wird eine Grenztemperatur von 18 °C vorgeschlagen (MÜLLER-NAVARRA u. LADEWIG 1997). Für St. Peter-Ording wurden in den Sommern 1994/95 etwa 60 Badetage registriert, die überwiegend in den Monaten Juli und August lagen.

K l i m a ä n d e r u n g : Die Region Eiderstedt wird vom bereits beobachteten Klimawandel stärker betroffen sein als andere Gebiete Deutschlands. Wenn es im globalen Maßstab weiterhin zu einer starken Emission von Treibhausgasen kommt, werden hier im Laufe des 21. Jh. die Luft- und Wassertemperaturen voraussichtlich um einige Grad ansteigen und sich ebenfalls Veränderungen anderer Klimagrößen einstellen. Zusammen mit dem um einige Dezimeter steigenden Wasserstand wird das die Gestalt der Küstenlandschaft verändern und mit noch nicht abschätzbaren Konsequenzen für die hier ansässigen Wirtschaftszweige verbunden sein. Auch wenn es z.B. beim Tourismus durch die verlängerte Tourismussaison zu positiven Effekten kommen könnte (MATZARAKIS u. TINZ 2008), dürfte sich im Saldo eine negative Bilanz einstellen (STERR et al. 2004).

Birger Tinz und Elke Isokeit

Vegetation

Die flache Eiderstedter Halbinsel ist erst in den letzten 8 000 Jahren entstanden und besteht aus marinem Material. An einzelnen Stellen, die nur wenige Meter über das Marschgelände hervorragen, kommen fossile Nehrungen mit alten Sanddünen vor. Aber auch neuzeitliche Sandplaten mit rezenten Sanddünen und ehemalige Sandwälle sind an der Küste bei St. Peter-Ording anzutreffen. Durch die Klimaschwankungen veränderten sich auch die Pflanzenzusammensetzungen, wobei die Auswirkungen des Meeres die größten Veränderungen verursachten (Abb. 8).

Die Eiderstedter Halbinsel ist heutzutage eine bäuerliche Kulturlandschaft, und nur auf der Außendeichsmarsch und den rezenten Dünen existieren noch Naturlandschaften mit fast ursprünglicher Küstenvegetation. Die Brackwasservegetation im Eiderästuar ist durch das Sperrwerk anthropogen beeinflusst. Die Marsch der heutigen Kulturland-

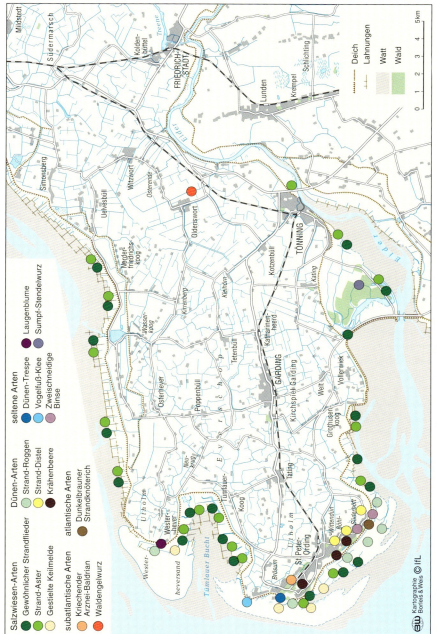

Abb. 8   Verbreitung ausgewählter Pflanzenarten (Entwurf: Manfred HAACKS u. Dietbert THANNHEISER, eigener Entwurf)

schaft wurde in den letzten 1 000 Jahren nach und nach eingedeicht. Etwa die Hälfte der Köge ist bereits vor über 500 Jahren angelegt und somit neueren Meeresüberschwemmungen entzogen. Dadurch konnte kein Schlick abgelagert werden, und diese Altmarschböden sind heutzutage entkalkt und verdichtet. Fast ein Drittel der Landfläche der Eiderstedter Halbinsel besteht jedoch aus Jungmarschablagerungen, die in den letzten Jahrhunderten bis heute dem Meer ausgesetzt waren und kalkreichen Schlick beherbergen.

P o t e n z i e l l e   V e g e t a t i o n : Eine potenziell-natürliche Vegetation ist auf der Eiderstedter Halbinsel schwierig auszuscheiden, weil die Standortverhältnisse während der letzten Jahrtausende stark wechselten. Es folgten auf anorganischen marinen Ablagerungen organische Torfschichten und wieder Überschlickungen von Marschkomponenten.

Im Verlauf der Flandrischen Transgression wurden durch vordringende Wassermassen auf dem Geestuntergrund im Bereich von Eiderstedt alluviales Feinmaterial (Ton und Sand) abgelagert (BANTELMANN 1966). Um 3000 v.Chr. zeigte die Eiderstedter Halbinsel unterschiedliche Substratbestandteile. Ein breiter Nehrungssandstreifen trennte die südliche Marsch von den nordwestlichen Sandpartien und den nordöstlichen Moorflächen (MEIER 2007). Bereits im 8. Jh. wurde die Halbinsel von Moorflächen eingenommen, nur auf dem südlichen Drittel der Halbinsel und um die Eidermündung waren noch Marschablagerungen zu finden. Diese Marsch wurde bereits von einer baumlosen Salzpflanzenvegetation aus Gräsern und Stauden eingenommen. Der ursprünglich breite Nehrungswall ragte nur noch inmitten der Halbinsel an einzelnen Stellen heraus. Im Schutze der Meeresstrandwälle entwickelte sich eine Brackwasservegetation mit Schilfsümpfen, Bruchwäldern, Niedermooren und vereinzelten Hochmoorkomplexen. Die Vegetation auf der Halbinsel änderte sich in den späteren 500 Jahren. Die ehemaligen Moorflächen wurden überflutet und von einer 1–1,50 m mächtigen Sedimentschicht bedeckt. Um 1000 n.Chr. wurde die gesamte Eiderstedter Halbinsel von einer von zahlreichen Prielen durchzogenen Seemarsch eingenommen, die von hohen Tiden beeinflusst wurde. Die Vegetation hat höchstwahrscheinlich den heutigen unbeweideten Außendeichsalzwiesen geähnelt. Im Innern der Halbinsel wuchs eine Brackwasservegetation aus Röhricht und Weiden, die jedoch durch spätere Sturmfluten im Mittelalter verschwand. Ohne die durch den Menschen errichteten Deiche hätte sich im Inneren der Halbinsel auf höheren Partien ein Eschen-Erlenwald entwickelt. Bereits um 1300 siedelte der Mensch auf den alten Marschablagerungen der gesamten Eiderstedter Halbinsel, und durch die Beweidungseinflüsse von Haustieren sowie durch Nutzung der Menschen wurde das Aufkommen einer Waldvegetation verhindert. Die heutigen Schutzbäume um die Einzelhöfe verdeutlichen die Möglichkeit eines Waldaufkommens. Die Bäume sind jedoch durch die die starken Winde und die hohe Windgeschwindigkeit einseitig durch die Windschur nach O gerichtet. Auf der eingedeichten Marsch scheint nach Einzelvorkommen von Baumgruppen bei ungestörter Entwicklung ein Eschen-Ulmen-Wald (TÜXEN 1962) die potenzielle Klimaxvegetation zu sein. Entlang der Eider findet man Ablagerungen anorganischer Sedimente. Auf diesen Standorten wachsen je nach Überschwemmungsdauer Erlenbruchwälder, Weiden-Faulbaum-Gebüsche, Schwarz- und Silber-Pappeln sowie Gagelstrauch-Bestände. Auf kleinen isolierten Standorten mit Sanduntergrund, ehemaligen Nehrungen, sind

Reste des Hainbuchen-Eschenwaldes anzutreffen. An trockenen Stellen der Flussauen mag sich auch eine Hartholzaue aus Stiel-Eichen und Hainbuchen eingestellt haben (JEDICKE u. JEDICKE 1989).

Flora: Geobotanisch ist das Untersuchungsgebiet stark durch atlantische Florenelemente wie z.b. den Dunkelbraunen Strand-Knöterich oder die Zweischneidige Binse geprägt. Nur im O dringen subatlantische Arten bis zur Halbinsel vor, wie z.b. der Kriechende Arznei-Baldrian oder die Wald-Engelwurz. Floristisch sind besonders die Salzpflanzen (Halophyten) und Dünenpflanzen (Xerophyten) zu nennen. Fast alle Küstenpflanzen an der schleswig-holsteinischen W-Küste kommen auch rund um die Eiderstedter Halbinsel vor (DIERSSEN u. MIERWALD 1987).

Außendeichsvegetation: Eine halb-natürlich oder fast naturnahe Vegetation ist nur auf den Außendeichsbereichen anzutreffen. In der Vergangenheit war jedoch hier die Pflanzendecke durch die Beweidung von Schafen einförmig. Mittlerweile sind weite Teile der Außendeichsvegetation unbeweidet und daher nicht mehr einförmig. Zugvögel im Frühjahr und Herbst beeinflussen auch die wenigen Außendeichsgebiete durch Fraß und Kotablagerungen. Sie müssen sich mit einem relativ schmalen Streifen auf den Strandwiesen begnügen, weil der Mensch den größten Teil der Marsch eingedeicht hat.

Die Außendeichswiesen werden durch die Gezeiten geprägt, und bei Sturmfluten dringt das Meer bis an den Fuß der Deiche. Die Bildung einer Halophytenvegetation erfolgt bereits bei einer Tiefe von 1–2 m unter dem mittleren Tidehochwasser mit den ersten Gefäßpflanzen, dem Gewöhnlichen Seegras und dem Zwerg-Seegras. Landeinwärts treten bei verstärkter Sedimentation weitere halophytische Gräser und Kräuter auf. Bedingt durch die veränderten ökologischen Faktoren, kommt es auf den flachen, ungestörten Stränden zur Entwicklung von gürtelförmigen Pflanzengesellschaften in küstenparalleler Anordnung. Die Salzwiesen werden begrenzt von den Deichrasen. Sie setzen sich zusammen aus dem Quellerwatt (Kurzähren-Queller, Sandwatt-Queller, Schlickwatt-Queller, Salz-Schlickgras), der Andelzone (Andel, Strandsode, Strand-Dreizack, Strand-Mastkraut, Strand-Tausendgüldenkraut, Strand-Wegerich, Strand-Beifuß, Gewöhnlicher Strandflieder, Dänisches Löffelkraut, Gewöhnliche Grasnelke, Gewöhnlicher Salzschwaden, Meerstrand-Binse, Salz-Schuppenmiere, Strand-Milchkraut), dem Prielrand (Strand-Aster, Kali-Salzkraut, Portulak-Keilmelde) sowie der Rotschwingelzone (Salz-Rotschwingel, Krähenfuß-Wegerich, Bodden-Binse, Salzliebendes Weißes Straußgras, Strandquecke).

Mit zunehmendem Herauswachsen des Marschenbodens aus dem Tidebereich werden die Pflanzengesellschaften artenreicher, es stellen sich mit gleichzeitig ablaufender Aussalzung auch weniger salztolerante Arten ein. Die Pflanzengesellschaften zeichnen sich durch einen hohen Individuenreichtum aus.

In dem Außendeichsbereich bei St. Peter-Ording sind auf dem Sandplateau Akkumulationen anzutreffen, die mit einer Dünenvegetation bewachsen sind. Es sind vier Abschnitte zu untergliedern:
- Zone des flach überspülten, spärlich bewachsenen Vorstrandes mit Spülsaum-Pflanzen wie Spieß-Melde, Strand-Melde, Gestielte Keilmelde, Europäischem Meersenf,
- Zone der Vordünen, die von Binsen-Quecke und Strandquecke bewachsen sind,
- Zone der hochaufgewehten Hauptdünen, die von Strandhafer, Strand-Platterbse, Strandroggen besiedelt sind,

- Zone von festgelegten, niedrigen Flugsanddecken, die von Graudünen eingenommen werden wie z.b. Sand-Segge, Dünen-Rotschwingel, Dünen-Weide, Silbergras oder Stranddistel.

Die eingedeichten Sandflächen bei St. Peter-Ording sind seit dem 19. Jh. mit standortfremden Nadelbäumen bepflanzt worden.

Binnenlandvegetation: Die heutige Pflanzendecke ist durch die jahrhundertlangen Beweidungseinflüsse durch Großvieh eintönig. Vorrangig sind Grasarten anzutreffen, die meist eingesät wurden. Da in der Marsch, besonders in der Altmarsch, der Grundwasserspiegel hoch ansteht, wurden zur Entwässerung schmälere Gräben (Grüppen) und große Gräben (Wettern) angelegt, die noch eine naturnahe Grabenvegetation aufweisen.

Grünland: Das Grünland der Eiderstedter Halbinsel hat sich durch die intensive Wirtschaft mittels häufiger Mahd und starker Düngung zu artenarmen Pflanzengemeinschaften entwickelt. Als Wiese wird das Grünland bezeichnet, das jährlich ein- bis zweimal gemäht wird. Als Weide bezeichnet man das Grünland, das vorwiegend durch Auftrieb von Vieh durch Gräsung genutzt wird. Auf den Weiden können einjährige Pflanzen kaum gedeihen. Vielmehr handelt es sich hier um mehrjährige Rosetten mit Überdauerungsknospen am Boden, die durch den mechanischen Eingriff der Mahd, Abweiden oder Vertritt durch Vieh Beschädigungen schnell regenerieren können. Sie haben sich mit ihrem Blührhythmus der Mahdperiode angepasst. Vor der ersten Mahd blühen Kuckucks-Lichtnelke, Wiesen-Kerbel und Sumpfdotterblume. Die Umwandlung von Mähwiesen in Intensivweiden, Begradigung und Verrohrung von Gräben sowie erhöhter Einsatz von Düngemitteln und Herbiziden führten zu einer Verarmung der Grünlandschaft.

Die meisten Weiden auf der Halbinsel gehören zu den Kammgras-Wirtschaftsweiden mit den bezeichnenden Arten Wiesen-Kammgras und Weiß-Klee. Die Weiden werden intensiv gedüngt und verdichtet, nach Umbruch und nachfolgender Einsaat mit Ausdauerndem Weidelgras entstehen monotone Grünlandsysteme, die selten mehr als 20 Pflanzenarten aufweisen. Nur die Feuchtfettweiden auf höherem Grundwasserstand sind durch folgende Pflanzenarten gekennzeichnet: Wiesen-Lieschgras, Sumpf-Kratzdistel, Flatter-Binse und Kuckucks-Lichtnelke.

Das landwirtschaftlich beste Grünland wird durch die Weidelgras-Weißklee-Weide repräsentiert und hier zählt der Weiß-Klee zu den wertvollsten Futterpflanzen.

Die tieferen Senken der Altmarschgebiete sind geprägt von streuarmen, intensiv beweideten Weidelgras-Weiß-Klee-Weiden sowie in feuchten Senken von Flutrasen gekennzeichnet durch flutenden Schwaden und Scharfen Hannenfuß. Weniger ertragreich sind die vom Gewöhnlichen Pfeifengras dominierten Pfeifengras-Wiesen. Weit verbreitet sind die Glatthafer-Wiesen mit Wiesen-Bocksbart. Die künstlich angelegten Viehtränken und Grabenränder werden oft nicht umzäunt und sind somit teilweise zertreten. Auf diesen verdichteten und staunassen Böden treten Flatter-Binse, Flutender Schwaden, Wiesen-Fuchsschwanzgras, Weißes Straußgras und Große Brennnessel auf.

Kleingewässer: In der Marsch wachsen an unbeweideten Gewässern Schilfbestände, die weit in das Wasser vordringen. Bei belasteten Kleingewässern durch Stickstoffeinflüsse meist inmitten von Weidenflächen gedeihen Bestände des Großen Schwadens.

Die Gesellschaft der Ufer-Segge wächst im Verlandungsbereich eutropher Wasserflächen, in Marschgräben oder in nassen Senken. Die Segge kann bis über 1,5 m hoch werden, verträgt Wasserstandsschwankungen und ist salztolerant. Inmitten der offenen Gewässer können Bestände der Gewöhnlichen Strandsimse wachsen.

D e i c h v e g e t a t i o n : Die Eiderstedter Halbinsel ist vollständig mit einem Seedeich vom Meer abgegrenzt. Da die Seedeiche fast überall als Weide genutzt werden, wird die Ausprägung der Vegetation neben dem reinen Abweideeffekt auch über den Vertritt seitens der Schafe bewirkt. Die alten Deiche im Inneren der Halbinsel, die sogenannten Schlafdeiche, werden dagegen auch von Rindern beweidet. Der Übergang von den Salzwiesen zum Fuß der Seedeiche wird vom Salz-Rotschwingel, Gewöhnlicher Grasnelke, Strand-Milchkraut, Kriech-Quecke eingenommen. Im oberen Bereich des Rotschwingelrasens stellen sich Gänse-Fingerkraut und Herbst-Löwenzahn ein. Eine Besonderheit stellen die sandigen Deiche bei St. Peter-Ording dar mit Beständen der Ackerröte und des Vogelfuß-Klees. Letzterer wurde 1988 wieder aufgefunden, nachdem er als ausgestorben galt.

N i e d e r m o o r e : Auf Niedermoorflächen kommen auch die wenig ertragreichen Sumpfwiesen mit der Wiesen-Segge und vielen anderen Kleinseggen sowie dem Sumpf-Straußgras vor.

W ä l d e r : Da sich in der vom Menschen unbeeinflussten Natur auf den Marschen kaum Wald einstellt, stellen die heutigen Waldstücke überwiegend Anpflanzungen von Nadelhölzern dar. Echte Erlenbruchwälder sind auf der Halbinsel als letzte Entwicklungsstufe auf Niedermooren nur noch an einigen Restinseln anzutreffen. Die natürlichen Erlenbruchwälder wurden durch Entwässerung und Umwandlung zu Grünland zurückgedrängt und sind nur noch in ärmeren Ausbildungen an Wasserrändern anzutreffen. Der Wasserstand dieses Waldtyps ist erheblichen Schwankungen unterworfen. Es kommen hier besonders stickstoffliebende Arten vor. Die Baum- und Strauchschicht (Schwarz-Erle, Grau-Weide, Silber-Weide und Mandel-Weide) ist wegen des hohen Grundwasserstands artenarm. Es kommen auch Varianten von Erlenbruchwald mit dem Echten Mädesüß und Gewöhnlichen Pfeifengras vor.

Daneben gibt es noch Erlen-Eschen-Bruchwälder (Gewöhnliche Esche), die auf Anmooren und Gleyböden wachsen. Die Artenvielfalt ist größer als bei den echten Erlenbruchwäldern. Früher wurden diese Standorte häufiger überschwemmt und durch mitgeführte anorganische und organische Trübstoffe angereichert. Entlang der Wasserläufe und besonders an der Eider sind die Uferpartien mehr oder weniger lange unter Wasser und von Röhricht eingenommen, dagegen werden die nur kurzfristig überschwemmten Standorte von der Weichholzaue (Silber-Weide, Bastard-Pappel) und auf höheren Partien von der Hartholzaue (Stiel-Eiche, Berg-Ulme, Gewöhnliche Esche) eingenommen.

P a r k a n l a g e n u n d G ä r t e n : Die natürliche Pflanzendecke in der offenen Landschaft ist wegen des oft starken W-Windes von niedrigem Wuchs. Der Mensch begann jedoch schon früh einen Windschutz aus Sträuchern und Bäumen für Behausungen anzupflanzen, die mit ihrem Blätterdach diese umfriedeten. Trotz der Ungunst des Klimas entwickelte sich ein kräftiger Baumwuchs (Gewöhnliche Esche) mit Höhen von 6–12 m. Selten erreichen die Bäume ein Alter von über 200 Jahren. Auf alten Höfen (z.B. Hoyerswort) wurden vor Jahrhunderten Baumkomplexe angelegt. Neben den üblichen Baumarten Eschen, Ulmen, Erlen, Grau- und Silber-Weiden sind auch Rot-Buchen, Stiel-Eichen, Winter- und Sommer-Linden, Bastard-Pappeln und die Gewöhnlichen Rosskastanien anzutreffen.

Kleine Forstanpflanzungen von Nadelbäumen (Fichten, Sitka-Fichten, Wald-Kiefern und Europäische Lärchen) wachsen im schlechten Zustand westlich von Tating auf alten Sandpartien der ehemaligen Nehrung.

Seit dem Dreißigjährigen Krieg wurden kleine Gärten angelegt. In den Gärten, einschließlich der Gemüse- und Obstgärten der Einfamilienhäuser, sind oft artenreiche Ausschnitte aus Ökosystemen von Laubwäldern und Gesellschaften von Wiesen vorhanden, die eine große Artenvielfalt aufweisen (HEYDEMANN u. MÜLLER-KARCH 1980). Die Fülle der Pflanzenarten wird durch Neuankömmlinge verstärkt. Diese Neueinwanderer halten sich jahrzehntelang in den Gärten und vermehren sich sogar. Viele Arten gelten fast als heimisch: Kleine Brennnessel, Gewöhnlicher Erdrauch, Garten-Wolfsmilch, Schwarzer Nachtschatten, Raue Gänsedistel, Gewöhnliche Vogelmiere.

Seit dem 18. Jh. wurden Vogelkojen angelegt, indem Sträucher und Gehölze (Schwarzer Holunder, Gewöhnliche Esche, Moor-Birke, Traubenkirsche und Weiden-Arten) um einen Teich angepflanzt wurden.

Zu den natürlichen heimischen Arten haben sich in der Neuzeit viele Neophyten etabliert, die über die Gärten verwildern und sich einbürgern haben sowie auch unbeabsichtigt eingeschleppt wurden. Sie finden sich in Siedlungen, Straßenrändern, Brach- und Ödland, Parkanlagen, Grünland und Gewässern. Hervorzuheben wären: Japan-Knöterich, Drüsiges Springkraut und Riesen-Bärenklau.

In größeren Siedlungen wie in St. Peter-Ording sind Parkanlagen angelegt worden. Neben kleinen Gruppierungen von Laubholz- und Nadelholzpflanzen sind Rasenanlagen und Sommerblumenbeete anzutreffen.

S t r a ß e n r ä n d e r   u n d   F e l d r a i n e : Die Straßenränder mit ihren Böschungen und die Feldraine zeigen eine große Fülle von Arten. Nur am Straßenrand, wo ein stetiges Mähen stattfindet, um die Pflanzendecke niedrig zu halten, ist die Artenzahl minimiert. Dagegen ist auf den Böschungen der Straßenränder, bedingt durch ein Mähen in ein- bis zweijährigen Abständen, eine größere Zahl von Pflanzen zu beobachten. Auf diesen Standorten sind höher wachsende Pflanzen anzutreffen: Wiesen-Kerbel, Gewöhnlicher Klettenkerbel, Zottiges Weidenröschen, Blut-Weiderich, Wiesen-Witwenblume, Rundblättrige Glockenblume, Gewöhnliche Weiche Trespe, Gewöhnliche Margerite, Acker-Kratzdistel und Gewöhnliches Ruchgras.

B r a c h e n   u n d   R u d e r a l f l ä c h e n : Größere Ruderalflächen befinden sich bei St. Peter-Ording. Hier sind beim Straßenbau Erdaufschüttungen entstanden, die von einer typischen Ruderalvegetation wie Kriech-Quecke, Rotes Straußgras, Weiches Honiggras, Acker-Windhalm und Hasen-Klee repräsentiert werden.

Manfred Haacks, Rudolf-Eugen Kelch und Dietbert Thannheiser

Tierwelt

Die Tierwelt Eiderstedts wird als relativ artenarm beschrieben (KOHN 1965). Gründe dafür liegen in der geringen Zahl unterschiedlicher Lebensräume und in der intensiven landwirtschaftlichen Nutzung. Waldbereiche oder schützende Erhebungen fehlen weitgehend, und so ist Eiderstedt gegenüber den harschen Umwelteinflüssen der Nordseeküste stark exponiert. Hinsichtlich des Lebensraumes weist der Bereich St. Peter-

Ording mit Prielen, Salzwiesen, Dünen und Gewässern eine Einmaligkeit auf, die sich in der erhöhten Artenzahl widerspiegelt. Große Bedeutung weist die Halbinsel für Brut- und Rastvögel, insbesondere für Wiesenvögel und Gänse, auf (Abb. 9).

Für Schleswig-Holstein bildet Eiderstedt das bedeutendste Brutgebiet für Kiebitz und Uferschnepfe, und auch für den Rotschenkel gehört die Halbinsel zu den bedeutendsten Brutgebieten. Daneben tritt als bedeutende Brutvogelart die Trauerseeschwalbe auf, die mit etwa 30 Brutpaaren schwerpunktmäßig im Raum Westerhever und Poppenbüll vorkommt (MLUR 2008). Die Vorkommen der Trauerseeschwalbe werden durch künstliche Nisthilfen gestützt. Ebenfalls gehört die Knäkente zu den besonderen Brutvogelarten Eiderstedts, die mit etwa 30 Brutpaaren vertreten ist (BERNDT et al. 2003).

Die Schilfstreifen entlang von Gräben, Sielzügen, Kolken oder Tränkkuhlen werden u.a. von Rohrweihen, Rohrammern, Teich- und Schilfrohrsängern besiedelt. Während der Zugzeit nutzen auch Rohrdommeln, die in dem nahe gelegenen Hauke-Haien-Koog und am Gotteskoogsee brüten, diese Bereiche (BNL PETRY u. HOFFMANN 2007). In den extensiv genutzten Grünländern, überwiegend jedoch in den Äckern, brütet zudem die Wiesenweihe, die auf der Halbinsel 2006 mit acht Paaren festgestellt wurde (HOFFMANN u. SCHMÜSER 2007).

In den extensiv genutzten, feuchten Grünlandparzellen finden die Wiesenbrüter Austernfischer, Bekassine, Rotschenkel und Uferschnepfe einen Lebensraum, zudem nutzen Kampfläufer und Pfuhlschnepfen diese Grünländer als Rastplätze auf dem Durchzug (BNL PETRY u. HOFFMANN 2007). Auf den übrigen Grünlandflächen brüten Großer Brachvogel, Kiebitz und Wiesenpieper sowie die Feldlerche, die darüber hinaus auch in den Ackerflächen siedelt. Säbelschnäbler brüten am westlichen Küstensaum sowie sehr zahlreich im Bereich der Eidermündung.

Kiebitz und Austernfischer stellen die Watvögel (Limikolen) mit den meisten Brutpaaren auf der Halbinsel dar. Hochrechnungen anhand repräsentativer Stichproben, ergeben für den Kiebitz einen ungefähren Brutbestand von 3 400 bis 4 100 und für den Austernfischer von 2 400 bis 2 900 Paaren. Dabei verteilen sich die Brutvorkommen nahezu gleichmäßig über Eiderstedt, die Aufzucht der Küken erfolgt jedoch vorwiegend auf Grünlandstandorten. Die Uferschnepfe brütet schwerpunktmäßig in den Bereichen Tetenbüll, Kotzenbüll und Garding.

Hinsichtlich der Rastvögel sind in erster Linie Goldregenpfeifer zu nennen, die in bis zu 11 000 Individuen in Eiderstedt rasten. Daneben stellt Eiderstedt für die Nonnengans ein wichtiges Rastgebiet dar, die sich je nach Nahrungsangebot und Störungen in Küstennähe auf die Acker- und Grünlandflächen verteilen und Trupps von mehreren 10 000 Individuen bilden können (MLUR 2008). Maximal können 120 000 Nonnengänse beobachtet werden (BNL PETRY u. HOFFMANN 2007). Hinzu kommen mehrere tausend Bläss-, Saat- und Graugänse.

Der Singschwan kommt sporadisch mit etwa 100 Tieren auf der Halbinsel vor, während der Zwergschwan nur für das Katinger Watt bekannt ist.

Der Birkenzeisig trat als Brutvogel in Schleswig-Holstein zunächst auf den Nordseeinseln Sylt und Amrum sowie in den Küstenwäldern Eiderstedts auf (BERNDT et al. 2003).

Eulen finden sich nur vereinzelt auf der Halbinsel. In den Höfen und Stallungen brüten Schleiereulen. Waldkauz und Waldohreule benötigen in Ermangelung ausge-

36

dehnter Wälder Feldgehölze. Die Sumpfohreule brütet mit wenigen Paaren in den Schilfflächen ehemaliger Deichbrüche, und auch der Steinkauz ist mit sehr wenigen Paaren auf der Halbinsel zu finden (BERNDT et al. 2003).

Hinsichtlich der Fischfauna sind insbesondere die Priele und Sielzüge in Eiderstedt von Bedeutung. Hier finden sich u.a. Aal, Hecht und Flunder, in den kleinen Marschgräben kommt der Schlammpeitzger vor. Anadrome Fischarten wie Meerneunauge, Finte, Lachs, Nordseeschnäpel und Meerforelle wandern zum Laichen aus der Nordsee über die Eider in die Süßwassergewässer ins Binnenland. Generell gilt das umliegende Wattenmeer als Kinderstube für zahlreiche Fischarten, insbesondere für Plattfische.

Die Angaben zu Vorkommen von Amphibien und Reptilien in Eiderstedt sind dem schleswig-holsteinischen Verbreitungsatlas entnommen (KLINGE u. WINKLER 2005). Für die Herpetofauna sind die Bereiche St. Peter-Ording und Katinger Watt von Bedeutung. Weitere Fundorte sind Garding, Poppenbüll, Osterhever sowie der Norderheverkoog. Die Erdkröte besiedelt St. Peter-Ording, Katinger Watt und Garding, rezente Lebensstätten der Kreuzkröte bilden die brackigen Strandgewässer St. Peter-Ordings. Der Moorfrosch kommt in den Bereichen St. Peter-Ording, Katinger Watt und Poppenbüll vor, während der Grasfrosch die Gewässer des Katinger Watts und Osterhevers besiedelt. Der Teichfrosch findet sich im Bereich Poppenbüll und im Norderheverkoog. Für Teich- und Kammmolch wird vor 1991 jeweils ein Vorkommen westlich Friedrichstadt angegeben. Auf der Halbinsel selbst sind keine rezenten Nachweise bekannt. Hinsichtlich der Reptilien weisen die Dünen St. Peter-Ordings die größte Bedeutung auf. Hier wurden Zauneidechse, Waldeidechse, Blindschleiche sowie Ringelnatter festgestellt.

Eiderstedt beherbergt ubiquitäre und landesweit häufige Libellenarten. Für die Kleinlibellen seien Hufeisen- und Fledermausazurjungfer oder die Gemeine Binsenjungfer sowie die Große Pechlibelle genannt. An Großlibellen finden sich u.a. die Blaugrüne, Braune und Herbst-Mosaikjungfer, der Blaupfeil, der Vierfleck oder die Blutrote, Gefleckte und Gemeine Heidelibelle (BRUNS et al. 2007).

Hinsichtlich der Säugetiere wird mehr oder weniger die gesamte Halbinsel von Maulwurf, Kaninchen, Feldhase, Bisam, Rotfuchs, Waldiltis, Steinmarder und Reh besiedelt. Nur auf den erhöhten ehemaligen Nehrungshaken innerhalb Eiderstedts siedeln Igel, Wald- und Wasserspitzmaus, Feld- und Erdmaus, Hausmaus, Schermaus, Waldmaus, Zwergmaus, Hermelin, Mauswiesel und Baummarder. Wanderratte und Dachs sind für den landseitigen Küstenbereich bekannt, zudem kommen Wasserfledermaus, Breitflügelfledermaus und Zwergfledermaus vor (BORKENHAGEN 2011). Die Priele und Wasserflächen der umgebenden Nordsee sind Lebensraum für Seehund und Schweinswal, die z.B. am Westerheversand (A1) beobachtet werden können.

Manfred Haacks, Rudolf-Eugen Kelch, Dietbert Thannheiser

Landschaftsgliederung

Zwischen der Hever im N und der Eider im S erstreckt sich die Halbinsel Eiderstedt, als am weitesten nach W reichender Teil des schleswig-holsteinischen Festlandes, von der Husum-Schwabstedter Geest im O bis zum Westerhever- und Rochelsand im W. Naturräumlich wird sie den nordfriesischen Marschen im norddeutschen Tiefland zugeordnet.

Eiderstedt ist eine erdgeschichtlich junge Landschaft, in deren Entstehung natürliche und vom Menschen beeinflusste und gesteuerte Prozesse ineinandergreifen. Rahmenbedingungen für das Zusammenwirken der Geofaktoren sind das aus pleistozänen Ablagerungen aufgebaute und durch weichselzeitlichen Schmelzwasserabfluss gestaltete (präholozäne) Relief sowie der postglaziale Meeresspiegelanstieg mit seiner Wirkung auf den Sediment- und Wasserhaushalt. Die heutige landschaftsräumliche Situation mit den Landschaftstypen Marsch, Vorland und Watt, Dünengürtel, Nehrung, Niederung ist das Ergebnis der holozänen Landschaftsentwicklung im südlichen Einflussbereich des nordfriesischen Wattenmeeres mit seiner wechselvollen Geschichte.

Nirgendwo liegen Werden und Vergehen der Landschaft so nahe wie an der Wattenküste, selten ist aber auch die Gliederung der Landschaft in genetische Landschaftstypen so augenfällig. So werden in der vorliegenden Landschaftsgliederung die Haupteinheiten nach wahrnehmbaren Merkmalen, vor allem aber nach landschaftsgenetisch-morphodynamischen Kriterien abgegrenzt (Abb. 10).

Drei Landschaftstypen sind geprägt durch marine Prozesse unter den Bedingungen des postglazialen Meeresspiegelanstiegs:
- Nehrungen und Strandwälle (I) durch Brandungserosion, Materialtransport und Sedimentation; örtlich äolische Überformung in einem späten Entwicklungsstadium,
- Watt und Vorland (VI) durch gezeitengesteuerte Prozesse des Sedimenttransportes und der Materialablagerung,
- Bedeichte Marsch (II): bis zur Deichreife Anwachsbildung unter Gezeiteneinfluss; mit Eindeichung erfolgt Übergang von marinen zu terrestrischen und vom Menschen beeinflussten Bildungsbedingungen.

Der Dünengürtel (V) im W entstand durch äolische Prozesse, die holozäne Entwicklung der Niederungen (III) wird durch marin-fluviale Prozesse mit dem mehrfachen Wechsel von Phasen minerogener und biogener Verlandung geprägt. Entlang der bedeichten Flussläufe (IV) von Eider und Treene wirken fluviale, durch Gezeiteneinfluss variierte Prozesse.

Die Haupteinheiten werden, soweit im gegebenen Maßstab darstellbar, in Untereinheiten gegliedert. Hierbei kommen, neben landschaftsgenetischen Unterscheidungskriterien, auch die Kennzeichnung nach Höhenlage, Wasserhaushalt, Substrattyp unterschiedlich gewichtet zur Anwendung.

Die Zählung der Haupteinheiten erfolgt mit römischen, die der Untereinheiten mit arabischen Ziffern. Dies soll dem Betrachter das schnelle Erkennen der landschaftsräumlichen Großstruktur Eiderstedts und gleichzeitig des sich in ihr dokumentierenden Ablaufs der Landschaftsentwicklung anhand der ausgewiesenen Untereinheiten ermöglichen. Bedingt durch den Blattschnitt erfasst die Gliederung, über die Grenzen Eiderstedts hinaus, einen Teil Dithmarschens, der aufgrund des landschaftsgenetischen Zusammenhangs in die Erläuterung einbezogen, in der Karte jedoch nicht in Untereinheiten gegliedert wird.

Die ältesten Landschaftsteile sind die Nehrungen (I). Sie entstanden ab dem jüngeren Atlantikum mit der Ablagerung mariner Sande und Kiese und sind durch ihre Beeinflussung des Strömungsgeschehens entscheidend für die frühe Landschaftsentwicklung Eiderstedts und des nordwestlichen Dithmarschens. Nährgebiete und Ansatzpunkte waren der Rest eines saalezeitlichen Geestkernes im Gebiet der Hevermündung (Gardinger Nehrung) und ein nach W vorspringender Ausläufer der Heider Geest (Lundener Nehrung). Das in der Brandung aufgearbeitete und in den Strömungen transportierte Material dieser Abrasionsflächen wurde durch Sedimentation nach und nach zu

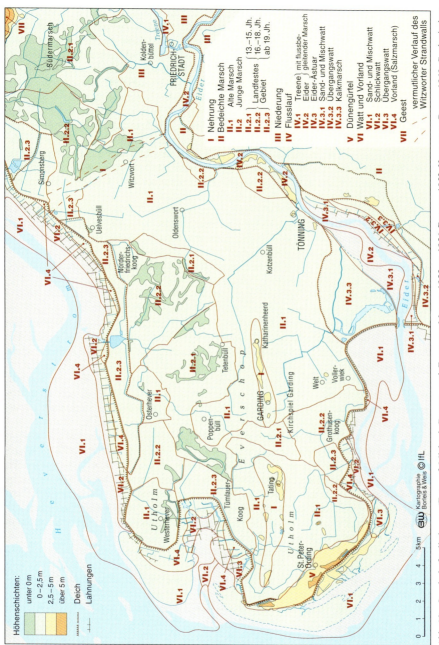

Abb. 10   Landschaftsgliederung (Entwurf: Michaela BECKER, nach FISCHER u. MÜLLER 1955a u. 1956, DITTMER 1952, HUMMEL u. CORDES 1969, Geologisches Landesamt S-H 1975–1983)

aus dem Wasser aufragenden Inseln aufgehöht. Es entstand ein weit aufgefächertes System von Strandwällen und Nehrungen mit einem großen S-SO-gebogenen Hauptstrang im westlichen Eiderstedt sowie weiter östlich, in N-S-Richtung angelegt, die Lundener Nehrung und ihre nördliche Fortsetzung, der Witzworter Strandwall. Die ursprüngliche Ausdehnung ist nur noch näherungsweise aus Bohrungen zu erschließen. Die flacheren Abschnitte wurden teilweise durch Erosion zerstört, teilweise von jüngeren Sedimenten überdeckt. Als Oberflächenform erhalten haben sich die höchstaufragenden Nehrungsabschnitte: der in der Mitte Eiderstedts verlaufende, die heutige Marschoberfläche deutlich überragende Wall von Ording über Tating und Garding bis Katharinenheerd sowie in Dithmarschen die Lundener Nehrung.

Beide sind in ihrer ursprünglichen Anlage Nehrungen im klassischen Sinn, mit einem landfesten Ansatzpunkt, aus dessen Abrasionsschutt sie als eine in Richtung der Küstenströmung wachsende langgestreckte Akkumulationsform entstehen. Anders verhält es sich mit dem Witzworter Strandwall: Er ist als Oberflächenform kaum noch erkennbar, in seinem Verlauf aber rekonstruierbar durch den Nachweis von Strandwallsedimenten (daher in der Karte mit gerissenen Linien dargestellt). Nach allgemein herrschender Meinung stellt er die nördliche Fortsetzung der Lundener Nehrung dar, ist jünger als diese und unter Brandungseinfluss aus Sedimenten aufgebaut, die möglicherweise als Abtragungsmaterial der nördlichen Lundener Nehrung im Bereich der Eidermündung umgelagert wurden (DITTMER 1952).

Die unterschiedliche Höhe und Ausrichtung (W-O und N-S) der Nehrungen und Strandwälle führt zu einer Aufteilung des Sedimentationsraumes mit Wirkung auf den Sedimenttransport und -haushalt (Bildung strömungsberuhigter Stillwasserzonen, Abschnürung von Meeresbuchten) und damit auf den weiteren Landbildungsprozess. Die östlich des Witzworter Strandwalls und der Lundener Nehrung, im Bereich der heutigen Eider-Treene-Niederung, gelegenen Meeresbuchten werden dem marinen Einfluss und damit der klastischen Sedimentation entzogen. Im W erstreckt sich das Wattenmeer mit freiem Wirken der Gezeiten und der von ihnen gesteuerten Prozesse. Hier kommt es im Strömungsschatten der Nehrungen, als natürlichen Lahnungen, durch kontinuierlichen Schlickfall zur Kleisedimentation und Anwachsbildung mit stetiger Aufhöhung.

Heute ist der größte Teil Eiderstedts von Deichen umgebenes Marschland (II). Entstanden im Rhythmus der Gezeiten, ist die Marsch eine sehr gleichförmige Landschaft. Nur wenige raumgliedernde Elemente – Deiche, Warften, Baumreihen oder Gehölzgruppen zum Windschutz – lenken den Blick. Bedeichte Marsch ist Kulturland – eine Kulturlandschaft in reinster Form, denn sie hat nur unter der pflegenden Hand des Menschen Bestand. Bei Nutzungsaufgabe werden sich nicht nur andere Pflanzengesellschaften im Zuge der Sukzession einstellen, sondern die tief liegenden Marschländereien selbst wären von Zerstörung bedroht.

Als allgemeine Kennzeichen der Marsch gelten:
- ebene, wenig gegliederte Landoberfläche,
- tiefe Lage zwischen 0 und 2 m ü. NN, teilweise aber auch deutlich unter NN,
- hoher Grundwasserstand,
- dichtes, weit verästeltes und zum großen Teil künstlich angelegtes Entwässerungsnetz,
- überwiegende Grünlandnutzung.

Daraus ist zu erkennen, dass eine weitere Untergliederung dieser Haupteinheit nach physiognomischen Merkmalen schwierig ist. Die Landschaftsentwicklung dokumentiert sich in diesem sehr jungen und äußerlich gleichförmigen Landschaftstyp in Phasen des Landgewinns im Laufe der Jahrhunderte (= Bedeichungsphasen). Hieraus ergibt sich für Eiderstedt eine Großgliederung der „bedeichten Marsch" (II) in Alte Marsch (II.1) und Junge Marsch (II.2).

Bis zum ersten nachchristlichen Jahrtausend bildet sich im Sedimentationsraum nördlich und südlich der Tating-Gardinger Nehrung die Alte Marsch Eiderstedts. Es ist ein hoch aufgelandeter, aus stabil gelagerten Sedimenten aufgebauter Marschkörper. Er wird in den folgenden Jahrhunderten als mehr oder weniger zusammenhängender Komplex bestehen bleiben und kann als Eiderstedter Kernland (aus Eiderstedt, Everschop, Utholm und Westerhever) bezeichnet werden. Aufgrund günstigerer Sedimentationsbedingungen erreichen die Marschsedimente südlich der Tating-Gardinger Nehrung eine größere Mächtigkeit und Höhenlage, während im N die Verlandung langsamer voranschreitet. Der Marschkörper ist umgeben von Wattenmeer mit zwei starken Wattströmen und ihren Prielsystemen, der Hever im N und der Eider im S.

Die Landgewinne des 12.–20. Jh. schließen als Junge Marsch (II.2) an den bestehenden Marschkörper an und lassen sich landschaftsgenetisch-morphodynamisch drei Entwicklungsphasen zuordnen:
1. Landgewinne des 13.–15. Jh. (II.2.1),
2. Landgewinne des 16.–18. Jh. (II.2.2) (Buchtenphase),
3. Landgewinne des 19.–20. Jh. (II.2.3) (Küstenausgleichsphase).

Mit der Dünkirchen-Transgression beginnt eine morphodynamische Aktivitätsphase in der Landschaftsentwicklung Eiderstedts. Steigender Meeresspiegel und höher auflaufende Fluten beleben Transport und Umlagerung in den Wattströmen, die sich mit ihren Prielen durch rückschreitende Erosion in den Wattsockel einschneiden und ihr Einzugsgebiet in die Marsch hinein ausdehnen. So erfolgen durch Meereseinbrüche und Überflutungen von N, W, und S Landverluste an tief liegenden Teilen der Alten Marsch im westlichen Eiderstedt. Mit dem Durchbruch der Tating-Gardinger Nehrung entsteht als tiefe Gezeitenrinne eine Abflussverbindung zwischen Hever und Eider, die sogenannte Süderhever, die über das Fallstief nach W an das junge Ausräumungsgebiet der Tümlauer Moorniederung Anschluss hat und mit dem Kraueltief nach O ausgreift. Dieses Prielsystem teilt das Eiderstedter Kernland vorübergehend in mehrere Inseln unterschiedlicher Größe und Höhenlage auf. Der Verlauf der ehemaligen Wattströme ist im Kartenbild an den Deichlinien und an Geländestrukturen sowie am Entwässerungsnetz zu erkennen. Besonders deutlich tritt die Abflussrinne der Süderhever (ab ihrer Verbindung mit dem Fallstief) hervor, die sich von der schmalsten Stelle im Grudenkoog nach S trichterförmig verbreitert.

Bis zum 15. Jh. werden die vielarmigen Priele der Süderhever nach und nach durchdämmt und die angrenzenden Marschflächen neu oder wieder bedeicht und damit festländische Verbindungen zwischen Utholm und Everschop hergestellt (II.2.1). Ohne diese Landgewinnungsmaßnahmen wären vermutlich in der Folgezeit größere Landverluste der Eiderstedter Alten Marsch eingetreten.

Östlich des Witzworter Strandwalls und der Lundener Nehrung (im Dithmarscher Gebiet) vollzieht sich eine andere Entwicklung. Hier entstehen seit dem späten Atlantikum vom Meereseinfluss weitgehend abgeschlossene Haffs, die allmählich aussüßen

41

und verlanden. Die biogene Verlandung (Schilfsümpfe, Bruchwälder, Moore) wird durch wiederholte Meereseinbrüche und Überflutungen mit Kleisedimentation mehrfach unterbrochen. So wird die Moorniederung östlich des Witzworter Strandwalls durch den großflächigen Sturmfluteinbruch der Hever nach S (1362) zu einem Wattengebiet mit Gezeiteneinfluss von N und S durch die Abflussverbindung zwischen Hever und Eider/Treene über das verzweigte Prielsystem der sogenannten Nordereider. Auch hier findet bis zum Ende des 15. Jh. eine schrittweise Bedeichung und Durchdämmung der Nordereider-Priele statt. Mit der Bedeichung des Dammkoogs (1489) wird dieser Abflussstrang endgültig unterbrochen und die Verbindung von Insel-Eiderstedt zum Festland hergestellt (= II.2.1 östlich des Witzworter Strandwalls).

Nordwestlich des Dammkooges, im Einzugsgebiet der Hever, erstreckt sich nun eine weite Meeresbucht mit mariner Verlandung.

Im 16. Jh. ist Eiderstedt eine Halbinsel mit buchtenreichem Verlauf der Küsten. Die Wattströme Hever und Eider greifen mit verzweigten Prielsystemen in diese Buchten, die bis zum Beginn des 19. Jh. je nach Verlandungsgrad weitgehend geschlossen oder durch Vordeichung erheblich verkleinert werden (II.2.2). Mit der Bedeichung endet der natürliche Sedimentations- und Aufschlickungsrhythmus und die orohydrographische Gliederung wird festgelegt mit Auswirkung auf den Binnenwasserhaushalt der neuen Köge. Vor allem im N und NO Eiderstedts liegen diese neugewonnenen Flächen mit 1 m u. NN unter bis 0,50 m ü. NN bis heute deutlich tiefer als die angrenzende Alte Marsch und das ab dem 19. Jh. bedeichte Neuland, als Folge intensiver, gezeitengesteuerter Erosionsprozesse. In diesen ehemaligen Einzugsgebieten alter, auf die Hever eingestellter Prielsysteme mit höherer Strömungsintensität und Erosionskraft, erfolgte eine starke Ausräumung und Tieferlegung, die in den nachfolgenden Phasen langsamer Aufschlickung bis zur Eindeichung nicht mehr vollständig ausgeglichen wurde. In der Bucht östlich des Witzworter Strandwalls (mit den tiefstgelegenen Flächen Eiderstedts) wird dieser Effekt durch kleinräumigen horizontalen und vertikalen Fazieswechsel mariner Sedimente und Torfe verstärkt, mit Sackung der Torfe unter dem Auflastdruck einer jüngeren Kleidecke. Die Folge sind erschwerte Entwässerung und gehemmte Vorflut sowie großflächige Vernässung.

Die Eindeichungen des 19. und 20. Jh. (II.2.3) erfolgten mit den Zielen Neulandgewinnung und Küstenschutz durch Verkürzung und Begradigung der Seedeichlinie. Es entstanden die jungen Köge im N, W und S Eiderstedts, und vor allem die N-Küste wurde durch die Verkürzung der Deichlinie des Jahres 1800 deutlich begradigt.

Im SO Eiderstedts grenzen die bis zum 16. Jh. gewonnenen Köge an die Eider-Treene-Niederung (III), die sich entlang der Flüsse Eider, Treene und Sorge weit nach O und S erstreckt. Kennzeichnend für die Niederungsgebiete ist die meerferne und tiefe Lage zwischen 1 m u. NN und 1 m ü. NN als Folge der Verlandungsbedingungen in diesen ehemaligen Meeresbuchten. Seit dem Atlantikum, mit Aufbau der Lundener Nehrung und des Witzworter Strandwalles sowie der westlich aufwachsenden Marsch beschränkte sich der Gezeiteneinfluss und damit die marine (minerogene) Verlandung auf einen unterschiedlich breiten Streifen entlang der Flüsse. Flussfern entwickelte sich unter den Bedingungen eines aussüßenden Haffs und des transgressionsbedingten Geestwasser-Rückstaus ein amphibisches Land aus Restseen, Schilf- und Seggensümpfen, Bruchwäldern und Mooren. Sie lieferten die biogene Verlandungsfazies der Niederungsgebiete, die sich flussnah mit marinen Sedimenten verzahnten und am Eider- und Treeneunterlauf auch von jungen Kleischichten überdeckt wurden. In vielen Schleifen und Seitenarmen durchzogen Eider und Treene dieses gefällsarme Gebiet unter häufigen Lauf- und Mündungsverlegungen. Durch die Eider konnte der Gezeitenstrom eideraufwärts nach O und in die Treene vordringen. Die starken Sturmfluten ab dem 13. Jh. überdeckten die westliche Eiderniederung mit jungen, kalkhaltigen Marschsedimenten in unterschiedlicher Mächtigkeit. Bis zum Bedeichungsbeginn der flussnahen Marschgebiete zur landwirtschaftlichen Nutzung waren die Niederungen ein riesiger Flutspeicherraum. Mit zunehmender Eindeichung wurde dieser Raum verengt, die Flutwelle drang weiter flussaufwärts vor und die Entwässerungsprobleme der, gegenüber der westlich anschließenden Marsch, tiefer liegenden Niederungen verschärften sich. Zum Schutz der Niederungen vor äußerem und innerem Hochwasser (durch Sturmfluten und rückgestautes Geestwasser), zur Regulierung der Vorflut und Entwässerung und zur Verbesserung der Landwirtschaft wurden im Laufe der Jahrhunderte eine Vielzahl wasserwirtschaftlicher Meliorationsmaßnahmen durchgeführt. Als wichtigste seien genannt: die Treene-Abdämmung bei Friedrichstadt (1570), die Errichtung des Sperrwerks bei Nordfeld (1936) und zuletzt der Bau des Eidersperrwerks in der Eidermündung (1967–1972).

Teil der Niederungen sind die Flussläufe. Sie wurden als eigene Haupteinheit (IV), nicht aber als eigener Landschaftstyp ausgegliedert, da sie mit ihren kleiüberdeckten Hochufern innerhalb der Flussdeiche eine eigene hydrographische Einheit bilden. Bis zu ihrer jeweiligen Abdämmung stand das Abflussregime von Eider und Treene unter direktem Gezeiteneinfluss und der Sedimenttransport mit dem Flut- und Ebbstrom wirkte als Transportkraft auf den Abflussquerschnitt und den Aufbau der Ufer als flussbegleitende Kalkmarsch. Der Eiderlauf wurde noch einmal untergliedert in die Laufstrecke der stark mäandrierenden, von Flussdeichen eingefassten Untereider von Tönning an eideraufwärts (IV.2) und in das eigentliche Mündungsgebiet, das Eiderästuar, das sich ab Tönning trichterförmig nach W öffnet. Hier wurde, durch Sperrwerk und Seedeiche gegen die Niederung und die offene See abgegrenzt, wertvoller Flutspeicherraum zur Aufnahme der Wassermassen bei großen Binnenwasser-Abflussmengen und gleichzeitig hohen Tidewasserständen der Nordsee gewonnen. Auf dem rechten Eiderufer erstreckt sich das Katinger Vorland (IV.3.3), das bis zum Bau des Eidersperrwerks offenes Wattengebiet war und seit 1973 aussüßendes, bedeichtes Vorland ohne Gezeiteneinfluss ist. Auch nach dem Bau des Eidersperrwerks bleibt der Eiderlauf zwischen der Mündung und Nordfeld ein Tidefluss mit frei einschwingender Tide. Unter ihrem Einfluss sind beiderseits der Stromrinne der Eider Sand-, Misch- und Übergangswattflächen in unterschiedlicher Flächenausdehnung entstanden (IV.3.1 u. IV.3.2).

Eiderstedt wird fast vollständig von Seedeichen umschlossen mit Ausnahme eines Küstenabschnittes im SW bei St. Peter-Ording. Hier erstreckt sich über 5 km Länge zwischen Ording und Süderhöft ein bis 1 km breiter Dünengürtel, der in seinem nördlichen Abschnitt Höhen bis 18 m ü. NN erreicht. Aus der Lage der Dünen zu datierten, älteren Deichen und Marschoberflächen ist zu schließen, dass die Dünenbildung nicht vor dem 14. Jh., vermutlich als Folge der Katastrophenflut von 1362 begann. Als Nährgebiet dieser jungen äolischen Formen werden der in Abbruch befindliche Haken bei Ording sowie die der Küste vorgelagerten Sandplaten (Rochel- und Hochsichtsand) genannt (FISCHER 1955; EHLERS 1988). Für die Dünenbildung müssen die Sandbänke so hoch gelegen haben, dass im täglichen Gezeitenwechsel eine ausreichende Abtrocknung der Oberfläche als Voraussetzung für äolischen Transport mit auflandigen Winden

43

gegeben war. Die Dünenbildung wäre damit auch Ergebnis einer positiven Sedimentbilanz als Folge der Verlagerung der Außensände durch verstärkten südgerichteten Sandtransport im Zuge der mittelalterlichen Sturmfluten. Entstehung und Entwicklung der Dünen müssen in einem Zeitraum von etwa 300 Jahren abgelaufen sein, denn im frühen 18. Jh. unterlagen sie bereits erheblichen Zerstörungsprozessen, verbunden mit einer starken Einschränkung ihrer bisher erfüllten Küstenschutzfunktion. Die in diesem Zusammenhang im 18. Jh. durchgeführten Bestandsaufnahmen erlauben Rückschlüsse auf die Entstehung der Dünen und auf die Komplexität der äolischen Morphodynamik in diesem Küstenabschnitt. Hierbei greifen Prozesse eines „äußeren" und eines „inneren" Kreislaufs der Sedimentumlagerung ineinander. Es spricht viel für die Annahme der Dünenanwehung als Folge der besseren Ernährung und Aufhöhung der Außensände durch Erosionsmaterial der 1362 zum Ausräumungsgebiet gewordenen Tümlauer Moorniederung. Mit Abschwächung der Sandnachlieferung bei langsam steigendem Meeresspiegel, höher auflaufenden Sturmfluten und Heranrücken des südlichen Tümlauer Prielsystems an den Ordinger Haken setzt im 17./18. Jh. ein kontinuierlicher Zerstörungsprozess an den unbefestigten Dünen ein mit Abrasion, Überspülung und Durchbrüchen. Ausgleich des Materialverlustes, durch erneute Anwehung eines Teils des erodierten Dünensandes und Schließung von Abrasionsanrissen, verlangsamt den Zerstörungsprozess. Innerhalb des Dünengebietes erfolgt die Sandumlagerung unter dem Einfluss gegeneinander wirkender nordwestlicher und südlicher Winde. Die Ausbildung eines Akkumulationsschwerpunktes im Überschneidungsbereich dieser unterschiedlichen Transportrichtungen ist möglicherweise Ursache der asymmetrischen, von N nach S abflachenden Höhengliederung der Dünen. Aus den Vorgängen der seeseitigen Dünenzerstörung, überprägt durch die innere äolische Umverteilung, resultierte eine zweifache Gefährdung der östlich angrenzenden Marschländereien durch
- Überflutung bei Sturmfluteinbrüchen und
- Übersandung durch Materialauswehung unter stetigen westlichen Winden von den Kuppen und aus den durch Meereseinbruch entstandenen Dünengassen.

Daher beginnt im 19. Jh. ein wirksamer Dünenschutz durch ergänzenden Deichbau und die Befestigung der mobilen Sande durch Aufforstung und Bepflanzung.

Außendeichs erstrecken sich rings um Eiderstedt, im Übergangsbereich vom Meer zum Land, Watt- und Vorlandflächen (VI). Sie werden meerseitig von der Tideniedrigwasserlinie, landseitig von der Tidehochwasserlinie begrenzt. Innerhalb dieser Grenzen erfolgt die Oberflächenformung im regelmäßigen Wechsel von Ebbe und Flut durch Umlagerung der vorhandenen Sedimente und Herausbildung von Räumen überwiegender Erosion und Akkumulation mit einer insgesamt geringen, aber dennoch hydrodynamisch wirksamen Höhengliederung. Die Sedimentverteilung der Eiderstedter Watten wird gesteuert von der Fließgeschwindigkeit, Transportkraft und Richtung der Gezeitenströme. Die Wattströme Hever und Eider sind in diesem dynamischen System die Leitlinien der Be- und Entwässerung. Mit ihren Prielsystemen gliedern sie, ähnlich einem festländischen Flusseinzugsgebiet, die Wattfläche. So lassen sich nach der Höhenlage, die Dauer und Intensität der Überflutung sowie des Trockenfallens bestimmt, Flächen unterschiedlichen Substratcharakters abgrenzen.

Es sind das Sand- und Mischwatt (VI.1), landseitig anschließend Schlickwatt (VI.2) und Übergangswatt (VI.3) und ab der MThw-Linie bis zum Deichfuß die Salzmarsch-Vorlandflächen (VI.4).

Sand- und Mischwatt sind bei Flut regelmäßig überspülte, vegetationsfreie, tief liegende, durch Brandung und Seegang beeinflusste Wattflächen, die entsprechend der intensiveren Transport- und Umlagerungsprozesse überwiegend aus Mittel- und Feinsanden aufgebaut sind. Sie werden stellenweise von nur bei höherer Flut überspülten Sandbänken überragt – kleinflächig im Westerhever Sand, in größerer Ausdehnung vor St. Peter-Ording. Schlickwatt aus tonig-schluffigen Sedimenten bedeckt die zu den Wattwasserscheiden und landwärts ansteigenden Flächen. Dies ist die durch Lahnungsfelder regelmäßig gegliederte Landgewinnungszone, in die je nach Fluthöhe der Sedimenttransport erfolgt. Lahnungen und leicht ansteigende Geländeoberfläche begünstigen die Wasserberuhigung und damit die Aufschlickung durch den Absatz von Sinkstoffen des Schluff- und Tonspektrums. Die Flächen sind weitgehend vegetationsfrei und im Gegensatz zum Sandwatt wenig trittfest. Landgewinnungszone ist auch das bereits höher aufgeschlickte und bei Flut nur noch flach überspülte Übergangswatt. Entsprechend der längeren Abtrocknungsphasen bei Ebbe ist hier eine relativ geschlossene Pflanzendecke aus Queller und Schlickgras entwickelt. Über MThw liegen die Salzmarschen des Vorlandes, die aufgrund ihrer hohen Lage nur noch selten mit Sturmflutablagerungen überdeckt werden. Diese seltenen, aber kräftigen Ereignisse prägen die Salzwiesen. Je nach Oberflächengliederung bewirken sie zwar örtlich Landverlust durch Abbruch, bringen den Flächen insgesamt aber starken Sedimentgewinn und tragen entscheidend zur Aufhöhung des Anwachses bei. Kennzeichnend für die dem Gezeitenrhythmus weitgehend entzogenen Salzwiesen sind Salzauswaschung, beginnende Bodenbildung und eine Mischvegetation aus Salz- und Süßwasserpflanzen, je nach Höhenlage und Aussüßungsgrad (vgl. Abb. 10).

Anordnung und Flächenausdehnung der Watt- und Vorlandflächen spiegeln die unterschiedlichen Sedimentbilanzen im N und S Eiderstedts gegenüber dem W der Halbinsel. Die Nähe der tief eingeschnittenen Wattströme Hever und Eider setzt dem Landgewinn im N und S Grenzen. Ausreichend tiefe Vorländer, die sich vom Deichfuß ins Watt erstrecken, sind durch die Abbremsung der auf ihnen auslaufenden Strömung wichtige Bestandteile des Küsten- und Deichschutzes. Durch die Bedeichungen der vergangenen Jahrhunderte wurde dieser außendeichs gelegene Flutspeicherraum südlich der Hever und nördlich der Eider deutlich verringert. Höher aufgelandetes Vorland ist hier nur vom Simonsberger Koog bis zum Norderheverkoog als schmaler, nicht durchgehend zusammenhängender Streifen, mit von O nach W abnehmender Breite entwickelt. Etwas großflächiger ausgebildet ist das Vorland im S vor dem Ehster Koog, Wilhelminen- und Grothusenkoog, im Bereich der ehemaligen Süderhevermündung in den Eiderwattstrom. Im W vor dem Westerheverkoog und dem Dünengürtel vor St. Peter-Ording haben sich im Schutz der vorgelagerten Außensände (Westerhever-, Rochelund Hochsichtsand) großflächigere Salzwiesenvorländer entwickelt. Die Sedimentbilanz der Sandplaten ist positiv mit zwei unterschiedlichen Bewegungsrichtungen – dem langfristigen Sandtransport nach S ist, unter dem Einfluss von Wind und Wellen, eine langsame Wanderung nach O überlagert. Dies beeinflusst auch den Sedimenttransport in die Tümlauer Bucht (A4). Sie ist durch den geringeren Schlickgehalt der Flutströmung bereits in der Verlandung benachteiligt, wobei zusätzlich durch S-Wanderung des Westerhever Sandes der Zugang für den Sedimenttransport durch Sturmfluten von NW eingeschränkt wird (FISCHER 1955; EHLERS 1988).

Michaela Becker

Naturschutz

Mit der „Marsch" assoziieren wir flaches, dem Meer abgerungenes und teilweise unter dem Meeresspiegel liegendes Land, das rasterartig und gradlinig von Wasserläufen gegliedert, baumlos und eintönig daliegt. Die besondere Lage als Halbinsel inmitten des tief gestaffelten Wattenmeeres, die natürliche Entstehungsgeschichte und die gestaltende Kraft des Menschen machen Eiderstedt zu einem einzigartigen, vielgestaltigen und unverkennbaren Natur- und Kulturraum.

Eiderstedt liegt zentral im Nationalpark Schleswig-Holsteinisches Wattenmeer. Es ist trennendes, zugleich aber auch verbindendes Element zwischen dem Nordfriesischen und dem Dithmarscher Wattenmeer. Im S wird die Halbinsel von der Tideeider, im W von der offenen Nordsee, im N vom Wattenstrom „Hever" und im O von der Treene und ihren Zuflüssen begrenzt. Eiderstedt schiebt sich fast 30 km nach W bis auf die Höhe der Inseln Sylt und Amrum sowie der Außensände vor, die die westliche Grenze des Wattenmeeres bilden. Die Marsch ist durch vielfältige Wechselwirkungen mit dem Nationalpark verbunden.

Eiderstedt besitzt in seinem Kern einen in O-W-Richtung lang gestreckten Strandwall zwischen St. Peter-Ording und Garding und weiter östlich einen in N-S-Richtung verlaufenden kleinen Strandwall bei Witzwort. An den Strandwällen hat sich tief liegende Marsch gebildet, die von Nebenarmen der Eider in die Halligländer Utholm, Everschop und Eiderstedt zergliedert war. Die tief liegenden Rinnen und Priele sind noch heute erkennbar.

65 km Landesschutzdeiche, 84 km Mitteldeiche und sonstige Deiche (THIESSEN 2003/04) gliedern Eiderstedt in über 70 Köge (KUNZ u. PANTEN 1997) und prägen das Landschaftsbild. Nicht nur am engen Raster der Deiche, sondern auch an der Höhenlage der Köge kann man die Entstehungsgeschichte ablesen. Je jünger der Koog ist, umso höher liegt er. Die jungen Köge umgeben die Halbinsel wie der Rand einer Schüssel. Die Höhenunterschiede zwischen 0,50 m u. NN und 2,50 m ü. NN (DHSV 1998) sind für eine Marschlandschaft außerordentlich groß und maßgeblich für den hohen Anteil an feuchtem Grünland. Nur die Hälfte der Landfläche kann frei im Sielbetrieb entwässern.

Im W Eiderstedts bei St. Peter-Ording haben sich über der Marsch Sandplaten, in weiten Teilen unberührtes Vorland und landeinwärts in mehreren Ketten auf 8 km Länge der einzige Meeresdünenkomplex des Festlandes der schleswig-holsteinischen Nordseeküste gebildet. Teilweise sind natürliche Übergänge von der Sandplate über die Küsten- und Vorlandvegetation bis hin zu Weiß-, Grau- und Braundünen, Dünenwald, Bruchwald sowie vermoorten Dünentälern mit Sumpfbereichen und Lagunen erhalten.

Das Wasser prägt das Landschaftsbild und die Natur maßgeblich und macht Eiderstedt zu einer „Wasserlandschaft". Eiderstedt ist nicht nur von Wasser umgeben, sondern auch in seinem Inneren prägt Wasser als dichtes Netz von Gräben, Vorflutern, Speicher- und Spülbecken, Prielen, Spätingen, Fleeten, Wehlen und Viehtränken sowie Kanälen die Landschaft. Allein die Vorfluter haben eine Länge von über 900 km (THIESSEN 2003/04). Das dichte Netz der Parzellengräben ist über 4 000 km lang (THIESSEN 2003/04) und gliedert die Landschaft kleinteilig in Parzellen zwischen 3 und 4 ha. Die weit über 1 000 ha offene Wasserfläche sind wegen der großen „Randeffekte" für die Natur bedeutsam. An den Gewässern, in Fleeten und Spätingen sowie auf dem Vorland bei St. Peter-Ording wachsen ausgedehnte Röhrichtbestände.

Einige Gewässer bedürfen der besonderen Erwähnung: Das Rosenburger Deep, eine natürliche etwa 1,6 km lange Wasserfläche von 6,5 ha ist Relikt der ehemaligen Verbindung zwischen der Eider und dem Heverstrom. Die Tau- oder Himmelsteiche bei Poppenbüll sind künstlich auf Anhöhen angelegte flache Viehtränken, die durch ihre Lage und Bauart auch bei Trockenheit durch Taubildung ständig Wasser führen. Die Süder- und die Norderbootfahrt sind Kanäle, die nicht nur der Entwässerung, sondern in früheren Zeiten vor allem auch als Verkehrswege dienten.

In Eiderstedt überwiegt mit etwa 20 000 ha das Grünland als absolutes Grünland in den ältesten und tief liegenden Kögen und als Mähweide auf höher liegenden und stärker entwässerten Flächen. Inmitten des Grünlandes befinden sich die Höfe und Siedlungen, umgeben von Bauminseln, die der W-Wind geformt hat. Sie bilden Vordergrund und Rahmen für Durchblicke und verschmelzen in der Ferne oftmals zu einem geschlossenen Saum. Diese Baumkulissen inmitten des Grünlandes geben Eiderstedt das Erscheinungsbild eines anmutigen Landschaftsparks, ohne der Landschaft die für die Marsch typische Weite zu nehmen. Auf höheren Flächen und in den neuen Kögen bestimmt der Ackerbau das Bild, ohne bisher der Halbinsel den überwiegenden Grünlandcharakter zu nehmen.

Wald ist untypisch für Eiderstedt. Mit nur 562 ha liegt der Waldanteil bei 1,9 % (STEENBUCK 2008). Die Wälder sind als kleine Stadtwälder auf Tönning (30 ha), Kating (11 ha) und Garding (10 ha) beschränkt. Daneben sind die Dünen bei St. Peter-Ording (154 ha) und das 1970 eingedeichte Katinger Watt (350 ha) mit Wald bestockt. In Unkenntnis der Prozesse einer natürlichen Dünenbildung wurden die Dünen bereits 1864 (HINTZE 1933) und in den Folgejahren mit Sitka-Fichte, Schwarz-, Wald- und Berg-Kiefer sowie Silber-Pappel und Erle bepflanzt (HAFFER 1956), um die wehenden Sande festzulegen. Mit der Aufforstung des Katinger Watts 1974–1981 wurde das Ziel verfolgte, den Waldanteil in Schleswig-Holstein zu erhöhen.

Vor dem Landesschutzdeich liegt der 440 000 ha große Nationalpark Schleswig-Holsteinisches Wattenmeer, der zum UNESCO-Weltnaturerbe gehört. 68 % sind dauerhaft von Wasser bedeckt, 30 % fallen periodisch trocken. 7 000 ha sind Salzwiesen (STOCK et al. 2005). Eiderstedt ist in einer Breite von 200 bis weit über 400 m fast vollständig von Salzwiesen umschlossen. Sie gehen über in den spärlich von Pflanzen bedeckten „Anwachs" sowie die Watt- und Wasserflächen. Die westliche Grenze des Nationalparks ist die Drei-Seemeilen-Linie. Unmittelbar vor dem Deich bis zum 18-Ruten-Streifen (eine Rute sind 3,77 m) bestimmen streng geometrische Formen aus gewölbten kurz gegrästen Rasenbeeten, schnurgeraden „Grüppen" (kleine Gräben) und „Lahnungen" (Buschzäunen) das Bild. Weiter entfernt vom Deich, soweit nicht Belange des Küstenschutzes z.B. für die Sodengewinnung Vorrang genießen, greift der Mensch immer weniger in die Natur ein. Die Wasserläufe mäandrieren, das Einheitsgrün der „Salzweiden" weicht einem Mosaik aus Farben und Formen unterschiedlicher Pflanzen, und die Landschaft kehrt zu natürlicher Harmonie zurück. Die Salzwiesen sind an der buchtenarmen Küste Eiderstedts überwiegend künstlich durch ein ausgeklügeltes System von Lahnungen – und von Grüppen und Beeten zur Verstärkung der Sedimentation entstanden. Dort, wo der Mensch diese mühselige Arbeit aufgibt, unterliegt das Vorland überwiegend der Erosion und kann vollständig verloren gehen. Das Raster der stark gewölbten schmalen Beete, feuchten Grüppen und Gräben des Vorlandes findet sich als ein landschaftstypisches Merkmal des Eiderstedter Grünlands wieder. Eine

Satellitenbildbeschreibung

Satellitenbilder sind heute unbestritten eine wichtige Informationsquelle bei der Beobachtung aktueller Umweltprozesse. Mit Internetdiensten wie z.B. Google Maps, GoYellow, Yahoo Maps oder MSN Maps, die auf Satellitendaten aufbauen, sind inzwischen auch dem Laien Fernerkundungsdaten vertraut. Die genannten Internetplattformen nutzen vielfach die Daten der amerikanischen Erdbeobachtungssatelliten LANDSAT 5/TM (Thematic Mapper) oder LANDSAT 7/ETM+ (Enhanced Thematic Mapper Plus).

Die Daten der beiden Satelliten stehen via Internet kostenfrei zur Verfügung. Damit stellen diese Daten eine gute Grundlage für Anwendungen unterschiedlichster Zielstellungen dar. Beispiele dafür sind z.B. Biotopanalyse, Ableitung agrarmeteorologischer Parameter, Waldschadensklassifikation, Wasserqualitätsanalyse. Zudem sind die Daten der LANDSAT-Serie sehr gut geeignet, um große Gebiete, wie hier am Beispiel der Halbinsel Eiderstedt gezeigt, zeitgleich zu erfassen.

Eine detaillierte technische Beschreibung der LANDSAT-Satelliten liefert KRAMER (2002). Daraus wird deutlich, dass in Norddeutschland eine Wiederholrate von acht Tagen gegeben ist, da ein Punkt abwechselnd von zwei benachbarten Bahnen aus aufgenommen werden kann. Der multispektrale Sensor ETM+ liefert Bilddaten mehrerer Spektralbänder mit einer geometrischen Auflösung von 30 m (KRAMER 2002). Diese Bänder ermöglichen je nach beabsichtigtem Auswertungsziel unterschiedliche Farbdarstellungen. In Abb. 12a wird eine Falschfarbdarstellung der Halbinsel Eiderstedt gegeben, deren RGB-Darstellung auf der Kanalkombination der Spektralbänder 4-5-3 (R = Rot: nahes Infrarot, G = Grün: kurz-welliges Infrarot, B = Blau: sichtbares Rot) beruht.

Die Halbinsel hat eine N-S-Ausdehnung von etwa 13 km und eine O-W-Ausdehnung von etwa 30 km. Während der Naturraum des Hügellandes, der Hohen Geest und der Vorgeest (von O nach W gesehen) in der Saale- bzw. in der Weichseleiszeit geformt wurden, entstand der Naturraum der Nordseeküste (Marsch mit Watt und Vorland – Küstenholozän) durch die Ablagerung feinen Materials im Tidebereich im Wesentlichen erst nach der Eiszeit. Nach N hin ist die Halbinsel durch den Heverstrom begrenzt, im W grenzt die Nordsee an die Halbinsel, während sie im S an die Eider und den Purrenstrom grenzt. Die größten Siedlungen auf Eiderstedt sind St. Peter-Ording an der Westküste, Garding und Tönning. Charakteristisch für den Übergangsbereich von Land zum Watt sind die ausgedehnten Lahnungen, die der Landgewinnung dienen (Abb. 11)

Bei Betrachtung des Satellitenbildes in Abb. 12a fallen zunächst die farblichen Unterschiede zwischen Wasser (schwarz abgebildet), Watt (dunkelblau, hellblau bis weißblau) und Land (vorwiegend gelb, aber auch grün, braun und rot) sowie, im Gegensatz zum Wasser, die hohe Variabilität bzw. Anzahl von Objekten im Binnenland auf. Interessant ist zudem der Übergang von Land zu Wasser. Hier sind Untiefen, trockengefallenes Watt und Sandbänke (hell- bzw. weißblau) sowie seichtes bis tiefes Wasser (hell- bis dunkelblau) zu erkennen.

Durch die farblichen Unterschiede zwischen Land, Watt und Wasser gelingt es sehr schnell, sich in der Satellitenszene zu orientieren. Dennoch unterscheidet sich das Lesen und Verstehen einer Satellitenszene deutlich von dem einer Karte. Satellitendaten weisen im Gegensatz zu Karten einen sehr hohen Detaillierungsgrad auf und sind ein

Abbild der Realität aus der Vogelperspektive. Zudem werden die aufgezeichneten Objekte in ihrer realen Größe und ihren entsprechenden Beziehungen zu ihrer Umgebung dargestellt. Im Gegensatz dazu weisen Karten einen deutlich höheren Abstraktionsgrad auf, der Karteninhalt wird mit Sicht auf das jeweilige Darstellungsziel optimiert. Dargestellte Objekte werden u.U. zur besseren Verdeutlichung vergrößert dargestellt, um die Aufmerksamkeit des Betrachters auf die wesentlichen Informationen des Karteninhaltes zu lenken.

Daher werden in der Regel zum besseren Verständnis von Satellitenszenen sogenannte Satellitenbildlegenden für die Interpretation erstellt. Diese stützen sich auf Farbkombinationen (verursacht durch das Mischungsverhältnis der Remissionseigenschaften von Oberflächen bei der Kanalkombination), Texturen von Landschafts- bzw. Nutzungsobjekten, Geometrien von Objekten sowie deren Nachbarschaften. Detaillierte Darstellungen zur Interpretation von Satellitendaten werden durch WINTER u. BECKEL (1991) oder BILLWITZ u. PORADA (2009) gegeben. Grundvoraussetzung für das Verständnis eines Interpretationsschlüssels von Satellitendaten ist die Angabe der Bedingungen für die er erstellt wurde (Abb. 12a u. Anhang I).

Neben den LANDSAT-Daten ist eine Reihe von Daten höherer geometrischer Auflösung verfügbar. Eines dieser Erdbeobachtungssysteme ist das im operativen Einsatz befindliche RapidEye-System (BORG et al. 2012). Die Daten dieses Systems haben eine geometrische Auflösung von 6,5 m. Fünf baugleiche Satelliten fliegen im gleichmäßigen Abstand auf einem Orbit. Durch diese Konstellation können gleichzeitig Daten hoher geometrischer und hoher zeitlicher Auflösung gewonnen werden. Aus dem sonnensynchronen Orbit von 630 km kann jeder der fünf Satelliten bei Beobachtung in Nadir-Richtung einen Datenstreifen von 77 km Breite auf der Erdoberfläche abtasten. Durch die Aufzeichnung von fünf Spektralkanälen im sichtbaren Licht sowie im nahen Infrarot besteht bei diesen Daten die Möglichkeit, unterschiedliche Darstellungsformen der Daten zu wählen, um eine visuelle Auswertung der Daten zu erleichtern. Entsprechende Abbildungen der Halbinsel Eiderstedt sind auf der Vorderseite des Faltblattes in der Rückentasche zu sehen. Abb. A ist eine Echtfarbdarstellung mit den Spektralkanälen Rot, Grün und Blau. Die hier gezeigte Übersichtsdarstellung ist ein Datenkomposit für den Mai 2009, das aus wolkenfreien Szenen, den sogenannten Tiles, unterschiedlicher RapidEye-Satelliten zusammengesetzt wurde. Die Darstellung entspricht dem üblichen Farbempfinden eines Betrachters, wobei sich Vegetation grün abzeichnet. Insbesondere sind Nadel- und Mischwald (nordöstlich des Eidersperrwerks in Richtung Tönning) dunkelgrün, Wiesen und Getreidefelder hellgrün und Rapsfelder gelb dargestellt. Die unbedeckten Böden sind als hell- bzw. dunkelbraune Flächen zu erkennen. Wasserflächen werden weitgehend dunkel bzw. schwarz, seichte Wasserflächen und trockengefallenes Watt werden dunkel- bis hellgrau abgebildet. Durch die farbliche Differenzierung scheint das vom Gezeitenwechsel geprägte Wattenrelief durch, so dass sehr gut Untiefen identifiziert werden können. Die zudem auffällig hellen bis weißen Flächen im Küstenbereich können als Sandbänke bzw. -strände identifiziert werden. Im Gegensatz dazu ist in Abb. B eine Falschfarbdarstellung des gleichen Szenenausschnittes in der Kanalkombination NIR, Rot, Blau zu sehen. In dieser Darstellung werden aktive Vegetation rot und freier Boden/Beton blau abgebildet (vgl. Anhang I).

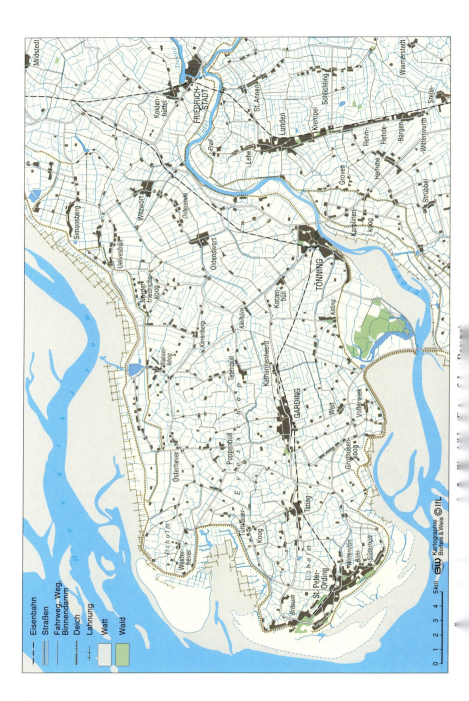

Abb. 12a Satellitendatenkomposit bestehend aus den Daten des LANDSAT 7/ETM+-Systems vom 15. Juli 2002 (Quelle: LANDSAT-Satellit – USGS: http//earthexplorer.usgs.gov; Bildsynthese: Falschfarbendarstellung mittels der Multispektralkanäle 4-5-3 – nahes Infrarot, kurzwelliges Infrarot, sichtbares Rot)

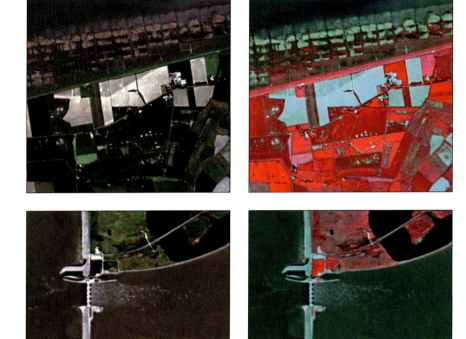

Seiten 54 und 55
Abb. 12b–g Zusammenstellung von Ausschnitten von RapidEye-Daten. Obere Reihe, b und c: Detail mit Lahnung im Küstenbereich aus der Szene von 2011 in RGB- und CIR-Darstellung. Untere Reihe, d und e: Eidersperrwerk aus der unteren Teilszene des jeweiligen Komposits in RGB- und CIR-Darstellung. Rechte Seite, f und g: Siedlung mit umliegenden landwirtschaftlichen Flächen mit ausgeprägten Konturgrenzen in RGB- und CIR-Darstellung (Bearbeitung: Bernd FICHTELMANN, Erik BORG u. Marcus APEL. Mit freundlicher Genehmigung durch die RapidEye AG und das Deutsche Zentrum für Luft- und Raumfahrt – DLR, Earth Observation Center – EOC)

Eine besondere Stärke satellitengestützter Fernerkundung ist das dieser Technologie zu Grunde liegende Multifunktionskonzept (BORG et al. 2004). Es bietet die Möglichkeiten der Detektion interessierender Objekte oder Gebiete aus verschiedenen Blickwinkeln (multistationär), mit verschiedenen Sensoren, zu unterschiedlichen Zeitpunkten (multitemporal) sowie in verschiedenen Spektralbereichen (multispektral). Besonders die multitemporale Aufzeichnung einer identischen Landschaft ermöglicht die Verfolgung dynamischer Umweltprozesse.

Der nördliche Teil der Übersichtsdarstellungen (Abb. A und B) ist in den folgenden drei Detailaufnahmen (Echtfarbdarstellung: Abb. C–E, rechts daneben die dazugehörigen Falschfarbdarstellungen Abb. F–H zu verschiedenen Zeitpunkten (C: 10. Mai 2009, D: 22. Mai 2010, E: 3. Juni 2011) zu sehen. Bei einer ersten Sichtung der Zeitreihe kann festgestellt werden, dass der Wasserstand in den Abb. C und E ähnlich hoch ist, während der Wasserstand in der Abb. D wesentlich geringer ist. Zudem kann man in der Serie die Veränderungen in der Wattstruktur verfolgen.

In Abb. 12b–g sind drei Ausschnitte dargestellt. In diesen Detailszenen lassen sich die Vorteile einer hohen geometrischen Auflösung zeigen. Die Beispiele sind jeweils in RGB- und CIR-Darstellung aufgezeigt. So sind in der oberen Reihe die Lahnungsfelder im Norden von Eiderstedt zu erkennen. Sie sind dem Deich vorgelagert und dienen der Landgewinnung. Auch die flachen Gräben zur oberflächlichen Dränage und Sedimentansammlung im Deichvorland, die sogenannten Grüppel oder Grüppen zeigen sich deutlich. Die untere Reihe zeigt das Eidersperrwerk als markantes Bauwerk der Region. Die verschiedenen Teile des Bauwerks wie der nördliche und südliche Damm, das eigentliche Sielbauwerk und die Schifffahrtsschleuse mit ihren Vorhäfen sind aus 630 km Höhe sehr gut zu erkennen. Die CIR-Abbildung (S. 55 unten) zeigt deutliche Feldgrenzen. Diese können der Landnutzungskartierung oder Landschaftsstrukturanalyse dienen, die unter Einbeziehung von Zusatzinformationen in die Habitatmodellierung oder Landschaftsbewertung einfließen können. Zudem sind im Zentrum der Szene Siedlungsflächen und Straßen zu erkennen.

Abschließend kann festgestellt werden, dass die Kombination von geometrisch hoch aufgelösten Daten mit hoher zeitlicher Auflösung ein verbessertes Monitoring erlaubt und somit neue Anwendungsmöglichkeiten eröffnet.

Bernd Fichtelmann, Erik Borg und Marcus Apel

Geschichte
Ur- und Frühgeschichte

Was uns heute als Halbinsel und als scheinbar harmonisch gewachsene Landschaft entgegentritt, ist in Wirklichkeit das Ergebnis jahrhundertelanger Auseinandersetzung der Küstenbewohner mit der Nordsee und seit dem hohen Mittelalter auch des Widerstreits landschaftsbildender Prozesse mit den Eingriffen der Menschen in den Naturraum. Was an sich schon schwer zu beschreiben ist, wird in Eiderstedt noch verkompliziert durch kleinräumig wechselnde Landschaftstypen, die je nach ihrer Beschaffenheit die frühen Siedler entweder eingeladen oder aber abgeschreckt haben. So sind die Landnahmen in der Nordermarsch und der Südermarsch Eiderstedts ganz eigene Wege gegangen. Zumindest in W-Eiderstedt werden beide Gebiete durch in Richtung W–O verlaufende und von N nach S gestaffelt liegende Strandwälle getrennt, die sich von St. Peter-Ording bis nach Katharinenheerd erstrecken. Sie bildeten eine Art Rückgrat, an das sich Moor- und Marschbildungen anlehnten, und boten den Siedlern in der Vor- und Frühgeschichte sowie im Mittelalter trockenen und sturmflutfreien Siedelgrund. Von hier aus konnten die angrenzenden Marschflächen extensiv bewirtschaftet werden, während auf den Strandwällen selbst Ackerbau betrieben wurde. Wo die Strandwälle intensiv genutzt wurden, veränderte sich ihre Beschaffenheit derart, dass ihre ursprüngliche Genese nicht mehr zu erkennen ist und sie die Bezeichnung Strandwall kaum noch verdienen. Dünenbildungen überformten ihr Relief, bis zu 2 m mächtige anthropogene Aufträge sowie Ablagerung von Siedlungsschutt führten in der römischen Kaiserzeit und in der Wikingerzeit z.T. zur erheblichen Anhebung der Laufflächen über das durch Sturmfluten gefährdete Niveau hinaus.

Auf das hohe Alter der Strandwälle weisen zahlreiche spätneolithische und frühbronzezeitliche Artefakte hin, die aber alle Einzelfunde sind und somit vorerst nur als Belege für Begehung und nicht als Indiz für dauerhafte Besiedlung gewertet werden dürfen (Abb. 13). Es sind neben Flintabschlägen Dolche und Sicheln aus Feuerstein, die überwiegend in die erste Hälfte des zweiten Jahrtausends v.Chr. datieren. Älter sind nur ein dünnnackiges und ein dicknackiges Flintbeil, die beide auf dem Brösumer Strandwall beim Grabenziehen im Sand liegend gefunden wurden; das dünnnackige Beil datiert in das späte vierte Jahrtausend v.Chr., das dicknackige in die erste Hälfte des dritten Jahrtausends v.Chr. Da es nach Fundlage und plausibler Fundgeschichte keine verdrifteten oder verschleppten Artefakte sind, könnten die Beile als Hinweis darauf gewertet werden, dass zumindest der älteste der Strandwälle W-Eiderstedts bereits vor über 5 000 Jahren durch die Nordsee aufgeschüttet worden ist.

Flintgeräte sind aber auch außerhalb der Strandwälle gefunden worden. So kennen wir ein Flintbeil, das bei Witzwort in 2 m Tiefe auf einer dünnen Torfschicht liegend gefunden wurde, und ein weiteres, das in der Nähe von Oldenswort-Riep zum Vorschein kam. Dass sich die endsteinzeitlich-frühbronzezeitlichen Küstenbewohner nicht nur auf Strandwällen aufhielten, ist auch durch zahlreiche Dolche, Sicheln und andere Artefakte belegt, die aus dem nördlich anschließenden Wattengebiet stammen, in dem heute die Halligen und die Marscheninseln liegen.

Die ältesten Funde und Befunde Eiderstedts, die von länger währender Besiedlung geblieben sind, datieren in das Ende des zweiten vorchristlichen Jahrtausends. In dieser als „mittlere Bronzezeit" bezeichneten vorgeschichtlichen Epoche siedelten bereits Menschen am westlichen Hang des Tholendorfer Strandwalles. Hier wurden 1982 auf dem Gelände des Hofes Knappenberg bei Bauarbeiten Siedlungsschichten der Bronzezeit und der römischen Kaiserzeit angeschnitten und teilweise archäologisch untersucht. Zu den besonderen Funden zählen das Fragment einer tönernen Tierfigur und eine Flintklinge aus rotem Helgoländer Feuerstein, die als Indiz dafür gewertet werden kann, dass diese Siedlung vor rund 3 000 Jahren am bronzezeitlichen Küstenhandel teilgenommen hat. Vom sturmflutfreien Siedelplatz aus konnten nur geringem Meereseinfluss ausgesetzte Salzwiesen extensiv bewirtschaftet werden. Wie durch die Pollenanalyse belegt, war sogar Ackerbau möglich, aber wahrscheinlich nur auf den Strandwällen selbst, obwohl es hier, wie durch in die Siedlungsstraten eingelagerte sterile Sandschichten angezeigt, wahrscheinlich schon Probleme mit Sandverwehungen gab. Nach dem Ergebnis neuer naturwissenschaftlicher Untersuchungen der unter dem Westerhever-Sand liegenden Torfe war das nördlich des Tholendorfer Strandwalles liegende Küstengebiet seit

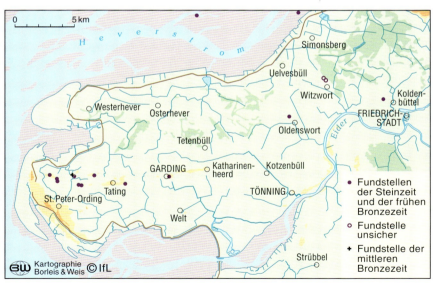

Abb. 13   Fundstellen der Stein- und Bronzezeit (Entwurf: Hans Joachim Kühn, nach Unterlagen des Archäologischen Landesamtes Schleswig-Holstein)

etwa 1000 v.Chr. keinem nennenswerten Meereseinfluss mehr ausgesetzt. Mit der beginnenden Vermoorung bildete sich hier bis zum Ende des Jahrtausends eine siedlungsfeindliche Landschaft heraus, die von den Menschen gemieden wurde.

Erst nach einer Unterbrechung von etwa 1 000 Jahren wurde nicht nur der bronzezeitliche Siedelplatz wieder in Besitz genommen, sondern es scheinen die Strandwälle von Tholendorf, Brösum, Tating und Garding seit Christi Geburt insgesamt mit Siedlungen und Friedhöfen der römischen Kaiserzeit dicht besetzt gewesen zu sein (Abb. 14). Aus der an die Strandwälle W-Eiderstedts angrenzenden Marsch ist bislang kein Fundgut dieser Epoche bekannt geworden. Wie eisenzeitliche Einzelfunde und Fundkomplexe aus dem weiter nördlich liegenden Wattengebiet bei der Marscheninsel Pellworm belegen, könnten aber auch hier Siedlungsreste durchaus bisher noch unentdeckt unter jüngeren Sedimenten begraben liegen.

Die kaiserzeitlichen Siedler waren einem stärkeren Meereseinfluss ausgesetzt als ihre bronzezeitlichen Vorgänger. Schon kurz vor Christi Geburt hatte ein erheblicher Anstieg des Meeresspiegels stattgefunden. Zwar sank dieser um Christi Geburt wieder ab, um danach aber umso stärker wieder anzusteigen. Im Raum der heutigen Insel Pellworm sind Meeresablagerungen nachgewiesen, die sich im 2. Jh. n.Chr. abgesetzt haben. Etwa gleich alt sind Anzeichen für steigenden Meereseinfluss, die in Westerhever und am N-Rand der Strandwälle bei Tating-Tholendorf und Tating-Esing naturwissenschaftlich belegt sind. Sie sprechen dafür, dass die Nordsee schon in der römischen Kaiserzeit die eiszeitlichen Ablagerungen und die von ihnen ausgehenden Nehrungen durchbrochen hat, die bis dahin das nördlich der Eiderstedter Strandwälle liegende Küstengebiet weitgehend gegen den Meereseinfluss abgeschirmt hatten. Die Meereseinbrüche veränderten die Landschaft erheblich. Die seit Beginn des letzten Jahrtausends v.Chr. aufgewachsenen Moore wurden erodiert oder unter Sedimenten begraben. Ein Tief stieß mit seinen Seitenarmen weit nach O vor. Es wies den ersten Siedlern den Weg, trennte aber zugleich die Kerngebiete der frühen Landnahme (vgl. Abb. 14).

Wegen einer anderen Landesnatur ist die frühe Landnahme im östlichen Eiderstedt ganz eigene Wege gegangen. Zwar boten auch hier Strandwälle, wie die von Witzwort und Koldenbüttel, trockenen Siedelgrund, doch es wurden zuerst die hohen Ufer der Eider in Besitz genommen. Wie durch archäologische Untersuchungen in der großen Warft Tofting belegt, haben sich die Siedler hier zu Beginn des 2. Jh. n.Chr., also etwa 100 Jahre später als in W-Eiderstedt, auf dem Uferwall eines später verlandeten Eiderarmes zu ebener Erde niedergelassen. Anfangs wurde nur der Laufhorizont der einzelnen Hausplätze durch Sodenlagen Schritt für Schritt angehoben und das Siedlungsareal durch den durch die intensive Haustierhaltung anfallenden Dung vergrößert. Zu einer gemeinschaftlich genutzten Warft wuchsen die einzelnen Hauspodeste erst nach gezielter Verfüllung der zwischen den einzelnen Höfen liegenden Senken zusammen. Andere frühgeschichtliche Dorfwarften werden ähnlich entstanden sein, wie z.B. diejenige, die heute unter dem Zentrum der Stadt Tönning liegt.

Dorfwarften scheinen im östlichen Teil Eiderstedts über zwei Jahrhunderte lang die vorherrschende Siedelform gewesen zu sein. Das hinter den Uferwällen liegende Sietland wurde erst in der späten römischen Kaiserzeit und in der frühen Völkerwanderungszeit, also erst im 4./5. Jh. n.Chr., besiedelt. Davon zeugen Reste mehrerer Flachsiedlungen, die in Höhe der heutigen Landoberfläche liegen und somit durch moderne ackerbauliche Nutzung erheblich beeinträchtigt werden. Damit ist aber auch belegt,

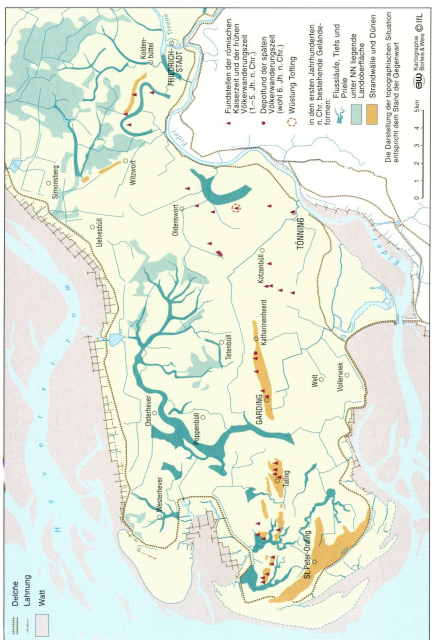

Abb. 14 Fundstellen der römischen Kaiser- und Völkerwanderungszeit (Entwurf: Hans Joachim Kühn, nach Unterlagen des Archäologischen Landesamtes Schleswig-Holstein)

dass es seit der römischen Kaiserzeit im Sietland zu keinen nennenswerten Sedimentablagerungen gekommen ist. Obwohl durch Analyse botanischer Reste nachgewiesen ist, dass die ufernahen Siedlungen bereits seit dem 3. Jh. einem steigenden Meereseinfluss ausgesetzt waren, machte sich diese für die Marschbewohner ungünstige Entwicklung im Hinterland nicht bemerkbar. Hier wurden die Kolonisten eher durch Binnenwasser bedrängt, das nicht nur die Siedelplätze bedrohte, sondern auch die Umwandlung der Marsch in nutzbare Wirtschaftsfläche erschwerte.

Wie in ganz Schleswig-Holstein, so ist auch in Eiderstedt keine Siedlungskontinuität von der römischen Kaiserzeit bzw. der Völkerwanderungszeit zum frühen Mittelalter nachgewiesen. Zu einer erneuten spürbaren Inbesitznahme der Strandwälle und der Marsch kommt es erst wieder im frühen Mittelalter, also im Zuge der friesischen Einwanderung und der damit einhergehenden Landnahme seit dem 8. Jh. Ähnlich wie in der römischen Kaiserzeit erfolgte die Besiedlung der Eiderstedter Südermarsch in zwei Schritten. Anfangs bildeten aus Flachsiedlungen hervorgegangene große Dorfwarften die Zentren der Kolonisation, von denen einige zu erheblicher Größe ausgebaut wurden. So überlagern die beiden frühmittelalterlichen Dorfwarften der Siedlung Welt eine Fläche von insgesamt 17 ha. Ihr Standort zeigt zudem, wie weit für Besiedlung und Bewirtschaftung geeignete Marsch bereits in der Wikingerzeit in Richtung der mäandrierenden Eidermündung aufgewachsen war. Da nur durch Testgrabungen erschlossen, bleibt die Wirtschafts- und Sozialstruktur der frühen Warftbewohner ungeklärt. Besser lässt sich die der Bewohner der Dorfwarft Elisenhof bei Tönning nachzeichnen. Die Nähe zur Eider und somit zu dem über Haithabu in den Ostseeraum führenden Fernhandelsweg ermöglichte es den Warftbewohnern, eigene landwirtschaftliche und handwerkliche Produkte gegen Luxusgüter einzutauschen, die sich im archäologischen Fundgut wiederfinden.

Im frühen Mittelalter wurden Siedlungen neu gegründet, aber auch eisenzeitliche Dorfwarften erneut in Besitz genommen wie z.B. die von Tofting. Eine Aussiedlung in die umliegende Marsch hat nach Aussage der archäologischen Funde frühestens seit dem späten 11. Jh. stattgefunden. Wegen des steigenden Meereseinflusses ging diese Ausweitung der Siedelgebiete mit dem Bau von Deichen und mit Fortschritten in der Landesentwässerung einher. Da die bekannten hoch- und spätmittelalterlichen Siedlungen alle auf Warften liegen, boten die frühen Deiche den Siedlungen noch keinen ausreichenden Sturmflutschutz – sie sind vor allem zur Förderung der Landeskultivierung und zum Schutz der Wirtschaftsflächen aufgeschüttet worden.

Mühsamer als in der Eiderstedter Südermarsch war die Landnahme nördlich der Strandwälle. Hier herrschte durch Priele und Tiefs zergliederte Marsch vor, die im Untergrund unterschiedlich tief vermoort, z.T. mit sackungsfähigen Sedimenten aufgelandet und schlecht zu entwässern war. Hier halfen den frühen Siedlern ganz unterschiedliche Strategien. Spuren frühmittelalterlicher Marschensiedlungen sind bislang nicht gefunden worden. Es hat den Anschein, als hätten die Menschen noch in der Wikingerzeit die sturmflutfreien Strandwälle als Siedelorte bevorzugt und nur von dort aus die angrenzende Marsch bewirtschaftet. Es könnten aber durchaus frühmittelalterliche Siedelreste unter den Sedimenten der spätmittelalterlichen Meereseinbrüche begraben liegen, wie wir es aus dem nördlich anschließenden Halligen- und Marscheninselgebiet kennen.

Wie stark die Eiderstedter Nordermarsch bei Ankunft der ersten Siedler durch Wasserläufe zergliedert war und welche Konsequenzen das für die frühe Landnahme hatte, wird besonders nach Auswertung von Geländemodellen deutlich, die mit Hilfe flugzeuggestützter Laserscannermessungen erzeugt worden sind. Da sich für das Auge kaum erkennbare morphologische Unterschiede mit Hilfe der modernen 3D-Laser-Technologie erfassen lassen, treten selbst frühe Meereseinbrüche wieder hervor, auch wenn diese schon seit Jahrhunderten verlandet sind. Überraschend ist, dass sich die sogenannte Süderhever, die die Inseln Westerhever und Utholm bis zu den Eindeichungen des späten Mittelalters vom Eiderstedter Kerngebiet getrennt hat, nur schwach abzeichnet. Diese Beobachtung stützt die Ergebnisse geologischer Untersuchungen, durch die im Bereich des vermuteten Tiefs keine tief greifende Ausräumung nachgewiesen werden konnte. Die Süderhever unterbricht zwar den Strandwall zwischen Tating und Garding, sie ist aber nicht das Ergebnis katastrophaler Meereseinbrüche und wird in ihrer Bedeutung als die Landschaft formende Kraft und als frühe Wasserstraße wahrscheinlich überbewertet.

Zerstörerische Meereseinbrüche sind bereits kurz nach der Zeitenwende eher aus dem W und dem N gekommen. So lässt sich dank der hohen Dichte der Fernerkundungsdaten der Weg eines kräftigen, von W kommenden Meereseinbruches verfolgen, der im 17. Jh. Fallstief genannt wurde und sich als Krauelstief seinen Weg weiter in Richtung O gebahnt hat. Das Durchbruchsgebiet wird heute durch die Tümlauer Bucht (A4) eingenommen. Deutlich zeichnen sich in den Laserscanneraufnahmen mehrere nach N und nach S abzweigende Tiefs und große Priele ab, die zum einen den ersten Siedlern im Raum Westerhever den Weg gewiesen haben (vgl. Abb. 25) und zum anderen für die Aufspaltung der Strandwälle verantwortlich sind. Das Tief quert das Überschwemmungsgebiet der Süderhever und umfließt die Marscheninsel Osterhever im S. Weiter östlich knickt ein Seitenarm in Richtung S fast rechtwinklig ab und endet nordwestlich von Tetenbüll in dem nach 1362 eingedeichten Tetenbüller Marschkoog (Schockenbüller Tief). Auch hier lässt sich, wie in Westerhever, die Abhängigkeit der Wahl der frühen Warftstandorte von dem Lauf der Priele und Tiefs eindrucksvoll demonstrieren. Färbt man die höher liegenden Marschflächen gelb und das Tief mit seinem Überschwemmungsgebiet blau und grün ein, so paust sich durch die moderne Kulturlandschaft diejenige Landschaft wieder durch, wie sie vor der frühen Bedeichung bestanden hat. Projiziert man nun in diese Landschaft die Standorte der frühen Warften (rot) hinein, wird die Standortwahl der mittelalterlichen Warften erst verständlich – sie liegen stets auf dem äußersten Rand der hohen Marsch und somit so nah wie möglich am damals noch offenen Wasser, das Nahrungsquelle und Hauptverkehrsweg zugleich war (vgl. Abb. 35). Nach Abzweigung eines weiteren kräftigen Seitenarmes, der bis Tetenbüll vorstößt (Sieversflether Tief), ist das Krauelstief noch weiter nach O zu verfolgen, wo es sich im Bereich des heutigen Adenbüllerkooges und des Altneukooges fingerartig aufgliedert und ausläuft (vgl. Abb. 14).

Im westlichen Teil der Nordermarsch haben sich die ersten Siedler frühestens im späten 11. Jh. auf großen Warften niedergelassen, die nach speziellen Vorrichtungen für die Wasserversorgung von Mensch und Tier nach dem Muster von Halligwarften aufgeschüttet worden sind. Schon das zeigt, dass sie einem ständigen Meereseinfluss ausgesetzt waren. Dieser blieb auch wirksam, nachdem im 12. Jh. die ersten Deiche errichtet waren, überwiegend Ringdeiche, die Siedlungen und Wirtschaftsflächen vor den meis-

62

ten Überschwemmungen schützten, aufgrund ihrer geringen Kronenhöhe die Warften als Siedelplätze aber nicht überflüssig machten. Einen wirksameren Sturmflutschutz boten erst die Deiche, die im Zuge von Neubedeichungen nach den spätmittelalterlichen Sturmflutkatastrophen gebaut worden sind.

Trotz der unterschiedlichen Bodenbeschaffenheit und der landschaftlich wechselnden Intensität des Meereseinflusses zeichnet das heutige Eiderstedt in mehreren Epochen eine hohe Siedeldichte aus. Davon künden neben den Siedlungen unterschiedlicher Zeitstellung auf den Strandwällen und den Dünen, den Flachsiedlungen der römischen Kaiserzeit und der Völkerwanderungszeit in der Marsch, den zahlreichen mittelalterlichen und frühneuzeitlichen Deichwarften und erweiterten Deichsiedlungen annähernd 1 000 besiedelte und wüste Dorf- und Hofwarften (Abb. 15), die als die Landschaft prägende Elemente noch heute ins Auge fallen. Sie sind darüber hinaus unersetzliche Quellen für die Rekonstruktion der Besiedlungs- und Landschaftsgeschichte, deren Erhalt in einer Agrarlandschaft, die im Gefolge einschneidender Veränderungen der Bewirtschaftung schnell ihr Gesicht verändern kann, große denkmalpflegerische Probleme bereitet.

Hans Joachim Kühn

Mittelalter und Frühe Neuzeit

Der Fluss Eider wird zuerst 808 in den fränkischen Reichsannalen erwähnt. Nach ihm erhielt das Gestade an seinem Ufer den Namen Eiderstedt. Die Fuldaer Annalen erwähnen für das Jahr 857, dass der dänische König Horic einer Flotte unter Führung des Normannen Roric gestattete, einen Teil des Landes zwischen dem Meer und der Eider in Besitz zu nehmen. Vermutlich handelte es sich hierbei um den westlichen Teil, der später Utholm genannt werden sollte. Der dänische Geschichtsschreiber Saxo Grammaticus (um 1200) gibt als Herkunft der Bewohner „Klein-Frieslands", worunter auch Eiderstedt zu verstehen ist, die an der südlichen Nordseeküste liegenden Friesland an, ohne sich näher festzulegen. Der Bremer Domherr Adam erwähnt die „Insel Holm in der Eidermündung" um 1080 in einer Anmerkung; von ihr aus konnte man damals die Insel Helgoland erspähen. Diese Angabe lässt vermuten, dass die Eidermündung die Einfahrt für die Schifffahrt über den Hafen Hollingstedt in Richtung Schleswig bildete, was eine Urkunde Herzog Waldemars aus dem Jahre 1284 genauer belegt.

Eine vollständige Darstellung der maritimen Welt um Eiderstedt gibt das Erdbuch des dänischen Königs Waldemar II. von 1231. Es nennt „westlich des Festlandes" die Inseln „Hever" und „Holm"; sie waren bewohnt. Die hydrographischen Veränderungen im hohen Mittelalter entziehen sich direkter Erkenntnis, da das Grenzgebiet zwischen Festland und Meer durch starke dynamische Kräfte geformt wurde. Der Anstieg des Meeresspiegels bewirkte in Konkurrenz zu menschlichen Bemühungen um Erhaltung der Lebensgrundlagen eine fortwährende Veränderung. An die Insel Hever und den Strom gleichen Namens erinnern noch die Siedlungen Westerhever bzw. Osterhever. Waldemars Erdbuch nennt vier Regionen: Tönningharde, Gardingharde, Holm und Hever, die bereits um 1187 in drei „Schiffsbezirken" namens Tönning-, Garding- und Holmboharde organisiert waren. Letztere umfasste auch Westerhever, Osterhever gehörte zur Gardingharde. Das von W heranschreitende Meer drang südlich von Osterhever östlich vor und schuf Wattströme und Priele bis gegen Oldensworth.

63

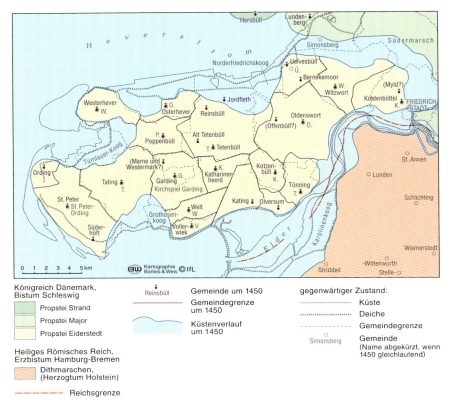

Königreich Dänemark, Bistum Schleswig	Reinsbüll	Gemeinde um 1450	gegenwärtiger Zustand:
		Gemeindegrenze um 1450	Küste
Propstei Strand			Deiche
Propstei Major		Küstenverlauf um 1450	Gemeindegrenze
Propstei Eiderstedt			Gemeinde
Heiliges Römisches Reich, Erzbistum Hamburg-Bremen		Simonsberg	(Name abgekürzt, wenn 1450 gleichlautend)
Dithmarschen, (Herzogtum Holstein)			
Reichsgrenze			

Abb. 16   Territoriale und kirchliche Gliederung um 1450 (Entwurf: Albert PANTEN, nach HANSEN u. JESSEN 1904)

Die drei Harden bildeten eine kirchliche Präpositur des Stifts Schleswig. 1195 wird diese insgesamt als Eiderstedt bezeichnet, ein Name, der auch in Waldemars Erdbuch als zusammenfassende Benennung erscheint. Das Einkünfteverzeichnis des Domkapitels zu Schleswig von 1352 weist veränderte Namensformen auf: Eiderstedtharde, Everschopharde und Utholmharde. Sie entwickeln sich zu den späteren „Dreilanden": Eiderstedt, Everschop und Utholm. Im 12. Jh. zeigt sich eine vollständig vorhandene kirchliche Struktur (Abb. 16).

Unverbürgte Hinweise auf Bedeichungen um 1100 finden sich in dem im 15. Jh. verfassten Chronicon eiderostadense vulgare („Gewöhnliche eiderstedtische Chronik") durch die Erwähnung von Entwässerungsgräben. Der dänische Geschichtsschreiber Saxo Grammaticus beschreibt um 1200 die Dämme, mit denen die Bewohner Klein-Frieslands ihre durch Sturmfluten bedrohten Felder schützten. Die Friesen standen unter der Oberhoheit der dänischen Könige und zahlten von ihrem Land eine Abgabe, das Landgeld. Wie wohlhabend Eiderstedt war, zeigt ein Ereignis aus dem Jahre 1151. Der dänische König Knut V. floh vor dem Gegenkönig Sven Grate zu den Eiderfriesen. Gegen das Angebot, ihr Landgeld zu kürzen, erhielt er Beistand. Die Eiderstedter erbauten in aller Eile zwischen Sümpfen am W-Ufer des Mildeflusses im Grenzgebiet zwischen Eiderstedt und der Geest eine Burg. Ihr unbedachtes Vorgehen im Kampf mit König Svens Truppen brachte diesem den Sieg. König Knut entkam. Mit der überaus stattlichen Summe von 2 000 Pfund Silber erkaufte sich die Besatzung der Burg freien Abzug.

Der Wohlstand beruhte zunächst auf der Urbarmachung der zentralen Hochmoore. Insbesondere Warftreihen im Kirchspiel Oldenswort weisen auf den planmäßigen Ausbau durch einzelne Geschlechter hin. Die Geschlechter oder Sippenverbände waren bestimmende Einheiten. Die Chronik berichtet zum Beispiel von den Boyemannen. Ihre „Boyenburg" lag nördlich von Garding im späteren Gebiet der Kirchengemeinde St. Johannis zu Poppenbüll. 1103 wurde, so heißt es im Chronicon, die Kirche in Tating gegründet. Sechs Jahre später folgte eine hölzerne Kirche in Garding, die Kirche bei „Kleve". Hier erschlugen die Boyemannen 1113 den Priester vor dem Altar. Daraufhin verloren die Gardinger das Patronatsrecht an die Krone, bei der es verblieb.

In Folge der Urbarmachung wurden einzelne ältere Kirchbauten von der Eider weg weiter nordwärts verlegt, was sich für Witzwort und Oldenswort nachweisen lässt. Für das Jahr 1340 wird ein kleines Gebiet südlich von Oldenswort an der alten Eider von einer enormen Zahl von Hauswirten bewohnt; von den erwähnten 100 finden sich später nur noch wenige, möglicherweise zog dieser Bevölkerungsdruck die Binnenkolonisation nach sich, die sich besonders um Oldenswort abzeichnete.

Der Grundbesitz bestimmte im mittelalterlichen Eiderstedt den sozialen Status, den Besitz militärischer Ausrüstung, das „Heergewette", und daraus resultierend auch die Mitwirkungsmöglichkeiten in den Gemeindeorganen. Die inneren Verhältnisse waren geprägt durch die Ausübung der Blutrache, „Fehde" genannt. Ein Totschläger konnte sich nach vollbrachter Tat vor den Verfolgern auf einen sogenannten Freiberg retten, von denen es für jedes Land jeweils einen gab. Hier konnte verhandelt werden, ob die Familie des Geschädigten mit der Zahlung einer Mannbuße zufrieden war oder auf Rache bestand. Nicht mit Geld gebüßte Taten waren bis in den vierten Grad der Verwandtschaft rachepflichtig. Die Mannbuße wurde von der gesamten Verwandtschaft nach dem Grad gestaffelt eingesammelt und in der Familie des Getöteten entsprechend wieder ausgeteilt. Vor Gericht mussten sich bei jedem Fall zwei „Dinghörer" Vorgang und Urteil merken und gegebenenfalls bei Berufung vor einer höheren Instanz darüber berichten können.

Eine altüberkommene Einteilung bildeten die „Matinge", die sich nicht immer mit den späteren Kirchspielsgebieten deckten. Diese Genossenschaften werden schon 1196 und 1352 erwähnt, 1466 erschließt sich die Funktion aus einem Artikel im Landrecht von 1466 und 1552 in Verbindung mit Deichstreitigkeiten bei Koldenbüttel. Das „Matens lach" von Witzwort und Koldenbüttel trat damals zusammen, um ein Gerichtszeugnis abzugeben; ihm gehörten sechs Männer aus Koldenbüttel und sechs aus Witzwort an, dazu noch zwei „Matens"-Dinghörer. Im 17. Jh. kennt Peter Sax noch das Mating Koldenbüttel und Witzwort, das Mating Tönning, Kotzenbüll, Kating und Südosterkoog in Tetenbüll, das Mating Welt und Vollerwiek, dazu noch das Mating Garding und Katharinenheerd, die übrigen, kleineren Matinge sind dann wohl mit den jeweiligen Kirchspielen identisch gewesen.

Wie bereits die Geschichte von Horic und Roric aus dem 9. Jh. erahnen lässt, spielten von Anfang an die Fürsten eine wesentliche Rolle für die Entwicklung Eiderstedts. Durch sein Engagement bei der planmäßigen Urbarmachung der Moorgebiete um Tetenbüll im 12. Jh. kam der dänische König dort zu Besitzungen und gab Anstoß zur Gründung des Vorgängerbaus der Tetenbüller Kirche, der „Königskapelle". Die Deichlinien entlang der Eider sind wahrscheinlich in jener Zeit entstanden und lassen sich mit landesherrlichem Einfluss zu König Waldemars Zeiten in Verbindung bringen. Eng verbunden mit der Herrschaft war die Kirche. Die Kirchspiele bildeten Bezirke, in denen die Einwohner jeweils eine Kirche zu bauen und zu erhalten hatten. In Poppenbüll und in Tetenbüll, Osterhever, Katharinenheerd, Welt und Vollerwiek wurden, von der Kapelle auf dem „Kleve" ausgehend, Kapellen gegründet.

Waldemars Erdbuch von 1231 verbindet Eiderstedt – hier als Gesamtbegriff aufzufassen – mit dem Danewerk, der großen Befestigung Dänemarks gegen den S. Beiträge zur Beherbergung des Königs und seines Heeres auf dem Wege in die friesischen Utlande tragen verschiedene Namen wie Freundschaftsgabe (Vingift) und Unterstützung (Studh), darüber hinaus war eine hohe Summe für ein königliches Winterlager notiert. König Waldemar starb 1241, sein Sohn Erik wurde König; dessen Bruder Abel war schon seit neun Jahren Herzog zu Schleswig.

Die Nordfriesen weigerten sich, Eriks „Pflugpfennig", eine Steuerabgabe auf Ackerland, zu zahlen. Ein Feldzug im Winter 1249 hatte keinen Erfolg. Nach der Ermordung Eriks im folgenden Jahr setzte sein Bruder und Nachfolger Abel diese Steuerpolitik fort. Vergeblich wiesen die Friesen auf ihre hohen Aufwendungen für den Deichbau hin. König Abel zog 1252 nach einem Versuch im Vorjahr wiederum nach Eiderstedt, um seine Ansprüche durchzusetzen. Zwar ließen die Friesen eine einheitliche Vorgehensweise vermissen, doch gelang es ihnen, den König und sein schnell dezimiertes Heer am Eiderufer entlang in Richtung O zu drängen. Hier kamen ihm die Bewaffneten Koldenbüttels entgegen. Aus dieser verzwickten Lage wollte sich König Abel durch Flucht entziehen; dabei fand er durch einen gegnerischen Pfeil den Tod.

Die einheimischen Chronisten verknüpften die Ereignisse von 1252 mit der darauf folgenden Hinwendung zu den Herzögen von Schleswig, die zwar der dänischen Krone verpflichtet waren, doch im Rahmen des Wunsches nach Autonomie oft in Gegnerschaft zum König lagen, auch wenn sie bis ins 14. Jh. dem königlichen Hause angehörten. So versprach Herzog Waldemar 1284 für sich und im Namen der Eiderstedter und der Bewohner der friesischen Utlande den Einwohnern Bremens volle Sicherheit, in die Stadt Schleswig zu kommen und dort Handel zu treiben.

Das 14. Jh. war auch für Eiderstedt eine schwierige Zeit. Bot das Klima um 1200 gute Voraussetzungen zur Binnenkolonisation und zum Landesausbau, so verschlechterte sich die Situation seit 1300 zusehends. 1311 herrschte eine Dürre, nachdem vier Jahre vorher ein sehr harter Winter eingefallen war. 1315 regnete es täglich, 1318 vertrocknete die Frucht und das Vieh starb, es folgte eine Hungersnot. 1338 verregnete die Ernte völlig und es folgte eine Hungersnot. 1344 und 1349 sind sehr starke Stürme belegt. Die geschwächte Einwohnerschaft fiel dann der Beulenpest anheim, die kurz vor dem Martinstag 1350 Eiderstedt erreichte. Ob allerdings die Angabe der spätmittelalterlichen Chronisten stichhaltig ist, dass nur ein Viertel der Bevölkerung am Leben blieb, scheint zweifelhaft.

Stürme von 1352 und 1359 boten sodann einen Vorahnung auf die „Mandränke" von 1362. Schon 1357 geisterte durch Europa die Prophezeiung, dass sich das Meer auf das Land ergießen würde, viermal stärker als zur Sintflut. Es traf Nordfriesland, doch Eiderstedt kam glimpflich davon. Betroffen waren die Kirchspiele Jordfleth und Königskapelle, d.h. Alt-Tetenbüll. Hier dokumentiert sich ein großer Einbruch, der auf dem Umweg über die Hever und das Prielsystem des Krauetiefs eintrat und das Wasser in Richtung Tetenbüll führte. Einen letzten Höhepunkt setzte eine Flut im Jahre 1436. Die Propstei Eiderstedt verlor weitere fünf Kirchen: Offenbüll, Reinsbüll, Barneckemoor, Westermark und Marne (nördlich von Garding) und Milt (nördlich und nordwestlich von Koldenbüttel), eine Siedlung im Bereich des großen Durchbruchs der nördlichen Hever zur Treene bzw. Eider.

Die im Laufe des Mittelalters erfolgten Einbrüche und Stromänderungen brachten aber auch Gutes mit sich, nämlich die erhöhte Ablagerung von Schlick in der Süderhever. Es konnte mit der Verbindung Utholms und Everschops begonnen werden. Der erste Kleinkoog entstand bei der Marne. Bis zum Jahre 1437 waren zahlreiche Köge gewonnen worden, insbesondere im Bereich von Koldenbüttel. Das Alter zeigt sich hier insbesondere durch die Namensentwicklung, so wurde aus dem „Boyemans"-Koog der Badenkoog, aus dem „Riewertsbüll"-Koog der Riesbüllkoog und aus dem „Wincksbüll"-Koog der Dingsbüllkoog. Die Bestimmungsglieder zeigen, dass sich die Familien des Boye, des Riewert und des Winneke hierbei engagiert hatten, doch im 16. Jh. waren ihre Namen vergessen oder wurden in abgeschliffener Form gebraucht.

Parallel zur Klimaverschlechterung des 14. Jh. befand sich das dänische Königreich in einer Existenzkrise, große Teile waren an holsteinische Adelige verpfändet. Erst König Waldemar Atterdag begann, das Reich wiederherzustellen. So fiel er seit 1344 immer wieder in die nordfriesischen Utlande ein, um die rückständigen Steuern einzutreiben und die Einwohner zur Huldigung zu zwingen. Ihm ist auch die Einsetzung der Staller als Vertreter der Landesherrschaft zuzuschreiben. Eiderstedt überzog er allerdings erst 1374, kurz vor seinem Tode, mit Heeresmacht. Seit 1360 hatten die Eiderstedter ihm Zins und Hauspfennig verweigert, er forderte nun für jedes Haus eine weitaus höhere Abgabe als zuvor, darüber hinaus eine Landsteuer. Für Körperverletzungen und Totschlag gebührten dem König ebenfalls Bußzahlungen. Weitere Rechte hatte er nicht. Heerfolge leisteten die Eiderfriesen nur zur Verteidigung des Reichs, nicht zur Eroberung fremder Länder oder Schlösser.

Die spätmittelalterliche Krise spiegelt sich auch in der Affäre um die Vertreibung einer Räuberbande wider, die sich in Westerhever festgesetzt hatte und von dort aus zu Schiff Gewalt ausübte. 1370 sammelte der Staller von Everschop und Utholm, Ove Herring, genügend Mannschaft, um die Burg der „Wogensmannen" zu berennen, zu erobern und nach der Hinrichtung der Verteidiger zu schleifen. Erst nach diesem Vorfall konnten die Insel Westerhever neu bedeicht, die Kirche und – am Ort der geschleiften Burg – das Pastorat wieder erbaut werden.

Erst im 15. Jh. sind in Eiderstedt Gerichtsschreiber und Protokolle belegt. 1426 hielten die Dreilande ihr Landrecht teilweise fest in der – allerdings verlorenen – Rechtshandschrift „Krone der Rechten Wahrheit", die mit zahlreichen Abschriften von früheren Urteilen in dem 1466 erstellten „Roten Buch" von Tönning überliefert ist. Die Satzungen sind meist erbrechtlicher Natur, geben aber auch Auskunft über Vergeltung von Körperverletzungen. Die Aufzeichnung geschah infolge des Krieges um das Herzogtum Schleswig, mit dem die Holsteiner Grafen zeitweise belehnt waren und dessen Sonderrolle der dänische König – letztlich vergeblich – beseitigen wollte. Es fiel nach langen Kämpfen im Jahre 1435 dem Holsteiner Grafen Adolf VIII. zu. Während des Krieges standen die Eiderstedter den Holsteinern bei mehreren kriegerischen Unternehmungen zur Seite. Schon 1414 hatten die Dreilande ihnen die Treue geschworen, in der vergeblichen Hoffnung, Hilfe gegen die Dithmarscher zu erhalten, mit denen sie seit 1402 in Fehde lagen. Nach verlorenen Kämpfen schlossen sie 1417 einen förmlichen Unterwerfungsvertrag, der noch 1444 erneuert wurde. Diese Verträge und schon zuvor die des 14. Jh. vereinbarten die Harden Eiderstedts autonom ohne Mitwirkung der jeweiligen Obrigkeit, sei es der dänische König, sei es der Herzog zu Schleswig.

Der Einfluss des Herzogs und seiner Beamten nahm dann aber in den folgenden Jahren stark zu; die Friesen an der Eider konnten ihren Groll nur schwer verbergen. Ein Anlass ergab sich nach der Sturmflut am 1. November 1436. Die Gemeinde Osterhever hatte an ihren Deichen schweren Schaden erlitten. Da nun auch die dahinterliegenden Köge vom Schutz profitierten, waren die Einwohner von Osterhever der Ansicht, ihre Nachbarn in Garding, Katharinenheerd, Tetenbüll und Poppenbüll sollten bei der Wiederbedeichung helfen, doch diese schworen, dass sie dies nicht tun wollten. In den Auseinandersetzungen, die sich daraus ergaben, wurden 36 Mann erschlagen, und Hartig Kule, der Amtmann von Gottorf, ließ in den vier Kirchspielen je 15 Mann gefangen nehmen. Die mussten für ihre Freiheit 2 500 Mark geben und an der Hever deichen. Die Frage der späteren Deichunterhaltung wurde erst 1438 behandelt; in der Urkunde taucht der Grundsatz auf, dass man mit „fremden" Deichen nichts zu tun haben wollte; wenn die von Osterhever ihren Deich nicht halten könnten, sollten sie ihr Land aufgeben.

Gravierender war ein Vorfall des Jahres 1439. Als nach einem Todesfall der Drost Otto Pogwisch in Gegenwart Herzog Adolfs in die Rechtsprechung eingriff, empfanden die Dreilande das als Beleidigung und zogen vor die Burg des Stallers Epe Wunnekens, zerstörten diese und trieben den Staller, den Vertreter der Landesherrschaft, für vier Jahre aus dem Land. Er zog nach Husum. Erst 1442 erklärten sich die Dreilande vor Herzog Adolf bereit, ihm und Epe Wunnekens Urfehde zu schwören, für Epes Sicherheit zu bürgen und ihm sein geraubtes Gut zurück zu geben. Epe musste wieder im Land aufgenommen werden und blieb fortan ein mächtiger Staller. Zu der Zeit wurde Wenni Sywens sein Schreiber. Ihm und seinem Bruder Diderik verdanken wir die Grundlegung der Eiderstedter Chronik und die Erneuerung der alten Urkunden.

Bei verschiedenen Gerichtssitzungen hatte Herzog Adolf das Rechtssystem der Nordfriesen kennengelernt, insbesondere die Verfahren bei der Blutrache, der Ursache für viel Unglück im Land. Es war an der Zeit, die alten Streitigkeiten aus der Welt zu schaffen. Zu diesem Zweck wurde 1444 der Amtmann zu Gottorf, Otto Split, ausgesandt, um im Namen des Herzogs Recht zu sprechen über Körperverletzungen, Friedebrüche und Raub. Die Aufsicht durch den Amtmann war einigen Bewohnern in den Dreilanden ein Dorn im Auge. Insbesondere müssen die alten Ratleute in Utholm voller Zorn über den Verlust von Autonomie gewesen sein. Anfang 1445 hatten die Gemeinden der Kirchspiele St. Peter und Tating anlässlich eines Besuches von Otto Split an ihm und seinen Knechten Gewalt und Übermut geübt. Deswegen hatten sie nun dem Herzog zu schwören, seinen Amtmännern und ihren Dienern mit dem gebührenden Respekt zu begegnen und alles zu tun, wozu sie verpflichtet wären. Doch diese Urfehde war nur von kurzer Wirkung, Unmut machte sich breit. Als am 12. Juni Otto Split vor der Kirche St. Peters in Utholm zu Gericht saß, beabsichtigten Vertreter der Lande Utholm und Everschop, ihn zu erschlagen. Der schon im Januar des Jahres gestrafte Utholmer Rat wollte nun getreu dem Schwur die Übeltäter, 62 an der Zahl, um Leben und Gut bringen. Doch diese konnten der Todesstrafe durch die Zahlung von Geldbußen entgehen. Beide Lande überwiesen dem Amtmann 6 000 Mark. Zur Verhandlung kamen 1444 auch Angelegenheiten zwischen den Dreilanden und den Bewohnern der Insel Strand, was zeigt, dass damals Kontakte über die Hever hinüber üblich waren.

Nach solchen Erfahrungen beschloss man in Schleswig, den Dreilanden strengere Gesetze aufzuerlegen. 1446 fanden sich die Ratleute der Dreilande bei der Husumer Kapelle ein. Sie beschlossen neues Recht und ließen es in einer Urkunde von Herzog Adolf bestätigen. Der wichtigste Artikel bestand im Verbot von Armbrust, langen Messern und Schwertern, die in Zukunft nur von der Herrschaft, Amtleuten und ihren Dienern getragen werden durften. Sodann wurde unter Androhung hoher Strafen bestimmt, dass jedermann Kirchen-, Markt-, Haus-, Deich- und Pflugfrieden halten solle. Weitere Ergebnisse bedeuteten das gesetzliche Ende der Blutrache und des daraus resultierenden Fehdewesens. Der offenbar notwendige ausdrückliche Hinweis, die Ratleute hätten die Gesetze „ungezwungen" angenommen, ist vielsagend.

Die Selbstständigkeit der drei einzelnen Teile der Dreilande wurde noch 1454 betont, als Herzog Adolf für Utholm, Everschop und Eiderstedt den ungehinderten Gebrauch ihres alten Landrechts bestätigte, damit sie um so besser ihre Ländereien mit Deichen und Dämmen schützten. Deshalb waren sie, Heeresfolge ausgenommen, von Wagenfuhren und ungewöhnlichen Diensten befreit. Allein, die Eiderfriesen wurden in der Urkunde als die „lieben Untertanen" bezeichnet, was mancher nur mit Unbehagen vernommen haben wird. Eine 1456 ausgeschriebene Extrasteuer in der Vogtei Gottorf zeigt die Steuerkraft der verschiedenen von dort aus verwalteten Regionen. Aus den Dreilanden und dem Strand kamen etwa 4 200 Mark in die Kasse. Das waren rund 70 % der Gesamtsumme. Die Erhebung einer Extrasteuer durch Herzog Adolf war für die Nordfriesen eine der ersten Folgen der Zugehörigkeit zum Herzogtum Schleswig. So gingen aus den Dreilanden fast 6 000 Mark ein. Im Übrigen übertraf die Beteiligung der Landesherrschaft an den Geldbußen bei Weitem den Betrag des herkömmlichen Landgeldes.

1463 dienten dem Bischof von Schleswig in Tönning zwei Männer weltlichen Standes, die „Lehnsmann" genannt wurden, zur Erhebung und Einziehung von Strafgeldern. Diese Bezeichnung trugen später generell die jeweiligen Repräsentanten der Kirchspiele. Sie richteten auch in allen Deichsachen und allen weniger schweren Fällen ohne Blutvergießen. Diese Berechtigung hatten sie von Herzog Adolf 1450 erhalten. Seit jener Zeit fand das Kirchspielsgericht jeweils auf dem Kirchhof statt. 1352 war das Domkapitel dank einer Stiftung König Waldemars IV. noch im Besitz des Königszinses. Die Abgabe sammelten „Ettinge" (Geschworene) ein, die einzelnen Ortschaften zugeordnet waren. Diese, später auch Edinge genannt, waren ebenfalls für die Zahlung des Landgeldes an den Bischof zuständig und sind wohl mit den Lehnsmännern identisch gewesen. 1352 betrug ihre Zahl 47, 1463 nur noch 41.

1461 bestätigte König Christian I., als im Jahr zuvor in Ripen gewählter Herzog zu Schleswig, den Dreilanden den von Herzog Adolf gegebenen Freiheitsbrief. Die Einheit Eiderstedts wuchs weiter, als Jon Jonsen auch das Amt des Stallers von Everschop und Utholm übernahm und beide Stallerschaften in seiner Person vereinigte. Zu seiner Zeit konnte das große Deichwerk zwischen Utholm, Westerhever und Osterhever errichtet werden. Die Namen der betreffenden Köge stabilisierten sich erst im 16. Jh.

Nach einem Rechtstag in Utholm ritt Jon nach Garding und wollte dort Gericht halten. Als er nach Ankunft vom Pferde stieg, wurde er erschlagen. Die Mörder flohen in die Kirche zu Vollerwiek; dort wurden sie von über 120 Mann belagert. Angesichts der Übermacht ergaben sie sich und wurden in dem Turm zu Gottorf eingesperrt. Nach 18 Wochen hielt König Christian I. Gericht, erkannte auf „schuldig", und neun Täter wurden nach dem Eiderstedter Landrecht zum Tod durch das Schwert verurteilt. Neuer Staller wurde Tete Feddersen, der sich bei Kotzenbüll einen befestigten Hof (die Garde) bauen ließ.

Die Regierungszeit König Christians I. war von Geldnot geprägt. Bei der Erschließung neuer Geldquellen dachte er auch an die Nordfriesen, die er veranlasste, verstärkten Deichbau zu beginnen und so mehr fruchtbare Marsch zu gewinnen. Nicht mehr kleine Unternehmungen waren es, größere Areale wurden bedeicht. Neue Deichrechte waren dafür erforderlich. In den Dreilanden herrschte zu diesem Zeitpunkt noch nicht die gebotene Weitsicht. 1466 beschlossen sie nämlich, dass kein Land sich um die Deiche des andern kümmern sollte. Um Streitigkeiten zu vermeiden, wurde die Errichtung von „Sietwendungen" angeordnet, also Querdeichen mit der Aufgabe, in großen Kögen bei Einbruch des Wassers in einem Gebiet den restlichen Koog vor Überflutung zu schützen.

Christians Absicht war die Vergrößerung der Steuerkraft seiner Untertanen. Der Erwerb des Herzogtums Schleswig und der Grafschaft Holstein hatte den König Unsummen Geldes gekostet. Zwar hatte er 1460 versprochen, keine Extrasteuern zu erheben, doch schon ein Jahr später war dies vergessen. Um den Grafen von Schauenburg auszuzahlen, erhob er eine Mark von einem Pflug (Steuereinheit). Wenig später war eine zweite Schatzung angesetzt, denn die adligen Gläubiger forderten ihr Geld. 1466 ließ der König eine weitere Schatzung ausschreiben, mit der er, wie überliefert ist, die Leute in große Armut brachte. Weitere Maßnahmen wie Bevorzugung des Adels bei herrschendem Ausfuhrverbot von Korn ließen den Groll gegen Christian wachsen.

Diese Lage nutzte des Königs Bruder, Graf Gerhard von Oldenburg, um 1472 ganze Landstriche zum Aufruhr zu bewegen. Er setzte sich mit seiner Mannschaft in Husum fest, musste sich aber nach kurzer Zeit vor den Truppen des Königs auf die Flucht begeben. Seine Anhänger in Nordfriesland zahlten als Verräter einen hohen Blutzoll. In Eiderstedt selbst konnte der Staller Tete Feddekens das Schlimmste verhindern. Auf dem Höhepunkt des Aufruhrs hatte kurzzeitig ein Sohn seines erschlagenen Vorgängers das Amt an sich gerissen: Joneke Jonsen. Die Strafe für seine Beteiligung blieb nicht aus, seine Ländereien und sonstigen Güter zog König Christian ein und verlieh sie 1473 seinem Höfling Otto vam Kampe. Von diesen damals eingezogenen Ländereien heißen noch heute einige „Königskamp" (bei Oldenswort). Ende 1473 starb Tete Feddekens, ein treuer Parteigänger Christians. Sein Sohn Boye Tetens wurde der Nachfolger. Auch er genoss das Wohlwollen des Königs.

1481 starb König Christian I., und seine Frau Dorothea blieb mit den Söhnen Hans und Friedrich zurück. 1482 erhielt König Hans die allgemeine Huldigung, bereits Ende des Jahres gab er in Husum Eid und Gelübde darauf, dass er jedem Einwohner des Herzogtums das rechte, alte Landrecht lassen wollte. Im Jahr darauf erlebte das Land eine

Schatzung, bei der die reichsten sechs Mark gaben. 1485 begab sich König Hans auf die Reise und besuchte den Staller Boye Tetens. Sein Aufenthalt kostete die Landschaft 200 Mark, der Wert zweier guter Höfe. Boye Tetens gestattete den Leuten des Kirchspiels Kotzenbüll, dass sie gegen das Verbot von 1446 lange Messer und eine Armbrust tragen durften. Boye konnte sich seiner Kirchspielsleute wohl sicher sein, ließ er doch ab 1488 die Kirche neu erbauen, größer als je zuvor und von ungewöhnlichen Ausmaßen, die auf sein Selbstgefühl schließen lassen; noch heute grüßen am Eingang die Wappenlöwen von Boye Tetens und seiner Frau.

Während sich im Laufe des 15. Jh. die durch die Fluten von 1362 und 1436 entstandenen Einbrüche im W und N Eiderstedts zum größten Teil hatten wieder schließen lassen, gelang es erst 1489, die Verbindung über die sogenannte Nordereider zu schlagen, wodurch die Dreilande mit der bereits in den 1460er Jahren eingedeichten Südermarsch landfest wurden; es entstand der Dammkoog.

Bis 1489 war es den Husumern und den Leuten von Alt-Nordstrand möglich gewesen, auf Schiffen zur Eider zu gelangen, um in Rendsburg Handel zu treiben. Als Buße zu gebender Strafhafer wurde – wie noch Mitte des 15. Jh. berichtet wird – zu Schiff auf Eider und Treene bis nach Hollingstedt gebracht und von dort aus über Land weiter zur Residenz der schleswigschen Herzöge. Die Bandbreite des Handels der Eiderstedter zeigt bereits eine Urkunde des Herzogs Erich, der sich 1314 beim Grafen von Flandern dafür einsetzte, dass dieser einigen Bewohnern der Dreilande bei der Wiederbeschaffung von Gütern Hilfe leiste, die ihnen Leute des Königs von Frankreich geraubt hatten. Spätere Urkunden des 14./15. Jh. zeigen enge Verbindungen zu Hamburg und Lübeck, denen der Einfall von Waldemar Atterdag 1374 ein zwischenzeitliches Ende setzte. Die Eiderstedter Ochsen sind 1492 sogar in Köln nachweisbar. Ordinger Schollenfischer werden 1516 in Hamburg und als Opfer Dithmarscher Übergriffe erwähnt. Die Eiderstedter Heringsfischer waren in dieser Zeit vor Helgoland tätig.

1490 wurden Schleswig, Holstein und Stormarn zwischen König Christians I. Nachfolgern König Hans und Herzog Friedrich geteilt. Eiderstedt gelangte unter Friedrichs Herrschaft. Er wurde allerdings erst 1492 mündig. Erst dann huldigten ihm in Lundenberg die Strander und die Eiderstedter. In den folgenden Jahren kam es zu Konflikten um den Besitz der Insel Helgoland, deren Bewohner insbesondere mit Utholm Verbindungen pflegten. 1498 schickte der Herzog seinen Vogt Jordt Nickels von dort aus mit zugehöriger Mannschaft nach Helgoland, um die Ansprüche zu verteidigen. Unter ihren Gefangenen waren auch 120 Dithmarscher; hieraus resultierten erneute Auseinandersetzungen mit Eiderstedt, die nach Lösegeldzahlungen verglichen wurden. Der Versuch des dänischen Königs, mit seinen schleswig-holsteinischen Verbündeten und einem Söldnerheer Dithmarschen zu erobern, schlug 1500 fehl; dabei büßten viele Eiderstedter ihr Leben ein, auch der Staller Boye Tetens, dem sein Vetter nachfolgte, der „Ritter des goldenen Vlieses" Fedder Asens aus Oldenswort. Erst nach der Niederlage der Dithmarscher 1559 konnten die Streitigkeiten zwischen ihnen und den Eiderstedtern, die sich über Jahrhunderte hingezogen hatten, beigelegt werden.

Kirchliche Missstände führten 1502 in den Propsteien Eiderstedt und Nordstrand zur Revolte, als Bischof Detlef Pogwisch von Schleswig vom Papst Julius II. die Erlaubnis erhielt, zur Schuldenabtragung den Priestern seines Stifts die Hälfte eines jährlichen Einkommens abzufordern. Die Bauern Eiderstedts und vom Strand verbündeten sich dahingehend, dass jeder erschlagen werden sollte, der im Auftrage des Bischofs käme,

71

um das Geld einzusammeln. Als Anführer in Eiderstedt wird Hans Andersen genannt, ein Bewohner Koldenbüttels. 1519 schließlich war die Streitsache beigelegt und die Landschaft schenkte Bischof Gottschalk von Ahlefeldt 400 Mark zur Abbitte.

Der 1511 angetretene Staller Otto Rantzow, der erste adlige Inhaber dieses Amtes, starb im selben Jahr. Nur ein Jahr blieb der ihm nachfolgende Iver Sieverts Staller. Sein Nachfolger wurde sein Bruder Harmen Sieverts bis 1525. Herzog Friedrich erhob 1518 eine Extrasteuer, die beim quittierten Empfang als „Geschenk" bezeichnet wurde. Diese sogenannten Donative dienten als Anreiz, die Eiderstedter Privilegien von 1454 zu erneuern oder zu erweitern. Ähnliches geschah 1540 mit 10 000 Reichstalern und 1624 mit 100 000 Reichstalern. Daraus entstanden die späteren Landschaftsschulden, die sich Anfang des 18. Jh. auf mehr als 300 000 Reichtaler beliefen.

Harmen Sieverts wurde von Friedrich, nachdem dieser 1523 König von Dänemark geworden war, mit einem Wappenbrief ausgestattet, jedoch gestand dieser weder ihm noch seinen Erben Steuerfreiheit für sein nördlich von Garding gelegene Gut Marne zu. Der Sohn und Amtsnachfolger Sievert Harmens erreichte 1526 für die Landschaft die Zollfreiheit auf Pferde, Ochsen, Korn, Käse und andere Waren, was gegen eine Schatzung von 3 000 Mark genehmigt wurde. Damit werden noch einmal die Hauptausfuhrprodukte genannt, die den Reichtum der Eiderstedter begründeten.

1527 erreichte die Reformation Eiderstedt, der Senior des Schleswigschen Domkapitels, Otto Rathlow, wurde erster lutherischer Propst. Seit 1536 stand Eiderstedt unter den Generalpröpsten, bis 1584 der im Lande selbst amtierende Johannes Pistorius, Sohn des ersten Reformators Theodericus Pistorius in Husum, erster eigener Propst von Eiderstedt wurde. Die Eiderstedter Geistlichkeit war bereits im späten Mittelalter in einem „Kaland" straff organisiert, der seit 1491 ein Haus in Tönning besaß. Den Zeiten angepasst, hat der Eiderstedter Kaland auch in evangelisch-lutherischer Zeit noch bis 1923 bestanden.

Seit 1532 tagte das Landesding zu St. Viti (15. Juni) in Garding. Trotz der großen Schadensfluten dieses und des folgenden Jahres, waren die Eiderstedter 1533 in der Lage, eine Extrasteuer an Herzog Christian III. auszuliefern. Sievert Harmens folgte als Staller sein Bruder Ove. Da 1533 auch König Friedrich starb, wurde ein Jahr später Herzog Christian König. Auch diesmal suchten die Eiderstedter wie gewöhnlich bei jedem Thronwechsel um eine Bestätigung ihrer alten Privilegien nach, erhielten sie aber erst 1540 gegen die Zahlung einer hohen Summe. 1544 teilte sich Christian III. die Herzogtümer mit seinen Brüdern. Dabei fiel Eiderstedt an den Gottorfer Anteil Herzog Adolfs. 14 000 Mark kostete die Bestätigung der Privilegien, die erst 1546 ausgestellt wurde.

Ove Harmens linderte die Geldverlegenheit Herzog Adolfs durch die Gewährung eines Darlehens von 10 000 Reichstalern und erhielt dafür Zusagen über die Nachfolge im Stalleramt. Er starb 1549, sein Schwiegersohn Jakob Rantzau wurde Staller, was die Eiderstedter nur mit Widerstreben anerkannten. Auf Grund ihrer Beschwerden verpflichtete sich der Fürst, er wolle ihnen keinen ausländischen Mann noch einen von Adel zu einem Staller anordnen, er wäre denn im Lande Eiderstedt erzogen und hätte von Deichen und Dämmen gute Wissenschaft. Jakob Rantzau starb 1552 und die Räte der Dreilande suchten von Neuem um das Recht an, sich selber aus den Landeseingeborenen ihren eigenen Staller wählen zu dürfen, was ihnen schließlich 1590 Herzog Philipp von Schleswig-Holstein-Gottorf gewährte. Dieses „Stallerprivileg" sollte aber wenig Wirksamkeit beweisen.

1564 war Sievert Sieverts Staller geworden. Seine Tätigkeit war geprägt von Härte, Habgier, Korruption, Vetternwirtschaft und Rachsucht. Ein Prozess mit dem Landschreiber Berents brachte ihm 1578 die Entlassung. Während Sievert Sieverts amtierte, führte Herzog Adolf das Landgeld für jedes Demat ein. Zusammen mit weiteren Extrasteuern wurde so die ausufernde Hofhaltung des Herzogs finanziert.

1572 erhielten die Eiderstedter gegen eine Zahlung von 9 000 Mark ein neues Landrecht, das die Beliebungen der Vergangenheit ablöste. Diese genügten den Anforderungen der neuen Zeit nicht mehr. Die Dreilande wurde in zwei Rechts- und Steuergebiete eingeteilt und die Anzahl der Ratleute auf 16 vermindert, acht in jedem Teil. 1696 wurde die Zahl auf jeweils sechs reduziert. Nicht mehr die alte Dingstätte bei Hemminghörn zwischen Katharinenheerd und Kotzenbüll war der Treffpunkt, Garding und Tönning lösten sie ab. Appellation war an das einmal jährlich tagende Gesamtgericht in Tönning möglich. Als Herzog Adolf den Staller 1575 auf der Marne besuchte, wurde dem Flecken Garding erneut die Abhaltung eines Wochenmarktes verordnet, der in früheren Jahren zwar schon stattgefunden hatte, aber durch den vorübergehenden Niedergang des Orts eingeschlafen war. Das Ziel war, Einheimischen und Ausländischen den Handel mit Getreide und Vieh, Schweinen, Schafen, Butter und Käse zu ermöglichen. Zur Erleichterung sollten Gardings Straßen mit Steinpflaster versehen und eine Waage errichtet werden.

Der nächste vom Herzog eingesetzte Staller war bereits ein studierter Mann. Caspar Hoyer, Sohn des in Husum wohnenden königlichen Hauptmanns Hermann Hoyer, gelang es in kurzer Frist, sein Verwaltungsgebiet wieder zu Wohlstand zu bringen, auch wenn sein Dienst ihn zu häufiger Anwesenheit am Hof des Herzogs von Schleswig-Holstein-Gottorf in Schleswig zwang. Herzog Friedrich II. gab ihm 1587 die adlige Freiheit für seine Besitzungen in den Kirchspielen Koldenbüttel, Witzwort, Oldenswort und Tetenbüll, insbesondere auch für das von ihm erbaute Gut Hoyerswort. Wahrscheinlich war Hoyer die treibende Kraft zur Errichtung des herzoglichen Schlosses in Tönning, dessen Bau 1580 begann. Die Dreilande schenkten dazu 10 000 Mark, mehrere 100 000 Mauersteine von Osterhever und den für das Grundwerk nötigen Sand von Katharinenheerd.

1582 erhielt Eiderstedt eine neue Deichordnung als Nachfolgerin des 1557 abgefassten Spadelandesrechts, das seit 1459 allmählich die Schriftform angenommen hatte. Caspar Hoyer arbeitete im Folgenden an einer revidierten Fassung, die durch die seiner Zeit anfallenden Deicharbeiten und die damit verbundenen Streitereien notwendig geworden war. Erst nach seinem Tode wurde 1595 unter Herzog Johann Adolf eine neue Deichordnung erlassen. Schon 1591 war ein neues Landrecht samt Polizeiverordnung publiziert worden. Die letzten Reste einheimischen Rechts hatten nun den Grundsätzen des römischen Rechts Platz gemacht, weswegen der Text nicht mehr niederdeutsch, sondern hochdeutsch gehalten war. Mit der neuen Deichordnung kam eine reformierte Fassung des Landrechts heraus, in der die Aufgaben der Landschreiber präzisiert wurden.

Caspar Hoyer sorgte dafür, dass Garding und Tönning 1590 zu Städten erhoben wurden. Ein Jahr zuvor, bei Antritt der Regierung Herzogs Philipps, erhielten die Dreilande eine vorteilhafte Bestätigung ihrer alten Privilegien. Entsprechendes geschah zu Beginn der Herrschaft Herzogs Johann Adolf 1592. Das seit 1572 zu liefernde Hafergeld wurde gleichzeitig mit 16 000 Mark abgelöst. Caspar Hoyer starb 1594 und hinterließ ein geordnetes Gemeinwesen, das aber wegen zahlreicher Extrasteuern allmählich in Kapitalnot geriet und Geld aufnehmen musste.

Die Zeit des nächsten Stallers Hermann Hoyer, Sohn des vorherigen, war, begünstigt von den Gottorfer Herzögen, geprägt von zahlreichen Unternehmungen zum Erhalt der Deiche und zur Gewinnung neuer Köge unter Hinzuziehung niederländischer Sachverständiger. Hermann Hoyer kümmerte sich zudem besonders um die Regelung von Vermögensverhältnissen bei Konkursen, die in seiner Zeit sehr zunahmen.

Hermann Hoyers Ehefrau Anna Ovena Hoyers war schwärmerisch veranlagt, hing den Ideen der Davidjoriten, Weigelianer und Rosenkreuzer an und polemisierte gegen die Prediger des orthodoxen Luthertums. Zu Lebzeiten ihres Mannes noch zurückhaltend, entwickelte sie sich nach dessen Tod 1622 zur Fanatikerin, brachte ihr Vermögen und das ihres Mannes durch, verkaufte das Gut Hoyerswort und zog schließlich nach Schweden.

Bereits zu Caspar Hoyers Zeiten waren mit religiösen Abweichlern Streitigkeiten entstanden, die schließlich 1608 zur Ausweisungsanordnung führten. Sie wurde nur teilweise befolgt, so dass die nächsten Auseinandersetzungen mit der geistlichen und weltlichen Obrigkeit unausweichlich waren. Die im 1621 gegründeten Friedrichstadt verankerte Religionsfreiheit fand im benachbarten Eiderstedt keine Anwendung, 1642 erging der Befehl, die Bücher der Davidjoriten und Mennoniten öffentlich zu verbrennen. Die Immigranten waren allerdings in wirtschaftlich-unternehmerischer Hinsicht ein Gewinn für Eiderstedt und die Landesherrschaft und blieben daher letztlich im Wesentlichen ungeschoren.

Um den Handel im Lande zu vereinfachen, ließ die Landschaft Eiderstedt zwei Kanäle ausheben, „Bootfahrten" genannt, einerseits nach Garding, andererseits von Katharinenheerd nach Tönning, was allerdings große Schulden und nur wenig Vorteil brachte. Streitigkeiten zwischen Welt und Vollerwiek auf der einen und Garding und Katharinenheerd auf der anderen Seite wegen der Instandhaltung des Eiderdeichs endeten damit, dass der Landesherr 1614 eine allgemeine Deichgemeinschaft einführte, die den Gewohnheiten der Eiderstedter widersprach, zu neuen Auseinandersetzungen führte und daher drei Jahre später aufgehoben wurde. Die daraus resultierende Deichverteilungsakte zog viele neue Prozesse nach sich, die noch 1754 nicht zum Ende gekommen waren. Im Übrigen bildete sich jetzt das Amt des Deichgrafen heraus, der viele Aufgaben der früheren Deichgeschworenen übernahm. Der Staller sorgte für freien Handel und verhinderte, dass den Pferdehändlern die Zollfreiheit bei der Ausfuhr genommen wurde. 1619 erhielten die Städte Tönning und Garding die Genehmigung zu Jahrmärkten.

Herzog Johann Adolf starb 1616, ihm folgte sein Sohn Friedrich III. Gegen eine Zahlung von 100 000 Mark wurden die Eiderstedter Privilegien bestätigt. Hermann Hoyers Nachfolger wurde unter Übergehung des Stallerprivilegs Jürgen von der Wisch, Herr zu Glasau und Kammerjunker am fürstlichen Hof. Die Eiderstedter protestierten förmlich gegen die Vorgehensweise, erreichten aber nichts. In seiner Amtszeit traf Eiderstedt das Unglück, dass die Soldaten Wallensteins nach der Schlacht bei Lutter am Barenberge 1627 zu Tausenden ins Land kamen, obwohl der Herzog mit dem Kriege in Deutschland nichts zu tun hatte. Es folgten die Truppen des kaiserlichen Generals Tilly, zu dem der Herzog reiste, um günstige Bedingungen für die Besetzung seines Territoriums auszuhandeln. Koldenbüttel wurde mit neun Kompanien überzogen und ausgeplündert. Ein Teil der Armee zog weiter nach Tönning; dort wiederholte sich der Vorgang.

Kontributionen und Brandschatzungen erschöpften die Wirtschaftskraft, Raub und Mord kamen vor. Um Landungen von See vorzubeugen, ließ man die Landleute Schanzen in der Hülck und in Westerhever errichten. Als 1629 die dänische Armee wieder vorrückte, schien sich die Lage zu verschärfen, doch der Friedensschluss zwischen den Parteien brachte Abhilfe. Im selben Jahre dankte Jürgen von der Wisch ab, und Georg von Buchwald wurde Staller. In seiner Amtszeit gelangte Eiderstedt trotz der Verluste von etwa 500 000 Reichstalern wieder zu alten Würden. Zahlreiche Deicharbeiten wurden durchgeführt, doch im Herbst des Jahres 1634 schlug das Verhängnis wieder zu. In der Nacht vom 11. zum 12. Oktober ereignet sich die große zweite Mandränke, eine Sturmflut, die über alle Deiche ging und viele Strecken beschädigte oder einebnete. Seit einem Jahr war Hans Lorens Staller; ihm oblag es, die nötigen Maßnahmen einzuleiten und die Schäden zu regulieren. In Eiderstedt waren 2 107 Personen ertrunken, 664 Häuser zerstört, 12 802 Stück Vieh umgekommen; Tetenbüll erlitt die größten Verluste. Die Reparaturen verursachten wiederum kostenintensive Streitigkeiten, die sich bis in die nächsten Jahrzehnte hinzogen.

1643 drohte dem Land erneut die Kriegsgefahr. Die Rivalität zwischen Dänemark und Schweden führte zum Einmarsch eines schwedischen Heeres in Schleswig und Holstein. Der Gottorfer Herzog kaufte sich von der Einquartierung frei. Als aber im nächsten Jahr die dänische Armee am 18. Juni in Koldenbüttel eintraf, war Eiderstedt betroffen. Die schwedische Armee rückte von Mildstedt heran. Bei einem Gefecht auf der Herrnhallig kamen auch Eiderstedter zum Einsatz und zu Schaden. Im Anschluss wüteten die Schweden in Koldenbüttel, Witzwort, Uelvesbüll und Oldensworth. General Carl Gustav Wrangels Armee kam 1645 in Eiderstedt an und setzte die Ausraubung fort. Aber auch die dänische Soldateska verhielt sich nicht besser, ja bei der Forderung nach Kontributionen noch eindringlicher. Eiderstedt erholte sich nach Beendigung der Kriegshandlungen schnell. Schon 1650 gelang es der Landschaft, gegen die Zahlung von 35 000 Reichstalern, wiederum die Zollfreiheit zu erhalten. Erneut waren es die Streitigkeiten zwischen Dänemark und Schweden, die das Land in die Kriegswirren stürzten.

Der Gottorfer Herzog gedachte, sich soweit wie möglich aus der Angelegenheit herauszuhalten. Im April 1657 wurde deshalb die Hülcker Schanze auf seinen Befehl hin demoliert. Als aber im Mai einige dänische Soldaten ins Land kamen, wurde sie in kleinerer Form wieder errichtet. Als die Brandenburger dem dänischen König zu Hilfe kamen, verlangten sie sogleich Fourage. Bei den folgenden Kopenhagener Friedensunterhandlungen wurde angeführt, dass Eiderstedt 350 000 Reichstaler teils an barem Geld teils an Naturalien habe aufbringen müssen.

Herzog Friedrich hatte sich 1658 in das seit 1644 mit einem Bollwerk versehene Tönning zurückgezogen, wo er 1659 starb. Sein Sohn Christian Albrecht langte wenige Monate später auf dem Seewege von Seeland in der Stadt an und übernahm das Regiment. Durch sein freundschaftliches Verhältnis zu Schweden kam Eiderstedt in große Not, als 1660 der dänische Generalfeldmarschall Ernst Albrecht von Eberstein dort einrückte, nachdem zuvor eine Einheit des Grafen Hans von Schack mit Geld abgefunden worden war. Eberstein begann sogleich, die Festung Tönning zu belagern. In der Umgebung wurden Dörfer und Häuser mit Soldaten belegt, andere mussten Verpflegung

75

liefern. Durch diese Maßnahmen wurden weite Teile des Landes ruiniert. Auf der Eider entwickelten sich von der Hülcker Schanze Geplänkel zwischen dänischen und herzoglichen Schiffen, ansonsten hielten sich beide Teile zurück. Im Juni gab man die Belagerung nach Abschluss des Friedens von Kopenhagen auf, danach wurde Herzog Christian Albrecht nach Abzug der feindlichen Truppen vor dem Schloss die Huldigung durch die Eiderstedter zuteil; die Mennoniten leisteten den Eid zu einem besonderen Termin vor dem Staller Johann Samuel Heistermann von Ziehlberg.

Das Misstrauen zwischen Herzog und König führte 1676 zur Schleifung der Tönninger Festungswälle, kulminierte dann aber nach der Weigerung des Herzogs, dem König aus seinem Territorium eine Extrasteuer zukommen zu lassen, in der Inbesitznahme des Herzogtums Schleswig durch den König. In Eiderstedt wurde ein Oberstaller eingesetzt, und die Geistlichen mussten den Eid der Treue auf den König schwören. Die ganze Landschaft folgte am 10. Juni 1684. Die Spannungen konnten noch einmal ausgeräumt werden. 1689 wurde der Herzog in seine alten Rechte eingesetzt. Sogleich ließ er Tönning wieder befestigen.

Christian Albrecht starb 1694 und sein Sohn Friedrich IV. übernahm die Herrschaft. Seine Abneigung gegen Dänemark manifestierte er durch die Heirat mit der schwedischen Prinzessin Hedwig Sophia. Feindseligkeiten brachen aus, die eine Seite baute Schanzen zur Sperrung des Weges nach Eiderstedt und die andere bemühte sich, diese zu erobern. 1699 ließ der Herzog durch ein schwedisches Regiment die zerstörten Anlagen wieder aufbauen. König Friedrich IV. setzte die Politik seines verstorbenen Vaters Christian V. sogleich fort. 1700 legten sich dänische Abteilungen vor die Festung Tönning und beschossen sie mit schwerer Artillerie; die Umgebung wurde ausgeplündert. Der bald darauf abgeschlossene Frieden von Travendal brachte indessen keine Heilung der Gegensätze; die folgenden Wirren erreichten ihren Höhepunkt, als trotz gelobter strenger Neutralität dem schwedischen General Magnus Stenbock 1713 die Festung Tönning übergeben wurde. Die Russen, Sachsen und Dänen auf der einen Seite und die Schweden und Herzoglichen auf der anderen Seite beuteten Eiderstedt wechselweise aus. Zuletzt musste Stenbock zwar kapitulieren, doch die Festung Tönning wurde vom Kommandanten noch ein Jahr lang gehalten und erst dann geräumt und geschleift. Zu den sonstigen Lasten kamen noch schwere Sturmfluten in den Jahren 1717 und 1718. Nachdem König Friedrich IV. die gegen sein Reich gerichteten Umtriebe des Gottorfer Herzogs vollends durchschaut hatte, wurde der gottorfische Anteil am Herzogtum Schleswig mit dem königlichen Anteil vereinigt. Der Große Nordische Krieg endete 1721 und am 4. September nahm der König in seiner Eigenschaft als Herzog von Schleswig die Huldigung seiner schleswigschen und damit auch seiner eiderstedtischen Untertanen entgegen.

Von nun an verliert sich die Geschichte Eiderstedts in der Geschichte des ganzen Reichs und der Herzogtümer, kurzum in der „Ruhe des Nordens". 1735 wurde das herzogliche Schloss in Tönning abgebrochen, ein Jahr später das Amt des Oberstallers eingeführt; dieser war Amtmann in Husum. Die Zeit danach, insbesondere das Jahr 1740, war von großen Wetterschwankungen geprägt, die die Preise für landwirtschaftliche Produkte in die Höhe trieben. Ausfuhrverbote und gleichzeitiger Geldmangel vergrößerten die Leiden der Tagelöhner und kleinen Handwerker. 1745 brach erneut eine Viehseuche aus, die zehn Monate lang in Eiderstedt wütete. Die trockenen Winter 1748 und 1749 führten zu Sandstürmen, die das Korn verdarben. Das Lissaboner Erdbeben von 1755 war in Eiderstedt spürbar, als bei stillem Wetter sich das Wasser bewegte und die Kronleuchter in den Kirchen schwankten. Die Fluten des Jahres 1756 hinterließen größere Schäden als die von 1717.

Der Siebenjährige Krieg warf seinen Schatten auch auf Dänemark und die Herzogtümer, die Kopfsteuer wurde 1762 eingeführt und die Fuhren zur Beförderung der aus dem Lande geforderten Verpflegungsmittel kosteten die Landschaft eine hohe Summe. Die finanzielle Gesamtsituation war sehr angestrengt, und manche Pfennigmeister und Lehnsmänner, die mit ihrem persönlichen Vermögen für die öffentlichen Zahlungen hafteten, mussten Amt und Besitz aufgeben. Während der Regierungszeit Friedrichs V. konnte sich Eiderstedt gegen eine jährliche Zahlung von der Militärpflicht freikaufen.

Die Aufklärung hatte sich gegen Ende des 18. Jh. in eine rationalistische Form gewandelt, bei der das Streben nach Vernunft im Vordergrund stand. Als man versuchte, die Kirchen- und Schulordnung in diesem Sinne zu verändern, erhob sich in der traditionalistisch gesinnten Bevölkerung Widerspruch. So kam es auch in Eiderstedt zu Unruhen, die sich hauptsächlich gegen eine neue Gottesdienstordnung richteten. Die Französische Revolution beeinflusste in gewissem Maße auch die Landbevölkerung, zumal in Verbindung mit Hungerrevolten im Jahre 1795 einige von „Freiheit, Gleichheit, Brüderlichkeit" gesprochen hatten. Das Deichwesen und weitere Bereiche des kommunalen Lebens bedurften dringend einer umfassenden Neuorientierung.

Albert Panten

Geschichte des 19. und 20. Jh.

Die Bewohner dieser Gegend stehen „wohl auf einer höhern Stufe der Kultur als die größte Anzahl der Bewohner der übrigen dänischen Staaten", schrieb 1795 der Rektor der Lateinschule in Garding, Friedrich Carl Volckmar, in seinem „Versuch einer Beschreibung von Eiderstädt". Er hob gewiss ab auf den Wohlstand, dessen sich viele Bauern erfreuten, auf deren Wohnkultur und Bildungsstand, auch auf das ausgeprägte Maß an Selbstverwaltung, die sie pflegten. Seit 1713/21 gehörte die Halbinsel zum dänischen Gesamtstaat, der von Island und dem Nordkap bis zur Elbe reichte. In der „Ruhe des Nordens" lebten die Menschen ihr in Traditionen verwurzeltes Leben. Doch zu Beginn des 19. Jh. wurde Dänemark auf der Seite Frankreichs in die Kriege Napoleons hineingezogen. Neue geistige und politische Strömungen, insbesondere die Aufklärung mit ihrem neuen Menschenbild und ihren Reformen, sorgten zusätzlich für Veränderungen. Zwei Neuerungen zu Beginn des 19. Jh. waren für Eiderstedt von besonderer Bedeutung: die Strandordnung und das Deichreglement, beide von 1803.

Kaum eine andere Küste der Welt hat so viele Strandungen aufzuweisen wie die Nordfrieslands. In Eiderstedt war vor allem der W „gesegnet". Häufig ging es dabei um Leben und Tod, und erhebliche Werte standen auf dem Spiel. Sobald der Sturm ein verunglücktes Schiff heranführe, schrieb 1795 Volckmar, entsage der Mensch „seiner Religion und seiner Vernunft, alle Pflichten, die er Gott, den Gesetzen und der Menschlichkeit schuldig ist, und wird zum wütenden Raubthier". Die neue Strandordnung führte nun einheitliche Grundsätze ein, um derartige Auswüchse zu verhindern. Gerade in Notjahren hatten Strandungsfälle für Teile der Bevölkerung erhebliche Bedeutung. 1824 kam es nach dem Scheitern der englischen Brigg „Elisabeth" an der Eiderstedter Küste trotz der neuen Regelung zu Plünderungen und Gewalttaten. Weniger aufregend verlief der alltägliche Strandgang. Vor allem die ärmere Bevölkerung war häufig unterwegs, um angetriebener Güter habhaft zu werden, nicht zuletzt um Bernstein zu sammeln.

Was das Deichwesen anging, so hatte bereits 1788 der aus Eiderstedt stammende Philosoph, Naturwissenschaftler und spätere Etatsrat Johann Nicolaus Tetens (1736–1807) schwerwiegende Mängel aufgezeigt. Das Allgemeine Deichreglement von 1803 stellte die Deichunterhaltung auf eine neue Grundlage. Von nun an sollte die Sicherheit der gesamten Marsch durch eine stärkere Beteiligung der zurückliegenden Köge an der Erhaltung der Seedeiche gewährleistet werden. Auf der im Deichwesen besonders fortschrittlichen Halbinsel hatten manche der neuen Bestimmungen allerdings bereits seit einem Regulativ von 1767 gegolten. Die Köge der Landschaft gehörten, wie auch die Südermarsch und die Köge um Schwabstedt, zum Dritten Schleswigschen Deichband. Als neue Köge entstanden der Wilhelminenkoog 1821, der Simonsberger Koog 1861/62 und der Süderheverkoog 1862. Auch der Dünenschutz wurde im Laufe des 19. Jh. vorangebracht und zunehmend unter staatliche Aufsicht gestellt. In der Nacht vom 3. zum 4. Februar 1825 suchte die bis dahin vielleicht höchste Sturmflut aller Zeiten die Nordseeküste heim. In Süderhöft bei St. Peter durchbrach die Flut die Dünenkette, so dass weite Flächen überschwemmt wurden. Ohne die zu Anfang des 19. Jh. vorgenommenen Deichverstärkungen wäre, so urteilten Zeitgenossen, Eiderstedt von der Flut „verschlungen" worden.

Die Auswirkungen der napoleonischen Kriege spürten die Menschen in verschiedener Weise. Während der Elbblockade und der Kontinentalsperre wurde Tönning zu einem „Welthafen". In dieser abenteuerlichen Zeit verdreifachte die Stadt als „Klein-Hamburg" ihre Einwohnerzahl. 1811 wurden Schmuggler zu hohen Zuchthausstrafen verurteilt und der als unzuverlässig angesehene Magistrat von Tönning abgesetzt. Die Hemmnisse der Kontinentalsperre und die hohen Kriegslasten führten Staatshaushalt und Wirtschaft in den Ruin. Anfang 1813 musste der dänische Gesamtstaat den Staatsbankrott erklären. Aller Grundbesitz wurde mit einer sechsprozentigen Zwangshypothek belegt, was vor allem die Bauern stark belastete. Mancher Landwirt verlor seinen Hof. Das Vertrauen in den dänischen Gesamtstaat wurde bei vielen Menschen beschädigt. Erstmals seit nahezu 100 Jahren strömten im Dezember 1813 und im Januar 1814 feindliche Soldaten auch nach Eiderstedt. Eine schwedisch-russisch-preußische Armee nahm das Land in „Geiselhaft", um vom dänischen König Friedrich VI. die Abtretung Norwegens an Schweden zu erzwingen. Als „Kosakenwinter" blieben diese harten, kalten Monate im Gedächtnis. Die von dem Generalmajor Friedrich Karl Freiherr von Tettenborn befehligte Brigade schlug ihr Hauptquartier vorübergehend in Tönning auf.

Die Wirren dieser Zeit brachten der Landwirtschaft zunächst eine schwere Krise. Doch nach 1830 begannen vier „goldene Jahrzehnte". Die Preise für Agrarerzeugnisse stiegen aufgrund eines Bevölkerungszuwachses und zunehmender Nachfrage aus den sich entwickelnden Industriegebieten deutlich an. Immer mehr Bauern gingen seit Anfang des 19. Jh. vom Ackerbau zur Viehzucht über, die nun höhere Gewinne versprach. Aus großen Teilen Eiderstedts verschwand der Pflug fast ganz. Jahrzehntelang drehte sich alles um den Ochsenhandel. Im Frühjahr wurden die Tiere aus Jütland auf dem Markt in Husum gekauft und dann auf den üppigen Weiden gemästet. Seit den 1840er Jahren entwickelte sich vor allem von Tönning aus ein Export nach Großbritannien, dem Mutterland der Industrialisierung. Die Landschaft Eiderstedt wurde 1854 in einer Topographie als „wohl die fruchtbarste und wohlhabendste der Monarchie" bezeichnet.

„Wie muß es den Arbeitern zu Muthe seyn, die immer nur ihr sauer verdientes bescheidenes Teil erhalten, indes dem Hofbesitzer das seinige so reichlich zugemessen wird", fragte schon 1795 Volckmar angesichts des Reichtums mancher Eiderstedter Bauern. „Der Marschhofbesitzer ist ein Herr, der es nicht nöthig hat, im Schweiße seines Angesichts zu arbeiten", stellte der Schriftsteller Theodor Mügge 1846 fest. Angesichts weiter wachsenden Wohlstands mahnte der Eiderstedter Propst Friedrich Feddersen 1853, der Eiderstedter Hofbesitzer müsse über sich wachen, „daß der Geldstolz ihn nicht erfasse und ihn lieblos gegen Geringere mache". In der Mitte des 19. Jh. bestanden in Eiderstedt allein zwölf Armen- und Arbeitshäuser. Auf engstem Raum lebten hier Witwen, Waisen, Kranke, „Arbeitsscheue", Kleinkriminelle und andere Gestrauchelte zusammen. Die Hausordnungen glichen denen in Gefängnissen. Da das Land jetzt fast ausschließlich als Viehweide genutzt wurde, brauchten die Bauern viel weniger Arbeitskräfte. Unter allen Ämtern und Landschaften Schleswig-Holsteins lag der Anteil der Almosenempfänger in Eiderstedt 1835 mit 13,2 % am höchsten. Der Durchschnittswert für das Herzogtum Schleswig betrug 6,7 %. Einerseits der Notlage breiter Bevölkerungsschichten, andererseits dem wirtschaftlichen Aufschwung trug seit Beginn des 19. Jh. die Gründung von Sparkassen Rechnung. Sie förderten Landwirtschaft und Handwerk. Die erste Sparkasse im Gebiet des heutigen Kreises Nordfriesland war 1819 die in Tönning.

Auch im Verkehrswesen setzte ein Wandel ein. In der Eiderstedter Marsch versanken die Wege oft ins Bodenlose. 1845 begann der Bau von Kunststraßen, versehen mit einer gewalzten Oberfläche aus zerschlagenen Steinen. Die erste Eiderstedt berührende Eisenbahn, zugleich die erste im Herzogtum Schleswig, wurde 1854 von Flensburg über Husum nach Tönning errichtet. Ermöglicht wurde der Bau nicht zuletzt durch den Viehexport von Tönning aus. Eine der daran beteiligten Reedereien stellte das nötige Kapital zur Verfügung. Als eine Folge entstanden neue Unternehmen, und die Bautätigkeit wurde angeregt. Die Chausseen und mehr noch die Eisenbahn wurden zu Schrittmachern der neuen Zeit.

Vor allem wohlhabende Bauern und gebildete Bürger – Advokaten, Pastoren, Ärzte, Apotheker, höhere Beamte, Kaufleute – wurden von den Ideen der Aufklärung und später vom liberalen und nationalen Gedankengut zuerst erfasst. Die neue Zeit zeigte sich in Gründungen verschiedener Art. Zeitungen entwickelten sich zu wichtigen Informationsträgern und Kommunikationsmitteln. 1799 erschien in Friedrichstadt die erste Zeitung im Gebiet des heutigen Kreises Nordfriesland. Daneben gab es in den Herzogtümern um 1800 gerade ein gutes halbes Dutzend Zeitungen. Als erste auf der Halbinsel kam seit 1841 in Tönning das „Eiderstedter Wochenblatt" heraus.

Erste Anzeichen für eine verstärkte Beteiligung am politischen Geschehen zeigten sich 1816/17 im Zusammenhang mit einer „Petitionsbewegung", die Friedrich Christoph Dahlmann, Geschichtsprofessor an der Kieler Universität, eingeleitet hatte. Man befürchtete, dass aufgrund der Deutschen Bundesakte von 1815 allein Holstein eine Verfassung erhalten und sich die Verbindung mit Schleswig somit lockern würde. In einer Petition (Gesuch) betonte die Stadt Tönning die Zusammengehörigkeit der beiden Herzogtümer. Nach der Einrichtung beratender Ständeversammlungen wurden im Oktober 1834 auch in Eiderstedt erstmals überhaupt Parlamentswahlen gehalten. Das Wahlrecht blieb aber auf Männer und große Steuerzahler beschränkt. Nur etwa 2,2 % der Bevölkerung konnten es ausüben. Die Wahl war nicht geheim, sondern öffentlich und mündlich. Aus Eiderstedt und Friedrichstadt wurden in die erste Ständeversammlung entsandt der Ratmann Peter Hamkens, Tating, Bürgermeister Jan Jelles Schütt, Friedrichstadt, und Senator Peter Christian Schmidt, Tönning.

Auch erste Zusammenschlüsse für gemeinsame Interessen und Neigungen wurden gegründet. Bis dahin bestanden in Eiderstedt neben den berufsständischen Zünften nur sehr wenige Vereinigungen. Schützengilden und neue Ringreitergilden wie seit 1812 in Friedrichstadt und seit 1823 in Tönning vereinten die Mitglieder nach den überkommenen Ritualen des Gildewesens. Seit dem ausgehenden 18. Jh. führte die im Zeichen der Aufklärung wachsende Wissbegier zur Gründung von Lesegesellschaften. Das spätere öffentliche Büchereiwesen nahm hier seinen Anfang. 1795 bestanden Lesegesellschaften in Friedrichstadt, Garding, Tönning und Witzwort. Vor allem Pastoren gründeten in Eiderstedt 1825 einen „theologischen Leseverein". In Tönning bestand 1830 ein Wohltätigkeitsverein, der auch für die Armenfürsorge zuständig war. Der 1837 gebildete landwirtschaftliche Verein für Eiderstedt richtete eine jährliche Tierschau aus und ermöglichte den Erfahrungsaustausch unter seinen Mitgliedern. Neben „Bürgervereinen", die zum „geselligen Umgang" und zur „Beförderung des Wohls" beitragen wollten wie etwa in Tönning, entstanden zahlreiche „Liedertafeln", und zwar zwischen 1842 und 1846 in Tönning, Friedrichstadt, Garding, Tating und Koldenbüttel. Diese Männerchöre bildeten zusammen mit den später entstandenen Turnvereinen einen Eckpfeiler der deutschen Nationalbewegung. Dennoch fühlte man sich weiterhin dem dänischen Gesamtstaat verbunden. Mehrere Eiderstedter nahmen indes am „Volksfest der Nordfriesen" 1844 in Bredstedt teil, das mit einer nationaldeutschen Tendenz gefeiert wurde. Eine wichtige Rolle spielte hier der Advokat Peter Wilhelm Cornils aus Garding, der Biograph der „Communalverfassung der Landschaft Eiderstedt". Unmut erregte 1846 der „Offene Brief" Christians VIII., denn diese Stellungnahme des dänischen Königs zur Erbfolgefrage konnte im Sinne einer späteren Einverleibung Schleswigs in Dänemark gedeutet werden. Nicht weniger als 828 Unterschriften dagegen wurden in Eiderstedt gesammelt.

Die Erhebung der deutschen Schleswig-Holsteiner gegen Dänemark 1848 – Bestandteil der deutschen Revolution und der freiheitlichen Nationalbewegung – fand auch in Eiderstedt Unterstützung. Die „Provisorische Regierung" in Kiel wurde in mehreren Orten umgehend anerkannt. Viele Männer meldeten sich voller Begeisterung als Freiwillige zu den schleswig-holsteinischen Truppen, die, unterstützt von den Armeen Preußens und des Deutschen Bundes, in einem blutigen Bürgerkrieg gegen Dänemark kämpften. Von Eiderstedt wurde ein Trupp mit freiwilligen Reitern entsandt, die der Befehlshaber der schleswig-holsteinischen Truppen zu seiner Ehrengarde ernannte („Eiderstedter Garde"). Doch die Opferbereitschaft für die nationale Sache war nicht allgemein. Bald schon wurde über „Lauheit und Gleichgültigkeit" geklagt. Als sich eine 70-köpfige dänische Truppe mit zwei Kanonen dem Eiderstedter Vorposten bei der Vosskuhle näherte, löste sich die Volksbewaffnung auf, ohne dass ein Schuss gefallen wäre. Deutlich zeigte sich hier, dass zwar die Bevölkerung Eiderstedts in ihrer großen Mehrheit die Ziele der schleswig-holsteinischen Bewegung unterstützte, vielfach mit großem Opfermut. Für die meisten Menschen aber waren Freiheit und deutsche Nation keine so hohen Werte, dass sie dafür ihr Leben aufs Spiel setzen wollten. Mit der Beschießung Friedrichstadts vom 29. September bis 4. Oktober 1850 fand der Krieg einen entsetzlichen Abschluss. Die Schleswig-Holsteiner wollten den von dänischen Truppen gehaltenen Ort einnehmen. Ihr Bombardement zerstörte große Teile der Stadt. Mindestens 315 Menschen starben.

Nach dem Scheitern der Erhebung wurden zahlreiche Beamte, Lehrer und Pastoren entlassen, die Sympathien für die schleswig-holsteinische Sache gezeigt hatten. In Eiderstedt traf es etwa den verdienten Propst Friedrich Feddersen, der vergeblich auf eine Rehabilitierung hoffte und erst nach elf Jahren, kurz vor seinem Tode eine kleine Rente erhielt. Polizeibeamte führten regelrecht Buch über die politische Gesinnung der Bevölkerung. Es herrschte eine strenge Pressezensur. Unliebsame Vereine wurden verboten. Ein 1862 in Garding geplantes Eiderstedter Sängerfest musste abgesagt werden.

Der Deutsch-Dänische Krieg von 1864 brachte die Trennung Schleswig-Holsteins und damit auch Eiderstedts von Dänemark – ein epochaler Einschnitt. Mehrere Beamte in Eiderstedt hatten es abgelehnt, den Treueid auf den neuen König Christian IX. zu schwören. Die meisten politisch bewussten Menschen fühlten sich durch den Kriegsausgang befreit. Die Jahre des Bürgerkriegs 1848–1850 und das folgende Zwangsregiment überlagerten die Erinnerung an die insgesamt eher glückliche Zeit des dänischen Gesamtstaats. Dänemark erschien den meisten bald als ein fremdes Land.

Die Zeit unmittelbar nach 1864 war durch grundlegende Veränderungen geprägt. Preußen, straff zentralistisch und weitgehend autoritär geführt, baute die Neuerwerbung in das Gefüge seines modernen und effizienten Großstaates ein. Das Ziel des preußischen Ministerpräsidenten Otto von Bismarck, Schleswig-Holstein in Preußen einzuverleiben, stieß in Eiderstedt auf Ablehnung. Einmütig beschloss die Landesversammlung am 12. Februar 1864, den augustenburgischen Thronanwärter Friedrich VIII. als ihren „rechtmäßigen und legitimen Landesherrn" anzuerkennen; sein Ziel war ein eigenständiges Schleswig-Holstein mit Anschluss an einen deutschen Bundesstaat. In Eiderstedt kursierte das Wort: „Dat kann nich so blieben, de Uhl kummt woller ut't Land herut." Mit der Eule war der preußische Adler gemeint. Viele Neuerungen brachten aber unbestreitbare Verbesserungen. Praktische Fortschritte gab es z.B. im Postwesen. Liberale Forderungen erfüllte die vollständige Trennung der Rechtspflege von der Verwaltung. Amtsgerichte entstanden in Friedrichstadt, Garding und Tönning.

Schritt für Schritt söhnten sich große Teile der Bevölkerung mit den neuen Verhältnissen aus. Die Entwicklung des Eiderstedter Ratmannes Adolf Theodor Thomsen (1814–1891) aus Oldenswort kann hierfür als bezeichnend angesehen werden. Er war noch 1857 durchaus gesamtstaatlich eingestellt, wandte sich jedoch entschieden gegen die beabsichtigte Inkorporation Schleswigs in den dänischen Staat. 1864 wurde er von den Preußen als Amtmann und Oberstaller eingesetzt. Dieses Amt verlor er aber aufgrund seiner augustenburgischen Sympathien. Nachdem er die Annexion durch Preußen als unvermeidlich anerkannt hatte, richtete er sich mit den neuen Verhältnissen ein. Dass er von einer Sonderrolle Schleswig-Holsteins 1870 Abschied genommen hatte, zeigte seine Wahl in den Landesausschuss Schleswig-Holstein der nationalliberalen Partei. Auch der angesehene Landwirt und Deichgraf Jacob Friedrich Pauls (1834–1919) aus Kating, Vater des schleswig-holsteinischen Historikers Volquart Pauls, begeisterte sich zunächst für ein eigenständiges Schleswig-Holstein, gab aber nach und nach diesen Standpunkt auf. Der nationale Gedanke gewann die Oberhand.

Der Deutsch-Französische Krieg und die Gründung des Deutschen Kaiserreichs 1870/71 lösten in Eiderstedt kaum weniger Begeisterung aus als andernorts in Deutschland. Die „träge Verdrießlichkeit" (Theodor Mommsen) ging bei vielen in eine bewusste Bejahung der neuen Staatszugehörigkeit über, was durch den wirtschaftlichen Aufschwung der „Gründerzeit" wesentlich befördert wurde. Schule, Presse und Vereine verbreiteten den preußisch-deutschen Staatsgedanken. Der erste preußische Landrat im neuen Kreis Eiderstedt Ludwig Freiherr Prätorius von Richthofen (1837–1873) versuchte die Menschen – im Unterschied zu vielen anderen preußischen Beamten – einfühlsam an die Neuerungen heranzuführen. Dennoch bestanden manche Vorbehalte gegenüber Preußen fort.

Dies zeigte sich auch bei den Reichstagswahlen, bei denen in Schleswig-Holstein die liberalen Parteien dominierten. Der Wahlkreis 4, zu dem der Kreis Eiderstedt gehörte, wurde zumeist von den Nationalliberalen gewonnen, oft schon im ersten Wahlgang. Die Nationalliberalen hatten in den Dörfern, die Linksliberalen in den Städten ihre Hochburgen. Die SPD war auf dem Lande zwar insgesamt schwach vertreten, aber schon bald nach der Gründung der ersten sozialdemokratischen Parteien 1863 und 1869 suchten ihre „Agitatoren" in Eiderstedt Anhang zu finden und gründeten um 1872 in Tönning einen ersten Ortsverein. Die Stadt blieb eine Hochburg der SPD (F1). Die im reichen Eiderstedt bestehenden krassen sozialen Gegensätze brachten den Sozialdemokraten in manchen Dörfern relativ hohe Ergebnisse, so erzielten sie 1903 z.B. 28 % in Oldenswort. Stimmen für dänische Kandidaten wurden kaum mehr abgegeben. Eine organisierte dänische Bewegung gab es auf der Halbinsel nicht.

Waren in der ersten Hälfte des 19. Jh. bereits manche Vereinigungen für gemeinsame Anliegen entstanden, so kam es nun zu einer Gründungswelle. Die Freizeit wurde zu einer neuen Kategorie des Daseins. Zumeist herrschten klare Hierarchien und z.T. militärische Formen. Dies galt insbesondere für die zahlreichen Kampfgenossen- und Kriegervereine. Der Zweck des Tönninger Kriegervereins bestand darin, „die Liebe und Treue für Kaiser und Reich, Landesfürst und Vaterland bei seinen Mitgliedern zu pflegen, zu bethätigen und zu stärken sowie die Anhänglichkeit an die Kriegs- und Soldatenzeit im Sinne kameradschaftlicher Treue und nationaler Gesinnung aufrecht zu erhalten". Um 1910 gab es im Kreis Eiderstedt neun Kriegervereine mit 1 200 Mitgliedern. Turnvereine entstanden, vermutlich aus politischen Gründen, erst recht spät, so in Tönning erstmals 1861 und nach einem Verbot erneut 1865, in Friedrichstadt 1862. Auch das traditionelle Boßeln wurde im Rahmen von Vereinen ausgeübt. Einem Lauffeuer gleich verbreiteten sich die freiwilligen Feuerwehren. In Friedrichstadt wurde 1870/71 eine erste Feuerwehr gegründet, auf der Halbinsel selbst entstanden die ersten Wehren 1877 in Garding und Tönning. Ihre großen Auftritte hatten die als „vaterländisch" firmierenden Vereine bei den nationalen Feiern des Kaiserreichs. Auch im wirtschaftlichen Bereich entstanden freie Zusammenschlüsse. In Tönning war bereits 1857 ein Handwerkerverein gebildet worden, in Garding 1861 ein Gewerbeverein. Die Fischer organisierten sich 1897 in Tönning-Olversum.

Während durch die Jahrhunderte die Lebensbedingungen nur einem sehr langsamen Wandel unterworfen gewesen waren, brach im Zeichen der Industriellen Revolution überall eine neue Zeit an. Fast alle Lebensbereiche veränderten sich immer schneller. Auch in Eiderstedt hielten Maschinen Einzug. Um 1882 wurden hier auf 8 % der Bauernhöfe Maschinen eingesetzt. Von Jahr zu Jahr wurden es mehr. Die Konjunktur der Weidemast steigerte sich noch. Die Rinderausfuhr von Tönning nach Großbritannien erreichte mit fast 50 000 Rindern und 60 000 Schafen 1876 ihren Höhepunkt. Seit 1871 machten die Tönninger mit einer eigenen Dampfschifffahrts-Gesellschaft den britischen Reedern Konkurrenz. 1876 wurde als Aktiengesellschaft die Tönninger Darlehns-Bank gegründet, die vor allem „Gräserkredite" vergab, also Geldmittel für die Weidemast betreibenden Bauern. Als 1888 in Deutschland die Maul- und Klauenseuche ausbrach, verhängte London jedoch ein Einfuhrverbot für Vieh aus Deutschland. Industrialisierung und Bevölkerungswachstum sorgten nun aber für eine Nachfrage nach Rindfleisch in Deutschland selbst. Die Marschen Eiderstedts wurden zu einer Fleischkammer für deutsche Großstädte und Industriegebiete. Viele Landwirte verdienten gut daran, dass sie die wachsende Städte und neuen Industriegebiete mit ihren Erzeugnissen versorgen konnten. Mancher Hofbesitzer band sich morgens eine Krawatte um und musste tagsüber kaum mit anpacken.

Auf den Bauernhöfen und auch in vielen anderen Haushalten waren bis dahin die meisten benötigten Güter selbst hergestellt worden. Diese Selbstversorgung löste sich nun immer mehr auf; Arbeitsteilung und Spezialisierung wurden zu Schlüsselbegriffen der neuen Zeit. Das Brotbacken wurde auf vielen Höfen zuerst weitgehend aufgegeben. Seit der zweiten Hälfte des 19. Jh. übernahmen immer mehr Dorfbäckereien die Versorgung mit dem täglichen Brot. Schon 1898 berichtete der Amtsvorsteher von Oldenswort, das Backen für den eigenen Bedarf habe fast ganz aufgehört. Die neuen Bäckereien waren nicht selten mit einem Mühlenbetrieb verbunden. Für die Windmühlen wehten günstige Winde, zumal seit 1853 der „Mühlenzwang" aufgehoben und für diesen Handwerkszweig die Gewerbefreiheit eingeführt worden war. Aber mit dem Aufkommen von Großmühlen begann schon kurz nach diesem Höhenflug ein großes Windmühlensterben. Seit den 1960er Jahren dient in Eiderstedt keine einzige mehr ihrem ursprünglichen Zweck. Innerhalb kurzer Zeit veränderte sich vollständig die Gewinnung von Butter und Käse, wie sie durch die Jahrhunderte im Wesentlichen unverändert auf den Bauernhöfen betrieben worden war. Diese Aufgabe übernahmen in fast jedem größeren Dorf Meiereien. Heute besteht nur noch diejenige in Witzwort (C4), die sich zum größten Frischmilchhersteller in Norddeutschland entwickelte.

Das Handwerk veränderte sich tiefgreifend. Immer mehr Fabrikwaren drangen nach Eiderstedt vor, ermöglicht durch den Ausbau der Verkehrswege. Berufe wie Knopfmacher, Nagelschmied, Böttcher, Hut- und Mützenmacher, Holzschuhmacher, Reepschläger wurden von den modernen Produktionsmethoden verdrängt. Gleichzeitig kamen neuartige Handwerkssparten auf: Optiker, Installateure, Fahrradschlosser, Elektrotechniker, Fotografen. Viele Handwerker stellten jetzt nichts mehr selbst her, sondern führten Reparaturen für andernorts produzierte Geräte aus, etwa für die neuen Maschinen in der Landwirtschaft. Industriebetriebe blieben äußerst dünn gesät. 1900 waren in Eiderstedt 387 Menschen industriell beschäftigt. Zeitweise der größte Betrieb in Nordfriesland war die 1889 gegründete Werft in Tönning (F1). Im Zeichen verstärkter Bautätigkeit erlebten Ziegeleien, die Steine und Ziegel massenhaft produzierten, sowie das Maurer- und Malerhandwerk einen Aufschwung. An die Stelle des Selbermachens trat vielfach das Kaufen fertiger Produkte, die andere an teils weit entfernten Orten hergestellt hatten. Auch für Handel und Gewerbe wurden, wie für die Landwirtschaft, genossenschaftliche Banken gegründet; eine erste entstand 1876 in Garding.

Die Verkehrsverbindungen wurden weiter ausgebaut. Die „Marschbahn" an der Westküste Schleswig-Holsteins, 1887 an die dänische Grenze verlängert, ließ zwar Eiderstedt links liegen, hatte aber auch für die Halbinsel Bedeutung. Waren konnten viel schneller transportiert werden, nicht zuletzt das Vieh. Die Bahnstrecke von Husum nach Tönning wurde 1892 nach Garding verlängert. Noch vor dem Ersten Weltkrieg fuhren auf neuen Chausseen in Eiderstedt erste Automobile. Die Übermittlung von Informationen beschleunigte sich ebenfalls. Telegraphenstationen gab es schon um 1854 in Garding und Tönning. Die Telegraphie machte die Nachrichtenübermittlung mit Brieftauben überflüssig. Als 1912 die in Tönning bestehende Station aufgelöst wurde, bedeutete dies das Ende der Taubenpost in Deutschland. Schon vorher hielt auch das Telefon Einzug in Eiderstedt.

Um die Sicherheit im Schiffsverkehr zu vergrößern, war bereits in dänischer Zeit das Seezeichenwesen ausgebaut worden. Seit 1815 lag ein Feuerschiff vor der Eider, das erste in der Deutschen Bucht. Zuständig für das Seezeichenwesen war eine 1884 in Tönning eingerichtete Wasserbaubehörde (heute: Wasser- und Schifffahrtsamt). Schon bald nach der Gründung der Deutschen Gesellschaft zur Rettung Schiffbrüchiger 1865 in Kiel wurde in St. Peter-Ording eine Rettungsstation eingerichtet. Ein markanter Leuchtturm entstand 1907 vor Westerhever; er wurde „das" Symbol für Eiderstedt (A1). Der staatliche Einfluss wuchs auch im Küstenschutz. In Husum und Tönning wurden 1882/84 Wasserbauinspektionen eingerichtet.

Im W Eiderstedts hielten Badegäste ihren Einzug (D2). In St. Peter und Ording hatten sich die ersten 1837 eingestellt. Der oft von Sandstürmen überzogene Boden an den Dünen erlaubte kaum eine ergiebige Landwirtschaft, und auch die Fischerei ließ niemanden reich werden. Seit der Errichtung des „Strandhotels" 1877, die als Gründung des Nordseebades gilt, kamen zunehmend Erholung suchende Menschen in das einstige „Armenhaus" Eiderstedts. Die Dünen wurden mit weiteren Bepflanzungen versehen und Sandfanganlagen gebaut. Zum Schutz gegen Verwehungen forstete man z.B. die Ordinger Dünen ab 1873 mit Kiefern, Eichen, Birken und Pappeln auf.

Die schnellen Veränderungen in Wirtschaft, Technik, Verkehr und Gesellschaft wirkten sich auf das Aussehen der Dörfer und Städte aus. Die überlieferten Hausformen wurden häufig bei Neubauten nicht mehr aufgenommen. An die Stelle von Reet z.B. traten moderne Baumaterialien wie Industrieziegel, Schiefer, Teerpappe oder Blech. In Tönning und Garding, deren Straßen bis dahin vorwiegend von kleinen Giebelhäusern bestanden waren, wurden in der „Gründerzeit" große Gebäude errichtet, die in Stil und Dimension mit dem Vorhandenen brachen. Auch öffentliche Einrichtungen wie Postämter, Krankenhäuser, Schulen, Amtsgerichte – äußere Zeichen der Einverleibung in Preußen – knüpften in der Regel nicht an landschaftstypische Bauformen an. Man legte viel Wert auf Repräsentation. Gebäude in Stadt und Land erhielten häufig Zierfassaden, manchmal säulengeschmückte Eingänge. In der Zeit des schnellen Wandels setzte aber auch eine Gegenbewegung ein, die auf Bewahrung des Althergebrachten abzielte. Sammlungen von „Altertümern" und erste Museen entstanden, z.B. 1902 die Städtische Altertumssammlung in Tönning, aus der das Museum der Landschaft Eiderstedt in St. Peter-Ording hervorging. 1913 wurde in Tönning der Eiderstedter Heimat- und Geschichtsverein gegründet (heute Heimatbund Landschaft Eiderstedt).

Die traditionelle Großfamilie mit Großeltern, Eltern und Kindern, auf den Höfen das „ganze Haus" mit Bauernfamilie und Gesinde war weitgehend auch für Erziehung, Kranken- und Altenpflege zuständig gewesen. Der Staat zog diese Aufgaben nun stärker an sich oder unterwarf sie festen Regeln. 1900 erhielt Eiderstedt aufgrund einer privaten Stiftung ein Krankenhaus in Tönning. Bereits 1875 hatte man die Notwendigkeit erkannt, doch jahrelang über den Standort – Tönning oder Garding – gestritten. In

Garding, Tönning, St. Peter-Ording und anderen Orten praktizierten jetzt studierte Ärzte und auch erste Tiermediziner. Einer der Pioniere des Gesundheitswesens war der in Tönning gebürtige und in Kiel tätige Chirurg Friedrich von Esmarch (1823–1908), der neue Behandlungsmethoden einführte und der Ersten Hilfe mit zum Durchbruch verhalf; seine Geburtsstadt stiftete 1905 ein Denkmal zu seinen Ehren. Private Initiative und Wohltätigkeit brachte den Armen Erleichterungen. Das Asmussen-Woldsensche Vermächtnis in Husum, das 1873 in Kraft trat, bestand aus über 100 ha besten Marschlandes mit dem Roten Haubarg in Eiderstedt als Mittelpunkt. In Garding konnte 1897 ein großzügiges Gebäude des „Marienstifts" für 15 Bedürftige errichtet werden. In Tating wurde 1905 der „Hochdorfer Garten" dank einer privaten Stiftung als öffentlicher Dorfpark errichtet (D1). Der reiche Bauer Johann Magnus Tetens (1839–1905) aus Welt brachte einen großen Teil seines Vermögens in eine Stiftung ein, die Alten und Kranken zugute kam.

Die Aufnahme neuer Informationen wurde immer wichtiger. Das Lesen war bald für viele Bestandteil des Alltags. In Garding wurde 1864 mit den „Eiderstedter Nachrichten" eine weitere Zeitung auf der Halbinsel gegründet. In der dortigen Druckerei von Heinrich Lühr und Jacob Dircks, beide aus Westerhever, wurde seit 1868 auch der weit verbreitete „Dr. L. Meyns Schleswig-Holsteinische Haus-Kalender" hergestellt. In Tönning erschien seit 1894 mit dem „Eiderboten" eine zweite Zeitung, die sodann 1916 das „Eiderstedter Wochenblatt" übernahm. Der Schulunterricht wurde immer wichtiger, die Schulpflicht jetzt weitgehend durchgesetzt. Der Dorflehrer, inzwischen besser ausgebildet und mit höherem Gehalt ausgestattet, stieg zu einer Respektsperson auf, während früher häufig „verkrachte Existenzen" die Kinder unterrichtet hatten. Viele neue Schulgebäude entstanden, massiv gebaut und häufig mit großen Fenstern. Tönning erhielt 1904 eine Knabenschule für die ganze Stadt und 1912 eine Mittelschule.

Der Erste Weltkrieg riss die jungen Männer aller Stände und Orte aus ihrer gewohnten Umgebung und Lebensbahn heraus. Anstelle des erwarteten „ritterlichen" Kampfes Mann gegen Mann herrschte an den Fronten ein Massenschlachten. Es veränderte alle, die es erlebten und überlebten. Von eigentlichen Kriegshandlungen und Zerstörungen blieb Eiderstedt im Ersten Weltkrieg verschont. Aber in jeder Stadt, in jedem Dorf waren Gefallene zu beklagen, etwa 4 % der Bevölkerung. Aus Poppenbüll kamen 17 von den 382 Einwohnern um, aus Simonsberg 27 von 387.

Wie überall im Reich wurden in den größeren Orten Eiderstedts noch Ende 1918 Arbeiter- und Soldatenräte gebildet, die den Bürgermeistern an die Seite gestellt wurden. Ihnen gehörten mehrere Mitglieder der Sozialdemokratischen Partei an, die nun – vor dem Krieg noch als „vaterlandslose Gesellen" in eine Außenseiterrolle gedrängt – plötzlich und unvorbereitet Verantwortung übernehmen mussten. Vor allem in Tönning hatte die Unabhängige Sozialdemokratische Partei (USPD) starken Einfluss. Die Räte, in die auch Angestellte, Beamte, „Bürgerliche" und Bauern einbezogen wurden, stellten ihre Arbeit bald ein. Fast überall gaben die Träger des vergangenen Kaiserreichs weiterhin den Ton an: in den Gerichtssälen, den Redaktionsstuben der Zeitungen, den Kirchen. In den Schulen z.B. wurde zumeist noch lange nach den Lehrbüchern des Kaiserreichs unterrichtet. Der Eiderstedter Landrat Nicolai Christian Reeder (1867–1935) aus Poppenbüll, erster Einheimischer in diesem Amt, gehörte der rechtsliberalen Deutschen Volkspartei an und hatte schon vor dem Krieg zahlreiche Ehrenämter bekleidet. Er stand zur neuen Verfassung, wenn er auch eine Vorliebe für „nationale" Verbände zeigte; Bismarcks Reichsgründung von 1871 hielt er für „die herrlichste Weltbegebenheit".

Die Wahlen zur Weimarer Nationalversammlung 1919 zeigten ein recht hohes Maß an Zustimmung zur neuen Demokratie. Insgesamt fast zwei Drittel der Wähler in Eiderstedt entschieden sich für die Sozialdemokratische Partei und die Deutsche Demokratische Partei, die wichtigsten Stützen der Republik. In Garding brachte es die linksliberale DDP auf 57,3 %. Dieser Zulauf zu den Demokraten spiegelte die Bereitschaft vieler Menschen zu einem Neubeginn. Nicht wenigen Angehörigen des Mittelstandes ging es zugleich darum, den gefürchteten sozialdemokratischen und sozialistischen Einfluss zu begrenzen. Überdurchschnittliche Erfolge erzielte in Eiderstedt die Schleswig-Holsteinische Bauern- und Landarbeiterdemokratie. Diese „Landespartei", wie sie sich bald nannte, propagierte einen schleswig-holsteinisch gefärbten „Liberalismus". Sie belebte alte Vorbehalte gegen das zentralistische, bürokratische Preußen, das inzwischen auch noch „rot" regiert wurde. Nicht der „großstädtische Mob" dürfe das Sagen haben, sondern „bodenständige Männer aus dem Jungbrunnen unseres Volkslebens". Solche Parolen, die später ähnlich von der Landvolkbewegung und den Nationalsozialisten vertreten wurden, entsprangen einer Abneigung gegen den modernen Staat.

Die 1920 gehaltene Volksabstimmung in Nord- und Mittelschleswig sorgte in Eiderstedt für viel Aufmerksamkeit. Ursprünglich hatten die Alliierten noch eine dritte Zone bis zur Linie Eider–Danewerk–Schlei vorgesehen. Diese wurde jedoch auf Wunsch der dänischen Regierung gestrichen, obwohl sich z.B. in Eiderstedt manche Sympathien für einen Anschluss an Dänemark regten. Ein wichtiger Wortführer war der aus Tating stammende Bauer Cornelius Petersen (1882–1935), der seinen Hof Westeranflod bei Mögeltondern im Stil der Eiderstedter Haubarge ausgebaut hatte. Das alte Herzogtum Schleswig betrachtete er als eine Einheit, die aus kulturellen und wirtschaftlichen Gründen nicht zerrissen werden dürfe. Als Vorbild bäuerlicher Selbstverwaltung verwies er in romantisierender Weise auf die frühere Eiderstedter Landschaftsverfassung, die in den 1920er Jahren auch der Werbeberater und Journalist Wilhelm Ludwig Andresen (1885–1983) aus Kating propagierte. Eine ähnliche Mischung gesamtschleswigscher Neigungen, antipreußischer Vorbehalte, politischer und ökonomischer Überlegungen bildete auch den Hintergrund für andere prodänische Sympathien in Eiderstedt. Ein dänisches Nationalgefühl lag dem nicht zugrunde.

Heimatarbeit im deutschen Sinne betrieb der 1926 wiederbelebte Heimat- und Geschichtsverein. Im Jahr darauf trat er mit einem großen Heimatfest in Garding zur Erinnerung an die Aufzeichnung des Gewohnheitsrechts „Krone der Rechten Wahrheit" von 1426 hervor. Im Nordfriesischen Verein für Heimatkunde und Heimatliebe hatte man indes erwartet, die Eiderstedter würden sich ihm unmittelbar anschließen und auf eine eigene Organisation verzichten, denn auch die „Eiderfriesen" seien Nordfriesen. Dem wurde in einer Entschließung entgegengehalten, die Eiderstedter wollten nicht als Nordfriesen schlechthin bezeichnet werden und vollständig in der friesischen Bewegung aufgehen. Entsprechend plante man für Eiderstedt auch ein eigenes großes Heimatbuch, von dem aber schließlich 1936 nur ein erster Teil über Besiedlung und Bedeichung, verfasst von Rudolph Koop, erschien. Die Volkstumsideologie spielte eine große Rolle in der damaligen Heimatarbeit. Dass aber der Vorsitzende des Eiderstedter Heimat- und Geschichtsvereins, August Geerkens (1875–1964), in einem Aufsatz von

1929 die Rasse als Ursprung des Volkstums bezeichnete und vor „Verslawung" und „Verjudung" warnte, war eine Ausnahme.

Von Anfang an litt die erste demokratische Republik in Deutschland unter den Folgen des verlorenen Weltkriegs. Viele im ländlichen Eiderstedt konnten die ärgste Not durch eine weitgehende Selbstversorgung mit Nahrungsmitteln mildern. Aber aus Tönning hieß es 1923: „... nie hat der Hunger so erbarmungslos an unseren Pforten gerüttelt." Im Oktober desselben Jahres sammelten sich Tönninger Arbeiter mit ihren Frauen und Kindern zu einer Demonstration gegen den Hunger, die in Plünderungen überging; 16 Beteiligte wurden zu Geld- bzw. Gefängnisstrafen verurteilt. Auch die Inflation hatte ihre Ursache in der Kriegswirtschaft. Die meisten Menschen aber lasteten sie dem neuen Staat an. Die Tauschwirtschaft blühte in dieser Zeit. Getreide trat vielfach an die Stelle des Geldes. Der Bauer Peter Julius Hansen im Eiderstedter Wasserkoog schrieb: „Es geht einfach über alle Vorstellungen. Keiner kommt mehr mit. Darauf hat man uns in der Schule nicht vorbereitet. Fürwahr, eine völlig verrückte Welt." Immerhin gab es auch während der Weimarer Republik manche Errungenschaften. So erhielt Eiderstedt im Winter 1921/22 in Garding eine eigene Landwirtschaftsschule.

Die massenhafte Zustimmung für die demokratische Republik, wie sie sich bei der Wahl zur Nationalversammlung zu dokumentieren schien, war schon bei der Reichstagswahl im Februar 1921 verflogen. Inzwischen hatte die neue Regierung 1919 den als „Diktat" und „Schmachfrieden" empfundenen Versailler Vertrag unterzeichnen müssen, der Reparationszahlungen und Gebietsabtretungen brachte. Den Verlust Nordschleswigs spürte man in Eiderstedt sehr, alte Wirtschaftsverbindungen wurden abgeschnitten. Bei den Reichstagswahlen 1924 und 1928 erhielt die an der alten Ordnung orientierte Deutschnationale Volkspartei mehr als ein Drittel der Stimmen. Sie war damit die weitaus stärkste Kraft – und das in einer Gegend, in der vor dem Ersten Weltkrieg die Konservativen niemals hatten Erfolge feiern können. Hier zeigte sich, wie oberflächlich die „liberale" Gesinnung der Kaiserzeit gewesen war. Die DNVP wurde vor allem in den Dörfern gewählt. Die Bauern erhofften sich von ihr eine Wiedereinführung von Schutzzöllen für landwirtschaftliche Produkte, während sie von den auf freien Handel setzenden Liberalen enttäuscht waren. Immer wieder malten die Deutschnationalen einen Verfall der Sitten, insbesondere in den Großstädten, und eine angebliche jüdische Gefahr an die Wand. Die republikkritische Deutsche Volkspartei erzielte in Eiderstedt mit rund 15 % ebenfalls überdurchschnittliche Ergebnisse. Ein Reichstagsabgeordneter der DVP war von 1924 bis 1930 der Hofbesitzer Ernst Hamkens (1869–1945), der aus Tating stammte, sodann auf dem Hof Hanredder bei Pinneberg wohnte, aber Eiderstedt weiterhin eng verbunden blieb. Dass die SPD in der ländlich strukturierten Region mehrfach über 20 % der Stimmen erreichte, verweist auf anhaltende soziale Gegensätze. Im „roten Tönning" spielte der aus Thüringen stammende Tabakhändler Paul Dölz (1887–1975) eine wesentliche Rolle; er hatte zunächst der USPD angehört und war deren Vorsitzender in Schleswig-Holstein, wirkte sodann u.a. als Unterbezirkssekretär für die SPD in Tönning und weit darüber hinaus. Die Stadt an der Eider bildete auch einen Schwerpunkt der Kommunistischen Partei an der W-Küste Schleswig-Holsteins. Sie brachte hier bei der Reichstagswahl im Juli 1932 nicht weniger als 24 % der Wähler hinter sich (SPD: 24,7 %).

Am Niedergang der Weimarer Republik waren zahlreiche nationalistische, militante, zumeist antisemitisch eingestellte Organisationen beteiligt, die als „national" und „vaterländisch" firmierten. Für die Honoratioren in Stadt und Land gehörte die Mitgliedschaft in einem oder mehreren dieser Verbände geradezu zum guten Ton. In manchen Orten Eiderstedts, so in Garding, fand der von dem einstigen kaiserlichen Feldherrn und Putschisten des Jahres 1923 Erich Ludendorff und seiner Frau Mathilde 1925 gegründete Tannenbergbund viele Anhänger. Er propagierte eine „deutsch-germanische" Religion. Als Gegengewicht zu den rechten Kampfverbänden bildeten die republikanischen Parteien 1924 das Reichsbanner Schwarz-Rot-Gold, seit 1931 Eiserne Front genannt, insbesondere in Friedrichstadt und Tönning.

Die Landwirtschaft hatte in der Zeit vor dem Ersten Weltkrieg gute Konjunkturen erlebt, in Eiderstedt besonders die Weidemast. Mitte der 1920er Jahre wurden 90 % für die Grünlandwirtschaft genutzt. Die Kreise Eiderstedt und Südtondern wiesen in Schleswig-Holstein und im Deutschen Reich den relativ höchsten Rinderbestand überhaupt auf. Doch in der Zeit der Weimarer Republik veränderten sich die Rahmenbedingungen. Die Schutzzölle fielen weitgehend fort, weil derartige Handelssperren den Absatz deutscher Industrieprodukte im Ausland behinderten. Die neue Konkurrenz sorgte für einen Niedergang der Rinderpreise, und bald sanken sie ins Bodenlose. Investitionen, die kriegsbedingt unterblieben waren, wurden zumeist mit Krediten finanziert, wobei es mancher an Vorsicht fehlen ließ. Eiderstedt lag im Hinblick auf die Verschuldung an der Spitze aller Landkreise in Schleswig-Holstein. Nun rächte es sich, dass in der Zeit des Kaiserreichs die Politik der Schutzzölle eine vermeintliche Sicherheit vorgespiegelt hatte. Die Bauern hatten daher keine Notwendigkeit empfunden, sich neuen Anforderungen zu stellen. Sie fühlten sich wohl in ihrer Rolle als „Volksernährer". Drang auch die neue Zeit in Form neuer Maschinen auf die Höfe vor, so wandelte sich das bäuerliche Bewusstsein doch nur langsam. Umso jäher wurden die Landwirte nach dem Ende des Kaiserreichs mit den neuen Verhältnissen und Anforderungen konfrontiert. Sie trauerten vielfach der „guten alten Zeit" nach, fühlten sich vom neuen Staat an den Rand gedrängt. So kam es am 28. Januar 1928 zu großen Demonstrationen der Landwirte und des gewerblichen Mittelstandes in Schleswig-Holstein. In Tönning beteiligten sich 1 700 Menschen. Die Bauern forderten eine Preisgarantie für deutsche landwirtschaftliche Erzeugnisse, Sicherheit durch Schutzzölle sowie eine Senkung der Zinsen. Für die Not der Landwirtschaft wurden insbesondere die Parteien verantwortlich gemacht, die den neuen Staat trugen: Sie hätten allein die Interessen der Arbeiter bzw. der Industrie im Auge, bevorzugten die Großstädte und vernachlässigten das Land. So mischten sich in den wirtschaftlich motivierten Protest von Anfang an politische und gesellschaftliche Wertvorstellungen. Die Bauern sehnten sich nach einer fest gefügten Gesellschaftsordnung, deren „Rückgrat" wieder die Landwirtschaft bilden sollte. In der neuen Demokratie sahen viele eine Herrschaft der namenlosen Masse, von Partei- und Verwaltungsapparaten, „dunklen Mächten" wie Juden und Freimaurern.

Zum offenen Kampf gegen das „System" trat seit dem Herbst 1928 die „Landvolkbewegung" an. Mehrfach wurden behördliche Zwangsmaßnahmen wie Pfändungen und Versteigerungen verhindert. Führende Männer der Landvolkbewegung waren der Eiderstedter Wilhelm Hamkens (1896–1955) aus Tetenbüll und der Dithmarscher Claus Heim (1884–1968) aus St. Annen-Österfeld, südlich der Eider gelegen. Hamkens vermochte die Menschen mit seinen zündenden Reden, zumeist auf Plattdeutsch, mitzureißen. Die Nationalsozialisten sahen in der Landvolkbewegung eine unliebsame Konkurrenz und verboten ihren Mitgliedern jede Betätigung darin. Hamkens und Heim lehnten die NSDAP trotz ihrer ideologischen Nähe ab. Als Wilhelm Hamkens und anderen Landwirten im Januar 1929 der Prozess gemacht wurde, demonstrierten Bauern vor dem Husumer Amtsgericht. Die Polizei versuchte den Auflauf zu zerstreuen und setzte Gummiknüppel ein. 45 Personen, die sich nicht sogleich entfernten, wurden zu Geldstrafen verurteilt. Solch unkluges Auftreten der Staatsgewalt schürte die Unruhe weiter. Als Hamkens eine einmonatige Haftstrafe antreten musste, strömten – mitten in der Heuernte – zahlreiche Bauern in Husum zusammen. Er verabschiedete sich von ihnen mit den Worten: „Ich gehe in das Gefängnis als Freiheitskämpfer gegen das internationale (jüdische) Aussaugesystem!" Am Tag seiner Entlassung kam es in Neumünster zu spektakulären Vorkommnissen, die Hans Fallada in seinem Roman „Bauern, Bonzen und Bomben" literarisch gestaltete. Schon 1930 hatte die Landvolkbewegung ihren Höhepunkt überschritten. Mit ihren Aktionen und ihrem Gedankengut bereitete sie den Boden für die NSDAP.

Die Wirtschaftskrise in Eiderstedt begann nicht erst mit dem „Schwarzen Freitag" am 25. Oktober 1929, nahm aber seitdem an Schärfe zu. Die Probleme der Landwirtschaft, des weitaus bedeutendsten Erwerbszweiges, wirkten sich zwangsläufig auf andere Wirtschaftsbereiche aus. Ähnlich wie die Bauern fürchteten die selbstständigen Handwerker und Kaufleute um ihre Stellung im Staate und sahen in der demokratischen Massengesellschaft ihre Existenz bedroht. Soziale Ängste breiteten sich auch im Fremdenverkehrsgewerbe aus, dessen Krisenanfälligkeit deutlich zu Tage trat. Zudem stand die Saison 1931 im Zeichen einer „Wetterkatastrophe". Trotzdem verbrachte der Berliner NSDAP-Gauleiter Joseph Goebbels heitere Urlaubstage in St. Peter. In sein Tagebuch schrieb er: „Manchmal schrecke ich zurück vor soviel Glück. Als wenn dahinter ein Verhängnis lauerte."

Für die Nationalsozialisten schien Eiderstedt zunächst ein unfruchtbarer Boden zu sein. 1928 erreichten sie nur 2 % der Stimmen. Doch dann breitete sich ihr Gedankengut schnell aus. In Friedrichstadt-Koldenbüttel wurde Ende 1928 eine Ortsgruppe auf die Beine gestellt. In Garding gelang eine Gründung im Februar 1929. In der Kreisstadt Tönning traten die Nationalsozialisten seit Juni 1929 mit einer eigenen Ortsgruppe in Erscheinung. In Garding reichten ihnen bereits bei der Gemeindewahl im November 1929 der örtliche Gewerbeverein und der Handwerkerbund in der gemeinsamen Liste „Bürgerliche Einheit" die Hände. Kreisleiter auf der Halbinsel wurde 1929 der weithin angesehene Jurist und Besitzer des Guts Hoyerswort Otto Hamkens (1887–1969), der auch die NSDAP-Fraktion im Provinziallandtag führte. Bei der Wahl des Provinziallandtags im November 1929 erreichte die NSDAP in Eiderstedt bereits 26,9 %. Bei der Reichstagswahl im September 1930 übertraf sie hier mit 34 % das Ergebnis im „Mustergau" Schleswig-Holstein (27 %) deutlich. Die bürgerlichen Parteien setzten dem aufkommenden Nationalsozialismus im Grunde nichts entgegen. Als einzige demokratische Partei leistete die SPD Gegenwehr. „Die Nationalsozialisten betreiben eine Politik, die zu einem zukünftigen Kriege führen muss", erkannte ihr Sprecher Paul Dölz. Bei der Wahl des Reichspräsidenten im April 1932 lag Adolf Hitler in Eiderstedt schon klar vor dem Amtsinhaber Paul von Hindenburg, der reichsweit hingegen eine deutliche Mehrheit erhielt. Für Hitler stimmten auf der Halbinsel 57,2, % im gesamten Deutschen Reich demgegenüber nur 36,8 %. Bei der Reichstagswahl im Juli 1932 übertraf die NSDAP in Eiderstedt das Ergebnis in ganz Schleswig-Holstein – mit 51 % das höchste aller Wahlkreise im Deutschen Reich – bei weitem (Abb. 17).

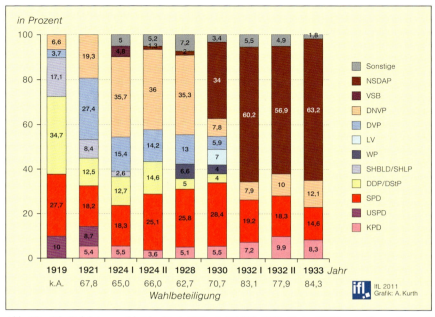

Abb. 17 Die Reichstagswahlen im Kreis Eiderstedt 1919–1933 (Entwurf: Thomas STEENSEN, nach STEENSEN 2008)

Ein wesentlicher Grund dafür ist in der Sozial- und Bevölkerungsstruktur zu sehen. Vor allem die Landwirtschaft und der kleinstädtische Mittelstand prägten die Region. Gerade diese sozialen Schichten waren es, die sich in der Zeit der Weimarer Republik besonderen Veränderungen und Gefährdungen ausgesetzt sahen. In ihnen breiteten sich Ängste vor sozialem Abstieg und dem Verlust der wirtschaftlichen Existenz aus. Wesentlich für die Wahlentscheidung war die Sorge um die Wahrung des Besitzstandes. Insofern besteht nur ein scheinbarer Widerspruch zu der am Überkommenen orientierten, bedächtigen und abwartenden Haltung, wie sie der Bevölkerung Eiderstedts oftmals zugeschrieben wird. Paradoxerweise erschien die NSDAP vielen als einzige Kraft, die das Alte und Überkommene zu gewährleisten oder wiederherzustellen schien, als letzte Rettung aus wirtschaftlicher und seelischer Not. Die Hemmschwelle, die dabei überwunden werden musste, war niedrig. Denn vieles von dem, was die Nationalsozialisten vertraten, kannten die Menschen bereits von „vaterländischen" Vereinen, „nationalen" Kampfverbänden, aus den Zeitungen, von der Landvolkbewegung.

Viele in Eiderstedt begrüßten die Machtübernahme durch die Nationalsozialisten mit Begeisterung. Es wurden Kundgebungen gehalten und Fackelzüge inszeniert. Bei der Reichstagswahl am 5. März 1933 erreichte die NSDAP im Kreis Eiderstedt 63,2 %, während sie auf Reichsebene mit 43,9 % die absolute Mehrheit verfehlte. Dem Wahlergebnis ließen die Nationalsozialisten Demonstrationen ihrer Macht folgen. An öffentlichen Gebäuden setzten sie Hakenkreuzflaggen und die schwarz-weiß-roten Flaggen des Kaiserreichs. Die schwarz-rot-goldene Flagge der „Zwischenzeit", der Weimarer Republik, dagegen wurde z.B. in Garding öffentlich verbrannt.

Die am 12. März 1933 gehaltenen Kommunalwahlen schufen sodann eine Voraussetzung für die Machtübernahme auf Gemeinde- und Kreisebene. Im Kreistag von Husum-Eiderstedt stellte die NSDAP mit 61,1 % der Wählerstimmen und 15 von 25 Sitzen eine klare absolute Mehrheit. Die Kreise Husum und Eiderstedt waren zum 1. Oktober 1932 zusammengelegt worden, was in Eiderstedt großen Unmut erregte. An der Spitze des gemeinsamen Kreises stand seitdem der Husumer Landrat Heinrich Clasen, Mitglied der Deutschen Volkspartei und außerdem Freimaurer. Er wurde im April 1933 in den einstweiligen Ruhestand und sodann nach Königsberg versetzt. An seine Stelle trat der Eiderstedter NSDAP-Kreisleiter Otto Hamkens. Bereits zum 1. Oktober 1933 erreichte er die von der Bevölkerung freudig begrüßte erneute Selbstständigkeit des Kreises Eiderstedt und wurde nun Landrat in Tönning. In den Gemeinden traten die Nationalsozialisten mehrfach in Verbindung mit Wählergemeinschaften auf, zumal sie nicht immer über eine genügende Anzahl angesehener Kandidaten verfügten. Gegner der NSDAP wurden binnen Kurzem aus den kommunalen Vertretungen entfernt. Zuerst traf es die Vertreter der Arbeiterparteien.

Marschieren, In-Linie-Treten, Uniform-Tragen, Inszenierungen mit einfachen Parolen waren wesentliche Kennzeichen des „neuen Staates". Die Diktatur zeigte ein Doppelgesicht: Feiern, die an das Gemeinschaftsgefühl appellierten, wirkten zusammen mit Druck, Willkür, Terror und brutaler Ausgrenzung. Man pflanzte „Hitler-Eichen" oder benannte, wie in Garding, einen Platz nach dem „Volkskanzler". Gegner wurden eingeschüchtert oder verhaftet. Wer es nicht mit eigenen Augen sah, der konnte es in der Zeitung lesen. Denn die Presse berichtete 1933 und 1934 immer wieder über das nationalsozialistische Vorgehen und nannte häufig die vollen Namen derjenigen, die es traf. Politisch Andersdenkende wurden, wie es beschönigend und verfälschend hieß, in „Schutzhaft" genommen oder in erste Konzentrationslager eingeliefert. In Friedrichstadt beschuldigte ein SA-Führer 14 Männer „wüster Hetze gegen die NSDAP". Sie wurden ausnahmslos festgenommen. Eines Beweises bedurfte es nicht. Ebenfalls in Friedrichstadt wurde ein Geschäftsmann, der sich beim Juden-Boykott nicht anschließen wollte, unter Trommelwirbel durch die Stadt geführt, mit einem Plakat um den Hals und der Aufschrift: „Ich bin ein Lump". Als er zum zweiten Mal verhaftet wurde, erhängte er sich in seiner Zelle. Die Knebelung der Meinungs- und Pressefreiheit sei an einem Beispiel aus Garding gezeigt. In einem Leserbrief vom Mai 1934 wurden Sorgen über die Zukunft der Sparkassen geäußert. Landrat Hamkens ermittelte als Einsender einen Tannenbergbündler aus Garding, der daraufhin, obwohl Invalide, in „Schutzhaft" genommen wurde. Dem Verleger und Schriftleiter der „Eiderstedter Nachrichten" drohte der Oberpräsident mit Zeitungsverbot, Haft sowie Konzentrationslager, falls weitere „irreführende Tendenzmeldungen" veröffentlicht werden sollten. Den Mut zu unbotmäßigem Verhalten oder gar Widerstand brachten nur sehr wenige auf. Eine kleine Gruppe von Kommunisten in Friedrichstadt ließ 1934/35 oppositionelle Flugblätter kursieren. Sie büßten dafür z.T. mit mehrjährigen KZ-Aufenthalten. Ein organisierter Widerstand entwickelte sich in der Region nicht. Die Menschenverachtung des NS-Regimes zeigte sich gegenüber der kleinen Gruppe der Zeugen Jehovas („Ernste Bibelforscher"). Sektenmitglieder in Tönning, Friedrichstadt und anderen Orten wurden verhaftet, eingesperrt, gefoltert.

In Eiderstedt sowie in kleinerer Zahl auch in Friedrichstadt suchten einige der politisch Bedrängten und Verfolgten Unterschlupf und Rückhalt in der dänischen Minderheit, die auf der Halbinsel damals sehr klein war, in den meisten Gegenden gar nicht bestand. Bereits Ende 1932 war ein Schleswigscher Verein in Eiderstedt gegründet worden, dem vor allem sozial Schwache angehörten. Am 31. August 1934 führte die Polizei in Tönning eine Razzia bei etwa 15 Mitgliedern durch, drei von ihnen wurden für kurze Zeit festgenommen. Dennoch konnte 1935 eine dänische Schule in Tönning („Uffe-Skolen") mit 32 Schülern eröffnet werden. Eine umfassende deutsche „Grenzgürtelarbeit" brachte einen Rückgang der Mitgliederzahl von 85 in Eiderstedt 1935 auf 38 drei Jahre später. Die dänische Minderheit konnte sich aber die Schwärmerei der Nationalsozialisten für alles „Nordische" zunutze machen. Sie entging dem Verbot. Ihre Mitglieder waren von der Zugehörigkeit zu NS-Organisationen wie HJ und BDM entbunden, mussten jedoch Arbeits- und Militärdienst leisten.

Alles, was dem Herrschaftsanspruch der Nationalsozialisten im Wege stand, wurde verboten oder löste sich selbst auf. Vereine und Verbände, deren Zielsetzung nicht mit der NS-Ideologie kollidierte, wurden „gleichgeschaltet", also auf NSDAP-Linie gebracht und mit Vorstandsmitgliedern besetzt, die der Partei angehörten. Auch Kunst und Kultur standen unter nationalsozialistischen Vorzeichen. Schriftsteller feierten den „völkischen Aufbruch" und den neuen Führer, etwa die vom Moordeich in Witzwort stammende Ingeborg Andresen in dem Roman „Die Stadt auf der Brücke" (1935). Auch die Kirche wurde in den NS-Staat eingebaut – und fügte sich selbst ein. Mehrere Pastoren suchten immerhin bestimmte christliche Grundsätze zu verteidigen und nahmen dafür auch Nachstellungen in Kauf, etwa Wolfgang Prehn (1904–1996) in St. Peter-Ording.

Nach der Machtübernahme setzten die Nationalsozialisten alles daran, in kurzer Zeit möglichst viele Menschen in Arbeit und Brot zu bringen und die Wirtschaft anzukurbeln. Im Sinne der Arbeitsbeschaffung wurden zahlreiche Vorhaben verwirklicht, deren Pläne häufig schon während der Weimarer Republik erstellt, aber nicht realisiert worden waren. Manche Baumaßnahmen dienten bereits der Kriegsvorbereitung und schufen zugleich Arbeit. Der in Tönning seit 1935/36 errichtete Seefliegerhorst hatte z.B. auch 100 neue zivile Arbeitsplätze für Bauleute, Techniker usw. zur Folge. Der Fremdenverkehr erholte sich nur langsam von der Wirtschaftskrise. Noch 1932 war St. Peter-Ording an die Bahnstrecke über Garding nach Husum angeschlossen worden. Die Freizeitorganisation „Kraft durch Freude" der Deutschen Arbeitsfront, die 1933 an die Stelle der verbotenen Gewerkschaften sowie der Unternehmerverbände getreten war, bot massenhaft Urlaubsreisen an. Die wenig zahlungskräftigen „KdF"-Besucher waren aber nicht gerade gern gesehen.

Die nationalsozialistische Glorifizierung des Bauerntums kam dem Selbstwertgefühl vieler Landwirte entgegen. Hitler hatte es in „Mein Kampf" als „Fundament der gesamten Nation" gepriesen. Daneben wurden noch 1933 konkrete Schritte zur Behebung der Agrarkrise getan, die fast jeder Bauer spürte. Ebenfalls noch 1933 wurde das Reichserbhofgesetz erlassen, das im Interesse leistungsfähiger Höfe eine Teilung der Ländereien im Erbfall verhinderte. Aber trotz aller Blut-und-Boden-Propaganda schritt die Modernisierung voran. Ein großes Programm der Arbeitsbeschaffung leiteten die Nationalsozialisten im Wattenmeer ein. Auch hier konnten sie z.T. auf fertige Pläne aus der Weimarer Zeit zurückgreifen. Oberpräsident und NSDAP-Gauleiter Hinrich Lohse

ließ sofort einen umfassenden „Zehn-Jahres-Plan" erarbeiten, in dem Eindeichungen, Dammbauten und viele Maßnahmen mehr zu einem groß angelegten Programm zusammengefügt wurden. Verschiedene nationalsozialistische Zielsetzungen wurden wirkungsvoll miteinander verbunden: „die Notwendigkeit, Arbeit zu schaffen, die Sorge des Führers um die Sicherung deutscher Nahrungsfreiheit und sein Wille, den deutschen Bauernstand aus der Abhängigkeit zu seiner völkischen Aufgabe zurückzuführen". In Eiderstedt wurden vier Köge eingedeicht:
- 1933–1935 Hermann-Göring-Koog, heute Tümlauer-Koog, 585 ha Fläche, 5,2 km Deichlänge (A5);
- 1934–1935 Uelvesbüller Koog, 105 ha, 2,2 km (B1);
- 1934–1936 Finkhaushalligkoog, 470 ha, 4,8 km (C1);
- 1935–1937 Horst-Wessel-Koog, heute: Norderheverkoog (aus bestehendem Sommerkoog), 650 ha, 8,3 km (A3, B2).

Zuvor war in Eiderstedt seit 1862 kein Koog mehr gewonnen worden.

Schon bald nach dem Überfall auf Polen am 1. September 1939 waren in den Zeitungen Eiderstedts die ersten Gefallenenanzeigen zu lesen. Von Jahr zu Jahr wurden es mehr. Kriegsbegeisterung gab es diesmal kaum. Folgt man der Propaganda, so herrschte „Vertrauen auf den Führer" vor. Alles stand nun unter dem Vorzeichen des Krieges. Zumeist in unmittelbarer Küstennähe wurden Anlagen zur Flugabwehr errichtet, z.B. in St. Peter-Ording. Auf der Halbinsel bestanden mehrere Lager für Kriegsgefangene oder Zivilarbeiter aus den von deutschen Truppen besetzten Ländern. In Kating kamen 1944 mindestens 16 „fremdländische" Kleinkinder um. Zahlreiche Kriegsgefangene und Zivilarbeiter wurden als Hilfskräfte bei Landeskulturmaßnahmen und in Gewerbebetrieben eingesetzt. Das wichtigste Feld für die „Fremdarbeiter" bildete die Landwirtschaft. Denn der Einsatz vieler Bauern als Soldaten hatte den ohnehin herrschenden Arbeitskräftemangel verschärft. Die Kriegswirtschaftsverordnung beeinträchtigte erheblich die Ernährungsgewohnheiten – und wurde vielfach umgangen. An eine freie Verfügbarkeit ihrer Erzeugnisse gewöhnt, hielten Landwirte und ihre Frauen häufig Teile der Ernte zurück, die eigentlich hätten abgeliefert werden müssen, versteckten Hühner und manches mehr. Häufig wurden Schwarzschlachtungen vorgenommen, Lebensmittel „gehamstert". Auch solche Verstöße wurden bestraft, nicht selten aufgrund von Denunziationen. Demgegenüber appellierten Partei- und staatliche Stellen immer wieder an den Opfermut der Bevölkerung an der „Heimatfront".

Wer offen Kritik oder nur Bedenken äußerte, musste mit Schlimmem rechnen. Eine Frau in Garding z.B. sollte geäußert haben, der Krieg werde in jedem Fall verloren, Hitler sei zu feige und werde dann ausrücken. Eine Bekannte zeigte sie wegen dieser „staatsfeindlichen Äußerung" an. Das Sondergericht in Kiel verurteilte die Mutter zweier Kinder zu vier Monaten Gefängnis. Manche früheren Kommunalpolitiker von SPD und KPD wurden nach dem gescheiterten Attentat auf Hitler vom 20. Juli 1944 „vorsorglich" verhaftet. So traf es in dieser „Aktion Gewitter" zum wiederholten Male den Sozialdemokraten Paul Dölz.

Von schweren Zerstörungen und Verwüstungen, wie sie die Großstädte erlitten, blieb Eiderstedt verschont. Aber vereinzelt fielen Bomben, vor allem in den letzten Kriegsmonaten. Im Unterschied zum Ersten Weltkrieg wurde damit die Zivilbevölkerung unmittelbar vom Kriegsgeschehen betroffen. Nach den verheerenden Angriffen auf Kiel und Hamburg 1943 mussten viele Ausgebombte evakuiert werden. Von Ende Ja-

93

nuar 1945 an trafen, als Vorboten der Niederlage, die ersten Flüchtlingstrecks aus dem O ein – und bald kamen fast Tag für Tag neue. Immer mehr verwundete deutsche Soldaten wurden in Lazarettzügen herangebracht. In jeden Ort Eiderstedts brachte der Zweite Weltkrieg Tod und Verzweiflung. In fast jeder Familie hinterließ er seine Spuren – durch Tod, Verwundung, Gefangenschaft. 705 Männer aus Eiderstedt, das entspricht 5 % der Gesamtbevölkerung, kehrten nicht aus dem Zweiten Weltkrieg zurück. Aus Poppenbüll kamen 44 von den 329 Einwohnern um, aus Simonsberg 33 von 593.

Um die aus Dänemark und Norwegen zurückkehrenden Soldaten der deutschen Wehrmacht zu entwaffnen, zu entlassen und sodann zurück in ihre Herkunftsgebiete zu führen, wurde im Mai 1945 ein Sperrgebiet eingerichtet, das die Halbinsel Eiderstedt und später auch Dithmarschen umfasste. Dieses Gefangenengebiet „G" – ein weiteres bestand in Ostholstein – durfte nur mit besonderer Erlaubnis betreten werden. Wohl etwa 150 000 ehemalige deutsche Soldaten hielten sich Mitte 1945 in Eiderstedt auf – eine unfassbare Invasion für die abgelegene Landschaft. Sie wohnten und schliefen großenteils im Freien, in Zelten auf Wiesen und in den Dünen oder waren in Schulen, Bauernhöfen, Scheunen untergebracht. Aus Witzwort hieß es: „Auf dem Heuboden lagen in einer Reihe von etwa 20 Metern 50 Soldaten mit Hautkontakt." Die weiblichen Bewohner zwischen 16 und 35 Jahren wurden größtenteils ausgewiesen. Bis September/Oktober 1945 waren die meisten Soldaten entlassen, im April 1946 wurde das „Sperrgebiet G" aufgehoben.

Mangel herrschte in den ersten Nachkriegsjahren auf allen Gebieten. Dabei war das landwirtschaftlich geprägte Eiderstedt besser gestellt als die großen Städte und Ballungszentren. Zwar unterlag alles der Ablieferungspflicht, aber mit etwas „Organisationstalent" konnte man so manches für den eigenen Bedarf retten. Wie schon in den Mangeljahren des Krieges wurden alte, fast schon vergessene Fertigkeiten und Techniken wiederbelebt. Wer in der Nähe der Nordsee wohnte, fing selbst Krabben, übte sich im „Buttpedden" oder gewann aus dem Meerwasser Salz. Ein im Juni 1946 bei St. Peter gestrandeter Wal wurde vollständig aufgegessen.

Schleswig-Holstein wies unter allen westdeutschen Ländern den höchsten Anteil an Flüchtlingen und Vertriebenen auf. Innerhalb von zwei Jahren strömten mehr als eine Mio. Menschen ins Land. In Eiderstedt waren im Mai 1939 insgesamt 15 136 Einwohner gezählt worden, im Januar 1948 waren es – trotz der Kriegstoten – 29 456. Auf 100 Einheimische entfielen in Schleswig-Holstein 1948 etwa 83 Flüchtlinge, in Eiderstedt waren es 93. In St. Peter machte die einheimische Bevölkerung 1946 nur noch ein Drittel der Einwohnerschaft aus. Viele Flüchtlinge wurden zunächst in Hotels, Pensionen und Kinderheimen untergebracht; an „Fremdenverkehr" war in dieser Zeit ohnehin kaum zu denken. In den großen Barackenlagern wie in St. Peter-Böhl verlief der Alltag häufig besonders bedrückend. Nach großen Umsiedlungsaktionen waren 1960 zwischen einem Fünftel und einem Viertel der Bevölkerung Flüchtlinge. Die hier Gebliebenen schufen sich auf der Halbinsel ihre neue Heimat. Der Zustrom vieler Tausend neuer Einwohner als Folge der nationalsozialistischen Herrschaft gehört zu den einschneidenden Ereignissen in der Geschichte der Landschaft. Als Ausdruck der Verbundenheit übernahm der Kreis Eiderstedt 1959 eine Patenschaft für die ehemaligen Einwohner des pommerschen Kreises Usedom-Wollin.

Schrittweise errichtete die britische Besatzungsmacht eine kommunale Selbstverwaltung, um die Deutschen im Nahbereich an demokratische Formen zu gewöhnen.

Die wichtigsten Aufgaben in dieser schweren Anfangszeit erfüllten häufig Menschen, die bereits in der Weimarer Republik tätig gewesen waren, sich dann aber zurückgezogen hatten oder von den Nationalsozialisten ihrer Ämter enthoben und verfolgt worden waren, so Paul Dölz in Tönning. Vom 15. September 1945 an konnten wieder politische Parteien gegründet werden. Eine Besonderheit für Eiderstedt war die Demokratische Heimatvereinigung, die 17 in den Kreistag berufene Hofbesitzer Anfang 1946 bildeten. Einen Anschluss an die CDU hatten sie abgelehnt, da die Partei ihnen zu zentralistisch war. Sich auf Eiderstedter Traditionen berufend, strebten sie eine weitgehende Selbstregierung in kleinen Einheiten an. Die Demokratische Heimatvereinigung wurde von der Besatzungsmacht nicht anerkannt und ging großenteils in der prodänischen Bewegung auf. Als besonders mitreißender Redner mit großer Ausstrahlung trat der Hofbesitzer und Landratssohn Waldemar Reeder (1893–1950) aus Poppenbüll hervor, der kurz vor seinem Tod für den Südschleswigschen Wählerverband (SSW), die Partei der dänischen Minderheit und der Nationalen Friesen, in den Landtag gewählt wurde. Bei der ersten freien Kreistagswahl am 13. Oktober 1946 erzielte die CDU, auch aufgrund des Wahlsystems, eine klare Mehrheit im Eiderstedter Kreistag. Bei der ersten demokratischen Landtagswahl am 20. April 1947 hingegen lag die SPD mit 36 % deutlich vor der CDU (26,6 %). Der prodänische Südschleswigsche Verein (SSV, dänisch: *Sydslesvigsk Forening*) erzielte 31,4 %. Es ist errechnet worden, dass dieser Wert etwa 55 % der einheimischen Bevölkerung ausmachte.

Die dänische Minderheit war bis 1945 in Eiderstedt auf sehr wenige Menschen beschränkt gewesen. Der Südschleswigsche Verein zählte Anfang 1946 in Eiderstedt dann bereits 259 Mitglieder, ein halbes Jahr später waren es 2 500, und am 1. Januar 1948 wurde mit 3 172 der Höchststand erreicht. In Städten wie Tönning und Friedrichstadt hatte sich damals mehr als die Hälfte der erwachsenen Einheimischen dem SSV angeschlossen. Die Anhänger eines Anschlusses an Dänemark wurden von deutscher Seite häufig und lange Zeit als „Speckdänen" bezeichnet. Denn sie kamen teilweise und zeitweilig in den Genuss dänischer Lebensmittellieferungen, die in den Jahren des Hungers und der Not von großer Bedeutung waren. Die eigentlichen Beweggründe für den massenhaften nationalen Gesinnungswechsel lagen aber zumeist tiefer. Deutschland verkörperte für viele Menschen die Schrecken der NS-Diktatur und die Katastrophe des Weltkriegs. Niemand wusste in dieser Zeit voller Unsicherheit, was aus Deutschland werden würde. In Dänemark, zu dem man bis 1864 gehört hatte, sah man dagegen einen friedlichen Staat, der seit acht Jahrzehnten keinen Krieg mehr geführt hatte, ein sozial und ökonomisch gefestigtes, demokratisches und freiheitliches Gemeinwesen. Auf fruchtbaren Boden fielen bei zahlreichen Einheimischen Warnungen vor einer „Überfremdung" durch Flüchtlinge. Mancher schloss sich der prodänischen Bewegung an, „um unsere nordische Art gegen fremdvölkische Einflüsse zu schützen". Hier wirkte die Volkstums- und Rassenideologie nach, wenn auch mit umgekehrten nationalpolitischen Vorzeichen. Von 1948 an ging die Anhängerschaft von SSV und SSW kontinuierlich zurück – im selben Maße, wie sich die politischen, gesellschaftlichen und wirtschaftlichen Verhältnisse in der 1949 gegründeten Bundesrepublik Deutschland konsolidierten. Der SSW lag bei der Landtagswahl 1967 in Eiderstedt bei 9,6 %. Seit etwa 1970 hat die dänische Minderheit ihren Bestand ungefähr halten und später wieder vergrößern können. Die Kieler Erklärung von 1949 und die Bonn-Kopenhagener Erklärungen von 1955 markierten Stationen auf dem Weg vom Gegen- zum Miteinander. Schmerzliche Einschnitte musste die Minderheit hinnehmen, als um 2000 die nach dem Zweiten Weltkrieg gegründeten Schulen in Garding, Vollerwiek, St. Peter-Ording und Tating aus Einsparungsgründen geschlossen wurden. Nur die Schule in Tönning blieb erhalten.

Eine ernsthafte Auseinandersetzung mit der Zeit des Nationalsozialismus gab es in Eiderstedt wie in ganz Deutschland kaum, obwohl die überdurchschnittliche Zustimmung zur NSDAP bei den Reichstagswahlen 1932 und 1933 allen Anlass dazu hätte bieten können. Eine Episode aus Tönning sei angeführt. Hier war der NS-Bürgermeister Friedrich Gerlach 1945 von den Briten abgesetzt worden. Als Kandidat der „Tönninger Gemeinschaft" zog er 1951 in die Stadtvertretung ein und wurde zum Bürgervorsteher gewählt. Daraufhin „wurde plötzlich der Bühnenvorhang zur Seite gezogen, und auf der Bühne sah man die Hakenkreuzfahne". Manche der ehemals führenden Nationalsozialisten erwiesen sich als unbelehrbar. Der Eiderstedter Kreisleiter und Landrat Otto Hamkens hingegen bekannte sich zu seinem Fehlverhalten.

Der wirtschaftlichen Fortentwicklung des ländlichen Raums – auch mit dem Ziel des Zurückdrängens der dänischen Bewegung – diente von 1953 an das „Programm Nord", das bald auch in Eiderstedt für grundlegende Veränderungen sorgte. Es sollte die Landwirtschaft in einer Zeit großen Nahrungsmittelbedarfs leistungsfähiger machen und zugleich die Lebensverhältnisse auf dem Lande heben. Ein Kernstück bildete die „Flurbereinigung", die fast Dorf für Dorf durchgeführt wurde. Die vielfach verstreuten Ländereien wurden dabei durch Tausch, Arrondierung und Umsiedlung zu großen „Plänen" zusammengefügt, um eine rationalisierte Landwirtschaft zu ermöglichen. In Eiderstedt bereitete dies besondere Schwierigkeiten. Denn die Konjunktur der Viehwirtschaft seit der Mitte des 19. Jh. hatte viele Bauern, Schlachter, Viehhändler und auch Spekulanten von außerhalb angelockt. So befand sich gemäß einer Bestandsaufnahme 1961 in Koldenbüttel und Witzwort fast die Hälfte des Landes in Fremdbesitz. Ein Teil davon wurde nun aufgekauft. Mit der Flurbereinigung ging ein Ausbau des Wegenetzes einher, der die Verkehrsverhältnisse veränderte wie nie zuvor. Jedes Dorf und fast der letzte Hof wurden durch asphaltierte Straßen erschlossen. Über ein halbes Jahrhundert nach dem Ausbau der Stromversorgung in den Städten erlebten jetzt alle Landbewohner deren Vorteile. Der Anschluss an eine zentrale Wasserversorgung ließ sauberes Wasser mit der Zeit auf jedem Hof fließen. Anfangs sahen allerdings nicht alle die Notwendigkeit ein. In einem Eiderstedter Dorf wurde dem Landrat mit Blick auf Entwässerungsprobleme entgegengehalten: „Wi hemm Water genoog, wi schöön dat man allens woller los warrn!" 1953 wurde in Garding der Wasserbeschaffungsverband Eiderstedt gegründet, der seit 1958 ein Wasserwerk in Rantrum unterhält. Auch die Binnenentwässerung, ein altes Problem der Eiderstedter Marsch, wurde verbessert. Die Kehrseite bestand darin, dass es in Dürresommern wie 1959 nun sogar zu einem Wassermangel für das Vieh und die Einfriedigungsgräben kommen konnte.

Der rasante technische Fortschritt mit mehr Maschinen auf größeren Höfen beschleunigte die Entwicklung, die im 19. Jh. langsam eingesetzt hatte: Immer weniger Menschen produzierten immer mehr Nahrungsmittel auf immer größeren Höfen. 1867 waren in Eiderstedt noch 59 % der Erwerbstätigen in der Landwirtschaft beschäftigt, 1925 waren es noch 47 %, 1961 noch 33 %, in der Gegenwart nur noch etwa 2 %. Die neuen, selbst fahrenden Maschinen machten Bauernhöfe fast als Einmannbetriebe möglich. Sie ersetzten nicht nur menschliche Arbeitskraft. Im Zeitraum 1945–1965 sank der

Pferdebestand in Eiderstedt von 3 236 auf 349, während die Zahl der Schlepper von 33 auf 715 anstieg. Pferde, einst unentbehrlich in der Landwirtschaft, wurden bald nur noch für Freizeit und Sport benötigt. Hufschmiede, die vom Mittelalter bis zum Zweiten Weltkrieg unentbehrlich waren, fanden nun kein Betätigungsfeld mehr. Aus manchem Dorf verschwand damit der letzte Handwerker.

Wie in der Landwirtschaft vollzog sich auch im Handwerk eine Konzentration. Die Zahl der Betriebe nahm stark ab, die Zahl der Beschäftigten hingegen wuchs. Viele heimische Erzeugnisse werden außerhalb verarbeitet. Doch auch eine Gegenbewegung gegen die Konzentration und Verlagerung nach außerhalb setzte ein. Das Aufkommen neuer Informations- und Kommunikationssysteme milderte die Nachteile der Randlage ab. Mehrere Betriebe verdanken ihre Bedeutung hoher Spezialisierung.

Die Zahl der Lebensmittelgeschäfte in Schleswig-Holstein halbierte sich im Laufe von nur elf Jahren zwischen 1965 und 1976. Fast alle Dörfer Eiderstedts verloren „ihren" Kaufmann. Nahrungsmittel werden jetzt größtenteils in „Super-" und „Verbrauchermärkten" eingekauft, die zu großen überregionalen Konzernen gehören. Häufig wurden sie am Ortsrand angesiedelt. Geschäfte in den Hauptstraßen stehen dagegen leer. Der Lebensstandard auf dem Lande glich sich dem der Städte an. Doch Modernisierung und Zentralisierung führten für viele Bereiche eine „Entfremdung" herbei. In den Dörfern ist das Zusammenleben anonymer geworden. Durch Dorffeste, Einrichtung von Begegnungsstätten und andere Unternehmungen wird vielerorts versucht, die Eigeninitiative und das Gemeinschaftsgefühl zu stärken. In Witzwort z.B. wurde ein „MarktTreff" als „ein lebendiger Marktplatz für Produkte, Dienstleistungen, Informationen, Ideen und Initiativen" eingerichtet.

Als alternative Energiequellen wurden seit Mitte der 1980er Jahre mit erheblicher staatlicher Förderung zahlreiche Windkraftanlagen errichtet. Sie überragen selbst die Kirchtürme deutlich. Um nachteilige Folgen für das Landschaftsbild abzumildern, beschloss der Kreis Nordfriesland 1994 eine Karte mit „Eignungsflächen" für Windrotoren. Große Teile Eiderstedts bleiben demnach frei von den Anlagen. Die Windenergie, häufig in „Bürgerwindparks" gewonnen, bot gerade vielen Landwirten eine willkommene zusätzliche Einnahmequelle. Mais und Raps werden zunehmend nicht mehr als Futtermittel, sondern als Energierohstoff für Biomasse-Heizkraftwerke angebaut.

Ein Zug der „modernen" Zeit war es, dass viele kleine Einrichtungen und Einheiten zu größeren Gebilden „konzentriert" wurden. Besonders folgenreich war für viele Eiderstedter Dörfer der Verlust ihrer Schulen. 1951 gab es 205 öffentliche Schulen im Gebiet des heutigen Kreises Nordfriesland, bis 2005 hatte sich die Zahl fast halbiert. Die wachsenden Ansprüche an Bildung konnten in den Augen vieler nur in großen „Dörfergemeinschaftsschulen" befriedigt werden. Die Bildung von Gemeinschafts- und Regionalschulen sowie die Schließung kleiner Grundschulen seit 2008 verstärkte diese Entwicklung weiter. Der W Eiderstedts erhielt ein Gymnasium, das von geflüchteten Berlinern als „Berliner Oberschule St. Peter" bereits einige Monate nach Kriegsende gegründet worden war. Ihm wurde 1950 ein Internat angegliedert. Die Übermittlung von Informationen wurde immer wichtiger und veränderte ebenfalls entscheidend das ländliche Leben. Seit den 1920er Jahren hielt das Radio Einzug, seit den 1950er Jahren das Fernsehen, seit den 1990er Jahren das Internet. In der Folge des Zweiten Weltkriegs erschienen keine eigenen Lokalzeitungen für Eiderstedt mehr. Sie gingen in den „Husumer Nachrichten" auf.

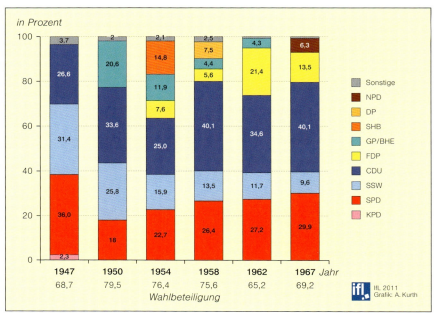

Abb. 18a Die Landtagswahlen im Kreis Eiderstedt 1947–1967 (Entwurf: Thomas STEENSEN, nach Daten des Statistischen Amtes für Hamburg und Schleswig-Holstein – Statistikamt Nord)

Beweglichkeit wurde zur Norm, wenn nicht Bedingung des Daseins. Arbeitete man früher in aller Regel im selben Haus oder doch im selben Dorf, in dem man wohnte, so fahren jetzt Tausende mit ihren Autos zu ihrem Arbeitsplatz, manchmal 30, 40 und mehr Kilometer weit. In manchen Landgemeinden liegt der Anteil der Berufspendler über 50 %. Früher kamen manche kaum einmal aus ihrem Dorf heraus. Das Straßennetz wurde ausgebaut. Die B 5 verläuft seit 1987 über eine neue Eiderbrücke bei Tönning. Die BAB 23 reicht seit 1990 von Hamburg bis Heide. Vor allem Vertreter der Wirtschaft forderten immer wieder eine Verlängerung nach N. Der Fremdenverkehr wurde zum wichtigsten Wirtschaftszweig und dominiert das westliche Eiderstedt. St. Peter-Ording entwickelte sich neben Westerland/Sylt zum bedeutendsten Seebad in Schleswig-Holstein und gehört zu den sieben wichtigsten Tourismus-Gemeinden in Deutschland. Hier lebt fast jeder in der einen oder anderen Weise vom Fremdenverkehr (D2).

Bei der schweren Sturmflut am 16./17. Februar 1962 brachen in Eiderstedt zum bislang letzten Mal Deiche, und zwar im Uelvesbüller Koog und im – unbewohnten – Sophien-Sommerkoog (seit 1970 Jordflether Koog). Zudem strömte das Wasser über die schwer beschädigten Deiche in den Finkhaushalligkoog, den Simonsberger Koog und den Norderheverkoog. Gleich nach der Sturmflut setzten umfassende Küstenschutzarbeiten ein. Die Deiche wurden erhöht, verstärkt und mit einer flacheren Böschung versehen. Daneben zielte der Plan vor allem auf eine Verkürzung der Deichverteidigungslinie ab. Ein besonders aufwendiges und kühnes Vorhaben war die 4,8 km lange

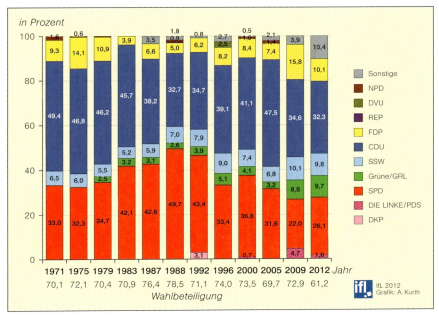

Abb. 18b Die Landtagswahlen in Eiderstedt 1971–2012 (Entwurf: Thomas STEENSEN, nach Daten des Statistischen Amtes für Hamburg und Schleswig-Holstein – Statistikamt Nord)

Abdämmung der Eider zwischen Vollerwiek in Eiderstedt und Hundeknöll in Dithmarschen, die 1967–1973 Wirklichkeit wurde (E12). Der Naturschutz nahm auch beim Küstenschutz einen höheren Stellenwert ein. Das Wattenmeer wurde, trotz heftiger Proteste auch aus Eiderstedt, 1985 als Nationalpark ausgewiesen (F1). Wie heftig und emotionsgeladen die Interessengegensätze zwischen Nutzung und Naturschutz aufeinanderprallen können und zu welcher Verunsicherung der schnelle Wandel in der Landwirtschaft führte, zeigten seit Ende der 1990er Jahre Auseinandersetzungen in Eiderstedt. Gemäß dem Programm Natura 2000 der Europäischen Union wollte die Landesregierung auf der Halbinsel ein 20 000 ha umfassendes Vogelschutzgebiet einrichten. Viele Bauern sahen sich in ihrer Verfügungsgewalt über den eigenen Grund und Boden eingeschränkt, weil ihnen eine Umstellung von Grünland- auf Ackerwirtschaft versperrt würde. Es kam zu zahlreichen Demonstrationen, die nicht vor persönlichen Angriffen Einzelner zurückschreckten.

Das Wahlverhalten und die Parteienlandschaft in Eiderstedt waren in den Anfangsjahren der 1949 gegründeten Bundesrepublik Deutschland noch stark von regionalen Eigenheiten geprägt (Abb. 18a und b). Sie wurden jedoch im Zeichen der „Fernsehdemokratie" und der zunehmenden Angleichung auf allen Gebieten eingeebnet. Bei der Landtagswahl 1950 trat als Partei der Flüchtlinge und Vertriebenen der Bund der Heimatvertriebenen und Entrechteten (BHE) an und errang in Eiderstedt 20,6 % der Stimmen. Im selben Maße, wie die Flüchtlinge aber integriert wurden oder abwanderten, verlor der BHE an Anhang. Sowohl gegen die Partei der Flüchtlinge als auch gegen den SSW stellte sich die Schleswig-Holsteinische Gemeinschaft (SHG). Die Initiative war von Eiderstedt ausgegangen, wo man 1950 die Eiderstedter Gemeinschaft mit dem ehemaligen Landvolk-Führer Wilhelm Hamkens an der Spitze gründete. Auf der Halbinsel konnte die aus der SHG hervorgegangene Schleswig-Holsteinische Wählervereinigung bei der Kreistagswahl 1951 nicht weniger als 32 % und damit ihr landesweit bestes Ergebnis verbuchen. Sie verbündete sich mit der rechts stehenden Deutschen Partei (DP) und erzielte als Schleswig-Holstein-Block bei der Landtagswahl 1954 in Eiderstedt 14,8 %. Doch schon vier Jahre später kam das Ende. Diese Gruppierung und die DP gingen größtenteils in der Freien Demokratischen Partei auf, so dass die Halbinsel als eine liberale Hochburg galt. Der langjährige Bundestagsabgeordnete Walter Peters (1912–1979) stammte aus Poppenbüll. Von Eiderstedt aus trat auch Uwe Ronneburger (1920–2007), Tetenbüll, seine politische Karriere an, die ihn 1970 an die Spitze der FDP in Schleswig-Holstein und später in wichtige Ämter auf Bundesebene führte. Nicht zuletzt wegen der starken Stellung der FDP konnte die Christlich-Demokratische Union (CDU) nicht eine so dominante Stellung einnehmen wie andernorts auf dem Lande in Nordfriesland und Schleswig-Holstein. Die Sozialdemokraten schnitten besser ab als in vielen anderen ländlichen Regionen, während die Grünen zumeist unterdurchschnittliche Ergebnisse verbuchten. Als langjährige Landtagsabgeordnete aus Eiderstedt wirkten der Landwirt Hans-Alwin Ketels, CDU, aus Osterhever in den Jahren 1965–1983 und Landwirt Carsten Paulsen, CDU, aus Koldenbüttel 1983–1992. Der aus Elbing in Ostpreußen stammende Kurt Bähr (1904–1969) prägte von 1950–1969 als Landrat das politische Leben in Eiderstedt.

Ende der 1960er Jahre wurde heftig, z.T. leidenschaftlich die Bildung eines einheitlichen Kreises Nordfriesland erörtert. In Eiderstedt sahen die meisten schweren Herzens ein, dass die Eigenständigkeit des kleinsten Kreises in ganz Schleswig-Holstein nicht zu halten sei. Im Eiderstedter Kreistag entschieden sich Anfang 1969 aber 18 Abgeordnete, vor allem aus SPD und FDP – darunter Paul Dölz und Uwe Ronneburger –, für den von Landrat Bähr befürworteten Anschluss an Dithmarschen, nur 14 stimmten für Nordfriesland, darunter alle vier SSW-Abgeordneten und die meisten Mitglieder der CDU-Fraktion mit Kreispräsident Hans-Alwin Ketels (geb. 1913). Die Kreistagsmehrheit erhoffte sich von einer Orientierung nach dem ökonomisch besser gestellten Süden vor allem wirtschaftliche Vorteile und eine schnellere Verkehrsanbindung; die traditionelle Gegnerschaft spielte offenbar keine Rolle mehr. Die Mehrheit der Eiderstedter Bevölkerung sprach sich jedoch bei einer auf private Initiative durchgeführten Unterschriftensammlung für Nordfriesland aus. Aufgrund der vom Schleswig-Holsteinischen Landtag beschlossenen Kreisneuordnung wurde Eiderstedt 1970 Bestandteil des neuen Kreises Nordfriesland. Bei der Gestaltung des Kreiswappens griff man auf das historische Wappen Eiderstedts zurück. Die drei Schiffe im Stil des 16. Jh. symbolisieren die alten Kreise Südtondern, Husum und Eiderstedt, die zu einer Einheit geworden sind. 2009 ging auch der Kirchenkreis Eiderstedt, der kleinste in Schleswig-Holstein und zugleich einer der traditionsreichsten, in einem einheitlichen Kirchenkreis Nordfriesland auf. Auf eine neue Grundlage gestellt wurde das Amt Eiderstedt, das jedoch nicht die gesamte historische Landschaft Eiderstedt umfasst.

Eiderstedt wandelte sich in den vergangenen Jahrzehnten einschneidend. Augenfällig wird dies vor allem im Bild der Dörfer und kleinen Städte. Im Zuge der Motorisierung wurden breite Asphaltschneisen mitten durch manche Ortschaften gebaut, alter Baumbestand abgeholzt. Ein bis dahin ungekannter Modernisierungsschub ließ alte Höfe, Häuser und Ställe in großer Zahl verschwinden. Eine Gegenbewegung setzte Ende der 1970er Jahre ein. Eine Neubesinnung auf geschichtliche Grundlagen drückte sich aus in der Gründung mehrerer örtlicher historischer Vereine und Arbeitsgemeinschaften sowie in einer Vielzahl von Orts-Chroniken und Heimatbüchern. Der Heimatbund Landschaft Eiderstedt spielte hier eine wichtige Rolle. Von Tating ausgehend, bildete sich 2008 das „Eiderstedter Forum". Dieses „Aktionsbündnis von Bürgern" zielt darauf ab, sich „mit den Folgen von Überalterung und Abwanderung der Jungen, dem Verschwinden von Geschäften, Dienstleistungen, Ärzten, Schulen, Banken und Poststellen, dem Leerstand von Gebäuden, einer sich verändernden Kulturlandschaft, dem finanziellen Aus von Gemeinden in einem hoch verschuldeten Bundesland zu beschäftigen und gemeinsam nach Lösungswegen für unsere Region zu suchen". Eiderstedt sucht nach Orientierung und nach seiner Identität im 21. Jh..

Thomas Steensen

Kirchengeschichte

Eiderstedt ist auch und gerade durch die christliche Kirche und ihre Kirchen geprägt – in keinem Landesteil Schleswig-Holsteins findet man eine vergleichbare Dichte von Kirchengebäuden, die sich durch ihr hohes Alter, ihre, gemessen an der Bevölkerung, stattliche Größe, ihre architektonische Bedeutung und vor allem durch ihre qualitätvolle Ausstattung auszeichnen. Für diese außergewöhnliche Dichte an Kirchen lassen sich vor allem zwei Gründe benennen: Ein Grund wird in der ursprünglichen Topographie gesehen, die weitere Wege zu den Gotteshäusern und Friedhöfen nicht erlaubte. Der zweite sei ein Zeichen „für die große Freiheit, die der Eiderstedter Bauernstand hatte, und für seinen ungeheuren Wohlstand" (WULF 1990). Dieser hat sich auch in der Ausstattung der Kirchen niedergeschlagen – die Bilderstifter haben, wie es auf Inschriften wörtlich oder sinngemäß immer wieder heißt, „Gott zur Ehre und der Kirche zur Zier(de)" zahlreiche, z.T. kostbare Ausstattungsstücke gestiftet. Den ersten Versuch einer Darstellung der eiderstedtischen Kirchengeschichte unternahm der Gardinger Propst Petrus Petrejus nach 1740, in der er die ältere Überlieferung zusammentrug, den Verlauf der Kirchengeschichte schilderte sowie die Lebensgeschichten der Pröpste sammelte.

Die Anfänge des Christentums in Eiderstedt liegen im Dunkel – über die frühe Missionsgeschichte gibt es keine quellenmäßig fundierten und fundierbaren Nachrichten. Kirchenorganisatorisch gehörte Eiderstedt seit den kirchlichen Anfängen des dortigen Christentums zum 948 gegründeten Bistum Schleswig. Der Bischof von Schleswig war seinerseits Suffragan des Erzbistums Hamburg-Bremen, dem bis zum Jahre 1103 nördlichsten Erzbistum der christlichen Welt. In diesem Jahr wurde das Bistum Lund zum Erzbistum erhoben und der Bischof von Schleswig dem neuen Erzbistum unterstellt (vgl. Abb. 16).

Utholm, Everschop und Eiderstedt bildeten innerhalb des Bistums eine eigene Propstei. Namentlich bekannte Pröpste lassen sich zwischen 1195 und 1541 ermitteln. Anzahl und Lage der Pfarrkirchen im Mittelalter können – im Unterschied zu den Pfarreien auf dem Festland – wegen der Landverluste und Eindeichungen nicht vollständig rekonstruiert werden. In der Zeit 1362–1436 sind acht Pfarrkirchen verloren gegangen.

Pfarreien waren und sind Träger des kirchlichen Lebens. Versorgt werden sie von dem Pfarrherrn, dem Inhaber einer Pfarrstelle, der Gottesdienste und Amtshandlungen feiert. Er kann ggf. vertreten werden, etwa durch einen Vikar. Neben den Sonn-, Fest-, und Feiertagsgottesdiensten wird in Pfarrkirchen getauft, gefirmt, es werden Ehen geschlossen bzw. Gottesdienste aus Anlass einer Eheschließung gefeiert, und es werden Menschen kirchlich bestattet. Tauf- und Begräbnisrecht gehören zu den elementaren Rechten der Pfarrei.

Vor der Reformation hatten die Pfarreien Pfarrstellen und Pfründen, Stiftungen für Kleriker mit bestimmten Aufgaben, sowie Vikare an Nebenaltären. Mit der Reformation entfielen die Messstiftungen; von den vormals zahlreichen Klerikern blieben nur die Pfarrer übrig. Diese Veränderung bedeutete eine Reduzierung des Klerus.

Pfarrkirchen und Friedhöfe waren über Jahrhunderte Hauptorte der Kommunikation. Einwohnerschaft und Christengemeinde waren in den älteren Jahrhunderten identisch oder nahezu deckungsgleich. An und in der Kirche traf man sich zum Gottesdienst, um die Toten zu begraben oder ihrer zu gedenken. Von den Kanzeln gab es in der Zeit des landesherrlichen Kirchenregiments seit der Reformation Kanzelabkündigungen, die allen Einwohnern bekannt gemacht werden sollten. Und im Umkreis der Kirche wurden Geschäfte getätigt – „Denn wo du siehst ein Haus des Herrn, ist auch ein Gasthaus selten fern" lautet die süddeutsche Formulierung, diesen Sachverhalt prägnant zu fassen. In den Kirchen tagten in vorreformatorischer Zeit die bischöflichen Sendgerichte, und auf den Kirchhöfen seit 1450 die Kirchspielsgerichte. Es gibt auf der Halbinsel Eiderstedt größere und kleinere Pfarreien: Die im Osten gelegenen Kirchspiele Koldenbüttel, Witzwort und Oldenswort sind größer als die westlichen Kating, Kotzenbüll, Vollerwiek und Welt, deren Kirchen als Kapellen gegründet wurden und z.T. erst später Pfarrrechte erhielten.

Auf einem Raum von nur 33 485 ha befinden sich 18 mittelalterliche Kirchen, deren Anfangsbauten fast alle während des 12. Jh. errichtet wurden. Pfarrorganisation und Kirchenbau erfolgten hier zeitgleich. Aus der Zeit um 1400 stammt die Kirche St. Anna in Tetenbüll (Turm 1491), ein eher später Bau. Nach Abschluss der Pfarrorganisation in der Mitte des 15. Jh. gab es bis ins 16. Jh. nur noch wenige Veränderungen. Die ältesten Kirchen der früheren Landschaftsteile Utholm, Everschop und Eiderstedt sind die damaligen Hauptkirchen Tating (1103), Garding (1109) und Tönning (ca. 1120). Auch die übrigen 15 Kirchen wurden noch im 12. Jh. errichtet, doch einige im Zuge der Binnenkolonisation verlegt. Manche von ihnen waren selbstständige Pfarrkirchen, andere Kapellen, also Filialkirchen der Pfarrkirchen. Die kirchliche Organisation hatte sich bis 1187 soweit gefestigt, dass die Zahlung des Zehnten in der Tönning-, Garding- und Holmboharde (= Utholm) gesichert war. Der Anteil des Bischofs bestand aus einem Landgeld, während ein Teil dem Priester, ein anderer dem Kirchengebäude zugute kam. Neben dem Pastoratsland, das zum Unterhalt des ersteren diente, häufte sich im Laufe des Mittelalters der Landbesitz jeder Kirche durch Stiftungen. So gehörten zur Kirche in Oldenswort auch nach der Reformation noch 130 ha Land, für das von den Inhabern Abgaben zu zahlen waren.

Klöster hat es auf der kleinen Halbinsel während des Mittelalters nicht gegeben. Bereits 1196 sind Einkünfte des Michaelisklosters in Schleswig urkundlich belegt, die aber später dem Bischof und dem Domkapitel in Schleswig zustanden. Der Bischof selbst besaß im Westen von Utholm große Ländereien, die noch um 1500 erwähnt werden. Für die Kirche in St. Peter besaß er das Besetzungsrecht. Für die Kirchen in Garding und Witzwort hatte der Landesherr solches inne. Der Vorgänger der Kirche in Tetenbüll hatte den Namen Königskapelle, was dafür spricht, dass die Christianisierung durch den dänischen König vorangetrieben worden ist; hier sind dessen Besitzungen im 13. Jh. urkundlich belegt.

Es gab eine Kalandsbruderschaft, eine Vereinigung von Laien und Priestern, für die 1491 in Tönning ein Haus gebaut wurde und die sich auch über die Reformation hinaus erhielt. Wohlbetuchte Landleute verliehen ihrer Frömmigkeit und Seelenangst besonders im 15. Jh. durch die Stiftung von Nebenaltären eine der Geistlichkeit genehme Form. So gab es in der Gardinger Kirche neben dem Hauptaltar zusätzlich vier Nebenaltäre, deren Einkünfte nach der Reformation der Kirche zugute kamen, auch die Gründungsurkunden sind z.T. noch bekannt. Vielerorts gab es einen Marienaltar, da die Marienverehrung sich besonderer Beliebtheit erfreute. Nach Aufzeichnungen des 17. Jh. sind die Kirchenheiligen bekannt, die sich allerdings beim Übergang zur lutherischen Lehre vereinzelt geändert haben.

Die Reformation konnte sich in den 1520er und 1530er Jahren in den weitgehend städtelosen Herzogtümern oft nur langsam ausbreiten. Als es in Hamburg und Lübeck früh Anhänger Luthers und der Wittenberger Reformation gab, wusste man in der bäuerlichen Lebenswelt Eiderstedts wegen der intensiven Handelsverbindungen mit gerade diesen Städten schon bald von den lutherischen Ideen. Schon wenige Jahre zuvor gaben verschiedene Vorkommnisse Anlass zur Kritik an der alten Kirche. Als wegen einer anstehenden Bischofswahl eine Kostenbeteiligung der Priester im Lande verlangt wurde, protestierten neben den Nordstrandern auch die Eiderstedter unter Führung von Laien. Der Priester Dietrich Brus zu Katharinenheerd erklärte dem Bischof Gottschalk sogar den Krieg und zog mit seinen Freunden vor dessen Schloss zu Schwabstedt. Der folgende Prozess wurde bis in die päpstliche Kammer zu Rom gezogen.

Der Herzog zu Schleswig förderte auch als dänischer König die Verbreitung der Lehre Luthers. Ausgangspunkt der Verkündung war Husum, wo bereits 1525 durch königliche Genehmigung ein evangelischer Prediger, nämlich Theodericus Pistorius, als Prädikant auftrat. Die Überlieferung, dass der Husumer Geistliche Hermann Tast in Garding gepredigt hat, lässt sich auf das Jahr 1528 beziehen. Überliefert wird auch, dass Tast seit 1539 die Gemeinden in Eiderstedt und Nordstrand visitiert habe; beglaubigt sind für jenes Jahr seine Unterschriften anlässlich der Rechnungsprüfungen in Tetenbüll und Garding. Der lutherische Prediger Laurentius Tönnies in Tetenbüll verglich sich 1544 mit seinem Kollegen, dem altgläubigen Kirchherrn Nicolaus von Gröningen wegen der Einkünfte.

Ganz allmählich gab es Veränderungen in den Gottesdiensten der Gemeinden, bei den Priestern und durch neu hinzugekommene Prediger; insgesamt ist die „Durchsetzung der Reformation" aber ein lang anhaltender Prozess über mehrere Generationen gewesen. Dabei muss man zwischen der landesherrlich verfügten Einführung der Reformation und ihrer wirklichen Aneignung unterscheiden. Eine rechtliche Grundlage für die Einführung der Reformation wurde am 9. März 1542 mit der Verabschiedung der Schleswig-Holsteinischen Kirchenordnung auf dem Landtag in Rendsburg geschaffen. Die Reformation wurde in den Herzogtümern mit diesem landesherrlichen Gesetz festgeschrieben. Diese Ordnung blieb mehr oder weniger bis zum Beginn der preußischen Zeit (1866/67) in Kraft.

Einen eigenen Propst erhielt Eiderstedt in der Person von Johannes Pistorius (1528–1605), der 1558 in Ripen zum Pastor ordiniert worden war und die Gemeinde Tetenbüll versorgte. Melanchthon hatte ihm 1554 ein Zeugnis ausgestellt. 1586 nahm er, zusammen mit dem Staller Caspar Hoyer, eine erste Revision der Kirchenrechnungen vor, die vorher von Hofpredigern und Generalsuperintendenten durchgeführt worden waren. 1624 erhielt der Propst (damals Magister Nicolaus Wedovius) das Recht, Pfarrer zu ordinieren und einzuführen.

1574 visitierte Paul von Eitzen, der oberste Geistliche im Herzogtum Schleswig, die Eiderstedter Gemeinden als Teil des Herzogtums Schleswig-Holstein-Gottorf. Ihre Pastoren reihten sich seit jenem Jahr in die Schar derer ein, die dem von ihm geschaffenen „Predigereid" als evangelischem Bekenntnis zustimmten. Die Prediger mussten ihre Unterschrift unter das Werk setzen. Bis 1734 wurden alle Prediger in Eiderstedt von den Pröpsten auf diesen Bekenntnistext verpflichtet.

Zusammen mit dem Gardinger Pastor Volquard Jonae wirkte Eitzen darauf hin, dass der Propstei in der „Eiderstedter Policeyordnung" 1584 zugestanden wurde, künftig die Pröpste aus der Mitte der Eiderstedter Geistlichen frei zu wählen. Dieses Sonderrecht, das infolge der schleswig-holsteinischen Erhebung 1854 verlorenging, unterschied sie von allen anderen Propsteien und Gemeinden in den Herzogtümern Schleswig und Holstein.

Am Ende des 16. Jh. umfasste die Propstei Eiderstedt in zwei Teilen, dem Oster- und dem Westerteil, insgesamt folgende Kirchspiele bzw. Kirchen:
Osterteil: Kating, Koldenbüttel, Kotzenbüll, Oldenswort, Tönning, Vollerwiek, Welt, Witzwort;
Westerteil: 1. in Everschop: Garding, Katharinenheerd, Osterhever, Poppenbüll, Tetenbüll, Uelvesbüll; 2. in Utholm: Ording, St. Peter, Tating, Westerhever.

Damit fehlte gegenüber dem früheren Bestand das 1547 noch genannte Kirchspiel Olversum, und seit 1556 gab es in Süderhöft keine Kirche mehr.

Mit für den Deichbau angeworbenen Niederländern kamen Anhänger anderer Konfessionen in das von lutherischem Geist geprägte Land, die das Eiderstedter Landrecht 1614 als „Wiedertäufer, Sakramentierer und andere einschleichende verführerische Sekten" bezeichnete. Tatsächlich handelte es sich um Täufer, Anhänger des sich selbst als endzeitlichen Propheten verstehenden David Joris (1501–1556), die sich erstmals 1549 in Eiderstedt, in Husum und Schwabstedt nachweisen lassen, sowie um Calvinisten. 1566 und 1588 wurden Täufer des Landes verwiesen, nachdem man sie vor dem Konsistorium verhört hatte. Auch zwischen 1602 und 1608 gab es immer wieder Konflikte mit Täufern, die in einem Religionsgespräch, das vom 13. bis 15. September 1608 in Schleswig stattfand, nicht ausgeräumt werden konnten. Wer sich nicht an das Bekenntnis des Landes halte, sollte ausgewiesen werden. Doch haben sich Davidjoriten noch einige Jahre gehalten, bis man mit einer Bücherverbrennung ein Fanal setzte: Am 18. Oktober 1642 wurden inkriminierte Schriften der „Sekten" auf dem Tönninger Marktplatz öffentlich verbrannt. 1670 und 1677 hört man noch einmal von „Sektierern", danach schweigen die Quellen. Vielleicht steht die Abfassung eines plattdeutschen Katechismus durch den Gardinger Pastor Andreas Lonnerus im Zusammenhang mit der Auseinandersetzung mit den nicht-lutherischen Christen. Aus Oldenswort stammte der erste namentlich bekannte Atheist deutscher Sprache, Matthias Knutzen, dessen Ideen dem religiösen Skeptizismus infolge der Kriege des 17. Jh. entsprangen.

Im lutherischen Gottesdienst kam es gegen Ende des 17. Jh. zu einigen Änderungen. 1680 waren lateinische Gesänge im Gottesdienst abgeschafft worden. Die vorhandenen Messgewänder aus der vorreformatorischen Zeit durften weiter benutzt, neue sollten dagegen nicht mehr angeschafft werden. Auch bemühte sich die kirchliche Obrigkeit um eine landesweit einheitliche Gottesdienstordnung.

Mit der Gründung von Pfarrkirchen war auch die Einsetzung von Pfarrherrn an diesen Kirchen verbunden. Über die Pfarrer der vorreformatorischen Zeit wissen wir kaum etwas. In einigen Eiderstedter Kirchen gibt es, wie auch andernorts, Tafeln mit den Pfarrern seit der Reformation, aus denen in der Regel Namen und Amtszeiten zu entnehmen sind.

Nach der Reformation gab es in manchen Gemeinden „Hauptpastoren" und „Diakone" als Inhaber einer ersten bzw. zweiten Pfarrstelle. Manche Pastoren waren Doktoren der Theologie, andere Magister; insgesamt gibt es eine nennenswerte Zahl von Nicht-Landeskindern unter den Amtsträgern. Auch das Studium der Theologie absolvierten sie teilweise an auswärtigen Universitäten. Aufgaben und Einkünfte der Pfarrer und Diakone waren verschieden. Den Inhabern der Diakonenstellen waren, wenigstens wohl anfangs, auch Lehrer- und Küsteraufgaben übertragen. Im Lauf der Zeit wurden die Diakonate nach und nach aufgelöst. Der berühmteste Pfarrerssohn Eiderstedts dürfte Theodor Mommsen sein, der am 30. November 1817 als Sohn des Gardinger Diakons (1817–1821) Jens Mommsen im 1572 errichteten Diakonat (Pfarrhaus) geboren wurde – ein Mann, der freilich mit dem Christentum seine liebe Not hatte und nur drei Jahre an seinem Geburtsort weilte.

In den älteren Jahrhunderten war mit der Kirche die Schule verbunden. Bereits 1538 hatte Christian III. als König und Herzog die Errichtung einer höheren Schule in Eiderstedt angeordnet, die freilich nicht zustande kam. Seit der Mitte des 16. Jh. sind Schulen und Schulordnungen für einzelne Gemeinden nachgewiesen. In Oldenswort gab es 1554 eine Schule; 1571 war in Garding und 1581 in Tönning ein Rektor angestellt. Koldenbüttel erhielt am 25. März 1624 eine Schulordnung und eine neue am 18. Juli 1641, die ihrerseits der Eiderstedtischen Schulordnung von 1656 als Vorbild diente. Schon in der Eiderstedtischen Reformations- und Polizey-Ordnung von 1591 hatte es Anweisung gegeben, die Schulen mit tüchtigen, gelehrten und gottesfürchtigen Schulmeistern zu versehen. Die Schulordnungen für Tönning und Garding vom 6. Februar 1739 lassen erkennen, wie stark der Unterricht durch geistliche Lieder, Gebete und Bibellektüre bestimmt war. Für die Vorbereitung auf den Pastorenberuf konnten geeignete Schüler neben Latein ggf. auch Griechisch und Hebräisch lernen. Lang andauernde Geltung und prägende Wirkung hatte schließlich die allgemeine Schulordnung für die Herzogtümer Schleswig und Holstein des Generalsuperintendenten Jakob Georg Christian Adler vom 24. August 1814.

Trotz etlicher Verluste in der Reformation und während des Dreißigjährigen und des Nordischen Krieges sowie mancher restauratorischer Eingriffe im 19. und 20. Jh. haben sich Charakter und Ausstattung der meisten Kirchen bewahrt. Es gibt in Eiderstedt sowohl die älteste Glocke Schleswig-Holsteins (in Kating, um 1300) als auch die ältesten erhaltenen Kirchentüren (mit spätgotischem Faltwerk; in Kotzenbüll). Die erhaltenen Stücke sind Zeugnisse der Religiosität der Zeit; sie erfüllten ihre Funktion und hatten ihre Bedeutung für die Praxis der Frömmigkeit der Gemeinden und wurden in Gottesdiensten oder gottesdienstähnlichen Handlungen verwendet. Sie sollten nicht „Kunstwerke" sein, auch wenn sie schön waren und sein sollten, sondern liturgischen und andächtigen Zwecken dienen.

Zu den elementaren Rechten einer Pfarrkirche gehören das Tauf- und das Begräbnisrecht. Daher finden sich in alten Kirchen oft auch alte Taufsteine oder Taufbecken, so auch in den eiderstedtischen. Die ältesten Taufen sind die romanischen in Koldenbüttel und Westerhever (um 1300); um 1500 importierte man offenbar gern Taufsteine aus Namur. Exemplare dieser Provenienz finden sich in Tating (15. Jh.), Garding, Katharinenheerd, Kotzenbüll und Ording (1510). Die Poppenbüller Bronzetaufe wurde 1590 von Melchior Lucas gearbeitet.

Zu den besonders wertvollen Überresten der vorreformatorischen Ausstattung gehört eine stattliche Anzahl von Triumphkreuzgruppen vom Ende des 15./Anfang des 16. Jh., so in Oldenswort (1491 von Lütje Möller aus Schleswig), Garding, Kotzenbüll (um 1500), Tönning, St. Peter (1510/20), Kating (1520), Koldenbüttel und Tating (Maria und Johannes um 1420, Christus um 1500). Auch nach der Reformation, um 1600, wurde in Poppenbüll noch eine Triumphkreuzgruppe errichtet.

Von den vorreformatorischen Altären ist eine besonders große Zahl spätgotischer Schnitzaltäre erhalten geblieben, darunter als ältester wohl der von St. Peter. Man konnte sie weiter gebrauchen, auch wenn sich das Verständnis des evangelischen Abendmahls gegenüber der mittelalterlichen Messe grundlegend verändert hatte. Das galt auch für andere Stücke des kirchlichen Inventars. So gibt es in Kating einen spätromanischen Kelch und ein Lesepult aus der Zeit um 1500, in Tating ein Rauchfass, für das man im evangelischen Gottesdienst an sich keine Verwendung mehr hatte, in Kotzenbüll ein – in Schleswig-Holstein einzigartiges – Sängerpult sowie in Tetenbüll einen „Christus im Elend", der auch der nachreformatorischen Frömmigkeit als Andachtsbild dienen konnte. Zeuge der mittelalterlichen Heiligenverehrung ist – einmalig in Eiderstedt – ein in Katharinenheerd erhaltener Heiliger Georg zu Pferd aus dem 15. Jh.

Mit der lutherischen Reformation wurde die mittelalterliche Ausstattung der Kirchen nicht beseitigt. Vielmehr ist gerade das Luthertum in vielen Regionen Deutschlands eine bewahrende Kraft für mittelalterliche Kirchenschätze gewesen. Zugleich gab es Neufassungen oder Ergänzungen der vorhandenen Ausstattung: Altäre, vorzugsweise mit Darstellungen des letzten Abendmahls Jesu mit seinen Jüngern, Kanzeln, Beichtstühle. Da der Wortverkündigung im reformatorischen Gottesdienst zentrale Bedeutung zukommt, wurden die Kanzeln vielerorts besonders kunstvoll und prächtig gestaltet. Man hat einen „Eiderstedter Typ" von Kanzeln beschrieben, deren ältestes Exemplar die Kanzel in Garding (1563) ist; weitere finden sich in Witzwort und Katharinenheerd (1612). Auf den Emporen oder an den Wänden gab es nun Bilder aus der Bibel oder zu Stücken des Katechismus. Dazu gehören als Emporenbilder die Apostelbilder von 1592 in Oldenswort; Bilder zum Alten und Neuen Testament in Tating (1591–1601); zum Vaterunser 1749 oder eine Darstellung der Josephsgeschichte (Genesis/1. Mose 37–50) in Garding (um 1610–1620).

Ein besonders kräftiger Einfluss in den Kirchenausstattungen ging zeitweise von den Niederlanden aus, der sich etwa in den Gemäldealtären von Garding und Oldenswort zeigt. Der Religiosität der Zeit entsprechend gibt es Altäre mit der Darstellung der Passion Jesu in Kotzenbüll, Osterhever, St. Peter und Witzwort; Katharinenheerd erhielt 1617 einen neuen Altar. Und da die Teilnahme am Abendmahl noch immer auch ein Erweis von Kirchenzugehörigkeit und Frömmigkeit blieb, schaffte man für den Empfang des Altarsakraments in der Barockzeit Abendmahlsbänke an, so in Oldenswort 1688, Tetenbüll 1697, Garding 1705, Kotzenbüll, Osterhever, Tönning und in Poppenbüll 1759, wo auch Sakramentsschränke von 1650 erhalten sind. Auch die Beichte war in den lutherischen Kirchen nicht vollständig abgeschafft worden, ja, Luther hatte sie ausdrücklich empfohlen, wenn auch ausdrücklich nicht als Zwangsbeichte. So erklärt es sich, dass man in Eiderstedt auch Beichtstühle aus nachreformatorischer Zeit findet.

Dem Gedenken dienten Epitaphien von Pastoren und Gemeindegliedern mit zahlreichen Szenen aus der Heiligen Schrift; in Koldenbüttel finden sich auf einem Epitaph von 1550 die Taufe Jesu mit Luther und Melanchthon (die beiden Reformatoren kommen auch auf Bildnissen um 1600 in Oldenswort vor). Als Zeugnis der Wohlhabenheit des Landes ist es zu werten, dass Eiderstedter Kirchen auch über eine beachtliche Anzahl historischer Orgeln verfügen. Der älteste Orgelprospekt Norddeutschlands findet sich in der Kirche von Garding – das Hauptwerk stammt aus dem Jahr 1512, in dem man in Garding bereits auch eine Kirchenuhr hatte.

Da das Land – von seinen niederländischen Neuzugängen abgesehen – geschlossen lutherisch war und bis zum Ende des Zweiten Weltkrieges auch blieb, wurden erst nach 1945 zwei katholische Kirchen, in Tönning und in St. Peter, errichtet.

Innerhalb der Evangelisch-Lutherischen Landeskirche Schleswig-Holsteins und seit 1977 der Nordelbischen Evangelisch-Lutherischen Kirche bildete Eiderstedt einen eigenen Kirchenkreis. Sitz des Propst und des Kirchenkreisamtes war Garding. Bis zur Auflösung im Jahre 2009 war er der kleinste Kirchenkreis, der dann mit den Kirchenkreisen Husum-Bredstedt und Südtondern zum neuen Kirchenkreis Nordfriesland zusammengeschlossen wurde. Der neue für den ehemaligen Kirchenkreis Eiderstedt zuständige Propst hat seinen Sitz in Husum.

Johannes Schilling

Gebietsstruktur und Landnutzung
Selbstverwaltung und Landesherrschaft bis 1867

In Eiderstedt bestand bis weit ins 19. Jh. hinein eine Form bäuerlicher Selbstverwaltung, wie es sie in Europa sonst kaum gab (JESSEN-KLINGENBERG 1967, 1998 u. 2000, KUSCHERT 1954/1981). Friedrich Carl Volckmar schrieb 1795, „man lebt hier in einer Art von Freiheit und Gleichheit, die man im größten Theile von Holstein und Schleswig kaum dem Namen nach kennt". Der britische Schriftsteller Samuel Laing bezeichnete die Landschaft um 1850 als „eine kleine Republik". Von einer Demokratie im heutigen Sinne kann aber nicht die Rede sein. Denn nur eine kleine Schicht landbesitzender Bauern durfte an der Selbstverwaltung mitwirken.

Eigenständige Formen der inneren Verfassung und der Rechtspflege, insbesondere des Deichrechts, hatten sich in den nordfriesischen Marschen im Mittelalter herausgebildet. Im Unterschied zum benachbarten Dithmarschen besaßen sie zwar keine politische Unabhängigkeit, es bestand aber nur eine lockere Abhängigkeit von den Landesherren, nicht zuletzt wegen der Unwegsamkeit der Marschgebiete. Der Einfluss der zentralen staatlichen Gewalt nahm im Laufe der Jahrhunderte zu. Doch die wichtigsten Bestandteile der Eiderstedter Verfassung konnten bewahrt werden. Zur Begründung ihrer Vorrechte verwiesen die Eiderstedter auf die Belastung durch ihren Kampf mit dem Meer. Neun „Landschaften", also Gemeinwesen mit bäuerlicher oder bürgerlicher Selbstverwaltung, gab es im 18. und 19. Jh. in Schleswig-Holstein. Von ihnen konnten Eiderstedt sowie Norder- und Süderdithmarschen ihre Freiheiten am erfolgreichsten behaupten – nicht zufällig die Gebiete, in denen die Bauern aufgrund des fruchtbaren Marschlandes über besonderen Wohlstand verfügten.

Die Eiderstedter Landschaftsverfassung gliederte sich in Organe der landesherrschaftlichen Oberaufsicht und solche der landschaftlichen Selbstverwaltung (Abb. 19). Die Landschaft bestand aus zwei Teilen. Zum Osterteil gehörten die Kirchspiele Tönning, Kotzenbüll, Kating, Welt, Vollerwiek, Oldenswort, Witzwort und Koldenbüttel, zum Westerteil die Kirchspiele Garding, Tating, St. Peter, Ording, Poppenbüll, Osterhever, Westerhever, Tetenbüll, Uelvesbüll und Katharinenheerd.

Fürstliche Beamte: An der Spitze der fürstlichen Beamten stand der Staller. Er vertrat den Landesherrn in den Dreilanden, wirkte als oberster Justiz- und Polizeibeamter, leitete die fürstliche Finanzverwaltung und war von 1582 bis 1608 auch erster Deichbeamter. Das Stallerprivileg von 1590 sicherte der Landschaft in dreifacher Weise Einfluss auf die Besetzung des Stalleramtes: Zum Staller durfte kein Adliger ernannt werden, nur ein begüterter Einheimischer; der Staller wurde auf Vorschlag der Landschaft ernannt (Präsentationsrecht); zwischen Fürst und Staller durfte keine Zwischeninstanz eingeschaltet werden. Allerdings war der Amtmann von Husum seit 1736 zugleich „Oberstaller" von Eiderstedt. Der Staller führte den Vorsitz in den beiden Landgerichten (für den Oster- und Westerteil). Die Urteilsfindung lag bei zunächst acht, später sechs Ratmännern. Sie wurden auf Vorschlag der amtierenden Ratmänner vom Staller auf Lebenszeit ernannt.

Zwei Landschreiber fertigten die amtlichen Schriftstücke aus, führten die Protokolle der beiden Landgerichte und zogen Steuern und andere Abgaben ein.

Der Deichgraf beaufsichtigte das Deichwesen. Das Amt wurde für den Deichverband Eiderstedt 1625 eingeführt. Die Steigerung der landwirtschaftlichen Produktion seit dem 16. Jh. bewog den Herzog, die Deichsicherung und Landgewinnung unter seine Kontrolle zu bringen. Schon bald aber konnten die Bevollmächtigten der Landschaft die Besetzung des Amtes an sich ziehen. Ihnen wurde das Präsentationsrecht zugestanden.

Der Hafen- und Waagemeister in Tönning und der Waagemeister in Garding waren für die Einnahmen der Hafen- und Waagegelder zuständig. Beide Waagen stammten aus der zweiten Hälfte des 16. Jh.

Landschaftliche Selbstverwaltung: Die Spitzen der kommunalen Selbstverwaltung in den 18 Kirchspielen Eiderstedts bildeten jeweils bis zu fünf Lehnsmänner. Sie wurden seit 1595 auf Vorschlag des Kirchspiels vom Staller auf Lebenszeit ernannt. Ihnen stand die Interessentenversammlung des Kirchspiels zur Seite. Interessenten waren Grundeigentümer, deren Landbesitz eine bestimmte Größe überstieg; die Anforderung war in jedem Kirchspiel verschieden. Allein die Interessenten konnten in alle landschaftlichen Ämter gewählt werden. 1617 z.B. gab es in den Dreilanden 1895 steuerpflichtige Grundbesitzer, von ihnen waren 595 Interessenten, die das „bäuerliche Patriziat" (PAULS 1932) bildeten. Wichtigstes Organ der Landschaft war die Landesversammlung. Sie setzte sich zusammen aus den Lehnsmännern (ab 1701 nur jeweils der älteste eines Kirchspiels) und je einem Vertreter der beiden Städte Tönning und Gar-

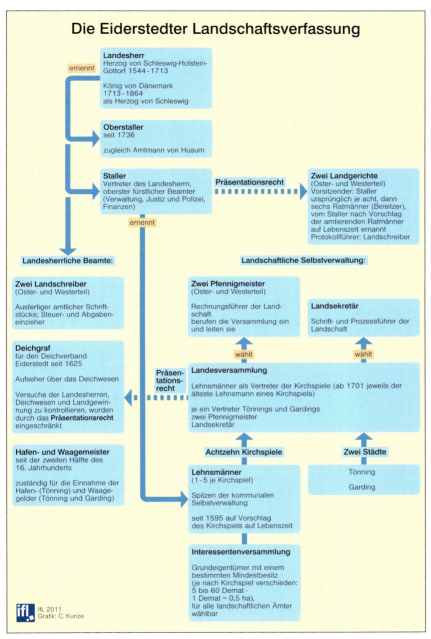

Abb. 19   Eiderstedter Landschaftsverfassung (Entwurf: Thomas STEENSEN, nach KUSCHERT 1954 und JESSEN-KLINGENBERG 1967)

ding sowie den beiden Pfennigmeistern und dem Landsekretär. Die Pfennigmeister – je einer für den Oster- und Westerteil – waren die Rechnungsführer der Landschaft; außerdem oblag ihnen die Einberufung und Leitung der Landesversammlung, die in Tönning tagte. Der Landsekretär war der Schriftführer und auch der Prozessführer der Landschaft. Pfennigmeister und Landsekretär wurden von der Landesversammlung auf Lebenszeit gewählt.

Nach der Einverleibung Schleswig-Holsteins in das Königreich Preußen 1867 blieb die Eiderstedter Landschaftsverfassung zunächst neben der neuen Kreisordnung bestehen. Dafür setzte sich die Landesversammlung entschieden ein. Eine Delegation wurde im Mai 1867 vom preußischen König sowie von Ministerpräsident Otto von Bismarck und Innenminister Philipp zu Eulenburg empfangen. Sie konnte darauf verweisen, dass selbst der preußische Landrat Moritz von Lavergne-Peguilhen die Eiderstedter Verfassung als das unerreichte Muster einer autonomen Kommunalverfassung bezeichnet hatte. Diese wurde jedoch lediglich von der besitzenden Oberschicht getragen. Offen erklärten die Landesvorsteher, dass „die liberale Doktrin, wonach jeder, der einen Kopf, bei der Verwaltung auch eine Stimme hat, sich im Interesse der Landschaft wird schwerlich ausführen lassen"; ein solches Prinzip würde die Landschaft in Zeiten zurückversetzen, „wo die Beschlüsse unter freiem Himmel auf einem Mitteldeich gefaßt worden sind". Der Einsatz für die alte Verfassung schloss hier also eine antidemokratische Zielsetzung ein. Den Wünschen der Landschaft kam Preußen in wesentlichen Punkten zunächst entgegen.

Thomas Steensen

Verwaltungsgliederung ab 1867

Mit dem „Besitznahme-Patent" vom 12. Januar 1867 und der am 22. September 1867 erfolgten Einteilung der Herzogtümer in einen Stadtkreis und 19 Landkreise wurde die Landschaft Eiderstedt ein Landkreis innerhalb der preußischen Provinz Schleswig-Holstein (Abb. 20). Er nahm mit nur 18 000 Einwohnern auf 330 km² eine Sonderstellung ein. Die Stadt Friedrichstadt wurde dem Kreis Schleswig zugeordnet, die Gemeinden des ehemaligen Amtes Husum Simonsberg und Südermarsch sowie der Schwabstedter Westerkoog wurden in den neuen Kreis Husum eingegliedert. An wichtigen Eigentümlichkeiten für Eiderstedt blieben zunächst erhalten:

Die Landschaft Eiderstedt wurde als Kommunalverband anerkannt. Als Vertreter des Staates erhielt 1868 ein Landrat seinen Sitz in der Kreisstadt Tönning. Erster Landrat war Ludwig Freiherr Prätorius von Richthofen.

Die bisherige Selbstverwaltung der einzelnen Gemeinden sowie der Landschaft blieb erhalten. Der Lehnsmann blieb an der Spitze der Gemeinde bzw. des Kirchspiels, gewählt durch die „Interessenten", d.h. die Besitzer von Grund und Boden. Auch die Brandkasse der Landschaft blieb unberührt, ebenso die Deichverwaltung in den Sielverbänden.

Zunächst standen in Eiderstedt die alte Landschaftsverfassung und die preußische Verwaltung nebeneinander. Dieser Dualismus ließ sich aber auf die Dauer kaum ertragen. Die preußische Kreisordnung von 1888 brachte die Aufhebung der Landschaft als ständische Vertretung. In diesem Jahr wurde auch der Kreis Eiderstedt in Ämter eingeteilt, jeweils mit einem Amtsvorsteher an der Spitze. In den Kirchspielen, die jetzt Gemeinden genannt wurden, gab es nur noch einen Lehnsmann, jetzt mit der Bezeichnung

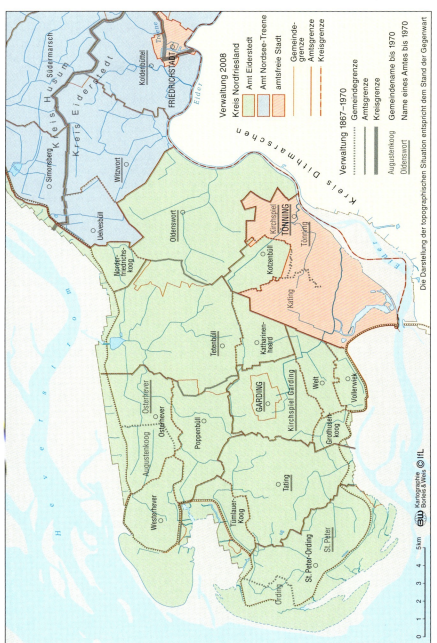

Abb. 20 Administrative Gliederung im 19. und 20. Jh. (Entwurf: Hauke KOOPMANN, nach Ingenieur-Büro Strunk-Husum 1950 sowie Unterlagen des Kreises Nordfriesland und der Amtsverwaltung Eiderstedt)

Bürgermeister. 1893 trat die Schleswig-Holsteinische Landgemeindeordnung in Kraft, durch sie wurde die jahrhundertealte Kirchspielsverwaltung in Eiderstedt weitgehend den Verhältnissen in ganz Preußen angeglichen. In der Rechtsprechung und in der Gerichtsverfassung behielt Eiderstedt noch seine Sonderstellung bis zur Einführung des Bürgerlichen Gesetzbuchs 1900. Der Kreis Eiderstedt bestand aus der vormaligen Landschaft Eiderstedt mit den Städten Tönning und Garding, dem Gut Hoyerswort und den oktroyierten Kögen Alt- und Neuaugustenkoog, Norder- und Süderfriedrichskoog und Grothusenkoog sowie den Amtsbezirken St. Peter, Tating, Kirchspiel Garding, Osterhever, Tetenbüll, Kirchspiel Tönning, Oldenswort, Witzwort und Koldenbüttel. Der Kreis war in zwei Steuerempfangsbezirke Tönning und Garding eingeteilt.

In der Weltwirtschaftskrise beabsichtigte die preußische Staatsregierung 1931/32, unter vielen anderen auch den Kreis Eiderstedt aufzulösen und mit dem Kreis Husum zu vereinigen. Die Eiderstedter protestierten und führten einen Prozess gegen die Regierung. Trotzdem wurde der Kreis Eiderstedt zum 1. Oktober 1932 mit dem Kreis Husum zusammengelegt. Landrat Heinrich Clasen wurde erster gemeinsamer Landrat des neuen Kreises Husum-Eiderstedt mit Sitz in der Kreisstadt Husum. Der politische Umschwung des Jahres 1933 und der persönliche Kontakt zu Mitgliedern der neuen Regierung kamen den Eiderstedtern zur Hilfe. Zum 1. Oktober 1933 wurde Eiderstedt wieder ein eigener selbstständiger Landkreis.

Nach dem Zweiten Weltkrieg wurde der Kreis Eiderstedt zunächst unter Aufsicht der britischen Besatzungsmacht ein Landkreis des 1946 gebildeten Landes Schleswig-Holstein, das seit 1949 zur Bundesrepublik Deutschland gehört. Da die teilweise schon im 19. Jh. geprägten Gebiets- und Verwaltungsstrukturen nach Ansicht vieler Fachleute in hohem Maße reformbedürftig waren, trat am 1. April 1970 eine Gebietsreform in Kraft. Von den 17 Landkreisen in Schleswig-Holstein verblieben elf. Mit diesem Gesetz wurden die Kreise Südtondern, Husum und Eiderstedt aufgelöst und zu einem neuen Kreis Nordfriesland zusammengefasst. Die Stadt Friedrichstadt und die Gemeinden Seeth und Drage des ehemaligen Kreises Schleswig wurden dem neuen Kreis Nordfriesland angegliedert. An der Spitze der Kreisverwaltung steht der Landrat, oberstes Organ ist der Kreistag, der alle fünf Jahre gewählt wird und zurzeit aus 58 Abgeordneten besteht.

Die Ämter Kirchspiel Garding/Osterhever, Tating und Tetenbüll bildeten 1967 das Amt Eiderstedt-West. Das Amt Oldenswort wurde 1970 im Zuge der Bildung des Kreises Nordfriesland aufgehoben. Die beiden Gemeinden des früheren Amtes Oldenswort, Norderfriedrichskoog und Oldenswort, bildeten fortan mit den zwölf Gemeinden des bisherigen Amtes Eiderstedt-West das neue Amt Eiderstedt. Das Amt Kirchspiel Tönning wurde 1974 aufgelöst und die bisherigen Gemeinden dieses Amtes, Kirchspiel Tönning und Kating, wurden in die Stadt Tönning eingemeindet, während die bisherige amtsangehörige Gemeinde Kotzenbüll an das Amt Eiderstedt angeschlossen wurde. Durch das erste und zweite Gesetz zur Reform kommunaler Verwaltungsstrukturen von 2006 leitete das Land Schleswig-Holstein eine Verwaltungsstrukturreform ein. Die Stadt Garding wurde zum 1. Januar 2007 und die Gemeinde St. Peter-Ording zum 1. Januar 2008 dem Amt Eiderstedt angegliedert. Damit gehören dem Amt 15 Gemeinden und eine Stadt an. Es hat seinen Sitz in Garding und zählt 11 491 Einwohner (Stand: 2010). Mit einer Fläche von 24 872,111 ha umschließt es gut zwei Drittel des alten Kreises Eiderstedt. Für die Gemeinden Witzwort, Uelvesbüll und Koldenbüttel, die bisher vom Amt Friedrichstadt verwaltet wurden, wurde eine verwaltungsmäßige Angliederung an das neue Amt Nordsee-Treene in Mildstedt vorgenommen. Zu diesem Amt gehören auch die bisher vom Amt Treene verwalteten Gemeinden Simonsberg und Südermarsch. Die Stadt Friedrichstadt kaufte Verwaltungsdienstleistungen beim Amt Nordsee-Treene ein und verlor die Hauptamtlichkeit der Bürgermeisterstelle. Die Stadt Tönning blieb selbstständig und behielt einen hauptamtlichen Bürgermeister; sie arbeitet in mehreren Verwaltungsbereichen mit dem Amt Eiderstedt zusammen.

Hauke Koopmann

Bevölkerungsentwicklung und Migration

Die ältesten archäologischen Zeugnisse, die auf eine Anwesenheit von Menschen hinweisen, stammen aus der Zeit um 3000 v.Chr. und wurden auf dem Brösumer Strandwall in der Gemeinde St. Peter-Ording gefunden. Welchen Völkerschaften die Bewohner Eiderstedts in vor- und frühgeschichtlicher Zeit angehörten, liegt im Dunkeln. Während der ersten Jahrhunderte n.Chr. waren die in O-W-Richtung verlaufenden Nehrungen recht dicht besiedelt. In der Marsch bildete Tofting bei Oldenswort (C7) die einzige bekannte kaiserzeitliche Warft Nordfrieslands. Im 5. Jh. brach die Besiedlung ab. Es verblieb wohl nur eine schwache Restbevölkerung. Im 8. Jh. setzte eine Zuwanderung von der südlichen Nordseeküste her ein (KÜHN 2001). Durch Friesen in Besitz genommen wurde in Eiderstedt vor allem der Mittelrücken mit den hohen Uferwällen der Eidermündung. Eine frühe, gut untersuchte Gründung der Friesen ist die Warft Elisenhof bei Tönning (F1). Neben dem friesischen Einfluss gab es wohl auch eine kleinere Zuwanderung aus dem Norden; im westlichen Eiderstedt fand man Gräber von Frauen, die in skandinavischer Tracht bestattet wurden. In einer erneuten Landnahme im 11. Jh. besiedelten Friesen sodann auch die Marschgebiete und machten sie urbar. Die bald florierende Landwirtschaft und Handelsbeziehungen entlang der Nordseeküste sorgten während des Mittelalters für weiteren Zuzug, insbesondere aus dem niederländischen und niederdeutschen, in kleinerem Umfang auch aus dem dänischen Sprachraum.

Im ausgehenden 16. und vor allem im 17. Jh. siedelten sich zahlreiche Niederländer an (GEORGE 1923). Das relativ kleine Land im NW des europäischen Festlandes wirkte damals weithin als ökonomisches und kulturelles Leitbild (STEENSEN 2009b). Die Niederlande wurden jedoch auch durch schwere Konflikte erschüttert. Viele Menschen wanderten aus. Ein großer Teil folgte den bereits in den Jahrhunderten zuvor durch den Handel geöffneten Wegen. In Eiderstedt siedelten sich in der zweiten Hälfte des 16. Jh. viele Mennoniten an. Diese Glaubensgemeinschaft hatte der Westfriese Menno Simons (1496–1561) gegründet, die Mennoniten vollziehen die Erwachsenentaufe, sie verweigern den Eid sowie den Kriegsdienst. Das Eiderstedt benachbarte, 1621 gegründete Friedrichstadt zog vor allem Remonstranten an. Unter dem Einfluss der eingewanderten Niederländer blühte auf der Halbinsel die Milchwirtschaft auf; zeitweise wurden zwei Mio. Pfund Käse jährlich ausgeführt. An die niederländische Periode der Eiderstedter Geschichte erinnern vor allem die Haubarge, deren Bauweise von der südlichen Nordseeküste hierher gelangte, die „Bootfahrten" genannten Kanäle zum Warentransport sowie im Stil der niederländischen Renaissance errichtete Gebäude, etwa in Tönning oder Hoyerswort.

Aufgrund der Handelsbeziehungen im Nordseeraum siedelten sich in der Frühen Neuzeit Kaufleute und Handwerker aus den küstennahen Regionen Nordwestdeutschlands an, so in Garding und namentlich in Tönning (HOFFMANN 1953). Viele Landarbeiter wanderten aus den jütisch-dänischen Gebieten ein. Drescher kamen etwa aus der Propstei an der Kieler Bucht, Ziegler aus Lippe-Detmold. Insbesondere im 19. Jh. gingen die Bauern immer mehr zur Weidemast über, für die kaum Arbeitskräfte benötigt wurden. Deshalb verloren viele Dörfer Eiderstedts Einwohner in großer Zahl. Im Unterschied zu fast allen anderen Gegenden Schleswig-Holsteins nahm die Bevölkerungszahl auf der Halbinsel insgesamt ab (STEENSEN 2009a). Die Kleinstädte Garding und Tönning hingegen zogen Nutzen aus der landwirtschaftlichen Konjunktur. Garding konnte seine Bevölkerungszahl 1769–1867 von 838 auf 1 736 mehr als verdoppeln. Tönning blühte als Hauptausfuhrhafen der Agrarlandschaft Eiderstedt auf. Die Stadt verdoppelte ebenfalls ihre Einwohnerzahl 1769–1867 von 1 487 auf 3 039. Im benachbarten Friedrichstadt dagegen stagnierte die Bevölkerung bei rund 2 200 Einwohnern. Der Zuwachs betrug 1769–1867 gerade 3 %, das war der geringste unter allen Städten und Flecken Nordfrieslands und ganz Schleswig-Holsteins. Der zum Amt Hütten gehörige Ort, im „Bannkreis" der Städte Husum und Tönning gelegen, verfügte über kein größeres eigenes Einzugsgebiet. Eine Sonderrolle spielte die kleine Stadt am Zusammenfluss von Treene und Eider weiterhin in religiöser Beziehung. Von den 2 228 Einwohnern gehörten 1835 zwar die meisten zur lutherischen Konfession, aber 393 waren Juden, 86 Remonstranten, 85 Katholiken und 49 Mennoniten.

Auch in der Zeit des Kaiserreichs, als die Bevölkerung Schleswig-Holsteins um etwa 60 % wuchs, nahm die Einwohnerzahl im Kreis Eiderstedt ab. Wurden 1867 noch 17 937 Menschen gezählt, so waren es 1880 nur 17 315, 1895 noch 15 781 und 1910 lediglich 14 722. Eiderstedt bildete damit eine Ausnahme unter allen Kreisen in Schleswig-Holstein, insbesondere als Folge der extensiven Weidewirtschaft. Die Bevölkerungszahl des Augustenkoogs und Katings in Eiderstedt schrumpfte um fast die Hälfte. Dörfer wie Westerhever, Tetenbüll, Katharinenheerd, Kotzenbüll, Simonsberg, Uelvesbüll, Witzwort oder Osterhever büßten rund ein Drittel ihrer Einwohnerschaft ein. Der aufstrebende Fremdenverkehrsort St. Peter-Ording verzeichnete indes einen deutlichen Zuwachs. Viele Eiderstedter Dorfbewohner zogen nach Husum oder in die entstehenden Großstädte und industriellen Ballungsgebiete, vergleichsweise wenige nach Übersee. In den berühmt-berüchtigten Schlachthöfen Chicagos arbeiteten auch Schlachter aus Eiderstedt. Vor allem jüngere und entscheidungsfreudige Menschen kehrten ihrer Heimat den Rücken, weil sie hier kein Betätigungsfeld fanden oder sich bessere Möglichkeiten in den Städten erhofften.

Der Zuzug von Flüchtlingen und Vertriebenen nach dem Zweiten Weltkrieg brachte die höchste jemals registrierte Bevölkerungszahl. Im Kreis Eiderstedt waren im Mai 1939 insgesamt 15 136 Einwohner gezählt worden, im Januar 1948 waren es, trotz der Kriegsverluste, 29 456. Nach großen Umsiedlungsaktionen bestand 1960 im Kreis Eiderstedt wohl etwa ein Viertel der Bevölkerung aus Flüchtlingen; die meisten stammten aus Hinterpommern und Ostpreußen. In Tönning waren 1965 von 4 772 Einwohnern sogar 1 747 Flüchtlinge und Vertriebene.

Aufgrund der wirtschaftlichen Probleme Eiderstedts wanderten weiterhin viele – und zwar wiederum vor allem junge, risikofreudige – Menschen in andere Gegenden ab, um dort angemessene Ausbildungs- und Arbeitsplätze zu finden. Das „Höfesterben" und der Mangel an Arbeitsplätzen führten in den ländlichen Gemeinden zu einem starken Rückgang der Bevölkerungszahlen, einer erneuten „Landflucht". In den 15 Gemeinden des damaligen Amtes Eiderstedt sank 1970–1994 die Bevölkerungszahl trotz beträchtlichen Zuzugs vor allem von Großstädtern von 5 843 auf 4 819, blieb aber seitdem etwa konstant. 2010 wurden im Amt Eiderstedt, mittlerweile um Garding und St. Peter-Ording vergrößert, 11 491 Einwohner gezählt. Mit 46 Einwohnern pro km² liegt die Bevölkerungsdichte deutlich niedriger als in ganz Deutschland mit 230 Einwohnern.

Thomas Steensen

Landwirtschaft

„Eiderstedt, das Paradies eines Bauernherzens", so urteilt um 1900 der Langenhorner Bauernsohn und Berliner Professor Friedrich Paulsen. Säuerlicher ist da die Einschätzung des Schriftstellers Adelbert Heinrich Graf von Baudissin, der 1865 im Auftrage des siegreichen preußischen Staates das Land bereiste und hierüber ein Buch mit dem Titel „Kriegs- und Friedensbilder" verfasste. Da heißt es: „Der ganze Westen des Herzogthums Schleswig ist eine kolossale Fleischfabrik. Der Bauer sitzt auf seinem einsam gelegenen Hofe und thut nichts. Ist das Wetter schön, so geht er mit der Pfeife im Munde vor die Thür und sieht seinen Ochsen zu, wie sie so prächtig gedeihen. Kommt es hoch, so setzt er sich vor seinen Schreibtisch und liest die Preise der Ochsen auf dem letzten Londoner Markttage nach (...). Im Frühjahre kommen die mageren Thiere aus Jütland an und werden zu Tausenden feilgeboten; in Husum werden allein jährlich zwanzigtausend Stück verkauft. Was ein guter Ochs ist, der muß [auf der Weide] so viel fressen, daß er fettgemacht fünfundzwanzig bis vierzig Thaler mehr werth ist, als er auf Jütlands Auen werth war (...). In London wohnt der Ochsenmakler. Er schreibt wöchentlich an die Marschbauern, wie die Aussichten für den Herbst sind (...). Der September kommt heran; die Dampfschiffe legen sich in den Hafen von Tönning und der Handel nach England beginnt: Dreissig-, vierzig, ja selbst fünfzigtausend Ochsen gehen nach London, Gold und Bankbills [Schecks] kommen in Hülle und Fülle nach der Marsch (...). Es gibt Bauern, deren Vermögen eine Million übersteigt."

Nun, die Wirklichkeit sah schon immer anders aus, etwa so, wie Wilhelm Ludwig Andresen aus Kating berichtet: „Dor is fäl schanderd worn, dat de eiderstäder burn dat so bekwäm harn. Äwer dat harn blos de, de en grode fermægn harn. Dat feddgräsen is en kuns, un wenn de bur nich gud hanneln kann, geid em dat slech."

Bestätigt wird dies beim Studium von Betriebsaufzeichnungen, die Eiderstedter Bauern bereits im 19. Jh. zur Eigenkontrolle (und ohne behördlichen Druck) anfertigten. Sie unterstreichen die damals rasante Umstellung Eiderstedts auf Weidemast mit zugekauftem Magervieh. Noch vor 1860 war über die Hälfte der 30 000 ha Eiderstedts unter dem Pflug, dann führten fallende Getreidepreise und die steigenden Viehpreise den schnellen Übergang zur Weidewirtschaft herbei, so dass 1870 nur noch 15 % des schweren Eiderstedter Marschbodens beackert wurden. Arbeitswillige und treue Landarbeiter sowie das notwendige Gesinde waren zunächst noch leicht zu beschaffen. Die Zeiten schienen stabil zu sein: Der gewonnene Krieg gegen Frankreich vermittelte Sicherheit und ein Gefühl von Macht und Stärke, die neue Währung, die „Goldmark", wurde eingeführt, der Viehexport nach London florierte und das junge Industriegebiet an Rhein und Ruhr versprach lohnenden Absatz. Einem Eiderstedter Hofbesitzer winkte also ein angenehmes, ruhiges Leben in sicheren Verhältnissen.

Allerdings brachte die neue Wirtschaftsweise für die „kleinen Leute" in Eiderstedt erhebliche Not und Arbeitslosigkeit mit sich, da Viehwirtschaft bedeutend weniger Aufwand erforderte als der Ackerbau. Nicht ohne Grund setzte zeitgleich die Auswanderungswelle von hier nach Übersee ein. Trotzdem muss man sich einmal den Weg vor Augen halten, den das Handelsprodukt „Fleisch" damals zurücklegte: Die Magerochsen wurden vom Limfjord nach Eiderstedt getrieben und hier fettgegräst, in Tönning auf Schiffe verladen und in London (später im Ruhrgebiet) geschlachtet. Diese Wirtschaftsweise zwang einen Eiderstedter Bauern, stets die Vorgänge auf den Märkten in Nordjütland und England im Auge zu behalten, einschließlich der Wechselkurse für die unterschiedlichen Währungen.

Auch Krisen blieben nicht aus: 1889 erließ die englische Regierung ein Importbot für schleswig-holsteinische Rinder und Schafe, da im ganzen norddeutschen Raum die Maul- und Klauenseuche ausgebrochen war. Bereits vorher hatte der immer stärker werdende Handel Englands mit Übersee das hiesige Viehgeschäft empfindlich gestört. Es kam schließlich soweit, dass 1903 die von Eiderstedter Bauern gegründete „Tönninger Dampfschiffahrtsgesellschaft", die den Viehtransport nach London verbilligen sollte, mit einem donnernden Konkurs (1,2 Mio. Goldmark) liquidiert werden musste. Die Firmenakten wurden anschließend feierlich verbrannt. Besser hielt sich die ebenfalls für den Viehhandel mit England 1876 gegründete „Tönninger Darlehnsbank", die heute in einem italienischen Bankenverbund aufgegangen ist. Allerdings verfügten hier die neuen Inhaber umgehend und ohne Ankündigung 2007 die Schließung der Tönninger Filiale, wo einstmals alles begonnen hatte.

Die „neue" Eiderstedter Wirtschaftsweise war also recht kapitalaufwendig, aber arbeitsextensiv und umweltverträglich (ein Aspekt, der heute wieder an Bedeutung gewinnt). Gegenüber dem bisher betriebenen Ackerbau war der Arbeitsbedarf erheblich geringer: Viehzählen, Erdarbeiten, Distelmähen und Viehtreiben. Auch die Winterfütterung in den Ställen entfiel häufig, da diese Arbeit von den viehaufziehenden Bauern in Jütland geleistet wurde. Unsichtbar im Hintergrund lauerte jedoch das hohe Risiko wechselnder Konjunkturen, denn leicht verdientes Geld hat auf Dauer kein Gräser, d.h. Grünlandnutzer, gemacht.

Man lebte behaglich ohne großen Unternehmungsgeist vor sich hin, glaubte sich reich und hatte, als sich Schulden anzusammeln begannen, nicht mehr den unternehmerischen Schwung, das Steuer herumzuwerfen. Ein Hofbesitzer arbeitete selber nicht mit und verlor auch auf diese Weise den unmittelbaren Kontakt zu seinem Grund und Boden. Hinzu kam bei Erbgängen eine starke Benachteiligung des Hofübernehmers, der wegen hierzulande üblicher Realteilung hohe Abfindungen (oftmals in Form von Ländereien) an seine Geschwister zu leisten hatte, so dass für ihn selber (dem keine beruflichen Alternativen offenstanden) als Ausgleich lediglich die Heirat einer oftmals blutsverwandten Bauerntochter, die Bargeld mitbrachte, zur Diskussion stand. Die Konsequenzen hieraus waren bisweilen tragisch.

Der Handel mit England brachte in Eiderstedt einen weiteren Geschäftszeig zur Blüte: die Shorthornzucht mit ihrem Zentrum Warmhörn. Ein um 1900 erschienenes „Shorthorn-Handbuch" enthält überwiegend Züchternamen aus Eiderstedt. Eindrucksvoll zeigt das Register, welchen Stellenwert die Shorthornzucht seinerzeit in Eiderstedt hatte. Eine ähnliche Entwicklung nahm hier die Schafzucht: Durch Import englischer Schafböcke züchtete man einen Typus (Hammel, Schlachtlämmer), so wie ihn der englische Markt forderte.

Veränderte Bedingungen für die hiesige Landwirtschaft brachten die Folgen des verlorenen Ersten Weltkrieges mit sich: Das traditionelle Magervieh-Aufzuchtgebiet Nordschleswig ging verloren, Krieg und Inflation hatten das Barvermögen der Gräser zusammenschmelzen lassen. Drückende Steuern folgten. Notgedrungen begann man in Eiderstedt, mehr zu pflügen, mehr Milchwirtschaft zu treiben und selber Vieh aufzuziehen. Im Grunde hatte oftmals auf den Höfen seit fast 60 Jahren Stillstand geherrscht, jetzt sollte plötzlich der Anschluss an die Neuzeit gefunden werden. Inzwischen warf die Weltwirtschaftskrise ihre Schatten und traf mit fallenden Viehpreisen die Westküste besonders hart. Das bereitete den Nährboden für eine radikale Protestbewegung: die schleswig-holsteinische Landvolkbewegung, angeführt von Claus Heim aus St. Annen/Dithmarschen und Wilhelm Hamkens aus Tetenbüll. Mit zündender Rednergabe rief letzterer seine Berufskollegen dazu auf, „keine Steuern aus der Substanz" (d.h. durch Aufnahme von Krediten) zu zahlen. Mehrfach musste er Haftstrafen absitzen; seine Berufskollegen brachten für ihn die Ernte ein und sorgten für den Betrieb. Wirklicher Erfolg war dieser Bewegung aber nicht beschieden, sie bereitete lediglich den Nationalsozialisten das Feld.

Dass es nach 1933 mit der Landwirtschaft wieder aufwärts ging, hat man in Eiderstedt dankbar registriert, wollte wohl aber auch die Schattenseiten des neuen Regimes nicht sehen. Zunächst wurden mit starkem Propagandaaufwand der „Hermann-Göring-Koog", der „Horst-Wessel-Koog", der Finkhaushalligkoog und der Uelvesbüller Koog eingedeicht und besiedelt. Misch-Betriebsformen, wie Hackfrucht, hielten Einzug und strahlten auf die umliegenden „alten" Köge aus. Die Ernüchterung kam spätestens im Mai 1945; allein 705 Eiderstedter in den besten Lebensjahren kehrten nicht aus dem Krieg zurück und gingen ihrer Heimat verloren. Stattdessen gab es neue Probleme: Ein Strom von Flüchtlingen aus den verlorenen Ostgebieten gelangte auch nach Eiderstedt und musste untergebracht und verpflegt werden. Hinzu kamen etwa 200 000 ehemalige deutsche Soldaten, die hier im Sommer 1945 interniert, jedoch relativ zügig entlassen wurden. Die Flüchtlinge jedoch mussten bleiben, und je mehr die Einsicht Raum gewann, dass dies ein Dauerzustand werden würde und dass auf die Eiderstedter Hofbesitzer Vermögens- und Landabgaben zukämen („Bodenreform"), hatte wiederum eine Protestbewegung großen Zulauf: Eine „neudänische" Bewegung forderte den Anschluss an Dänemark bis zur Eider sowie den Abtransport der Flüchtlinge nach Deutschland. Diese Auseinandersetzungen haben Eiderstedts Bevölkerung tief gespalten – man könnte sagen: bis heute. Die Weigerung der dänischen Regierung, die Grenze zu verlegen, Umsiedlungsprogramme für Vertriebene sowie das infrastrukturelle „Programm Nord" haben diesbezüglich mehr Ruhe einkehren lassen, und auf den Höfen wurde man wieder Herr seiner Räume – bis zu 25 Vertriebene im Haus waren zeitweilig keine Seltenheit.

Inzwischen mussten die Eiderstedter auf Anordnung der Besatzungsmacht zum Pflug greifen und einige Fennen ihres Hofes pflügen, doch häufig wurden diese Flächen nach der Währungsreform schnell wieder in Gras gelegt. War Vieh und Fleisch zunächst noch gut im Preis, so wurde seit ca. 1952 reglementierend in den Markt eingegriffen. Staatliche Stellen kauften überzählige Tiere am Husumer Viehmarkt auf, um das Fleisch dann während des Winters wieder abzugeben. Mit „freiem Markt" hatte dieses nichts mehr zu tun, ist aber während der nächsten 40 Jahre so beibehalten worden.

In Eiderstedt setzte man nun auf Milchwirtschaft und Jungviehaufzucht. Die Shorthornrasse verschwand, weil sie zu fettes Fleisch und zu wenig Milch brachte, stattdessen bekamen Schwarzbuntrinder und neue, aus Amerika importierte Milchrassen Vorrang. Masteigenschaften besaßen diese Rassen nur in geringem Maße. Anstatt Ochsen wurden jetzt häufig junge Bullen auf den Weiden gehalten, die früher schlachtreif wurden, für ihren Halter jedoch erhebliche Gefahren bargen. Jedes Jahr gab es tödliche Unfälle. Relativ sicher im Preis waren Schlachtlämmer und haben während dieser Jahre das Viehgeschäft oftmals stabilisiert. Den Husumer Viehmarkt, wo in den 1960er Jahren allwöchentlich bis zu 6 000 Schlachttiere umgesetzt wurden, schloss man 1970. Für Eiderstedt war dies ein Verlust, war jetzt doch eine individuelle Preisermittlung nicht mehr möglich. Ungerecht erschien den Eiderstedtern, dass sie im Laufe dieser Entwicklung ihr Vieh nicht mehr nach Lebend- sondern nach Schlachtgewicht bezahlt bekamen, was oft ein Gefühl des Ausgeliefertseins hinterließ.

Ein Ereignis, das Eiderstedt aufrüttelte, war die Sturmflut von 1962, die einen bisher unbekannten Tiefbauboom an den Seedeichen zur Folge hatte. Doch jetzt näherten sich langsam auch Probleme von anderer Seite: Als der Biologe Peter Kuhlemann den Schutz der Spätinge im Adolfskoog forderte, stieß er hierzulande fast nur auf Ablehnung, bis hin zu körperlicher Bedrohung. Die anschließende Nationalpark-Planung wurde vielfach als landwirtschaftliche Existenzvernichtung gesehen, und die um 2000 geplante, naturschutzfachlich begründete Unterschutzstellung Eiderstedts als Vogelschutzgebiet gemäß der FFH-Richtlinie erzeugte eine bis dahin nicht gekannte Opposition.

Heute bietet Eiderstedt dem Betrachter ein verändertes Bild: Fast die Hälfte der Ländereien wird beackert. Die Rinder auf den Weiden sind weniger geworden, die Mast findet mit Maissilage in den Ställen statt, dagegen ist die Zahl der Schafe in den Fennen gestiegen. Ungewohnt ist der Anblick riesiger Maiswälder als Rohstoff für neu errichtete Biogasanlagen zur Stromerzeugung, Tendenz steigend. In Westerhever hat der erste Landwirt seinen Hof gegen einen anderen im Landesinneren vertauscht, weil entschädigungslose permanente Fraßschäden der geschützten Nonnengänse ihm hier das Wirtschaften verleideten. Der Tourismus hat während der letzten 30 Jahre in ganz Eiderstedt erheblich zugenommen und auch das Erscheinungsbild der Höfe grundlegend verändert: Drohte früher ein Schild am Warftheck: „Vorsicht bissiger Hund!", so heißt es heute meistens: „Zimmer frei".

Von der Regierung 2005 aufgelegte Vogelschutz-Programme wurden zunächst in Eiderstedt lauthals bekämpft; inzwischen hat sich das Bild gewandelt und 180 Betriebe mit etwa 6 000 ha Grünland beteiligen sich hieran. Einschränkungen in der Nutzung sind festgelegt und werden honoriert. Vielleicht ist das ein Weg, den Konflikt zwischen Naturschutz und Landwirtschaft in Eiderstedt zu entschärfen.

Redlef Volquardsen

Gewerbe, Industrie und Tourismus

Eiderstedt kann zusammenfassend als ländlicher Raum in peripherer Lage mit einigen wirtschaftlichen Schwerpunktsetzungen bezeichnet werden, die sich aus der Historie, der geographischen Lage und den landschaftsräumlichen Gegebenheiten ergeben.

Nachfolgend wird die hieraus resultierende aktuelle Wirtschaftsstruktur der Halbinsel näher beschrieben.

Infrastruktur: Überregional erschlossen wird Eiderstedt im Straßenverkehr vor allem über die in N-S-Richtung verlaufende B 5, die ca. 20 km südlich von Tönning in die BAB 23 einmündet. Maßgebliche innere Erschließungsstraße in W-O-Richtung ist die B 202, die von St. Peter-Ording über Garding nach Tönning und weiter nach Friedrichstadt und Rendsburg verläuft. Zentrales Element des Schienenverkehrs für die gesamte Region Nordfriesland ist die „Marschbahn", die von Hamburg bis nach Westerland verläuft und die in Friedrichstadt sowie in Husum Haltepunkte besitzt. Von Husum aus besteht eine Zugverbindung über Tönning und Garding bis nach St. Peter-Ording. Der Schiffsverkehr und entsprechend auch die Fischerei spielen in Tönning, wie in Eiderstedt insgesamt, keine große Rolle mehr, insbesondere seit dem Bau der Eiderabdämmung 1973.

Bedeutende Wirtschaftszweige und Schwerpunkträume: Neben der Landwirtschaft kommt dem Tourismus die größte wirtschaftliche Bedeutung in der Region zu. Maßgeblich verantwortlich hierfür ist das Heilbad St. Peter-Ording, im äußersten W der Halbinsel Eiderstedt gelegen. St. Peter-Ording verfügt über den einzigen, zudem äußerst breiten und langen Sandstrand auf dem Festland an der deutschen Nordseeküste. In dessen Gefolge haben sich zahlreiche Kureinrichtungen im Ort niedergelassen. Die wirtschaftliche Bedeutung des Ortes strahlt auf die umliegenden Gemeinden aus. Auch darüber hinaus bestehen in Eiderstedt und der Umgebung touristische Anziehungspunkte, die für zusätzliche Gäste- und Beherbergungszahlen sorgen. Genannt seien nur die Stadt Tönning, die mit dem Multimar-Ausstellungszentrum über die bedeutendste und besucherstärkste Indoor-Einrichtung an der W-Küste Schleswig-Holsteins verfügt, das einzigartige Kulturdenkmal Friedrichstadt sowie die Hafenstadt Husum als kultureller und wirtschaftlicher Mittelpunkt des Kreises Nordfriesland.

Neben dem Tourismus bzw. dem Gastgewerbe, aber auch davon profitierend, konnte sich das Handwerk als bedeutender Wirtschaftszweig behaupten. Industrie und Gewerbe sind in Eiderstedt eher unterrepräsentiert, wobei sich jedoch insbesondere die Stadt Tönning als Standort für einige auch überregional tätige mittelständische Gewerbebetriebe aus dem Bereich Anlagentechnik und elektronischer Anlagenbau positioniert hat. Einer der letzten Betriebe im Lebensmittel verarbeitenden Gewerbe besteht mit einem größeren, überregional agierenden Meiereibetrieb in der Gemeinde Witzwort.

Maßgeblicher Wirtschaftsstandort in der Region ist der nördlich gelegene Zentralort Husum, mit seiner Vielzahl an kleinen und mittelständischen Unternehmen aus dem produzierenden Gewerbe und dem Dienstleistungsbereich. Husum ist als Kreisstadt zudem zentraler Behördenstandort mit entsprechend großer Beschäftigungswirkung. Die Analyse der Pendlerbeziehungen verdeutlicht diese Sachverhalte (Abb. 21).

Erhebliche Bedeutung gewann seit den 1990er Jahren die Windenergie. Zu unterscheiden ist dabei in die Bedeutung eines Standortes für die Errichtung und den Betrieb von Windenergieanlagen und bezüglich einer Relevanz als Sitz für Unternehmen aus dieser Branche, beispielsweise Produktion entsprechender Turbinen oder Komponenten. Im nordöstlichen Bereich von Eiderstedt, z.B. in den Gemeinden Uelvesbüll, Oldenswort und Simonsberg, sind Windparks realisiert worden, zumeist betrieblich organisiert und finanziert in Form von sogenannten Bürgerwindparks. Bürger der

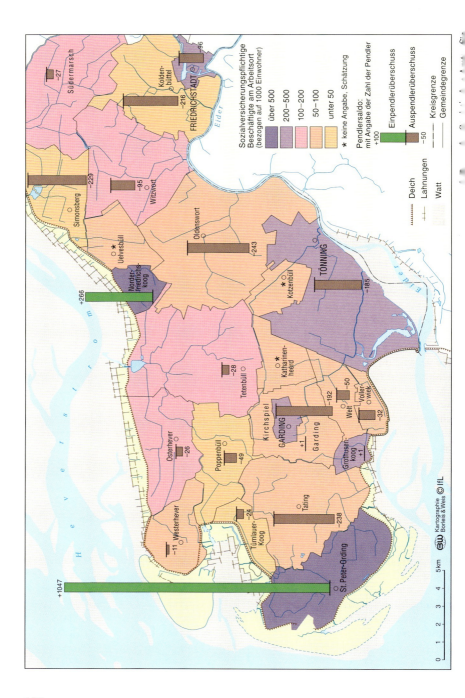

entsprechenden Standortgemeinden bilden die Gesellschafterstruktur dieser Windparks, wodurch gewährleistet ist, dass einerseits die Einnahmen vor Ort verbleiben und andererseits durch den Sitz der Gesellschaft in der Standortgemeinde die Gewerbesteuern auch dort zum Ansatz kommen. Die Folge ist u.a. die Steigerung der Kaufkraft, was in den Gemeinden in Nordfriesland mit bedeutenden Windparks deutlich beobachtet werden kann.

Einen Sonderstatus besitzt die Gemeinde Norderfriedrichskoog (B3). Bekannt als „Oase" für Gewerbesteuerzahler, ist die Gemeinde bislang mit ihrem Gewerbesteuerhebesatz von 200 % eine der wenigen in Deutschland, die diesen geringsten möglichen Satz erhebt. Dieses wird sich vermutlich aus steuerlichen Umlagegründen in Kürze ändern, so dass dieser besondere Status verloren geht. Bis 2004 und einem entsprechenden Urteil des Bundesverfassungsgerichts galt sogar ein Hebesatz von 0 %. Diese besondere steuerliche Situation führte zur Ansiedlung von vielen Betriebssitzen auch größerer Gesellschaften wie Vermögensverwaltungen, Leasinggesellschaften und Im- und Exportfirmen. Zu Zeiten des Null-Prozent-Hebesatzes hatten rund 500 Firmen ihren Sitz in der nur 40 Einwohner zählenden Gemeinde.

Beschäftigung und Pendlerbeziehungen: Bei der Betrachtung der Verteilung der sozialversicherungspflichtig Beschäftigten am Arbeitsort nach Wirtschaftszweigen wird die Fokussierung auf die bedeutenden Bereiche in der Region deutlich. Beispielhaft sind nachfolgend die Werte für die Stadt Tönning und die Gemeinde St. Peter-Ording aufgeführt.

Bei etwa gleichen Einwohnerzahlen von 4 000 bis 5 000 in beiden Orten fallen die deutlich höheren Beschäftigtenzahlen in St. Peter-Ording auf, bedingt durch die große touristische Bedeutung der Gemeinde. Ein besonderes Übergewicht besteht in St. Peter-Ording entsprechend im Bereich des Gastgewerbes und zudem bei den sonstigen Dienstleistungen. Den größten Teil hierbei nehmen Beschäftigungsverhältnisse im Gesundheitsbereich ein, ein Ausdruck für die, trotz deutlicher Einsparungen im öffentlichen Gesundheitswesen, nach wie vor starke Präsenz von Kur- und Wellness-Einrichtungen im Ort. St. Peter-Ording hat frühzeitig Akzente im privaten Vorsorgebereich gesetzt und sich damit etwas unabhängiger von den rückläufigen Entwicklungen im öffentlichen Gesundheitswesen gemacht. Im Gesundheitswesen arbeiten in St. Peter-Ording mehr als 35 % aller Arbeitnehmer, weitere 30 % sind direkt im Gastgewerbe vor Ort beschäftigt. Die Dienstleistungsbranche macht insgesamt 94 % aller Beschäftigungsverhältnisse aus. Im weniger touristisch geprägten Ort Tönning sind ebenfalls knapp 80 % aller Arbeitnehmer in der Dienstleistungsbranche beschäftigt, ein Hinweis auf die starke Bedeutung dieses tertiären Sektors für die Eiderstedter Wirtschaft insgesamt. Fast 20 % aller Beschäftigten sind in Tönning hingegen im produzierenden Gewerbe vorzufinden, was zwar deutlich unter dem Wert von rund 27 % im Land Schleswig-Holstein liegt, in etwa jedoch dem Durchschnitt im Kreis Nordfriesland (rund 19 %) entspricht. Grund ist die Präsenz einiger mittelständischer Betriebe aus dem Bereich Elektro- und Anlagentechnik in Tönning.

Bei der Betrachtung der Beschäftigungssituation in den Gemeinden der Halbinsel wird erneut die erhebliche Bedeutung des Ortes St. Peter-Ording deutlich. Mit mehr als 2 000 Beschäftigten am Arbeitsort nimmt die Gemeinde einen Spitzenwert in der Region ein. Der bereits erwähnte Sonderstatus Norderfriedrichskoogs spiegelt sich auch auf dem lokalen Arbeitsmarkt wider. Immerhin sind in der nur 40 Einwohner zählenden

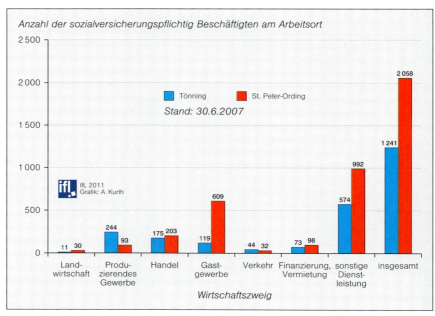

Abb. 22 Verteilung der sozialversicherungspflichtig Beschäftigten am Arbeitsort nach Wirtschaftszweigen in Tönning und St. Peter-Ording, Stand: 30. Juni 2007 (Entwurf: Matthias VOLMARI, eigene Berechnungen nach Daten des Statistischen Amtes für Hamburg und Schleswig-Holstein – Statistikamt Nord)

Gemeinde mehr als 280 Personen sozialversicherungspflichtig beschäftigt. Weitere Schwerpunkte sind die Städte Garding, Tönning und Friedrichstadt. Garding ist Sitz der Eiderstedter Amtsverwaltung und profitiert zudem von der Nähe zu St. Peter-Ording. Der öffentliche und private Dienstleistungsbereich, insbesondere Handel, Gastronomie und Verwaltung, schaffen Arbeitsverhältnisse im Ort. Tönning ist, wie dargestellt, wichtigster Standort in Eiderstedt für produzierende Betriebe, während in Friedrichstadt wiederum der Tourismus und die hiervon profitierenden Dienstleistungen maßgebend sind. In der Gemeinde Tetenbüll bestehen immerhin mehr als 100 Beschäftigungsverhältnisse, bedingt insbesondere durch eine größere Senioreneinrichtung. Witzwort profitiert u.a. durch den Standort eines größeren Meiereibetriebes in der Gemeinde. In den übrigen Gemeinden bestehen überwiegend einzelne kleinere touristische Anbieter und Kleingewerbetreibende, so dass die Beschäftigungswirkung für die Region eher gering ist. Insgesamt bietet die Region Eiderstedt mehr als 5 300 sozialversicherungspflichtige Arbeitsplätze, davon fast 40 % in St. Peter-Ording (Abb. 22).

Bei der Betrachtung der Pendlerbeziehungen wird jedoch deutlich, dass der Arbeitsmarkt in Eiderstedt neben dem Tourismus, insbesondere in St. Peter-Ording, wesentlich durch den Wirtschaftsraum Husum geprägt wird. Die Kreisstadt grenzt im NO direkt an den hier betrachteten Raum an und weist einen stark positiven Pendlersaldo von fast 6 000 Beschäftigten auf. Im Mittelzentrum Husum bestehen insgesamt rund 12 100 sozialversicherungspflichtige Arbeitsverhältnisse. Hier konzentrieren sich Verwaltungen, Schulen und Banken sowie einige mittelständische, aber auch große Produktionsbetriebe. Deutlich mehr als 2 000 Arbeitnehmer sind im Bereich der Windenergie beschäftigt, bei Produzenten, Dienstleistungsunternehmen und Zulieferern. Dies verdeutlicht die große Bedeutung dieses wachsenden Wirtschaftszweiges für die gesamte Region Nordfriesland. Daneben ist Husum ein herausragender Einzelhandelsstandort mit entsprechend konkurrenzlos großer Einzelhandelszentralität. Nennenswerte positive Pendlersalden finden sich in Eiderstedt erwartungsgemäß in St. Peter-Ording und darüber hinaus in Norderfriedrichskoog. Ansonsten sind auch in den Orten mit für Eiderstedt überdurchschnittlichen Beschäftigungszahlen, wie in Garding, Tönning und Friedrichstadt, negative Pendlersalden, d.h. ein Überwiegen von Auspendlern gegenüber Einpendlern vorherrschend.

Eine weitere Besonderheit des Eiderstedter Arbeitsmarktes stellt die deutliche Schwankung der Arbeitslosenzahlen im Jahresverlauf dar. Der Unterschied zwischen den Quoten im Winter und Sommer liegt durchschnittlich bei rund 5 %. Die absolute Zahl der Arbeitslosen steigt entsprechend sprunghaft in den Wintermonaten um teilweise mehr als 50 % gegenüber den Sommerwerten an. Deutlich kommt hier der Einfluss der touristischen Saisonzeiten zum Ausdruck. Langfristig machen sich auch konjunkturelle Entwicklungen der Gesamtwirtschaft auf dem Arbeitsmarkt in der Region bemerkbar, dies jedoch zum einen zeitlich verzögert gegenüber den gesamtdeutschen Trends und zum anderen mit weniger starken Ausschlägen sowohl in positiver als auch in negativer Hinsicht. Insgesamt dominieren Einflüsse und Trends im Tourismus den hiesigen Arbeitsmarkt in besonderer Weise.

T o u r i s m u s : Die Bedeutung des Fremdenverkehrs für die Region Eiderstedt wird durch die vorliegenden touristischen Kennzahlen untermauert. Hierzu zählen die Bettenkapazität, das Gästeaufkommen sowie die Übernachtungszahlen in den Gemeinden. Hier ist zu unterscheiden zwischen den zur Verfügung stehenden Zahlen der statistischen Ämter und denen der Nordsee-Tourismus-Service GmbH (NTS), der Marketing-Organisation für die Nordseeküste Schleswig-Holsteins. Während sich die Zahlen der statistischen Ämter ausschließlich auf die Beherbergungsstätten mit neun und mehr Betten beziehen, liegen der NTS-Statistik Zahlen aller Beherbergungsbetriebe zugrunde, also auch von kleineren Privatvermietern. Da an der gesamten schleswig-holsteinischen Nordseeküste traditionell Privatvermieter von Ferienwohnungen einen hohen Anteil am gesamten Beherbergungswesen haben, unterscheiden sich beide Statistiken erheblich voneinander. In allen Statistiken, so auch in der amtlichen Statistik führend ist St. Peter-Ording. In rund 220 Beherbergungsstätten mit jeweils mehr als neun Betten stehen dort über 8 600 Betten zur Verfügung. In diesen übernachteten 2007 insgesamt 156 000 Gäste. Die durchschnittliche Verweildauer betrug 7,2 Tage. Mit weitem Abstand folgen die Orte Tönning (700 Betten, 22 500 Übernachtungen), Friedrichstadt (350, 17 400) und Tating (350, 3 000). Während die Verweildauer in Tönning und Friedrichstadt mit 3,5 bzw. 2,4 Tagen relativ gering ist und eher auf einen Schwerpunkt im Bereich des Stadttourismus hinweist, deuten die Werte in St. Peter-Ording mit 7,2 Tagen und im Nachbarort Tating mit 9,4 Tagen eher auf einen Urlaubsaufenthalt sowie auf Übernachtungen im Kursektor hin. Hier spiegelt sich zudem die Gästestruktur der Urlauber in St. Peter-Ording und dem direkten Umland wider, die sich hauptsächlich aus Familien mit Kindern, Wassersportlern und Kurreisenden bzw. Gesundheitsurlaubern zusammensetzt und für die eine längere Verweildauer charakteristisch ist.

Sehr ähnliche Trends sind in der NTS-Statistik erkennbar. Bei Betrachtung aller Beherbergungsstätten ergaben sich 2006 in St. Peter-Ording eine Bettenkapazität von rund 19 300 und ein Gästeaufkommen von fast 210 000. Diese Werte liegen somit deutlich über denen der amtlichen Statistik und verweisen auf die Bedeutung der kleineren Privatvermieter in der Region. Die in dieser Statistik ermittelte durchschnittliche Verweildauer der Urlauber liegt bei zehn Tagen, so dass im Ort ca. 2,07 Mio. Übernachtungen gezählt wurden. Davon entfallen fast 70 % auf Hotels und Ferienwohnungen, 15 % auf Sanatorien und Kliniken, aber nur knapp über 5 % auf Campingplätze; darin zeigt sich die insgesamt eher geringe Bedeutung des Campingurlaubs in der Region. Mehr als 77 % sämtlicher Übernachtungen in Eiderstedt entfallen auf St. Peter-Ording. In Garding werden pro Jahr rund 120 000 Übernachtungen gezählt, in Tönning 122 000 und in Friedrichstadt 68 000. Die Verweildauer der Gäste ist hier deutlich geringer, sie nimmt mit zunehmender Entfernung von St. Peter-Ording stetig ab. Rund ein Drittel aller Gäste in Tönning sind in der Jugendherberge des Ortes untergebracht. In den übrigen Gemeinden Eiderstedts werden insgesamt pro Jahr rund 300 000 Übernachtungen gezählt. Die durchschnittliche Verweildauer beträgt hier rund acht Tage. Der weitaus überwiegende Teil der Urlauber ist in Ferienwohnungen untergebracht.

Insgesamt zählt die Region Eiderstedt pro Jahr ca. 2,68 Mio. Übernachtungen. Dies entspricht ca. 21 % aller Übernachtungen im Kreis Nordfriesland einschließlich der Inseln Sylt, Amrum und Föhr und knapp 18 % aller Übernachtungen an der gesamten schleswig-holsteinischen Nordseeküste. In Eiderstedt wurden in einer NTS-Statistik pro 1 000 Einwohner jährlich rund 120 000 Übernachtungen registriert, in Nordfriesland 76 600 und an der gesamten Nordseeküste 49 700. Diese Zahlen untermauern deutlich die überdurchschnittliche Bedeutung des Tourismus für die Region Eiderstedt.

R e g i o n a l e   V e r t e i l u n g   d e r   K a u f k r a f t : Auffallend bei der Analyse der regionalen Kaufkraft sind die durchgängig höheren Werte in den im N und NW Eiderstedts gelegenen Gemeinden. Die Indizes liegen dort regelmäßig über dem gesamtdeutschen Durchschnitt (= 100) und verdeutlichen die hohe Kaufkraft in diesem Teilgebiet. Ein Hauptgrund mag in der Siedlungs- bzw. Gebäudestruktur und der hiermit einhergehenden Einwohnerstruktur liegen. In den nordwestlichen Gemeinden Eiderstedts sind vielfach sehr repräsentative, regionstypische und entsprechend hochwertige Gebäude, wie Haubarge und friesische Langhäuser, vorzufinden, die häufig von gut situierten und damit kaufkräftigen Menschen bewohnt werden. Diese stammen z.T. aus der Region bzw. dem Umland selbst, darüber hinaus finden diese attraktiven Gebäude aber erheblichen Zuspruch bei aus anderen Regionen zugewanderten Personen. Des Weiteren bestehen in diesen Gemeinden einige größere landwirtschaftliche Höfe und z.T. attraktive touristische Angebote wie Ferienhöfe, hochwertige Ferienwohnungen und -häuser, wodurch zusätzliche Kaufkraft in der Region generiert werden kann. Der Sonderstatus der Gemeinde Norderfriedrichskoog spiegelt sich erwartungsgemäß auch in der sehr hohen Kaufkraft wider, da viele Einwohner ihre Gebäude als Firmensitze zur Verfügung stellen und entsprechende Pachteinnahmen erwirtschaften können (Abb. 23).

Die überwiegend vom Tourismus abhängigen südwestlichen Gemeinden Eiderstedts, insbesondere St. Peter-Ording, weisen demgegenüber für Nordfriesland eher durchschnittliche Kaufkraftwerte auf. Hohe Tourismusintensität ist also nicht unbe-

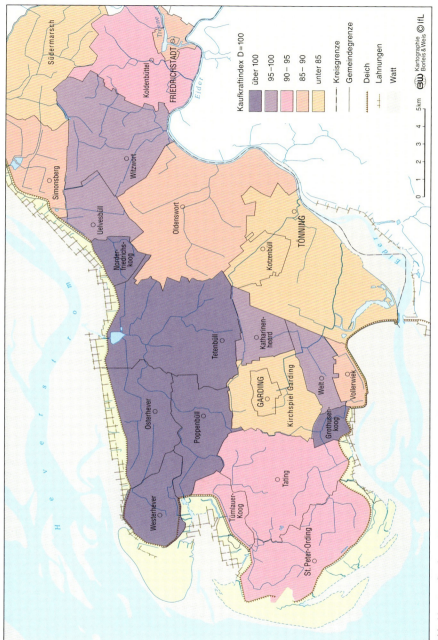

Abb. 23 Kaufkraftverteilung, Stand 2007 (Entwurf: Matthias Volmari, eigene Berechnungen nach Daten des Statistischen Amtes für Hamburg und Schleswig-Holstein – Statistikamt Nord)

dingt gleichzusetzen mit einer hohen Kaufkraft. Der südöstliche Bereich der Halbinsel um die Stadt Tönning sowie die Städte Garding und Friedrichstadt sind von einer geringeren Kaufkraft geprägt. Zum einen bestehen hier weniger hochwertige Wohnbereiche mit Bevölkerungsschichten von geringerer Kaufkraft, zum anderen sind die tragenden Wirtschaftsbereiche von einem eher unterdurchschnittlichen Lohnniveau gekennzeichnet, wie es für ländliche Regionen durchaus üblich ist. Beispielsweise weist das produzierende Gewerbe, das in Tönning im regionalen Vergleich schwerpunktmäßig vertreten ist, in Nordfriesland insgesamt ein um ca. 19 % geringeres Lohnniveau als im deutschen Durchschnitt auf. Wohl aus den gleichen Gründen weisen die direkt südlich an Husum grenzenden Gemeinden ähnlich geringe Kaufkraftwerte auf.

In Nordfriesland insgesamt profitiert die Bevölkerung im wirtschaftlichen Sinne zudem von Windenergieanlagen. Weitverbreitet ist die Betriebsform eines Bürgerwindparks, bei der die ortsansässige Bevölkerung selber Anteilseigner ist und Einnahmen erzielt. Dieses schlägt sich bei einigen von Windparks geprägten Gemeinden in Nordfriesland in einer überdurchschnittlichen Kaufkraft nieder, z.B. in den Gemeinden Bosbüll bei Niebüll (Index 109) und Reußenköge (Index 132). Hier sind die Kaufkraftwerte gegenüber den Nachbargemeinden auffallend hoch. Dieser Umstand könnte auch für die etwas höheren Werte im nördlichen bzw. nordöstlichen Eiderstedt verantwortlich sein, beispielsweise in der Gemeinde Uelvesbüll.

Insgesamt liegt die Kaufkraft auf der Halbinsel Eiderstedt mit einem Durchschnittswert von 89,3 recht deutlich unter dem deutschen Niveau (100) und zudem niedriger als im Kreis Nordfriesland (93,3), wobei jedoch die hohen Werte der kaufkräftigen Inseln Sylt, Amrum und Föhr sowie mancher Windparkgemeinden zu berücksichtigen sind. Lässt man diese Besonderheiten außer Acht, so entspricht die Kaufkraft Eiderstedts durchaus dem Durchschnitt ländlicher, peripher gelegener Räume in Deutschland, die überwiegend von einem geringeren Lohnniveau geprägt sind.

Matthias Volmari

Kulturraum
Orts-, Flur- und Personennamen

Die Quellen zu den Namen von Siedlungen und Teilgebieten Eiderstedts fließen erst seit dem 14. Jh. reichlicher. Viele der Aufzeichnungen sind nur in der Form mehrfacher Kopien erhalten; daher ist eine Wiederherstellung älterer Formen problematisch. Das gilt insbesondere für den sogenannten *Catalogus vetustus*, dessen erste Abfassung 1305 für das Stift Schleswig vorgenommen wurde und ein Verzeichnis der Namen von Kirchen und Kapellen darstellt, das bis ins 16. Jh. den jeweiligen Bedürfnissen angepasst worden ist.

Eine weitere Aufzeichnung, das Register des Domkapitels zu Schleswig von 1352, liegt nur abschriftlich in einer verkürzten Überarbeitung von 1407 vor, ein neues Register von 1436/37 (in der älteren Literatur noch auf 1445–1450 datiert). Beide sind letztlich nur nach Abschriften des 17. Jh. bekannt. Seit 1435 gibt es obrigkeitliche Steuerlisten, die noch im Original vorliegen und durch Gerichtsprotokolle aus der Zeit um 1444 ergänzt werden können.

Die frühesten Kartenwerke gehören dem 16. Jh. an, doch für lokale Forschungen sind erst die Karten des Husumer Kartographen Johannes Mejer geeignet, die zwischen 1630 und 1652 gezeichnet wurden und zum größten Teil auch veröffentlicht sind. Doch die zeitgenössischen Karten Mejers beruhen nur zu einem kleinen Teil auf seinen eigenen Messungen, viele Details sind Vorgängerkarten entnommen, deren Originale nicht mehr existieren. Viel Verwirrung haben insbesondere Mejers historisierende Karten gestiftet, die z.T. erdichtete Ortsnamen zeigen oder falsche Positionen. Nur in Ausnahmen existieren Quellen aus der Zeit vor 1300, zumeist Einzelurkunden verschiedener Provenienz.

Orts- und Landschaftsnamen: Die Kerngebiete der Halbinsel Eiderstedt, die sogenannten Dreilande Utholm, Everschop und Eiderstedt, boten 1187 Platz für die Bezeichnungen *Holmbo hæret*, *Getting hæret* und *Tunninghen hæret*. Hierbei handelte es sich um Steuerbezirke, die 1. nach der Insel Utholm, 2. nach dem Hauptort Garding und 3. nach dem Hauptort Tönning benannt waren. Während in Utholm die Silbe „holm" mit „Erhebung" zu übersetzen ist, enthält Garding das Wort „Garde" mit der Bedeutung „Hofraum", könnte in Tönning die Silbe „Tun" für „Zaun" stehen. Everschop läßt die Deutung „Uferschaft" zu, d.h. Landschaft am Ufer, was einsichtig ist, wenn die Namensgebung zu der Zeit erfolgte, als die West- und Nordseite der Region vom Meer in Form breiter Wasserläufe (Priele) bespült wurden. Eiderstedt stellt eine leicht durchschaubare Form dar, es ist die „Stätte" an der Eider. Utholm als Insel wird schon vom Bremer Kleriker Adam um 1070 als „Holmo" erwähnt; von hier segelte man nach Helgoland und umgekehrt – eine Verbindung, die auch noch Jahrhunderte später Bestand hatte.

Die Siedlungen Welt und Milt enthalten ursprüngliche Gewässernamen, erstere nach einem Wasserzug, der sich durch die Landschaft windet, die andere nach einem Fluss, der „Zerriebenes" mit sich führte, was für einen Wasserlauf spricht, der von der hohen Geest her viel Sand und Geröll mit sich brachte und auch dem dortigen Ort Mildstedt den Namen gegeben hat. Einstämmige Ortsnamen sind z.B. auch Büttel (= Wohnstätte), Gaarde (= Gehöft), Riep (= Häuserreihe, Seitenweg, Streifen), Hörn (= Ecke, Vorsprung), Böhl (= Erhebung), Helm (= Halm oder Erhöhung), Hülk (= Wasserloch), Ley (= Wattstrom, der zwei größere Priele verbindet), Marne (= Land an der Kante eines meeresnahen Wasserlaufs), Meede (= Wiese) und Sand (= sandiges Gebiet). Sie beziehen sich überwiegend auf untergeordnete Siedlungen.

Von Vornamen sind abgeleitet z.B. Esing und Tating, während Tofting nach der Toft, dem das Haus umgebenden Privatland, benannt wurde, die Silbe –ing verdeutlicht die Zugehörigkeit. Bei den zusammengesetzten Ortsnamen treffen wir in Eiderstedt auf einige mit dem Grundwort –büll, das „Siedlung" bedeutet. Hierzu gehören u.a. Offenbüll, Poppenbüll, Reinsbüll, Schockenbüll, Schrapenbüll, Sieversbüll, Tetenbüll, Uelvesbüll. Einige im Mittelalter wüst gefallene –büll-Orte findet man in neueren Koogsnamen wieder: Darrigbüll, Iversbüll, Klerenbüll, Riewesbüll (heute Riesbüll), Winkesbüll (heute zu Dingsbüll mutiert). Ebenfalls sind Ortsnamen auf –husen vertreten: Autzhusen, Leikenhusen, Stufhusen. Heim-Namen sind z.B. Olversum, Drandersum. In Nordfriesland zeigt nur Eiderstedt Namen mit folgenden Endgliedern: –büttel, z.B. Gunsbüttel, Koldenbüttel; –heerd, z.B. Katharinenheerd; –wort, z.B. Oldenswort, Witzwort.

Die zusammengesetzten Namen enthalten überwiegend Personennamen als Bestimmungswort, wobei unter den mittelalterlichen Formen nur wenige biblisch-christlicher Herkunft sind. Namen auf –deich und –feld sind vermutlich nicht vor dem Ende des Mittelalters entstanden. Einstämmige Ortsnamen stammen wohl schon aus der Völkerwanderungszeit, während die übrigen erst im Hochmittelalter entstanden sind. Vorfriesischer Herkunft sind Heuer (= Westerhever), Milt, Ehst und Welt, vielleicht auch noch Esing, Garding, Tating und Tönning. Das Grundwort –büll ist vom dänischen Sprachraum her von den Nordfriesen übernommen worden. Friesischer Herkunft sind die –heim- und –heerd-Namen, während –büttel und –dorf aus dem sächsisch-niederdeutschen Raum entlehnt sind. Aus dem Vorkommen dieser Endglieder kann man nicht auf die ethnische Herkunft der ersten Bewohner schließen.

F l u r n a m e n : Die überwiegende Zahl der in der Marsch befindlichen Flurstücke besitzt als Grundwort „fenne" und als Ergänzung den Namen eines Eigentümers oder einer besonderen Charakteristik. Als Beispiele seien genannt: Ingwersfenne, Norderfenne, Primelfenne, Sandfenne, Organistenfenne. Schräge Auffahrten am Deich heißen „Ack" (urverwandt mit dem lat. agere = treiben, fahren). „hamm" oder „hemm" bezeichnen Flurstücke im Winkel eines Wasserzuges, der allerdings auch schon längere Zeit nicht mehr existent sein muss. Eine Ecke erscheint als „Huck", die „Sietwende" (Seitenwende, ein hoher Wall) hatte die Aufgabe, beim Bruch des Hauptdeichs nur die Überflutung eines Teilgebiets des Kooges zuzulassen. Das Wort „Koog" leitet sich vom „hohen" Anwachs ab, der eingedeicht wurde. Hauert und Lokert im Dorf Tating verraten, dass vorzeiten auf der ersten Fläche Heu, auf der zweiten Lauch gewonnen werden konnte (LAUR 1992; TIMMERMANN 2001a).

P e r s o n e n n a m e n : Quellen zu den Personennamen sind erst seit dem 15. Jh. ergiebig. Rufnamen ohne erklärenden Zusatz kommen nur selten vor, z.B. 1444: Meyne zu Ehst musste nicht weiter benannt werden, weil ihn damals jeder kannte und kein Grund zur Verwechselung bestand. Gewöhnlich aber nutzte man bei attributiven Personennamen die Zugehörigkeit zum Vater, zur Mutter, zum Ehemann, zur Ehefrau und zum Hausherrn; daneben wurden Beinamen gebraucht. Folgende Beispiele erläutern einige der genannten Kategorien: Nach dem Vater: 1444 Broderke Habensson verwundete Synneke Harldes während des Deichfriedens. Nach der Mutter: 1444 Diderik Moders, Zuname nach der Mutter namens Moder. Nach dem Ehemann: 1444 Tole Herdinghes, die Frau Tole hat den Zunamen nach ihrem Mann Herdingh.

Die Herkunft der Personennamen lässt sich auf einen nordgermanischen und einen südfriesischen Anteil reduzieren, die seit dem Mittelalter durch niederdeutsche und biblische Namen angereichert werden. Nordgermanischer Herkunft sind z.B. Knut und Swen. Auffällig ist gemeinsames Vorkommen z.B. von Bundi, Eskel, Swen und gemeinsames Fehlen z.B. von Ingwer, Truwels in Utholm und auf Sylt.

Die Vielfalt der Ruf- und Zunamen zeigt die Auflistung der Ratleute und Gerichtshörer in Utholm von 1449: Steffen Petersson, Nickels Pawel, Iwers Eye, Pepers Po, Jacobes Bunde, Peters Udike, Momme Harring, Ove Bonsson, Oue Gunne, Backe Bo, Reden Detleff, Harreldes Momme, Eyken Gunne, Peters Bo, Kattes Gunnen Aueke.

Die Patronymika werden hier also gebildet durch:
1. an den Genitiv mit –s des Vaters wird son (= Sohn) gehängt,
2. der Genitiv mit –s des Vaters wird vorgestellt,
3. der Genitiv mit –en des Vaters wird dem Rufnamen vorgestellt oder nachgestellt,

4. an den Namen des Vaters wird –ing angehängt und nachgestellt,
5. der Name des Vaters wird unflektiert voran oder nachgestellt.

Selten ist die dreigliedrige Namensgebung wie bei Kattes Gunnen Aueke; dabei ist Katte Gunnen der Vater von Aueke. Ein vergleichbares Verfahren ist im benachbarten Dithmarschen sehr häufig. Analog zu Sitten in Südfriesland hatten Männer und Frauen gleichlautende Namen, wie z.B. Jacob, Peter, Nommen, Bogge, Wenneke, Teete, Poppo, Joen, Bole; dies meint Peter Sax 1641 als Beweis für die Verwandtschaft mit den Nordfriesen werten zu können und fährt fort: „welches bei andern Völckern nicht gebreuchlich ist".

Die Zunamen der Frauen folgten zuerst dem Rufnamen des Vaters, dann dem des Ehemannes im Genitiv. Selten findet sich der Zuname in der Form „Name des Vaters-Tochter". Bei gleichen Namen in verwandtschaftlicher Abfolge gab es die Möglichkeit, durch Vorsetzen von „Junge" und „Olde" mehr Klarheit zu schaffen. Der Hang, mehrstämmige Rufnamen in Kurzformen zu verändern, ist in Eiderstedt stark vertreten gewesen und zeigt damit Parallelen zu Südfriesland.

Die starke Einengung des Zunamens durch Bildung mit dem Genitiv des Vatersnamen, das Verdünnen mittelalterlicher und das Vordringen biblischer Rufnamen zeigt die Reihe der Ratleute der Dreilande von 1572: Hans Sax, Boy Laurens, Jacob Peters, Hans Hardings, Hans Volquarts, Sax Jacobs, Tete Jons, Fedder Eschels, Boy Hans, Peter Tetens, Junge Dert, Jacob Heikens, Peter Broders, Jacob Gonnens, Thias Ivers und Harl Ivers. Die Art der Nachnamenbildung setzte sich durch, wenn ein „Paulsen" von der Geest in den Dreilanden ansässig wurde; hier wurde aus ihm gewöhnlich ein „Pauls". Diese Normalisierung setzte sich dann im Laufe des 17. Jh. fort. Ein gelehrter Bauer wie Peter Sax deutet 1641 die Änderung der Namensmode indirekt an, wenn er schreibt: „Man hatt auch wunder-, und seltsame Ungehewre, nomina propria, …. Dadurch man woll ein Unwetter machen könnte, und obwoll die Leute offtmalß… erinnert werden, dass Sie solche ungeheure Nahmen fahren lassen sollen, so wirt doch diese wolmeintliche Erinnerung nicht attendiret, sondern bleiben den einen Weg, wie den Andern hierbei…".

Bis ins 19. Jh. hinein gab es kaum feste Familiennamen; diese wurden zuerst 1771 durch obrigkeitliche Anordnung verpflichtend, die letzte Aufforderung geschah 1822. Einwanderer aus den Niederlanden seit dem 16. Jh., Zuzug von der Geest und die Bevölkerungsverschiebungen im 19. und 20. Jh. haben das mittelalterliche Bild im Laufe der Zeit zur überregionalen Namensherkunft verschoben. Als Beispiel seien die Nachnamen des Dorfes Kotzenbüll aufgeführt, wie sie sich im *Südwestschleswigschen Adreßbuch* 1934 darstellen: Andresen, Asmus, Axen, Behnke (2x), Berens (2x), Bodenhagen, Buhmann, Carstens (2x), Carstensen, Daniels, Eller (2x), Fedders, Freese, Garber, Grehm, Göhr, Hamkens (6x), Hansen, Koch (3x), Lucht, Nicolaysen, Peters, Rohde (2x), Schultz, Simon, Thomsen, Zinnendorf. Dabei ist zu bemerken, dass der Namensgeber der Hamkens vermutlich um 1600 von Helgoland eingewandert ist. Flucht und Vertreibungen von Deutschen aus den Gebieten östlich von Oder und Neiße sowie den zahlreichen Siedlungsräumen in Osteuropa haben für eine weitere Mixtur von Namen und Familienstrukturen gesorgt (TIMMERMANN 2001b).

Albert Panten

Sprache und Mundart

„Die friesische Sprache ist ganz aus dem Lande weg, aber die Landessprache, welche im Ganzen das gewöhnliche Niedersächsische [Niederdeutsche] ist, hat doch manches eigene in den Wörtern und in der Verbindung, und ist von jenseits der Eyder in Dithmarschen eben so verschieden, als die Menschen selbst hier und dort es sind." So beschreibt der aus Tetenbüll stammende Philosoph und Mathematiker Johann Nicolaus Tetens (1736–1807) die sprachlichen Verhältnisse der Halbinsel Eiderstedt im letzten Drittel des 18. Jh. (TETENS 1788). Zu diesem Zeitpunkt war die ursprüngliche Sprache Eiderstedts, das Nordfriesische, hier bereits seit fast drei Generationen verstummt. Das rasche Aussterben des Eiderstedter Friesisch ist das Ergebnis eines früh einsetzenden Sprachwechsels zugunsten des mit höherem gesellschaftlichen und ökonomischen Prestige versehenen Niederdeutschen, der etwa um 1600 einsetzte, die gesamte Halbinsel erfasste und bereits zu Beginn des 18. Jh. abgeschlossen war (NICKELSEN 1982).

Aufzeichnungen oder gar Sprachproben, die Aufschluss über die alte friesische Sprache von Eiderstedt geben könnten, sind nicht überliefert. Zwar hatten die nordfriesischen Dialekte keine schriftsprachliche Funktion; als Schriftsprache fungierte zunächst das Lateinische, ab dem späten Mittelalter das Mittelniederdeutsche und nach dessen Bedeutungsverlust als Handelssprache der Hanse das Hochdeutsche. Für den durch eine Sturmflut im 17. Jh. untergegangenen Dialekt von Nordstrand liegen aus dem gleichen Zeitraum jedoch immerhin Versuche einer Verschriftlichung vor. Das Eiderstedter Friesisch wurde offenbar selbst zu bloßen Dokumentationszwecken für die Nachwelt nicht festgehalten, nicht einmal von den nordfriesischen Chronisten Peter Sax (1597–1662) und Anton Heimreich (1626–1685), von denen ersterer als Erwachsener in Eiderstedt lebte.

Das Fehlen jeder schriftlichen Überlieferung macht es für die friesische Sprachwissenschaft äußerst schwierig, das Eiderstedter Friesisch in den Gesamtkontext der friesischen Dialekte einzuordnen und über die sprachliche Zuordnung Aussagen über den Zeitpunkt der Besiedlung Eiderstedts zu machen. Aufgrund zweier Auswanderungswellen von der S-Küste der Nordsee, in deren Verlauf im 8. Jh. zunächst die nordfriesischen Geestinseln, etwa drei Jahrhunderte später dann die Festlands- und Inselmarschen besiedelt wurden, teilen sich die nordfriesischen Dialekte in zwei Hauptgruppen: die Insel- und die Festlandsdialekte. Nicht unwahrscheinlich ist, dass auch Eiderstedt selbst infolge zeitlich auseinanderliegender Besiedlung in den zwei Phasen unterschiedliche nordfriesische Dialekte aufwies. Eine endgültige Zuordnung zu den Insel- oder Festlandsdialekten steht jedoch nach wie vor aus und hat die lauthistorische Auswertung der Eiderstedter Flurnamen zur Bedingung, hinter denen sich eine besonders alte Sprachlage zeigt.

Immerhin finden sich in den mittelniederdeutsch verfassten eiderstedtischen Quellen des Mittelalters wie auch im heute gesprochenen Niederdeutsch der Halbinsel einige friesische Reliktwörter, die, wie es im oben genannten Zitat von Johann Nicolaus Tetens anklingt, dieser Mundart ihr eigenes Gepräge geben und die friesische Substratsprache bezeugen. Sie gehören zu einem großen Teil der vortechnologischen Land- und Weidewirtschaft an, d.h. einem vom Untergang bedrohten Wortschatz, der aber aufgrund seiner Altertümlichkeit den Vergleich mit den übrigen nordfriesischen Dialekten ermöglicht. Für die Mundart von Westerhever konnten z.B. ermittelt werden

(Rogby 1967, Århammar 2001): Slickmöösch „Seeregenpfeifer" (festlandsfriesisch slikmüs; föhring slikmüs); Mehd „Mähland" (festld.fr. mäiding, mädj, föhr. miad); Meel „Milchmenge einer Kuh beim Melken" (festld.fr. meel, mälj, föhr. mial), Schüürschöt „Libelle" (festld.fr. schäärschoor, zum Adjektiv festld.fr./föhr. sköör „spröde"), Teek „Treibsel" (festld.fr. teek, syltring Teeki).

Der friesisch-niederdeutsche Sprachwechsel in Eiderstedt ist in sprachsoziologischer Hinsicht bemerkenswert. Zum einen vollzog er sich innerhalb von nur drei Generationen und damit innerhalb der Mindestzeit eines vollständigen Sprachwechsels. Dieser Prozess setzt nicht nur passive, sondern auch aktive Zweisprachigkeit der ihn tragenden Personen voraus. Es ist also davon auszugehen, dass Niederdeutsch zuvor schon über einen längeren Zeitraum nicht nur als Handelssprache der reichen eiderstedtischen Bauern und der ihnen als sprachlichem Vorbild nacheifernden ärmeren Bevölkerungsschichten diente, sondern auch – zunächst neben dem Friesischen – als deren Familiensprache seinen Platz gehabt haben muss. Zudem setzte der Sprachwechsel zu einer Zeit ein, als das Niederdeutsche durch den schnellen Niedergang des Hansebundes und der Verbreitung des Hochdeutschen an Prestige bereits verlor und schließlich wie das Friesische nur noch mündliche Regionalsprache war, jedoch mit einem wesentlich größeren kommunikativen Radius. Zum anderen hat in den übrigen friesischen Sprachgebieten bis heute ein vollständiger Sprachwechsel zugunsten des Niederdeutschen oder jetzt des Hochdeutschen nicht stattgefunden. Die nordfriesischen Mundarten der Inseln und des Festlandes nördlich von Bredstedt sind in unterschiedlichem Ausmaße als Nahbereichssprachen mit heute allerdings unter 10 000 Sprechern nach wie vor vital.

Das sozial wie wirtschaftlich bedingte höhere Prestige des Niederdeutschen allein in Verbindung mit der sehr eingeschränkten Funktion der nordfriesischen Mundarten vermag die bereitwillige Aufgabe des Friesischen in Eiderstedt nicht hinreichend zu erklären, denn diese Faktoren galten für die übrigen friesischen Mundarten ebenso. In politischer wie sozioökonomischer Hinsicht unterschied sich das sehr wohlhabende Eiderstedt jedoch vollkommen von den anderen nordfriesischen Gebieten. Anders als die geographisch abgeschiedenen und ökonomisch unbedeutenden nördlichen Harden – insbesondere die Geestinseln waren vor dem Beginn der Walfang- und Handelsschifffahrt von Armut geprägt – war Eiderstedt wirtschaftlich, politisch und kulturell auf die niederdeutschen Hansestädte wie Hamburg, Bremen und Emden und schließlich auf die Niederlande hin ausgerichtet. Aus den Niederlanden gab es andererseits eine starke Zuwanderung. Das Aufgeben der friesischen Sprache ist auch Ausdruck eines „Drang[es], sich von den abseits gelegenen Gebieten im N abzusetzen, denen man sich in allem weit überlegen fühlte" (Nickelsen 1982). Eine Identität stiftende Funktion aufgrund einer deutlichen sprachlichen Eigenständigkeit, wie dies die friesischen Dialekte in den nördlichen Harden hatten und bis heute innehaben, konnte die friesische Mundart in einer durch den Handel auf die Kommunikation nach außen orientierten Gesellschaft nicht übernehmen.

Die heutige Sprachsituation Eiderstedts ist – wie allgemein die der niederdeutschsprachigen Gebiete Norddeutschlands – gekennzeichnet durch eine hochdeutsch-niederdeutsche Zweisprachigkeit mit einer seit der zweiten Hälfte des 20. Jh. stets stärker zunehmenden Bedeutung des Hochdeutschen auch im nicht-öffentlichen Sprachgebrauch. Das Niederdeutsche hat jedoch im gesamten norddeutschen Raum in den letzen drei Jahrzehnten eine Aufwertung erfahren durch die positive Hervorhebung der Regionalkultur und der Zweisprachigkeit. Es wird als Sprache des Nahbereichs geschätzt, mit ihm ist eine eigene Identität verbunden. Die niederdeutsche Sprache ist für viele Bewohner Eiderstedts auch im 21. Jh. noch fester Bestandteil des täglichen Lebens. Um dies zu betonen, rief der Schleswig-Holsteinische Heimatbund das „Plattdeutsche Jahr 2008" in Eiderstedt aus. Die Mundart wurde und wird auch literarisch genutzt. So schrieb die Eiderstedter Schriftstellerin Ingeborg Andresen (1878–1955) auf Hoch- und Niederdeutsch. In der Gegenwart verfasst z.b. der in Garding lebende Künstler Dieter Staacken (geb. 1935) plattdeutsche Texte.

Das Niederdeutsche Eiderstedts bildet den südlichen Teil des schleswigschen Niederdeutsch, zu dem auch das nordfriesische Niederdeutsch gehört. Es stellt ein Übergangsgebiet zum Holsteinischen dar. Als Charakteristika des Eiderstedtischen gelten das Possessivpronomen der 3. Pers. Pl. erm „ihre", das Personalpronomen jim/jüm „ihr, euch" (gegenüber jem im holsteinischen und nordfriesischen Niederdeutsch) sowie den schleswigschen Mundarten gemeinsame Spirantisierung des „g", vgl. den Merksatz: Eiderstedt is de chude Cheg'n, wo de chroten, cheelen Cheorchien chut chedeihn. (Eiderstedt ist die gute Gegend, wo die großen gelben Georgien gut gedeihen).

Abschließend soll ein kurzer Textausschnitt einen Eindruck über die Lautung des Eiderstedter Niederdeutsch geben. Der Autor, Wilhelm Ludwig Andresen (1885–1983) aus Kating, wählt zugunsten der Lauttreue eine von der hochdeutschen Orthographie abweichende Schreibung (ANDRESEN 1985): „Dit bok is in de eiderstädter mundord schrääm. De is ferscheen fun dat ditmarscher, holstener, hamborger un meklenborger pladdüdsch, denn de eiderstädter sproken fröher freesch, un fun dat freesche is in erm språk en deel nåbläm." (Übersetzung: Dieses Buch ist in Eiderstedter Mundart geschrieben. Diese unterscheidet sich vom Dithmarscher, Holsteiner, Hamburger und Mecklenburger Plattdeutsch, denn die Eiderstedter sprachen früher Friesisch, und vom Friesischen ist in ihrer Sprache ein Teil übriggeblieben.)

Ebenso wie in dem eingangs aufgeführten Zitat von Tetens wird hier die sprachliche Eigenständigkeit, insbesondere auch die Abgrenzung gegen das benachbarte Dithmarsische, deutlich hervorgehoben – ein Beleg für die Identität stiftende Funktion des Eiderstedter Niederdeutschen auf friesischem Substrat.

Birgit Kellner

Siedlungsformen und ländliche Bauweise

Noch prägen die historischen Siedlungsformen und auch die Monumente herkömmlicher ländlicher Bauweise das Landschaftsbild der Halbinsel Eiderstedt in hohem Maße. Sichtbar und erlebbar sind die Zeugnisse geschichtlich gewachsener Siedlungsformen etwa der letzten 1 000 Jahre und Bauweisen aus den vergangenen 300 Jahren. Überreste älterer Siedlungsformen und die Überlagerungen durch jüngere werden durch archäologische Untersuchungen erschlossen. Haus- und baukundliche Forschungen an noch vorhandenen Gebäuden erbringen Befunde, die bis ins 16. Jh. zurück reichen (Reste alter Grundrisse und Baukörper, mehrfach verwendete Hölzer und andere Materialien). Aufschlüsse über Bauweisen noch älterer Zeit haben sich durch einige archäologische Grabungen gewinnen lassen.

Dass die heute noch die Landschaft prägenden Siedlungsformen und Bauweisen – im Vergleich zu anderen Regionen – nicht sehr weit in die Geschichte zurück reichen, liegt an der Entstehung Eiderstedts selbst, das erst seit gut 450 Jahren zu einer landfesten Halbinsel zusammengeschlossen ist, und aus den besonderen Bedingungen, die sich für eine Besiedlung des über Jahrhunderte zur See hin offenen, erst allmählich durch Deichbauten und Abdämmungen gesicherten Marschlandes ergaben. So bilden sich die bedeutsamsten Phasen der geomorphologischen Veränderungen und der menschlichen Maßnahmen zur Landsicherung auch in den Siedlungsformen und über längere Zeit in den Bauweisen ab.

Mit einer gewissen Vereinfachung kann man zunächst einmal fünf heute noch erkennbare, für die Landschaft prägende Siedlungsformen unterscheiden: Warften (von den Menschen aufgeworfene Wohnhügel) verschiedenen Alters, unterschiedlicher Größe und Art; Haufendörfer mit enger Bebauung auf höher gelegenen Geestrücken; Reihenbebauungen auf Nehrungen, alten Deichen und entlang befestigter Verkehrswege; ältere und jüngere Einzelgebäude in der Landschaft auf flachem Grund, bis hin zu den systematischen Landerschließungen der NS-Ära und den Aussiedlungsprogrammen der Zeit nach 1960; schließlich die nicht mehr landschaftsgebundenen Neubaugebiete der letzten Jahrzehnte.

Für die Charakteristik der Landschaft Eiderstedt am bedeutsamsten sind die älteren Siedlungsformen bis ins 18. Jh. Sie weisen für die einzelnen Orte und Köge Eiderstedts aber sehr große Unterschiede auf, was vor allem mit der Bodenbeschaffenheit und Lage sowie mit dem Alter der Besiedlung zusammenhängt. Eines aber zeichnet das Bild der gesamten Landschaft aus: die markante Rolle der 18 Kirchen – bemerkenswert viele für eine Region dieser Größe und geringen Besiedlungsdichte. Dass jeder Ort, auch die kleinen Streusiedlungen, eine eigene Kirche hat, erklärt sich aus der älteren Beschaffenheit des Landstrichs: Auch nach dem Beginn der Bedeichungen (11. oder frühes 12. Jh.) waren viele Orte und Köge noch durch Priele und Meeresströme voneinander getrennt. Die noch lange inselartige Gesamtstruktur Eiderstedts machte es notwendig, Kirchen in jeweils einigermaßen erreichbarer Nähe zu haben. So zeigen die vielen Kirchen Eiderstedts – die meisten sind „Filial- und Kapellenkirchen", bis mindestens ins 13. Jh. zurück reichend (TÖDT 1965) – noch heute an, wie „zerrissen" die Halbinsel bis vor wenigen Jahrhunderten gewesen ist.

Haufendörfer auf den Nehrungsrücken: Die westliche Nehrungsbarriere beim heutigen St. Peter-Ording mit ihren vergleichsweise hohen Sandrücken und die von dort nach O sich ziehende, bis Katharinenheerd reichende Nehrung boten schon sehr früh den Siedlern ausreichend Schutz vor den Sturmfluten, die das ursprünglich flache, von Prielen zerteilte Marsch- und Moorland überspülten, und dann auch bei steigendem Meeresspiegel (BANTELMANN 1970). Daher entstanden auf diesen Rücken „frei" strukturierte Haufendörfer, ab etwa 1100 um die auf dem höchsten Punkt erbaute Kirche gruppiert. Es ist leicht erklärlich, dass solche seit jeher sicheren Haufendörfer auf den Nehrungsresten die ältesten Kirchen Eiderstedts aufweisen, sogenannte Hauptkirchen, und dass je eines zum „Hauptort" für die drei Teile wurde, aus denen Eiderstedt bis ins 16. bzw. 17. Jh. bestand: Tating (die Kirche angeblich 1103 gegründet) für Utholm im Westen; Garding (die Kirche soll 1109 gebaut worden sein) für Everschop; Tönning (auf einem hohen Uferwall der Eider, die Kirche älter als 1186) für den östlichen Teil, Eiderstedt (TÖDT 1965). Garding und Tönning erhielten 1590, also relativ spät Stadtrechte, sind aber doch die ältesten im heutigen Kreis Nordfriesland.

Am Kern von Tating und auch am inneren Bereich von Garding, trotz dem bald kleinstädtischen Charakter, kann man die Siedlungsstruktur dieser alten Haufendörfer noch gut erkennen: eine sehr enge Bebauung entlang unsystematisch angelegter Straßen; kleine, ursprünglich wohl durchgehend einstöckige Häuser der Handwerker, Händler und Gewerbetreibenden, manchmal mit bescheidenen bäuerlichen Annexen. Landwirtschaftliche Bauten fanden sich in dieser zentralen Bebauung kaum, sie lagen an den Rändern.

Tating, das seinen dörflichen Charakter behielt, wenn es auch eine dominante Reihung an der Durchgangsstraße zeigt, wies im Außenbereich des eigentlichen Dorfes, schon im Übergang vom Geestrücken zur Marsch, bis nach dem Zweiten Weltkrieg eine ganze Reihe großer Gehöfte auf und zeichnete sich durch viele besonders mächtige, reich ausgestattete Haubarge aus (WOLF 1940). Der Siedlungsform nach handelte es sich bei diesen Großbauernhäusern, die bis auf drei heute verschwunden sind, um Einzelgehöfte.

Garding und Tönning besitzen als kleinstädtische Hauptorte einen Marktplatz, jeweils in unmittelbarem Anschluss an die Kirche. Es sind – bei völlig veränderten Funktionen der Märkte – bis heute die Marktorte für das westliche und das östliche Eiderstedt.

W a r f t e n : Die Siedlungsarchäologen haben mit Grabungsbefunden aufzeigen können, dass Warften für eine möglichst sturmflutsichere Besiedlung ab dem 2. Jh. n.Chr. errichtet wurden. Diese ältesten Warften, von denen einige erhalten sind, auch wenn sie später nicht mehr bewohnt wurden, sind sukzessive erhöht worden, sicher in Anpassung an den langsam steigenden Meeresspiegel. Meistens handelt es sich um sehr große Warften (z.B. Tofting bei Tönning, Helmfleeth bei Poppenbüll, Dorfwarft Welt), die in der Regel aus mehreren Einzelwarften zusammenwuchsen.

Diese sehr alten Dorfwarften waren mit relativ dicht stehenden Wohn-Stallhäusern bebaut: bis zu 30 m lange und 5–6 m breite Gebäude mit Außenwänden aus Flechtwerk und Dächern aus Grassoden oder aufgebundenem Reet. Das tragende Gerüst bestand aus paarig aufgestellten Holzständern, die in den Boden eingegraben waren und die Dachbalken trugen. Im Stallteil, der zumeist etwas tiefer lag, damit die Jauche abfloss, waren die Rinder paarweise zwischen den durch die Ständer entstehenden Boxen aufgestellt, mit den Köpfen zur Wand. Der Wohnteil bestand zunächst aus einem einzigen Raum, in dessen Mitte das Herdfeuer brannte. Fenster gab es sicher nicht. Der von einer Tür, oft in der südlichen Längswand, markierte Gang – wohl schon früh wurde eine zweite Tür an der gegenüberliegenden Seite eingebaut – trennte den Wohn- vom Stallteil. Diese Grundstruktur gibt bereits das Gliederungsprinzip für das friesische Langhaus vor, das dann auch in Eiderstedt im späten Mittelalter und in der Frühen Neuzeit den vorherrschenden Haustyp bildete und bis in das 19. Jh. hinein, mit verschiedenen Abwandlungen, gebaut worden ist.

Zur Versorgung mit trinkbarem Wasser mussten auf den Warften Süßwasserreservoirs angelegt werden. Vielleicht sind die nur noch in wenigen Exemplaren erhaltenen sogenannten Tauteiche – in einem aufwendigen Verfahren mit gebranntem Lehm ausgekleidete Teiche, die nicht nur Regen-, sondern auch Tauwasser sammelten und angeblich nie austrockneten – Zeugnisse der ältesten Trinkwassersicherung in der immer wieder vom Salzwasser überfluteten Marsch.

Die Forschung nimmt an, dass von den ältesten, zentralen Großwarften im noch unbedeichten Salzwiesengebiet aus über ein radiales Wegenetz kleinere Einzelwarften angelegt wurden. Eine solche Struktur lässt sich noch im St. Johanniskoog von Poppenbüll (B6), dem wohl ältesten bedeichten Einzelkoog Eiderstedts, gut erkennen (MEIER 1991).

Von den vor- und frühmittelalterlichen Warften, die in der zur See hin offenen Marsch errichtet wurden, sind die sogenannten Halligwarften zu unterscheiden. Sie stammen aus dem Hoch- und Spätmittelalter (ab 12. Jh.) und wurden in einem Zug aus Klei bis zu einer Höhe von drei Metern und mehr aufgeworfen (MEIER 1991). Ihre Anlage erfolgte um einen zentralen, trichterförmigen Süßwasserspeicher herum, von dem aus ein kompliziertes Röhrensystem die Hauszisternen („Sodbrunnen", zunächst aus Grassoden, später Ziegeln aufgeschichtete Wasserbehälter) versorgte. Regenwasser wurde von Hausdächern und speziellen Flächen außerhalb der Warft eingeleitet.

Diese Halligwarften – auch sie fast immer in der noch unbedeichten Marsch – waren mit zumeist ziemlich kleinen Häusern des wenig abgewandelten Langhaustyps eng bebaut. Oft lagen mehrere aneinandergefügte Häuser unter einem First, wie wir es bis in die jüngste Zeit von den eigentlichen Halligen kennen. Kleinbauern, Fischer und Handwerker drängten sich auf diesen relativ sturmflutsicheren, großen Warften. Erst später kauften einzelne Bauern mehrere Häuser auf und errichteten auch Haubarge auf einer solchen Großwarft. Die Dorfwarft Sieversbüll und die am besten erhaltene Halligwarft Stufhusen in Westerhever (A2) sind Beispiele dafür.

Warften wurden zunächst in der alten Marsch immer in der Nähe schiffbarer Priele und Wasserzüge errichtet, weil die Wasserwege vor allem in den „nassen" Jahreszeiten viel bessere Verkehrsverbindungen boten. Dadurch ergibt sich in diesen alten, tief liegenden Marscharealen, deren Flächen durch das ganz unregelmäßige Netz der natürlichen Prielverläufe erschlossen bzw. entwässert wurden, eine heute kaum noch nachvollziehbare, scheinbar willkürliche Platzierung von größeren und kleineren Warften. Sie bilden die Grundstruktur in den Streusiedlungen sehr alter Marschköge, wo erst später weitere Siedlungsformen hinzukamen. Das beste Beispiel dafür bildet die frühere Insel Westerhever (A2).

Auch in der Neuzeit wurden in Eiderstedt noch Warften aufgeworfen, vermutlich bis ins 18. Jh. hinein. Dabei handelte es sich dann aber um Einzelwarften, die für den Neubau großer Höfe – in der Regel Haubarge – dienten. Weil diese Warften in bedeichten Kögen gebaut wurden, waren sie vergleichsweise niedrig, etwa in systematisch erschlossenen Kögen wie dem Alt- und dem Neuaugustenkoog bei Osterhever (1611 bzw. 1698; JESSEN 1933). Archäologische Befunde gibt es für diesen späten Warftbau so gut wie gar nicht. Die Lage solcher spät errichteter Einzelwarften hing nicht mehr von Wasserwegen oder Deichlinien ab, sondern entsprang der Aufteilung der Köge in große, zusammenhängende Ländereien, in denen die Höfe platziert wurden. Deshalb liegen die Gehöfte auf den niedrigen Warften meistens in gleichmäßigen Abständen in einer Reihe, durch lange Zufahrten von einer Erschließungsstraße aus zu erreichen. Eine ähnliche Siedlungsstruktur wurde auch später bei Eindeichungen zu Grunde gelegt, bis hin zu den Landgewinnungsmaßnahmen der Nationalsozialisten (heutiger Tümlauer-Koog (A5), Finkhaushalligkoog (C1), Norderheverkoog (B2)).

R e i h e n b e b a u u n g e n : Eine dritte relativ alte Siedlungsform stellen in Eiderstedt Reihenbebauungen dar. Sie können heute, wie die verschiedenen Warfttypen, sehr ähnlich erscheinen, gehen aber auf unterschiedliche Ursprünge zurück. Bebauungen mit mehr oder weniger locker aufgereihten Häusern entstanden zum einen, wo im Lauf der Zeit viele Einzelwarften an einer günstigen Siedlungslinie angelegt wurden oder wo eine leichte Bodenerhebung besseren Schutz vor Hochwasser bot. Das lang gestreckte Dorf Witzwort mit seiner im Kern engen Bebauung zieht sich z.t. auf einem kleinen Nehrungsrücken entlang, einem Stück der langen, schmalen Nehrung, die von Heide in Dithmarschen bis zur alten Insel Nordstrand reichte. Der westliche Teil von Witzwort liegt aber im Wesentlichen an einem der alten Verkehrswege auf dem früh bedeichten Eiderstedt („hohe Marsch", 12. Jh.). An der Straße von Witzwort nach Oldensworth ist sehr gut zu sehen, wie die Höfe und Häuser – noch Anfang des 20. Jh. eine dichte Kette von Haubargen – auf kleineren und größeren Warften beiderseits der Straße liegen. Diese Platzierung und die zumeist schmalen, langen Flurstücke und die geraden Entwässerungsgräben sind Hinweise auf eine systematische Landerschließung, im Unterschied zur Besiedlung alten „Halliglandes" mit seinen ganz unregelmäßig verlaufenden Sielzügen, eben den „umfunktionierten" natürlichen Prielen (MEIER 1991).

Ein zweiter Typus von Reihenbebauung verdankt sich der über Jahrhunderte fortschreitenden Bedeichung Eiderstedts. Wenn ein neuer Seedeich errichtet war, wurde der bis dahin als Seedeich dienende Deichkörper zum Mitteldeich. Manche solcher Mitteldeiche oder, in der dritten Reihe liegend, „Schlafdeiche" gab man nach einiger Zeit für die Bebauung mit Katen frei, so dass auf oder an diesen alten Deichen lange Reihen von kleinen Häusern – für Landarbeiter, Fischer, Handwerker – entstanden. Am eindrücklichsten ist das noch am Porrendeich bei Uelvesbüll zu erkennen und, wohl mit einer Reihe älterer Warften, am Simonsberger Deich am N-Rand des Adolfskoogs; dieser Deich war allerdings bis 1861 wieder Seedeich geworden. Aber auch im O Westerhevers zeigt sich klar diese Siedlungsform (A2). Die Häuser liegen in der Regel neben der Deichkuppe, die einem Weg vorbehalten war – der oft später zur Straße ausgebaut wurde –, und nicht selten wurden Teile des Deichkörpers verwendet, um die ebene Grundfläche für den Hausbau zu erhalten. Das sieht dann so aus, als ob kleine Warften an den Deich angelehnt wären. Es darf aber nicht mit der „Stützungsfunktion" genuiner, älterer Warften für den frühen Deichbau verwechselt werden.

Einzelgebäude in der flachen Marsch: Heute weist die Landschaft Eiderstedt viele frei stehende Einzelgebäude auf, die „zu ebener Erde" in der Marsch stehen, also weder auf Nehrungsrücken noch auf Warften oder Mitteldeichen. Die älteren solcher Gebäude, fast immer Katen oder Kleinbauernhäuser, am Fuß von Deichen auf schlecht nutzbarem Grund oder auf riskanten Siedlungsplätzen, z.B. an Wehlen (durch Deichbruch entstandene tiefe Kuhlen), gebaut, sind ein Zeugnis von Armut: Die Besitzer konnten es sich nicht leisten, eine Warft aufzuschütten, besaßen nicht den nötigen Grund und Boden dafür und verfügten nicht über Arbeitskräfte und Gerät. Diese Häuser waren bei Sturmfluten extrem gefährdet und gingen nach einem Deichbruch als erste verloren. Sie sind jedoch typisch für die Streusiedlungen in älteren Kögen.

Anders verhält es sich mit den Einzelgehöften und -häusern, die ab dem 18. Jh. in der flachen Marsch errichtet wurden. Die größere Sicherheit durch erhöhte und verstärkte Deiche schien eine solche Siedlungsweise zu rechtfertigen. Eiderstedt verzeichnet nach der Sturmflut von 1717 nur noch einen nennenswerten Deichbruch (Uelvesbüller Koog 1962). Bei den Bedeichungsprojekten seit den 1930er Jahren und beim Aussiedlungsprogramm nach 1960 sind die Gebäude grundsätzlich auf dem ebenen Marschboden aufgeführt worden.

Neubaugebiete: Auch in Eiderstedt setzte einige Zeit nach dem Zweiten Weltkrieg eine völlig neue Ära für die Siedlungsstrukturen ein. Fast alle Gemeinden wiesen Neubaugebiete für die Eigenheimbebauung aus, in den 1950er und 1960er Jahren noch behutsam, mit kleinen Arealen und einer an alte Siedlungsformen angelehnten Bauweise, so in Westerhever. Ab den 1970er Jahren und massiv nach 1980 wurden vielerorts größere Neubaugebiete mit einer dichten Bebauung nach dem Muster städtischer Vororte geschaffen. Diese „Erweiterungen" der Kleinstädte und vor allem der Dörfer haben das Bild und die siedlungsstrukturelle Gewichtung in manchen Orten stark verschoben, so in Oldenswort, Witzwort oder Kating.

Sonderfall St. Peter-Ording: Das Seebad St. Peter-Ording stellt auch hinsichtlich der Siedlungsentwicklung einen Sonderfall in Eiderstedt dar. Seinen geschichtlichen Ursprung hat der Ort in den selbstständigen Dörfern Ording (mit Brösum), St. Peter (mit Olsdorf) und Böhl. Es waren Streusiedlungen am Rande der Dünen, auf dem Rücken der alten Nehrungsbarriere ganz im W der Halbinsel. Armut war bestimmend für Siedlungsbild und Bauweise, nur zur angrenzenden Marsch hin fanden sich die Höfe vermögender Bauern. Am Ende des 19. Jh. wurde der breite Sandstrand für den andernorts schon entwickelten Meeresküsten-Tourismus entdeckt. Die Folge war eine weitgehend „ungeordnete", zunächst noch verstreute Bebauung mit touristischen Zweckbauten – Hotels, Pensionen, Villen. In den 1920er und dann mit einem enormen Schub seit den 1960er Jahren ist eine nahezu geschlossene Bebauung entstanden, vom Ordinger Tief im N bis fast zur Nehrungsspitze bei Süderhöft im S. Sie trägt den Bedürfnissen des Massentourismus Rechnung und gleicht darin den notdürftig gesteuerten Bebauungsdynamiken in beliebten Küstenorten. Obwohl noch einige wenige ältere Häuser stehen geblieben sind, ist von den ursprünglichen Siedlungsstrukturen nichts mehr zu erkennen.

Zur ländlichen Bauweise: Aus den Langhäusern der römischen Kaiserzeit und der nachfolgenden Jahrhunderte hat sich, wie schon erwähnt, das Prinzip von Bauweise und Aufteilung im friesischen Langhaus erhalten: ein lang-schmales Haus, das etwa zur Hälfte vom Stallteil und zur anderen Hälfte vom Wohnteil eingenommen wird. Zwischen beiden Teilen verläuft ein Gang quer durch das Haus, von der „Südertür" zur „Nordertür". Der Wohnteil ist schon früh durch eine Querwand mit Tür vom Stallbereich abgetrennt und zunächst in zwei, dann mit kreuzförmig angeordneten Trennwänden in vier Räume aufgeteilt worden (Küche, Wohnstube, Feststube, Kammer). Es muss schon im Mittelalter einen zentral gelegenen Schornstein gegeben haben (BRAUN u. STREHL 1989). Die Räume sind zunächst durch Holzwände, in die Schränke und Wandbetten eingefügt waren, und erst später durch gemauerte Wände abgetrennt gewesen.

Für den Stallteil charakteristisch ist ein längs verlaufender, mittiger Gang mit Jaucherinnen rechts und links. Das mit dem Kopf zur Wand aufgestallte Vieh war paarweise in mit Brettern abgetrennten Boxen untergebracht.

Diese Bauweise in Langhäusern der Utlande hat sich auch in Eiderstedt bis ins 19. Jh. durchgehalten. Das tragende Holzgerüst aus paarig aufgestellten Ständern und den darüber liegenden Deckenbalken stand ursprünglich etwa einen Meter von den Längswänden entfernt, die durch das Mauerrähm und Verbindungshölzer an die Ständer „angebunden" waren. Ab dem 18. Jh. rückte das Ständerwerk direkt an die Wand oder wurde ganz weggelassen, so dass die Deckenbalken auf den Außenmauern aus vollsteinigem Mauerwerk aufruhten.

Die friesischen Langhäuser besitzen spätestens ab dem 17. Jh. Backsteinwände. Einige wenige Beispiele für Wände aus aufgeschichteten Kleisoden haben sich, zumindest für Stall- und Scheunenteile, lange erhalten. Ob vorher Fachwerk mit Flechtwerk- und Lehmausfachung vorgeherrscht hat, ist nicht sicher (KÜHNAST 2000).

Langhäuser verschiedener Größe waren bis ins 17. Jh. auch in Eiderstedt der dominierende Haustyp. Andere Hausformen haben sich in ganz wenigen, rudimentären Beispielen bis ins 20. Jh. erhalten, die Bauweisen sind aber noch nicht hinreichend erforscht. Die intensivierte und konjunkturell sich wandelnde Landwirtschaft führte dazu, dass den Langhäusern verschiedene Anbauten in Winkel- oder Doppelwinkelform angefügt wurden, zumeist Scheunenteile mit Dreschdiele und Bergeraum (BRAUN u. STREHL 1989).

Die baugeschichtliche Entwicklung hat dann aber in Eiderstedt einen besonderen Weg genommen: Niederländische Einwanderer brachten, wohl schon gegen Ende des 16. Jh., aus Westfriesland und Nordholland das Bauprinzip des Gulfhauses mit. Es wurde dann rasch zu dem für die Halbinsel prägenden Großbauernhaus, dem Haubarg, weiter entwickelt. Die als „klassisch" geltende Form vor allem des 18. Jh. zeigt einen fast quadratischen Grundriss mit einer Fläche von 600 m² und mehr. Der Gulf, das tragende Gerüst in der Mitte des Hauses, besteht aus vier, oft auch sechs hohen und starken Ständern (bis zu 12 m Höhe), die paarweise mit Ankerbalken verbunden sind. Auf den Köpfen ruhen längs die großen „Schunkbalken", auf deren Ende wiederum die „Legbalken", doppelte Kopfbänder steifen das Ganze aus. Dieses Balkengeviert trägt bzw. stützt die langen Sparren des pyramidalen Dachs, deren Enden ursprünglich auf einem niedrigen Ständerwerk dicht vor der Außenwand ruhten, später dann auf dem Mauerrähm der Backsteinwände. Diese Bauweise erlaubte es, mit vergleichsweise wenig Holz ein riesiges Raumvolumen zu schaffen. Die Erntevorräte wurden in der Mitte erdlastig im Gulf aufgestapelt, oft bis fast in Firsthöhe (13–17 m). Zwischen Ständern und Außenmauern um den Gulf herum liegen Einfahrt- und Dreschdiele („Loo"), Pferdestall und Kuhstall sowie, meist nach S oder O, der Wohnteil, der verschiedene Aufteilungen zeigt, immer aber einen Gang mit Wandbetten an der Gulfwand entlang und eine große Küche, Wohnstube, Eingangsdiele und Festraum („Pesel") hat (SAEFTEL 1930, WOLF 1940, PHILIPP 1948, FISCHER 1984). Bei sehr großen Haubargen kann die Diele bis an die 100 m² ausmachen, und saalartige Räume im Obergeschoss kamen vor.

Ältere Haubarge haben rundum sehr niedrige Traufen. Für das Einfahrtstor zur Loo, dann auch für Kuhstalltür und die Eingangstüren zum Wohnteil wurden daher die Trauflinien aufgehöht, zunächst bogig über gemauerten Korbbögen, bald durchgehend mit kleinen und großen Spitzgiebeln, die mit Ziegelmustern und Mauerankern reich geschmückt sein konnten.

In nicht wenigen Fällen wurden aber auch Haubarge als bloße Stall- und Scheunengebäude an ältere Wohnhäuser, zumeist Langhäuser, angebaut. Der Gulfhaustyp ermöglicht eine große Variation der Innenaufteilung, so dass sehr unterschiedliche Formen der Raumanordnung vorkommen.

Der Haubarg war das Wohn-Stall-Haus relativ vermögender Bauern, in vielen Fällen im Inneren opulent ausgestattet (MEIBORG 1896). Gärten bis hin zu parkartigen Anlagen umgaben den Bau, die Warft wurde von oft breiten Graften (Wassergräben) eingefasst. Viele Gehöfte waren von Windschutzbäumen umgeben. Schriftsteller des 19. Jh. sahen sich deshalb an englische Parklandschaften erinnert.

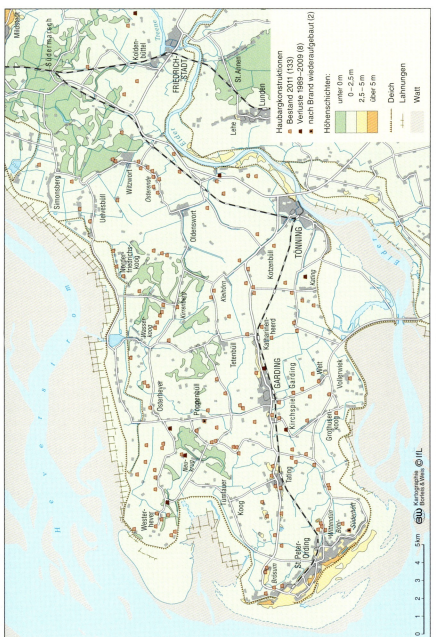

Abb. 24 Entwicklung des Haubarg-Bestandes 1989–2011. Erfasst wurden alle bekannten komplett oder teilweise erhaltenen Ständerkonstruktionen von Haubargen und Haubargscheunen (Entwurf: Gerd KUHNAST u. Johannes MATTHIESSEN, nach Unterlagen der Interessengemeinschaft Baupflege Nordfriesland und Dithmarschen)

Schon Mitte des 19. Jh. wurden die Haubarge wegen der intensivierten Weidewirtschaft zunehmend unpraktisch. Viele Gehöfte, oft ohnehin Spekulationsobjekte, standen leer, verfielen und wurden abgebrochen. Modernere Bauten, meistens quer erschlossen mit Durchfahrtsdielen, ersetzten das landschaftstypische Eiderstedter Großbauernhaus. Von ehemals etwa 400 Haubargen standen vor dem Ersten Weltkrieg noch knapp zwei Drittel, um 1930 noch etwa 180 (SAEFTEL 1965). Heute sind keine 30 mehr gut erhalten, nur ganz wenige museale oder gut restaurierte Haubarge lassen auch im Inneren den alten Zustand erkennen (Abb. 24).

Zur Hauslandschaft Eiderstedts gehören aber wesentlich die vielen Katen, in denen Handwerker, Landarbeiter, Fischer, Kleinbauern wohnten. Dem Haustyp nach waren viele Katen stark verkürzte und vereinfachte Langhäuser, aber es gab auch andere Formen, etwa die seltenen Firstständerhäuser (SAEFTEL 1965). Katen wurden nicht selten aus angespültem Strandholz errichtet, Reste sehr einfachen Fachwerks sind belegt, und der Überlieferung nach kamen Wände aus aufgeschichteten Kleisoden vor. Die Wohnteile bestanden in der Regel nur aus Küche und Stube, die Stallteile waren, wenn überhaupt vorhanden, sehr klein. Die Kätner besaßen allenfalls ein oder zwei Kühe, meistens nur einige Schafe. Landarbeiterkaten waren oft im Besitz von Großbauern, und manchmal ließen die Bauern nach einem Wechsel der Bewohner die Katen abbrechen, um das Risiko eines „Sozialfalls" für die Gemeinde zu verringern.

Von den Katen, den „Armeleutehäusern", ist in Eiderstedt keine einzige in einem halbwegs authentischen Zustand erhalten (FISCHER 1984). Sie sind nach 1960 in rasch steigender Zahl von Städtern als Zweitwohnsitze aufgekauft und in der Regel durchgreifend „modernisiert" worden. Aber auch die Mehrzahl der noch vorhandenen Haubarge hat „auswärtige" Besitzer. Nicht nur ein solcher Besitzerwechsel, sondern auch die nur in wenigen Fällen beibehaltene landwirtschaftliche Nutzung oder der Umbau für den Fremdenverkehr hat starke Veränderungen im Inneren wie im Äußeren zur Folge.

Das klassische Landschaftsbild Eiderstedts mit seinen vielfältigen Siedlungsformen und den früher prägenden Haustypen, den Landwirtschaftsflächen, Wasserzügen und Deichen hat sich für den Gesamteindruck einigermaßen erhalten. Wenn man näher hinsieht, muss man erkennen, dass die beschleunigte Modernisierung mit ihren nicht selten problematischen Folgen gerade den einstmals charakteristischen Baubestand stark reduziert und überformt und die überkommenen Siedlungsformen vielerorts aufgeweicht hat.

Ludwig Fischer

Volkskunst, Brauchtum, Alltags- und Festkultur

Überlieferte Anekdoten wie die vom Eiderstedter Bauern, der zu seinem Sohn sagte: „Hier ist die Marsch; die ganze übrige Welt ist nur Geest; was willst Du doch in der Wüste?" (MEIBORG 1896), sollen die Fruchtbarkeit dieser Landschaft, aber auch den Reichtum und das Selbstbewusstsein seiner Bewohner illustrieren. Und in der Tat, wer heute durch Eiderstedt fährt, dem führen die großen Haubarge den einstigen Wohlstand vor Augen, und selbst die kleinen Katen, die entlang der Straßen und hinter den Deichen liegen, scheinen, heute gut restauriert und häufig als Feriendomizil genutzt, selbst für die untere Bevölkerungsschicht in früherer Zeit Wohlhabenheit zu belegen.

Ein Blick in die Geschichte allerdings belehrt uns eines Besseren. Eiderstedt ist eine Landschaft, deren historische Volkskultur von vielfältigen Einflüssen geprägt wurde und deren sozial heterogene Bevölkerung unter sehr unterschiedlichen Bedingungen lebte. Die Eiderstedter Volkskultur schlechthin gab es nicht. In seiner ökonomischen und damit auch kulturellen Entwicklung ist Eiderstedt durch die Einwanderung aus den Niederlanden und die von dort ausgehenden Einflüsse geprägt; sichtbarster Beleg dafür ist bis heute der Haubarg. Erbauer und Eigentümer der Haubarge waren die bäuerliche Elite, die allerdings weit weniger als ein Zehntel der Bevölkerung ausmachte. Die Mehrzahl der Eiderstedter lebte bis weit ins 20. Jh. hinein in weitaus bescheideneren, wenn nicht sogar ärmlichen Verhältnissen. Denn die sozialen Unterschiede waren in Eiderstedt, wie auch in den anderen Marschengebieten, noch deutlicher sichtbar als im übrigen Schleswig-Holstein. Ein Blick auf die Wohnkultur der bäuerlichen Elite zeigt, dass diese sich zwar an städtisch-bürgerlichen Vorbildern orientierte, aber deshalb auf die Demonstration bäuerlichen Selbstbewusstseins nicht verzichtete. Anders als in dem vor allem in Holstein weit verbreiteten niederdeutschem Fachhallenhaus waren im Haubarg von Anfang an Wohn- und Wirtschaftsbereich mit einer festen Wand voneinander abgetrennt. Der nach vorne ausgerichtete Wohnteil wurde durch eine repräsentative Haustür erschlossen, die auf eine Eingangsdiele führte, von der Küche, Wohn- und Schlafräume abgingen. Die Anzahl der Räume, aber auch deren unterschiedliche Funktion und Ausstattung verweisen auf den Wohlstand seiner Bewohner. Ein Reisender beschrieb eine Stubenausstattung mit folgenden Worten (MÜGGE 1846): „Häufig ist es [das größte Zimmer] mit einem Fußboden von Fliesen versehen, ohne Ofen, und enthält in gewaltigen, mit Messing beschlagenen Koffern, oder auch in alten schönen Schränken von gebeiztem und gebohnertem Holz, deren Schnitzwerk Zeugniss giebt, dass in früheren Zeiten Holzschneidekunst hier vorzüglich geliebt und geübt wurde, den Leinen- und Bettenschatz, sammt andern Kostbarkeiten, namentlich auch fast immer den Putz und Schmuck der Frau... Die Wände sind blendend weiß, sie werden alljährlich neu getüncht... An den großen hellen Fenstern stehen Blumentöpfe, an den Wänden hängen hier und dort einige Kupferstiche, eine Gehäuseuhr fehlt gewiß nicht. Polsterstühle reihen sich um den Tisch und der Fußboden ist so sauber gehalten, wie jener, auf dem der Kaffee- oder Theekessel von Morgen bis Abend ...brodelt." Die beiden musealen Haubarge, die in den Freilichtmuseen Kiel-Molfsee und Lyngby bei Kopenhagen zu besichtigen sind, belegen eindrucksvoll, dass solche Beschreibungen nicht übertrieben. Auch Theodor Storms Novelle „Auf dem Staatshof" (1859) ist bei aller literarischen Verdichtung eine anschauliche Quelle, die Einblicke in Geschmack und Lebensgestaltung dieser Schicht eröffnet. Bildung besaß einen hohen Stellenwert, schon früh wurde Wert auf Schulbildung gelegt, es gab private Bibliotheken, aufgeklärte Lesegesellschaften und man verheiratete die nicht erbenden Söhne entweder an erbende Bauerntöchter oder schickte sie auf die Universität, um ihnen eine Position im Staatsdienst zu ermöglichen. Zeitgenössische Autoren berichten immer wieder ausführlich vom luxuriösen und aufwendigen Lebensstil, der auf den großen Höfen gepflegt wurde. Man aß Austern, trank Champagner und schickte seine Töchter zur Schule und auf Bälle in die großen Städte und ließ sie im Klavierspiel unterrichten.

Ein derart exponierter Lebensstil führte zu einer starken sozialen Abgrenzung der bäuerlichen Elite von den Handwerkern, den kleinen Landbesitzern und Tagelöhnern, über deren materielle Kultur und Lebensbedingungen wir aus den historischen Quellen nur wenig erfahren.

Der enge Kontakt nach den Niederlanden, die wirtschaftlichen Verbindungen in die großen Handelszentren und der durch die guten Marschböden und eine intensive Land- und Viehwirtschaft bedingte Wohlstand der bäuerlichen Schicht trugen dazu bei, dass sich ein sehr eigener Stil bäuerlicher Kultur in Eiderstedt herausbildete, der sich zwar an städtisch-bürgerlichen Vorbildern orientierte, aber zugleich bäuerliches Selbstverständnis nicht verleugnete, sondern im Gegenteil selbstbewusst demonstrierte. Das erklärt die große Bedeutung, die Ringreiten und Boßeln besaßen. Diese brauchtümlichen Veranstaltungen sind für Eiderstedt typisch, aber auch in anderen Regionen – und nicht nur in Schleswig-Holstein – durchaus üblich.

Bereits um 1600 sind die ersten Ringreiten für Eiderstedt belegt und noch heute wird es in Vereinen gepflegt. Der Reiter muss im Galopp mit einer kleinen Lanze durch einen Ring stechen. Dieses aus der militärischen Ausbildung stammende Reiterspiel war zunächst an adligen Höfen sehr beliebt und wurde um 1600 auch in Schleswig-Holstein sowohl auf dem Land wie in der Stadt ausgesprochen populär. Dabei spielte der herzogliche Hof in Gottorf eine Vorbildrolle, so das Ringreiten ein ausgesprochen prestigebesetztes Vergnügen war.

Beim Boßeln, das sich fast an der gesamten Nordseeküste großer Beliebtheit erfreut, wird eine mit Blei gefüllte Holzkugel von zwei gegeneinander spielenden Mannschaften geworfen. Wer mit den wenigsten Würfen das Ziel erreicht, ist Sieger. Dieses Spiel, das im Winter sehr beliebt war und ist, wird in der Regel auf gefrorenen Feldern gespielt und ist für Eiderstedt 1757 erstmals belegt. Das Boßeln ist vermutlich aus den Niederlanden nach Eiderstedt gekommen, da es dort bereits früher erwähnt wurde.

Boßeln im Winter und Ringreiten im Sommer gehörten in früheren Zeiten zu den beliebtesten Vergnügungen der ländlichen Bevölkerung. Seit dem Ende des 19. Jh. wurden in vielen Dörfern Vereine gegründet, die diese Traditionen fortführten. 1894 wurde der Verband Schleswig-Holsteinischer Eisboßler gebildet, der rasch zu weiteren Vereinsgründungen in den Dörfern und Städten führte. Heute gibt es in Eiderstedt gut zehn Boßelvereine, die diese Tradition wach halten. Die in jüngster Zeit gegründeten Reitvereine sorgen dafür, dass das Ringreiten bis heute z.T. in eigenen Abteilungen gepflegt wird.

Eine Tracht, wie sie sich anderswo als regionaler Kleidungsstil vor allem in der Frühen Neuzeit entwickelte, gab es in Eiderstedt im strengen Sinne nicht. Gründe mögen der Reichtum und die Orientierung an der städtischen Mode gewesen sein. Erst zum Eiderstedter Heimatfest 1927, das anlässlich der 500-Jahr-Feier des Eiderstedter Landrechts von 1426 und zur Neugründung des Eiderstedter Heimatvereins veranstaltet wurde, gab es Bemühungen, eine Eiderstedter Tracht zu schaffen. Dabei stützte man sich auf Nachforschungen, die der Direktor des Altonaer Museums, Hubert Stierling, angestellt hatte. Er wertete Epitaphien, Grabsteine und Gemälde aus, auf denen Männer und Frauen in zeittypischer Kleidung des 16. und 17. Jh. abgebildet waren, und rekonstruierte eine „Eiderstedter Tracht", die bis heute in Volkstanzgruppen gepflegt wird. In Schnitt und Farben entspricht sie der Mode um 1600 und orientiert sich an der spanischen Hoftracht, die damals den Kleidungsstil in ganz Europa prägte. Als Beispiel sei der Grabstein der Margareta Hans von 1614 vor dem Leutnantshof am Porrendeich in Uelvesbüll genannt.

Die Pflege von Traditionen in Vereinen ist ein typisches Merkmal der modernen Gesellschaft. Was einst exklusives Privileg einer sozialen Schicht war, ist seit dem Ende des 19. Jh. über die Zugehörigkeit zu den damals gegründeten Vereinen vielen Menschen zugänglich. Die Beschäftigung mit historischer Volkskultur, ihre Vorführung und Vermittlung ist nicht nur Freizeitvergnügen, sondern wichtiges Medium für die Schaffung von regionaler Identität. Schon im 19. Jh. begann mit den Reisebeschreibungen und in der Literatur eine verklärende Perspektive auf die Eiderstedter Kultur. Ihre Besonderheit und Einzigartigkeit wurde betont und in Kontrast zu anderen Regionen gesetzt. Museale Inszenierungen wie die Haubarge in den Freilichtmuseen, aber auch die Werbung für den seit ca. 1900 einsetzenden Tourismus verstärken solche Bilder. Im Heimatfest von 1927 mit seinen Theateraufführungen zur Geschichte Eiderstedts in rekonstruierten Trachten wurden jene Vorstellungen Eiderstedter Kultur gebündelt, die seitdem im kulturellen Gedächtnis präsent sind. Dabei sollte nicht vergessen werden, dass wir es dabei mit einer sozialen Kultur, nämlich der der bäuerlichen Elite, zu tun haben. Die Volkskultur der Mehrheit, der Unterschichten in den kleinen Städten und Dörfern, ist nicht überliefert oder wie die gut restaurierten Katen ästhetisch überformt. Kulturelles Erbe muss bewahrt werden, aber die Perspektive auf die historischen Wirklichkeiten der Menschen sollte nicht verloren gehen.

Silke Göttsch-Elten

Musikalisches Erbe

Die Halbinsel Eiderstedt gehört zu den Regionen an der Nordseeküste, die in musikalischer Hinsicht von einer bis ins späte Mittelalter zurückreichenden Orgeltradition geprägt sind. Jede dieser Regionen entwickelte ihr eigenes Gesicht: In Eiderstedt finden sich keine Orgeln in unmittelbaren Küstenorten; anders als etwa im Gebiet der Insel Alt-Nordstrand (z.B. Pellworm Alte Kirche) sind weder Uelvesbüll noch Westerhever alte Orgel-Orte. Und während in der Westhälfte Dithmarschens um 1600 nur kleinere Kapellen keine Orgeln hatten, gab es in Eiderstedt noch viel länger alte, selbstständige Kirchen ohne Orgel (vor allem Witzwort, Koldenbüttel).

Diese alten Orgeln gehörten ursprünglich nicht zum kirchlichen Grundinventar. Für Liedbegleitung wurden sie noch nicht eingesetzt; diese Aufgabe lag bis um 1800 jeweils bei einer örtlichen Schülergruppe unter Leitung eines Lehrers („Kantor") – für Schüler war das Lernen der Kirchenlieder unverzichtbar. So verband sich mit den Orgeln echte Kunstentfaltung; sie beruhte damals überörtlich auf Improvisation. Dass diese Orgelkunst gerade in den Küstenmarschen so ausgeprägt gewünscht wurde, ist auch deshalb bemerkenswert, weil jeder Werkstoff (geeignetes Holz, Metalle) über weite Strecken herangeschafft werden musste. Zudem entstanden Instrumente einer Größe, die sich nicht als dörflich oder kleinstädtisch fassen lässt; erst um 1800 entstanden dann auch „Dorforgeln" für die Liedbegleitung (z.B. Katharinenheerd und Welt, dort als Übernahme aus der Kirche St. Jürgen in Itzehoe). Dass hingegen das Fehlen einer Orgel schmerzte, lässt sich bis heute in Kating sehen: Der eindrucksvolle Orgelprospekt an der Empore, der 1882 gestiftet wurde, entpuppt sich bei näherer Betrachtung als Attrappe – die mit der noch jüngeren, im Hintergrund aufgebauten Orgel nichts zu tun hat.

Von etwa 1890 an wurde die historische Substanz weitgehend aufgezehrt. Auf die einstige Bedeutung verweisen zumeist nur noch stumme Instrumententeile: die Orgelfassaden in Garding, Oldenswort, Tating und Tönning. Hinter ihnen stehen heute neue Orgeln, die dennoch nicht ohne Reiz sind. Klingendes Material, das seit dem 16. Jh. entstanden ist, findet sich umgekehrt nur hinter der jüngeren Orgelfassade in Kotzenbüll sowie als Überreste in Oldenswort.

Welche Musikkultur sich neben den Orgeln bzw. abgesetzt von diesen ergab, ist nur umrisshaft erkennbar. Vereinzelte Zeugnisse verweisen darauf, dass die Musikpflege um 1800 auch auf Höfen blühte, etwa in Kotzenbüll. Für frühere Zeit ist belegt, dass Einzelpersonen solistisch im Gottesdienst musizierten, z.b. in Oldenswort vor 1650. So wird auch die gleichzeitige Musiküberlieferung in Orten ohne Orgel erklärlich: Um 1670 wurde in Westerhever und Tetenbüll anspruchsvolle Kirchenmusik handschriftlich in die örtlichen, gedruckten Gottesdienst-Agenden eingetragen (Kirchen-Ordnung von Adam Olearius, Schleswig 1665). Aus derselben Zeit sind Kompositionen eines einzelnen Kantors überliefert: Tobias Eniccelius, der 1665–1679 an der Lateinschule in Tönning wirkte.

Eine späte eigenständige Blüte zeigt diese Orgelkultur um 1800: Eiderstedter Musiker reüssieren auf renommierten Organistenposten, so der Organistensohn Paul Andreas Peters (*1798 in Tating) am Schleswiger Dom und in Stralsund und Johann Heinrich Hirger (*1801 in Uelvesbüll) in der Kapelle von Schloss Gottorf.

Trotz des ausgeprägten Orgel-Interesses führte der Orgelbau in Eiderstedt lange Zeit nicht zur Ansiedlung von Orgelbaubetrieben. Die Meister ihres Faches kamen (soweit namentlich bekannt) aus Husum oder Lunden – oder aus Hamburg. Erst im späten 18. Jh. ließ sich in Friedrichstadt der Orgelbauer Peter Jess nieder, im mittleren 19. Jh. in Tönning der Orgelbauer Johann Färber (1820–1888), der 1858–1887 mehrere Orgeln zwischen Süddänemark und Hamburg baute.

Konrad Küster

Bau- und Kunstgeschichte

Eiderstedt zählt zu den an Kunstschätzen reichen Landschaften Schleswig-Holsteins. Zu nennen sind die reich ausgestatteten Dorfkirchen sowie eine Vielfalt von Haustypen, wobei der Hauberg als der – die Kulturlandschaft prägende – wichtigste Haustyp zu gelten hat. Die insgesamt 18 Kirchen, die bei guten Sichtverhältnissen alle von einem Kirchturm aus gesehen werden können, prägen nach wie vor das flache Land, wenngleich vereinzelt Windkraftanlagen in Konkurrenz zu ihnen treten. Auch die Haubarge und die wenigen noch erhaltenen alten Windmühlen, von denen in früheren Jahrhunderten manche Orte zwei und mehr besaßen, waren und sind aufgrund ihrer Höhe markante Merkmale in der Landschaft. Ähnlich wie die Haubarge wurden auch die Mühlen nach niederländischem Vorbild gebaut, sogenannte Erd- oder Galerieholländer. Dem lange anhaltenden Reichtum in Eiderstedt, bedingt durch die fruchtbaren, fetten Böden der Marsch und eine bis ins 20. Jh. fortdauernde Landgewinnung und -sicherung ist jener kulturelle Reichtum zu verdanken, wie er kein zweites Mal entlang der W-Küste Schleswig-Holsteins in dieser Dichte zu finden ist.

Zu den im Ursprung ältesten Kirchen zählen jene in Tating und Garding aus dem 12. Jh. Etwas später sind die Kirchen in Welt, Vollerwiek, Tetenbüll, Poppenbüll, Osterhever und Katharinenheerd entstanden. Nicht viel jünger sind die Bauten in Tönning, Koldenbüttel mit dem ältesten erhaltenen hölzernen Glockenstapel Schleswig-Holsteins (um 1461) und Oldenswort. Bis ins 19. Jh. haben diese Kirchen immer wieder Überformungen erfahren oder wurden nach einer Zerstörung wieder neu aufgebaut, so z.B. die Tönninger Kirche St. Laurentius, die im Nordischen Krieg (1700–1721) schwere Schäden erlitt und in barocker Manier wieder aufgebaut wurde. Zu jener Zeit erhielt die Kirche ihr beeindruckendes hölzernes Tonnengewölbe, das 1704 von dem Hamburger Maler Bartel Conrath als Wolkenhimmel und mit biblischen Szenen gefasst wurde.

Ihr heutiges äußeres Erscheinungsbild verdanken mehrere Kirchen einer Restaurierungswelle des späten 19. Jh., für die der Architekt Johann Friedrich Holm verantwortlich zeichnete, so in Kotzenbüll, Oldenswort, Tetenbüll. Dass nahezu alle Kirchen heute wieder einen großen Teil ihrer Ausstattung im liturgischen Zusammenhang zeigen, ist wiederum als Ergebnis einer intensiven denkmalpflegerischen Betreuung auch durch die Nordelbische Kirche selbst zu sehen.

Als eine Blütezeit Eiderstedts kann aus kunsthistorischer Sicht das 16. Jh. betrachtet werden. Sie ist auf das Engste mit dem Namen Caspar Hoyer verbunden, der 1578–1594 als Staller wirkte und sich u.a. als Förderer der Kunst und Architektur auszeichnete. Mit Hoyerswort, dessen Ländereien ihm Herzog Adolf von Gottorf schenkte, ließ er eines der schönsten Herrenhäuser der Renaissance errichten. Der ursprüngliche Rotsteinbau ist seit der Barockzeit weiß geschlämmt und wurde im 19. Jh. noch einmal überformt. Aus heutiger Sicht ist es sehr bedauerlich, dass diese Veränderungen in den 1960er Jahren wieder zurückgebaut wurden. Heute dominiert das Bild von Hoyerswort wieder der Treppenturm mit jener rekonstruierten Welschen Haube sowie zwei gesimsteilenden Schweifgiebeln auf dem Quer- oder Haupthaus mit sechs Achsen. Neben dem Herrenhaus hat sich ein erst 1779 dorthin versetzter Haubarg erhalten, der noch bis vor wenigen Jahren als Kuhstall diente.

Nicht nur Hoyerswort geht auf Caspar Hoyer zurück. Er initiierte auch den Bau des Tönninger Schlosses durch Herzog Adolf von Gottorf, das aber 1735 abgerissen wurde, und stiftete 1592 in Oldenswort das wertvolle Altarretabel, das Marten van Achten schuf. Es ist vermutlich überhaupt Hoyer zu verdanken, dass die Brüder Govert und Marten van Achten ihre Werkstatt in Tönning betrieben. Die kleine, im 18. Jh. zur Blüte kommende Hafenstadt bot den Brüdern offenbar die notwendige Freiheit, die die Emigranten für die Entwicklung ihrer manieristischen Kunstauffassung suchten. Für die Kirche in Garding schufen sie 1596 ihren größten und prächtigsten Altar auf der Halbinsel. Er gilt als das Hauptwerk Marten van Achtens. Das dreiteilige Gemälderetabel steht heute über einer gemauerten und verputzten Backsteinmensa. Das Mittelfeld zeigt die Ölbergszene, die innen und außen bemalten Seitenflügel sind innen horizontal geteilt und zeigen drei Passionsszenen sowie das Passahmahl. Wie schon beim Oldensworter Altar bediente sich van Achten einer Stichvorlage, hier war es eine Kupferstichserie Aegidius Sadelers nach Hans von Aachen. Von künstlerischer Bedeutung sind neben den Altären der Gebrüder van Achten mehrere Schnitzaltäre, die u.a. auf die Schule von Brüggemann oder, wie in Kotzenbüll, auf niederländischen Einfluss zurückgehen.

Die ebenfalls sehr beachtenswerten Kanzeln folgen in der Regel dem sogenannten Gardinger Typ. Diese Eiderstedter Sonderform von Kanzeln des 16. Jh. ist ein hölzerner polygonaler Korb mit vornehmer Gliederung, Schnitzwerk und aufwendiger Intarsienarbeit. Die Ecken werden, so in Garding, dem ältesten Beispiel (1563), durch Doppelsäulen betont, und die Brüstungsfelder weisen ein relativ stereotypes Bildprogramm auf, z.b. Sündenfall, Kreuzigung und Auferstehung.

Der wertvollste Haustyp in Eiderstedt ist ohne Zweifel der Haubarg, und er stellt zugleich die am stärksten gefährdete Denkmalgattung dar. Von ehemals etwa 400 Haubargen sind heute knapp 30 noch annähernd gut in ihrer Struktur erhalten. Nur noch selten werden die Haubarge landwirtschaftlich genutzt, statt Heu und Vieh zogen in die Gebäude häufig Feriengäste ein. Für die Denkmalpflege, die in den 1980er Jahren ein sogenanntes Haubarg-Programm begleiten konnte, sind diese Bauten heute wieder Sorgenkinder, und weitere Verluste sind absehbar, da die öffentlichen Mittel fehlen, Eigentümer bei der Unterhaltung zu unterstützen. Gefährdet sind auch so wichtige „Reihen" wie die sogenannte Reiche Reihe oder die Bauten im Augustenkoog. Ihr weiterer Verlust hätte einen herben Einschnitt in das kulturelle Gedächtnis dieser besonderen Landschaft zur Folge. Denn nur diese Bauten können bis heute vermitteln, wie fruchtbar das Land war und welche Bedeutung die Landgewinnung für die Menschen hatte. Ihr ausgefeiltes System mit den tief heruntergezogenen gewaltigen Reetdächern, die dem Wind standhielten, indem sie zugleich den Kräften nachgaben, lässt den Überlebenswillen der Marschbauern noch heute spüren, und zugleich ist die gewaltige Größe architektonischer Ausdruck von Macht und Bedeutung. Der Hochdorfer Haubarg z.B. hatte ursprünglich eine Grundfläche von 1 000 m² und sein Vierkant wies acht Ständer auf. Der Rote Haubarg bei Witzwort weist im Vergleich sechs Ständer im Vierkant auf und hat eine Grundfläche von rund 600 m². Die Worte Theodor Möllers, ein verlassener Haubarg sei wie ein verwunschenes Schloss gegen alle Mächte des Bösen gefeit, treffen heute leider nicht mehr zu.

Lange Zeit nahmen die Kunstgeschichte und die Denkmalpflege Eiderstedts Kulturlandschaft nur mit dem Blick auf die Kirchen und die Haubarge wahr. Sicher liegt hier noch heute ihre größte kunst- und architekturhistorische Bedeutung – insbesondere, wenn man die Kirchen von Friedrichstadt noch hinzunimmt. Doch Eiderstedt weist auch eine Reihe bedeutender Kultur- und Baudenkmale aus dem 19. und 20. Jh. auf. So ist der Hochdorfer Garten in Tating nicht nur spätbarocke Gartenkunst des 18. Jh., sondern Eiderstedts berühmter Garten stellt eben auch ein spätromantisches Zeugnis der Gartenkunst mit einer künstlichen Ruine und einem Schweizerhaus von 1880 dar, das längst zum Gegenstand denkmalpflegerischer Maßnahmen geworden ist.

Viel zu geringe Beachtung widmete die Denkmalpflege noch in den letzten Jahrzehnten der Architektur des 19. Jh., die immerhin die erste Blütezeit der Seebäder prägte und schließlich auch das sogenannte ländliche Bauen. Offenbar erfreuten sich architektonische Formen, die im weitesten Sinne auf den Jugendstil zurückgehen, größter Beliebtheit. Mehrere Beispiele in Eiderstedt zeigen im Inneren von Haubargen entsprechende Überformungen oder führten wie in Axendorf bei Kotzenbüll zum kompletten Neubau des Wohnteiles eines Haubargs. Aber auch in den Ortschaften entstanden damals kleinere „Villen" bzw. Mehrparteienbauten historischer Prägung. Und schließlich hielten auch sowohl die Moderne als auch die Heimatschutzarchitektur Einzug auf der Halbinsel Eiderstedt.

Der in Eiderstedt geborene Architekt Georg Rieve (1888–1966) hinterließ mit einem Wohnhaus in Poppenbüll von 1925 ein architektonisches Kleinod. Das Haus weist einen ungeheuren Formenreichtum expressionistischer Prägung auf, wie wir es ansonsten in dieser Zeit nur aus dem städtischen Bereich kennen. Auch in St. Peter-Ording baute man ganz auf der Höhe der Zeit. Wohlhabendes Bürgertum aus Hamburg ließ sich hier seine Ferienhäuser errichten. Drei inzwischen als Kulturdenkmale eingestufte Bauten stammen von den Architekten Heinrich Esselmann und Max Gerntke, die vornehmlich in Hamburg bauten. St. Peter-Ording könnte noch heute durch seine Architektur ein beredtes Zeugnis seiner Entwicklung abgeben, doch hat der bis heute wachsende Tourismus dem Seebad seine Geschichte bald ganz genommen.

Auch in Eiderstedt findet sich die für Schleswig-Holstein typische Heimatschutzarchitektur, die im frühen 20. Jh., als jeweils regionalspezifische Architektur in Abkehr zum Historismus und als Reaktion auf die Moderne entstand. Die Bebauung des 1934 eingedeichten Tümlauer-Kooges von 1936 ist ein solches Beispiel. Leider erkannte die Denkmalpflege diese Wohnbauten zu spät als Kulturdenkmale, so dass sie heute, aufgrund ihrer z.T. starken Veränderungen, im Detail nicht mehr gut erhalten sind. Dabei wäre dieses Siedlungsprojekt aus nationalsozialistischer Zeit ein wichtiges historisches und architekturgeschichtliches Zeugnis gewesen.

Der Halbinsel Eiderstedt widmet die Denkmalpflege ihr besonderes Augenmerk. Dies gilt, wie gezeigt, sowohl für die Erhaltung der Kirchen mit ihren wertvollen Ausstattungen als auch für die Haubarge. In den kommenden Jahren wird es darüber hinaus darauf ankommen, die Zeugnisse späterer Epochen stärker im Bewusstsein der Öffentlichkeit zu verankern und zugleich für eine qualitätvolle Weiterentwicklung der Baukultur zu werben. Nach wie vor – das zeigt sich vor allem gegenwärtig in St. Peter-Ording – wird die historische Bebauung zugunsten belangloser Bauten bzw. einer „historischen Scheinarchitektur", die allein dem Fremdenverkehr – oder dem schönen Schein – huldigt, aufgegeben. So gehen ganze Ortsbilder verloren, ein Problem, dem sich die Denkmalpflege zukünftig verstärkt zu stellen hat.

Astrid Hansen

Kunstlandschaft

Eiderstedt war bis in unsere Zeit ein Land der Bauern. Sie hatten ein nüchtern-sachliches Verhältnis zu ihrer Landschaft. Es gab über Jahrhunderte kein Bedürfnis, sie künstlerisch darzustellen. Wohl aber war im Mittelalter eine Bereitschaft vorhanden, christliche Glaubensinhalte im Bau von Kirchen und in deren Ausstattung in großem Umfang auszuweisen. Die Abgeschlossenheit der einzelnen Gemeinden, zugleich der Wohlstand der Bauern ließen ein dichtes Netz von Kirchen entstehen, von denen heute noch 18 Gebäude übrig sind. Baumeister und Bildkünstler blieben im Mittelalter meistens ohne namentliche Überlieferung.

Im 16. Jh. traten erstmals die Schöpfer gemalter Altäre hervor, die uns als Tönninger Künstler bekannt sind. Aus den Niederlanden waren die Brüder Marten und Govert van Achten nach Eiderstedt gekommen. Sie entfalteten eine umfangreiche Tätigkeit für Eiderstedter Kirchen und darüber hinaus als Hofmaler für den Gottorfer Herzog. Ihre Altartafeln ersetzten die gotischen Schnitzaltäre in den Kirchen von Garding, Poppenbüll, Oldenswort und Welt. Die Gebrüder van Achten brachten die Malerei im Stil des Manierismus, wie er in Venedig bei Tintoretto im Bildaufbau und in der Farbigkeit vorgegeben war, nach Schleswig-Holstein.

1623 wurde in Tönning einer der größten Maler des deutschen Barock geboren: Jürgen Ovens. Seine künstlerische Ausbildung erhielt er in Amsterdam. Die wirtschaftliche Verbindung zwischen Eiderstedt und den Niederlanden war lebhaft, so dass die Entscheidung, dorthin zu gehen, nicht nur deshalb nahe lag, weil Holland damals die „Goldene Zeit" seiner Malerei erlebte. Zurück in der Heimat heiratete er die Tönningerin Maria Martens. Ihre Mitgift war so reich, dass Ovens finanziell unabhängig war. Er war aber auch als Künstler weithin sehr erfolgreich. Für den Herzog von Gottorf war er als Porträtist und Historienmaler tätig. Viele seiner Bilder befinden sich im Besitz der dänischen und schwedischen Herrscherhäuser. Im Rathaus zu Amsterdam befindet sich Ovens' großes Gemälde, das die Verschwörung der Bataver darstellt. Der Auftrag für dieses Bild war zunächst an Rembrandt gegangen. Seine Ausführung wurde aber abgelehnt, sie hängt heute im Nationalmuseum in Stockholm. In seinem Heimatland Eiderstedt befindet sich ein wichtiges Werk von Jürgen Ovens. Seine „Heilige Familie" wurde von seiner Familie nach seinem Tod in ein Epitaph eingefügt, zusammen mit einem Selbstporträt des Malers und dem Bildnis seiner Frau. Dieses Epitaph hängt in der St. Laurentius-Kirche zu Tönning. Schon bald nach seiner Hochzeit war Ovens nach Friedrichstadt gezogen. Hier malte er kurz vor seinem Tod ein Bild, das die Grablegung Christi darstellt. Er schenkte dieses Bild, eines seiner großartigsten Werke, der Friedrichstädter Kirche, wo es dem Altar eingefügt wurde. Jürgen Ovens starb am 9. Dezember 1678.

Die Landschaft Eiderstedts wurde erst am Ende des 19. Jh. zum künstlerischen Thema. Ihr malerischer Entdecker war Jacob Alberts. Er wurde 1860 als viertes von neun Kindern des Landwirts Peter Alberts und seiner Frau Frauke, geb. Eggers, in Westerhever geboren. Die Brüder wurden Bauern, die Schwestern heirateten Bauern. Bei Jacob Alberts allerdings zeigte sich überraschenderweise schon früh eine auffällige künstlerische Begabung. Er ging auf die Akademien in Düsseldorf und München und vollendete seine Ausbildung von 1886 bis 1890 in Paris. Die besondere künstlerische Leistung Alberts' liegt in der malerischen Darstellung der Halligen. Er galt in Berlin als der „Maler der Halligen", durch ihn wurde die „Blühende Hallig" zum Begriff. Alberts zog gleich nach Studienabschluss nach Berlin, wurde hier Mitglied der renommierten Gruppe der XI, später, im Jahr 1898, Mitglied der Berliner Secession, die unter Führung Max Liebermanns die Entwicklung des deutschen Impressionismus durchsetzte. Die Sommermonate verbrachte Alberts zumeist auf den Halligen. Aber auch seine Heimat Eiderstedt war ihm von Anfang an ein wichtiges Thema. Während seiner Studienzeit malte er den Elternhof und porträtierte seine Familienangehörigen. Im Sommer 1888 malte er sein erstes Ausstellungsbild, die „Alte Spinnerin aus Westerhever". Dargestellt war Wiebke Blohm, die Frau eines Tagelöhners. Alberts nahm das Bild mit nach Paris. Dort wurde es 1889 auf der Weltausstellung gezeigt. Ein Jahr später stellte Alberts bei seinem Sommeraufenthalt die Staffelei neben der Kirche in Westerhever auf und malte den „Friedhof meiner Heimat". Auch dieses Bild entstand noch während der Pariser Zeit und wurde dort vollendet. Bei seinen Reisen nach den Halligen kehrte Alberts regelmäßig in Westerhever ein. Gegen Ende des Ersten Weltkrieges blieb er dort längere Zeit, da er im Elternhaus eine sichere Versorgung fand. Nun entstand eine Reihe von Landschaftsbildern, die erstmals die Marschlandschaft Eiderstedts zum Thema hatten und wohl bis heute die überzeugendsten Darstellungen ihrer Natur, ihrer Priele und Haubarge sind.

Drei Jahre vor Jacob Alberts wurde 1857 in Westerhever Detlef Sammann geboren, nicht als Kind wohlhabender Bauern, sondern des Arbeiters Peter Sammann. Detlef

Sammann kam nicht auf eine Kunstakademie, sondern in eine Malerlehre. Nach deren Abschluss führte ihn die übliche Wanderschaft nach Dresden, und nun fand er zur Malerei. Sein künstlerisches Arbeitsfeld wurde dann Amerika. Er war in New York und dann in Kalifornien, dort als bedeutender Landschaftsmaler, sehr erfolgreich. Nach dem Ersten Weltkrieg kehrte Sammann nach Deutschland zurück und lebte bis zu seinem Tod 1938 in Dresden.

Ein väterlicher Ratgeber wurde Jacob Alberts für den jungen Husumer Albert Johannsen. Alberts bestätigte die künstlerische Begabung Johannsens und riet zum Studium an der Weimarer Kunstschule, die als besonders fortschrittlich in der Auffassung von Landschaftsmalerei galt und bereits Max Liebermann und Hans Peter Feddersen wichtige Anregungen gegeben hatte. Nach weiteren Studien in Dresden und Kassel und etlichen Reisen durch die Kulturlandschaften Europas fand Albert Johannsen sein künstlerisches Arbeitsfeld in Husum und Umgebung. Auch Eiderstedt zog ihn an. Er bezog ein Atelier in Porrendeich bei Uelvesbüll und entdeckte hier an den alten Binnendeichen und Wehlen bislang unentdeckte malerische Motive (vgl. Abb. 30). Gern malte Johannsen auch in St. Peter im Vorland, wo Abbruchkanten den Übergang vom Land zum Meer markierten.

Nach den machtvollen Einflüssen, die von der Kunst der Expressionisten, insbesondere der Brücke-Maler und Emil Nolde ausgegangen waren, entstand in den Jahren zwischen den beiden Weltkriegen eine ausdrucksbetonte Malerei, die sich wieder stärker an der Wiedergabe des Landschaftsmotivs orientierte. Bevorzugt wurden dabei Eindrücke, die von den Kräften der Natur, ihrer Ursprünglichkeit und Wirkungsmacht geprägt waren. Entsprechende Motive fanden die Mitglieder der „Werkgemeinschaft von Aquarellmalern": Leonore Vespermann, Hans Rickers, Erwin Hinrichs, Annemarie Ewertsen und Erich Duggen in Eiderstedt am Strand St. Peters und in den kleinen Häfen von Tönning und Tetenbüllspieker.

Die Entwicklung des Badeortes St. Peter-Ording zog während der Sommermonate Künstler an die Nordsee und ließ hier zeitweilig ein Gefühl von Zusammengehörigkeit aufkommen. Friedrich Karl Gotsch und Hilde Goldschmidt kamen als Schüler Oskar Kokoschkas von Dresden und fanden im Dorf, am Deich und Strand fruchtbare Anregungen für ihre Studien. Ähnliche Impulse fanden hier Alf Bachmann, Ingwer Paulsen und Willy Graba. Durch die Kriegsfolgen kamen für längere Zeit Fritz Kronenberg aus Hamburg und Hans Olde d.J. aus Gauting nach St. Peter-Böhl. Friedrich Karl Gotsch blieb nach dem Krieg in St. Peter und begründete zusammen mit Hamburger Malern eine Zweigstelle des „Baukreises", in dem eine Reihe von Schülern in der Aufbruchstimmung der Nachkriegszeit in Anlehnung an das Bauhaus ausgebildet wurde.

In den weiteren Jahrzehnten zog Eiderstedt zunehmend Künstlerinnen und Künstler an, die in der abgeschiedenen Landschaft nicht so sehr die Motive für ihre Kunst suchten, sondern die Stille und anregende Atmosphäre für ganz unterschiedliche künstlerische Ansätze. Gern suchten sie dabei einen bereichernden Einfluss durch die Arbeit ihrer zahlreichen Kollegen. Die Formen ihrer Bildsprache und ihrer Aussagen sind nicht in erster Linie durch bestimmte Landschaftseindrücke geprägt, sondern vielmehr durch die Auseinandersetzung mit den unterschiedlichsten Erscheinungen des modernen Lebens.

Hans-Jürgen Krähe

Volksüberlieferung

In seinem bahnbrechenden Werk von 1845 mit Sagen, Märchen und Liedern aus Schleswig-Holstein publizierte Karl MÜLLENHOFF die erste größere Anzahl von Eiderstedter Erzählungen, die aus der Literatur wie aus mündlicher Überlieferung stammten. Als Beiträger ist u.a. der in Garding geborene Theodor MOMMSEN aus Oldesloe zu nennen, vor allem aber Theodor STORM aus Husum. Weitere Sagen aus schriftlichen Quellen finden sich in Hermann LÜBBINGS gesamtfriesischer Sammlung von 1928, besonders aber in den Schleswig-Holsteiner Sagen von Gustav Friedrich MEYER und den nordfriesischen Sagen von Rudolf MUUSS von 1929 bzw. 1933. Jurjen van der KOOI wertete für seine friesischen bzw. nordfriesischen Anthologien von 1994 resp. 1998 noch weitere Quellen aus. Außerdem zeichnete Gustav Friedrich MEYER Anfang der 1930er Jahre Erzählungen auf, worunter sich ebenfalls eine beträchtliche Anzahl von Märchen und Schwänken befand, die von Kurt RANKE und Gundula HUBRICH-MESSOW 1955–2007 veröffentlicht wurden. Auf diese Weise sind insgesamt rund 100 Volkserzählungen bekannt, von denen gut ein Drittel als Sagen und fast zwei Drittel als Märchen und Schwänke klassifiziert werden können. Sagen gelten eher als landschaftstypisch, weil sie lokalisiert sind und auf einem historischen Ereignis oder einem persönlichen, vielleicht nicht mehr datierbaren Erlebnis basieren, dennoch erweisen sie sich bei näherem Hinsehen häufig als Wanderstoffe. Das trifft in noch größerem Maß für Märchen und Schwänke zu, die in der Regel irgendwann oder irgendwo spielen.

Von den zumeist hochdeutschen Sagen sollen einige vorgestellt werden, die, wenn nichts anderes angegeben ist, aus MÜLLENHOFFS Sammlung stammen. Bei den geschichtlichen Sagen spielt die Belagerung von Tönning während des Nordischen Krieges (1700–1721) eine wichtige Rolle. So forderten die fremden Soldaten angeblich das zehnjährige Mädchen „Martje Floris" aus Katharinenheerd auf, einen Trinkspruch auszugeben, worauf sie ausrief: „Et gah uns wol up unse olen Dage." Dieses Motto und der Name des Mädchens, der auch Martje Flohrs lautet, sind heute noch in allen möglichen Zusammenhängen lebendig. Auf ältere Begebenheiten bezogen berichten die mittelniederdeutsche Sage „Abel und die Friesen" oder die hochdeutsche Erzählung „König Abel und Wessel Hummer" vom Sieg der Eiderstedter über König Abel 1252. In der Seeräubersage „Die Wogenmänner" von 1370 wird der Name des Geschlechts der Wogensmannen, die von der Insel Strand stammten, in Wogensmannen umgedeutet. Auf dem Platz und aus dem Material ihrer zerstörten Burg wird der Überlieferung zufolge im 16. Jh. das Pastorat von Westerhever erbaut. Volksetymologisch erklärt werden bei Muuß zudem der „Heverstrom" und die Ortsnamen „Tönning" und „Welt".

Eine Kirchentür in Uelvesbüll soll noch vom legendären Untergang Rungholts als Strafe für Übermut und Hostienfrevel zeugen. Einen ähnlichen Frevel begeht „Die Tänzerin", die sich bei einer Hochzeit auf Gut Hoyerswort in ihrer Tanzwut dem Teufel verspricht. Daran mahne noch ein unvertilgbarer Blutfleck. Mit diesem lassen sich, so wird berichtet, zudem mehrere Menschen um den Preis ihrer Seligkeit ein, um den Roten Haubarg oder andere ähnliche Gebäude errichten zu können, wobei sie den dämonischen Baumeister überlisten und ein geweihtes Fenster einsetzen oder den Hahn vor dem Morgengrauen zum Krähen bringen. Auch der schwedische General Graf Magnus Stenbock, der während des Nordischen Krieges Tönning belagert, soll mit dem Satan einen Bund geschlossen haben, der nur um den Preis eines lebendigen Herzens zu lösen ist. Der Teufel wird zwar mit einem Pudelherz geprellt, doch dafür helfen dem General lediglich Hunde und keine Menschen, was seine Niederlage und die Befreiung der Stadt bedeutet.

Beziehungen zum Teufel werden auch Frauen nachgesagt, die mehr wissen und können als andere. So soll sich in einer Eiderstedter Mühle „Die abgehauene Pfote" einer Katze als die Hand der Müllersfrau erweisen, worauf deren Schicksal als Hexe besiegelt ist. Der barocke Prediger Peter GOLDSCHMIDT erinnert an einen Bürger seiner Vaterstadt Husum, dem um 1678 in einem Tönninger Gasthaus der der Wirtin gehörende „warme Biers-Topff" zum Verhängnis wird: Der Mann muss nach dem Genuss des Getränks der Sage gemäß wie ein Huhn gackern und Eier legen.

„Der Staller Heistermann" in Marne bei Garding komme gemäß MUUSS im Verlies seines eigenen Hofes wegen seines unchristlichen Lebens selbst nach seinem Tode nicht zur Ruhe. Ebenso ergehe es einem gottlosen Lehnsmann aus Vollerwiek, der über den Eiderdeich hinaus gebannt wieder seinem Hof zuzustreben versuche. Solle dem sogenannten Dränger, der zudem Wanderer behindere, das gelingen, werde der Deich brechen und die See ins Land dringen. „Auf der Düne" bei St. Peter soll laut MEYER ein schönes Mädchen namens Maleen an ihrem Spinnrad sitzen und auf ihren Geliebten warten, doch ihre Erscheinung bedeute Unglück. Eine weitere Spuksage berichtet von den vergeblichen Versuchen junger Männer, „Die Prinzessinnen im Tönninger Schloss" zu erlösen und damit auch das 1735 abgebrochene Gebäude wieder erstehen zu sehen. Laut einer niederdeutschen Version wartet „Der verzauberte alte Kriegsmann in Tönning" auf den großen Kampf gegen den König von Dänemark. In ebendiese andere Welt führt die Sage um „König Dan", der in der Nähe des Ortes auf die sogenannte letzte Schlacht harren soll. Ähnliche Prophezeiungen sind zum z.B. mit dem Kyffhäuser oder dem Untersberg verbunden. In Westerhever will bei MEYER ein alter Lehrer schon eine Woche zuvor einen Brand vorhergesehen haben, den ihm „Der Bote" dann tatsächlich melden muss, so ein weiteres weit verbreitetes Motiv.

Während bei den Sagen allenfalls die Aufzeichner erwähnt werden, sind die Gewährsleute der Märchen und Schwänke in der Regel namentlich bekannt. Aus dem Mund von drei Erzählerinnen und acht Erzählern konnte Gustav Friedrich MEYER knapp 50 vorwiegend niederdeutsche Märchen und Schwänke notieren. Die Aufzeichnungen reichen von fragmentarischen Versionen bis hin zu langen, mehrere Erzähltypen miteinander verbindenden Fassungen, was zu sogenannten Ketten vor allem bei den Schwänken führt, die damit die größte Gruppe unter den insgesamt über 60 Varianten bilden.

Vertreten sind aber auch Zauber- und Novellenmärchen, Schildbürgergeschichten oder Märchen vom dummen Unhold. Inhaltlich unterscheiden sich diese Märchen und Schwänke oft nur wenig von anderen schleswig-holsteinischen, deutschen oder gar europäischen Fassungen, jedoch weisen sie einige Besonderheiten auf. So erfordert der recht verbreitete Schwank „Traum vom Schatz auf der Brücke" zwei weit voneinander entfernte Orte: Die „Reise nach Amsterdam" beginnt und endet in Tönning. Als Märchen vom dummen Unhold zu klassifizieren sind die in Witzwort bzw. Garding lokalisierten hochdeutschen Fassungen von „Die beiden Drescher", die sinnfällig auf der Scheunentür des Olufhofs bei Katharinenheerd präsent sind, während die entsprechende niederdeutsche Version des Arbeiters Johannes Heinrich Pauls in Warmhörn keine Ortsnamen aufweist. Dafür siedelt dieser Informant seine zwei Varianten des Zaubermärchens „Klebezauber" in Tönning, Garding, Kotzenbüll und Vollerwiek an und der aus Witzwort stammende Lehrer Friedrich Peters lässt den starken Protagonisten in „Die Prinzessinnen in der Unterwelt" seinen schweren Handstock über einen Hauberg werfen.

Auch bei Personennamen für ihre Märchenhelden sind manche Erzähler erfinderisch: Die Arbeiterfrau Doris Hach in Kating gibt ihrer „Klugen Bauerntochter" den merkwürdigen Namen Meleani und Peters nennt im Novellenmärchen „Des Verschwenders Heimkehr" nach dem Gleichnis vom verlorenen Sohn diesen Niklas und dessen Schwester Marie. Weder Meleani noch Niklas kommen sonst in schleswig-holsteinischen Märchen vor. Wenn jedoch in seiner dritten Erzählung, die u.a. zum Eheschwank „Narrensuche" rechnet, das Ehepaar „Frieder un Katherlieschen" heißt, dürften die Gebrüder Grimm Pate gestanden haben.

Mehrere Episoden dieses Schwanks gehören außerdem zu den Schildbürgerstreichen, die in Eiderstedt immer nur von einzelnen unklugen Personen erzählt werden wie z.B. die „Blutegelkur", bei der der Patient glaubt, die Tiere verzehren zu müssen. Ein richtiger Schildbürgerort liegt erst in der südlich angrenzenden Landschaft Dithmarschen: Mit den Büsumern machen sich die Bewohner von St. Peter einen Spaß, indem sie sie mit dem Ruf „Schiff am Strand" aus dem Himmel zu vertreiben versuchen. Dieser Schwank ist ebenfalls auf den nordfriesischen Inseln, auf Fehmarn und darüber hinaus anzutreffen. Hingegen sind in Schleswig-Holstein mehrere Erzähltypen nur in der jeweiligen Eiderstedter Fassung belegt, nämlich neben der zitierten „Blutegelkur" auch der Schwank „Erbsen und Speck" und das Zaubermärchen „Der Geist im Glas" in zwei bruchstückhaften Varianten nach der Vorlage von „1001 Nacht".

Gundula Hubrich-Messow

Eiderstedt in der Literatur

Feriengäste aus Großstädten und Ballungsgebieten wie Hamburg, Berlin oder dem Ruhrgebiet empfinden die Halbinsel Eiderstedt durchweg als Naturlandschaft. Dass es sich dabei um eine jahrhundertealte Kulturlandschaft handelt, die ohne den Menschen in dieser Form gar nicht existieren würde, wird gern übersehen. Nicht nur die Deiche, Siele und Fennen, nicht nur die Kirchen und Haubarge dokumentieren das, sondern auch die Malerei und die Literatur, die sich die Halbinsel zum Gegenstand ihres Schaffens gemacht haben. Der Bildungsstand der großen Bauern war, gemessen an den auf dem flachen Lande üblichen Verhältnissen, erstaunlich hoch. Nicht von ungefähr sprach man von ihnen, die nicht selten studiert hatten, von „lateinischen Bauern". Mit den Chroniken und kirchlichen Erbauungsschriften, die Pastoren und gebildete Bauern vom späten Mittelalter an verfassten oder herausgaben, steht die Landschaft der W-Küste Schleswig-Holsteins den damals bedeutenden Städten literarisch kaum nach. Einen wichtigen Schritt auf dem Wege dieser literarischen „Landgewinnung" stellt zweifellos die Erweckungsbewegung dar, die durch ihre gemeinschaftliche Bibellektüre zur Entwicklung einer dörflichen Lesekultur beitrug.

Erstaunlich ist weiterhin, wie zahlreich Frauen unter den Literatur Schaffenden vertreten waren. Einen ersten, weit über die Halbinsel hinausstrahlenden Höhepunkt setzte in der ersten Hälfte des 17. Jh. Anna Ovena HOYERS (1584–1655) mit ihren religions- und zeitkritischen Schriften. Bedeutung erlangte auch ihr Buch „Gespräch eines Kindes mit seiner Mutter von dem Wege zu wahrer Gottseligkeit" (1628). Mit ihm präsentierte sie sich als bekannte Frau, als Erzieherin, die ihren Status und ihre Autorität nicht nur aus ihrer religiösen Überzeugung, sondern auch aus ihrer Rolle als Witwe des 1622 verstorbenen Eiderstedter Stallers Hermann Hoyer und alleiniger Erzieherin ihrer Kinder bezog. Das „Gespräch" stand sowohl in der Tradition der Kinderliteratur, einer zumeist religiös geprägten Lektüre für Haus, Schule und Kirche mit oftmals illustrierten Texten zum Lesen und Vorlesen, als auch in der Tradition der vielen Hausväter- und Ehebücher jener Zeit, die die Verantwortung der Eltern betonten, ihre Kinder durch eigenes Vorbild und mit Zucht und Unterricht zu gottesfürchtigen Christen zu erziehen. Sie waren Teil einer ausgeprägten Lesekultur und schlossen das Abschreiben und Auswendiglernen als wichtig erachteter Passagen ein. Geboren wurde Anna Ovena HOYERS als Anke Hanß in Koldenbüttel. Ihre Jugend verbrachte sie als Vollwaise bei ihrem Onkel in Witzwort. Nach ihrer Heirat residierte sie auf Hoyerswort, dem Gut der Familie ihres Mannes, und im Tönninger Schloss, dem Amtssitz des Stallers. Ihre letzten Jahre verbrachte sie auf Gut Sittwick in der Nähe von Stockholm, einem Geschenk der schwedischen Königin (MOORE 2000).

Koldenbüttel ist auch der Schauplatz der ersten Novelle, deren Gestalten Theodor STORM (1817–1888) ganz bewusst in eine bestimmte Landschaft, in eine bestimmte gesellschaftliche Umgebung und in eine bestimmte geschichtliche Zeit eingebettet hat. Sie erschien erstmals 1858 unter dem Titel „Auf dem Staatshof". Erzählt wird die Geschichte vom Leben und frühen Tod der letzten Erbin einer einst sagenhaft reichen Familie aus dem bäuerlichen Patriziat des östlichen Eiderstedt. Storms „Staatshof", ein landestypischer „Haubarg", nordwestlich von Friedrichstadt in unmittelbarer Nähe der B 202 gelegen, existiert heute nicht mehr. Er wurde 1841 abgerissen. Übrig geblieben ist nur der Gartenpavillon am Rande des breiten Wassergrabens, in dem Anne Lene, die Hoferbin, zu Tode kommt.

Auch heute ist Eiderstedt oft Gegenstand des Ablaufgeschehens zahlreicher Romane. So handelt etwa Uwe HERMS' Erzählung „Das Haus in Eiderstedt" (1985) von der Faszination der Landschaft und der Obsession, gerade dort ein Haus besitzen zu wollen, von dem nahezu zwanghaften Wunsch, es als Eigentum sich anzueignen, und den Abenteuern, die sich daraus ergeben. Leser und Leserinnen können in jüngster Zeit zudem auf eine Fülle vor allem an Kriminalromanen zurückgreifen, die auf der Halbinsel spielen. So ist etwa Werner KLOSES „Sanderup" (1988) leicht als St. Peter-Ording zu identifizieren. Und Hannes NYGAARDS Geschichte vom „Tod in der Marsch" (2004) ereignet sich in der Gegend um Simonsberg und Witzwort. Allen diesen zeitgenössischen (Kriminal-)Romanen ist allerdings eigen, dass die in ihnen geschilderten Tatorte austauschbar sind. Die Morde könnten sich ebenso gut in der Lüneburger Heide oder im Kärntner Lesachtal ereignen.

Anders verhält es sich mit den Werken jener Regionalschriftstellerinnen, die zu Beginn des 20. Jh. die sozialen Umbrüche der Halbinsel im Übergang von der Agrar- zur Industriegesellschaft zu ihrem zentralen Thema gemacht haben: Thusnelda KÜHL (1872–1935) in Oldenswort, K.v.d. EIDER (1867–1941) in Koldenbüttel und Ingeborg ANDRESEN (1878–1955) in Witzwort. Ihre Romane und Erzählungen hätten kaum geschrieben werden können ohne die intime Kenntnis der Soziographie Eiderstedts, zum einen in dem Wissen um die „Landschaft" als sich selbst verwaltende Körperschaft in ihrer historischen Überlieferung, zum anderen in dem Wissen um die Landschaft als sozialökologischer Lebensraum, mit ihren Naturwidrigkeiten und gesellschaftlichen Spannungen. Gleiches gilt für die Erzählungen und Romane Meta SCHOEPPS (1868–1939) und Friede KRAZES (1870–1936). Während SCHOEPP die Hafenstadt Tönning und das nahe gelegene Kotzenbüll zum Austragungsort des Handlungsgeschehens nimmt („Millionensegen", 1920, Neuauflage 2007), steht Hoyerswort bei KRAZE im Zentrum der Ereignisse um „Die Frauen von Volderwiek" (1926).

Arno Bammé

Kulturhistorisch-biographischer Überblick

Die Halbinsel Eiderstedt brachte eine große Zahl bedeutender Persönlichkeiten hervor, die zum Teil weithin bekannt wurden. Den Hintergrund bildet der relative Wohlstand in der fruchtbaren Marschlandschaft, der Bildung und Kultur ermöglichte.

Gegen Ende des 14. Jh. endete in Eiderstedt die schriftlose Überlieferung. Die Verbindung zu Hamburg und Schleswig führte zur Übernahme von Teilen der dortigen Annalen, die fortgesetzt und durch lokale Überlieferungen bereichert wurden. Hierbei ist als erster Wenni Sywens zu nennen, der 1442 Schreiber des Stallers Epe Wunnekens wurde. Sein Bruder Dirik Scriver, dessen Grabstein von 1467 in der Oldensworter Kirche zu finden ist, setzte das Werk fort, welches unter dem Namen *Chronicon Eiderostadense vulgare* überliefert und niederdeutsch geschrieben ist. Diese Chronik wurde im 16. und 17. Jh. von wohlhabenden Eiderstedtern fortgesetzt, so von Iver Jons in Oldenswort bis 1620. In Witzwort lebten drei Chronisten, die Brüder Jon und Mewes Ovens, die lokale Ereignisse bis gegen 1630 notierten, und Jon Ties, der bereits 1579 mit seinen zusätzlichen Aufzeichnungen begann; auch der dortige Pastor Laurentius Adsen betätigte sich als Verfasser und übertrug ab 1582 das niederdeutsch geschriebene *Chronicon* ins Lateinische. In dieser Sprache hat vor 1594 der Staller Caspar Hoyer eine allgemeine Beschreibung Eiderstedts abgefasst, die 1610 Jacob Sax, Prediger in Husum, in niederdeutsche Verse fasste und gedruckt wurden. Über die Landfestmachung Eiderstedts legte der außerhalb wohnende Iven Knutzen 1588 eine Abhandlung vor, die zum ersten Mal ideelle Karten des Grenzgebiets zur Geest aufwies. Anlässlich eines Streits um die Deichpflicht verfasste der Gardinger Schulmeister Johannes Schultze 1612 einen Bericht über die Bedeichungsgeschichte Eiderstedts. Der Überzug Eiderstedts durch die Heere Wallensteins ließ die Feder der Chronisten ruhen, doch sie wurde erneut in Gang gesetzt durch das epochale Ereignis der großen Flut von 1634. Über sie schrieb im Jahr darauf der Ordinger Pastor Matthias Pampus einen Bericht, der nur in Bruchstücken überliefert ist. Cornelius von der Loo in Koldenbüttel setzte das *Chronicon* bis in seine Zeit fort und bot dem 1597 geborenen und daselbst wohnenden Peter Sax, dem studierten Landmann, eine Grundlage für viele Werke. Seine hochdeutsche Beschreibung Eiderstedts und weitere Aufzeichnungen wurden erst im 20. Jh. veröffentlicht, während die auf Latein verfassten schon im 18. Jh. im Druck erschienen. Peter Sax setzte seine schriftstellerische Tätigkeit bis gegen 1660 fort. In diese Zeit fällt eine kurze Chronik des Tönninger Apothekers Hinrich Focke, die sich auf seinen Heimatort beschränkt. Unter den eingewanderten Mennoniten befand sich dort auch Johann Clausen Cotte, der bei der Verteidigung seiner Glaubensbrüder in den Jahren 1607/08 eine große Rolle spielte und Eiderstedts Oberdeichgraf war.

Die religiösen Auseinandersetzungen mit eingewanderten Sektierern begründeten bei manchen Eiderstedtern einen Hang zu eigenständigen Überlegungen, die dem orthodoxen Verständnis jener Zeit widersprachen. Hier steht an erster Stelle der Sohn eines Oldensworter Organisten, der 1646 geborene Matthias Knutzen, der als erster namentlich bekannter Atheist der neuzeitlichen europäischen Geistesgeschichte gilt. 1673/74 sorgte er in Jena und anderen Orten wegen atheistischer Gedanken und deren schriftlicher Verbreitung für Erregung, tauchte aber nach geraumer Zeit wieder in Eiderstedt als Chirurg auf und praktizierte später in Lunden (Dithmarschen). Ein ähnlicher Entwicklungsgang trifft vorher schon auf Nicolaus Teting zu, der aus Husum stammte und bei Anna Ovena Hoyers auf Hoyerswort Unterschlupf fand. Anna hatte 1599 den Staller Hermann Hoyer geheiratet und wandte sich nach seinem Tode vom lutherischen Glauben ab und den wiedertäuferischen Ideen Tetings zu, verfasste darüber hinaus Spottverse auf den lutherischen Klerus und musste gegen 1632 mit ihren Kindern Eiderstedt verlassen, setzte ihre schriftstellerische Tätigkeit in Schweden fort; Teile ihrer niederdeutschen Werke wurden 1650 in Amsterdam zum Druck befördert. Johannes Moldenit, bis 1653 Propst in Eiderstedt, stritt bis zu seinem Tode gegen die Lehre der Davidjoriten. Seine Schrift „Aufgedeckte Larve Davidis Georgii" erschien 1670 in Kiel.

Gewissermaßen einen vorläufigen Schlusspunkt setzten dann die Werke von Anton Heimreich (Nordfriesische Chronik, 1666, 1668) und des 1605 in Oldensworth geborenen Caspar Danckwerth (Beschreibung der Herzogtümer Schleswig und Holstein, 1652). Erst zu Beginn des 18. Jh. entstand wieder das Bedürfnis, geschichtliche Ereignisse aufzuschreiben. Einer der ersten war der Schulmeister in Poppenbüll, Peter Hinrich Rosien, dessen hochdeutsch verfasste Chronik die Jahre von 1712 bis 1740 behandelt, aber erst 1819 in Teilen und 1989 als Ganzes gedruckt wurde. Das erwachende Interesse an antiquarischen Dingen manifestierte sich in den seit 1754 von den Ortspastoren verlangten kirchspielsweisen Ortsbeschreibungen, die aber erst 1781 im sogenannten Dänischen Atlas (Bd. 7) an die Öffentlichkeit gelangten. Die Kirchengeschichte Eiderstedt war bis 1745 Hauptarbeitsgebiet des Propsten Petrus Petrejus in Garding, dessen detailreiche Werke auszugsweise im 18. Jh. in überregionalen Zeitschriften erschienen, doch ganz erst im 20. Jh. gedruckt worden sind. Seine Handschriften waren Grundlage für Marcus Detlef Voß, geboren 1741 in Tetenbüll, seit 1797 Eiderstedter Propst, dessen Manuskript aber erst 1853 veröffentlicht wurde. Sein schon mit Texten aus dem Landschaftsarchiv vermehrtes Werk „Etwas von den Stallern und den besondern Gesezen und Freiheiten der drei Lande Eyderstedt, Everschop und Utholm" wurde ab 1790 in einer Zeitschrift gedruckt und blieb für viele Jahre bestimmend. 1795 ließ der Rektor der kurzzeitig existierenden Gardinger Lateinschule, Friedrich Carl Volckmar, seinen „Versuch einer Beschreibung von Eiderstädt" in Hamburg erscheinen. Dieser „Versuch" ist *die* Quelle für die Darstellung des physikalischen, politischen und geistigen Zustands Eiderstedts kurz vor 1800. Der in ihm vorhandene Geist der Aufklärung fand sich ebenfalls in den Privatbibliotheken, die bei manchen Pastoren oder auf großen Höfen vorhanden gewesen sind.

Eine umfassende Landesbeschreibung der Halbinsel veröffentlichte 1853 der Eiderstedter Propst Friedrich Feddersen, der aus der bedeutenden Familie Feddersen aus Wester Schnatebüll bei Leck stammte; das Werk wurde 2010 durch den Heimatbund Landschaft Eiderstedt erneut herausgegeben. Zahlreiche heimatkundliche Werke erschienen in dem von Heinrich Lühr und Jacob Dircks 1856 in Garding gegründeten

Verlag. Von späteren Heimatforschern seien beispielhaft genannt Emil Bruhn, geboren 1860 in Dithmarschen und langjähriger Pastor in Koldenbüttel, Hans Hinrichs, geboren 1863 auf dem Hof Trindamm bei Tetenbüll, und der 1875 auf dem Hof Schlapphörn in Oldenswort geborene Landwirtschaftsrat August Geerkens. Für die Geschichte Schleswig-Holsteins bedeutsam wurde Volquart Pauls, 1884 in Kating geboren, der viele Jahre die Landesbibliothek in Kiel leitete. Rolf Kuschert, geboren 1927 in Husum, befasste sich als Historiker mit der Eiderstedter Geschichte und baute das Kreisarchiv Nordfriesland in Husum auf, zu dem das Archiv der Landschaft Eiderstedt gehört.

Auf verschiedenen Gebieten der Wissenschaft leisteten Männer aus Eiderstedt Hervorragendes. Ein bedeutender Vertreter der Aufklärung war der 1736 in Tetenbüll geborene Philosoph, Mathematiker und Naturforscher Johann Nicolaus Tetens. Er beeinflusste wesentlich das Werk Immanuel Kants. Einen wesentlichen Beitrag zur Psychologie leistete er durch die erstmalige Unterscheidung des seelischen Vermögens in Denken, Fühlen und Wollen. In seinem Buch „Reisen in die Marschländer der Nordsee" (1788), in dem auch Eiderstedt ein Abschnitt gewidmet ist, setzte er sich für eine Reform des Deichwesens ein. Von 1789 an bekleidete Tetens wichtige Staatsämter in Kopenhagen, vor allem in der Finanzverwaltung. Philipp Gabriel Hensler, geboren 1733 in Oldenswort, wirkte auf dem Gebiet der Medizin als Arzt und weithin bekannter Wissenschaftler, zuletzt an der Universität Kiel.

Am berühmtesten wurde Theodor Mommsen, geboren 1817 in Garding als Sohn eines aus der Wiedingharde stammenden Pastors; die Familie verließ Eiderstedt bereits 1821. Mommsen gilt als der bedeutendste Altertumswissenschaftler des 19. Jh. Für seine monumentale „Römische Geschichte" erhielt er 1902 den im Jahr zuvor erstmals vergebenen Literaturnobelpreis. Politisch trat Mommsen als Gegner Bismarcks hervor. Mehrere seiner Nachkommen machten sich als Wissenschaftler, insbesondere Historiker, einen Namen. Der 1823 in Tönning geborene Friedrich von Esmarch entwickelte neue Methoden in der Chirurgie. Er erfand u.a. das Verbandspäckchen, das Dreiecktuch und den Eisbeutel (weshalb er in seiner Heimat „Fiete Isbüdel" genannt wurde). Esmarch propagierte die Erste Hilfe und begründete das Samariterwesen in Deutschland. Der 1825 in Rostock geborene und in Tönning aufgewachsene Ferdinand von Müller wurde als deutsch-australischer Botaniker und Geograph bekannt. Als Begründer der Soziologie in Deutschland gilt der 1855 in Oldenswort als Sohn eines wohlhabenden Landwirts geborene Ferdinand Tönnies mit seinem Hauptwerk „Gemeinschaft und Gesellschaft". Mit empirischen Studien, etwa über den Selbstmord in Schleswig-Holstein oder zur Agrarstatistik, beeinflusste er die Entwicklung der jungen Soziologie. Sein soziales Engagement zeigte sich, als er 1896/97 den Hamburger Werftarbeiterstreik untersuchte und sich kritisch zur Lage der Arbeiterschaft äußerte. Die Nationalsozialisten entzogen ihm seine Lehrbefugnis an der Universität Kiel.

Einige begabte Frauen, denen im 19. und beginnenden 20. Jh. alle Aufstiegsmöglichkeiten verstellt waren, fanden als Schriftstellerinnen ein Betätigungsfeld. Friederike Wolfhagen, geboren 1812 in Tönning, behandelte in ihren 22 Büchern, zumeist Romanen, geschichtliche Motive verschiedener Gegenden und Länder, beschäftigte sich aber auch mit den freiheitlichen Bestrebungen ihrer Zeit. Thusnelda Kühl, 1872 als Tochter des liberalen Pastors Carsten Kühl in Kollmar/Unterelbe geboren und in Oldenswort aufgewachsen, wurde wie manche ihrer schreibenden Kolleginnen Lehrerin. Die „Dichterin der Marschen" thematisierte in ihren 14 Büchern soziale Probleme auf dem

Lande und die Beziehungen der Geschlechter. Ingeborg Andresen verh. Bödewadt, 1878 in Witzwort geboren, lernte als Waisenkind die harten Lebensbedingungen im dortigen Armen- und Arbeitshaus kennen; sie veröffentlichte zahlreiche Erzählungen, Novellen, Gedichte und Theaterstücke, auch in ihrer niederdeutschen Muttersprache. Das alltägliche Leben auf dem Lande, die Veränderungen um die Jahrhundertwende, die Standesunterschiede zwischen Großbauern und „kleinen Leuten" waren auch die Themen der Katharine Saling geb. Fedders, 1867 als Tochter des Kirchspielwirts in Koldenbüttel geboren. Ihr unter dem Pseudonym K.v.d. Eider 1906 erschienener Roman „Kihrwedder" löste im Dorf einen Skandal aus. Die Titelheldin bricht aus der ländlichen Enge aus und geht in die Großstadt – wie es viele begabte Männer und Frauen aus Eiderstedt um diese Zeit und auch später taten.

Von bedeutenden Malern seien hervorgehoben der berühmte Barockmaler Jürgen Ovens, 1623 in Tönning geboren, und Jacob Alberts, 1860 in Westerhever zur Welt gekommen, der zu den künstlerischen „Entdeckern" der nordfriesischen Landschaft im ausgehenden 19. Jh. gehörte. Außerdem seien genannt Detlef Sammann, geboren 1857 in Westerhever, Jan Hamkens, geboren 1863 in Oldenswort, und Carsten Kühl, geboren 1887 in Oldenswort. Als Aktionskünstler wirkte Hein Hoop, geboren 1927 in Gravenstein, u.a. in Katingsiel. Georg Rieve, geboren 1888 in Tating, trat als Architekt hervor und entwarf z.B. das Nissenhaus in Husum. Der Kaufmann Ernst C. Payns, geboren 1888 in Oldenswort, bildete die Region als Autodidakt meisterhaft mit der Fotokamera ab. Einen Namen als Musiker machte sich Kurt Thomas, geboren 1904 in Tönning; vier Jahre lang wirkte er als Thomaskantor in Leipzig.

Aus dem politischen Bereich sei genannt der Tatinger Ratmann Peter Hamkens als Abgeordneter der ersten, 1836 zusammengetretenen Ständeversammlung für das Herzogtum Schleswig. Der Weg des Oldensworter Ratmanns Adolf Theodor Thomsen, geboren 1814 in Tönning, vom dänischen Gesamtstaatler zum preußischen Amtsträger ist bezeichnend für Eiderstedts Geschichte im 19. Jh. Nicolai Christian Reeder, geboren 1867, aus Poppenbüll wirkte während der Weimarer Republik als erster einheimischer Landrat. Bedeutung für die friesische Bewegung gewannen Cornelius Petersen, geboren 1882 in Tating, der als Wegbereiter der nationalfriesischen Richtung in Nordfriesland angesehen werden kann und später als Anführer einer Protestbewegung im dänischen Nordschleswig für Aufsehen sorgte, und der 1885 in Kating geborene Journalist Wilhelm Ludwig (W.L.) Andresen, 1923 Mitbegründer der heutigen „Friisk Foriining". Wilhelm Hamkens, geboren 1896 in Tetenbüll, agitierte als Anführer der „Landvolkbewegung" seit 1928 gegen das „jüdische Aussaugesystem" und leistete damit dem Aufstieg des Nationalsozialismus Vorschub. Der 1887 in Thüringen gebürtige Paul Dölz engagierte sich von Tönning aus für die Sozialdemokratische Partei. In der Zeit des Nationalsozialismus mehrfach verhaftet, setzte er sich nach 1945 unter anderem als Tönninger Bürgermeister und Landtagsabgeordneter für den demokratischen Neubeginn ein. Für die Christlich-Demokratische Union wirkte jahrzehntelang Hans-Alwin Ketels, geboren 1913 in Osterhever, als Kreispräsident und Landtagsabgeordneter. Walter Peters, geboren 1912 in Poppenbüll, war zunächst Mitglied der Deutschen Partei und gehörte für die Freie Demokratische Partei viele Jahre lang dem Bundestag an. Uwe Ronneburger, geboren 1920 in Kiel, Landwirt auf dem Staatshof in Tetenbüll, bekleidete als Politiker der FDP wichtige Ämter auf Landes- und Bundesebene.

Albert Panten und Thomas Steensen

Das Museum der Landschaft Eiderstedt

Am Anfang stand in Tönning der Aufruf eines kunstsinnigen Bürgermeisters, der seine Bürger „um die Güte bittet, Alterthümer zu spenden". Die Stadt an der Eidermündung hatte um 1900 ihre wirtschaftliche Krise mit dem Ausfall der Viehexporte nach England überwunden und Industrie ansiedeln können. Die Tönninger „spendeten" reichlich. Mit Blick in die frühen Zugangsbücher der erstmals 1905 eröffneten Schausammlung fallen auf: Erinnerungsstücke an die Zeit des Krieges gegen Dänemark 1864, Gerät des häuslichen Lebens, das nicht mehr als zeitgemäß angesehen wurde. Aber darunter befand sich bereits Beachtliches aus der volkskundlichen Vergangenheit Eiderstedts. Das so spontan Zusammengetragene war zwangsläufig noch ein „Sammelsurium", das der sachkundigen Bewertung und Auslese bedurfte, notwendig war auch gezielter Zuerwerb. Mit August Geerkens (1875–1964), einem Landswirtschaftsfachmann aus Eiderstedt, fand sich für diese Aufgaben ein ebenso kundiger wie organisatorisch versierter Museumsleiter. Das in einem der ältesten Giebelhäuser der Stadt Tönning untergebrachte „Eiderstedter Heimats-Museum" hatte einen Schwerpunkt bei der Eiderstedter Wohnkultur mit Mobiliar seit der Mitte des 17. Jh. Kennzeichnend für die Landschaft sind Eck- und Hängeschränke, ausgeführt in Kerbschnitzerei, und sogenannte Dreisternladen, massive Truhen mit reichhaltigem Schnitzwerk und Frontfeldern, die ein achtstrahliger Stern ziert. Die Dreizahl mag auf die ursprünglichen „drei Lande" zurückgehen. Auf die Ausgestaltung von Truhen und Schränken wurde, je nach Vermögen an Kunstsinn und Geld, besondere Mühe verwandt. Die Lehnstühle mit Initialen und Jahreszahlen vom Ende des 17. Jh. und eine schöne Wiege gehören zum Kunstinventar Schleswig-Holsteins. Den für Eiderstedt typischen „Haubarg" mit einem riesigen Reetdach veranschaulicht ein Modell im Maßstab 1:20.

Ältestes Objekt ist eine übermächtige, mit Eisenbändern bewehrte Eichentruhe, welche zwar erstmals 1687 im Kirchenbuch von St. Peter erwähnt, deren Holz aber aufgrund einer C14-Bestimmung bereits um 1300 gefällt worden ist. Ihre auffällige Größe und Machart sprechen für ein Dokumentenbehältnis, einem sogenannten Block (STÜLPNAGEL 2004).

Während sich auf Eiderstedt ein eigener Wohnstil zeigt, hat sich die „Eiderstedter Tracht" unter niederländischem Einfluss entwickelt. Sie ging mit dem Dreißigjährigen Krieg verloren und wurde in den 1920er Jahren wiederbelebt. Geerkens beauftragte 1927 seinen Landsmann Heinrich Missfeldt mit der Kleinplastik einer Eiderstedterin; der Hamburger Museologe Hubert Stierling ließ zugleich den Maler Carl Blohm in Eiderstedter Kirchen Vorbilder auf Epitaphien kopieren. Diese (Frauen-)Tracht beschränkt sich auf schwarzen Stoff, kontrastiert von der weißen Flügelhaube und Bordüren, verschönt durch Gürtelglieder und Elemente des Schmucks aus Silber oder Messing. Das Vorbild kommt aus den Niederlanden und hat Bezug zur spanischen Hoftracht. Nichts davon ist erhalten geblieben, einzig die bei Tetenbüll aufgefundene lebensgroße Plastik aus hellem Sandstein, welche als Grabdenkmal einer 1596 Verstorbenen anzusehen ist, weithin als „Graue Frau" bekannt, gibt uns eine annähernde Vorstellung. Die Figur steht im Eingangsbereich des Museums. Nach einer 2004 erfolgten mineralogischen Untersuchung kommt der Stein aus den Brüchen von Obernkirchen/Niedersachsen. Doch wurde die Figur zweifelsfrei in den Niederlanden gemeißelt. Auch die rekonstruierte Tracht wird im Museum präsentiert.

Regional Eigenes kann man auch bei Silbergerät und Schmuck finden: In der Sammlung befinden sich die Arbeiten von Silber- und Goldschmieden, welche zwischen Altona und Tondern tätig waren. Für Eiderstedt sind Meister aus Tönning und Friedrichstadt von Bedeutung: Neben Metallgeschirr (Kannen, Dosen, Gießern) und Bestecken ist auch liturgisches Gerät aus dem Besitz der Kirche St. Peter zu sehen. Zum Schmuck zählen zierliche Riechgefäße in reicher Vielfalt, Gürtelschließen und Uhrketten, Beugeltaschen und Talerdosen. Im 19. Jh. schaute man aber weiter: Der aus der ertragreichen Landwirtschaft gezogene Gewinn ermöglichte vielen bäuerlichen Familien, städtischen Bürgern in Garding und Tönning, einen anspruchsvolleren Lebensstil: Porzellan und Fayencen, englische Lüsterkeramik, Gläser, besonders Uhren wurden importiert. Und am Ende des 19. Jh. war in die „gode Stuv" das Interieur eines spätbürgerlichen Historismus eingezogen. Das Museum zeigt von dieser Entwicklung Beispiele: Es gibt ein „Silberkabinett" oder eine „Geschichte der Zeitmessung", in welcher das Räderuhrwerk der Gardinger Kirche von 1512 zu den ältesten erhaltenen Großuhren gehört.

Vom Meer nach drei Himmelrichtungen eingeschlossen, waren die Eiderstedter doch niemals Seefahrer – der Fischfang hatte keine herausragende Bedeutung. Sie blieben mit ihrer Heimat verwachsen. Der älteste Bauernsohn studierte nicht selten in der Fremde und kehrte wieder zurück. Zu Haus bekleidete er dann ein öffentliches Amt in der Landschaftsverwaltung. Man las die Römische Geschichte bei Livius und schrieb ins Stammbuch des Freundes Verse von Horaz. Aus solchen Quellen ist dem Museum Wertvolles zugeflossen, wie anderseits aus der pietistischen Glaubenshaltung des 18. Jh. erbauliche Werke. Der älteste Druck in der Bibelsammlung entstand 1545 in Magdeburg. Es handelt sich um die niederdeutsche Bibelübersetzung von Johannes Bugenhagen. Das Städtebuch der Kölner Verleger Hogenberg und Braun (1572) enthält auch eine Ansicht von Tönning. Mit Daniel Meisners Kupferstich von 1627 beginnt die Sammlung von Tönninger Stadtansichten, die bis zum Ende des 19. Jh. reicht.

Der Kreis schließt sich: Wie ist die Landschaft Eiderstedt entstanden? Seit 2008 zeigt die Dauerausstellung „Mare frisicum" ihre Frühgeschichte. Die Besiedlung erfolgte zwischen 700 und 1000 von der südlichen Nordseeküste aus, mit der Christianisierung ab 1100 wurde Eiderstedt zur Landschaft der „18 Kirchen". Etwa 300 Jahre, bis 1613, währten die Bemühungen um einen umfassenden Deichschluss, der aus „Drei Landen" erst die „Landschaft" formte. Symbol dafür ist der Siegelring der Landschaft aus Gold und Bergkristall mit den Wappen der drei Schiffsharden. Jegliche Form von Eigenständigkeit ging 1867 verloren, als Eiderstedt Teil der preußischen Provinz Schleswig-Holstein wurde.

Am Ende des durch zwei Ebenen führenden Rundganges gelangt der Besucher zur „Gegenwart": 1877 kamen die ersten Badegäste, erst sehr viel später, 1932, erfolgte der Anschluss der Seebäder St. Peter und Ording an das Eisenbahnnetz, diesen Beginn zeigt eine Modellanlage. Seit 2006 ist nun auch der Deutsche Wetterdienst im Gebäude zu Gast, schließlich haben bereits seit 1939 Laien ehrenamtlich hier das Wetter beobachtet. Ein Museum im Wandel: 1951 war es in ein seit 1750 bestehendes Langhaus von St. Peter verlegt worden, 1998 hat es die Kreisbehörde einem Förderverein übergeben. Dessen Tätigkeit geschieht ehrenamtlich. Der reiche Bestand des Museums bleibt eine ständige Herausforderung (WITTE 2001; UNDEUTSCH 2002).

Dieter Undeutsch

EINZELDARSTELLUNG

Westerheversand   A 1

Der 41,5 m hohe Leuchtturm Westerheversand mit seinen beiden Wohnhäusern auf einer Warft im Vorland gilt als „das" Wahrzeichen der Halbinsel Eiderstedt. Er zählt zu den meistfotografierten Motiven in ganz Deutschland und wurde immer wieder für Werbezwecke eingesetzt. Jedes Jahr besuchen viele tausend Menschen den Turm vor dem Seedeich von Westerhever, der in den Sommermonaten auch bestiegen werden kann. 158 Stufen führen auf eine Aussichtsplattform, von der aus der Besucher einen Rundumblick auf die nordfriesische Küstenlandschaft hat. Seit 2001 kann in einem Trauzimmer im vierten Stock des Turmes von April bis September der Bund fürs Leben geschlossen werden. Besucher erreichen den Leuchtturm auf dem Fahrrad oder zu Fuß auf einem auch für Kinderwagen und Rollstuhlfahrer gut ausgebauten Wanderweg. Fußgänger können auf dem Rückweg auch über einen historischen, denkmalgeschützten Stockenstieg zum Deich gelangen. Letzterer kann von Anfang Juni bis Ende September begangen werden und ist die übrige Zeit des Jahres gesperrt.

Der 19. Juli 1907, der Tag, an dem die Wasserbauinspektion in Husum die Überbauten abgenommen hatte, gilt als Datum der Fertigstellung des Leuchtturms. Am 26. Mai 1908 wurde dieser in Betrieb genommen, als letzter der baugleichen Türme auf der Insel Pellworm und in Hörnum auf Sylt. Insbesondere der Oberbaurat Walter Körte in Berlin und der Wasserbauinspektor Gustav Meyer in Husum bemühten sich damals um die Entwicklung des Seezeichenwesens. Man entschied sich für ein Bauland außendeichs auf dem staatseigenen Westerheversand. Für den Transport der Baugeräte und der Baustoffe mussten 4 km Feldbahngleise mit Lorenbetrieb vom Löschplatz des kleinen Hafens bei Stufhusen verlegt werden.

Für das Leuchtfeuer Westerheversand waren von Anfang an zwei Bedienstete vorgesehen, die mit ihren Familien in den beiden Wohnhäusern auf der Leuchtturmwarft lebten und sich mit einer kleinen Landwirtschaft selbst versorgten, anfangs ohne Elektrizität und öffentliche Trinkwasserversorgung sowie mit schwieriger Zufuhr von Feuerungsmaterial. Es waren der Leuchtfeueroberwärter und 1908–1949 ein als Maschinist ausgebildeter Hilfswärter, denn die zunehmende Technisierung im 19. und 20. Jh. setzte Kenntnisse im Maschinen- und im Motorenwesen voraus. Hauptgrund für die Doppelbesetzung war jedoch das einwandfreie Funktionieren des Leuchtfeuers, das nur mit einem Nachtdienst gewährleistet werden konnte, da die mit Kohlebrennstäben betriebene Gleichstrombogenlampe nach neunstündiger Brenndauer ausgewechselt werden musste. Während des Magazinwechsels verlosch das Feuer für eine halbe Minute. Um diesen Wechsel jederzeit zu gewährleisten, wurde jeweils eine

A 1 dritte Person als Hilfsleuchtfeuerwärter/in für Vertretungen ernannt, darunter auch Ehefrauen der Bediensteten.
1975 entschied man sich für eine Teilautomatisierung. 1979 wurde die Anlage an den Zentralrechner in Tönning gekoppelt und von nun an fernüberwacht, so dass sich die Anwesenheit eines Leuchtturmwärters auf dem Leuchtfeuer erübrigte. Heinrich Geertsen, der letzte Leuchtturmwärter, der die Tätigkeit von seinem Vater übernommen hatte, wurde nach 33-jährigem Leben auf der Leuchtturmwarft binnendeichs sesshaft. Seit 1980 befindet sich der Turm mit den beiden Wohnhäusern im Besitz der Bundesvermögensverwaltung. Die Gebäude werden für Naturschutzzwecke genutzt. Im südlichen Haus unterhält die Schutzstation Wattenmeer einen Raum mit Aquarien und vielen Informationen zu Natur und Landschaft des Wattenmeeres und des Bereiches Westerhever; im Nordhaus betreibt diese einen Ort für Forschung und Seminare und bietet von hier aus Wattwanderungen an.

Vor der W-Küste Eiderstedts befinden sich zwei große Systeme von Sandbänken, die bei gewöhnlichen Wind- und Tideverhältnissen auch bei Flut trocken liegen. Es ist zum einen das System von Westerhever, das durch den schildförmigen Westerheversand gekennzeichnet ist. Zwischen diesem und dem Deich vor Westerhever liegt eine Salzmarsch, die außer bei Sturmfluten ebenfalls trocken liegt. Dort erhebt sich auch auf einer hohen Warft der bekannte Leuchtturm. Zum anderen ist es der Hitzsand mit dem Rochelsand vor St. Peter-Ording (D2).

Westerheversand umfasst das außendeichs gelegene Salzwiesenvorland sowie den dem Vorland vorgelagerten Sandkörper mit der Rettungsbake. Bis etwa 1870 lag der Deich um Westerhever schar, es gab also noch kein Vorland. Danach begann sich ein Salzwiesenvorland zu bilden, das seit 1887 als Hallig Westerheversand bezeichnet wurde. Die Vegetation wurde von dichtem Andelwuchs geprägt. Von da an vergrößerte sich das Vorland sehr schnell. Während 1892 die Halliggröße noch 5 ha betrug, waren es 1901 bereits 90 ha und 1916 sogar 161,5 ha. Heute ist das etwa 250 ha große Vorland mit den Salzmarschen der Tümlauer Bucht (A4) zusammengewachsen. Seit Beginn des 20. Jh. wurde das Vorland mit Schafen beweidet.

Der Sandbereich ist überwiegend unbewachsen mit Ausnahmen der beiden Quellerarten Sandwatt-Queller und Kurzähren-Queller sowie dem vereinzelt auftretenden Salz-Schlickgras. Seit etwa 2000 nimmt die Vegetationsbedeckung des Westerheversandes jedoch stetig zu.

Der Sand lädt zu ausgedehnten Spaziergängen ein, wobei die Gezeiten und Hochwasserstände zu beachten sind. Im Spülsaum finden sich mit etwas Glück Bernstein und marine Organismen wie z.B. Herzigel, Köcherwurm, Entenmuschel. Besonderheiten sind Zirrenkrake oder die Plattfußkrabbe, die als Sandstrandart im Brandungsbereich des Westerheversands lebt und in den letzten Jahren aus Westeuropa in das Wattenmeer eingewandert ist. Zudem lassen sich vom Sand aus Vögel, Seehunde und manchmal auch Schweinswale beobachten. Der Sand stellt Rast- und Nahrungsplatz u.a. für Sanderlinge, Alpenstrandläufer, Großen Brachvogel und Möwen dar. Auf dem Sand südlich der Bake versuchen regelmäßig Küsten- und Zwergseeschwalben sowie Säbelschnäbler zu brüten. Nur sehr selten geschieht das erfolgreich, da der Sand in der Regel während der Brutphase überflutet wird und die Gelege verloren gehen. Der Sand selbst ist Lebensraum für die Kurzflügelkäfer, Salz-Käfer und *Diglotta sp.*, die vom Sandbank-Laufkäfer *Cillenus* verfolgt werden.

Auf der seegangsgeschützten Seite der Sandplate kann die Bakteriengemeinschaft des Farbstreifensandwatts entdeckt werden, wenn man die obersten Sandschichten wegkratzt. Im Bereich des häufig trocken fallenden Sands siedeln unter der obersten, dünnen Sandschicht Cyanobakterien (früher Blaualgen genannt), die mithilfe des Sonnenlichts Fotosynthese betreiben und dem Sand einen grünlichen Schimmer verleihen. Die fädigen Cyanobakterien bauen regelrechte Matten auf und führen zur Anreicherung organischen Materials. Unter die Cyanobakterienschicht gelangen noch langwelliges Sonnenlicht und geringe Mengen Sauerstoff. In dieser Zone siedeln rote Schwefelpurpurbakterien, die als purpurfarbene Schicht zu erkennen sind. Tiefer als diese Schicht gelangen weder Licht noch Sauerstoff. Unter ihr siedeln Bakterien, die Sulfat zu Sulfid reduzieren. Das entstehende Sulfid verbindet sich mit dem im Meerwasser vorhandenen Eisen zu schwarzem Eisensulfid (STAL 1987). Das Farbstreifensandwatt hat also seinen Namen aufgrund der Dreifarbigkeit von Grün über Purpur nach Schwarz.

Die Salzwiesen vor Westerhever wurden bis 1991 intensiv mit Schafen beweidet, so dass die Salzwiesen arten- und strukturarm waren und in weiten Teilen einem Golfrasen glichen. Einzig eine 1978 abgezäunte Fläche von wenigen Quadratmetern ließ den möglichen Arten- und Strukturreichtum der Salzwiesen erkennen. Seit 1991 werden weite Teile der Vorland-Salzwiese bei Westerhever nicht mehr beweidet. Nach einer Übergangszeit von mehreren Jahren, in der nicht nur Pflanzen-, sondern auch Brutvogelarten zunahmen, hat sich in der Zwischenzeit im Zuge der natürlichen Vegetationsentwicklung (Sukzession) die Dünen-Quecke stark ausgebreitet. In diesen Bereichen brüten zunehmend Singvogelarten wie Feldlerche und Wiesenpieper. An brütenden Wiesenvogelarten sind Austernfischer und Rotschenkel zu nennen.

Im N-Teil des Westerheversandes, am westlichen Rand, ist die Salzwiese von den Ausläufern des Sandkörpers geprägt und es haben sich flache Strandwälle gebildet. Weiter in Richtung Marsch vermischten sich sandige Substrate mit den tonigen Marschsedimenten. In diesen Standorten wachsen Gewöhnlicher Salzschwaden, Gekrümmter Dünnschwanz, Knotiges Mastkraut, Strand-Segge sowie Kleines und Strand-Tausendgüldenkraut. 2007 wurde in einigen Exemplaren erstmals die Laugenblume auf Störstellen direkt am Weg zum Leuchtturm entdeckt. Die Art stammt ursprünglich aus der südlichen Hemisphäre und hat sich in Europa etabliert.

Als großes Problem für die am Boden brütenden Vögel ist der Fuchs zu nennen; er hat seinen Bau im Schafberg, auf den früher die Schafe bei einem Landunter in Sicherheit vor dem Wasser gebracht werden konnten. Durch die hohe Vegetation hat der Fuchs ausreichend Schutz und die Gelege und Küken der Wiesenvögel bilden für ihn eine leichte Beute. Auf den Muschelschillflächen am Schafberg brüteten bis vor einigen Jahren Seeregenpfeifer und Zwergseeschwalben. Die Zwergseeschwalben sind dort gänzlich verschwunden, der Seeregenpfeifer brütet im Bereich des Westerheversandes nur noch sehr vereinzelt. Bis vor 25 Jahren lag die Brutpaarzahl dieser seltenen Limikolenart noch bei etwa 60. Beide Vogelarten benötigen ungestörte und vegetationsfreie Brutstellen. Während des Frühjahrs- und Herbstzuges stellen die Salzwiesen darüber hinaus einen bedeutenden Rastplatz für Nonnen- und Ringelgänse sowie für Goldregenpfeifer dar. Der Hauptrastplatz befindet sich bei Stufhusen im N des Westerheversandes (A2). Regelmäßig sind im Winter Schwärme von Berghänflingen, Ohrenlerchen und Schneeammern sowie Nahrung suchende Sumpfohreulen zu beobachten. Der Regenbrachvogel zieht ganz regelmäßig in kleineren Zahlen an der Küste entlang und ist

A 1 auch auf dem Westerheversand zu sehen. Eine große Besonderheit bildet u.a. die durch das Gebiet ziehende Spornammer.

A 2 Westerhever mit Stufhusen und Wogemannsburg, seit 1970 zum Amt Eiderstedt

Westerhever, die Halbinsel im NW Eiderstedts, ist 1 321 ha groß und mit einem 9 km langen Deich umgeben. Die Gemeinde hat 120 Einwohner mit Hauptwohnung und 70 mit Nebenwohnung. Westerhever ist über ein gut ausgebautes Straßen- und Wegenetz erreichbar, von Garding im S über die L 34, K 16, K 14 und die K 131 und von Husum im N über die L 310 und K 13. Es besteht eine Busverbindung von Husum und Garding mit Anschluss an die Bahnverbindung. Einige Wirtschaftswege sind als Betonspurwege ausgebaut. Ein Fahrradweg führt vom Kirchspielskrug bis an den Parkplatz am Deichübergang zum Leuchtturm.

Die Wege der Landeserschließung erklären sich eindeutig aus der Beschaffenheit der Landschaft vor dem Bau der frühen Deiche, wie sie durch das mit Hilfe von Laserscannerbefliegungen erzeugte digitale Geländemodell sichtbar gemacht werden kann. Danach griff ein von S aus dem Fallstief kommender, kräftiger Strom mit mehreren Seitenarmen tief in die Marsch hinein und bestimmte so als Hauptverkehrsweg die Standorte der frühen Warftsiedlungen (Abb. 25). Die Warften Tofthof, Wogemannsburg, Siekhof und zwei weitere sind auf dem hohen Ufer des Hauptarmes aufgeschüttet, die Warften Sieversbüll, Westerhever, Ahndel und Stufhusen liegen jeweils an einem Seitenarm. Der Hauptarm endet im NO an dem „Heerstraße" genannten Deichrest, der von der ersten Bedeichung der Marscheninsel Westerhever geblieben sein dürfte. Der frühe Deich ist bereits über den Strom geführt worden, was zu einer Verlandung des weiteren Verlaufes geführt hat. Die außendeichs liegende Marsch, die im O durch den Osterdeich eingefasst wird, ist im Zuge einer Erweiterung der Marscheninsel entstanden. Landgewinn im O stehen Landabbrüche im S, W und N gegenüber, deren Ausmaß sich nicht näher umreißen lässt. Spuren von Torfabbau und eine ringförmige Sodensetzung, die in Erosionsrinnen auf dem Westerheversand (A1) beobachtet worden sind, lassen nicht erkennen, ob sie vor oder hinter Deichen entstanden sind.

Die bis 4 m ü. NN hoch aufgeschütteten, z.T. mit Fethingen (Süßwasserspeicher) versehenen Warften erinnern an Halligwarften und sind errichtet worden, als das Siedelgebiet noch ohne Deichschutz war oder als die Deiche wegen ihrer zu geringen Höhe den Siedlungen noch keinen ausreichenden Sturmflutschutz bieten konnten. Nach Aussage des archäologischen Fundgutes, wie der bei einer Ausgrabung in Sieversbüll, der größten der erhaltenen Warften, geborgenen Keramik, ist die Westerhever Marsch frühestens im späten 11. Jh. n.Chr. von Kolonisten in Besitz genommen worden.

Etwa zu der Zeit war Westerhever Teil der 1231 genannten Insel Hævre, die westlich des Fallstiefs lag, eines in N-S-Richtung verlaufenden Prielstroms. Dieser stand mit dem Heverstrom nördlich von Eiderstedt in Verbindung. Nach der Gründung einer in gleicher Höhe gelegenen Siedlung östlich des Fallstiefs wurden beide Orte nach Wester- und Osterhever unterschieden. Die Insel Hævre gehörte zur Utholmharde. Die frühe Besiedlung auf Groß- und Dorfwarften glich der auf den Halligen. Im 12. Jh. wurde die Insel mit einem niedrigen Deich umschlossen.

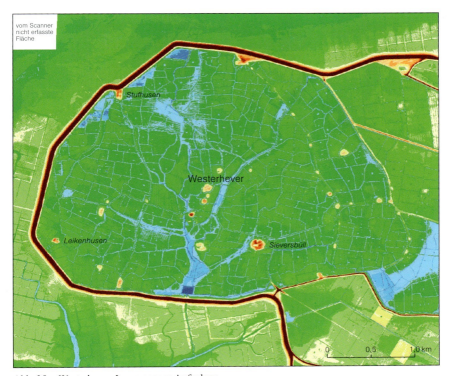

Abb. 25   Westerhever, Laserscanner-Aufnahme

Die Gemeinde besteht aus Großwarften mit dem umliegenden Land. Das im äußersten NW gelegene Stufhusen ist mit 4,8 m die höchste. An dieser den Meeresströmungen und den Stürmen ausgesetzten Stelle ging immer wieder Land verloren, so dass die Deichlinie zurückverlegt werden musste, zuletzt 1721, als der noch erkennbare Knick im Deich entstand. Der Fething ist umgeben von einer für Großwarften typischen Mischbebauung, bestehend aus einem Hauberg, mittleren Wohn- und Wirtschaftsgebäuden und kleinen Katen. Stufhusen bedeutet vielleicht „zu den Häusern am Stumpf" (niederdeutsch Stuuf). Weitere Großwarften sind die 3,8 m hohe, mit einem Hauberg bebaute Siedlung Toft (Haus-, Siedlungsplatz, verwandte Bezeichnungen in nordischen Sprachen), Sieversbüll mit einer Mischbebauung (Siedlung des Sievert) wie auch Leikenhusen (Leike ist ein Rufname) und Schanze, die über einen Hauptweg („Heerstraße") erreichbar ist; der Name verweist auf die kaiserlichen Truppen, die im Dreißigjährigen Krieg dort eine Schanze zur Bewachung der Küste erbauten. Einzelsiedlungen sind Siekbüll (wohl nach dem Vornamen Sieke), Knutzenswarft, Rosenhof (Familiennamen) und Sparhörn (spar = dürr, ausgetrocknet, hörn = Ecke). Die Menschen siedelten auf verstreut liegenden Einzel- und Großwarften sowie auf oder an Mitteldeichen. Meeresablagerungen im strömungsgeschützten östlichen Teil der Insel führten zur Eindeichung des Hayenbüllkoogs, dem der Westerhever Osterkoog vor 1463 folgte, so

165

A 2

Abb. 26 Rosenhof in Westerhever von Westen 1978

dass über den Holm- und den Heverkoog durch Überdeichung des Fallstiefs eine Landverbindung zu Everschop entstand und die Insellage aufgehoben wurde (Abb. 26).

Im 14. Jh. nahm eine Räuberbande mit dem Namen Wogensmannen die Insel mit Westerhever in ihre Gewalt. Sie trieben von dort aus Seeraub, wurden dann aber um 1370 vom Staller Ove Herring und den Utholmern gefangen genommen und hingerichtet. Auf dem Platz der zerstörten Seeräuberburg entstand das Pastorat, das noch heute „Wogemannsburg" genannt wird.

Das älteste Kirchengebäude wurde bei der Sturmflut 1362 zerstört und nach 1370 wieder aufgebaut. Der Backstein-Kirchturm diente als Seezeichen und durfte 1804, als das Kirchenschiff neu erbaut wurde, nicht abgerissen werden. Der Turm musste fünfmal umfangreich repariert werden und wurde mit stützendem Mauerwerk versehen (Abb. 27). Vom Inventar sind hervorzuheben der romanische Taufstein aus Sandstein, der älteste Taufstein in Eiderstedt, die 1685 aufgestellte Kanzel mit Elementen von 1593 und der Taufengel von 1804, der 100 Jahre lang den Taufstein ersetzte, da er dem damaligen Zeitgeschmack nicht entsprach. Als einzigartig gilt die innere Verriegelung der Kirchentüren mit Sturmbalken. Das Altarbild ist eine Kopie der „Heiligen Familie" van Dycks, das der in Westerhever als Sohn eines Hofbesitzers geborene Landschafts-, Portrait- und Interieurmaler Jacob Alberts (1860–1941) anfertigte. Der in Düsseldorf, München und Paris ausgebildete sowie in Berlin und Hamburg lebende Künstler trat mit zahlreichen Einzelausstellungen und Ausstellungsbeteiligungen im In- und Ausland an die Öffentlichkeit und machte sich vor allem als Maler der Halligen einen Namen.

Abb. 27
Kirchturm von Westerhever
mit starken Stützpfeilern
1955

A 2

Weitere mit dem Ort verbundene Persönlichkeiten sind der Schiffer, Fischer und Seefahrer Andreas Ostermann (1822–1903), der „Störkönig von Westerhever". Er jagte als erster Seehunde und vermarktete den Tran, fing Störe und verkaufte Fleisch und Kaviar bis nach Hamburg und lud erste Sommergäste zu Seehundsjagden ein. Er verhalf dem Ort zu beträchtlichen Nebeneinnahmen und zu weitreichender Berühmtheit – viel früher als der Westerhever Leuchtturm.

Der Landschaftsmaler Detlef Sammann (1857–1938), Sohn eines Arbeitsmannes, wanderte nach einer Malerlehre in Altona und Dekorateurtätigkeit in Dresden 1881 in die USA aus, wo er als Blumen- und Dekorationsmaler sehr erfolgreich wurde. Die Gründung zweier Unternehmen in Los Angeles und San Francisco machten ihn finanziell unabhängig, so dass er sich ausschließlich der freien Landschaftsmalerei in Kalifornien und ausgedehnten Reisen nach Europa widmen konnte.

Der Pastorensohn Friedrich Jessen (1865–1935) ließ sich nach Studium der Medizin in Hamburg nieder, wo er bald darauf zum Oberarzt der Inneren Abteilung am Vereinshospital berufen wurde. Er setzte sich für die Modernisierung des Krankenhauswesens unter Berücksichtigung der neuesten Erkenntnisse der Hygiene ein und veröffentlichte 1903 „Die Soziale Krankenpflege in Krankenhäusern". Nach der Erkrankung seiner

A 2 Frau an Lungentuberkulose zog die Familie nach Davos in der Schweiz, wo Jessen erste kleinere geschlossene Lungenheilstätten und 1911 das bis 1950 existierende „Waldsanatorium" erbauen ließ – sein Lebenswerk, das er bis 1927 leitete. Hier begegnete er Thomas Mann, der das Krankenhausmilieu in seinem „Zauberberg" verarbeitete, und hier, in dem seit 1957 als Hotel geführten Hause, wurde der Roman verfilmt.

Karl Heynsen (1859–1940), ebenfalls ein Pastorensohn, wirkte als Organist und Großherzoglich Oldenburgischer Musikdirektor in Eutin, bis er an die Nikolaikirche in Leipzig und als Professor an das dortige Konservatorium berufen wurde.

Der Lehrerssohn Friedrich Korsemann (1904–1944), dessen Familie im deutsch-dänischen Grenzland lebte, wurde in Westerhever geboren. Von 1920–1929 ließ er sich u.a. an der Kunstgewerbeschule in Flensburg als Bildhauer ausbilden und schuf Werke, die überwiegend im deutsch-dänischen Grenzland anzutreffen sind, darunter Denkmäler, Skulpturen, Portraits und kunstgewerbliche Gebrauchsgegenstände. 1937 gab er aus finanziellen Gründen die professionelle Bildhauerei auf und wurde Berufssoldat. Er kehrte nicht aus dem Russlandfeldzug zurück.

Die Wirtschaftsflächen der Gemeinde haben fast alle eine sehr unregelmäßige Form, was auf ihre Begrenzung durch das alte Prielsystem der unbedeichten Hallig zurückgeht, die Gräben und Sielzüge sind also großenteils natürlichen Ursprungs. Auf der Fläche der ehemaligen Insel verteilen sich einige sehr große und viele kleinere, bewohnte und unbewohnte Warften scheinbar ganz „zufällig" und ungeordnet. Ein siedlungskundlicher Blick zeigt aber schnell, dass die Anordnung der Warften durchaus System hat: Zumindest im Kernbereich liegen alle entweder heute noch in der Nähe von Sielzügen, oder Bodensenken zeigen an, dass sie früher an Prielarmen lagen, die sicherlich von Booten befahren werden konnten. Weil fast alle Warften gut erhalten sind; bietet Westerhever besonders eindrücklich die alte Siedlungsformation einer ehemaligen Hallig (FISCHER 1994).

Eine ganze Reihe von Warften liegt direkt am Seedeich bzw. im O an der ältesten Deichlinie. Für einige Warften, die seit jeher nur ein einzelnes Gehöft tragen, darf man annehmen, dass sie jüngeren Datums sind (ab 16. Jh.). Dagegen stellen manche der großen Warften, die seit langem nur noch ein Gebäude aufweisen, ziemlich sicher alte Dorfwarften dar (Tofthof, Ahndel, das seit 1890 wüste Hayenbüll). Die am besten erhaltene Dorfwarft, Stufhusen im NW, zeigt noch alle Merkmale einer kleinteilig und eng bebauten, früheren Halligwarft; auch im N war die Bebauung bis zum Deichbau 1959 geschlossen.

Im O ist der älteste Deich, nachdem ein Stück des Vorlandes dort eingedeicht worden war, für eine Bebauung freigegeben worden. Deshalb haben wir dort eine typische Reihenbebauung. Sie weist allerdings heute Lücken auf. Mehrere Häuser sind im 20. Jh. abgebrochen worden. Schließlich ist für die ältere Siedlungsstruktur charakteristisch, dass am Fuß des Seedeichs, auf schmalen Grundstücken entlang der heutigen Bereitschaftsstraße, eine größere Zahl von zumeist umgebauten Katen und Kleinbauernstellen liegt.

Immer noch besitzt Westerhever eine relativ große Zahl von Haubargen (neun von einst 19), viele freilich im Äußeren und vor allem im Inneren stark verändert. Einige sind sehr alt, wie etwa die Haubargscheune der „Wogemannsburg", aber auch einer der jüngsten überhaupt gebauten Haubarge ist darunter (Boikenwarft, 1870). In Westerhever ließe sich bei eingehenden Untersuchungen fast die ganze Entwicklungsgeschichte dieses Gebäudetyps nachvollziehen. Von den Langhäusern, die im Ort mehrfach mit aufschlussreichen Exemplaren vertreten waren, ist nur eines in einem gut erkennbaren Zustand erhalten, und die vielen Katen sind entweder ganz ersetzt oder so weit umgebaut, dass vom alten Bild nichts mehr geblieben ist.

Das Dorfzentrum gruppiert sich um die Kirche. Das Pastorat, der 1654 erbaute Haubarg Wogemannsburg, befindet sich im Privatbesitz, ebenfalls die ehemalige Armen-Arbeitsanstalt von 1867. Die 1879 errichtete zweiklassige Küsterschule mit „Groot-" und „Lüttschool" wird als Schullandheim genutzt. Der nachweislich 1682 erbaute Kirchspielkrug mit einer Schmiede wurde 1911 neu errichtet. Anstelle der Schmiede, die schon 1835 westwärts verlegt worden war, kam ein Kaufmannsladen in den Krug, der bis 1971 bestand. Der Kirchspielkrug hat sich zu einem landschaftstypischen Gasthof mit Ferienbetrieb gewandelt. Ein Neubaugebiet westlich des Dorfzentrums mit 13 Einfamilienhäusern wurde 1950 ausgewiesen.

Die Gemeinde Westerhever ist landwirtschaftlich geprägt. Es bestehen aber nur noch sechs landwirtschaftliche Betriebe mit insgesamt 840 ha. Zwei Schäfereien bewirtschaften das Deichvorland. Mit zunehmendem Fremdenverkehr wurde 1968 ein Tourismusverein gegründet. 22 Vermieter bieten 201 Betten an. Gewerbebetriebe sind der seit über 50 Jahren im Familienbesitz befindliche Kirchspielkrug, das Schullandheim „Alte Schule" und ein Hofladen. Westerhever bildet mit den kleinen Nachbargemeinden Osterhever, Poppenbüll und Augustenkoog den Heverbund (B4).

Der Landschaftsteil Westerhever ist seit Jahrhunderten einem starken durch die Nordsee beeinflussten Wandel unterzogen. Durch schwere Sturmfluten 1748–1756 brach der Deich an mehreren Stellen. Der 1785 errichtete neue Deich wurde als „Bermedeich" ausgebaut, d.h. der Deich erhielt eine auf etwa halber Höhe angelegte flach geneigte Zwischenberme, also einen Absatz, der die Neigung seeseitig unterbricht. Die mittlere Kronenhöhe wurde mit ca. 5,5 m über der „ordentlichen Flut" angegeben. Geht man davon aus, dass das mittlere Tidehochwasser bei ca. 1,20 m ü. NN gelegen hat, so hatte der Deich immerhin schon eine Kronenhöhe von ca. 6,3–6,5 m ü. NN.

Die Warnsignale der Hollandflut 1953 verhallten auch nicht auf der Halbinsel. So begann der damals zuständige Deich- und Hauptsielverband Eiderstedt mit den Planungen für eine Verstärkung der Deiche im Bereich Westerhever auf einer Länge von rund 7,8 km und ließ sie 1958/59 durchführen. Bei dieser Baumaßnahme wurde die Krone jedoch lediglich um ca. 1,4 m auf 7,9 m ü. NN erhöht und die zu steile Binnenböschung auf ein Neigungsverhältnis von 1:3 abgeflacht. An der viel zu steilen Böschung der Deichaußenseite, die bis 1:3 im Bereich des maßgebenden Sturmflutwasserstandes lag, wurde nichts verändert. So fügte die Sturmflut vom Februar 1962 dem Deich vor Westerhever schwere Schäden zu, die aber noch im selben Jahr repariert werden konnten.

Nach der Übernahme der Deiche in die Zuständigkeit des Landes Schleswig-Holstein 1971 wurden gemäß den Vorgaben aus dem „Generalplan Küstenschutz" von 1963 auch die Landesschutzdeiche im Bereich Westerhever überplant. Durch eingetretene Setzungen lag die Höhe der Deichkrone nur noch bei 6,20–7,20 m ü. NN. Die erforderliche Kronenhöhe wies der Generalplan jedoch mit 8–8,80 m ü. NN aus. In der Regie des damaligen Amtes für Land- und Wasserwirtschaft in Husum wurden 1975–1983 die Deiche erhöht und verstärkt. Wegen der sehr schlechten Untergrundverhältnisse musste dies teilweise in Zwei-Jahres-Bauabschnitten verwirklicht werden, wobei

A 2 eine vorgegebene Höhe von 6,6 m ü. NN im ersten Baujahr nicht überschritten werden durfte. Dennoch kam es während der Bauarbeiten zu sehr massiven und umfangreichen Grundbrüchen. Bei der neuerlichen „Jahrhundertflut", die bereits 14 Jahre nach der Sturmflut von 1962 die W-Küste von Schleswig-Holstein heimsuchte, wäre der Deich vor Westerhever in dem noch nicht verstärkten Teil fast gebrochen. Südlich von Stufhusen wurde der Deich durch tiefe Ausschläge an der Außenböschung und Rutschungen an der Innenböschung durch überlaufende Wellen auf einer Länge von ca. 600 m sehr schwer geschädigt. Die Schäden wurden sofort notdürftig ausgebessert. Der Deichabschnitt erhielt noch im selben Jahr auf einer Länge von rund 1,75 km die notwendige Verstärkung.

Den Arbeiten am Gesamtabschnitt von Westerhever lagen die Vorgaben des „Generalplans" von 1963 zugrunde. Hiernach wurden die Außenböschungen sehr flach, also mit Neigungsverhältnissen zwischen 1:10 im unteren Bereich und 1:6 im Bereich der Deichkrone sowie 1:8 im Bereich des maßgebenden Sturmflutwasserstandes ausgeführt. Die Kronenbreite beträgt 2,5 m, die Innenböschungsneigung 1:3. Wegen der sehr großen Bodenmengen besteht der Kern des Deiches aus Sandboden, der im Watt gewonnen und mittels Spülbagger eingespült wurde. Die Abdeckung des Sandbodens erfolgte mit dem Kleiboden aus dem alten vorhandenen Deich in einer Dicke von 1 m an den Außenböschungen und 0,5 m an den Innenböschungen. An der Außenseite wurde ein Treibselabfuhrweg und auf der binnenseitig angelegten 10 m breiten Innenberme ein Deichverteidigungsweg angelegt. Die Baukosten betrugen rund 14 Mio. €. Mit der Durchführung der Deichverstärkung wurde auch die Entwässerung vom N in den S Westerhevers an die Tümlauer Bucht verlegt. Bei der Neuaufstellung des „Generalplans Küstenschutz" 2001 wurde auch der Abschnitt vor Westerhever mit dem sogenannten Referenzwasserstand des Jahres 2010 überprüft. Hierbei wurde festgestellt, dass an keiner Stelle ein erhöhter Wellenüberlauf bei Sturmfluten eintreten wird. Die Deiche vor Westerhever gelten derzeit als sicher und müssen mittelfristig nicht verstärkt werden.

Innerhalb der Halbinsel Eiderstedt ist das Gebiet um Westerhever etwas ganz Besonderes an Naturhaftigkeit. Das etwa 13 km² große Gebiet im Westen der Halbinsel Eiderstedt bildet selbst eine kleine Halbinsel, die im N von der Hever, im W vom Zusammenfluss von Hever und Norderhever und im S von der Tümlauer Bucht umschlossen ist. Bis auf wenige Flächen liegt das Gebiet unter Mitteltidehochwasser, so dass bei fehlenden Deichen fast die ganze Gemeinde bei Flut überspült wäre. Auch heute noch ist der Halligcharakter prägend: Ein extrem dichtes Netz gewundener Gräben gliedert die Wiesen und Weiden in kleinteilige Parzellen. Zur Oberflächenentwässerung sind die Parzellen wie das Land vor den Deichen in gewölbte Beete und schmale Furchen, die sogenannten Grüppen, strukturiert. Dazu verfügt jede Parzelle über eine oder mehrere Tränkekuhlen. Auf einem Luftbild vom 8. Mai 2000 sind 169 Tränkekuhlen im Gebiet des alten Utholm zu erkennen, von denen allerdings ein Teil bereits trocken liegt. Die Tränkekuhlen waren früher für die Viehwirtschaft existenziell, da Gräben zur Tränke nicht geeignet waren. Die Gräben wurden im Frühjahr mit Salzwasser hoch eingestaut, um die Verkrautung zu verhindern und um als natürlicher Zaun zu dienen. Zum Winter wurde dann stark entwässert. Heute führen die Gräben Süßwasser und sind verschilft. Im W und N direkt hinter dem Deich zieht sich eine Kette unterschiedlich großer Abgrabungen, Pütten, entlang. Die Pütten enthalten Brackwasser. Überwiegend sind sie von einem breiten und dichten Schilfgürtel umgeben, der inselartig Salz liebende Vege-

tation aufweist (LN S-H 1993). Der Halligcharakter wird von den baumbestandenen
Warften mit ihren Gehöften verstärkt, wobei das Warftensemble um die Kirche im Zentrum von Westerhever in besonderer Weise das Landschaftsbild prägt.

Der Halbinsel- und Halligcharakter, das Fehlen von Wald und weitestgehend auch von Acker, das feuchte Grünland, der Wasserreichtum und die enge Verzahnung zwischen Land und Wasser bewirken in ihrem Zusammenwirken die große Anziehungskraft für Wiesenvögel. Kiebitz und Austernfischer sind als Brutvogel dominant. Ein besonderes Augenmerk gilt den Vogelarten Trauerseeschwalbe, Säbelschnäbler, Kiebitz, Rotschenkel, Rohrweihe, Goldregenpfeifer und Feldlerche. Als Rastvogel ist von Herbst bis Frühjahr die Nonnengans mit über 30 000 Individuen zu erwähnen (PETRY u. HOFFMANN 2007). Daneben rasten aber auch Goldregenpfeifer und Alpenstrandläufer in dem Gebiet. Die Landesregierung ist der Verpflichtung zum Schutz der Vogelwelt nachgekommen und hat Westerhever und darüber hinaus Flächen um Poppenbüll und Kotzenbüll am 6. Februar 2006 mit insgesamt 2 780 ha als EU-Vogelschutzgebiet „Eiderstedt" angemeldet. Damit ist ein Verschlechterungsverbot verbunden, dessen Einhaltung mindestens alle sechs Jahre nachzuweisen ist. Das Gebiet ist in seinen Funktionen als Brutgebiet für Wiesenvögel und als Rast- und Nahrungsgebiet zu erhalten und zu entwickeln. Dies gilt insbesondere für den Erhalt des Grünlandes und seiner Weidenutzung, aber auch für den Erhalt der Grüppen, Gräben, Sielzüge und Tümpel sowie die Sicherung eines möglichst hohen Wasserstandes. Zugleich sind Störungen durch Viehtritt, Landwirtschaft und Prädatoren (Beutegreifer) zu minimieren.

Die Anmeldung als EU-Vogelschutzgebiet und die Verbote der 2006 erlassenen Landschaftsschutzverordnung beschränken die Landwirte in ihren wirtschaftlichen Möglichkeiten. Daher erhalten die Bewirtschafter in Natura-2000-Gebieten eine jährliche Prämie von 80 €/ha. Darüber hinaus werden mehrere finanziell attraktive Förderprogramme angeboten, die alle darauf gerichtet sind, nicht nur das Grünland zu erhalten, sondern über späte Mahdzeitpunkte, Begrenzung der Anzahl der Weidetiere, Anhebung der Wasserstände und Schaffung von Flachgewässern die Habitate für Wiesenvögel zu verbessern. Die Vertragsnaturschutzprogramme werden mit zusammen 1 007 ha in den drei EU-Vogelschutzgebieten gut angenommen (KRUSE 2007). Gewisse Zweifel sind allerdings berechtigt, ob die Schutzverordnungen und der Vertragsnaturschutz ausreichen, um die stark zurückgegangenen Bestände insbesondere der Trauerseeschwalbe und der Uferschnepfe zu stabilisieren und zu entwickeln. Neben ungestörten Brutmöglichkeiten auf Schwimmpflanzen oder künstlichen Flößen braucht die Trauerseeschwalbe für die Nahrungsaufnahme insbesondere nahrungsreiche schilffreie Gräben, die heute kaum vorhanden sind. Schilfmahd, zaunlose Beweidung bis in die Gräben und wo möglich der versuchsweise Salzwassereinstau – wie früher praktiziert – könnten Abhilfe schaffen. Die Anhebung des Wasserstandes in Verbindung mit der Instandhaltung von Grüppen und Beeten wäre das geeignete Mittel, um stocherfähige Böden in ausreichender Menge zu schaffen. Dem Druck durch Raubtiere kann nur durch jagdliche Maßnahmen begegnet werden, womit der Uferschnepfe, aber auch anderen Wiesenlimikolen geholfen wäre (HOFFMANN 2006). Der Schutz der Wiesenvögel braucht an deren Bedürfnissen orientierte Förderprogramme für die Landwirtschaft.

A 3 Alt- und **Neuaugustenkoog**, seit 1970 zum Amt Eiderstedt

Die Gemeinde Augustenkoog (mit Altaugustenkoog, Neuaugustenkoog und Norderheverkoog-West) gehörte bis 2002 zu den kleinsten Gemeinden Eiderstedts; das Gebiet liegt im NW der Halbinsel in einer Bucht zwischen Westerhever, Poppenbüll und Osterhever. Nördliche Grenze war stets der Seedeich; durch zweimaliges Vordeichen wurden zwei Seedeiche zu „Schlafdeichen". Außendeich ist seit 1937 der des Norderheverkoogs. Die beiden Straßen des Orts verlaufen auf ehemaligen Seedeichen: die Westerheverstraße K 131, die teilweise die Gemeindegrenze bildet und als Zufahrt zu den Höfen des Altaugustenkoogs dient, und der 3,6 km lange Kömdiek, benannt nach dem starken Bewuchs des Deiches mit Kümmel, Grenze zwischen den beiden Augustenkögen und Zufahrt zu den Höfen des Neuaugustenkoogs. Der ehemalige Seedeich des Neuaugustenkoogs ist 4,06 km lang. Der Augustenkoog umfasst 840 ha. Als die 36 Einwohner zählende Gemeinde keine wirtschaftliche Perspektive mehr sah, gab sie ihre politische Selbstständigkeit auf und wurde ein Ortsteil der Gemeinde Osterhever (B4). Kirchlich und schulisch gehörte Augustenkoog von Anfang an zur Nachbargemeinde und war bis dahin eine der vier Heverbundgemeinden.

Der Alte und der Neue Augustenkoog sind zwei von sechs oktroyierten Kögen in Eiderstedt. Sie unterschieden sich von zahlreichen anderen Kögen der Halbinsel dadurch, dass sie nicht durch die Initiative und die Finanzierung einheimischer Landbesitzer eingedeicht wurden, sondern durch die Investitionsbereitschaft auswärtiger Geldgeber. Die oktroyierten Köge entstanden auf deichreifem, im Besitz der Landesherrschaft befindlichem Vorland, das der Gottorfer Herzog nach Erteilung von Privilegien an Investoren und ihre Nachkommen abtrat. Dafür mussten nach Ablauf von 15 „Freiheitsjahren" Steuern an die herzogliche Kasse und, solange Eiderstedt Teil des dänischen Gesamtstaates war, bei jedem Thronwechsel und beim Besitzerwechsel des Hofes eine Konfirmationsgebühr für die Privilegien an die königliche Kasse gezahlt werden. Vorgesetzter der Lehnsleute der oktroyierten Köge war nicht der Staller, sondern ein Koogsinspektor.

Der Altaugustenkoog ist der älteste oktroyierte Koog Eiderstedts und der einzige, dessen Bedeichung nicht von Privatleuten, sondern vom Gottorfer Herzog selbst finanziert wurde. Herzog Johann Adolf (1575–1616), der den 610 Demat großen Koog 1611 für rund 13 000 Reichstaler eindeichen ließ, schenkte ihn zusammen mit dem Schloss vor Husum und dem Amt Husum seiner Gemahlin Augusta zur Nutznießung auf Lebenszeit. Sie ist die Namensgeberin für den Koog und residierte während ihrer 23-jährigen Witwenzeit in Husum, wo sie mit ihrer stattlichen Hofhaltung zum wirtschaftlichen Wohl der Stadt beitrug.

Die Bedeichung des bewachsenen Vorufers wurde von dem niederländischen Deichbaumeister Johann Claussen-Rollwagen (LOHMEIER 1980) übernommen, der die Arbeit erstmals von Lohnarbeitern mit Schubkarren ausführen ließ – nicht ohne Widerspruch benachbarter Kirchspiele, die den Verlust ihrer Rechte am Vorland und am Deich befürchteten. Nach der Eindeichung entstanden sieben Haubarge mit anfänglichen Ländereien von 80–120 Demat und eine Mühle, die von Pächtern bewirtschaftet wurden. Im Laufe der Jahre hatte sich der herzogliche Hof so verschuldet, dass der Augustenkoog 1671 an die Landschaft Eiderstedt verpfändet und 1674 von Herzog Christian Albrecht (1641–1694) unter Vorbehalt des Rückkaufsrechts für 62 000 Reichstaler verkauft wurde. Sein Nachfolger Herzog Friedrich IV. (1671–1702) kaufte ihn 1698 zurück, konnte ihn aber nicht halten, denn nach Ausbruch des Nordischen Krieges brauchte er Geld. So wurde der Koog 1701 einschließlich der Privilegien, wie sie dem Herzog und seinen Vorfahren zugestanden worden waren, an Privatleute abgetreten. Im 19. Jh. wurden drei Haubarge und das Mühlenanwesen abgebrochen. Die verbliebenen Höfe sind – von O nach W – der Osthof („Schloss" genannt, da der Hof im 19. Jh. als stattliches Anwesen im Stil der Gründerjahre neuerbaut wurde), die nach Hofbesitzern benannten Haubarge Tetenshof und Hof Petersen sowie der Westhof. Da zwei Haubarge vor einiger Zeit zu reinen Wirtschaftsgebäuden umgebaut wurden, entstanden drei Wohnhäuser, darunter ein Altenteil. Die Ländereien, die teils im Eigenbesitz und teils im Besitz auswärtiger Landwirte sind, werden ausschließlich landwirtschaftlich genutzt, darunter ein Hof mit Shorthorn-Zucht.

Der Neuaugustenkoog wurde 1699 eingedeicht. Der Seedeich des Altaugustenkooges wurde somit zum Mitteldeich. Im Gegensatz zum Altaugustenkoog ergriff hier nicht die Obrigkeit die Initiative, sondern die Landschaft Eiderstedt, die sich deswegen an den Herzog von Gottorf wandte und 1695 ein landesherrliches Oktroy mit der Bestätigung der üblichen Privilegien zur Bedeichung und zum Wirtschaften auf den neugewonnenen Ländereien erhielt. Da sie das Projekt nicht selbst ausführen wollte, übertrug sie es finanzkräftigen Investoren. Zu den vier errichteten Haubargen gehörten anfänglich je 100 bis 150 Demat Land und je ein Arbeiter-/Schäferwohnhaus. Außerdem entstanden ein weiteres Wohnhaus und eine Krugwirtschaft. Ein Mühlenanwesen und eine mit einem Schöpfwerk kombinierte Getreidemühle folgten im 19. Jh. Die vier Hofgebäude sind erhalten, darunter der einzige noch landwirtschaftlich genutzte Osterhof, dessen Haubarg im 19. Jh. abgebrochen und durch ein separates Wohnhaus mit Wirtschaftsgebäuden ersetzt wurde. Die verbliebenen drei Haubarge sind der Große Hof, der Mittelhof und der Westerhof. Alle Hofländereien sind zur landwirtschaftlichen Nutzung verkauft oder verpachtet. Von den Nebengebäuden sind nur noch das westlichste Wohnhaus am Deich, das sogenannte Schafhaus, und das Müllerhaus erhalten. Eine der abgerissenen Katen wurde Sklavenhaus genannt. In diesen kümmerlichen Behausungen „am Ende der Welt" werden gelegentlich Arbeitsleute aus dem Zuchthaus in Rendsburg gelebt haben, von denen 1770 „ein Sklave aus Rendsburg" im Dienst eines auswärtigen Besitzers starb.

Beide Augustenköge befanden sich bis zum Beginn des 19. Jh. im Besitz auswärtiger Investoren. Langjährige Besitzer waren die mennonitischen Familien Ovens in Friedrichstadt und Roosen in Altona, die zeitweilig nacheinander die gesamten Ländereien beider Köge besaßen. Die beiden Osthöfe befanden sich im Besitz der Familie Asmussen in Husum. Die letzten Höfe der Familie Roosen wurden um 1850 an hiesige Hofbesitzer verkauft, die beiden Osthöfe um 1870. Zum Westerhof im Neuaugustenkoog gehört eine Windkraftanlage.

Der Sielverband Westerhever-Augustenköge wurde 1976–1979 als einer der letzten Verbände im Gebiet des Deich- und Hauptsielverbandes Eiderstedt ausgebaut. Im Zuge der Deichverstärkungsarbeiten wurde das Deichsiel an der N-Seite des Verbandes, bedingt durch das Alter des Bauwerkes und das schwierige Offenhalten des Außentiefs durch die starke Versandung, abgerissen. 1864 war dieses Bauwerk von der S-Seite, dem sogenannten Adamshafen, an die N-Seite verlegt worden, weil auch damals in diesem Bereich die freie Vorflut durch die Verlandung des Außenpriels nicht mehr

A 3 funktionierte. Die Entwässerung der Sielzüge und der Zuggräben wurde daraufhin auch umgelegt. Der Holmkoog und der Heverkoog, die bis 1865 in freier Vorflut zur Wasserlösung Westerhever-Altaugustenkoog gehörten, wurden aus dem Verband entlassen, erhielten eine künstliche Entwässerung und gingen mit dem Sielverband Süderheverkoog-Schleuse, der 1862 eingedeicht wurde, zusammen. 1977 wurde die Entwässerung im Zuge von Deichverstärkungsmaßnahmen wieder dem natürlichen Geländegefälle entsprechend an die alte Stelle zurückverlegt und das Schöpfwerk Adamsiel gebaut. Mit dieser Umgestaltung war die freie Vorflut jedoch nicht mehr gegeben, das gesamte Niederschlagswasser des Einzugsgebietes musste ab sofort geschöpft werden. 1981 wurde der Neuaugustenkoog mit einer Fläche von ca. 250 ha aus dem Sielverband Westerhever-Augustenköge entlassen und dem Gebiet Westerhever-Altaugustenkoog zugewiesen. Durch den Pfannenhausdeich, einen Mitteldeich an der W-Seite des Neuaugustenkooges, wurde ein Mitteldeichsiel gebaut und die Entwässerung dieses Kooges umgelegt. Schon 1870, 1916 und 1919 wurde der Versuch unternommen, den Neuaugustenkoog nach Westerhever zu entwässern, was aber am Widerstand von Westerhever scheiterte. 1997 wurde das Schöpfwerk Adamsiel automatisiert und nochmals 2005 in der Pumpenmotorleistung optimiert.

A 4 Tümlauer Bucht

Die Tümlauer Bucht ist die letzte nicht eingedeichte große Bucht an der nordfriesischen Küste. Gegen das Festland ist sie zwischen Nackhörn im S und dem Tümlauer-Koog bis zur Höhe Rosenhof im N durch den Landesschutzdeich begrenzt sowie gegen die offene See durch eine gedachte Gerade zwischen der Mitteltidehochwasserlinie des Westeheversands (A1) und der N-Spitze des Rochelsands. Der gesamte Westeheversand und die N-Spitze des Rochelsands schirmen die Bucht gegen die offene See ab bis auf eine schmale Enge für den Ordinger Priel (Fallstief), der die Bucht mit der offenen See auch bei Niedrigwasser verbindet. Beide Sände liegen über MThw, sind also höher als 1,40 m ü. NN. Die Bucht ist etwa 6,5 km tief und zwischen den Deichen bis 4 km breit. Die Besonderheit der Tümlauer Bucht erschließt sich am besten an einem Luftbild. Ein Vergleich mit älteren Luftbildern zeigt auch die Dynamik, ausgelöst durch die große Zunahme der höher als 2 m ü. NN auflaufenden Tidehochwasserstände: Langzeitbeobachtungen zeigten 1947–1998, dass die Sände von W nach O wandern und sich dabei aufsteilen und dass auch das Vorland einer erheblichen Dynamik mit Abbrüchen, aber auch natürlichem Anwachs unterliegt. Über das Adamsiel, die Süderheverkoog-Schleuse und die Tümlauer-Koog-Schleuse entwässert der NW Eiderstedts in die Tümlauer Bucht.

Nahezu das gesamte Vorland ist von einem dichten Netz aus Beeten und Grüppen (kleinen Gräben) und rechtwinklig dazu verlaufenden Entwässerungsgräben charakterisiert, das erst zu Beginn des 20. Jh. entstand. Dazu wurden die Priele begradigt, so dass das Wasser schneller ablaufen konnte. Die Verlagerung des von der Sandbank nordwärts abfließenden Priels an die Vorland-Salzwiese führte zu einer Erodierung der Salzwiesenkante, so dass am nördlichen Westerhever-Vorland Mitte der 1990er Jahre Lahnungsfelder angelegt wurden. Andererseits bilden sich natürliche ausgedehnte Queller- und Schlickgrasfluren ohne Zutun des Menschen. Das Vorland säumt die ge-

samte Bucht in unterschiedlicher Breite bis zu 1 000 m, verschmälert sich auf der S-
Seite der Bucht, um dann im SW bei Nackhörn auszulaufen und in eine Düne überzuge-
hen.

Die Salzwiesenbereiche entlang des Deichfußes werden von Andelrasen dominiert, die in der Regel intensiv beweidet sind und eine hohe Beimengung des Kurzähren-Quellers aufweisen. Diese Bereiche liegen tiefer. Daher bleibt bei Springtiden oder Sturmfluten das Wasser länger stehen, der Salzeinfluss ist hier also größer. Als weiterer Vertreter der unteren Salzwiese ist die Portulak-Keilmelde zu nennen. In tieferen und schlickigeren Bereichen des Vorlandes dominiert das Salz-Schlickgras, zudem bildet die Strand-Aster flächige Bestände und trägt mit ihren gelben Röhren- und blauen Zungenblüten zur farblichen Bereicherung bei. Regelmäßig ist der unter Pflückverbot stehende Gewöhnliche Strandflieder (Bondestave) heißt, im Vorland der Tümlauer Bucht zu finden. Der mittlere Teil des Vorlandes im eigentlichen Buchtbereich liegt tiefer, so dass hier eine Vegetation der Verlandungszone und der unteren Salzwiese dominiert. Den Übergang zum Wattenmeer bilden hier ausgedehnte Queller- und Schlickgrasfluren.

Südwestlich der Süderheverkoog-Schleuse befindet sich mit der sogenannten „Teufelsinsel" ein sehr hohes und offensichtlich schon sehr altes Vorland, das wegen seiner Höhenlage oft von Küsten- und Flussseeschwalben als Brutgebiet genutzt wird. In den etwas höher aufgeschlickten Bereichen der Salzwiese läuft das Wasser schneller ab, so dass der Salzeinfluss hier geringer ist und ein anderes Arteninventar dominiert. Diese als obere Salzwiese bezeichneten Gebiete werden von der Bodden-Binse, dem Strand-Beifuß und dem Salz-Rotschwingel geprägt.

Die etwa 30 000 Nonnengänse, die binnendeichs in Westerhever und im nördlichen St. Peter-Ording auf dem Grünland weiden, nutzen zur Rast die Tümlauer Bucht. Im Winter finden die Gänse im Vorland kaum Nahrung. Sie bevorzugen dann die nährstoffreichen Wiesen des Binnenlandes. Erst im späten Frühjahr wird das frische Grün der Vorländer genutzt, bevor die Gänse in ihre nördlichen Brutgebiete weiterziehen. In milden Wintern, wenn die Gänse nicht nach dem S ziehen, sind daher die Fraßschäden für die Landwirtschaft besonders spürbar.

1974 wurde das Nordfriesische Wattenmeer und somit auch die Tümlauer Bucht unter Naturschutz gestellt. Einschränkungen des Küstenschutzes, der Jagd, der Weide- und der Erholungsnutzung unterblieben oder waren marginal. Dies änderte sich mit der Unterschutzstellung des Wattenmeeres als Nationalpark 1985. Die Tümlauer Bucht darf als Schutzzone 1 von Menschen nicht betreten werden, was aufgrund fehlender Stege über Grüppen und Entwässerungsgräben ohnehin nur schwer möglich wäre. Die Beweidung des Vorlandes wurde auf die Erfordernisse des Küstenschutzes reduziert. Der Lahnungsbau und die Entwässerung des Vorlandes sowie die Gewinnung von Grassoden für die Deiche werden vom Landesamt für Küstenschutz, Nationalpark und Meeresschutz Schleswig-Holstein geregelt. Die Entwicklung der Salzwiesen wird in fünfjährigem Turnus dokumentiert. Das Jagdverbot und die Einrichtung der Ruhezonen sowie die Besucherlenkung reduzieren die Fluchtdistanzen der Vögel und gestatten eine bessere Naturbeobachtung. Im Bereich der Tümlauer Bucht wurden – wie fast an der gesamten Festlandsküste Nordfrieslands und Dithmarschens – noch bis 1991 die Vorländer intensiv beweidet. Danach wurde die Hälfte bis zwei Drittel des Vorlandes aus der Beweidung genommen. Während auf der unteren Salzwiese Andelrasen wie

A 4

Abb. 28 Pflanzen und Tiere in der Tümlauer Bucht. Links: Kurzähren-Queller (*Salicornia europaea*) und Salz-Schlickgras (*Spartina anglica*). Rechts oben: Gewöhnlicher Strandflieder (*Limonium vulgare*) und Portulak-Keilmelde (*Atriplex portulacoides*). Rechts unten: Silbermöwe (*Larus argenatus*) und Ringelgans (*Branta bernicla*).

kurz geschorener Golfrasen und auf der oberen Salzwiese Bodden-Binsen- und Rot- A 4
schwingelrasen als typische Folge intensiver Beweidung vorherrschten, gingen bereits
nach zehn Jahren die Andel- und die Bodden-Binsenrasen stark zurück. Es bildeten sich
vorübergehend ausgedehnte Rotschwingel-, Schlickgras- und Quellerbestände, und
auch der Strand-Beifuß vermochte sich flächig anzusiedeln. Die Vegetation zeigte eine
größere Vielfalt. Queller und Strandsode, Strand-Beifuß, Strandquecke und Portulak-
Keilmelde weiten sich entsprechend Höhenlage und Bodensubstrat aus. Statt einer mo-
notonen Salzweide ist eine vielstufige, vielfarbige und blütenreiche dynamische Salzwiese entstanden (Abb. 28).

Tümlauer-Koog, seit 1970 zum Amt Eiderstedt A 5

Die Gemeinde Tümlauer-Koog liegt im W der Halbinsel Eiderstedt und grenzt direkt an
die Nordsee. Der 1935 gewonnene Koog umfasst 641 ha, der Seedeich ist 5,2 km lang.
Seit 1936 bildet der Koog eine eigenständige Gemeinde, zuvor gehörte er zur Ge-
meinde Tating. Der Tümlauer-Koog ist damit die jüngste eigenständige Gemeinde der
Halbinsel Eiderstedt. Sie zählt 112 Einwohner.
 Schon Anfang des 17. Jh. war eine Eindeichung der Vorländereien zwischen Westerhever und Tholendorf geplant, wurde aber nicht ausgeführt. 1699 wurde auf das Vorland
für den Staller Nicolaus von Graffen ein Oktroy ausgestellt. Durch Geldbeträge seines
Hamburger Schwagers J. Thomblow, wurde eine Bedeichung von 452 Ruten hergestellt.
Der neue Deich brach aber schon 1711 durch. Thomblow verwandte sein ganzes Vermö-
gen zur Wiederherstellung des Kooges. Doch schon am 25. Dezember 1717 und am
25. Februar 1718 brach der Deich abermals und der Koog musste aufgegeben werden.
Nach dem Namen des früheren Besitzers wurde das Vorland dann später als *Thomblows*
oder abgewandelt als *Tümlaus Hallig* bezeichnet. 1861/62 wurde ein Teil des Vorlandes
wieder eingedeicht und erhielt den Namen Süderheverkoog (B6). Ab 1923 griff man den
Gedanken einer Eindeichung der ganzen restlichen Bucht, von Westerhever bis Ording-
Nackhörn, wieder auf. 1925 bewilligte der preußische Landtag Geld, um den größten
Teil der schon nutzbaren Vorländereien zu bedeichen. In den nächsten Jahren wurden
jeweils Geldmittel zur Verfügung gestellt und die Aufnahme der Bauarbeiten angekün-
digt. Nach längerer Planungsphase trafen im August 1932 die ersten Männer des freiwilligen Arbeitsdienstes in Westerhever und Tating zur Aufnahme der Arbeiten ein. Besonders vorangetrieben wurden sie nach der Machtübernahme durch die NSDAP. Als nach
der Fertigstellung des Deichs 1934 eine Überflutung nicht mehr zu erwarten war, vergab
die Höfebank die ersten 18 Siedlerstellen. Die Siedler zogen in den noch nicht erschlossenen Koog und wohnten in Schuppen und Hütten. Den schwierig zu nutzenden fetten
Marschboden magerte man mit Blausand. Auf diese Weise ergab sich sehr gutes Acker-
und Weideland. Im neuen Koog entstanden 24 landwirtschaftliche Siedlungen mit 10–
27 ha und sieben Arbeitersiedlungen mit 2–5 ha Land. Der Nachbargemeinde Tating
wurden für sechs Betriebe zur Aufstockung noch 47 ha zugeteilt.
 Während der ersten Planungs- und Bauphase lief das Eindeichungsprojekt unter
dem Namen Tümlauer-Koog. Der Koog wurde sodann nach seinem „Schirmherrn",
dem preußischen Ministerpräsidenten Hermann Göring, benannt, der ihn am 20. Oktober 1935 einweihte. Nach dem Zweiten Weltkrieg wurde der Hermann-Göring-Koog

A 5 auf Antrag des kommissarischen Landrates des Kreises Eiderstedt vom 1. Juni 1945 durch die britische Besatzungsmacht in Tümlauer-Koog umbenannt.

Die neu bedeichte landwirtschaftliche Fläche wurde durch eine mittige, nahezu gerade Straße erschlossen, von der rechtwinklig einige Stichstraßen abzweigen. Die Höfe liegen in ziemlich regelmäßigen Abständen rechts und links der Straßenachse bzw. an den Stichstraßen. Am mittleren Straßenkreuz sind Gastwirtschaft und Schule zentriert. Landarbeiter- und Handwerkerhäuser liegen in Deichnähe. Die ursprünglichen Hofgebäude sind charakteristische Vertreter einer nationalistisch aufgeladenen „Heimatarchitektur". Eine leicht abgewandelte Gulfhaus-Konstruktion des Stall- und Scheunenteils verbindet sich mit historisierenden Gestaltungen des Wohnteils in einer als „friesisch" aufgefassten Bautradition (Reetdach, Spitzgiebel, Korb- bzw. Rundbögen, Sprossenfenster usw.). Aus der Bauzeit sind nur noch wenige Gebäude in dieser Erscheinung erhalten. Das Problem der Trinkwasserversorgung löste man mit einem Wasserwerk in Tating. 1960 konnte der Koog an das Versorgungsnetz des 1953 gegründeten Wasserbeschaffungsverbandes Eiderstedt angeschlossen werden.

Derzeit befinden sich zehn landwirtschaftliche Betriebe im Ort, die ca. 600 ha, also fast die gesamte Koogsfläche, bewirtschaften. Außerdem sind im Koog ein Malermeisterbetrieb und ein Landmaschinenmechanikerbetrieb angesiedelt. Von der Nachbarschaft des Kurortes St. Peter-Ording profitiert die ländlich strukturierte Gemeinde sehr stark. Es werden in fast allen Häusern Ferienwohnungen angeboten. Besonders lockend für Familien mit Kindern sind die Bauernhofangebote. Seit 2000 ist der Koog auch als Erholungsort zertifiziert. In der Dorfmitte liegt eine Gaststätte mit Café- und Restaurantbetrieb, gern angenommen von den vielen Fahrradtouristen zwischen St. Peter-Ording und dem Leuchtturm von Westerheversand (A1). Nutzen gezogen hat der Koog in der jüngsten Vergangenheit aus dem Dorferneuerungsprogramm. Im Koog wurden viele Häuser wieder mit Reetdach und Sprossenfenstern versehen. Gemeindesaal und Glockenturm wurden saniert, außerdem ein reetgedeckter Informationsstand errichtet.

Der Tümlauer-Koog gehört zur Kirchengemeinde Tating. Mit der südlichen Nachbargemeinde wurde auch ein Feuerlöschverband gebildet. Als eigene Vereine bestehen der Fremdenverkehrsverein und der Manns- und Fruunsboßelverein.

Ende 1934 stellte der Lehnsmann von Tating den Antrag, eine Schule im neuen Koog errichten zu lassen. Nach Plänen des Architekten Tete Rieve, der auch die Entwürfe der Bauernhäuser gefertigt hatte, wurde eine einklassige Dorfschule mit einem Klassenraum von 60 m² und Lehrerwohnung von 90 m² geplant (Abb. 29). 1936 wurde der Schulbetrieb mit 34 Kindern aufgenommen. Nach dem Zweiten Weltkrieg stieg durch die vielen Flüchtlingsfamilien die Schülerzahl auf 86 Kinder an. Zeitweise wurde im „Schichtdienst" vormittags und nachmittags unterrichtet. Als 1969 nur noch 21 Kinder die Schule besuchten, entschied man sich im Koog, sie in die Nachbargemeinde St. Peter-Ording zur Schule zu schicken. Seitdem werden die Schüler mit dem Bus in die Schule gefahren, ebenso wie die kleineren Kinder in den Kindergarten. Das Kinderfest, früher durch die Schule ausgerichtet, ist dank der Initiative der Eltern auch heute noch ein fester Bestandteil des Veranstaltungskalenders. Der Glockenturm wurde als Feuer- und Sturmglocke neben der Schule errichtet und später um 50 m auf die Festwiese versetzt.

Das Tümlauer Siel ist für die Entwässerung des Binnenlandes im westlichen Eiderstedt sehr wichtig. Es entwässert eine Fläche von fast 2 800 ha. Die Anlieger haben sich

A 5

Abb. 29   Bebauung aus dem Jahr 1936 im Tümlauer-Koog

zum Sielverband Tümlauer Schleuse zusammengeschlossen; betreut werden die Verbandsgewässer durch den Deich- und Hauptsielverband in Garding. Den anschließenden Hafen nutzten bis in die 1980er Jahre Krabbenkutter zur Anlandung ihrer Fänge. 1978 wurde ein Sportbootclub gegründet, und ab 1980 wurde der Hafen um 30 Liegeplätze für Sportboote erweitert. Trotz schwieriger Einfahrt wird er gerne von Gastliegern angelaufen. Außerdem liegen hier Schuten des LKN, die für Arbeiten an den Lahnungen und im Außentief benötigt werden. Durch die schwere Sturmflut vom 16. auf den 17. Februar 1962 wurde der alte Deich sehr stark zerstört. Da sich acht Fischkutter im Hafen losgerissen hatten, an den Deich getrieben waren und nun große Löcher in den Deich mahlten, wäre es beinahe zu einer Katastrophe gekommen. Bei den Reparaturarbeiten wurde das Deichprofil verbessert und der Deich um 1,78 m erhöht.

Als Naturdenkmale wurden zwei von ehemals vier Ringkuhlen eingestuft, die 1861–1898 im noch nicht eingedeichten Tatinger Vorland angelegt worden waren. Die Trinkwasserstellen waren jeweils mit einem Deich umgeben und eigneten sich daher als sicherer Zufluchtsort für die Schafe.

Uelvesbüll, seit 2008 zum Amt Nordsee-Treene   B 1

Die Gemeinde Uelvesbüll ist eine locker gebaute Ortschaft, die aus verschiedenen Ortsteilen besteht: dem Ortskern um die Kirche, Kirchspielweg, Porrendeich, Uelvesbüller Koog und Barneckemoor. Sie gehört zum 2008 gebildeten Amt Nordsee-Treene mit Sitz in Mildstedt. Schulbusse verbinden den Ort mit Husum und Tönning. Das heutige

B 1 Uelvesbüll umfasst ein Gebiet von 1 021 ha. Friesen gründeten die Siedlung vermutlich im 13. Jh. etwa 2 km westlich der heutigen Ortslage. Der Name Uelvesbüll bedeutet etwa Siedlung des Ulf. Wahrscheinlich bereits vor 1300 wurde das Uelvesbüller Gebiet eingedeicht und erhielt auch eine Kirche, die damals noch zur Insel Strand gezählt wurde. In der großen Sturmflut von 1362 versanken die westlichen Teile des alten Uelvesbüll. Der Rest der Siedlung mit der Kirche wurde Everschop angegliedert. Das Gemeindegebiet wuchs über Landgewinnung, beispielsweise durch Teile des Adolfskoogs (1579). Jedoch bedrohten immer wieder Sturmfluten das mühsam errungene Kulturland. Die heute so idyllischen Wehlen am Porrendeich sind Reste einstiger Deichbruchstellen von Sturmfluten 1532–1720. Schwere Schäden richtete zuletzt die Sturmflut von 1962 an, als der Seedeich des Uelvesbüller Kooges brach.

Die Erwerbstätigkeit des Dorfes war stark von der Landwirtschaft geprägt. Viele Landarbeiter betrieben für den eigenen Bedarf zusätzlich Fischerei im Watt. Von der Blüte des Eiderstedter Getreideanbaus im 16. und 17. Jh. zeugten in Uelvesbüll 18 stattliche Haubarge, von denen heute nur noch ein kleinerer am Porrendeich und an der Straße erhalten sind. Der Haubarg Hansen in Barneckemoor, einer von ehemals drei Höfen im Moorgebiet, wurde 1983 durch die Interessengemeinschaft Baupflege Nordfriesland abgetragen und eingelagert, nachdem der durch Entwässerung des Landes und Flurbereinigung abgesunkene Grundwasserspiegel zum Nachgeben der Fundamente geführt hatte; der geplante Wiederaufbau an anderer Stelle ließ sich jedoch nicht verwirklichen. Ein Kirchspiel Barneckemoor existierte in Resten noch bis 1491. Nach dem Abbruch der Kirche wurden die Einwohner zum Kirchspiel Uelvesbüll gelegt. An historischen Bauten sind erhalten das Pastorat von 1785, das alte Schulhaus von 1825, beide reetgedeckt, sowie die 1854 neu erbaute St. Nikolai-Kirche, die ursprünglich nach dem dänischen König Friedrich VII. benannt worden war. Der nüchterne kleine Saalbau aus Backsteinen liegt auf einer hohen Warft in einem Deichknick und ist mit teils viel älterem Inventar aus Vorgängerkirchen ausgestattet. An ihr wirkte 1867–1873 der Pastor Christian Jensen (1839–1900), der hier seine Pläne für die sodann in Breklum gegründete Missionsanstalt entwickelte.

Die moderne Zeit kündigte sich in Uelvesbüll 1878 mit dem Ausbau des Kirchspielweges zur Chaussee an. 1928 folgte der Anschluss an das Stromnetz. In den 1930er Jahren bekam der Ort Busverbindung ab Sandkrug. 1961 folgte der Anschluss an die zentrale Wasserversorgung. Seit dem Ende der 1980er Jahre wurden im Uelvesbüller Koog und in der östlichen Mark mehrere Windkraftanlagen zur Stromerzeugung aufgestellt. Nach dem Zweiten Weltkrieg entwickelte sich Uelvesbüll von einem agrarisch geprägten Dorf zu einer Pendlerwohngemeinde. Heute gibt es nur noch wenige landwirtschaftliche Vollerwerbsbetriebe. Seit den 1970er Jahren schlossen auch die örtlichen Versorgungseinrichtungen wie Lebensmittelladen, Gastwirtschaft, Bäcker, Post, Schule sowie mehrere Gewerbebetriebe. Seelsorgerisch wird Uelvesbüll schon seit 1952 von Witzwort versorgt. 1767 hatte das Dorf 546 Einwohner, 1860 waren es 484, 1961 noch 379. Gegenwärtig leben ca. 260 Menschen in Uelvesbüll. Der Zuzug neuer Bürger hat die Zusammensetzung der Einwohnerschaft stark verändert.

Gewandelt hat sich in den letzten Jahren durch umfangreiche Neubautätigkeit und die Renovierung und Pflege zahlreicher alter Häuser auch das Ortsbild. Die alten Katen am Porrendeich in der Nachbarschaft der landschaftlich reizvollen Wehlen sind nicht nur zu einem beliebten Fotomotiv, sondern zu einer attraktiven Adresse auch als Zweit-

B 1

Abb. 30 Eiderstedter Landschaftsmotiv aus dem Atelier von Albert Johannsen: „Auf dem Porrendeich bei Uelvesbüll" (undatiert, Öl auf Pappe, 40x50 cm)

wohnsitze geworden (Abb. 30). Mit der Ausweisung von Neubaugebieten dehnte sich die bebaute Fläche Uelvesbülls in den letzten Jahren erheblich aus. Die neuen Wohnbauten „Achter de Diek" und „Op de Blök" und die Errichtung des Gemeindezentrums mit Feuerwehrgerätehaus ließen zusammen mit der vorhandenen alten Bausubstanz am Kirchspielplatz und am westlichen Kirchspielweg ein geschlossenes Siedlungsgebiet entstehen, das durch die Neubauflächen im „Schoolspäting" noch erweitert wird. Weitere Bauten entstanden im nördlichen Teil des Büerweges. Der Fremdenverkehr gewann als jüngste Einnahmequelle durch die Vermietung von Ferienwohnungen an Bedeutung.

Der bei einer Deichlänge von 2,3 km nur 117 ha umfassende Uelvesbüller Koog wurde 1934/35 im Zusammenhang mit den Landgewinnungsplänen der Nationalsozialisten eingedeicht. Der Sielverband Uelvesbüller Koog war bis zur Zusammenlegung mit dem Sielverband Uelvesbüll-Adolfskoog 1994 der kleinste Sielverband in Eiderstedt. Die Entwässerung erfolgte über ein Schöpfwerk im Landesschutzdeich. Das Schöpfwerk bzw. die Rohrleitung durch den Deich war abgesackt und sollte mit hohen Kosten repariert werden. Die günstigere Lösung war, sich dem Nachbarverband anzuschließen. Der Koog wurde bei der Sturmflut am 16./17. Februar 1962 durch einen Deichbruch überflutet. Bei der Zusammenlegung des Uelvesbüller Kooges mit dem Adolfskoog 1994 wurde gleichzeitig eine Trennung mit dem Sielverband Reimersbude

181

B 1 und dem Adolfskoog vorgenommen. Bis dahin war der Sielverband Reimersbude-Adolfskoog ein Verband, aber mit getrennter Rechnungsführung. Vor dem Bau des Schöpfwerks Adolfskoog 1967 musste das gesamte Niederschlagswasser über das Schöpfwerk Reimersbude in die Eider entwässern. Bei erhöhten Niederschlägen kam es daher immer zu Schwierigkeiten, weil das Wasser von der N-Seite quer durch das Land zur S-Seite abgeleitet werden musste.

B 2 Norderheverkoog

Der lang gestreckte Koog an der nördlichen Küste der Halbinsel Eiderstedt erhielt seinen jetzigen Namen nach seiner Lage am Heverstrom. Er gehört zu den hinter ihm liegenden Gemeinden: Zu Osterhever die Ortsteile Norderheverkoog-Mitte und Norderheverkoog-West (letzterer bis 2002 zur selbstständigen Gemeinde Augustenkoog), zu Tetenbüll Norderheverkoog-Ost. Der Seedeich ist rund 8,3 km lang und reicht vom westlichen Ende des Neuaugustenkoogs (A3) bis zum Jordflether Koog im O. Der landwirtschaftlich genutzte Koog ist 716 ha groß. Hauptzufahrten sind im W von Garding kommend die L 34 durch eine Stöpe im Deich, im O von Tetenbüll kommen die L 32 und von Husum kommend die L 310 am nördlichen Seedeich. Der Koog wird durch eine in O-W-Richtung verlaufende Landstraße erschlossen, an der die Siedlerstellen möglichst in Weilerform von zwei bis drei Häusern in Nähe der Einmündung vorhandener Feldwege angelegt wurden.

Die Bedeichung des Norderheverkoogs war Bestandteil des nationalsozialistischen Landgewinnungs- und Arbeitsbeschaffungsprogramms. Bei diesem Projekt handelte es sich im Wesentlichen um den Ausbau des Heversommerkoogs, der 1896 mit einem niedrigen Deich versehen worden war und seitdem von Pächtern bewirtschaft wurde. Der Domänenfiskus als Besitzer des Vorlandes vor Tetenbüll und Osterhever finanzierte den einen Teil und die Hofbesitzer des Augustenkoogs als Besitzer des westlichen Vorlands den anderen. Unter Einsatz von verhältnismäßig wenigen Maschinen und vielen Arbeitskräften des Reichsarbeitsdienstes wurde der Seedeich erhöht und begradigt. Nach der Fertigstellung 1937 entstand ein Straßen-, Wege- und Entwässerungsnetz, so dass die ersten Siedler aus Eiderstedt, Dithmarschen und von der Geest provisorische Wohnbaracken beziehen und die Felder bestellen konnten. Der nach der ersten Ernte am 2. Oktober 1938 eingeweihte und nach einem während der NS-Zeit zum Märtyrer verklärten SA-Sturmführer benannte „Horst-Wessel-Koog" heißt seit 1945 Norderheverkoog.

Es wurden 34 Siedlerstellen errichtet, und zwar 26 Hofstellen, fünf Landarbeiterhäuser mit landwirtschaftlichem Nebenerwerb, eine Bäckerei, eine Schmiede und eine Schäferstelle. 1940 erfolgte die Elektrifizierung und 1963 der Anschluss an die öffentliche Wasserversorgung. Im Zuge der Flurbereinigung 1971–1979 wurden die Landstraße und die Feldwege ausgebaut.

Grundlage für einen erfolgreichen landwirtschaftlichen Betrieb ist nach wie vor die Gemischtwirtschaft, die anfangs aus Ackerbau, Milchwirtschaft mit Viehaufzucht sowie Schweine- und Schafhaltung bestand. Da sich die Bewirtschaftung nach der Drainierung des Marschbodens gut entwickelte, entstanden nach 1950 weitere Arbeitersiedlungen, ein Lagerhaus der Spar- und Darlehenskasse und ein Wohnhaus für den

Lagerverwalter. Als ab den 1960er Jahren Siedler der ersten Generation den Hof an die zweite Generation übergaben, wurden Altenteile errichtet. Ein bisher letztes Einfamilienhaus wurde 1981 erbaut, so dass es jetzt 51 Gebäude im Koog gibt.

B 2

Die Landwirtschaft ist nach wie vor der Haupterwerbszweig und kämpft mit strukturellen Veränderungen wie im übrigen Eiderstedt. Die Anzahl der Höfe hat abgenommen, die Ländereien pro Hof haben zugenommen. Darlehenskasse, Schmiede und die Bäckerei gingen ein, ebenso die Außendeichsschäferei, die das Land Schleswig-Holstein an zwei Nachbarschäfereien verpachtet hat. Hofgebäude und Siedlungen wurden ohne Hofland an Nicht-Landwirte verkauft und werden teils als Ferienhäuser, teils als Wohnhäuser mit Dauerwohnsitz genutzt. Ein Landwirt betreibt mit Mais und Gülle eine Biogasanlage. Einziger Gewerbebetrieb ist ein Landmaschinenhandel mit angeschlossenem Reparaturbetrieb.

Norderfriedrichskoog und Jordflether Koog, seit 1970 zum Amt Eiderstedt

B 3

Mit einer Fläche von 531 ha liegt die Gemeinde Norderfriedrichskoog im NO der Halbinsel Eiderstedt an der Nordsee. 42 Menschen wohnen ständig in den 26 Häusern.

Schon 1618 bewarben sich Interessenten aus Uelvesbüll und Oldenswort bei Herzog Friedrich III. um eine Genehmigung zur Bedeichung des im Laufe der Jahre angeschlickten Vorlandes und damit auch um eine Schließung des verbleibenden Teils der Offenbüller Bucht zwischen Kaltenhörn und Uelvesbüll an der Hever. Aber erst 1696 konnte unter der Führung des Geheimen Ratspräsidenten Magnus von Wedderkop das Land endlich eingedeicht werden. Dieser 285 ha große Koog erhielt nach dem damaligen Gottorfer Herzog Friedrich IV. den Namen Norderfriedrichskoog. Der vom Herzog verliehene Oktroy besagt u.a., dass der sich vor dem neuen Deich bildende Landzuwachs den Koogsinteressenten gehört, außerdem mussten sie 15 Jahre keine Steuern zahlen und durften freies Gewerbe, Jagd und Fischerei ausüben.

Der erste Deich war noch schwach und nach Deichbrüchen waren oft Instandsetzungen notwendig. Als man 1835 mit dem sogenannten „Vorsetzen" den Seedeich an einigen Stellen verbreitete und die Außenböschung dadurch nicht mehr so steil war, verringerte sich die Gefahr bei Sturmfluten. Die Bewohner leben und arbeiten seitdem gut geschützt im Koog. Für 1854 wird die Einwohnerzahl mit 115, davon elf Landbesitzer, angegeben.

Vor dem Deich des Norderfriedrichskoog bildeten sich im Laufe der Jahrzehnte immer größer werdende Vorländereien, die aber nur für die Schafhaltung genutzt werden konnten, da sie ständig den Gezeiten ausgesetzt waren. Ende des 19. Jh. war der Landzuwachs vor dem Norderfriedrichskoog bereits so groß, dass sich der Bau eines Deiches zum Schutz vor den Fluten lohnte. 1906 beschlossen deshalb die Landwirte, trotz Geldmangels, die Vorländereien mit einem Sommerdeich vor den Fluten zu schützen. Aber erst im späten Herbst 1907 konnte der Deichschluss gefeiert werden und der 500 Demat große neue Koog erhielt nach einer preußischen Prinzessin den Namen Sophienkoog. Trotz Deicherhöhungen seit Mitte der 1930er Jahre wurde der Sommerdeich bei der Sturmflut im Februar 1962 stark zerstört. Noch innerhalb des Kooges hatten die vom Sturm aufgepeitschten Wassermassen eine solche Gewalt, dass sie sogar den land-

B 3

Abb. 31   Mitteldeich des Norderheverkoogs

einwärts gelegenen alten Seedeich bedrohten. Aufgrund weiterer Überflutungen blieb der Koog für die Landwirtschaft untauglich. Erst im Rahmen des vom Land Schleswig-Holstein aufgestellten „Generalplans Deichverstärkung, Deichverkürzung und Küstenschutz" konnte 1968–1970 unter Einschluss des Sophienkooges ein neuer 6,5 km langer Seedeich vor diesen Küstenabschnitt von der Uelvesbüller Kirche bis zum Norderheverkoog gebaut werden. Dieser neue Koog erhielt den Namen Jordflether Koog nach dem 1362 untergegangenen Kirchspiel Jordfleth, das etwa in der Mitte zwischen Tetenbüll und Uelvesbüll lag. Der neue 8,8 m hohe Deich mit seinem modernen Profil schützte den Koog auch vor den großen Sturmfluten 1972 und 1976. Seit seinem Bau ist der Sommerkoog zu einem richtigen Koog geworden und bei keiner Flut fanden mehr Überspülungen statt. Die vorher mangelhaften Vorflutverhältnisse durch das tideabhängige Siel im Sommerdeich ersetzte man durch das Speicherbecken mit dem Siel in Tetenbüllspieker, so konnte der Koog optimal entwässert werden. Die Dränierung im Rahmen der Flurbereinigung 1974/75 brachte auf vielen Flächen eine Umstellung von Grünland auf Ackerbau, was eine erhebliche Ertragsverbesserung zur Folge hatte (Abb. 31).

Die Gewerbesteuerfreiheit führte bis 2004 zu einem zusätzlichen Einkommen der Bewohner durch Vermietung von Büroräumen an auswärtige Firmen. Diese Einnahmen ermöglichten es den Hofbesitzern, ihre Betriebe durch den Bau moderner Ställe und Kauf neuer Maschinen zu modernisieren. 2008 waren von den 13 landwirtschaftlichen Betrieben sieben Vollerwerbsbetriebe, auf denen Landwirte ihren Lebensunterhalt verdienen. Andere Häuser werden als Ferienwohnungen oder Bürogebäude vermietet.

Viele Firmen zogen weg, als die Gemeinde 2004 durch ein Bundesgesetz zu einem Hebesatz von mindestens 200 % gezwungen wurde. Um die hohen Umlagen an Amt und Kreis zahlen zu können, musste der Hebesatz 2011 auf 310 % erhöht werden.

B 3

Zwei parallel verlaufende Straßen, die Koogstraat und die Diekstraat, führen durch den Koog, verbunden sind sie durch drei Stichstraßen. Da die Gemeinde weniger als 70 Einwohner hat, gibt es keine Gemeindevertretung, sondern eine Gemeindeversammlung. Die Norderfriedrichskooger gehören zur Kirchengemeinde Uelvesbüll, wie es schon von Herzog Friedrich IV. in seinem Oktroy von 1696 verfügt wurde. Bis zur Auflösung des Schulverbandes 1968 besuchten die Schüler die dortige zweiklassige Schule, heute können die Eltern den Schulort ihrer Kinder frei wählen. Die Gemeinde zahlt das dann anfallende Schulgeld. Auch an den Kosten für die Feuerwehr und das Gemeindezentrum in Uelvesbüll ist der Norderfriedrichskoog zu je einem Drittel beteiligt. Das rege Vereinsleben der Angler, Boßler, Ringreiter und der Landjugend wird von den Bewohnern der beiden Dörfer gemeinsam gestaltet.

Osterhever, seit 1970 zum Amt Eiderstedt

B 4

Im N grenzt die Gemeinde Osterhever an den Seedeich, westlich an Westerhever, südlich an Poppenbüll und östlich an Tetenbüll mit dem Ortsteil Norderheverkoog-Ost. Osterhever umfasst seit den Eingemeindungen von Teilen des Norderheverkoogs (B2) und des Augustenkoogs (1938 und 2002) 1 843 ha. Die Gemeinde hat 246 Einwohner mit Hauptwohnung und 60 mit Nebenwohnung. Osterhever besitzt ein gut ausgebautes Straßen- und Wegenetz. Die Zufahrt von S erfolgt über die L 34 aus Richtung Garding und von O über die L 310 aus Richtung Husum und die L 32 aus Richtung Tetenbüll/Sieversfleth. Letztere wurde um 1880 quer durch den Hülckkoog auf Ländereien der Hofbesitzer angelegt, alle anderen liegen auf ehemaligen Deichen. Einige Wirtschaftswege sind mit Betonspuren versehen. Es besteht eine Busverbindung nach Husum und Garding mit Anschluss an die Bahnverbindung, die auch die Schulkinder transportiert, seit die im Dorfzentrum gelegene Haupt- und Grundschule 1970 aufgelöst wurde.

Nach dem Ergebnis mehrerer archäologischer Bohrungen und Ausgrabungen und der Bewertung archäologischer Funde lässt sich die frühe Besiedlungsgeschichte Osterhevers grob nachzeichnen. 2004 wurde unter einer unbewohnten Hofwarft südlich der großen Warft Osterhever-Dorf bei 0,50 m u. NN eine auf humosem Klei liegende, stark humose Landoberfläche freigelegt, die Spuren menschlicher Tätigkeit aufwies. Auf diesem tiefen Niveau dürften die ersten Siedler gewirtschaftet haben, sicher datieren ließen sich die Bodeneingriffe aber nicht. Erst nachdem die Marsch durch Meeresablagerungen um weitere 0,60 m aufgewachsen war, hat sich infolge nachlassenden Meereseinflusses eine begrünte Oberfläche gebildet, auf der im späten Mittelalter die Hofwarft errichtet worden ist. Die ältesten bekannten Siedlungsfunde stammen aus der Dorfwarft und datieren in das 12. Jh. Eine erfolgreiche Landnahme hat hier also, wie in der gesamten Eiderstedter Nordermarsch, erst im hohen Mittelalter stattgefunden. Anfangs wurden die Warften noch planmäßig als Halligwarften angelegt. Dafür sprechen einige erhaltene Fethinge und eine bei einer archäologischen Untersuchung an der Basis der Warft Osterhever-Dorf angetroffene Wasserleitung, die zum Fething

185

B 4 führte. Ursprünglich ist Osterhever als Insel bedeicht worden. Die Sperrung des Kraueltiefs, das die Insel im S umfloss, gelang erst im Zuge von Wiederbedeichungen nach der Sturmflut von 1362. Obwohl Osterhever nach Gewinnung des Tetenbüller Marschkooges, des Schockenbüller Kooges und des Mimhusenkooges landfest wurde, war die Sturmflutgefahr nicht gebannt. Das ist durch den Nachweis einer noch im späten 14. oder frühen 15. Jh. aufgeschütteten und im 16./17. Jh. mehrfach erweiterten Warft belegt.

Osterhever bedeutet „im O der Hever" zur Unterscheidung von Westerhever. Zwischen beiden Orten verlief ein „Hever" genannter Prielstrom, der Utholm und Everschop trennte. Osterhever gehörte zu Everschop.

Später als auf den südlich der Eiderstedter Nehrung gelegenen Marschen hatte sich im NW der jetzigen Halbinsel Eiderstedt kultivierbarer Marschboden abgelagert. Großwarften dieser Zeit sind die Kirchwarft, die Dorfwarft „Op Dörp", die Ebenswarft, die Hülckwarft und die kleine, aber steile und hohe Warft mit dem „Hötjershus". Sie wurden frühestens im 12. Jh. besiedelt, was sich mit Keramikfunden aus diesem Gebiet und der auf die Jahre nach 1113 datierten Kirchengründung deckt. Die Bedeichungsgeschichte Osterhevers ist bis 1438 kompliziert und recht undurchsichtig. Durch die Abdämmung des Kraueltiefs wurde die Verbindung zu Everschop stabilisiert. Nach W war der heutige Möhlendiek (Olde Diek) weiterhin Seedeich, bis die Hever durch die Bedeichung des Heverkooges und des Westerhever Osterkooges (vor 1463) abgedämmt und die Insel Westerhever landfest wurde. Um 1500 traten im nordwestlichen Gemeindegebiet erhebliche Landverluste ein, die nicht ausgeglichen werden konnten, so dass der Deich zurückgenommen wurde und die nach innen rechtwinklig abgeknickte Deichlinie entstand. Das noch erkennbare Prielbett des Kraueltiefs war Teil der vom Heverkoog bis zur Sieversflether Schleuse verlaufenden Wasserlösung und ist es weiterhin trotz der Vordeichungen (Tetenbüllspieker und Everschopsiel).

Die Allerheiligenflut von 1436 hatte den Seedeich von Osterhever stark beschädigt. Da die dahinter liegenden Kirchspiele Garding, Katharinenheerd, Tetenbüll und Poppenbüll von diesem Deich mitgeschützt wurden, sollten sie anteilsmäßig bei der Wiederherstellung helfen. Die vier Kirchspiele aber lehnten dies ab; wenn Osterhever seine Deiche nicht selber instand setzen könne, müsste es sie aufgeben. Es kam zu einem Streit, bei dem 36 Mann erschlagen wurden. Die Landesherrschaft bestimmte, dass die dahinter liegenden Köge sich an der Wiederbedeichung zu beteiligen hätten.

Auf der Ebenswarft, einer der größten und höchsten Warften im Ort, auf der noch heute der Hauburg „Ebensburg" steht, lebte zur gleichen Zeit der Staller Epe Wunnekens in einem burgähnlichen Anwesen. Sein Name ist mit den Auseinandersetzungen der Eiderstedter mit der Landesherrschaft verbunden. Der im 18. Jh. dort lebende Lehnsmann war der älteste Sohn der berühmten Martje Flohrs aus Katharinenheerd.

Eine erste Kapelle in Osterhever wird im 12. Jh. von Garding aus gegründet. Die auf einer rund ein Hektar großen und 4,9 m hohen Warft inmitten des Friedhofs stehende kleine Dorfkirche ist ein spätromanischer Steinbau aus der ersten Hälfte des 13. Jh. mit dem üblichen Grundriss eines Kirchenschiffes mit Chor und halbrunder Apsis. 1908 wurde der reparaturbedürftige, südöstlich der Kirche stehende hölzerne Glockenturm abgerissen und durch einen Glockenturm in Form eines Dachreiters in landesunüblichen Ausmaßen ersetzt, weil er anfangs zwei große Glocken aufnehmen sollte. Darunter war eine der größten Glocken des Landes, die 1562 gegossene Glocke von Buphever, die Osterhever nach dem Untergang Alt-Nordstrands 1634 erwarb. Nachdem sie schadhaft geworden war und ein Umguss nicht erlaubt wurde, gelangte sie 1908 in das Kunstgewerbemuseum in Flensburg, wo sie noch heute zu sehen ist. Herausragende Inventarien in der Kirche sind der um 1520 entstandene spätgotische Schnitzaltar, eine spätgotische Kreuzigungsgruppe, zwei Abendmahlsbänke mit dem Spiegelmonogramm M B von 1753, dem Sterbejahr von Rat- und Lehnsmann Mahm Backens, dessen Witwe die Bänke stiftete. Über dem neugotischen Taufstein hängt ein streng wirkender Taufengel, der später entfernt, auf dem Kirchenboden 2004 wiederentdeckt und nach einer Restaurierung erneut aufgehängt wurde.

Osterhever ist ein Beispiel dafür, dass die Gestalt des eigentlichen Ortskerns durch Eindeichungen von einer ungeschützten halligartigen Insellage zu einem Ort ohne Seedeich wurde. Die Bedeichung umliegender Köge, vor allem des Augustenkoogs und des Norderheverkoogs, verhalfen dem Kirchspiel im Laufe von Jahrhunderten zu einer geschützten Lage hinter einem Mitteldeich. Das Dorfzentrum, das sich mit ehemals kirchlich geprägten Gebäuden um die Kirchwarft gruppiert, ist 1950 und 1980 um zwei Neubaugebiete erweitert worden. Die ehemalige Küster- und Hauptschule aus der Zeit um 1684 wird als Galerie genutzt. Die Elementarschule von 1859 ist zum Autohaus aus- und umgebaut, die 1860 erbaute Armen-Arbeitsanstalt wird privat bewohnt, und die 1939 begonnene und 1950 fertiggestellte ehemalige Haupt- und Grundschule ist zu einem Seniorenheim umgenutzt worden. Auch der 1938 erbaute Kirchspielskrug wird 2011 nach längerem Leerstand einer neuen Nutzung zugeführt.

Straßennamen mit geschichtlichem Hintergrund sind: Böhlinghörn: Böhl, nd. = Wohnplatz, Hof; Hörn = rechtwinklig abgeknickte Deichlinie, Ebensburg: nach dem Staller Epe Wunnekens, Klosterweg: Standort einer Armen-Arbeitsanstalt, in der die Zöglinge in kasernen- bzw. klostermäßiger Zucht und Ordnung lebten, Köpsielerweg: Lage an einem Sielzug mit einem Siel, das von einem Sielwärter namens Cöp beaufsichtigt wurde, Meiereiweg: zur Erinnerung an die 1898–1971 in Osterhever betriebene Meierei, deren Einzugsgebiet das nordwestliche Eiderstedt war, Möhlendiek: benannt nach einer an der Einmündung der Westerheverstraße bis um 1900 betriebenen Windmühle, Pilkenkrüz: ehemaliger Standort eines Wirtshauses am Zusammentreffen von drei Deichlinien (Pilke = Spieltafel, Krüz = Kreuzung), Volkertsweg: nach dem Hofbesitzer Volquardt Jensen um 1800.

Als bedeutende Persönlichkeit ist zu nennen der in Schleswig geborene und vom Wittenhof/Osterhever stammende Maler Erwin Hinrichs (1904–1962), der eine private Kunstschule in München besuchte und sich dem Kreis der in Schleswig-Holstein tätigen Expressionisten anschloss. Trotz künstlerischer Einschränkung während des Dritten Reiches und gesundheitlicher Beeinträchtigungen schuf er ein bedeutsames Lebenswerk, von dem besonders seine frühen, eindrucksvollen Landschaftsaquarelle breite Anerkennung fanden.

Ferner ist die 1966 aus Berlin zugezogene Holzbildhauerin Ruth Maria Linde-Heiliger (1916–1996) zu nennen. Nach ersten Erfahrungen im Holzschnitzen in der anthroposophischen Gesellschaft in Berlin gewann sie vielseitige Kenntnisse in der Flächenkunstschule von Johannes Itten in Krefeld. Nach Kriegs- und Nachkriegszeit sowie nach Verselbstständigung der Familie erwarb sie eine Kate in Osterhever, wo die Künstlerin Voraussetzungen zu intensiver Arbeit und zur kontinuierlichen Entwicklung

B 4

Abb. 32   Boßelverein des Heverbundes in Osterhever bei winterlichem Wettkampf. Das auf der Vereinsfahne zu erkennende Motto „Lüch op un Fleu herut" ist dem Boßlerlied entnommen

fand. Ihre Holzskulpturen, die Maserung und Astwerk in die Gestaltung einbeziehen, entwickelten sich von Tiermotiven zu abstrakten Formen und wurden auf zahlreichen Ausstellungen und Ausstellungsbeteiligungen weit über die Grenzen Eiderstedts hinaus gezeigt.

In der landwirtschaftlich geprägten Gemeinde bewirtschaften 22 Betriebe 1 545 ha. Zusätzliche Einnahmequelle ist der Tourismus. 30 Vermieter bieten 210 Betten an (2008). 2005 gab es 21 548 Übernachtungen. Gewerbebetriebe sind ein seit über fünf Jahrzehnten expandierender Kfz-Vertragshändler mit Service- und Reparaturbetrieb, ein Seniorenheim mit 32 Bewohnern und eine Gartenbaufirma, die zusammen 35 Arbeitsplätze im nichtlandwirtschaftlichen Bereich bieten. Hinzugekommen ist ein Gasthof mit Naturkost.

Die kleinen Nachbargemeinden Osterhever, Westerhever, Poppenbüll und Augustenkoog hatten sich seit der Mitte des 19. Jh. zum Heverbund zusammengeschlossen, um gemeinschaftlich effektiver handeln und auftreten zu können. Einige dieser Zusammenschlüsse gingen ein, so der Hebammenverbund, der Gesangsverein und der Turnverein an der Hever. Der in preußischer Zeit eingerichtete Amtsbezirk Osterhever bestand bis 1962. Bestehende Zusammenschlüsse des Heverbundes sind seit 1930 die Heverbundpfarrstelle mit dem Wohnsitz des Pastors/der Pastorin in Osterhever, seit 1886 der Boßelverein des Heverbundes, 1934 die Freiwillige Feuerwehr Osterhever, 1946 der Ringreiterverein Osterhever, 1951 die Landjugend Osterhever und seit 1971 der Tourismusverein Osterhever, Poppenbüll, Augustenkoog. Im kirchlichen Bereich sind seitens des Heverbundes seit 1936 die Bläser, seit 1975 der Kirchenchor, 1984 der Frauenkreis und seit 1985 die Kinderstube aktiv. Vermieter, Dorfbewohner und örtliche Vereine organisieren für die Bevölkerung und die Gäste alljährlich dorftypische Veranstaltungen. Sie beleben das Dorf, das den Einwohnern bis in die zweite Hälfte des 20. Jh. alles an alltäglicher Versorgung und Geselligkeit bot (Abb. 32).

B 4

Sieversflether Koog, seit 1970 zum Amt Eiderstedt

B 5

An der Nordseite Eiderstedts hatte sich im 16. Jh. vor Tetenbüll, Osterhever und Oldenswort ein größeres Vorland gebildet, das diese Gemeinden in mehreren Anläufen vergeblich einzudeichen suchten. Nach ehemaligen Nutzungsberechtigten, der Eiderstedter Stallerfamilie Sieverts, trug das Vorland den Namen *Sieverts Anwachs*. Die hierdurch verlaufende gemeinschaftliche Wasserlösung für das Tetenbüller, Poppenbüller und Osterheveraner Gebiet hieß im Volksmund *Sievers-Fleth*. Zu Beginn des 17. Jh. erhielt eine kapitalkräftige Gruppe Gottorfer Hofbeamter das Recht, dieses Vorland einzudeichen und beauftragte den aus den Niederlanden stammenden Deichbauingenieur Johann Claussen-Rollwagen mit der Ausführung durch angeworbene Arbeiterscharen auf Lohnbasis. Bodentransportmittel waren an Stelle schwerfälliger pferdebespannter Sturzkarren erstmals leichte Schubkarren, die sich als sehr effektiv erwiesen. 1610 war das Werk vollendet und der ca. 600 ha große Sieversflether Koog gewonnen. Bis auf den Schleu-

Abb. 33   Blick vom Deich des Wasserkooges auf das Deichsiel von Everschopsiel. Auf den Wasserflächen ist das für März typische Auftreten von Lachmöwen (*Larus ridibundus*) zu beobachten

B 5 senbau war das ein Erfolg, auch finanziell. Die Bedeicher konnten ihre Anteile teilweise mit hohen Gewinnen weiterveräußern. Lediglich die Entwässerung barg Probleme, weshalb wenig später ein kleiner Spülkoog (der „Wasserkoog") als Rückstauraum zum Offenhalten des langen Außenpriels und Küstenhafens „Tetenbüllspieker" abgeteilt werden musste. Völlig beheben konnte auch dieser die Entwässerungsprobleme nicht, das blieb erst dem großen Speicherbecken im 1968 fertiggestellten Jordflether Koog vorbehalten (Abb. 33).

B 6 Poppenbüll und St. Johanniskoog, seit 1970 zum Amt Eiderstedt

Etwa 5 km nördlich von Garding liegt, umschlossen vom wohl ältesten Ringdeich in Schleswig-Holstein, der St. Johanniskoog mit dem Ort Poppenbüll (215 Einwohner). Der Ortskern besteht aus der Kirchwarft mit der Johanniskirche aus dem 12. Jh., dem darum liegenden Friedhof, dem Pastorat, dem ehemaligen Schulgebäude, einer Siedlung aus den 1950er Jahren und einer Neubausiedlung, die 1980 entstand und an die sich seit 2000 das Neubaugebiet Everschop anschließt. Die Gemeindefläche von 1 552 ha setzt sich aus mehren Kögen zusammen, die im Laufe der Jahrhunderte dem Johanniskoog (459 ha, Deichlänge: 8,8 km) durch Eindeichungen angegliedert wurden: Grudenkoog (um 1400, 67 ha, Deichlänge 0,4 km), Heverkoog (nach 1437, 327 ha, Deichlänge 2,87 km), Holmkoog (vor 1460, 251 ha, Deichlänge 2 km), Iversbüllerkoog (nach 1362, 170 ha, Deichlänge 3 km), Mimhusenkoog (nach 1362, 155 ha, Deichlänge 4 km), Schockenbüller Koog (um 1400, 124 ha, Deichlänge 2 km), Graffenkoog (1699 und 1717/18, 269 ha, Deichlänge 2,87 km) und einem Teil des Marschkooges. Poppenbüll ist durch Schulbusse der Autokraft GmbH, die die Strecke Husum–Garding betreut, an das öffentliche Verkehrsnetz angeschlossen. Der nächste Bahnhof befindet sich in Garding.

Der Ortsname weist im Grundwort „-büll" (Siedlung) auf eine friesische Gründung hin. Das Bestimmungswort ist eine Ableitung des im 12. Jh. gebräuchlichen Namens Poppo. Im Gemeindegebiet liegen die Warften Helmfleeth (helmförmiger Siedlungsplatz an einem Wasserlauf), Hundorf (Siedelplatz des Hunne), Schweinsgaard (Svens Hof), Katrepel (Siedlung auf einem schmalen Streifen), Bollingswarft (Warft der Leute des Bolle), Plummenhof (Pflaumenhof, früher Speckdorf, eine ironische Bezeichnung für eine nicht gerade reiche Siedlung), Klerenbüll (Siedlung des Klere) und Nickelswarft (Warft des Nickels, Kurzform von Nikolaus).

Die von dem Husumer Kartographen Johannes Mejer im 17. Jh. erdichtete Jahreszahl 987 für die Bedeichung des Johanniskoogs, der man lange Glauben schenkte, ist durch archäologische Untersuchungen widerlegt worden (MEIER 1991; MEIER, HOFFMANN u. MÜLLER-WILLE 1989). Zwar ist der Deich zu den ältesten erhaltenen Deichen der Landschaft zu zählen, doch lässt sich der Beginn der Landnahme frühestens in das späte 11. Jh. datieren. Der ringförmig um die frühen Warften aufgeschüttete Deich, ursprünglich etwa 1,20 m hoch, stammt frühestens aus dem 12. Jh.

Zu den besonderen Siedelplätzen des St. Johanniskooges zählt die unter Denkmalschutz stehende, etwas über 4 ha große Großwarft Helmfleeth. Die Warft wird von einer in Richtung NO nach SW verlaufenden Straße überschnitten, östlich davon steht das einzige Gebäude, der größere westliche Teil liegt wüst. Nach dem spärlichen Fundgut einer 1928 durchgeführten Grabung ist die Warft im 12. Jh. aufgeschüttet worden.

Nach dem Ergebnis einiger Bohrungen besteht das Warftbaumaterial aus Kleischüttungen, in die Dungschichten unterschiedlicher Mächtigkeit eingelagert sind. Auf Helmfleeth ist eine landschaftliche Besonderheit W-Eiderstedts erhalten geblieben. Es ist einer der sogenannten Tauteiche, die sich von den trichterförmigen Fethingen der Halligwarften durch ihre flache Muldenform und die besondere Auskleidung der Grubenwand durch eine aus Stroh oder Reet und Lehm aufgebrachte Isolierschicht absetzen (HINRICHS 1932). Diese besondere Konstruktion soll den Niederschlag kondensierten Wassers begünstigen, zugleich wird den Tauteichen ein selbst in trockenen Zeiten hohes Wasserspeichervermögen nachgesagt. Tauteiche und Fethinge sind Süßwasserspeicher, die in erster Linie für die Versorgung des Viehs gedacht waren. Sie stammen aus der Zeit der frühen Landnahme, in der die Marschenbewohner noch ohne oder mit nur unzureichendem Deichschutz lebten (COLDEWEY et al. 2012).

Auch für die Wasserversorgung der Warft Hundorf ist etwa in Warftmitte ein nur etwa 2 m tiefer Tauteich angelegt worden. Hundorf liegt etwa 1 km südöstlich von Helmfleeth unmittelbar am Ringdeich des St. Johanniskooges. Die im Grundriss etwa langovale Warft ist bereits teilweise abgetragen, ursprünglich dürfte sie eine Fläche von annähernd einem Hektar bedeckt haben. Nach dem Ergebnis archäologischer Ausgrabungen (MEIER 2001) reicht die Gründung der Warft bis an die Wende vom 11. zum 12. Jh. zurück. Der Warftkern ist in einem Zuge aus Klei bis zu einer Höhe von etwa 3 m ü. NN aufgeschüttet und im späten 12. und im 13. Jh. durch über den Böschungen abgelagerten Mist und durch Kleiaufträge randlich erweitert worden. Die Siedelhöhe wurde dadurch nicht verändert. Offensichtlich erst unter dem Eindruck der spätmittelalterlichen Katastrophenfluten ist die Warft im 14. Jh. erweitert und bis 3,80 m ü. NN aufgehöht worden. Nach dem aus den Mistschichten geborgenen botanischen Material waren die frühen Warftbewohner einem erheblichen Salzwassereinfluss ausgesetzt, der nur die Viehzucht zuließ. Ackerfrüchte scheinen eher von dem etwa 2 km entfernt liegenden Gardinger Strandwall gekommen zu sein. Mit seiner Kronenhöhe von 1,30 m ü. NN kann der Ringdeich die Wirtschaftsflächen auch nur vor Sommersturmfluten geschützt haben. Immerhin hat er aber bewirkt, dass es nach dem Deichschluss zu keinen nennenswerten Sedimentablagerungen mehr gekommen ist, da Warftbasis und heutige Landoberfläche fast auf einer Höhe liegen.

Der St. Johanniskoog gilt seit den archäologischen Untersuchungen von 1989/90 als eines der besten und wichtigsten Beispiele für die Besiedlungs- und Bedeichungsgeschichte Eiderstedts. Der wohl im 12. Jh. angelegte Ringdeich wurde vermutlich an einen Kranz bereits vorhandener Warften „angelehnt". Die zumeist kleineren Warften wurden wohl von einer zentralen Dorfwarft aus, der sehr großen Warft Helmfleeth, angelegt und über radiale Wege mit ihr verbunden. Größere Warften wie Hundorf sind ebenfalls Dorfwarften gewesen. Dieses Siedlungsmuster für noch unbedeichtes Halligland ist in Eiderstedt auch an anderen Orten näherungsweise erkennbar (Westerhever, Tofting). Der Dorfkern von Poppenbüll mit der im 12. Jh. gegründeten Kirche dürfte daher, wahrscheinlich unter Benutzung älterer Warften, erst nach der Bedeichung zum Zentrum der Streusiedlung geworden sein.

Die Errichtung, der Erhalt und die Reparatur der Deiche war auch für die Poppenbüller eine wichtige und schwere Aufgabe. So wurde im Graffenkoog 1699 ein Deich gebaut, der jedoch bald nach der Eindeichung durchbrach. Der Kaufmann Thomblow sorgte zwar für eine Wiederbedeichung, doch nach den Fluten 1717 und 1718 wurde

B 6 der Deich derart beschädigt, dass er aufgegeben werden musste. Erst 1861/62 wurde der Deich zum dritten Mal aufgebaut und das nun als Süderheverkoog wieder gewonnene Land 1903 hauptsächlich an auswärtige Bauern verkauft. 1930 wurde es der Gemeinde übergeben und ab 1962 besiedelt. Im Laufe der Jahrhunderte waren die Menschen in Poppenbüll etlichen Katastrophen wie Sturmfluten, Seuchen und Kriegen ausgesetzt, die große Verluste an Menschen, Tieren und Land verursachten. Zahlreiche Menschenleben forderte 1350/51 der „schwarze Tod", die Pest. Bei der Sturmflut 1362 wurde westlich von Poppenbüll das „Fallstief" aufgerissen. Im Dreißigjährigen Krieg plünderten und brandschatzten kaiserliche Truppen auch in Poppenbüll. Nach den militärischen Überfällen und Plünderungen fehlte es in der Regel an Saatgut und Zugpferden, so dass die Felder nicht bestellt werden konnten und Hungersnöte auftraten. Während des Nordischen Krieges 1712/13 wurde im Kirchenbuch mit 107 die höchste Zahl an Sterbefällen verzeichnet. Die Flut von 1718 war zwei bis drei Fuß höher als die von 1634 und setzte ganz Poppenbüll unter Wasser.

Im 12. Jh. wurde von Garding aus in Poppenbüll eine Kapelle gegründet, die im 13. Jh. zu einer romanischen Anlage ausgebaut und später durch einen gotischen Chor erweitert wurde. Der Reichtum der damaligen Bauern erlaubte eine aufwändige Innenausstattung mit einer für Eiderstedt typischen Kanzel von 1579 und dem zweiflügeligen bemalten Altar von 1601, der der Schule von Marten van Achten zugeschrieben wird. Ein Pastorengemälde von 1617 gilt als das älteste der Landschaft. Besonders hervorzuheben ist das in Eiderstedt einzigartige bronzene Taufbecken, das 1590 von Melchior Lucas in Husum, gleichzeitig mit der Kirchenglocke, gegossen wurde. 1895 wurde der hölzerne Glockenturm, der südlich der Kirche stand, abgebrochen und durch einen turmartigen Dachreiter auf dem westlichen Kirchenschiff ersetzt.

Der Pastoratshauberg neben der Kirche stand ursprünglich in Kotzenbüll und wurde, wenige Jahre nach seiner Erbauung, 1819 innerhalb von drei Monaten abgebrochen und in Poppenbüll wieder aufgebaut. Der gut dokumentierte Vorgang weist darauf hin, dass Haubarge spätestens seit dem 18. Jh. nicht selten reine Spekulationsobjekte waren (FISCHER 2007). 1919–1932 führte das Pastorenehepaar im Haubarg eine Privatschule mit angeschlossenem Internat und unterrichtete fünf bis zwölf Grundschüler in allen Fächern bis zum siebten Schuljahr. 1932 wurden die Pastorenstellen von Westerhever, Osterhever und Poppenbüll zu der Pfarrstelle „Heverbund" zusammengelegt, der Amtssitz des Pastors wurde Osterhever. Der Haubarg stand mehrere Jahre leer. Schließlich wurde er von der Kirche an auswärtige Interessenten verkauft. 2005 brannte er während Umbauarbeiten bis auf die Grundmauern nieder, wurde aber weitestgehend originalgetreu in der alten Bauweise wieder errichtet.

Mit der Besiedlung des Neubaugebietes Everschop entstanden 1988 neben der Kirche ein Dorfplatz und ein Kinderspielplatz. Auf dem Dorfplatz wurde im Rahmen der Dorferneuerung 1995 als Unterstand bei Dorffesten ein „Vierrutenbarg" errichtet. Diese Konstruktion gilt als Vorläufer des Eiderstedter Haubargs, denn das Reetdach wird von vier Ständern getragen, die ein Quadrat aus je vier Ruten, einem alten Längenmaß, bilden. Vierrutenbarge kamen früher an der W-Küste vom Alten Land bis Eiderstedt vor und dienten der Überwinterung der Heuvorräte. Die Höhe des Daches konnte durch Seilzüge oder Knebel in der Höhe verstellt werden. Im Herbst wurde das Heu unter dem Dach hochgestapelt. Im Verlauf des Winters wurde das Heu verbraucht und das Dach entsprechend abgesenkt, so dass immer Wetterschutz gegeben war.

Neben dem Pastoratshaubarg stand eine Gastwirtschaft, der Kirchspielkrug. Hier traf man sich vor und nach dem Kirchgang, mitunter sträflicherweise auch während des Gottesdienstes. Es handelte sich um ein mehrfach erweitertes, nach der Überlieferung im 16. Jh. von der Warft Helmfleeth umgesetztes, klassisches „Hallighaus" mit einigen sehr alten Hölzern und einem angeschlossenen Baukörper, dessen urtümliche Konstruktion nicht mehr genauer erforscht werden konnte (FISCHER 2007). Am Gebäude ließ sich belegen, dass auch Jahrhunderte nach Eindeichungsmaßnahmen noch in ganz traditioneller Weise utländische Häuser des Halligtypus (innen stehendes Ständerwerk, Kattschur, Spitzgiebel über der Tür; KÜHNAST 2000, WOLF 1940) gebaut wurden. 1996 brannte das Haus ab. Zwar blieb der Bereich der Gaststätte verschont und wurde noch einige Monate weitergeführt, dann aber auch abgebrochen. Heute steht auf dem Grundstück ein Ferienhaus, im dem alte Steine und Balken des Rauchhauses wieder verwendet wurden.

Im St. Johanniskoog 8 hat sich ein Wohnhaus des Architekten Georg Rieve (1888–1966) von 1925 erhalten. Das Wohnhaus auf einer Warft ist gut von der kleinen Landstraße aus zu sehen. Zwar sind auch die Wirtschaftsgebäude erhalten, doch wurden sie stark verändert. Das Haus selbst ist ein breitgelagerter Baukörper, an den sich L-förmig der weitere Hausteil anschließt. Der Rotsteinbau unter einem Walmdach weist eine dunkle Hohlpfannendeckung auf. Der Eingang des Hauses – mit vorgelagerter Freitreppe – wird durch einen Mittelrisalit mit Segmentgiebel betont, der auf vier quadratischen Stützen ruht. Die Stützen, der Architrav, die Einfassung des Giebelfeldes sowie die Einfassung des zurückliegenden Einganges sind mit reich verzierter Baukeramik der Kieler Kunstkeramik AG geschmückt. Entworfen wurde der Eingang von dem Berliner Künstler Ludwig Isenbeck, mit dem Rieve eine Reihe von Bauten gemeinsam realisierte. Bei diesem Haus, das auch im Inneren mit einer reichen Ausstattung bis hin zu eigenen Möbelentwürfen versehen ist, nutzte Rieve jeden Spielraum ungestümer Formentfaltung. In Eiderstedt, das so sehr von seinen Kirchen und Haubargen geprägt wird, ist dieses Haus ein besonderes Kleinod expressionistischer Architektur.

Von jeher war der Ort durch Landwirtschaft geprägt. Die landwirtschaftliche Nutzfläche beträgt in der Gegenwart 1 393 ha, ca. 90 % der gesamten Gemeindefläche. Von einst 16 Haubargen sind jedoch nur vier erhalten geblieben, und nur noch einer wird rein landwirtschaftlich genutzt. Der mit Weidewirtschaft bewirtschaftete Haubarg Holmhof ist vollständig bewahrt und kann besichtigt werden.

Die 1960 eingeleitete Flurbereinigung in der Gemeinde Poppenbüll war die erste in Eiderstedt. Sie bedeutete eine Zäsur für die Landschaft und die Landwirtschaft. Es wurden nicht nur Ländereien umverteilt, sondern auch Betriebe verändert und Straßenverbindungen ausgebaut. Teile des Marschkooges wurden nach Poppenbüll, Teile des Iversbüllerkooges dafür nach Tetenbüll umgemeindet und dadurch die Gemeindefläche um vier Hektar vergrößert. Von der Landgesellschaft konnten 271 ha von Fremdbesitzern aufgekauft oder getauscht und der Flurbereinigung zugeführt werden. Der Süderheverkoog wurde mit sechs Höfen besiedelt, vier weitere entstanden im Marschkoog und einer im Heverkoog. Die Betriebsstruktur veränderte sich durch die Neuverteilung zugunsten der größeren Betriebe. Die Zahl der Einwohner mit Landbesitz verringerte sich von 74 auf 62. Sieben kleine Landbetriebe wurden umgesiedelt. Die alten Reetdachhäuser, die auf den Mitteldeichen lagen, wurden abgerissen, andere verwaiste Gebäude als Ferienhäuser verkauft. Die Kreisstraße von Holmhof nach Hundorf wurde

B 6

Abb. 34   Schöpfwerk bei Neukrug

ausgebaut und später bis Tetenbüll-Marsch verlängert. Es folgte die Kreisstraße von Bockshörn („Bockmühlenecke") bis nach Medehop. Beide Straßen sind wichtige Verkehrsverbindungen nach Westerhever. Vor der Flurbereinigung waren alle Straßen in Poppenbüll, außer der Hauptstraße, „Grandwege", d.h. mit Kies befestigte Wege, die im Sommer sehr staubig und im Winter sehr schlammig und tief waren. Um von einem Hof zum anderen zu gelangen und den Kindern den Schulweg zu ermöglichen, gab es schmale Stockenstiege, die über den sumpfigen Marschboden führten. Diese Wege bestanden aus Ziegelsteinen und waren jeweils zwei Steine breit. Über tiefe Furchen und Gräben waren Bretter verlegt und Geländer zur Sicherheit angebracht. 1734 wurde das Amt des Stockrichters eingeführt. Er war Dorfpolizist und musste die Stockenstiege überwachen und für nötige Reparaturen sorgen.

Die Poppenbüller Köge gehören dem Sielverband Tetenbüllspieker an und entwässern ohne mechanische Hilfe über die Tetenbüller Seeschleuse. Holm-, Hever- und Süderheverkoog jedoch bilden den Sielverband Süderheverkoog-Schleuse mit einem Einzugsgebiet von 824 ha Land, davon 75 % Poppenbüller Gemeindegebiet. Vor der Bedeichung des Süderheverkoogs 1862 entwässerten Holm- und Heverkoog durch die alte Seeschleuse in Westerhever. Nach der Eindeichung wurde ein neues Siel im NW des Kooges errichtet. Der alte Außendeich auf Neukrug war nunmehr Binnendeich. Die niedrigen Ländereien im Holm- und Heverkoog liegen bis 1,20 m u. NN und mussten in den 2 m höher gelegenen Sielzug im neuen Koog befördert werden. Diese Aufgabe wurde durch ein Schöpfwerk auf Neukrug gelöst, das von einer Holländer-Windmühle angetrieben wurde. Sie wurde durch Elektropumpen in einem Motorenhaus ersetzt. Die Süderhever-Schleuse entwässerte die drei Köge bis 1965 ohne Pumpenhilfe in den Außenpriel. Durch die zunehmende Versandung wurde der freie Wasserabfluss unmöglich und so musste auch hier ein Schöpfwerk errichtet werden. Gleichzeitig wurde das Pumpenwerk auf Neukrug erneuert. Bereits nach 40 Jahren, 2005, schafften es die Pumpen im Seedeichschöpfwerk nicht mehr, das Binnenwasser in den versandeten Außenpriel zu drücken. Deshalb mussten stärkere Pumpen, neue Durchlässe, Rohre und Stromkabel installiert werden. Bedingt durch die Unterhaltung der Verbandsgewässer und der Schöpfwerke mit hohen Stromkosten ist der Gebührensatz der Landbesitzer der höchste im Bereich des Deich- und Hauptsielverbandes Eiderstedt (Abb. 34).

B 6

In Poppenbüll gibt es zwölf landwirtschaftliche Haupterwerbsbetriebe, ein landwirtschaftliches Lohnunternehmen, ein Handelshaus für Kunstharz-Produkte, eine Gastwirtschaft und eine kleine Handweberei. Die handwerklichen Betriebe sind alle geschlossen, die Schulen sind aufgegeben, die kleineren Bauernhöfe verkauft und zu Ferienhäusern umgestaltet oder von neuen Besitzern übernommen. Rund ein Drittel der Häuser wird so genutzt. Die neuen Besitzer von außerhalb tragen dazu bei, wertvolle alte Bausubstanz zu erhalten. Da der Tourismus im Vergleich zu anderen Gemeinden hier nur eine untergeordnete Rolle spielt, haben sich die Vermieter von Poppenbüll dem Fremdenverkehrsverein Westerhever angeschlossen, der sich Tourismusverein Westerhever-Poppenbüll e.V. nennt. Eigene Vereine hat das Dorf nicht. Die freiwillige Feuerwehr, die Ringreiter, Boßler und Jäger sind in den „Heverbund-Gemeinden" Poppenbüll, Osterhever und Westerhever zusammengeschlossen. Läden, Arztpraxen usw. werden zumeist im 5 km entfernten Garding aufgesucht.

In der großflächigen Gemeinde bestanden zwei Schulen: eine größere Hauptschule im Ortskern, gegenüber der Kirche, und eine zweite kleinere in Neukrug im Heverkoog an der Straße nach Westerhever. Diese Schulen wurden 1967 bzw. 1969 geschlossen. Die Grundschüler fahren nach Tetenbüll, die übrigen besuchen die weiterführenden Schulen in Tönning, St. Peter-Ording und Husum. Das ehemalige Schulgebäude im Dorf ist heute ein Kinderheim für ca. zehn Kinder, in dem Neukruger Haus hat sich ein Therapeut eingerichtet.

Das ehemalige Armenhaus steht noch heute auf dem nördlichen Johanniskoogdeich. Das „Regulativ für die Armen- und Arbeitsanstalt der Gemeinden Poppenbüll und Osterhever in Poppenbüll" von 1882 legte den gesamten Tagesablauf, die Pflichten, die Trennung der Geschlechter, die Verpflegung und Bekleidung, die Reinigung des Körpers, die Arbeitszeit, die Hausandachten, das Ausgehen an Sonn- und Festtagen, Besuche, die Erziehung der Kinder, das Schlafengehen usw. auf das Genaueste fest. Damals wurde das Haus von bis zu 24 Personen bewohnt. In den Jahren nach dem Zweiten Weltkrieg diente es heimatvertriebenen Familien als Unterkunft. 1977 wurde das Haus an den letzten Bewohner verkauft.

Tetenbüll mit Tetenbüllspieker, seit 1970 zum Amt Eiderstedt

B 7

Tetenbüll liegt an der N-Seite der Halbinsel Eiderstedt und wird im W begrenzt von den Gemeinden Poppenbüll und Osterhever, im O dagegen von Oldenswort und dem Norderfriedrichskoog (B3). Die Gemeinde umfasst 3 616 ha, ihre 792 Einwohner (hiervon 131 Zweitbewohner) verteilen sich auf etwa 340 Haushaltungen, jedoch sind hierin ca. 60 Zweitwohnungen enthalten. Von diesen 792 Einwohnern ist etwa ein Drittel (230)

B 7 über 65 Jahre alt. Zur Gemeinde gehören drei Ortsteile: Tetenbüll-Dorf mit Kirche und Schule (etwa 450 Bewohner), Wasserkoog (200 Einwohner) und Warmhörn (140 Einwohner). Der Ortsname Tetenbüll bedeutet „Siedlung des Tete".

Der Ortskern von Tetenbüll zeigt, dass auch Siedlungen, die mitten in der heutigen Halbinsel Eiderstedt liegen, bei ihrer Entstehung an einem schiffbaren Wasserlauf errichtet wurden: Nachdem Alt-Tetenbüll, nördlich vom heutigen Dorf, in der Marcellus-Flut von 1362 untergegangen und eine große Bucht zwischen Uelvesbüll und Osterhever entstanden war, wurde am S-Rand dieser Wattenbucht noch vor 1400 der kleine Tetenbüller Kirchenkoog zurückgewonnen. An seiner nördlichen Deichlinie liegt das heutige Dorf Tetenbüll. Die zentrale, sehr große Warft mit Kirche, Pastorat, Dorfkrug und einigen Häusern ist vermutlich wesentlich älter, der Deich also an sie „angelehnt". In der durch die Sturmflut ins Land gerissenen Bucht reichte ein starker Priel von N her, an Schockenbüll vorbei, im Bogen bis dicht an das Dorf heran. Er hat wahrscheinlich auch nach der Eindeichung des Marschkoogs um 1400 (Kunz u. Panten 1997) als relativ breites Gewässer noch bestanden. Auch nach der Verlandung zieht sich dieses „Schockenbüller Tief" als Sielzug in einer vergleichsweise tiefen Bodensenke durch den Marschkoog. Der direkt vor Tetenbüll liegende Teil ist im Zuge von Dorferneuerungsmaßnahmen 1994/95 wieder vernässt worden (Abb. 35). Der Ortskern zeigt in seinem westlichen Teil eine klassische Reihenbebauung auf dem alten Deich des Kirchenkoogs, parallel zum Tief. Ein zweiter starker Priel zog sich von NO her durch den späteren Trockenkoog (1475 eingedeicht) bis fast an den Dorfkern heran.

Bemerkenswert sind in der Gemeinde Tetenbüll einige große, annähernd quadratische Warften mit doppeltem Graben wie z.B. das unbebaute Wulfenbüll nördlich von Tetenbüll-Dorf, der Kantorhof sowie der ehemalige Buschhof im Trockenkoog. Adligen Grundbesitz hat es in Eiderstedt nur ganz vereinzelt gegeben. 1297 verkaufte Herzog Otto von Braunschweig-Lüneburg seine Besitzungen in Tetenbüll und Garding an seinen Onkel Graf Gerhard von Holstein. Von ihnen findet sich nach 1362 keine Spur mehr.

1529 entstand der Adenbüllerkoog, der sicherlich nach einer vergangenen Ortschaft den Namen trägt, sowie 1554 der Neue Koog, dessen Name jedoch 1610, als ein weiterer „Neuer Koog" bei Sieversfleth eingedeicht worden war, in Altneukoog umgebildet wurde.

1971/72 wurde das Spül- und Speicherbecken Everschopsiel im Zuge der Deichverstärkung vor Tetenbüllspieker und des Sophien-Sommerkooges in einer Größe von 40 ha gebaut. In diesem Speicherbecken können ca. 400 000 m^3 Wasser gespeichert werden. Sie tragen zur Verbesserung der Vorflut bei erhöhten Niederschlägen und während der Sielschlusszeiten infolge von Rückstau der Nordsee bei W-Winden bei. Die drei Sielverbände Norderheverkoog-Schleuse, Tetenbüllspieker und Norderfriedrichskoog hatten bis dahin alle einen eigenen Auslauf mit Außentief zur Hever. Mit dem Neubau des Everschopsieles wurde die Entwässerung durch den Landesschutzdeich zusammengefasst. Jeder Sielverband entwässert aber immer noch über getrennte Mitteldeichsiele.

Bis ins 20. Jh. hinein herrschten besonders in den nassen Jahreszeiten katastrophale Wegeverhältnisse. Schon 1612 legte Deichbaumeister Johann Claussen-Rollwagen nach niederländischem Vorbild die Norderbootfahrt nach Tönning an, wodurch Tetenbüll eine Wasserstraße erhielt, auf der Lastkähne mit Korn getreidelt werden konnten (E10).

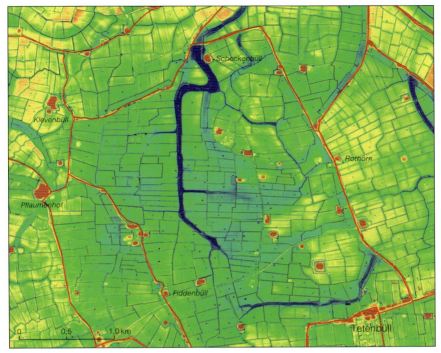

Abb. 35 Tetenbüller Marschkoog, Laserscanner-Aufnahme

Der Tetenbüller Boden ist – abgesehen von den im 20. Jh. eingedeichten „neuen" Kögen – steifer Klei und wurde bis vor ca. 150 Jahren größtenteils gepflügt. Danach diente er hauptsächlich zur Gräsung von Fettvieh, das bis nach England exportiert wurde (vgl. Kapitel „Landwirtschaft"). Diese Handelsbeziehungen brachten einen weiteren Geschäftszweig zur Blüte, die Shorthorn-Rinderzucht mit ihrem Zentrum in Warmhörn und brachten einen Hauch der großen Welt nach Tetenbüll (VOLQUARDSEN 1991). Gegenwärtig ist die Landwirtschaft in dieser Gemeinde als Arbeitgeber fast völlig ausgefallen. Es gibt noch 19 Haupt- und einige Nebenerwerbsbetriebe. Demzufolge ist auch ein großer Teil der Tetenbüller Agrarfläche fremdverpachtet.

Die elf Haubarge stellen für ihre Eigentümer wegen der Instandhaltungskosten eine schwere Hypothek dar. Lediglich zwei Haubarge werden noch landwirtschaftlich genutzt, die übrigen stehen leer und werden z.T. noch durch Vermieten von Zimmern an Sommergäste genutzt, wie es auch in vielen anderen Häusern der Gemeinde geschieht. Milch liefern in Tetenbüll noch 13 Betriebe (1991: 28); vermutlich werden in den kommenden Jahren noch mehrere Lieferanten ausscheiden. Die Tetenbüller Meierei fiel schon 1978 dem Strukturwandel zum Opfer. Unruhe und Verunsicherung brachten die geplanten Naturschutzvorhaben der EU, die wegen ihrer Bewirtschaftungsauflagen von den meisten Landwirten als existenzbedrohend angesehen werden. Höhepunkt

B 7 war 2004 eine Bauerndemonstration in Tetenbüll beim Besuch von Klaus Müller, des grünen Umweltministers.

Etwa 140 Tetenbüller sind derzeit Pendler und arbeiten in Husum, Heide, St. Peter-Ording oder Tönning. Sie üben vorwiegend Dienstleistungsberufe aus, andere arbeiten als Handwerker oder sind im rückläufigen Umfang als Wasserbauwerker tätig. Vor der seit Ende der 1990er Jahre zu beobachtenden Reduzierung der Küstenschutzmaßnahmen auf dem Deichvorland war der Staat auch in Tetenbüll ein wichtiger Arbeitgeber. Weitere Arbeitgeber sind in Tetenbüll ein privates Alten- und Pflegeheim mit etwa 84 Bewohnern (hierdurch erklärt sich auch der ungewöhnlich hohe Anteil von Tetenbüllern über 65 Jahre), zwei landwirtschaftliche Lohnunternehmen, zwei Landmaschinenbetriebe, sechs Gaststätten (von denen zur Zeit aber nur drei bewirtschaftet werden), zwei Bauhandwerksbetriebe, zwei Architektenbüros. Im Dorf wohnt ein Landarzt. Einen Kaufmannsladen gibt es seit zehn Jahren nicht mehr, die Mühle Warmhörn wich ebenso wie die Privatmeierei dem Konkurrenzdruck. Die ehemalige Schule in Warmhörn wird als Kultur-Café genutzt.

Die Gemeinde Tetenbüll ist heute eine beschauliche Siedlung mit einer noch intakt wirkenden Bebauung unterhalb der hohen Kirchwarft mit der alles überragenden St. Anna Kirche. Die vorher dem dänischen König zugefallenen Ländereien waren die Ursache dafür, dass die Kirche von Alt-Tetenbüll den Namen Königskapelle getragen hat; sie verging in den Fluten des 14. Jh. und fand in der jetzigen Tetenbüller Kirche ihren Nachfolger. Es handelt sich um einen lang gestreckten Backsteinbau der Spätgotik mit einem quadratischen W-Turm. Wie an vielen anderen Kirchen Eiderstedts wurden auch an St. Anna Veränderungen im 19. Jh. vorgenommen. Um einen Einsturz zu verhindern, wurde in den Jahren 2004–2009 eine statische Sicherung durchgeführt. Im Inneren aber zeigt sie sich unverändert. Die bemalte Holzbalkendecke, 1741 erneuert und bemalt, zeigt in Medaillons Szenen aus dem Neuen Testament, d.h. hier dem Leben Christi. Die N-Empore, datiert 1654, ist mit 30 Ölbildern biblischer Szenen aus dem Alten Testament versehen. In den Kartuschen des Sockelfrieses wird die entsprechende Bibelstelle genannt. Abgebildet sind die Geschichte von Moses, jedoch auch Szenen der Genesis sowie beispielsweise Daniel in der Löwengrube oder das Salomonische Urteil. Die reiche Ausstattung wird ergänzt durch eine Kanzel von 1557 vom Eiderstedter Typ mit einer barocken Farbfassung, die sie von den anderen erhaltenen Kanzeln abhebt. Zu sehen ist auch ein aufwändiger Schnitzaltar aus dem Umfeld des Hans Brüggemann von 1523, der heute eine Farbfassung des 18. Jh. trägt.

Die Bebauung der Gemeinde stammt größtenteils aus dem 19. Jh. und ersetzt eine Reihe alter Hofstellen, die vermutlich mit Haubargen, zumindest großen Wohn- und Wirtschaftsgebäuden besetzt waren. Das heutige Haus Peters, ein Museum und Kulturzentrum in Eiderstedt, verdeutlicht den Weg eines Hauses im Laufe der Jahrhunderte (Abb. 36). Ein Stich von 1864 zeigt die Ortsansicht Tetenbülls mit den entlang der Dörpstraat das Ortsbild prägenden Haubargen, darunter auch der des späteren Hauses Peters. Der reetgedeckte Haubarg wurde 1956 abgebrochen. Erhalten blieb das sogenannte Vörhus, ein ehemaliger Kaufmannsladen, der 1988 von der Gemeinde gekauft und schließlich denkmalgerecht saniert wurde. Heute zeigt sich das kleine Rotsteinhaus mit einer Hartdeckung, neben dem zentralen Eingang unter einem Zwerchgiebel ist ein Schaufenster in die Fassade eingelassen.

Abb. 36   Alter Kaufmannsladen als Museum im Haus Peters in Tetenbüll

Zur Gemeinde Tetenbüll gehört auch der Staatshof, Osterkoogsdeich 18. Die Hofstelle geht auf das 16. Jh. zurück. Der ursprüngliche Vierkant mit vier Ständern wurde nach 1747 auf sechs Ständer erweitert, das alte Vörhus nach W. Gleichzeitig wurde ein Garten angelegt. Im 20. Jh. wohnte hier der bundesweit bekannte Politiker Uwe Ronneburger. Dem Staatshof entsprechen in Stil und Größe die reetgedeckten Haubarge im Sieversflether Koog, die Reiche Reihe.

Simonsberg mit Finkhaushalligkoog, seit 2008 zum Amt Nordsee-Treene

Simonsberg mit seinen Ortsteilen Simonsberg und Finkhaushallig ist eine Flächengemeinde südwestlich von Husum an der Nordsee mit 870 Einwohnern, 346 Wohngebäuden und einer Größe von 1 710 ha. Sie gehört zum 2008 gebildeten Amt Nordsee-Treene mit Sitz in Mildstedt. Verkehrstechnisch verbunden sind die beiden Ortsteile mit Husum durch die L 244. Die Entfernung Husum–Finkhaushallig beträgt ca 4 km und Husum–Simonsberg ca. 8 km. Von der B 5 – Vosskuhle – führt die L 31 Richtung W durch Simonsberg und weiter zum Roten Haubarg und nach Eiderstedt.

Vor dem erst 1861 eingedeichten Simonsberger Koog liegen im Watt die Reste eines weitgehend erodierten Strandwalles, der von Witzwort kommend den Adolfskoog quert und ursprünglich bis zur Insel Nordstrand gereicht haben soll. Obwohl er im heutigen Wattengebiet fast vollständig aufgezehrt ist, lässt sich sein Verlauf anhand von Geröllpflastern nachweisen, die nach Verdriftung des Sandes an Ort und Stelle

C 1

Abb. 37a Simonsberg-Lundenbergsand. Pilgerzeichen des späten Mittelalters

Abb. 37b Simonsberg-Lundenbergsand. St. Georgs-Kirche, Zinnkrug mit Stifterinschrift STINKE LEWENS

geblieben sind und heute unter jüngeren Wattsedimenten begraben liegen. Wie einige steinzeitliche Artefakte belegen, ist der Strandwall schon frühzeitig von Menschen aufgesucht worden. Länger während Besiedlung ist durch archäologische Funde und Befunde des 14.–17. Jh. belegt. Die Höhenlage des Strandwalles erlaubte es hier den Küstenbewohnern, vorübergehend ohne Warften in der Marsch zu siedeln. Nach den Resten von Findlingsfundamenten, von Backsteinen und Dachpfannen sowie nach Skelettresten von Menschen lassen sich sowohl die im 17. Jh. vergangene St. Georgs-Kirche (Abb. 37d) als auch eine weitere, von den frühneuzeitlichen Chronisten schon als zerstört geführte Kirche lokalisieren. Auch sie sind im

Abb. 37c Simonsberg-Lundenbergsand. Münzgewicht von 1581 für eine englische Goldmünze

wahrsten Sinne des Wortes auf Sand gebaut worden. Mit der St. Georgs-Kirche ist auch die zugehörige Siedlung vergangen. Geblieben sind zahlreiche archäologische Funde, die Fernhandelskontakte belegen (Abb. 37a, b, c). Wahrscheinlich hat diese Siedlung davon profitiert, dass hier die großen, für Husum bestimmten Handelsschiffe

Abb. 37d Simonsberg-Lundenbergsand. Fundament-Findlinge der im 17. Jh. untergegangenen St. Georgs-Kirche

auf Reede liegen und geleichtert werden mussten, wie es auf einer vor 1598 gefertigten Stadtansicht dargestellt ist (LAS 1999).

Zu den bedeutendsten im Simonsberger Umland entdeckten Funden ist das Wrack eines um 1600 gebauten Frachtseglers niederländischer Bauart zu zählen (KÜHN 1999), das 1994 beim Einbau eines Sieles am ehemaligen Seedeich des Adolfskooges zum Vorschein gekommen ist. Bislang gibt es im Nordseegebiet keinen vergleichbaren Originalfund. Der Frachter war ursprünglich über Steven 12 m lang und max. 3,70 m breit. Er ist aus Eichenholz glattbordig gebaut und hatte eine Ladekapazität von zehn Lasten (etwa 20 t). Gesegelt wurde er noch ohne Seitenschwerter mit nur einem Mast, der mit Stagfock und Sprietsegel getakelt war. Mit Saathafer beladen ist der Frachtsegler um 1620 bei schwerem Sturm gegen die Bohlenwand des Adolfskooger Stackdeiches getrieben worden, achtern leck geschlagen und in der Rinne des ehemaligen Tiefs „Nordereider" gesunken. Nach seiner Freilegung wurde das Wrack an seiner heute in dem erst 1935 eingedeichten Uelvesbüller Koog liegenden Fundstelle in einem Stück gehoben und in Husum in konzentrierter Zuckerlösung stabilisiert. Seit 1997 ist es mit seinen zahlreichen Beifunden und Informationen zur Strandungsgeschichte Nordfrieslands in einer klimatisierten Schiffshalle des Schifffahrtsmuseums Nordfriesland in Husum zu besichtigen (Abb. 38).

Die Vorgeschichte der ehemaligen Lundenbergharde mit den drei Orten Lundenberg, Simonsberg und Padelack kann bis um 1300 zurückverfolgt werden. Damals gehörte das Gebiet noch zur Insel Strand und wurde im 14. Jh. durch Sturmfluten von ihr getrennt. Erst 1468, durch die Bedeichung der Südermarsch, wurde die Harde nun mit dem östlichen Festland verbunden und 1495 auch rechtlich von der Insel Alt-Nord-

C 1

Abb. 38   Simonsberg. Wrack im Schifffahrtsmuseum Nordfriesland, Husum

strand getrennt; bis in die jüngste Zeit gehörte Simonsberg deshalb zum Kreis Husum. In den nächsten 100 Jahren folgten mehrere Koogseindeichungen, insbesondere Obbenskoog 1565 und Adolfskoog 1579, die eine Verbindung mit Eiderstedt herstellten. Nach der Sturmflut von 1532 musste die erste Kirche von Alt-Simonsberg aufgegeben und ausgedeicht werden. Die große Flut von 1634 fügte auch der Lundenbergharde große Schäden zu; es ertranken mehr als 100 Menschen. Ein zurückversetzter neuer Deich konnte erst 1638–1642 mit großem Aufwand für die Schließung der Simonsberger Wehle fertiggestellt werden. Die Lundenbergkirche war zerstört, die zweite Simonsberger Kirche musste 1643 ausgedeicht werden und die Kirche Padelack wurde 1666 abgebrochen. Danach baute man 1654 eine gemeinsame Kirche in der Mitte des heutigen Simonsberger Kooges. In den schweren Sturmfluten 1717/18 gingen mit den drei Ortschaften 1 500 ha Land verloren. Die Überlebenden retteten sich hinter den Süddeich der Harde, die heutige Dorfstraße und hausten zunächst in Notunterkünften aus Soden, Treibholz und Schilf. 143 Jahre lang nutzte man die ehemalige Lundenbergharde als Vorland zum Gräsen. 1860 kauften die Einwohner das Land vom dänischen König zur Wiedereindeichung. So konnte 1861 der neue Simonsberger Koog unter großen finanziellen Opfern eingedeicht werden. 1934–1936 wurde im Rahmen des nationalsozialistischen Landgewinnungsprogramms der Finkhaushalligkoog eingedeicht, der aus dem Vorland der Finkhaushallig und der Padelackhallig mit den entsprechenden Wattländereien bestand. Man errichtete insgesamt 52 Gebäude: neun Voll-, 15 Aufbau- und 26 Arbeitersiedlungen, Gastwirschaft, Kaufmannsladen und Schule. Die Häuser waren mit Reet gedeckt. Die Betriebsgröße mit 15 ha Land war schon zur damaligen Zeit zu klein. Die wohl letzte Wiedereindeichung in der Gemeinde fand nach der großen Flut von 1962 im Rahmen der Deichverkürzung 1965–1967 statt. Ein Koog mit 30 ha Speicherbecken und 185 ha Aufstockungsflächen wurde eingedeicht.

Negativ für die Einwohner von Simonsberg und Finkhaushallig war die Aufgabe mehrerer Gewerbebetriebe, der Meierei und der Schulen in den 1960er und 1970er Jahren. Es begann Mitte der 1960er mit dem Dorfschmied. 1971 schlossen die Meierei, zwei Schulen und ein Laden, 1975 und 1981 die beiden anderen Läden. Die Bäckerei war bis 1998 in Betrieb.

Die Flurbereinigung in der Landwirtschaft wurde 1968–1982 mit einem Schwerpunkt 1972–1977 umgesetzt. Hierbei ging es hauptsächlich um die Zusammenlegung zu größeren landwirtschaftlichen Flächen, um die Aufstockung der Betriebe, den Wirtschaftswegebau, die Entwässerung und um Anpflanzungen. Betriebe aus der Siedlungszeit 1936 in Finkhaushallig mit einer Eigentumsfläche von 15 ha sollten auf mindestens 25 ha aufgestockt werden. Aufstockungsflächen seitens des Kulturamtes Heide waren durch den neuen Koog von 1965 mit 185 ha und fünf Betrieben, die aussiedelten bzw. aufgegeben hatten, vorhanden. Von den 1970 hauptberuflich betriebenen 29 landwirtschaftlichen Betrieben wurden 18 aufgestockt.

Die Dorferneuerung, auch Dorfentwicklung genannt, fand mit einer Vorplanungszeit 1991–1994 und einer Hauptbauphase von 1995–1998 statt. Gefördert wurden öffentliche Maßnahmen zur Dorfentwicklung und private Vorhaben zur Erhaltung ortsbildprägender Bausubstanz wie Reetdach, Fenster, Türen und Mauerwerk.

Die Mehrzahl der Berufstätigen arbeitet in Husum und Umgebung, einige sogar in Dänemark. Die landwirtschaftliche Nutzfläche beträgt ca 1 360 ha. Der Marschboden, eingestuft als lehmiger Sand bis schwerer Lehmboden, wird von zwölf Haupt- und vier Nebenerwerbsbetrieben bewirtschaftet. Das Acker-Grünland-Verhältnis veränderte sich 1994–2008 von 70 % Acker und 30 % Grünland auf ca. 85 % Acker und 15 % Grünland. Die Wasserflächen betragen lt. Landschaftsplan von 1997 ca. 105 ha. Es sind wichtige Biotope wie das NSG Westerspätinge mit 27 ha, die Speicherbecken mit 30 ha, das „Loch" mit 7 ha sowie Priele und Gräben. Nur 3 % der Gesamtfläche sind bebaut und haben eine Größe von 52 ha. Das Gemeinde- und Wirtschaftswegenetz umfasst rund 38 km. Durch die günstige Lage zur Nordsee mit dem 8,5 km langen Seedeich gewinnt der Fremdenverkehr an Bedeutung. Ein Hotel, eine Dorfgaststätte, ein Ferienhaus- und Campinggebiet mit Bade- und Surfmöglichkeiten laden ein.

Von den Gewerbebetrieben sind zwei Bürgerwindparks von finanzieller Bedeutung. Der erste Park mit elf Anlagen und einer Leistung von je 0,5 Megawatt wurde 1993/94 errichtet. Die Nabenhöhe der Windräder beträgt 42 m. Dazu kommt eine Flügellänge von 20 m, so dass eine Gesamthöhe von 62 m erreicht wird. Drei Betreiber bewirtschaften den ersten Park; davon der Grundstückseigentümer neun Anlagen und zwei Bürger aus der Gemeinde mit jeweils einer Anlage. Am zweiten Windpark sind 16 Bürger aus der Gemeinde beteiligt. Die zwei größeren Windkraftanlagen mit einer Leistung von je zwei Megawatt wurden 2003 aufgestellt. Sie erreichen mit einer Nabenhöhe von 78 m und einer Flügellänge von 46 m eine Gesamthöhe von 124 m. Nur aus großer Entfernung ist die doppelte Höhe des zweiten Parks gegenüber dem ersten zu erkennen. Weitere Gewerbebetriebe sind: ein Tiefbau- und landwirtschaftlicher Lohnunternehmer, eine Dachdeckerei, eine Kfz-Werkstatt und ein Kfz-Handel, eine Elektrofirma, ein Dentallabor, ein Markisen- und Rollädenbau, mehrere Versicherungs-, Beratungs- und

C 1 Dienstleistungsbetriebe. Seit 1971 werden die Schüler in Husumer Schulen unterrichtet, ausnahmsweise auch in Witzwort.
Simonsberg und Finkhaushallig bilden eine eigenständige Kirchengemeinde, die heute von Rödemis aus betreut wird. Die vierte Simonsberger Salvator-Kirche wurde 1829 auf einer Warft nahe der Dorfstraße gebaut. Für die Architektur verantwortlich war der dänische Staatsbaumeister Christian Frederik Hansen. Die Glocke von 1468 stammt aus der Lundenbergkirche. Die Sturmflut 1634 zerstörte die Kirche, die Glocke verschwand in den Fluten auf dem Grund einer Wehle. Sie wurde erst 1666 wiedergefunden. Die Renaissancetaufe von 1601 stand in der Kirche zu Padelack, die 1666 abgebrochen werden musste. Die Kirchengemeinde unterhält in der ehemaligen Schule von Simonsberg ein Gemeindehaus, das nach einem Lehrer benannte Schurbohmhaus. Ferner ist sie Träger des Kindergartens in der ehemaligen Schule in Finkhaushallig.
Eine Freiwillige Feuerwehr mit 37 Aktiven gewährleistet den Brandschutz in der Gemeinde. Eine Jugendfeuerwehr wurde 2008 zusammen mit den Nachbargemeinden aus Eiderstedt gegründet. Seit 1995 besteht ein Jugendblasorchester. Das neue Feuerwehrgerätehaus wurde 1991/92 gebaut, ein neues Löschfahrzeug 1993 vom Amt Treene gekauft. Es ist wasserführend und auch speziell für die 43 Reetdachhäuser in Simonsberg notwendig. Die Gemeinde und die Freiwillige Feuerwehr pflegen zwei Partnerschaften: mit der Freundschaftswehr aus Deutsch-Evern bei Lüneburg seit 1987 und mit der Partnergemeinde Mölschow auf der Insel Usedom seit 2001.
Ein reges Vereinsleben, die Aktivitäten der Feuerwehr und die landschaftstypischen Sportarten wie Ringreiten und Boßeln nehmen auch gerne Gäste teil. Der Männerboßelverein besteht seit 1889, der Frauenboßelverein seit 1975. Zwei Ringreitervereine – gegründet 1924 und 1939 – pflegen den Reitsport und das Ringstechen. Der Schützenverein veranstaltet ein Sommerfest mit Vogel- und Scheibenschießen sowie Kegeln für die Damen. Vor der Gründung des eigenen Vereins 1963 waren die Schützen eine Sparte bei den Ringreitern. Alle Vereine zusammen veranstalten jährlich ein Kinderfest. Neuerdings hat sich auch das Biikebrennen am 21. Februar zu einem Gemeinschaftsfest entwickelt.

C 2 NSG Westerspätinge

An der N-Küste Eiderstedts, etwa 10 km südwestlich von Husum, liegt direkt hinter dem Seedeich das 27 ha kleine NSG Westerspätinge in der Gemeinde Simonsberg. Der Name „Spätinge" kennzeichnet dieses Gelände als sogenanntes Spatenland, eine Fläche, aus der im Mittelalter und in der Frühen Neuzeit Klei für die Erhöhung des Deiches vor dem Adolfskoog gewonnen wurde. Nach der Sturmflut im Februar 1962 wurde der Deich vor dem Adolfskoog erneut mit Kleimaterial aus den Westerspätingen erhöht. Aus dieser Zeit resultiert der heutige ca. 3 ha große und maximal knapp 3 m tiefe Baggerteich. Die Fläche liegt sehr niedrig, weist Feuchtwiesen, weite Schilfbestände und offene Flachgewässer auf und ist insgesamt als Sumpflandschaft ein hervorragender Lebensraum für selten gewordene Tiere und Pflanzen. Ursprünglich war das Gebiet überwiegend ein Brackwasserfeuchtgebiet. Seit dem Deichbau von 1962 ist der Salzeinfluss nur noch gering, so dass Pflanzen wie Queller und Strand-Aster weitgehend verschwunden sind. Bis zum Abschluss der Deichverstärkung 1965 machte sich der Salzwassereinfluss durch eine Salz ertragende Vegetation noch bemerkbar. Seither wurde die ehemals großflächig vorkommende Gewöhnliche Strandsimse weitgehend vom Schilf verdrängt.

In der Vergangenheit wurde dieser Bereich als „Unland" wahrgenommen. Bis etwa 1970 unterhielt die Gemeinde an der NW-Seite eine Mülldeponie, deren Betrieb erst mit der Einrichtung einer Zentraldeponie des Kreises Nordfriesland beendet wurde. Wie bei allen Spätingen oder Püttenländern wurden immer wieder Versuche unternommen, durch stete Entwässerung wenigstens teilweise eine landwirtschaftliche Nutzung zu ermöglichen. Ansonsten standen hier das Sammeln von Möweneiern sowie die Funktion als Jagd- und Fischrevier im Vordergrund.

Dieser Zustand änderte sich durch drei Faktoren: Der Kreis Nordfriesland wurde 1972 Eigentümer des Gebietes und konnte somit den Rahmen für den Schutz der Natur schaffen. 1976 verpachtete der Kreis das Gebiet an den DBV – heute NABU – zur Gebietsbetreuung und 1978 erließ die Landesregierung die Landesverordnung über das NSG Westerspätinge. Die Naturschutzverordnung definiert den Schutzgegenstand als küstennahes Feuchtgebiet mit Sumpf- und Wasserflächen sowie Salz ertragenden Pflanzengesellschaften. Zudem wird die Funktion als Brut-, Rast- und Nahrungsraum für eine artenreiche Vogelwelt unterstrichen. Zur Sicherung erging ein generelles Nutzungs- und Eingriffsverbot. Ausgenommen sind davon Maßnahmen, die der Pflege des Biotops dienen sowie eine mit dem Schutzziel vereinbare Jagd und die Ausübung der Fischerei. Die Fischereirechte sind inzwischen abgelöst, so dass es zu keiner Störung mehr kommt. Sehr problematisch ist die Jagd auf Enten zwischen dem 1. November und dem 31. Dezember. In dieser Zeit nutzen insbesondere Wasservögel in großer Zahl das kleine Gebiet zur Rast. Durch die Jagdausübung findet eine zweimonatige Dauerstörung statt. Andererseits werden auch Raubsäuger wie der Fuchs bejagt, die für am Boden brütende Vögel eine große Gefahr darstellen.

Die Westerspätinge grenzen binnendeichs an den Nationalpark Schleswig-Holsteinisches Wattenmeer und sind Bestandteil der Natura-2000-Schutzgebietskulisse. Sie sind sowohl als Vogelschutzgebiet als auch als FFH-Gebiet der Europäischen Kommission benannt worden. Nach der Biotopkartierung umfasst das Gebiet folgende Flächentypen: 10 ha Brackwasserröhricht, das von Schilf dominiert wird, 7,5 ha offene Wasserfläche, 5 ha obere Salzwiese u.a. mit Salz-Rotschwingel-Bodden-Binse und 2,5 ha Feuchtgrünland sowie zwei sonstige Flächen.

Der NABU organisierte die pflegende Nutzung der etwa 3 ha großen Wiesen an der O-Seite des Gebietes durch Mahd und Nachweide mit Schafen. Darüber hinaus bestellte dieser Gebietsreferenten und sorgte für eine ständige Betreuung durch einen Vogelwart, der im Gebiet wohnen und arbeiten kann. Die Aufgaben des Vogelwarts bestehen nicht nur darin, die Entwicklung insbesondere der Vogelwelt zu dokumentieren sowie Gäste und Einheimische über das Gebiet zu informieren, sondern auch vor Ort die Einhaltung der Verbote zu gewährleisten.

Der Kreis Nordfriesland hat als Untere Naturschutzbehörde die Fehlentwicklungen der Vergangenheit durch Entnahme wesentlicher Abfälle und Abdeckung der Deponie sowie durch Maßnahmen zur Wasserhaltung und -bewirtschaftung so weit wie möglich ausgeglichen. Die Staue in den Gräben auf der W- und S-Seite des Gebietes haben heute keine Funktion mehr. Gleichwohl gibt es keine direkten Abflüsse, so dass Wasserverluste im Wesentlichen auf Versickerung, Verdunstung und Pflanzenwachstum sowie Überlauf in die umgebenden Gräben beschränkt sind. Zukünftig ist allerdings ein

C 2 Wassermanagement wünschenswert, dass insbesondere im Sommer höhere Wasserstände als heute ermöglicht. Etwa ab Anfang bis Mitte August eines jeden Jahres wird die Wiese gemäht und das Mähgut entnommen. Die Wiesen werden nicht mehr mit Schafen beweidet. Die Mahd und Aushagerung des Bodens dient insbesondere dem Orchideenschutz sowie dem Schutz des Klappertopfs und dem Zurückdrängen des Schilfs. Allerdings ist der Orchideenbestand in den vergangenen Jahren immer kleiner geworden, so dass 2007 nur noch sechs blühende Exemplare einer Knabenkrautart gefunden wurden. Auch der Bestand des Großen Klappertopfs ist zurückgegangen. Eine Schilfmahd findet nicht statt, so dass ausreichend Altschilfbestand vorhanden ist. Das Flächenverhältnis der Biotoptypen ist über die Jahre weitgehend stabil geblieben. Damit kann sich das Gebiet ohne weitere Managementmaßnahmen natürlich entwickeln.

Das NSG Westerspätinge ist insbesondere für die Vogelwelt von Bedeutung. Nach den Aufzeichnungen der ehrenamtlichen Naturschutzwarte des NSG waren zwischen 2003 und 2005 ca. 47 Brutvogelarten für das Gebiet zu verzeichnen. Nicht jedes Jahr brüten sämtliche Arten hier und nicht immer kann ein definitiver Brutnachweis erbracht werden. Als naturschutzfachlich bedeutende Brutvogelarten sind Rohrdommel, Rohrweihe und Rotschenkel, die mit jeweils einem Brutpaar vorkommen, sowie Schilfrohrsänger, Blaukehlchen und Bartmeise, die mit zwei bis fünf Brutpaaren im Gebiet vertreten sind, zu nennen. Hinzu kommen eine Lachmöwenkolonie mit etwa 80 Brutpaaren und knapp 60 Brutpaare der Graugans. Die mit Schilf bestandene Wasserfläche ist der bevorzugte Lebensraum für Wasservögel wie z.B. Brandgans, Krick-, Löffel-, Reiher- und Stockente sowie Röhrichtbrüter.

Während der Zugzeit wurden zwischen 2003 und 2005 insgesamt ca. 107 verschiedene Vogelarten beobachtet. Darunter waren Exoten wie Bahamaente, Mandarinente, Schwarzkopfruderente und Trauerschwan, die vermutlich aus Tiergärten ausgebrochen sind. Während Limikolen (Watvögel) als Brutvogelarten so gut wie keine Bedeutung für das NSG aufweisen, ist diese Vogelgruppe hinsichtlich der Rastvögel von sehr großer Bedeutung. So wurden in den vergangenen Jahren beispielsweise Austernfischer, Alpen-, Sichel- und Zwergstrandläufer, Bruchwasserläufer, Dunkler Wasserläufer, Grün- und Rotschenkel, Waldwasserläufer, Kampfläufer, Ufer- und Pfuhlschnepfen, Großer Brachvogel oder Sand- und Seeregenpfeifer beobachtet, wobei der Dunkle Wasserläufer mit bis zu 335 Exemplaren die größte Individuenzahl aufweist. An Wasservögeln treten neben den bereits als Brutvögel genannten Arten Berg-, Schell- und Schnatterente auf. Zudem finden sich Hauben-, Schwarzhals- und Zwergtaucher sowie Grau-, Kurzschnabel-, Nonnen- und Ringelgänse. Besonderheiten bilden zudem Löffler, Seidenreiher, Seeadler und Wanderfalke.

Neben Insekten sind zudem Säugetiere wie Reh, Iltis, Fuchs, Feldhase als Bewohner der Westerspätinge zu nennen. Der Bisam besiedelt die nassen Uferbereiche und Röhrichtzonen.

Ohne zu stören, kann vom Seedeich mit Fernglas und Spektiv windgeschützt das NSG Westerspätinge eingesehen werden. Beobachtungen während der Flutzeit sind ideal, weil dann auch die vielen Vögel des angrenzenden Wattenmeeres hier rasten. Um die ganze Bedeutung des Gebietes zu erkennen, lohnen Besuche im Frühjahr und Herbst, da viele Zugvögel auf dem Weg in ihre Brut- oder Überwinterungsgebiete sich zur Rast in den Westerspätingen aufhalten. Den besten Einstieg in die Beobachtung bieten die naturkundlichen Führungen des NABU.

Adolfskoog und Roter Haubarg, seit 2008 zum Amt Nordsee-Treene

Nach Gewinnung des Obbenskooges (1565) war der größte Teil des Tiefs Nordereider und seines Einzugsgebietes wieder landfest geworden. Es blieb eine zwischen Uelvesbüll und Lundenberg liegende Bucht, deren Deiche durch den Meeresangriff stark gefährdet waren. Um den gefürchteten Buchtenstau zu vermeiden, wurde eine Deichbegradigung in Angriff genommen und 1579 der Adolfskoog gewonnen. Die Aufschüttung des Seedeiches machte große Schwierigkeiten, musste er doch teils über Vorland, teils aber auch über nicht „deichreifes" Watt und durch mit Wasser und mit sackungsfähigen Sedimenten gefüllte Gezeitenrinnen geführt werden. Letztere boten für den Deichkörper keinen tragfähigen Untergrund, so dass zu einer kostspieligen Lösung gegriffen werden musste. Die Tiefs wurden mit Klei, Stroh- und Buschlagen gefüllt, der innere und der äußere Deichfuß mit Pfählen und Faschinen gesichert.

Da nur bedingt geeignetes, sandiges Deichbaumaterial verwendet werden konnte und der Deich weitgehend ohne schützendes Vorland war, hielt er dem Meeresangriff auf Dauer nicht Stand. Daraufhin wurde er zum Stackdeich ausgebaut, d.h. zur Seeseite hin mit einer massiven Bohlenwand versehen (KÜHN 1999). Gehalten wurde die Bohlenwand durch senkrecht eingegrabene Pfosten (Abb. 39), die mit waagerecht liegenden Ankerhölzern verzapft waren. Diese Ankerhölzer ragten in den Deichkörper hinein

Abb. 39   Adolfskoog. Seeseitige Bohlenwand des Stackdeiches von 1604 während der Ausgrabung

C 3

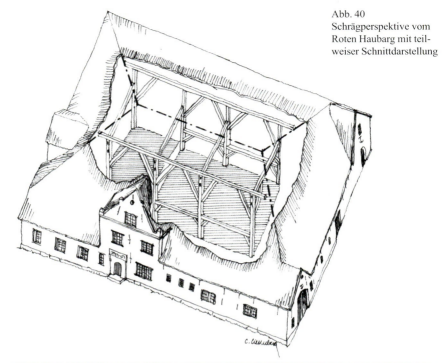

Abb. 40 Schrägperspektive vom Roten Haubarg mit teilweiser Schnittdarstellung

Abb. 41   Roter Haubarg bei Witzwort

und waren dort durch Querhölzer und Pfähle fixiert und somit gegen Druck und Zug gesichert. Nach dem Ergebnis dendrochronologischer Untersuchungen sind die Bäume, aus denen die Eichenpfosten gefertigt sind, im Winter 1603/1604 geschlagen worden. Bestand hatte diese Konstruktion nicht, wie aus den Verzapfungen gerissene Ankerhölzer zeigen. Als zusätzliche Sicherung wurde deshalb nach der Flutkatastrophe des Jahres 1634 ein zweiter Stackdeich vorgebaut. Dieser erfüllte offensichtlich seinen Zweck, bis er frühestens am Ende des 17. Jh. nach Ausbau des Deiches zu einem Bermedeich seiner Hölzer beraubt und überschüttet wurde.

C 3

Im östlichen Teil des Kooges befindet sich der bekannte Rote Haubarg. Umgeben von Graften (breiten Gräben) liegt in einer Parkanlage dieser weiß geschlämmte Haubarg, der seit 1986 als landwirtschaftliches Museum und Gastwirtschaft öffentlich zugänglich ist. Seinen Namen verdankt der Bau wohl einem herrenhausmäßigen Vorgängerbau mit einem roten Pfannendach. Der mächtige Bau, dessen Vierkant aus acht Ständern besteht, geht auf das 16. und 17. Jh. zurück (Abb. 40). Die S-Fassade, Hauptfassade des Vörhus oder Wohnteils, ist zweigeschossig und weist zahlreiche Fenster auf. Der Rote Haubarg befand sich seit dem 16. Jh. ursprünglich in herzoglichem Besitz, ging dann an Privatleute über und wurde 1859 Bestandteil des Asmussen-Woldsenschen Vermächtnisses für die Stadt Husum. 1983 übernahm die bei der Kreisverwaltung angesiedelte Stiftung Nordfriesland Warft mit Park und Haubarg in Erbpacht. Die Vertäfelung von 1780 stammt aus dem Pesel des ehemaligen Kleihofs bei St. Peter. Der Rote Haubarg vermittelt dem Besucher eine Vorstellung vom Leben und Arbeiten in einem Haubarg (Abb. 41).

Witzwort, seit 2008 zum Amt Nordsee-Treene, mit Witzworter Strandwall

C 4

Die Gemeinde Witzwort liegt 2 m ü. NN ca. 10 km nordöstlich von Tönning. Im N trennt sie nur der Adolfskoog vom Heverstrom. Im O grenzt Koldenbüttel an Witzwort. Die Grenze bilden im S der Eiderbogen, im W die Gemeinden Oldenswort und Uelvesbüll, die bei Moorhörn aufeinanderstoßen. Die 2 814 ha große Gemeinde gehört zum 2008 gebildeten Amt Nordsee-Treene mit Sitz in Mildstedt. Im O der Gemeinde verläuft die B 5, zentrale N-S-Achse der W-Küste. Der Bedarfshaltepunkt Witzwort der Bahnlinie Husum–St. Peter-Ording liegt knapp 1,5 km von der Ortsmitte entfernt. Zum Gemeindegebiet zählen (ganz oder teilweise) mehrere Köge. Den Ursprung bildet das Ohlfeld (alte Feld) als Bestandteil der alten Marsch Eiderstedts. Um 1400 entstanden Büttelkoog, Dingsbüllkoog, Haimoorkoog, Riesbüllkoog und Wallsbüller Koog. Im 16. Jh. kamen der Leglichheitskoog (1554), der Obbenskoog (1565) sowie der Adolfskoog (1579) hinzu. Als letzter Koog wurde 1624 der Johann-Adolfs-Koog an der Eider eingedeicht. Der Ortsname Witzwort ist zusammengesetzt aus dem Vornamen Witte und -wurt in der Bedeutung „Wohnhügel der Leute des Witte". Die größte Einwohnerzahl erreichte Witzwort 1946: Damals wurden, bedingt durch den großen Zustrom von Flüchtlingen, 1 613 Einwohner gezählt. 1795 waren es 1 061, 2010 noch 994.

Beim Ausschachten einer Grube ist ein in 2 m Tiefe auf einer dünnen Torfschicht liegendes Flintbeil gefunden worden. Der genaue Fundort ist ebenso wenig überliefert wie der von mehreren Flintabschlägen, die 1955 auf einem sandigen Acker ausgepflügt

C 4 worden sind. Sie zeigen immerhin an, dass der Witzworter Strandwall bereits in der Steinzeit von Menschen aufgesucht wurde. Im südlichen Gemeindegebiet sind zwei Flachsiedlungen der römischen Kaiserzeit nachweisbar. Die östliche liegt auf dem westlichen Ausläufer des Koldenbütteler Strandwalles nördlich eines ehemaligen Flusslaufes und gibt sich durch zahlreiche Funde zu erkennen, die beim Pflügen an die Oberfläche gekommen sind. Anhand der Keramikfunde ist eine Datierung in das späte 4. und das 5. Jh. n.Chr. möglich (SAGGAU 1988). Neben Gefäßscherben sind Schlag- und Klopfsteine aus Flint und Quarzit, Wetzsteine aus Sandstein und Quarzit, tönerne Webgewichte, Spinnwirtel und farbige Glasperlen gefunden worden. Die zweite Flachsiedlung liegt nur etwa 800 m weiter westlich, ursprünglich aber in einer Flussschleife südlich des verlandeten Flusslaufes.

Unter dem Fundort Witzwort wird ein Silberschatz geführt, der kurz vor Mitte des 10. Jh. in einem Tongefäß vergraben worden ist (MÜLLER-WILLE 1986; WIECHMANN 1996). Bereits 1888 ist der Fund vom Schleswig-Holsteinischen Museum vaterländischer Altertümer von einem Silberschmied angekauft worden. Überliefert sind insgesamt 42 Edelmetallobjekte, darunter ein kompletter Spiralarmring aus Silber, mehrere silberne Armringfragmente, mehrere Hacksilberstücke sowie 24 vollständige und zerschnittene Silberbarren. Das Gesamtgewicht des Depotfundes beträgt 1 856,12 g. Das Typenspektrum der Ringe erlaubt den Nachweis ihrer Provenienz. Während sich einige wenige Stücke aus NW-Europa herleiten lassen, ist die Masse der Funde als direkter Import aus dem O gekommen. Als Herkunftsgebiete lassen sich der russische Raum, die Ostseeinsel Gotland und das südliche Dänemark bestimmen. Damit zeichnet sich auch schon der Weg ab, auf dem die Ringe und das Hacksilber mitgeführt worden sind, ehe sie etwas abseits des über die Eidermündung in den Nordseeraum führenden Fernhandelsweges im östlichen Eiderstedt als Depot vergraben worden sind.

Ab dem 12. Jh. konnten sich Gruppen von Häuserwarften aufgrund der Fortschritte in Deichbau und Entwässerung mit größeren Viehweiden und Ackerflächen umgeben. In Witzwort ist ab 1420 die Existenz der Kirche auf der Warft in der Dorfmitte nachgewiesen, vorher lag eine Kirche etwas weiter südlich. Zur ursprünglichen Siedlungsachse auf dem Strandwall kamen ab dem Spätmittelalter große, verstreut liegende Bauernstellen in den neuen Kögen hinzu. Ab dem 18. Jh. verdichtete sich dann die Kette der Häuserwarften auf dem Strandwall zum heutigen Ortsmittelpunkt, der Dorfstraße. Dort wohnten Kaufleute, Handwerker und auch viele Arbeiter. Wenn die Landbesitzer ihren Söhnen ihre Höfe übergeben hatten, zogen sie in die Straße („trecken to Straat"). Zwei Brände vernichteten jeweils die halbe Dorfstraße: Während 1753 alle Häuser südlich der Kirche abbrannten, traf es genau 100 Jahre später den nördlichen Teil. Die Reetdächer der eng stehenden Häuser hatten sich aneinander entzündet, weshalb heute im Dorf diese Dächer nicht mehr zugelassen sind. Wegen der zu Reetdachzeiten berechtigten Angst vor einer Feuersbrunst war im Übrigen der Bahnhof außerhalb des Dorfs gebaut worden; man fürchtete den Funkenflug der Lokomotive.

Der Ort wird von der auf einer sehr hohen Warft gelegenen Kirche bestimmt. Ehemals war die Kirche von einem Graben umgeben, der jedoch zugeschüttet wurde. So grenzt heute eine Hecke den weltlichen vom kirchlichen Bereich ab. Gegenüber der Kirche befindet sich das Pastorat. Die um 1420 entstandene Kirche erweist sich heute als Bauwerk unterschiedlicher Epochen, wobei vor allem das 19. Jh. deutliche Spuren hinterlassen hat (Abb. 42). 1840 erhielt die Kirche ein neues Dach, 1858 wurden im

Abb. 42   Altar der Dorfkirche von Witzwort

Inneren durch den Architekten Johann Friedrich Holm umfangreiche Veränderungen vorgenommen, bis 1898 der gotische Chor zugunsten eines neuen Chores, erbaut nach Plänen des Kieler Architekten Wilhelm Voigt, abgebrochen wurde. Erhalten hat sich der alte hölzerne Glockenturm von 1631. Im Innern der Kirche findet sich der figurenreichste Schnitzaltar in Eiderstedt. Vermutlich zwischen 1510 und 1520 entstanden, wird er der Brüggemann-Schule zugeschrieben und zeigt sich heute in einer barocken Farbfassung. Im Mittelfeld ist eine äußerst figurenreiche Kreuzigung dargestellt, die Seitenflügel sind den Passionsszenen vorbehalten. Der Altar beeindruckt sowohl durch seinen Figurenreichtum als auch die lebendige, detailfreudige Erzählweise. Die Kanzel von 1583 gilt als ein Hauptwerk des Eiderstedter Typs (Garding). Das Bildprogramm zeigt den Menschen zwischen Altem und Neuem Testament, ergänzt durch die Darstellungen des Sündenfalls und der ehernen Schlange einerseits sowie der Kreuzigung und der Auferstehung andererseits. Das Triumphkreuz stammt aus dem frühen 14. Jh.

Die Grundschule konnte ihre Eigenständigkeit bewahren. In ihr lernen 75 Simonsberger, Uelvesbüller und Witzworter Kinder. Der evangelische Kindergarten konnte 2010 seinen Neubau neben der Schule beziehen, bietet mehr als 30 Tagesplätze und fördert u.a. die plattdeutsche Sprache. Die Freiwillige Feuerwehr konnte 2000 ihr 100-jähriges Bestehen feiern. 2008 wurde zusammen mit den Gemeinden Uelvesbüll und Simonsberg die Jugendfeuerwehr „Roter Haubarg" gegründet. Das rege Dorfleben wird organisiert über den Ortskulturring sowie den Wirtschafts- und Tourismusverein. Ein aktives Vereinsleben gestalten u.a. der TSV Witzwort, die Boßler, Ringreiter und Tennisspieler, aber auch Skat- und Doppelkopffreunde, eine Theater- und eine Archivgruppe.

C 4   Existierten in den 1950er Jahren noch mehrere Kaufmannsläden, Bäcker und Schlachter in Witzwort, so gibt es 2010 nur noch einen Versandschlachter und einen „Koopmann" im Dorf: Der „MarktTreff", der zu einer Reihe vom Land Schleswig-Holstein geförderter Dorfläden gehört, bietet ein umfangreiches Lebensmittelangebot mit regionalen Back- und Fleischwaren sowie einen Cafébereich mit öffentlich zugänglichem Internet-PC. Das Dorfbild hat sich außerdem verändert durch mehrere Neubaugebiete seit dem Ende des Zweiten Weltkrieges. Von den einstmals 33 Haubargen, die es Anfang des 19. Jh. noch in Witzwort gab, sind nur noch drei in reiner Form erhalten: der ehemalige Henninghof (Flöhdorf), der Gragehof (Süden) und der Rote Haubarg (Adolfskoog).

In Witzwort bewirtschaften 20 landwirtschaftliche Betriebe 2 500 ha Fläche mit Ackerbau, Rinder- und Schweinezucht. Es gibt eine Tankstelle mit Reparaturbetrieb für landwirtschaftliche Fahrzeuge sowie mehrere Bauunternehmen, eines davon spezialisiert auf Restaurierung alter Bauernhäuser. Dem Tourismus stehen im anerkannten Erholungsort viele Ferienwohnungen und -häuser sowie drei Gastwirtschaften zur Verfügung. Zu den Handwerks- und Gewerbebetrieben gehören u.a. Dachdecker, Maler, Friseure, Architekten und eine Computerfirma.

Die „Osterhusumer Meierei Witzwort" ist mittlerweile die einzige verbliebene Meierei in Eiderstedt. Gegründet 1894 von Witzworter Bauern, hat sich die Genossenschaft zu einem modernen Betrieb mit fast 60 Beschäftigten weiterentwickelt. Jährlich bezieht die Meierei von 168 Genossenschaftsmitgliedern 67 Mio. kg Milch, die zu qualitativ hochwertigen Milchprodukten weiter verarbeitet werden, so z.B. zu Frischmilch mit verlängerter Haltbarkeit durch Mikrofiltrationsverfahren. Der Lieferradius erstreckt sich von Aalborg im N bis nach Bremen im S. Nach einem Großbrand im September 2007 wurden beim Wiederaufbau z.T. ohnehin geplante Modernisierungen durchgeführt, u.a. Kühlhaus und Verpackungslager, die eine ganze Tagesproduktion, derzeit 300 000 Liter Milch, aufnehmen können.

C 5   Koldenbüttel mit Herrnhallig, seit 2008 zum Amt Nordsee-Treene

Die Gemeinde Koldenbüttel gehört verwaltungsmäßig seit 2008 zum Amt Nordsee-Treene mit Sitz in Mildstedt. Die Bewohner verstehen sich gleichwohl bewusst als Eiderstedter. Die Gemeinde ist 2 572 ha groß und hat 935 Einwohner; ein Viertel davon ist jünger als 20 Jahre. Der anerkannte Erholungsort liegt in der Marschlandschaft ganz im O der Halbinsel Eiderstedt an der südlichen Grenze des Kreises Nordfriesland 2 m ü. NN in der Eider-Treene-Niederung. Weitere Ortsteile sind Büttel, Herrnhallig, Norddeich und Süderdeich. Bereits seit frühester Zeit galt der Ort wegen seiner verkehrsgünstigen Lage als „Tor nach Eiderstedt". Der Ort liegt nahe der B 5 und B 202. Der nächstgelegene Bahnhof ist Friedrichstadt (2 km). Eine Buslinie verbindet Koldenbüttel mit Husum (15 km). Der Ortsname bedeutet „zur kalten, d.h. erloschenen, alten, verlassenen Siedlung".

Westlich von Koldenbüttel fällt eine dichte Reihung von Warften auf, die sich etwa in O-W-Richtung erstreckt. Nach dem Ergebnis geologischer Untersuchungen geben sie den Verlauf eines Strandwalles wieder, der das N-Ufer eines mäandrierenden Eiderlaufes begleitet hat (vgl. Abb. 14). Der Flusslauf ist spätestens im ausgehenden Mittelalter nach Eindeichung des Büttelkooges, des Drandersumkooges und des Westerbüllkooges trockengelegt worden. Den stabilen Grund des Koldenbütteler Strandwalles haben bereits Siedler in der späten römischen Kaiserzeit und in der Völkerwanderungszeit, also im späten 4. und im 5. Jh. n.Chr., genutzt. Davon zeugen zwei große Flachsiedlungen, von denen die westliche heute auf Witzworter Gebiet liegt.

Eingehend archäologisch untersucht ist im Gemeindegebiet nur eine unmittelbar am westlichen Rand des heutigen Ortes liegende Warft. Diese Warft hat nicht mehr auf dem Strandwall Platz gefunden, sondern ist in der Marsch aufgeschüttet worden. Die ältesten Funde reichen nur bis in die erste Hälfte des 14. Jh. zurück. Diese Warft ist also erst im Zuge einer jüngeren Phase des Landesausbaus errichtet worden, die wahrscheinlich in unmittelbarem Zusammenhang mit Eindeichungsmaßnahmen steht. Ihr Bau war notwendig, weil Warften auch nach Beginn des Deichbaus ihre Bedeutung als Hochwasserschutz noch nicht verloren hatten.

Der Ort wurde 1352 erstmals erwähnt. Die ersten Eindeichungen im Koldenbüttler Raum sind um 1400 durchgeführt worden (Drandersum-, Westerbüll-, Baden- und Riesbüllkoog). Mit der 1489 erfolgten Eindeichung des Dammkooges wurde die Insel Eiderstedt landfest. Es folgten 1515 der Peterskoog, 1570 die Herrnhallig und 1631 der Schwenkenkoog. Etwa 25 verlassene Warften ziehen sich, wie an einer Perlenkette parallel zur B 202 verlaufend, links von der B 5 (Bütteleck) bis Koldenbüttel hin. Hierbei handelt es sich um über 800 Jahre alte Überreste der ehemaligen, durch Sturmflut zerstörten und verlassenen Siedlung Büttel. Diese Warften sind durch Eintragung ins Grundbuch als Denkmal geschützt. Große, einschneidende Ereignisse in der Geschichte Koldenbüttels waren die großen Sturmfluten von 1362 und 1634 sowie die Truppeneinquartierungen der durchziehenden Heere, insbesondere im Dreißigjährigen Krieg (1618–1648), im Nordischen Krieg (1700–1721) bzw. im sogenannten Kosakenwinter 1813/14. Diese Ereignisse verursachten in Koldenbüttel schwere Schäden an Menschen, Vieh und Land.

Ganz in der Nähe des Ortes fließen Treene und Eider zusammen. 1570 dämmten niederländische Deichbauer den ursprünglichen Flusslauf der Treene durch einen Deich ab und führten den Fluss durch zwei Sielzüge nach S in die Eider. Genau an dieser Stelle ließ Herzog Friedrich III. von Schleswig-Holstein-Gottorf 1621 die Stadt Friedrichstadt erbauen.

In dem früher hauptsächlich von der Landwirtschaft geprägten Dorf wird zwar der weitaus größte Teil der Fläche nach wie vor bäuerlich genutzt, es bestehen aber nur noch neun Vollerwerbsbetriebe. Neben der vorherrschenden Wohnfunktion und der Landwirtschaft (Durchschnittsgröße mehr als 90 ha) bestimmen das Kleingewerbe und der Nebenerwerb, insbesondere durch den Tourismus, das Bild der Gemeinde.

Im Jahr 2002 erhielt Koldenbüttel 2002 den Titel „Umweltfreundliche Gemeinde". Im Bereich der Freizeitgestaltung bietet das Dorf u.a. einen Sportplatz, ein Freizeitgelände, einen Reitplatz, einen Spielplatz, einen Volleyballplatz, einen Rodelberg, eine Eislauffläche sowie einen Naturerlebnisraum. Auf knapp 4 ha Fläche, nördlich hinter der Kirche links an der K 1, können Natur und Kultur der Marsch erlebt werden. Typische Elemente wie Deich und Späting, Warft und Weide, Grüppen und Gräben prägen diese Kulturlandschaft. In der Informationshütte auf der Warft erläutern Bilder und Texte die Vergangenheit Koldenbüttels. Rund um den Ort wurden ein Fußweg angelegt und mehrere Biotope geschützt. 18 aktive Vereine zeugen von der Lebendigkeit des

C 5 Dorfes. Wer durch Koldenbüttel oder das umliegende Gemeindegebiet einen Spaziergang unternimmt, entdeckt an typischen Landschaftspunkten, an Bauwerken, historischen Stätten insgesamt 17 Informationstafeln. Kleinkinder können den Spielkreis am Ort oder die Kindergärten in Friedrichstadt besuchen. Die älteren besuchen die Schulen in Friedrichstadt bzw. Husum oder Niebüll. Standort des Förderzentrums ist Koldenbüttel. Einige Koldenbütteler Schüler besuchen die privaten dänischen Schulen in Friedrichstadt, Husum, Flensburg bzw. Schleswig.

Im O der Kirche wurde mit der Treene-Abdämmung 1570 durch den Gottorfer Herzog Adolf ein bereits früher vorhandenes Vorland eingedeicht. Weil es dem jeweiligen Herzog gehörte, erhielt es die Bezeichnung „des Fürsten und Herrn Hallig bei Koldenbüttel". Daraus entstand im Laufe der Zeit der Name Herrnhallig. Sie liegt nördlich der Treene gegenüber von Friedrichstadt. Bis 1867 war die Herrnhallig eine eigenständige Kommune und dem Herzog direkt unterstellt, dann wurde sie ein Teil der Gemeinde Koldenbüttel. 1803 lebten auf der Herrnhallig 91 Menschen, 1995 nur noch 37. Die Anzahl der bewirtschafteten Höfe ging in diesem Zeitraum von neun auf drei zurück. Einst gab es auf der Herrnhallig neun, in Koldenbüttel 25 Haubarge. Nur eines dieser imposanten Bauernhäuser, der Haubarg Riesbüllhof besteht noch heute.

Die Gemeinde Koldenbüttel wird durch die auf das frühe 13. Jh. zurückgehende St. Leonhard-Kirche mit ihrem den Mittelpunkt des Dorfes prägenden großen Kirchhof geprägt. Vor diesem liegt eine kleine öffentliche Parkanlage mit einer jungen Allee, die auf den Eingang des Kirchhofes zuführt. Neben der Bismarck-Eiche von 1895, findet sich hier auch eine Skulptur „Schafbock" von Lothar Frieling von 2001. Der einschiffige weiß geschlämmte Feldstein-Backsteinbau – auf einer Warft gelegen – weist einen eingezogenen Chor mit unregelmäßigem polygonalem Abschluss aus gotischer Zeit auf. Bis ins 19. Jh. hat die Kirche an ihrem Äußeren vereinzelte Veränderungen erfahren, u.a. wurde dem schlichten Kirchenschiff 1826 ein Dachreiter aufgesetzt. 1872 erfuhr die Kirche noch einmal eine wesentliche Überformung durch den Architekten Johann Friedrich Holm, der Ende des 19. Jh. eine Reihe von Eiderstedter Kirchen nicht nur instandsetzte, sondern auch in neugotischem Stil umgestaltete. Die N-Wand der St. Leonhard-Kirche stammt in ihrem östlichen Teil aus romanischer Zeit. An der S-Seite der Kirche ist am Mauerabsatz, etwa in der Mitte der Wand, der Übergang vom romanischen zum gotischen Bauabschnitt zu erkennen. Der älteste Teil der Kirche (vor 1250 erbaut) ist die N-Wand des Chores. Im W des Kirchenschiffes steht ein achteckiger hölzerner Glockenstapel von etwa 1461, der zu den ältesten in Schleswig-Holstein gehört.

In der Zeit von Ostern bis Mitte Oktober ist die Kirche von 10–18 Uhr geöffnet und kann durch die kleine Tür rechts, der Priestertür, betreten werden. Das Kircheninnere ist reich ausgestattet. Besonders hervorzuheben sind der Altar, die Triumphkreuzgruppe (1491), die Orgel (1758, 1830 erweitert) und die Kanzel. Sie stammt aus dem Jahr 1583 und entspricht dem sogenannten Eiderstedter Typ; der Schalldeckel ist etwas jünger. Vier Seiten des sechseckigen Korbes sind zu Brüstungswänden ausgebildet. Zu den hier dargestellten Szenen gehören die Opferung des Isaak, die Verkündigung sowie die Kreuzigung, die mit der Stifterinschrift „Casper Hoyer", dem Erbauer des Herrenhauses von Hoyerswort in Eiderstedt, versehen ist. Der Schnitzaltar geht in das letzte Viertel des 15. Jh. zurück. Im Mittelschrein ist die Kreuzigung dargestellt, mit zahlreichen, sehr realistisch charakterisierten Figuren. In den Seitenflügeln sind die Apostel darge-

stellt. Die Triumphkreuzgruppe wurde erst 1995 wieder an ihren ursprünglichen Ort C 5
verbracht, nachdem die Figuren der Maria und des Johannes lange Jahre im Museum in
Flensburg aufbewahrt worden waren. Heute steht die Figurengruppe wieder auf einem
Eichenbalken vor dem Triumphbogen. Die Rückführung der wertvollen Figurengruppe,
gibt dem Innenraum einen Teil des ursprünglichen Erscheinungsbildes zurück.

Die Farbgebung des Kirchenschiffes entspricht dem Zustand um 1760. Orgel und
Gestühlstüren präsentieren sich wieder in den restaurierten Originalfarben. Der 1845
im Chorraum vergrabene und 1970 wiederentdeckte romanische Taufstein stammt aus
der Erbauungszeit der Kirche. Über dem Taufstein schwebt eine kleine Engelsfigur aus
der zweiten Hälfte des 18. Jh., die in der Rechten eine Weintraube hält. Die Figur
schmückte einst die Stube eines Haubargs. Hinter dem Taufstein ist eine ehemalige
Predella-Tafel (1631) an der Wand angebracht. Sie zeigt die Darstellungen der Taufe
Jesu und des Heiligen Abendmahles. Diese beiden Bilder rahmen das Bild eines Kelches
mit Patene in gotischer Art ein. Sehenswert sind auch die 1583 gefertigte Kanzel
und das mit einer Gestühlswange von 1654 versehene Lesepult. Besondere Beachtung
verdienen die drei überdimensionalen Gemälde (Epitaphien), die den Familien Claus
Petersen (1591), Honne Jacobs (1593) und Friedrich Sievertsen (1550) gewidmet sind.
Die Taufe Christi (Epitaph Sievertsen) zeigt die Stifterfamilie, den damaligen Koldenbüttler Pastor, den namentlich nicht bekannten Maler sowie Portraits der Reformatoren
Martin Luther und Philipp Melanchthon. Auf dem „Kreuzigungsgemälde" (Epitaph Petersen) ist unter dem „guten Schächer" die verwitwete Stifterin mit ihrem Mann abgebildet. Die deutlich manieristisch geprägte Grablegung (Epitaph Jacobs), sowie die
Kreuzigung sind Arbeiten aus der Werkstatt des in Tönning ansässig gewesenen niederländischen Malers Marten van Achten. Die Grabplatten unter der Empore lagen einst
auf dem Friedhof. Ihr Material stammt aus Namur in Belgien bzw. dem Weserbergland.
Eine Orgel erhielt die Kirche erst 1758, erbaut durch Johann Matthias Schreiber aus
Glückstadt. Nach einer Restaurierung der 1920er Jahre wurde sie zu einem Kernstück
des damals erwachenden Interesses an Orgeldenkmalpflege; 1939 wird von ihr in den
„Kunstdenkmälern des Kreises Eiderstedt" als „der berühmten Orgel" gesprochen.
Rund 30 Jahre später war dieses Bewusstsein aufgezehrt; dass dieses Instrument 1974
durch ein neues ersetzt wurde, ist – so spät – einer der besonders schmerzlichen orgelhistorischen Verluste des norddeutschen Raumes. Erhalten geblieben ist allein das historische Gehäuse.

Das ehemalige Diakonat, 1641 erbaut, das dem Typ des Marschbürgerhauses folgt,
wurde 1969 abgebrochen und seine Hauptfassade in den Neubau einer Leichenhalle integriert. Dieser Typus eines Bürgerhauses, der im 16. Jh. aufkam, findet sich heute noch
sehr vereinzelt in Dithmarschen. Auf dem Friedhof befindet sich der Grabstein des nordfriesischen Historiographen Peter Sax, der den Staatshof im Westen des Ortes bewohnte.
Wer den Friedhof von der N-Pforte betritt, entdeckt sofort zwei auffallend hohe Gedenksäulen. Sie und die Gräber auf dem Kirchhof erinnern an die schleswig-holsteinische Erhebung 1848–1850. Das Pastorat, einer der schönsten Bauten entlang der Dorfstraße,
wurde 1658 erbaut und 1797 grundlegend überformt. Das traufenständige, weiß geschlämmte Haus weist mittig ein Zwerchhaus mit einem kleinen Stufengiebel über dem
Eingang auf.

C 6 Friedrichstadt, seit 2008 Verwaltungsgemeinschaft mit dem Amt Nordsee-Treene

Friedrichstadt liegt zwischen Eider und Treene. Ein breiter Schilfgürtel umfasst heute den „Toten Arm", die natürliche Grenze der Stadt nach N. 1570 wurde an dieser Stelle die Treene abgedämmt und durch ein ausgeklügeltes Kanalsystem in die Eider geleitet. Der ursprüngliche Zusammenfluss der beiden Gewässer lag einige Kilometer weiter westlich.

Kommt man mit der Bahn aus Richtung N, so hat man einen prächtigen Blick über den „Toten Arm" auf die Silhouette der Stadt mit ihren beiden Kirchtürmen. Reist man per Auto von O oder S an, so fällt als erstes die 1916 erbaute Friedrichstädter Eiderbrücke ins Auge, die eine jahrhundertealte Fährverbindung an dieser Stelle ersetzte (Abb. 43).

Als Herzog Friedrich III. von Schleswig-Holstein-Gottorf 1619 ein Oktroy unterzeichnete, das den „Bekennern der remonstrantisch-reformierten Religion" einen „sicheren Wohnort mit freiem Gebrauch ihrer Religion" zusicherte, hatte er große Pläne. Er wollte mit einer S t a d t g r ü n d u n g für wirtschaftlichen Aufschwung in seinem Herzogtum und für neue Steuereinnahmen sorgen. Am 20. Oktober 1620 wurde dieses Oktroy erweitert. Der Herzog versprach den niederländischen Siedlern, die aus religiösen Gründen ihre Heimat verlassen wollten, u.a. die Regierung in der neuen Stadt und das Recht, ihre Religion öffentlich auszuüben. Zudem sagte er Zoll- und Steuerfreiheit für 20 Jahre zu, einen Schiffsbauplatz und eine eigene Münze. Sogar 100 Häuser wollte er auf eigene Kosten zimmern lassen.

Tatsächlich wurde am 24. September 1621 der Grundstein für das erste Haus Friedrichstadts, wie die neue Stadt zu Ehren ihres Gründers genannt wurde, gelegt. Einige niederländische Familien hatten sich auf den Weg gemacht, um sich hier niederzulassen. Als Baugrund überließ Herzog Friedrich den Niederländern die durch die Abdämmung 1570 entstandene künstliche Insel zwischen den Flüssen Eider und Treene. Erst nach der Errichtung des ersten Hauses wurde das Terrain durch den Landmesser Reimer Reimers Anfang Mai 1622 genau vermessen, mit einem rechtwinkligen Straßennetz überzogen und in verschieden große Baugrundstücke eingeteilt. „Omne solum forti viro patria", so heißt es auf der Hausmarke des von Friedrich III. eingesetzten Statthalters: „Dem tapferen Mann wird jeder Boden zur Heimat." Zusätzlich zu den schon bestehenden Wasserläufen ließen die Siedler noch drei künstliche Wasserstraßen, sogenannte „Burggräben", ausheben. Der Norderburggraben wurde bereits im 18. Jh. wieder zugeschüttet. Der Mittelburggraben teilt die Altstadt in die Vorderstadt und die Hinterstadt, der Fürstenburggraben bildet die südliche Grenze, der Wester-Sielzug die westliche, der Ostersielzug die östliche und die Treene die nördliche (Abb. 44a und b).

Im Zentrum der Stadt liegt der Marktplatz, der schon vor 1639 aus einem „steinernen" und einem „grünen", mit Bäumen bepflanzten Teil bestand und diese Gliederung bis heute behielt. An seiner W-Seite stehen neun Treppengiebelhäuser, die heute das touristische Aushängeschild der Stadt sind (Abb. 45). Sie repräsentieren den typischen Baustil der Niederlande des frühen 17. Jh. mit seinen schmalen, tiefen Häusern, deren Fassade stark mit Fenstern durchsetzt und durch zahlreiche Schmuckelemente gegliedert war. Ein typisches Beispiel ist das Eckhaus zur Westermarktstraße (Am Markt 16). Die Grundfläche des Hauses beträgt 5,67 m Breite x 27,39 m Länge. Von der inneren

Abb. 43   Eisenbahnbrücke über die Eider bei Friedrichstadt

Unterteilung in Voorhuis, Upkamer, Kelderkamer und Achterhuis ist nichts mehr vorhanden.

Die Handelsverbindung der Niederländer in die weite Welt war die Eider, die weiter westlich in die Nordsee mündet. Daher wurde wenige Jahre nach der Stadtgründung ein Hafen angelegt, der jedoch tideabhängig war. Auch die Treene war für den Weitertransport von Waren ins Hinterland gut geeignet. Schifffahrt spielte in Friedrichstadt bis zur Einweihung des Kaiser-Wilhelm-Kanals 1895 eine wichtige Rolle. Zahlreiche Schiffer lebten in der Stadt, in der es bis zum Beginn des 20. Jh. auch eine Werft gab. Die älteste nachweisbare Gilde war die 1640 gegründete Schiffergilde, die eine Berufs- und Interessenvereinigung der hiesigen Seeleute war und bis 1951 bestand. In den 1950er Jahren wurde der Hafenbereich in einer mehrjährigen Umbauaktion völlig umgestaltet. Dabei wurde der Wester-Sielzug verbreitert und ein neuer, tideunabhängiger Hafen geschaffen, der durch eine Schleuse mit der Eider verbunden ist. Der Alte Hafen dient heute nur noch der Freizeitschifffahrt.

Seiten 218 und 219
Abb. 44a   Phasen der Stadtentwicklung von Friedrichstadt zwischen dem 17. und 19. Jh. (Entwurf: Jürgen LAFRENZ, nach LAFRENZ 1979)
Abb. 44b   Religion und Sozialstruktur von Friedrichstadt 1845 (Entwurf: Jürgen LAFRENZ, nach LAFRENZ 1979)

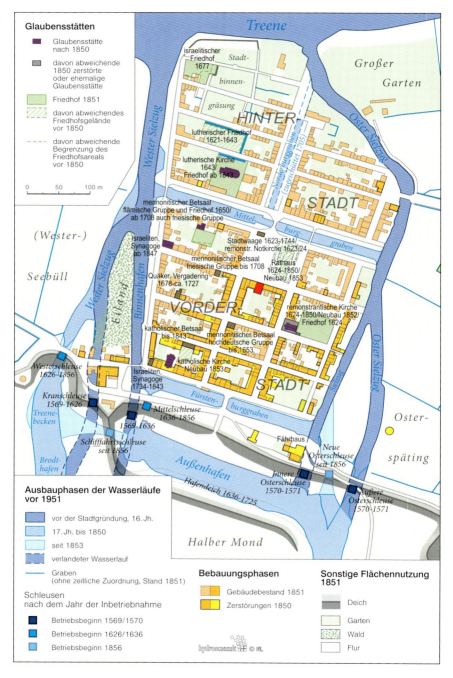

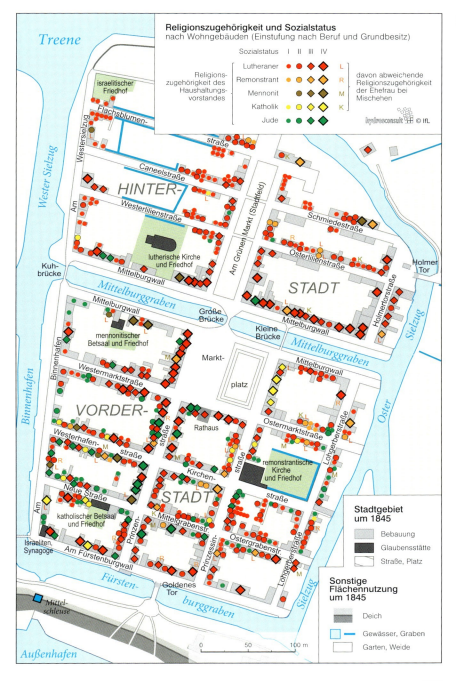

Abb. 45 Markt von Friedrichstadt mit blühender Krokuswiese

Eine Bahnanbindung erhielt Friedrichstadt 1854. Nun konnten Personen und Güter von Flensburg nach Tönning gebracht werden. Der Bahnhof in Büttel lag allerdings 4 km von Friedrichstadt entfernt, die per Pferdewagen überwunden werden mussten. 1887 erhielt Friedrichstadt nach Fertigstellung der Eisenbahnbrücke über die Eider einen Bahnanschluss nach Altona und ein Bahnhofsgebäude im W der Stadt. Heute verbindet eine Regionalbahn Friedrichstadt stündlich mit Hamburg-Altona bzw. Westerland/Sylt. 1905–1934 bestand außerdem eine Bahnverbindung zur damaligen Kreisstadt Schleswig.

Einen wichtigen Einschnitt in die Geschichte Friedrichstadts bedeutete die Beschießung durch schleswig-holsteinische Truppen 1850. Im Zuge des Kampfes um Unabhängigkeit vom Königreich Dänemark wollten die Schleswig-Holsteiner einen Brückenkopf nördlich der Eider gewinnen und griffen die in Friedrichstadt liegenden dänischen Truppen an. Den schleswig-holsteinischen Truppen gelang es trotz eines einwöchigen Beschusses durch Kanonen nicht, die Dänen zu vertreiben. Große Teile der Stadt wurden dabei jedoch in Schutt und Asche gelegt. Mindestens 350 Menschen starben. Viele Einwohner verließen die Stadt, deren Wiederaufbau mehrere Jahre in Anspruch nahm. Man entschied sich, die Anordnung der Blöcke beizubehalten, so dass der Grundriss heute noch derselbe ist wie bei der Stadtgründung, auch wenn nur noch wenige Bauten aus dieser Zeit stammen.

C 6

Abb. 46   Museum zur Friedrichstädter Stadtgeschichte in der Alten Münze

Dennoch sind einige architektonisch herausragende Gebäude in Friedrichstadt zu besichtigen. Die „Alte Münze" (Am Mittelburgwall 23), ein Speichergebäude von 1626, gilt als das bedeutendste Bauwerk der niederländischen Renaissance in Norddeutschland. Das giebelständige Haus weist zahlreiche Sandsteinverzierungen auf. Neben dem Wappen des Erbauers, des adligen Niederländers Adolph van Wael, schmücken Löwen- und Engelsköpfe sowie eine Teufelsfratze die Fassade. Den Giebelabschluss bildet ein zweifarbiges sägezahnähnliches Muster. Der Name des Hauses ist irreführend. Zwar versprach Herzog Friedrich den Niederländern das Münzrecht, doch kein einziges Geldstück ist in der Stadt geprägt worden. 1938 wurde im Innern eine Treppe aus einem Bürgerhaus in Tönning eingebaut und die städtische Bibliothek dort untergebracht. Das 1988–1992 sanierte Haus beherbergt heute das städtische Museum (Abb. 46).

Ein weiteres Gebäude aus der Gründungszeit der Stadt befindet sich schräg gegenüber, auf der anderen Seite des Mittelburggrabens. Das nach einem langjährigen Bewohner, dem Eisenhändler Hinrich Neber (1881–1982), benannte Haus (Am Mittelburgwall 24) dient heute als Restaurant. Die Fassade wurde 1972 in der ursprünglichen Form wiederhergestellt. Acht Fenster verschiedener Höhe unterteilen den Giebel. Die ehemalige Diele, heute als Schankraum genutzt, zieren blau bemalte Fliesen aus dem 18. Jh. Im hinteren Teil des Hauses befindet sich die „Regentenkamer", deren ursprüng-

C 6 liche, prachtvolle Ausstattung seit 1900 im Flensburger Kunstgewerbemuseum gezeigt wird. Trotzdem lässt der Raum mit seiner rekonstruierten Wandtäfelung und dem mächtigen Kamin sowie den farbigen Fliesen an den Wänden einiges von seiner einstigen Schönheit erkennen. Über dem Erdgeschoss befindet sich die „Upkamer", noch heute über eine steile Treppe zu erreichen. Sie erhält ihr Licht durch Fenster zur „Regentenkamer". Im Obergeschoss liegt der „Bovenzaal", der mit einem gusseisernen Ofen und einem Alkoven ausgestattet ist. 1796 lebte hier für einige Monate der spätere französische Bürgerkönig Louis-Philippe als Sprachlehrer im Exil.

Ein Handwerkerhaus aus den ersten Jahren der Stadt steht in der Prinzessstraße 26, schräg gegenüber der Remonstrantenkirche. Das kleine rote Haus wurde 1978–1981 liebevoll restauriert. Der Legende nach ist es dem Einsatz des einstigen Besitzers Ketterer zu verdanken, dass das Haus heute noch steht. Er soll während der Beschießung Friedrichstadts 1850 auf dem Dachfirst gesessen und jeden Funken gelöscht haben. Das Haus beherbergt ein kleines Schaufenstermuseum. Zu sehen sind auch ein Alkoven und ein prächtiger Bilegger-Ofen.

In der Prinzenstraße befinden sich zwei bedeutende Gebäude aus der Gründungzeit. Das sogenannte Doppelgiebelhaus (Nr. 23) wurde 1982–1985 saniert. Dabei stellte man fest, dass aus den anfänglich vorhandenen zwei getrennten Häusern im Laufe der Jahrhunderte eine Einheit geworden war: Die beiden dort untergebrachten Läden wurden durch eine gemeinsame Eingangstür erschlossen und das erste Obergeschoss wurde durchgängig als Wohnung genutzt. Hier ist der Zustand der Erbauungszeit wieder hergestellt worden.

Schräg gegenüber befindet sich das prachtvolle Paludanushaus (Nr. 28), heute im Besitz der dänischen Minderheit. Das 1637 von Godefridus Paludanus, einem ehemaligen remonstrantischen Prediger und Kaufmann, erbaute Haus hatte zunächst zwei Giebel. 1840 mussten diese abgerissen werden und der damalige Besitzer ließ nur noch einen Treppengiebel errichten. Die Sandsteinverzierungen der ursprünglichen Giebel blieben jedoch erhalten. Unter einem Fenster im Erdgeschoss ist eine eiserne Kanonenkugel von der Beschießung 1850 eingemauert.

An die Stadtgründer erinnern Hausmarken an vielen Giebeln. Diese zumeist aus bemaltem Sandstein gefertigten Bildsteine zeigen neben Wappen und Zunftzeichen auch religiöse Darstellungen und Tiere. Sie dienten als Erkennungszeichen. Seit einigen Jahren gibt es Bestrebungen, inzwischen verschwundene Hausmarken zu ersetzen oder bei Sanierungen neue Hausmarken anfertigen zu lassen. Ein schönes Beispiel dafür findet sich Am Binnenhafen 11. Die Hausmarke zeigt Eichenlaub vor schneebedeckten Bergen. Der Familienname der Hausbesitzer lautet Ekelöf, schwedisch für Eichenlaub. Die Berge symbolisieren die Heimat von Frau Ekelöf, Österreich.

Heute feiern in Friedrichstadt, das etwa 2 500 Einwohner hat, fünf verschiedene G l a u b e n s g e m e i n s c h a f t e n regelmäßig ihren Gottesdienst. Größte Gemeinde ist die der deutschen Lutheraner mit etwa 1 600 Mitgliedern, gefolgt von den Remonstranten. Von ihren 190 Angehörigen wohnen etwa die Hälfte in Friedrichstadt, da es sich um die einzige Gemeinde außerhalb der Niederlande handelt, hat sie zudem Mitglieder aus allen Teilen Deutschlands. Die Mennonitengemeinde besteht heute aus 30 Gläubigen, die katholische Gemeinde hat etwa 140 Mitglieder und die dänischen Lutheraner etwa 170, wobei einige ihrer Mitglieder zugleich anderen Glaubensgemeinschaften angehören. Eine wichtige Rolle spielt die Ökumene. Ein ökumenischer Arbeitskreis mit

Teilnehmern aller Konfessionen trifft sich regelmäßig, zudem findet jedes Jahr mindestens ein ökumenischer Gottesdienst statt. Ihren Ursprung fand diese Ökumene in der Gründung Friedrichstadts. Die Remonstranten setzten sich stets dafür ein, dass auch Angehörige anderer Glaubensgemeinschaften in Friedrichstadt sesshaft werden durften. So bot die Stadt im Laufe der Zeit den Angehörigen verschiedener Glaubensgemeinschaften Zuflucht, die andernorts vertrieben oder nicht geduldet wurden. U.a. ließen sich hier Sozinianer, schwedische Separatisten und Quäker nieder. Die Quäkergemeinde bestand mehrere Jahrzehnte und unterhielt ein eigenes Versammlungshaus in der Westhafenstraße, das als erstes Andachtshaus der Quäker in Deutschland gilt. Um 1730 löste sich die Gemeinde durch Auswanderung, Wegzug oder Anschluss an andere Glaubensgemeinschaften auf. Die Remonstrantische Bruderschaft war in den Niederlanden aus dem protestantischen Calvinismus entstanden. Die Calvinisten vertraten die Prädestinationslehre, d.h. jeder Mensch ist, bevor er geboren wird, zur Seligkeit oder Verdammnis vorherbestimmt. Jacobus Arminius (1560–1609), Theologieprofessor in Leiden, vertrat hingegen die Ansicht, dass allein der Glaube des einzelnen Menschen Bedingung für seine Erwählung ist. 1610 unterzeichneten 43 Pastoren, die seine Meinung teilten, eine Eingabe an die Regierung, die sogenannte Remonstrantie. Neben diesen religiösen Gründen gab es jedoch auch politische Motive für die Auseinandersetzung. Die politischen Verbündeten der Remonstranten wollten eine relativ starke Stellung der Provinzen gegenüber dem Statthalter der Generalstaaten durchsetzen. Dabei waren die mächtigen Provinzen Holland und Seeland tonangebend. Die übrigen fünf Provinzen waren contra-remonstrantisch und wollten alle Provinzen gemeinsam durch den Prinzen Moritz von Oranien als Statthalter regieren lassen. Schließlich zog Moritz 1618 mit seinen Truppen durch die Städte der Provinz Holland und ersetzte die remonstrantischen Ratsmitglieder durch Calvinisten. Die remonstrantischen Wortführer ließ er gefangen nehmen.

1619 wurde in Dordrecht eine Synode abgehalten, auf der über die Remonstrantie debattiert wurde, mit dem Ergebnis, dass die Lehre der Remonstranten abgelehnt und ihre Anhänger aus der Kirche verstoßen wurden. Im Exil in Antwerpen gründeten 38 remonstrantische Pastoren die „Remonstrantische Bruderschaft". Einige der Exilanten kamen nach Friedrichstadt und bauten hier 1624 die erste remonstrantische Kirche überhaupt. Bis heute ist sie das einzige Gotteshaus dieser Glaubensrichtung außerhalb der Niederlande. Nach dem Tod des Prinzen Moritz (1625) verbesserte sich die Situation für die Anhänger der Remonstranten in den Niederlanden. Ab 1626 durften sie in ihre Heimat zurückkehren, ab 1631 ihre Religion einigermaßen frei ausüben. 1815 wurde die remonstrantische Glaubensgemeinschaft den anderen Kirchen in den Niederlanden gleichgestellt.

Betreut wird die Friedrichstädter Gemeinde auch heute noch von einem Pastor aus den Niederlanden, der einmal monatlich zum Gottesdienst nach Friedrichstadt kommt. Der Gottesdienst wird heute in deutscher Sprache gefeiert, nur der Segen und das Vaterunser werden auf Niederländisch gesprochen, um an die Herkunft der Gemeinde zu erinnern. Die Gemeinde hat ca. 190 Mitglieder, von denen die Hälfte in Friedrichstadt und Umgebung wohnt. Das Gotteshaus der Remonstranten wurde im Herbst 1850 zerstört und 1854 im klassizistischen Stil neu erbaut. Die Kirche wurde in den vergangenen Jahren restauriert und ist heute mit ihrem altrosa Anstrich und den weißen Kapitellen ein Schmuckstück im Stadtbild (Abb. 47). Im Zentrum der Kirche steht die Kanzel.

C 6

C 6

Abb. 47
Remonstrantenkirche
in Friedrichstadt

Sie ist mit einem Medaillon geschmückt, deren Frauenfigur die christliche Nächstenliebe darstellt. Einen Altar und ein Kruzifix gibt es nicht, die Taufschale wird nur bei Taufen aufgestellt.

Die größte Glaubensgemeinschaft war und ist die der deutsche Lutheraner (vgl. Abb. 44b). Angehörige dieser Glaubensgemeinschaft lebten in den Orten um Friedrichstadt und wurden von den Niederländern als Arbeiter und Handwerker beim Bau der neuen Stadt beschäftigt. Herzog Friedrich III., der selbst dieser Konfession angehörte, unterstützte den Bau der lutherischen Kirche finanziell. Trotzdem wurde sie erst 1649 fertiggestellt, da die Lutheraner recht arm waren. Ein imposanter Turm aus Granit überragt die aus Ziegeln im niederländischen Format errichtete Saalkirche. In ihrem Zentrum steht das Gemälde „Die Beweinung Christi" des zeitweise in Friedrichstadt ansässigen Malers Jürgen Ovens (1623–1678), der auch in der Kirche begraben wurde. Weitere Ausstattungsstücke, wie etwa die um 1600 in der Werkstatt des Flensburger Schnitzers Heinrich Ringerink angefertigte Kanzel und eine Glocke, stammen aus Kirchen der 1634 bei einer Sturmflut zerstörten Insel Alt-Nordstrand.

Die zahlenmäßig kleinste Glaubensgemeinschaft mit etwa 30 Mitgliedern ist die der Mennoniten. Einen Pastor gibt es vor Ort nicht mehr, die Gemeinde wird seelsorgerisch von Hamburg aus betreut und nutzt ihre Kirche gemeinsam mit den dänischen Lutheranern. Die Religionsgemeinschaft der Mennoniten entstand in der Reformationszeit. Benannt wurde sie nach Menno Simons (1496–1561). Der ehemals katholische Pfarrer aus Westfriesland/Niederlande schloss sich um 1536 der Täuferbewegung an und sammelte

und organisierte ihre Anhänger, die starker Verfolgung ausgesetzt waren. Wichtigste C 6
Glaubensgrundsätze der Mennoniten sind die Erwachsenentaufe und die Ablehnung
des Kriegsdienstes. Schon vor der Gründung Friedrichstadts lebten Mennoniten in Eiderstedt und in der angrenzenden Landschaft Stapelholm. Ab 1623 durften sie sich ganz
offiziell in Friedrichstadt niederlassen und übertrafen an Anzahl bald die Remonstranten. 1708 vereinigten sich die vier nach ihrer Herkunft unterschiedenen mennonitischen
Gemeinden und nutzten von nun an gemeinsam das Hinterhaus „Alte Münze" am Mittelburggraben als Kirche. Die Kirche ist von außen und innen sehr schlicht, hat weder
einen Turm noch eine Uhr. Kruzifix und Altar des Innenraums, der vom Museum Alte
Münze aus besichtigt werden kann, stammen von den dänischen Lutheranern. Der hinter der Kirche liegende Friedhof, der durch eine Pforte in der an die Alte Münze angrenzende Mauer zugänglich ist, wird auch heute noch von den Mennoniten genutzt und
bildet mit seinen alten sandsteinernen Grabsteinen eine Oase der Stille in der Altstadt.

In den Gründungsjahren Friedrichstadts wollte Herzog Friedrich III. Handel mit
Spanien treiben. Da Spanien und die abtrünnigen Niederlande Krieg gegeneinander
führten, durften niederländische Schiffe nicht mehr die spanischen Häfen anlaufen. Der
Herzog hoffte, dass die holländischen Schiffseigner sich in seiner Stadt niederlassen
würden, wenn sie von hier aus in diese Häfen fahren dürften. Der niederländische Jesuit
Nicolaus Janssenius führte für ihn die Verhandlungen mit der iberischen Großmacht.
Eine Bedingung der Spanier für die Aufnahme von Handelsbeziehungen war Religionsfreiheit für Katholiken in Friedrichstadt, was am 24. Februar 1625 von Friedrich III.
bestätigt wurde. Die katholische Kirche hoffte, Friedrichstadt als Ausgangspunkt der
Gegenreformation im gesamten skandinavischen Bereich nutzen zu können. Ein spanischer Kommissar, Bruder des Nicolaus Janssenius, wurde in Friedrichstadt eingesetzt,
um den Handel zu kontrollieren. Nicolaus Janssenius versuchte mehrfach, den Herzog
zum katholischen Glauben zu bekehren, was ihm jedoch nicht gelang. Eigentlich war
den Katholiken in den Anfangsjahren kein öffentlicher Gottesdienst erlaubt, dennoch
nahmen einzelne Friedrichstädter an der Messe teil, die bald von Dominikanern abgehalten wurde. Es traten sogar einige Remonstranten zum katholischen Glauben über.
Zehn Jahre nach der Stadtgründung gab es etwa 40 Katholiken in Friedrichstadt. Ab
1634 betreuten Benediktiner die Gemeinde, anschließend Jesuiten, die bis 1773 in
Friedrichstadt tätig waren. 1649 bekamen sie von Herzog Friedrich das Fünf-Giebel-Haus, das er zuvor bauen ließ. Im Garten des Hauses richteten sie eine Kapelle ein. Die
Jesuiten feierten regelmäßige Gottesdienste in Friedrichstadt, an denen auch auswärtige
Katholiken teilnahmen. Die Gemeinde blieb jedoch zahlenmäßig klein. Erst 1846
konnte sie mit Hilfe von Spendern einen Kirchenneubau Am Fürstenburgwall beziehen.
Durch einen Konstruktionsfehler stürzte die Kirche schon kurz nach ihrer Einweihung
teilweise ein und wurde unbrauchbar. Acht Jahre später wurde der Neubau der
St. Knud-Kirche an gleicher Stelle fertiggestellt. Sie hat keinen Turm und ist seit einer
Restaurierung in den 1980er Jahren im Innern sehr schlicht. Bedeutendstes Ausstattungsstück ist ein hochmittelalterliches Kruzifix. Bereits 1935 wurde das Pfarramt nach
Husum verlegt, wo es auch heute noch seinen Sitz hat. Am 31. Oktober 2003 wurde die
Kirche profaniert, der Bau soll erhalten werden.

Von den zahlreichen Gotteshäusern der unterschiedlichen Bekenntnisse hatte als erstes die katholische Kirche eine Orgel (1687). Sie lockte auch viele Protestanten in die
katholischen Messfeiern, deren Ablauf sich lutherischen Gottesdienstformen annäherte.

C 6 Die lutherische Kirche, eine Stiftung des Gottorfer Herzogs von 1644, erhielt erst 1727/28 eine Orgel. Nach Zerstörung der Kirche bei der Beschießung 1850 wurde das Instrument 1862 durch einen Neubau von Johann Färber aus Tönning ersetzt. Dieser baute auch in der Kirche der Remonstranten, die damals ebenfalls zerstört worden war und seit 1692 eine Orgel besessen hatte, ein neues Instrument ein (1868/69). Im Jahr 1772 ließ sich sogar der aus Tetenbüll stammende Orgelbauer Peter Jess nach einer langjährigen auswärtigen Ausbildungszeit in Friedrichstadt nieder. Die Orgel in der Mennonitenkirche wurde 1831 vom Koldenbüttler Organisten Johann Odefey Bruhn erbaut. Sie ist heute nicht mehr bespielbar, steht allerdings noch am alten Standort.

Den Juden war der Zuzug nach Friedrichstadt zunächst verboten. 1675 ließ sich der erste Jude in der Stadt nieder. Er erwarb zwei Jahre später ein Grundstück am Treenefeld, um hier einen Begräbnisplatz einzurichten. Zu Beginn des 18. Jh. entstand eine jüdische Gemeinde. Ihre Mitglieder hatten hier recht weit gefasste Rechte, so durften sie anders als an anderen Orten Grundbesitz erwerben. 1734 ließ sich der erste Rabbiner in der Stadt nieder. Die Gemeinde wuchs nun kontinuierlich an und bei der Volkszählung 1845 wurden 422 Menschen jüdischen Glaubens registriert. Die Friedrichstädter Juden lebten nicht in einem bestimmten Wohnviertel, wie es andernorts üblich war, sondern im gesamten Stadtgebiet. Die Gemeinde hatte jedoch große finanzielle Probleme. So musste sie, ebenso wie alle anderen Kirchengemeinden, selbst ihre bedürftigen Mitglieder unterstützen. Da 20 % der Juden als arm galten, war das für die Gemeinde eine große Last. Dennoch konnte sie mit finanzieller Unterstützung eines Hamburger Juden 1847 eine neue Synagoge einweihen (Am Binnenhafen 17). Mit Einführung der Freizügigkeit für Menschen jüdischen Glaubens in der Mitte des 19. Jh. verließen die meisten jüdischen Familien die Stadt. 1925 lebten nur noch 40 Juden hier. Ein Bezirksrabbiner betreute bis 1937 die in der Region ansässigen Juden. Er verließ Friedrichstadt, als hier keine zehn erwachsenen männlichen Juden, die für einen Gottesdienst anwesend sein müssen, mehr wohnten. Die Synagoge wurde in den Morgenstunden des 10. November 1938 verwüstet und 1941 zu einem Wohnhaus umgebaut. Nur wenige Friedrichstädter Juden haben die NS-Zeit im Ausland überlebt, die meisten sind in Ghettos oder Konzentrationslagern umgekommen. Eine jüdische Gemeinde gibt es hier nicht mehr, die ehemalige Synagoge wird seit 2003 als Kultur- und Gedenkstätte genutzt. Der alte Judenfriedhof am Treenefeld wurde während der NS-Zeit als Schrebergartengelände genutzt. Nur wenige Grabsteine sind noch vorhanden. Der neue Friedhof (Schleswiger Straße/Eiderallee) befindet sich außerhalb der Altstadt auf dem Gelände des lutherischen Friedhofs. Er ist vollständig erhalten.

Die jüngste Friedrichstädter Gemeinde ist nach dem Zweiten Weltkrieg entstanden. Damals hatte die dänische Minderheit einen großen Zulauf. Eine dänische Schule wurde gegründet und der Ruf nach einer dänischen lutherischen Kirche wurde laut. Als Gotteshaus mietete man den Betsaal der Mennoniten, der auch heute noch von beiden Gemeinden genutzt wird. Der dänische Pastor, der auch die Gemeinde in Bredstedt betreut, hat seinen Dienstsitz in Friedrichstadt.

Die Stadt, beworben als „Amsterdam des Nordens", lebt heute vom T o u r i s m u s . Etwa 250 000 Tagesgäste und knapp 50 000 Übernachtungsgäste besuchen jedes Jahr den Ort. Darauf ist auch die Wirtschaft ausgerichtet. Neben vier Hotels und einer 2006 erweiterten Jugendherberge bieten zahlreiche Privatvermieter Unterkünfte an. Zudem gibt es einen Campingplatz. Die Bettenzahl liegt bei etwa 850. Daneben gibt es zahlreiche Restaurants und Cafés und auch das Angebot des Einzelhandels ist überwiegend auf die Besucher der Stadt ausgerichtet. Zwei Unternehmer bieten geführte Grachtenfahrten nach Amsterdamer Vorbild an, man kann aber auch mit einem Tret- oder Motorboot auf eigene Faust die Stadt von der Wasserseite erkunden.

C 6

Nach 1945 wurde die Stadt um neue Siedlungsgebiete zunächst östlich des Ostersielzuges erweitert. Dazu wurde das Stadtgebiet zu Lasten der angrenzenden Gemeinden Seeth und Drage vergrößert. Zu Beginn der 1980er Jahre entstand ein Wohngebiet westlich der Altstadt. Zudem wurden einige innerstädtische Gewerbebetriebe westlich der Bahnlinie umgesiedelt.

Die Rolle Friedrichstadts als Unterzentrum wird anhand einiger Beispiele deutlich. So gibt es neben einer Grundschule auch eine Gemeinschaftsschule sowie eine dänische Privatschule. Nicht nur Kinder aus Friedrichstadt besuchen diese Einrichtungen, auch die Nachbargemeinden schicken ihre Kinder dorthin. Ähnlich sieht es bei den Kindergärten aus, auch hier gibt es einen deutschen und einen von der dänischen Minderheit betriebenen. Drei Ärzte sorgen für die gesundheitliche Versorgung in der Stadt, einer davon betreibt zudem eine Privatklinik für plastische Chirurgie. Es gibt zudem drei Zahnärzte und eine Apotheke sowie zwei Bankfilialen und drei Rechtsanwälte.

1970–2007 war in Friedrichstadt die Verwaltung des gleichnamigen, aus sechs Gemeinden bestehenden Amtes untergebracht. Im Zuge der Verwaltungsstrukturreform wurde der Sitz des neuen Amtes Nordsee-Treene nach Mildstedt gelegt, von wo aus die Stadt verwaltet wird. Einen hauptamtlichen Bürgermeister hat Friedrichstadt seit 2010 nicht mehr. Im Rathaus besteht nur noch ein Bürgerbüro. Auch hat das Standesamt Nordsee-Treene hier seinen Sitz.

In zahlreichen Vereinen gestalten die Friedrichstädter ihre Freizeit. Die sportlichen Angebote reichen von Fußball über Angeln, Tennis bis hin zu Rudern, Segeln und Kanu fahren. Neben Gesangsvereinen gibt es Kegelclubs, einen Sportschützenverein und die Gesellschaft für Friedrichstädter Stadtgeschichte. Die Schützengilde von 1690 und die Ringreitergilde von 1812 sind die traditionsreichsten Vereine; sie nehmen nur männliche Mitglieder auf. Der Freiwilligen Feuerwehr dürfen seit einigen Jahren auch Frauen beitreten. Von zahlreichen erloschenen Vereinigungen bewahrt das Stadtarchiv die protokollarische Überlieferung.

Einige Künstler und Kunsthandwerker haben sich in den letzten Jahren in Friedrichstadt niedergelassen. Neben Ateliers, in denen Maler ihre eigenen Werke ausstellen, gibt es hier zwei Goldschmiede, eine Fayencekünstlerin, eine Buchbinderin, ein Kunstschmied und zwei Töpfer. Außer dem städtischen Museum gibt es eine alte Tischlerei zu besichtigen, die von einem Verein unterhalten wird. Eine Privatinitiative zeigt seit 2006 eine Modelleisenbahnanlage. Das Schleswig-Holsteinische Landestheater gastiert mehrfach im Jahr in Friedrichstadt. Im Ort bestehen eine öffentliche Bücherei und das Stadtarchiv, das neben den Akten der Stadt auch die Kirchenbücher von Lutheranern, Mennoniten und Remonstranten sowie die Akten des bis 2007 bestehenden Amtes Friedrichstadt und Akten des Amtes Nordsee-Treene enthält.

Seit einigen Jahren findet Anfang Juli ein großer Rosenmarkt statt, bei dem die schönste Hochstammrose vor einem Friedrichstädter Haus prämiert wird. Am letzten Juliwochenende wird das Friedrichstädter Stadtfest gefeiert. Höhepunkt ist der Lampionkorso, bei dem geschmückte Boote durch die Burggräben fahren. Die Friedrichstädter Rudergesellschaft führt im Sommer ein Drachenbootrennen durch. Zudem bie-

C 6 ten Künstler, Kunsthandwerker, Kirchen und Museen am letzten Wochenende im August zahlreiche Mitmachaktionen und Ausstellungen an.

C 7 Oldenswort mit Moordeich, Tofting und Süderfriedrichskoog, seit 1970 zum Amt Eiderstedt

Die Gemeinde Oldenswort mit ihren rund 1 300 Einwohnern liegt im östlichen Teil der Landschaft Eiderstedt und ist seit 2000 als Erholungsort anerkannt. Das Gemeindegebiet umfasst 4 584 ha, damit ist Oldenswort flächenmäßig die größte Gemeinde der Landschaft. Der Ort ist verkehrsmäßig über die B 202, die B 5, die Bahnlinie Husum–St. Peter-Ording und verschiedene Buslinien in Richtung Husum und Tönning erreichbar. Mit den Ortsteilen Hemmerdeich, Altendeich, Süderdeich und Süderfriedrichskoog grenzt die Gemeinde an die Eider. Zwischen Eiderstrom und Deich befindet sich das NSG Oldensworter Vorland, eines der bedeutendsten Vogelschutzgebiete Deutschlands. Nördlich von Oldenswort lag im Mittelalter ein Hochmoor, auf dem die Gemeindegrenzen von Uelvesbüll (NW), Oldenswort (S) und Witzwort (SO) zusammenstießen. An das Moor erinnern noch die Namen Moorhörn (= Vorsprung am Moor, Gemeinde Witzwort), Moordeich (Gemeinde Oldenswort) und Moorweg. Das Moor wurde bis in die Frühe Neuzeit abgetragen.

Das schematische Bodenprofil (Bodentyp: Kleimarsch) zeigt einen unter Grundwassereinfluss stehenden Boden, der durch tiefgründige Entkalkung und damit einhergehender Versauerung und Gefügeverschlechterung aus einer Kalkmarsch hervorgegangen ist (vgl. Abb. 2c). Bei hohen Tongehalten ist die Bearbeitung ähnlich der Knickmarsch erschwert, so dass eine Grünlandnutzung die Regel ist. In meeresnahen jüngeren Kögen sind Kleimarschen häufig mit Kalkmarschen vergesellschaftet, die weltweit zu den produktivsten Ackerstandorten gehören. Sie bedürfen, wie auch alle anderen Marschböden, einer sorgfältigen Regulierung des Grundwassers durch Entwässerung und Ableitung des Überschusswassers.

Südlich von Oldenswort liegt das archäologische Denkmal „Groß- und Urwarft Tofting". Von dieser frühgeschichtlichen Warft nahm die Besiedlung der umliegenden Marsch ihren Ausgang. Die heute unbesiedelte, bis zu 5 m ü. NN aufragende Dorfwarft Tofting zählt mit einer Grundfläche von über 5 ha zu den größten Warften Eiderstedts und hat früh das Interesse der Forschung auf sich gezogen. Durch kleinere Schnittgrabungen gelang bereits 1928 und 1935 der Nachweis, dass die Warft mehrphasig ist und sich die ersten Siedler hier bereits in der älteren römischen Kaiserzeit niedergelassen haben. Ausschlaggebend für die Wahl des Siedelplatzes war die erhöht liegende Marsch, die nahe einer später verlandeten Eiderschleife bis 1,45 m ü. NN hoch aufgewachsen war. Mit der Eider war die Siedlung durch eine schiffbare Rinne verbunden. Durch systematische Ausgrabungen 1949–1951 konnte die Landschafts- und die Besiedlungsgeschichte dieses besonderen Platzes weitgehend erschlossen werden (BANTELMANN 1950/51; BANTELMANN 1955; KOSSACK et al. 1984). Die ältesten Spuren sind zu ebener Erde liegende Siedlreste, die spätestens in das 2. Jh. n.Chr. Geburt datieren. Überwiegend durch Sodenpackungen sind die anfangs durch Gräben und später durch kräftige Zäune begrenzten Hausplätze Schritt für Schritt aufgehöht worden. Mehrfach ist belegt, dass ein Neubau notwendig wurde, weil der Vorgängerbau niedergebrannt war. In die Senken zwischen den warftähnlichen Hofpodesten gelangte allmählich Mist. Sie wurden erst seit dem späten 4. Jh. gezielt mit Klei aufgefüllt. Erst jetzt entstand die große Warft, wie sie heute noch vor uns liegt. In der Blütezeit, im 4. und im 5. Jh. n.Chr., lagen die höchsten Hausplätze, soweit erhalten, bei 4,10 m ü. NN. Nach dem Rückgang oder dem Abbruch der Besiedlung fiel die Warft in der Völkerwanderungszeit wüst und wurde erst im 8. Jh. im Zuge der friesischen Landnahme wieder in Besitz genommen. Wikingerzeitliche Funde des 8.–10. Jh. n.Chr. kamen bis zu 1 m unter der Warftoberfläche zum Vorschein. Unmittelbar unter der Grasnarbe lagen Keramikscherben des hohen und des späten Mittelalters sowie der Neuzeit. Für den Nachweis einer Siedlungskontinuität reichen diese Funde aber nicht aus. Der letzte auf der Warft stehende Hauberg ist 1885 abgebrannt.

Bei den archäologischen Ausgrabungen wurden mehrere gut erhaltene Hausreste des 2.–4. Jh. freigelegt (Abb. 48). Es waren alles etwa in O-W-Richtung liegende Langhäuser, in denen sich Wohn- und Stallteil unter einem Dach befanden. Das mit Schilfrohr und Kleisoden gedeckte Dach wurde von einem Innengerüst getragen, die aus Flechtwerk gefertigten Wände hatten keine tragende Funktion. Der Stallteil war durch Boxen gegliedert, in denen das Vieh mit dem Kopf zur Wand stand. Reste von Keramikgefäßen geben Einblick in die Geschirrausstattung der frühgeschichtlichen Haushalte. Zahlreiche Spinnwirtel und tönerne Gewichte von Gewichtswebstühlen belegen die Herstel-

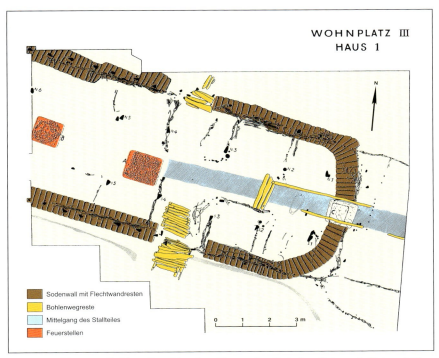

Abb. 48   Oldenswort-Tofting. Grundriss eines Hauses der römischen Kaiserzeit (Entwurf: Hans Joachim Kühn, nach Bantelmann 1955, Taf. 42)

C 7 lung von Wolltuchen. Mühlsteine aus rheinischer Basaltlava und Fragmente der in Schleswig-Holstein seltenen römischen Terra-Sigillata-Ware des 2.–4. Jh. sind Anzeichen für weitreichende Handelsverbindungen.

Tierknochen und die Mistschichten sprechen für intensive Tierhaltung. Rinder und Schafe herrschten vor, während Pferde und Schweine seltener gehalten wurden. Weiterhin sind der Hund und die Katze als Haustiere nachgewiesen. Wenige Knochen von Wildenten sind die einzigen Zeugen für die Jagd auf wild lebende Tiere. Reste von Pferdebohnen, Lein, Leindotter und Gerste zeigen, dass auch Ackerbau getrieben wurde. Andere Vegetationsreste sind als Anzeiger wechselnden Meereseinflusses zu werten. Sie machen deutlich, dass die Siedlung im 2. und im 3. Jh. nur einem mäßigen Salzwassereinfluss ausgesetzt war. Im Laufe des 3. Jh. nahm dieser aber zu und herrschte im 4. Jh. vor (BEHRE 1976). Tofting war nun von Salzwiesen umgeben. Auf den hohen Ufern der Eider und der großen Priele war aber in den Sommermonaten weiterhin Ackerbau möglich.

Anders als in W-Eiderstedt ist die Marsch im weiteren Umfeld von Tofting in der ersten Hälfte des ersten nachchristlichen Jahrtausends nicht nur von vor Hochwasser geschützten Plätzen aus bewirtschaftet worden. In dem hinter den hohen Eiderufern liegenden Sietland sind mehrere Siedlungsreste der römischen Kaiserzeit und der Völkerwanderungszeit entdeckt worden, die von ebenerdig angelegten Siedlungen geblieben sind (BOKELMANN 1988, SAGGAU 1988). Diese nur schwach aufgehöhten Flachsiedlungen scheinen, nach der Zahl der archäologischen Funde zu urteilen, insbesondere seit dem 4. Jh. intensiv aufgesucht worden zu sein, also in einer Zeit, in der sich um Tofting Salzwassereinfluss vermehrt bemerkbar machte. Warum es im Hinterland nicht zum Bau von Warften gekommen ist, ist nicht geklärt. Zwar lagen die Flächen im Schutze der hohen Flussufer, doch war die noch unbedeichte Marsch nicht sturmflutfrei. Da zudem mit aufgestautem Binnenwasser zu rechnen ist, könnte man eine nur saisonale, auf günstige Jahreszeiten beschränkte Nutzung vermuten.

Dagegen sprechen Beobachtungen, die in unmittelbarer Nähe zweier Flachsiedlungen des 4./5. Jh. beim Bau der Oldensworter Kläranlage, aber auch bei Witzwort gemacht worden sind. Hier wurde auf dem Boden der frisch ausgehobenen Klärbecken ein großflächiges System weitgehend parallel, jedoch in unregelmäßigen Abständen verlaufender Gräben beobachtet, deren Seitenwände und Sohlen nicht verstürzt oder ausgewaschen waren. In diesen Gräben ist nie Wasser geflossen, sie rühren von Arbeiten her, die der Bodenverbesserung dienten. Ziel war es, fruchtbaren Klei auszugraben und über der Wirtschaftsfläche zu verteilen und im Gegenzug Torf oder anderen unfruchtbaren Oberboden in den ausgehobenen Gräben zu versenken. Dieser Bodenaustausch, das sogenannte „Kleien", ist als spezielle Form der Melioration in der Marsch seit römischen Kaiserzeit archäologisch belegt und in einigen Nordseemarschen bis in die Neuzeit hinein gepflegt worden. Da die Gräben bei Oldenswort und Witzwort unter jüngeren Ablagerungen liegen und in ihrer Richtung von den heute sichtbaren Flurgrenzen abweichen, kommt ihnen ein hohes Alter zu. Wahrscheinlich sind es Reste intensiver Versuche der Bodenverbesserung, die in die römische Kaiserzeit bzw. Völkerwanderungszeit datieren. Diese aufwändigen Bodeneingriffe lassen den Willen zur dauerhaften und intensiven Bewirtschaftung erkennen und sprechen eher gegen eine nur saisonale Nutzung. Zugleich belegen sie, wie früh und wie intensiv die Landschaft durch Eingriffe der Menschen in den Naturraum verändert worden ist.

Oldenswort wird zuerst 1352 genannt. In den mittelalterlichen Quellen wechseln die Schreibweisen Oldenswort und Aldenswort ab; daher liegt die Deutung „Wohnhügel der Leute des Aldo" nahe. Die erste Kirche stand in der Nähe des späteren Hoyerswort. Sie wurde 1252 im Laufe des Kriegszuges König Abels gegen die steuerverweigernden Eiderstedter zerstört und danach an die jetzige Stelle versetzt. Während einer Fehde 1402 kamen Dithmarscher über die Eider und zerstörten u.a. im Kirchspiel Oldenswort die Dörfer Groß- und Kleinhemme, Tofting sowie das Wester- und das Osterende des eigentlichen Dorfes Oldenswort. Auch 1415/16 wurde Oldenswort mehrfach von den Dithmarschern überfallen, die Kirche, Höfe und Häuser ausraubten und in Brand steckten. Oldenswort konnte sich jedoch von diesen schweren Schlägen wieder erholen. 1467–1470 wurden der Oster- und Wester-Offenbüllkoog sowie 1553–1560 der Altneukoog eingedeicht.

Im 16. Jh. erlebte Eiderstedt eine Blütezeit. Landwirtschaft und Handel florierten. Damals entstand das Herrenhaus Hoyerswort, die Kirche Oldenswort erhielt ihre kostbare Innenausstattung und 1554 wurde erstmals eine Schule eingerichtet. Das Dorf besaß Marktrecht, das es bis 1873 behalten hat. 1616 wurde der Hafen Rothenspieker so geräumig ausgebaut, dass 16 die Eider befahrende Schiffe hier gleichzeitig laden und löschen konnten. Auch bot dieser Wohlstand 1612/13 die Grundlage für die Eindeichung der Flächen des Harbleker, Tetens- und Süderfriedrichskooges mit Hilfe niederländischer Deichbaumeister. Der Süderfriedrichskoog, vor der Bedeichung Eidervorland, erhielt die Rechte eines oktroyierten Kooges. Heute gehört der Koog politisch zur Gemeinde Oldenswort. 1634 ertranken in Oldenswort 61 Menschen und 1 243 Stück Vieh. 1713 kapitulierte ein schwedisches Reiterheer unter General Stenbock auf Hoyerswort vor den verbündeten dänischen und russisch-sächsischen Truppen. Nach dem Nordischen Krieg erholte sich die Region langsam. 1734 erhielt Oldenswort die Fleckensgerechtigkeit. 1752 zählte der Ort 2 000 Einwohner. 1758 vernichtete ein Großbrand den größten Teil des Ortskerns. Um 1800 gab es in Oldenswort 220 Höfe, fünf Ziegeleien, sechs Schmieden, vier Stellmachereien, sechs Mühlen, elf Gastwirtschaften und eine Brauerei. Aber der dänische Staatsbankrott 1813, die napoleonischen Kriege und Ende des 19. Jh. ein englisches Einfuhrverbot für deutsches Rindfleisch führten wieder zu wirtschaftlichen Krisen. 1906 zählte Oldenswort 1324 Einwohner.

Nach dem Zweiten Weltkrieg stieg die Einwohnerzahl durch Flüchtlinge und Heimatvertriebene auf 1 947 an, die sich aber durch die Umsiedlungsaktion ab Anfang 1950 auf 1 370 (1954) reduzierte. Seit 1952 wurde die Infrastruktur wesentlich verbessert: Ankauf und Ausweisung von Bauland für den sozialen Wohnungsbau, Vergrößerung verschiedener gewerblicher Betriebe durch Um- und Ausbauten, Bau einer neuen Zentralschule, die Verbesserung der Agrarstruktur durch die Flurbereinigung, Verbesserung der Wasserwirtschaft durch den Ausbau und Neuanlage von Hauptvorflutern und Speicherbecken, zentrale Wasserversorgung, Abwasserbeseitigung durch eine Vollkanalisation, Bau eines Gemeindezentrums mit Feuerwehrgeräteräumen, Altentagesstätte und Bauhof, Dorferneuerung, Anlage eines Windparks mit acht Generatoren, Ausbau und Sanierung der Dorfstraße sowie Errichtung eines Hauses des Gastes. Der Ort, seit 2000 „Erholungsort", hat gemäß der Regionalplanung innerhalb einer landwirtschaftlich ausgeprägten Kulturlandschaft eine Wohn- und Dienstleistungsfunktion. Der Tourismus hat mit rund 25 000 Übernachtungen jährlich zunehmende Bedeutung. Noch 38 landwirtschaftliche Betriebe sind in der Gemeinde tätig, die eine Fläche von 2 348 ha bewirtschaften.

C 7 Die Gemeinde unterhält u.a. Kläranlage, Bauhof, Haus des Gastes, Altentagesstätte, Jugendzentrum und Kinderspielplatz sowie eine einzügige Grundschule und einen Kindergarten. Für den Brandschutz sorgt die 1883 gegründete Freiwillige Feuerwehr. Das kulturelle Leben wird unter Leitung des Ortskulturrings von 25 Vereinen gestaltet. Oldenswort wird, weit sichtbar in der Landschaft, durch die St. Pankratius-Kirche geprägt. Sie bildet bis heute zusammen mit dem Kirchhof den Ortsmittelpunkt. Die Kirche liegt auf einer hohen Warft, während der Ort selbst auf 0 m NN liegt. Das Gotteshaus wird aufgrund seiner Größe und reichen Ausstattung im Volksmund auch „Dom" genannt. 1488 wurden der Dachreiter und 1495 der Turm, der im 19. Jh. seinen Helm erhielt, fertiggestellt. Zu nennen ist weiter der Gemäldeflügelaltar, der 1592 vom Eiderstedter Staller Caspar Hoyer und dessen Frau Anna Wulff gestiftet wurde. Er wird dem Maler Marten van Achten zugeschrieben und bildet den Auftakt einer Reihe von Eiderstedter Altären, so in Garding, Poppenbüll, Welt und in Katharinenheerd, die auf van Achten und dessen Tönninger Werkstatt zurückgehen. Das dreiteilige Gemälderetabel steht auf einer weiß geschlämmten Backsteinmensa. Die nahezu quadratische Mitteltafel des Altars zeigt eine Darstellung des Abendmahls und der Fußwaschung im Hintergrund, gerahmt in eine Architektur aus Säulen und Sockel sowie einer Ädikulabekrönung mit einer Kreuzigungsdarstellung. Die schlichten Klappflügel zeigen die Geißelung Christi sowie die Dornenkrönung. Die Triumphkreuzgruppe wurde 1491 von Lütje Möller aus Schleswig gefertigt. Die beiden Figuren der Maria und des Johannes sind in je einer kleinen Rundbogennische aufgestellt, während das Triumphkreuz selbst über dem Chorbogen aufgehängt ist. Das prächtige Kreuz ist mit zwölf Quadratkrabben besetzt und weist an den vier Kreuzenden in Sechspässen geschnitzte Evangelistenzeichen auf. Die Christusdarstellung wird durch einen starken Realismus ausgezeichnet. So zeigt die Figur dicke Adern und ein schmerzverzerrtes Gesicht mit offenem Mund. Das älteste nachweisbare Zeugnis für Oldenswortrer Musikkultur ist das Baudatum einer Orgel: 1512, gleichzeitig mit Garding. Dieses Instrument wurde schon 1592 durch ein neues ersetzt; von ihm ist das Gehäuse des Rückpositivs an der Emporenbrüstung erhalten geblieben, das mit seinen reichen Verzierungen ein Partnerwerk etwa zu den Eiderstedter Kanzeln ist. Die Fassade des Hauptwerks stammt von einem Orgelneubau, den der Tönninger Orgelbauer Johann Färber 1861/62 hier durchführte. Aus all diesen Instrumentenbauphasen sind nur noch wenige Pfeifen erhalten. Die Orgel in ihrer heutigen Form stammt von 1971.

Ein Besuch in Oldenswort sollte auch den schönen Wohnhäusern in der kleinstädtisch anmutenden engen Dorfstraße gelten. Es handelt sich sowohl um traufständige Gebäude mit Backengiebel als auch giebelständige Häuser. Einige, die bis ins 17. Jh. zurückgehen, sind liebevoll instand gesetzt worden. Andererseits macht der Zustand vieler Bauten auch deutlich, dass vielfach das Verständnis für die historische Baukultur und vor allem das Geld fehlen. Zum Denkmalbestand der Gemeinde Oldenswort zählt auch die 1786 nach holländischer Art errichtete Mühle „Catharina". 1895 umgebaut, wurde sie 1995 restauriert und in Teilen rekonstruiert. Oldenswort ist der Geburtsort von Ferdinand Tönnies, dem Begründer der Soziologie in Deutschland. An ihn erinnert ein Denkmal in der Dorfmitte. Ein weiteres gilt der „Dichterin der Marschen" Thusnelda Kühl.

Hoyerswort, seit 1970 zum Amt Eiderstedt   C 8

In Hoyerswort hat sich bis heute das einzige Herrenhaus in Eiderstedt erhalten, nachdem das Tönninger Schloss bereits 1735 abgebrochen wurde. Das Gut Hoyerswort liegt 1,5 km südlich des Ortskerns von Oldenswort und wird von einer doppelten Graft umgeben. 1564 hatte Caspar Hoyer, engster Vertrauter Herzog Adolfs von Gottorf, das Land von diesem als Schenkung erhalten. Mit dem Ausbau des Gutes wurde vermutlich bereits 1564 begonnen, wobei sich 1578 die Bautätigkeit intensiviert haben dürfte, nachdem Caspar Hoyer Staller von Eiderstedt geworden war. Bis zu seinem Tod 1594 waren wohl wesentliche Teile des Herrenhauses vollendet und der S-Flügel vermutlich begonnen. Nach Caspars Tod ging das Gut auf seinen Sohn Hermann über, der es 1603 gemeinsam mit seiner Frau Anna Ovena verließ. Als Witwe kehrte Anna Ovena zurück und verschwendete das Vermögen vollständig. Hoyerswort fiel 1631 an die Herzoginwitwe Augusta, 1647 gelangte es in den Besitz von Joachim Danckwerth, einem Bruder des Husumer Bürgermeisters und Herausgebers der *Landesbeschreibung* Schleswig Holsteins, Caspar Danckwerth. Seit 1771 befindet sich das Gut im Besitz der Familie Hamkens, die sich aber 2011 von den z.T. 450 Jahre alten Gebäuden trennte. 1928 wurde der Gutsbezirk Hoyerswort aufgehoben und zur Gemeinde Oldenswort gelegt.

  Beim Herrenhaus Hoyerswort handelt es sich um einen gut erhaltenen, ehemals rotsteinsichtigen Renaissancebau. Das zweigeschossige Gebäude weist einen L-förmigen Grundriss auf und erhielt wohl in der Barockzeit eine weiße Schlämme. Bei dem Haupt- oder Vorderhaus handelt es sich um einen Breitbau mit Satteldach, dessen nach O weisende Fassade durch einen polygonalen Treppenturm im S und den Haupteingang nach N geprägt wird. Im 19. Jh. erhielt der Treppenturm einen romantisierenden Auf-

Abb. 49   Herrenhaus Hoyerswort mit Hauberg

C 8 bau mit zinnenartiger Bekrönung, der in den 1960er Jahren zugunsten der Rekonstruktion der welschen Haube wieder entfernt wurde. An die Polizeigewalt des Stallers erinnern das am Turm angebrachte Halseisen und ein Gefängnisraum im Keller. Die Schmalseiten des Haupthauses werden jeweils durch Schweifgiebel mit horizontaler Gesimseinteilung und Firstschornsteinen geprägt. Ein herzförmiger Maueranker an der Hauptfassade mit den Initialen C.H. 1564 erinnert an die Errichtung durch Caspar Hoyer, darunter befindet sich das Haupteingangsportal mit einer Sandsteineinfassung und einem Relieffries von 1757 (Abb. 49).

Während das Äußere trotz verschiedener Erweiterungs- und Umbauphasen auf den ersten Blick äußerst homogen wirkt, lassen sich die Veränderungen im Inneren gut nachvollziehen. In die Eingangsdiele, die im Zuge einer Erweiterung des Herrenhauses nach N 1649 entstand, wurde im späteren 18. Jh. eine großzügige Treppe ins Obergeschoss eingebaut. Hier befanden sich ursprünglich zwei Säle, von denen nur einer erhalten ist. 1938 erfuhr er eine Neugestaltung im Stil der Zeit. Zu den Besonderheiten des Baues zählt der Dachstuhl, der als Krummbinderkonstruktion auf einen niederländischen Baumeister schließen lässt. Ähnliche Konstruktionen wies das Husumer Schloss auf; heute finden sie sich z.B. noch in Schloss Reinbek. Der Dachstuhl ist dendrochronologisch nicht exakt zu datieren, die Ergebnisse einer Untersuchung lassen aber eine Bauzeit um 1580 vermuten. Der rückwärtige Flügel des Herrenhauses war vornehmlich den Wirtschaftsräumen vorbehalten und enthielt im Obergeschoss einen Saal, der vermutlich durch Anna Ovena zwischen 1622 und 1631 eingebaut wurde.

1704 wurde die Haubargscheune errichtet und 1779 erweitert. Es handelt sich um einen Vierkant mit sechs Ständern. Caspar Hoyer und seine Frau Anna Wulff waren bedeutende und kunstsinnige Persönlichkeiten ihrer Zeit. Es war Hoyer, der Marten und Govert van Achten auf Schloss Gottorf brachte. Caspar Hoyer und Anna Wulff stifteten eine Reihe von Kanzeln u.a. in Kating 1580, Witzwort und Koldenbüttel 1583.

Der Stallerhof in Hoyerswort spielt eine zentrale Rolle in Friede Krazes (1870–1936) Roman „Die Frauen von Volderwiek" (1926), in dem feministische Intention und soziographischer Blick in gelungener Verknüpfung zur Geltung kommen. Es geht um die Emanzipation heranwachsender Töchter, um die Herauslösung aus dem beengenden ländlichen Milieu der Halbinsel Eiderstedt. „Es war die Zeit, da anderswo junge Mädchen, die in der eigenen Familie nicht genug Arbeit fanden für ihre überschüssige Kraft oder die anfingen, sich bewusst zu werden, dass sie ein Anrecht auf ein eigenes Auswirken hatten, nicht nur zum Lehrerinnenexamen, sondern zu den verschiedensten Berufsarten griffen, die ihnen nach und nach erschlossen wurden … anderswo war man so weit – aber doch nicht in Volderwiek".

C 9 **Südermarsch** bei Husum, seit 2008 zum Amt Nordsee-Treene, und **Rosenburger Deep**

Die etwa 160 Einwohner zählende Südermarsch erhielt ihren Namen nach ihrer Lage südlich vom Husumer Geestrand. 1468 wurde der Umfassungsdeich der Südermarsch gegenüber der damaligen Nordereider geschlossen. Mit nur fünf Einwohnern je Quadratkilometer zählt die seit 1934 selbstständige Gemeinde zu den am dünnsten besiedelten in Schleswig-Holstein. Sie zieht sich in einem 3 bis 8 km breiten Streifen am

Abb. 50   Wehle im Südermarschkoog

Geestrand von Wisch im Kirchspiel Schwabstedt an Rantrum und Mildstedt vorbei bis zum Husumer Hafen hin. Die Südermarsch dient vor allem als Weidegebiet, kaum als Ackerland. Es bestehen acht landwirtschaftliche Vollerwerbsbetriebe. Am moorigen Geestrand wurde lange Zeit Torf abgebaut. Zwei Verkehrswege durchziehen das Gemeindegebiet in einschneidender Weise. Die stark befahrene B 5 kann häufig nur mit Mühe überquert werden. Die „Marschbahn" von Hamburg wurde 1887/88 eröffnet; drei Bahnübergänge ermöglichen den Verkehr zwischen dem W- und O-Teil der Gemeinde. Die Südermarsch ist durch ein Wegenetz von 72 km Gesamtlänge erschlossen. In der Gemeinde besteht nur ein Verein, nämlich der 1984 gegründete Ringreiterverein.

Etwa 7 km südwestlich von Husum entfernt liegt abseits von Wegen und Straßen und inmitten von landwirtschaftlichen Nutzflächen eine große Wasserfläche, das Rosenburger Deep. Sie bildet die Grenze zwischen den Gemeinden Südermarsch und Witzwort. Das Gewässer erstreckt sich 1,5 km von SW nach NO und ist nur zwischen 20 und 110 m breit. Das Rosenburger Deep ist der letzte als Gewässer erhalten gebliebene Rest der Nordereider, die zwischen dem heutigen Friedrichstadt und dem Heverstrom durch das Gebiet des späteren Dammkooges, des Leglichheits- Obbens- und des Adolfskooges verlief. Sie entstand bei der Sturmflut von 1362, als das Meer zwischen der Lundenbergharde im N und den Marschen um Witzwort im S einbrach. Dieser als Nordereider bezeichnete Meeresarm wurde 1489 bei der Bedeichung des Dammkooges zerschnitten. Damit war die Verbindung Eiderstedts mit der Südermarsch wiederhergestellt. Der alte Name des Rosenburger Deep geht zurück auf einen gottorfischen Hofbeamten namens Rodenborg.

Vom Westerdeich aus hat man einen Blick nach NO über das gesamte in die Marschlandschaft eingebettete Tief, und beim Blick nach W in den Obbenskoog erschließt sich

C 9 dem Betrachter der frühere Verlauf des Deeps nach W (Abb. 50). Der Kreis Nordfriesland erwarb Ende 1971 das Rosenburger Deep und einige Randflächen mit dem Ziel, es für Fremdenverkehr und Naherholung mit Wanderwegen, Grill- und Spielplätzen auszubauen. Nach und nach wurde die Bedeutung des Gewässers für den Naturschutz erkannt. Pläne für den touristischen Ausbau und die Nutzung als öffentliches Angel- oder Fischzuchtgewässer wurden 1979 endgültig fallen gelassen. Die Wasserwirtschaft hatte ein reges Interesse an dem Gewässer, denn es wurde vom Darrigbüll-Sielzug, der bei Husum in die Husumer Au mündet, durchflossen und diente als natürliches Rückhaltebecken. Der Anschluss des Rosenburger Deep an die Entwässerung der Marsch führte durch den Sediment- und Nährstoffeintrag zunehmend zur Verlandung. Auch unterlagen die Wasserstände ständigen Schwankungen. Im Rahmen von biotopgestaltenden Maßnahmen wurden 1987 das Gewässer bis auf den mineralischen Untergrund entschlammt, die Entwässerung der Marsch umgeleitet und mehrere Staue zur Wasserhaltung eingebaut, die die Funktion des Gewässers als Rückhaltebecken sichern. Ziel der Maßnahme war seinerzeit, zwischen dem Eider-Treene-Sorge-Gebiet und dem Beltringharder Koog einen „Trittstein" für den Otter zu schaffen, um im Zusammenhang mit weiteren Maßnahmen eine Verbindung zu den Otternbeständen im südwestlichen Dänemark herzustellen. Das überwiegend von Weiden und Mähweiden umgebene Rosenburger Deep besteht heute aus einer etwa 6,5 ha großen offenen, eutrophen und fischreichen Wasserfläche, die von einem etwa 6 ha großen geschlossenen Röhrichtsaum und Hochstaudenfluren umgeben ist (LN S-H 1993). Durch die abgeschiedene Lage ist das Areal ein gutes Brut- und Rastgebiet für Wasser- und Wiesenvögel. Insbesondere sind Singschwan, Uferschnepfe und Rohrweihe zu nennen (HOFFMANN u.PETRY 2007). Damit das Gebiet seine biogeographische Funktion zwischen dem Beltringharder Koog und der Eider-Treene-Niederung für den Fischotter erfüllen kann, sind Einschränkungen der Jagd sowie der Fischerei erforderlich.

D 1 Tating, seit 1970 zum Amt Eiderstedt

Die Gemeinde Tating liegt im W der Halbinsel Eiderstedt, 0 m NN, ca. 15 km westlich von Tönning. Sie ist 2 952,89 ha groß und hat 973 Einwohner, außerdem etwa 220 Einwohner mit zweitem Wohnsitz. 1867 hatte Tating 1 625 Einwohner, 1946 waren 1 813 Personen gemeldet. Durch den Ort verlaufen die B 202 und die Bahnlinie Husum–St. Peter-Ording mit einer Haltestelle, außerdem mehrere Fahrradwege, u.a. der Nordseeküstenradweg. Tating und der Tümlauer-Koog bildeten bis zum 31. Dezember 2007 eine Kirchengemeinde. Anfang 2008 erfolgte der Zusammenschluss mit der Kirchengemeinde St. Peter-Ording. Der Ortsname Tating ist aus dem Vornamen Tate und „ing" zusammengesetzt; letzteres bedeutet die Zugehörigkeit. Somit lässt sich Tating mit „Wohnort der Leute des Tate" übersetzen.

Von den im Tatinger Gemeindegebiet liegenden Strandwällen stammen mehrere stein- und frühbronzezeitliche Artefakte wie Flintabschläge, Flintsicheln, ein Flintdolch sowie die Vorarbeit für eine Felsgesteinaxt. Da die Artefakte nur Oberflächenfunde sind, taugen sie nicht für den Nachweis von dauerhafter Besiedlung der Strandwälle. Diese ist aber durch archäologische Ausgrabungen für die jüngere Bronzezeit, die vorrömische Eisenzeit, die römische Kaiserzeit und die Wikingerzeit belegt.

Die ältesten Siedelreste sind auf dem Tholendorfer Strandwall, dem nördlichsten D 1
und damit ältesten der W-Eiderstedter Strandwälle bei dem Hof Knappenberg angetroffen und in einem kleinen Ausschnitt archäologisch untersucht worden (SEGSCHNEIDER 2007). In dem Profil des Grabungsschachtes lag die Oberfläche des Strandwalles bis zu 1 m unter der heutigen. Zuunterst kam eine Wechsellagerung von holzkohlehaltigen Kulturschichten und weitgehend sterilen Sandschichten zum Vorschein. Nach dem archäologischen Fundgut gehören die dunklen Siedlungsschichten der mittleren Bronzezeit an, während die Sandschichtungen von Verwehungen oder gewollten Aufträgen herrühren. Neben den Resten von Keramikgefäßen wurde als besonderer Fund eine beschädigte Tonfigur geborgen, die der Torso eines Rindes sein könnte. Bemerkenswert ist auch der Nachweis bronzezeitlicher Flintbearbeitung, u.a. wurde eine Klinge aus rotem Helgoländer Flint gefunden, die für Handelsverbindungen über See spricht und die Frage aufwirft, welche Rolle dieser Wohnplatz im Gefüge der bronzezeitlichen küstennahen Siedlungen gespielt haben könnte. Dank naturwissenschaftlicher und archäologischer Untersuchungen sind wir über die Landschaft zur Zeit der frühen Besiedlung einigermaßen informiert. So konnten die bronzezeitlichen Siedler von ihren sturmflutfreien Siedelplätzen aus nach N anschließende, hoch liegende Salzwiesen nutzen und auf dem Strandwall selbst Getreide anbauen. Nach längerer Unterbrechung haben Küstenbewohner den Siedelplatz in der römischen Kaiserzeit erneut aufgesucht und, nach der Mächtigkeit der Kulturschicht zu urteilen, auch dauerhaft bewohnt. Allerdings hatten sich nach Christi Geburt die Umweltbedingungen erheblich verändert. Nachdem in den Jahrhunderten v.Chr. Süßwassereinfluss geherrscht hatte, geriet die nördlich der Strandwälle liegende Landschaft n.Chr. erneut unter Meereseinfluss. Davon zeugen an mehreren Orten nachgewiesene Sedimentablagerungen und Salzwiesenbildungen (KOSSACK et al. 1984; MÜLLER-WILLE et al. 1988).

Strandwälle boten in allen Epochen trockenen Siedelgrund. Leider sind sie z.T. in der Neuzeit zur Sandgewinnung abgegraben worden. Dadurch sind wertvolle siedlungsgeschichtliche Quellen verloren gegangen. Am aufschlussreichsten waren Ausgrabungen bei dem westlich von Tating liegenden Hof Haferacker (BANTELMANN 1970). Hier wurde als älteste Kulturschicht ein auf Dünensand liegender, mit Mollusken und kleinen Scherben durchsetzter Auftragsboden freigelegt. Nach erhaltenen Hakenpflugspuren zu urteilen, stammt das Material aus dem Watt und ist zur Bodenverbesserung aufgebracht worden. Diese Kulturschicht, die sich nur grob der vorrömischen Eisenzeit zuordnen lässt, liegt unter einer 30–60 cm dicken Flugsanddecke begraben, die wiederum von mehreren Auftragschichten der römischen Kaiserzeit überlagert wird. War anfangs noch versucht worden, die dünne Humusschicht der Flugsandbedeckung mit dem Streichbrettpflug zu beackern, ist der Strandwall bald mit Kleilagen und Siedlungsschutt aufgehöht worden. Die Motive für die Aufbringung der bis zu 1,30 m mächtigen Kleikappe können unterschiedlicher Natur gewesen sein. Wegen der Höhenlage ist es nicht aus Sorge vor Sturmfluten geschehen, sondern hat eher der Bodenverbesserung gedient. Zugleich war es ein geeignetes Mittel, den Sandflug zu bändigen und die Bildung neuer Dünen über dem Kulturland zu verhindern. Neben Sodensetzungen, Feuerstellen, Gruben und Pfostenlöchern wurde ein Sodenbrunnen freigelegt, der vor Beginn der Kleiaufträge eingetieft worden ist. Keramikreste aus der Brunnenfüllung datieren den Siedelbeginn in die Zeit um 200 n.Chr., spätestens im 4. Jh. dünnte die Besiedlung wieder aus.

D 1

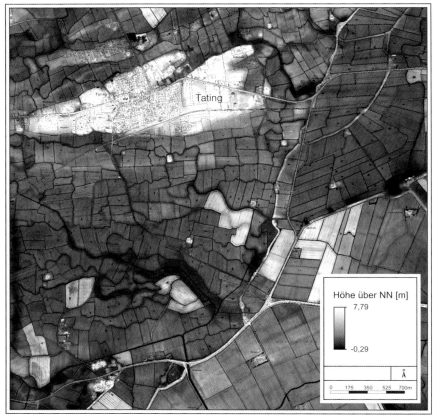

Abb. 51　Höhenschichtenkarte für den Bereich Tating (Entwurf: Karsten KRÜGER, auf Grundlage von LIDAR-Laserscanner-Befliegungen aus dem Jahre 2004). Deutlich tritt der höher gelegene Strandwall, auf dem sich die Ortschaft Tating befindet, hervor. Die tiefer gelegenen Gräben erscheinen dunkel, von NW nach SE tritt der Übergang von der älteren Puzzle- zur linearen Entwässerungsstruktur zu Tage. Die Viehtränken inmitten der Fennen erscheinen als dunkle Punkte, höhere Warfthügel verstreut als kleinere helle Bereiche.

Im frühen Mittelalter ist das künstlich aufgehöhte Siedelareal erneut aufgesucht und als Friedhof genutzt worden. Bis über 1 m eingegraben fanden sich 15 Urnen und ein Brandschüttungsgrab. Nach Form und Machart datieren die Gefäße in das ausgehende 8. Jh. bzw. in die Wende vom 8. zum 9. Jh. n.Chr. Da die Urnen dicht nebeneinander beigesetzt waren, sind sie wahrscheinlich nicht überhügelt gewesen. Darin unterscheidet sich dieser Friedhof von den übrigen frühmittelalterlichen Bestattungsplätzen im nordfriesischen Küstengebiet.

Weitere in einen aufgetragenen Siedelhorizont der römischen Kaiserzeit eingetiefte frühmittelalterliche Gräber sind auf demselben Strandwall östlich von Haferacker bei dem Wohnplatz „Op de Lüb" in einer Sandentnahmegrube freigelegt worden. Eines der Grabgefäße war eine im Zuge des fränkisch-friesischen Seehandels in den N gekommene folienverzierte Kanne, die dieser speziellen Ware den Namen „Tatinger Ware" gegeben hat. Derartige Kannen kommen in der zweiten Hälfte des 8. Jh. und im 9. Jh. vor, nach den ebenfalls gefundenen Eitöpfen ist bei „Op de Lüb" ein Urnenfriedhof des späten 8. Jh. zerstört worden (STEUER 1979). In der römischen Kaiserzeit ist hier schon im 1. Jh. n.Chr. gesiedelt worden (JOHANNSEN 1979), also wahrscheinlich etwas früher als in der benachbarten Siedlung Haferacker.

Hochdorf liegt an der Grenze zwischen der Marsch und dem rund 4 000 Jahre alten Strandhaken von Tating. Archäologische Funde machen die frühe Bedeutung des Strandhakens als bevorzugten Siedlungsplatz in der Stein- und Bronzezeit deutlich und lassen auf eine vergleichsweise dichte Besiedlung während der Römerzeit schließen. Südlich des Strandhakens ist die Puzzlestruktur der Flurstücke in der alten Marsch gut zu erkennen, die hier seit 1 000 Jahren besiedelt und weitgehend unverändert erhalten geblieben ist – ein Kleinod der norddeutschen Kulturlandschaft (Abb. 51).

Die Menschen siedelten zunächst auf hohen Warften im unbedeichten und von Prielen durchzogenen, halligartigen Marschgebiet. Indizien deuten darauf hin, dass man bereits planmäßig Landgewinnung betrieben hat (Grüppenstruktur). Man deichte einige Generationen später (im 12. Jh.) die Marschflächen einschließlich der in ihr verbliebenen ehemaligen Priele mit Ringdeichen ein, die um eine Reihe von Großwarften gezogen wurden. Die durch Wasserläufe bzw. -gräben voneinander getrennten „Fennen" werden von parallelen Grüppen gegliedert. Die oft 2 ha großen Fennen sind mit einem Tränkteich („Kuhle") versehen, der sich zumeist nur aus dem Oberflächenwasser speist und dem Vieh monatelang das nötige Trinkwasser gibt.

Deutlich tritt der höher gelegene Strandhaken hervor, auf dem sich die Ortschaft Tating befindet. Die tiefer gelegenen Gräben erscheinen dunkel, von NW nach SO tritt der Übergang von der älteren Puzzle- zur linearen Entwässerungsstruktur zu Tage. Die Viehtränken inmitten der Fennen erscheinen als dunkle Punkte, höhere Warfthügel verstreut als kleinere helle Bereiche.

Einheimische bezeichnen diese Kuhlen als die „Augen" der Eiderstedter Landschaft. Selbst auf Äckern werden die Tränkteiche erhalten, da die Fennen durch Rotation später oft wieder zu Viehweiden werden. Die Teiche sind nie rund, sondern lanzetten- bis tropfenförmig, und ihre längere Achse verläuft in der Regel in Richtung der Grüppen, was die Wasserzufuhr verbessert.

Das dargestellte Profil (Bodentyp: Gley) befindet sich etwa 150 m südlich der B 202 auf einer Weide unmittelbar neben der Pension Haack in Hochdorf (vgl. Abb. 2c). Durch Auftrag nährstoffreichen, tonhaltigen Kleis auf den ehemaligen Strandwall wurde dort eine siedlungsnahe Ackernutzung möglich. Die zur Entwässerung angelegten Grüppen sollten die Vernässung des Kleis bei gleichzeitig hohem Grundwasserspiegel verhindern. Die heutige Grünlandnutzung hat daran nichts geändert. Muschelreste und Kiese, die auch auf zahlreichen Maulwurfshügeln zu finden sind, zeugen von der ehemaligen Meeresrandlage.

Die St. Magnus-Kirche ist vermutlich die älteste Kirche in der Landschaft Eiderstedt. Bereits 1103 soll bei Wittendün (heute zu St. Peter-Ording gehörig) eine hölzerne Kapelle auf dem Land von Tade Eschels erbaut worden sein. Von hier wurde sie vor 1305 an den heutigen Platz versetzt. Es handelt sich um einen einschiffigen Backstein-

D 1 bau, der im Kern auf die erste Hälfte des 13. Jh. zurückgeht. Der eingezogene spätromanische Chor mit einem Rundbogenfenster an jeder Seite und nachträglichem, kuppeligem Gewölbe des 13. Jh. ist in der Gotik an Stelle der ursprünglichen Halbrundapsis durch ein größtenteils 1922 erneuertes, gewölbtes 5/8-Polygon mit vier Stützpfeilern ersetzt worden. Das flach gedeckte Langhaus wurde vermutlich während des Barock nach W verlängert. Die Ausstattung der Kirche weist einen Schnitzaltar aus dem 15. Jh. (1470) auf, die Kanzel datiert auf den Anfang des 16. Jh. als originales Zeugnis spätgotischer Kunst in Eiderstedt. Erst seit 1929 steht die Orgel im W der Kirche; zuvor hatte sie ihren Platz auf der Empore gegenüber der Kanzel. Trotz ihrer massigen Bauformen bildete sie also zu dieser ein Gegenstück, nicht zum Altar – der ohnehin, vom Kirchenschiff aus gesehen, einst durch eine Lettnerempore verstellt war. Dieses musikarchitektonische Ensemble war durch den Orgelbau 1592 angelegt worden; 1650 wurde das Rückpositiv angefügt, ähnlich gestaltet wie dasjenige in Oldenswort, das aber 58 Jahre älter ist. Von der einst benachbarten Lettnerempore musizierten der Stadtmusikus und seine Gesellen sowie die Tatinger Lateinschüler. Dieses Bau-Ensemble wurde zunächst durch die Entfernung des Lettners und einen Neubau des Orgelwerks (im alten Gehäuse), später durch die Versetzung der Orgel nach Westen völlig verändert. Dennoch lassen sich die einstigen historischen Zusammenhänge bis heute erkennen: etwa auch

Abb. 52   Dorfstraße in Tating 1964. Die Häuser sind schräg versetzt, so dass jedes Haus einen kleinen Vorplatz hat.

Abb. 53 Bestands- und Gehölzplan vom Hochdorfer Garten in Tating im Sommer 2009 (Entwurf: Astrid HANSEN, nach SCHUBERT 2009)

D 1

Abb. 54   Blick durch den Hochdorfer Garten in Tating mit Haubarg im Hintergrund

dass der Einbau eines so großen Instruments mit langen, tief klingenden Orgelpfeifen eine penible Raumausnutzung erforderte – das historische Orgelgehäuse des Hauptwerks stößt in der Höhe unmittelbar an die Deckenbalken.

Die Gemeinde Tating bestand aus einem Ortskern, „Straße" genannt, und sieben weiteren „Bührschaften" (Bauernschaften, ursprünglich Steuerbezirke als Siedlungskerne): Ehst, Esing, Otteresing, Tholendorf, Büttel, Osterende und Medehop. In einigen dieser Ortsteile gab es eigene Schulen. 1696 und 1733 haben große Brände den Ortskern Tatings zerstört. Sandsteintafeln im Mauerwerk einzelner Gebäude erinnern daran. Eine Besonderheit der Dorfstraße bilden in versetzter Bauweise stehende Gebäude. Auf der N-Seite haben die Häuser Richtung O ein Fenster mit Blick in die Dorfstraße und auf der S-Seite Richtung W (Abb. 52). Um 1850 gab es in Tating fast 40 Haubarge. Zu den über Tating hinaus bekannten Gebäuden zählen der Haubarg Hochdorf, der Hamkenshof, der Deichgrafenhof und der Pastoratshaubarg. Besonders der 1764 errichtete Haubarg Hochdorf mit dem dazugehörigen Garten lohnt einen Besuch. Er gilt als das bedeutendste Gartendenkmal in dieser Landschaft (Abb. 53). Die Symmetrieachse dieses Barockgartens war auf den Haupteingang ausgerichtet. Vor dem Wohnteil liegt noch heute ein drei-, ehemals vierreihiges Lindenquartier. Im N und S wurde der Garten durch seitliche Alleen begrenzt, den östlichen Abschluss bildet noch heute eine beeindruckende Lindenhochhecke. Er bestand aus ursprünglich zehn, heute nur noch z.T. vorhandenen Quartieren. Vermutlich wurden hier vor allem Obstsorten angepflanzt. 1837 kaufte Hans Richardsen aus Klixbüll den Hochdorfer Haubarg samt Garten. Nach der Heirat seines Sohnes Jakob mit Doris Bruchwitz begann eine Umgestaltung des Gartens im Stil der Zeit. Exotische Gewächse wurden angepflanzt, ein Schweizerhaus

und eine künstliche Ruine auf einem eigens aufgeschütteten kleinen Hügel errichtet. D 1
Das kinderlos gebliebene Ehepaar gründete eine Stiftung, die sich seit dem Tod
Richardsens 1905 um den Erhalt des Gartens und des Haubargs bemühte. Der Haubarg
sollte 1954 abgebrochen werden, konnte aber durch einen engagierten Neueigentümer
gerettet und instand gesetzt werden. Bereits in den 1920er Jahren hatte man, da der
Haubarg eine Grundfläche von 1 000 m² aufwies, eine Verkleinerung des Stall- und
Scheunenbereiches vorgenommen. In dieser reduzierten Form ist der Haubarg erhalten
(Abb. 54). In dem Schweizerhaus wird ein Café betrieben.

Die Tatinger Schule wurde 1976 geschlossen. Seitdem gehen die Kinder in der
Nachbargemeinde St. Peter-Ording zur Schule. Ebenfalls 1976 wurde die 1895 gegründete Meierei verkauft. Tating ist ein ländlich geprägter Ort geblieben. Der Strukturwandel in der Landschaft führte zur Errichtung zweier Windparks. Durch seine Nähe zu
St. Peter-Ording hat die Gemeinde touristisch an Bedeutung gewonnen. Die Gäste wohnen hauptsächlich in Ferienwohnungen oder machen Ferien auf dem Bauernhof. Seit
2000 ist Tating als Erholungsort anerkannt und bietet als besondere Freizeitangebote
einen Tennisplatz, einen Neun-Loch-Golfplatz für jedermann, einen Modellflugplatz,
einen Angelsee, einen Campingplatz, einen Spielplatz und einen Sportboothafen.

St. Peter-Ording mit Brösum, Böhl und Süderhöft, seit 2008 zum   D 2
Amt Eiderstedt

Bad St. Peter-Ording, Nordseeheil- und Schwefelbad, ist die vollständige Bezeichnung
des Badeortes an der W-Küste der Halbinsel Eiderstedt. Der Ort ist 1967 aus den zwei
Gemeinden St. Peter und Ording zusammengewachsen. Die Gemeinde mit gut 4 100
Einwohnern, außerdem gut 3 000 mit Zweitwohnsitz, hat fünf Ortsteile: Brösum und
Norderdeich, Ording und Westmarken, Bad St. Peter, Dorf St. Peter und Wittendün sowie Böhl-Süderhöft. Über die B 202 und die L 33 ist der Ort leicht zu erreichen, außerdem durch die Eisenbahn mit zwei Bahnhöfen und den Flugplatz. Innerhalb der Gemeinde verbindet ein regelmäßiger Busverkehr die einzelnen Ortsteile. Der Ort dehnt
sich auf 12 km Länge aus und hat eine Gemeindefläche von 2 825 ha. Zur See hin erstreckt sich ein unterschiedlich breiter, meist bewaldeter Dünensaum, mal als einziger
Küstenschutz, mal durch einen Deich verstärkt. Davor liegt eine Sandbank mit fünf
Badestellen und jeweils drei Pfahlbauten. Der östliche Teil des Ortes ist Eiderstedter
Marschland.

Auf dem „Brösumer Geest" genannten westlichen Abschnitt des Strandwalles, der
sich, mehrfach durchbrochen, bis Katharinenheerd hinzieht, liegen die Spuren v o r -
u n d f r ü h g e s c h i c h t l i c h e r s o w i e f r ü h m i t t e l a l t e r l i c h e r B e s i e d -
l u n g dicht beieinander (vgl. Abb. 13, 14, 15). Die ältesten Funde sind ein dünnnackiges Flintbeil der Trichterbecherkultur, das im späten 4. Jahrtausend v.Chr. in den Boden
gekommen sein dürfte, und ein dicknackiges Flintbeil mit hohl geschliffener Schneide,
das aus der ersten Hälfte des 3. Jahrtausends v.Chr. stammt. Weitere neolithische Artefakte, wie ein atypisches Felsgesteinbeil aus Brösum und Abschläge und Schaber von
Böhl-Süderhöft lassen sich zeitlich nicht näher bestimmen. Besonders intensiv scheint
der Strandwall während der römischen Kaiserzeit besiedelt gewesen zu sein. Es sind
hier allein fünf Fundplätze nachgewiesen, deren Fundgut teils von Siedlungen, teils von

243

D 2

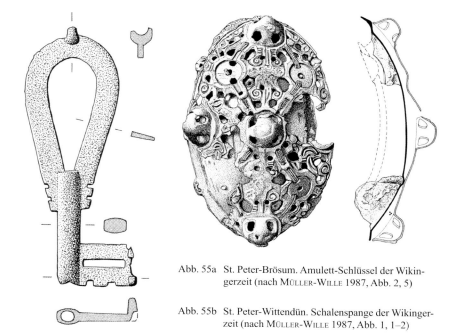

Abb. 55a St. Peter-Brösum. Amulett-Schlüssel der Wikingerzeit (nach MÜLLER-WILLE 1987, Abb. 2, 5)

Abb. 55b St. Peter-Wittendün. Schalenspange der Wikingerzeit (nach MÜLLER-WILLE 1987, Abb. 1, 1–2)

Urnenfriedhöfen geblieben ist. Nach Urnenresten des 1.–4. Jh. n.Chr., die bereits 1875 bei Drainagearbeiten westlich des Mühlenberges zum Vorschein gekommen sind, ist zumindest dieser Friedhof lange belegt worden. Von demselben Fundplatz stammt ein besonderer Fund (Abb. 55a), ein bronzener Bartschlüssel mit tropfenförmigem Griff des späten 8. Jh. n.Chr (MÜLLER-WILLE 1987). Derartige Amulett-Schlüssel sind im Zuge des friesisch-fränkischen Handels in den N gekommen und bis zu dem auf einer Insel im Mälarsee in Mittelschweden gelegenen wikingerzeitlichen Handelsplatz Birka gelangt. Dass sie im Gefolge christlichen Gedankengutes verbreitet worden sind, ist zumindest wahrscheinlich.

Wikingerzeitliche Funde sind auch etwa 4 km weiter südlich bei dem Schipphamhof zum Vorschein gekommen. Dieser Hof liegt am östlichen Fuß eines Dünenzuges, der sich von St. Peter in Richtung O erstreckt. Im O liegt auch seine höchste Erhebung, der sogenannte Kirchberg, der den Standort einer angeblich schon 1103 errichteten Kapelle angeben könnte. Die Gemarkung trägt die Bezeichnung Wittendün und ist bereits seit 1875 als Fundplatz wikingerzeitlicher Trachtbestandteile bekannt (MÜLLER-WILLE 1986; ders. 1987). Es sind zur Frauentracht gehörende Schalenfibeln, die beieinander liegend im Sand gefunden wurden und wahrscheinlich aus einem Grab stammen, in dem eine Frau in skandinavischer Fibeltracht niedergelegt war (Abb. 55b). Typologisch lassen sich die Fibeln vom späten 9. Jh. bis in die zweite Hälfte des 10. Jh. n.Chr. datieren. Diese im Kerngebiet der friesischen Landnahme ungewöhnliche Beigabenausstattung markiert zugleich die südliche Grenze ihres Verbreitungsgebietes. In der Nähe des Fundplatzes waren schon vorher Skelette im Klei gefunden worden. Ob es mit dem vermuteten Frauengrab etwa zeitgleiche Bestattungen waren, lässt sich nicht mehr beweisen. Von der Ackeroberfläche sind mehrere frühmittelalterliche Keramikscherben aufgelesen worden.

D 2

Als Wittendün 1994 beim Wasserleitungsbau gequert wurde, gab es keine weiteren Hinweise auf einen frühmittelalterlichen Friedhof, es gelang aber, in dem Leitungsgraben am südlichen Fuß des Kirchberges ein Profil zu dokumentieren. Zutage kamen die Reste einer unmittelbar auf dem Dünensand errichteten Flachsiedlung des 8./9. Jh. Es wurden Pfostenlöcher und Laufflächen eines Hauses beobachtet. Durch Siedlungsschutt und holzkohlehaltige Kleiaufträge war die frühmittelalterliche Flachsiedlung 0,8–1 m aufgewachsen, den oberen Abschluss bildete eine kräftige humose Oberfläche. Auf dieser war in einem Zuge der bis fast 5 m ü. NN aufragende Kirchberg aufgeschüttet worden. Die ungewöhnliche Höhe, die nicht aus Angst vor Sturmfluten angestrebt worden ist, spricht für den Standort einer frühen Kirche, sind doch Kirchwarften des 12. bzw. 13. Jh., wie die der Alten Kirche von Pellworm und der Kirche von Odenbüll auf Nordstrand, stets erheblich höher aufgeworfen als die zeitgleichen Hofwarften.

In den letzten 500 Jahren ist der Ort aus den drei Kirchdörfern Süderhöft, Ording und Ulstrup (St. Peter) zusammengewachsen. 1373 wird Ulstrup als Teil des Pfarrbezirks St. Peter erstmals urkundlich erwähnt, der 1438 in einer Steuerliste als *Sunte Peter* genannt wird.

Die Entwicklung der Kirche ist höchst kompliziert. Sie hatte ihren Platz im mittelalterlichen *Ulstorp* (heute O l s d o r f) gefunden, nachdem die Kirche auf Wittendün nach Tating verlegt worden war und für das westliche Gebiet die geistliche Versorgung brachlag, während die Siedlungsdichte zugenommen hatte. Die Kirche St. Petri besitzt nicht ohne Grund denselben Kirchenpatron wie der Dom zu Schleswig, hatte der Bischof doch große Landbesitzungen im Kirchspielsbereich, die allerdings durch Versandung bedroht wurden und nach der Reformation nicht mehr genannt werden. Überliefert ist auch ein bischöflicher Hof in Wittendün. Ulstorp selbst gibt Auskunft über seine Entstehung; so bedeutet –torp eine Aussiedlung und Ul-s ist der Genitiv der abgeschliffenen Form von Ulf, ein Vorname, der auch in Uelvesbüll begegnet. Ein Hinweis, dass der Bischof zu Schleswig bei der Gründung von St. Peter die Hand im Spiel hatte, ist der Vermerk in einem Verzeichnis aus der Zeit um 1500 über die Rechte des Bischofs bei der Besetzung der Pfarrstelle „in Friesland nahe der Besitzungen des Bischofs Nicolai und seiner Vorgänger", worunter nach Sachlage nur St. Peter gemeint sein kann.

Beziehungen zwischen Helgoland und S t . P e t e r sind seit etwa 1400 bekannt. Im 16. Jh. sind Helgoländer als Landbesitzer in der Gemeinde steuerpflichtig. Landemöglichkeiten bestanden wegen der vorgelagerten, sich ständig verändernden Sandbänke immer nur kurze Zeit. St. Peter wurde im 14. und 15. Jh. häufig auch von Hamburger und Lübecker Kaufleuten angefahren. Heringsfischerei bei Helgoland und Schollenfang vor der eigenen Küste hielten im 16. Jh. die Verbindung zum Hinterland und zu Hamburg aufrecht. Die überwiegend mangelhafte Qualität des Bodens ließ eine ertragreiche Landwirtschaft nicht zu. St. Peter galt als „Armenhaus". Auch das Sammeln und Verwerten von Strandgut erbrachte nur eine unwesentliche Verbesserung der Lebensumstände. Der erste Eiderstedter Deichgraf Matthias Tipotius versuchte 1624 einen Teil des Vorlandes vor dem Westmarker Deich, die heutige Kirchenleye, einzudeichen. Er scheiterte an der sandigen Erde und verkaufte das Gelände an Einheimische. Die Sturmflut von 1634 brachte große Verluste an Menschen und Tieren. Sie hinterließ drei

245

D 2

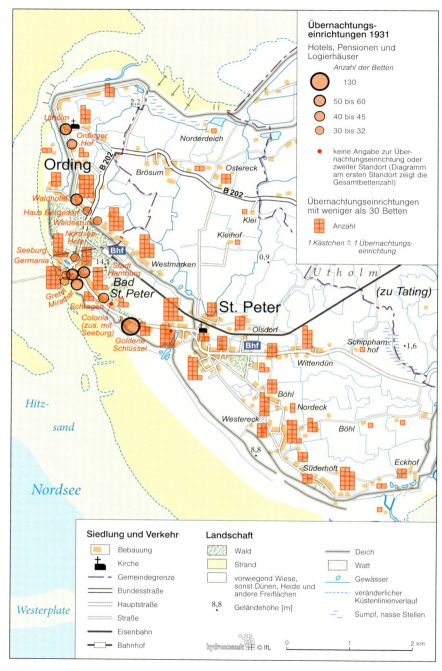

D 2

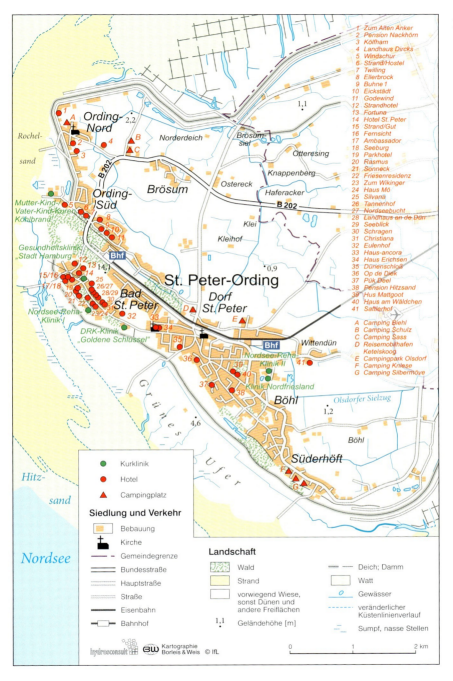

D 2   Seiten 246 und 247
Abb. 56a (Seite 246) Entwicklung von Kur- und Fremdenverkehrseinrichtungen in St. Peter-Ording:
a) Anzahl der Betten in Hotels, Pensionen und Logierhäusern 1931
Abb. 56b (Seite 247) b) Kurkliniken, Hotels und Campingplätze 2010 in St. Peter-Ording

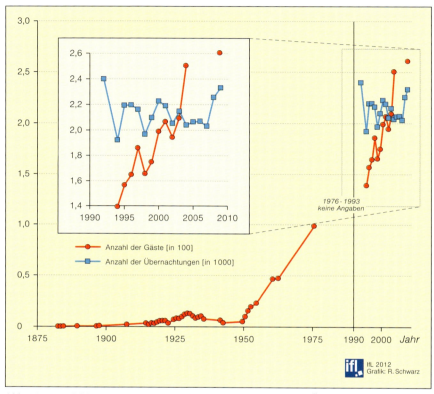

Abb. 56c Entwicklung der Gästezahlen 1879–2004 und der Anzahl der Übernachtungen 1992–2009 in St. Peter-Ording (Entwurf: Corinna DUMKE, Claus HEITMANN und Dieter UNDEUTSCH, nach RfL 1928, Badeverwaltung St. Peter-Ording 1931, HEITMANN 2005, HEITMANN 2010b, Tourismus-Zentrale St. Peter-Ording 2010, FAN Verlag 2010)

Wehlen im Westmarker Deich. In der Sturmflut von 1717 verlor St. Peter im Dünengelände einen Bereich von einem Kilometer. Erst 1841 konnte die Kirchenleye eingedeicht werden.

O r d i n g wird 1305 als *Urden* erwähnt und lässt damit „bei den Wohnhügeln" als Deutung zu. Die Kirche ist bereits vor 1362 verloren gegangen, wurde nach der Verlegung der dazu gehörigen Siedlungen an anderer Stelle wieder aufgebaut und 1462 erneut erwähnt. Für 1509 sind noch Abgaben an den Bischof zu Schleswig belegt. Die Deichlinie musste 1543 weiter landeinwärts zurückgenommen werden. Nach der Konsolidierung der Gemeinde erhielt Ording wieder das Recht, im Kirchspiel ein Gericht abzuhalten. 1724 musste die zweite Kirche wegen Versandung erneut 800 m nach O auf den heutigen Platz versetzt werden und rückte damit der Siedlung Brösum (Namensdeutung unsicher) näher. Ording hatte mit seinen nur 135 Einwohnern (1803) kein Geld für den Bau eines Pastorats und konnte nicht zwei Beamte, den Pastor und den Lehrer, bezahlen. Der Pastor musste auch die Lehrerstelle übernehmen. Als 1863 die Kirchen St. Peter und Ording unter die Obhut von einem Pastor kamen, gab es wieder einen hauptamtlichen Lehrer für den Ort. Die schulische Eigenständigkeit dauerte bis 1950, dann erfolgte auch auf diesem Gebiet die Zusammenlegung mit St. Peter.

S ü d e r h ö f t (= südlicher Vorsprung) erscheint zuerst in einer Urkunde von 1421, die andeutet, dass der Ort ein wichtiger Anlaufpunkt für von See kommende Kaufleute gewesen ist. Noch 1676 wurden Hafengelder erwirtschaftet. Die Eidereinfahrt war schwierig und 1745 errichtete man eine Bake, um den Schiffen die Einfahrt in die Eider zu erleichtern, sie wurde 1896 durch ein steinernes Querfeuer ersetzt, den Böhler Leuchtturm in Süderhöft, der bis 1999 vor Ort überwacht wurde und heute vom Eidersperrwerk gesteuert wird. Der Leuchtturm ist nach der größeren Nachbarsiedlung Böhl benannt; der Ortsname verweist vermutlich auf eine Anhöhe. Die mittelalterliche Hafenfunktion war Ursache für die Gründung einer von der Kirche zu St. Peter abhängigen Marienkapelle, die nach der Sturmflut von 1533 aufgegeben wurde. Noch lange nutzte man den Kirchplatz als Friedhof für Strandleichen und Landstreicher. Bei der schweren Sturmflut am 3. Januar 1976 wurde der Deich bei St. Peter-Süderhöft von einem Bruch bedroht. Die Beschädigungen waren so schwerwiegend, dass eine Reparatur zu aufwändig geworden wäre. Außerdem wurde festgestellt, dass die geforderte nachhaltige Verbesserung des Küstenschutzes für diesen Deichabschnitt nur durch eine Begradigung hergestellt werden konnte. Bei den noch im Mai 1976 begonnenen Arbeiten wurden Reste der in den vorherigen Jahrhunderten errichteten und immer wieder gebrochenen Deiche gefunden. Nach der Zerstörung in der Allerheiligenflut von 1532 erkannte man, dass ein Deich in der alten Linienführung nicht zu halten sein würde, und deichte große Flächen aus. 1785 entstand abermals ein neuer Deich, der den Angriffen der Nordsee nur wenige Jahre widerstand. 1825 kam es bei St. Peter-Süderhöft zum Deichbruch und dadurch zu großen Überschwemmungen. Nach ersten Sicherungsarbeiten stellte man noch im Herbst 1825 einen zurückverlegten Deich fertig. Dieser Einlagedeich hielt bis zur Sturmflut 1976, also fast 150 Jahre. Der danach erbaute Deich verbindet in einem eleganten Bogen den östlich gelegenen Ehster Koog und den im W anschließenden Böhler Koog. Die Kronenhöhe liegt auf 8 m ü. NN.

Häufig sind St. Peter und Ording als kleine Fischerdörfer beschrieben worden, aber nur kurze Phasen in ihrer Geschichte wurden vom Fischfang bestimmt. Nach einer ersten Blüte im 15. und 16. Jh. gab es den beruflichen Fischfang zwischen 1890 und 1937, als mit unterschiedlichem Elan der Stör gefangen wurde. 1945 schloss sich nach dem Krieg eine kurze Epoche der Krabben- und Schollenfischerei an. Sie endete mit der Sturmflut 1962, als die Kutter, die nur im Tümlauer Hafen vor Anker liegen konnten, an den Deich geschleudert wurden und dort gesprengt werden mussten.

Zwar blieb die Nordsee für den Küstenschutz gefährlicher Gegner, doch entdeckte man im 19. Jh. die postive Wirkung des Reizklimas für die Gesundheit und die Erholung durch die Landschaft. Nach zaghaften Versuchen um 1838, einen B a d e b e t r i e b zu errichten, baute man 1877 an der Nahtstelle zwischen den beiden Orten St. Peter und

D 2

D 2 Ording das erste Hotel und legte so den Grundstein des Nordseebades. Dem „Strandhotel" folgten weitere Hotels, Logierhäuser und Privatvillen. Auch eine „Lungenpflegeheilanstalt" war bald errichtet. Verängstigt durch die Cholera in Hamburg, suchten um 1892 viele Hamburger Familien Rettung vor der Krankheit durch einen Aufenthalt an der Nordsee. Dies begünstigte die Entwicklung des Badeortes. Am Strand wurde 1911 der erste Pfahlbau errichtet: die „Giftbude". Im selben Jahr gründete der Hamburger Verein „Köhlbrand" das erste, nach ihm benannte Kinderheim. Dadurch entwickelte sich ein Wirtschaftszweig, der seine Blütezeit in den 1950er Jahren hatte, als Sonderzüge erholungsbedürftige Kinder an die Nordsee brachten. 1913 erfuhr das Heilbad eine weitere Ausweitung durch das erste Sanatorium „Goldene Schlüssel". Damit war auch die ärztliche Versorgung des Ortes gesichert. Der eigentliche Aufschwung des Gesundheitswesens kam aber erst nach dem Zweiten Weltkrieg. 1958 wuchs mit dem Fund einer Schwefelsolquelle das Kurangebot. So weitete sich die Zahl der Kliniken am Ort auf sechs aus. 1964 wurden die prophylaktischen Kinderkuren von den Krankenkassen gestrichen und die Kinderheime verschwanden (Abb. 56a, b u. c).

Mit der Entwicklung zum Bad verschwand die ländliche Struktur. 1921 und 1928 gingen die Mühlen, später die Schmieden und 1974 die Meierei verloren. Um die Attraktivität des Ortes zu steigern, wurde 1926 eine Seebrücke zur vorgelagerten Sandbank gebaut, die bis 2005 mehrfach Veränderungen erfuhr. Mit dem Bahnanschluss 1932 von Garding nach Bad St. Peter-Ording erleichterte man die Zufahrt zum Badeort. Die immer wichtiger werdende Anreise mit dem Auto wurde durch das Eidersperrwerk und die neue Brücke bei Tönning erleichtert. Die Einwohnerzahl der beiden Orte stieg von 1 611 im Jahr 1939 auf 4 772 (1946), da in den Hotels und in den Militärlagern (Pelikan und Böhl) viele Flüchtlinge aufgenommen wurden. Durch die Umsiedlungsaktion Anfang der 1950er Jahre reduzierte sich die Einwohnerzahl auf 3 638. 1949 erfolgte die offizielle Anerkennung als Badeort unter Hinzufügung der Bezeichnung „Nordseeheilbad". 1958 kam mit der Entdeckung der Schwefelsolquelle die Bezeichnung „Schwefelbad" hinzu. Für die Kurgäste erbaute man das Kurmittelhaus; für Jugendliche entstanden als Erholungseinrichtungen das Evangelische Jugenddorf, Haus Gießen und Haus Bevensen. 1958 wurde das Meerwasserwellenbad mit der Skulptur „König der Wellen" von Friedrich Karl Gotsch errichtet. In den 1960er Jahren entstanden mehrere Hochhäuser. Der Zuwachs an Appartements und Zweitwohnungen, Hotels und Kliniken veränderte das dörfliche Bild. Die baulichen Veränderungen setzten sich bis heute fort: 1995 wurde der Marktplatz mit der Skulptur „Jan und Gret" von Klaus Homfeld und der Errichtung eines Glockenturmes neu gestaltet, 2006 folgte die Promenade.

Mit 1,05 Mio. Übernachtungen 2005 ist St. Peter-Ording der wirtschaftlich kräftigste Ort der Region und der wichtigste Tourismusort in Schleswig-Holstein. Kliniken, Sanatorien, Gesundheitszentren und Kurmitteleinrichtungen ermöglichen eine Rundumversorgung für Kuren und Erholung. Das Inselklima, der breite Sandstrand, der bewaldete Dünengürtel und die gute verkehrstechnische Anbindung an die Großstädte machen St. Peter-Ording zu einem der meist besuchten Badeorte in Deutschland (Abb. 57).

Aufgrund des Zusammenwachsens der Gemeinde aus ehemals eigenständigen Orten gibt es kein eigentliches Zentrum. Durch den Bauboom in den letzten Jahren ist die ehemalige B ä d e r a r c h i t e k t u r verlorenen gegangen und die modernen Bauten folgen

Abb. 57   Strandsegler bei St. Peter-Ording

der Funktion (Vermietung), nicht einer vorgegebenen ästhetischen Gestaltung. Es gibt zwei evangelische Kirchen, fünf typische Eiderstedter Haubarge und einige restaurierte Katen, die denkmalgeschützt sind. Auch diese sind meist zu Pensionen oder Restaurants umgebaut worden. Sehenswert in St. Peter sind die wenigen erhaltenen utlandfriesischen Häuser (z.B. Museum der Landschaft Eiderstedt) sowie einige baulichen Zeugnisse des 20. Jh., die den Aufschwung des Seebades bezeugen. Dazu zählen die Häuser der für Schleswig-Holstein und Hamburg wichtigen Architekten Heinrich Esselmann & Max Gerntke. 1925 entwarfen sie das Sommerhaus „Haus Wiking", ein Jahr zuvor das Haus „Klaar Kimming", das deutlich an die Moderne des Bauhauses angelehnt ist.

Der Moderne verpflichtet ist auch der kleine Kopfbahnhof, der 1932 an der Gemarkungsgrenze zwischen St. Peter und Ording errichtet wurde. Der Bahnhof wurde in den letzten Jahren denkmalgerecht instand gesetzt. Der enorm hohe Investitionsdruck und die gestiegenen Grundstückspreise erschweren den Erhalt der historischen Strukturen und der Baudenkmale in St. Peter-Ording. Selbst die berühmten Pfahlbauten entlang des Strandes, die in den 1960er Jahren nach einem einheitlichen Konzept errichtet wurden, werden verändert (Abb. 58)

In St. Peter-Ording befinden sich eine Grundschule mit Förderzentrum und ein Gymnasium mit Regionalschulteil. Ende 1944 kamen fast 400 Oberschüler aus Berlin mit ihren Lehrern nach St. Peter. Am 24. November 1945 wurde die Staatliche Oberschule für Jungen und Mädchen gegründet. Der Unterricht fand anfangs in den Baracken auf der Böhler Heide statt. In diesem heute Europaschule genannten Gymnasium mit einem Internat werden derzeit über 400 Schüler unterrichtet. Nach dem Zweiten Weltkrieg wurden weitere wichtige Einrichtungen angesiedelt: 1951 das Museum der

D 2

Abb. 58 Pfahlbauten bei St. Peter-Ording

Landschaft Eiderstedt (s. LKÜ, Abb. 59), 1957 die katholische Kirche, 1992 der „Westküstenpark" mit Robbarium und 1971 der Golfplatz (Abb. 60).

Das S t r a n d - , V o r l a n d - und D ü n e n g e b i e t St. Peter-Ordings liegt ganz im W der Halbinsel Eiderstedt in einer Linie mit den Außensänden und den Inseln Amrum und Sylt. In Schleswig-Holstein ist dies der einzige Ort mit Festlandsküstendünen. Auf fast 14 km Länge bilden die Sände zwischen Süderhöft und der Tümlauer Bucht (A4) die Küstenlinie. Das Werden, die Wandlung und das Vergehen des am weitesten im W liegenden „Rochelsand" und der Strände südlich davon bei St. Peter-Dorf und bei St. Peter-Böhl wird bereits bei einer Strandwanderung deutlich. Nicht nur der Wind treibt den außerordentlich feinen Sand in weißen Schlieren vor sich her, häuft ihn zu Dünen auf oder verfrachtet ihn über den Deich ins Binnenland, sondern vor allem Ebbe und Flut und besonders die Sturmfluten machen die Dynamik der Sande aus. Am Spülsaum hat die Flut Brocken von Klei, also von Marschboden aufgeworfen. Daneben finden sich Ablagerungen von feinst zerriebenem Torf, in dem, wenn man Glück hat, auch Bernstein gefunden wird. Geht man dann bei O-Wind und tiefster Ebbe weiter nach W, so stößt man auf tiefe strandparallele Rinnen, die an ihren Abbruchkanten die Schichtung des Bodens freigeben: unter dem Sand folgt eine Schicht zähen sehr dichten Tons und darunter sind Torfpakete freigelegt. Schaut man in alte Karten, so wird das ganze Ausmaß der Dynamik deutlich, denn mal ist es der N und mal der S, der den höchsten und breitesten Strand aufweist. Zwischen der Hever und der Außeneider sammeln sich schuppenförmig die erodierten Sandmassen, werden auf die Küste zu getrieben und „stranden" dort, um im fortwährenden Kreislauf erneut ab- und aufgetragen zu werden.

Die Besonderheit des Vorlandes von St. Peter-Ording ist – neben der Größe und D 2
Weite der Sandstrände – vor allem die natürliche Dynamik der Landschaft. Aufgrund
von Anlandungen haben sich großflächige Salzwiesen gebildet, die von zahlreichen
küstenparallelen Strandwällen und Dünentälern durchzogen sind und sich in unzerschnittener Abfolge haben ausbilden können. Den Salzwiesen vorgelagert finden sich
Küstendünenwälle mit Embryonal- und Weißdünen. Einzig der Festlandsdeich und die
Siedlungsflächen unterbrechen die natürliche Küstenabfolge, die sich binnendeichs in
Form von Grau- und Braundünen weiter fortsetzt. Deichnah finden sich außendeichs
vermoorte Bereiche, darüber hinaus haben sich Lagunen gebildet, die von der Nordsee
beeinflusst werden. Eine weitere Besonderheit ist, dass dieses System nicht von Grüppen durchzogen ist, sondern sich stattdessen die zahlreichen Prielsysteme natürlich ausbilden und entwickeln sowie das Erscheinungsbild des Vorlandes prägen konnten. Im
Gegensatz zu den üblicherweise von Schafen beweideten Salzwiesen wurden die zwischen St. Peter-Dorf und Süderhöft bis Ende der 1980er Jahre von Rindern und Pferden
beweidet, heute noch in einem kleineren Bereich vor St. Peter-Dorf.

In den außendeichs liegenden nassen Dünentälern haben sich torfmoosreiche
Sümpfe mit Brackwasserröhrichten, Hochstaudenfluren und Moorgesellschaften gebildet. Moortypische Pflanzenarten sind u.a. das Schmalblättrige Wollgras, Sumpf-Dreizack sowie die Sauergräser Wiesen-Segge und Hirse-Segge. In den wechselfeuchten
Dünentälern finden sich Acker-Kleinling, Strand-Tausendgüldenkraut, Duftendes Mariengras, Sardischer Hahnenfuß und Knotiges Mastkraut.

Aufgrund der vorgelagerten Außensände, die als Quelle des Sandflugs dienen, handelt
es sich bei den Vorlandsalzwiesen von St. Peter-Ording um Sandsalzmarschen, die mit
sandigen Strandwällen verzahnt sind. Dies spiegelt sich auch in der floristischen Ausstattung wider. Anzeiger dieser Verzahnungen sind z.B. Dornige Hauhechel, Strand-Segge
oder die Entferntährige Segge. Typische Pflanzen der Sandsalzwiese sind Dänisches Löffelkraut, Gekrümmter Dünnschwanz, Krähenfuß-Wegerich oder Strand-Mastkraut. Eine
Besonderheit stellt die Dünen-Trespe dar. Für das Vorland von St. Peter-Ording konnten
25 Pflanzengesellschaften nachgewiesen werden. Hinzu kommen noch unklassifizierte
Trockenrasen- und Wirtschaftsgrünlandgesellschaften (DAUMANN 1990).

Am Übergang zwischen den vegetationsfreien Sand-Platen und den Dünen und Salzwiesen bilden sich jedes Jahr neu stickstoffhaltige Spülsäume aus einjährigen Arten wie
Europäischer Meersenf und verschiedene Melden. Nicht jedes Jahr wächst im Spülsaum
der Dunkelbraune Strand-Knöterich. Daran schließen sich die zwischen 1 und 1,5 m
hohen Embryonaldünen an, die mit der Binsen-Quecke bestanden sind, bei extremen
Stürmen jedoch vollständig abgetragen werden können. Vereinzelt wächst hier auch der
Strandroggen und weiter landeinwärts die Sand-Nachtkerze. An manchen Stellen wird
der Sandkörper zu Weißdünen hochgeweht, die dicht mit Strandhafer bewachsen sind.
Die binnendeichs gelegenen Grau- und Braundünen weisen das typische Artenspektrum
auf, verbuschen aber zusehends. Charakteristisch für die Graudünen sind zum einen die
lückenhafte Vegetationsbedeckung und der Flechtenreichtum von Arten der Gattung
Cladonia. An Gefäßpflanzen bilden Silbergras, Sand-Segge und Berg-Sandglöckchen
typische Vertreter der Graudünenvegetation.

Die Braundünen werden durch Besenheide und Schwarze Krähenbeere geprägt. Zudem finden sich Gewöhnlicher Tüpfelfarn, Englischer Ginster, Borstgras oder KriechWeide. In den feuchteren Senken der Braundüne wächst die Glocken-Heide. Sie findet

D 2

Abb. 59   Museum der Landschaft Eiderstedt

sich auch in den binnendeichs gelegenen Dünentälern, in denen sich ein Bruchwald aus Moor-Birken entwickelt hat. Neben Torfmoosen siedeln dort Rauschbeere, Mittlerer Sonnentau oder Schmalblättriges Wollgras. Die aus Amerika stammende Großfrüchtige Moosbeere hat in St. Peter-Ording die meisten Feuchtbereiche der Dünentäler dicht überwachsen. Als botanische Besonderheit treten hier punktuell das Braune Schnabelried und der Lungen-Enzian auf. Teilweise sind die Bereiche aber auch als feuchter Laubwald mit Schwarz-Erle, Moor-Birke und Stiel-Eiche als Hauptholzarten bewachsen. Die größten Flächen jedoch sind mit nicht-heimischen Kiefern bepflanzt worden. Der Wald auf den Dünen ist überwiegend also nicht natürlichen Ursprungs. Erste Überlegungen zur Festlegung der Dünen mit Wald wurden bereits 1769 angestellt. Fast 100 Jahre später (1864) kam es dann zu den ersten Aufforstungen mit Fichte und Schwarz-Kiefer sowie Aussaaten von Weiß-Tanne, verschiedenen Kieferarten und Stecklingspflanzungen mit Silber-Pappel und Sal-Weide. Die Aufforstungen wurden fortgesetzt und im Artenspektrum u.a. um Berg-Kiefer und Sitka-Fichte erweitert. Während des Zweiten Weltkriegs und kurz danach kam es zu großen Waldverlusten, die bald wieder ausgeglichen wurden, so dass heute der Waldbestand auf etwa 154 ha angewachsen ist.

Der von Schafen beweidete Deich im N von St. Peter-Ording ist dicht mit Gräsern des Wirtschaftsgrünlandes bewachsen. Bei dem Deich handelt es sich um einen Sandkerndeich mit Kleiabdeckung und weist als Raritäten die einjährigen Arten Vogelfuß-Klee und Ackerröte auf. Die Salzwiesen und Sandplaten sind auch Lebensraum für zahlreiche Insekten. Typische Laufkäferarten sind der Strand-Sandlaufkäfer im Übergang zur Sandbank und der Ufer-Laufkäfer in den Kleinmooren. Störstellen der Prielränder bewohnen die Kurzflügelkäfer *Bledius bicornis* und *Bledius tricornis*; der Salz-

D 2

Abb. 60 Westküstenpark und Robbarium in St. Peter-Ording

Käfer baut seine senkrechten Wohnröhren in den vegetationsfreien Sand des Strandbereiches.

Zwischen den Ortsteilen Bad und Ording findet sich der größte außendeichs liegende Dünenkomplex, teilweise in direktem Übergang zum Strand, teilweise von diesem durch Vorland getrennt. Hier stößt man auf zwei Besonderheiten: Auf gut 2 km Länge hat sich ein breites Brackwasserröhricht aus Schilf und Gewöhnlicher Strandsimse entwickelt und eine etwa 1 km lange Lagune. In den mit Brackwasser gefüllten Kolken vor dem Leuchtturm St. Peter-Böhl wachsen beispielsweise der Salz-Wasserhahnenfuß und das Zusammengedrückte Quellried.

Die brackigen Strandgewässer sind Lebensraum für Kreuzkröten und – wenn das Wasser nicht zu salzig ist – Moorfrösche. Im Spätsommer fallen Tausende von Staren ein, die das Schilf als Schlafquartier nutzen. Das Vorland um St. Peter-Ording ist als Brutgebiet für Wat-, Schreit- und Röhrichtvögel von großer Bedeutung. Auf den Ordinger Binnendeichswiesen fressen und rasten große Bestände von Nonnengänsen. Während des Winters nutzen Schwärme von Berghänflingen, Ohrenlerchen und Schneeammern die samenreichen Salzwiesen. Die Sandplaten werden u.a. von Austernfischern, Großen Brachvögeln, Pfuhlschnepfen, Sanderlingen, Sandregenpfeifern sowie Mantel-, Silber- und Sturmmöwen aufgesucht. Als Brutvögel sind Seeregenpfeifer und Zwergseeschwalben von besonderer Bedeutung. Hier hatte bis vor wenigen Jahren der Alpenstrandläufer einen der wenigen Brutplätze in Deutschland. Der große Strandsee südlich der Strandüberfahrt St. Peter-Ording war bis in die erste Hälfte des 20. Jh. noch von der Tümlauer Bucht her mit Booten erreichbar. U.a. stachen von hier aus in den 1930er Jahren die letzten Störfischer in See. Inzwischen hat sich im Schutz hoher Dünenketten

Abb. 61　Wanderer im Watt vor St. Peter-Ording

rund um den See ein breiter Röhrichtgürtel gebildet, der Brutplatz für Graugänse, Rothals- und Zwergtaucher, Bartmeise und Rohrdommel ist.

Obwohl das Gros der beschriebenen Flächen uneingeschränkt naturschutzwürdig ist, sind alle Versuche einer Unterschutzstellung als NSG oder LSG mit Ausnahme des vor dem Deich liegenden Nationalparks unterblieben. Das mag auch daran liegen, dass Küstendünen und Strandwälle, Strandseen, Salzwiesen und Wattflächen, Moore, Sümpfe und Röhrichte, Magerrasen sowie Bruch- und Sumpfwälder bereits weitgehend unter einem sehr strengen gesetzlichen Schutz lagen und auch nach § 30 (2) Bundesnaturschutzgesetz von 2009 als gesetzlich geschützte Biotope weiterhin liegen, so dass alle Maßnahmen, die zu einer Zerstörung oder sonstigen erheblichen oder nachhaltigen Beeinträchtigung der geschützten Biotope führen können, verboten sind. Der Besucherverkehr wird bereits seit Jahrzehnten auf gezäunten Pfaden durch Wald und Dünen gelenkt.

St. Peter-Ording ist aber nicht nur wegen der Sandplaten, des Vorlandes und der Dünen von Bedeutung für den Naturschutz. Im N der Gemeinde direkt hinter dem Seedeich zur Tümlauer Bucht befindet sich ein etwa 3 km langes Areal mit einer dichten Kette von Kleingewässern und Pütten umgeben von Schlammfluren, Salz- und Brackwasserwiesen, Schilf- und Meerbinsenröhricht. Hervorragende Beobachtungsmöglichkeiten der Vogelwelt bieten sich vom Deich oder aus künstlichen Verstecken an. Trotz dieser hohen Eignung als Brutgebiet für Wiesenvögel ist der Bruterfolg wegen der hohen Fuchspopulation der Umgebung extrem gering. Ein kleineres, ähnlich bedeutsames Gebiet befindet sich im S der Gemeinde direkt hinter dem Seedeich östlich des Ortsteils Süderhöft. Für beide Gebiete gilt der gesetzliche Schutz des § 30 (2) Bundesnaturschutzgesetz. Die Gebiete werden erhalten in Verbindung mit einer extensiven land-

wirtschaftlichen Weidenutzung. In St. Peter-Dorf betreibt die Schutzstation Wattenmeer D 2
eine Anlaufstelle im Tourismus Service Center am Marktplatz. Neben Informationen zu
St. Peter-Ording und dem Wattenmeer werden auch zahlreiche Vorträge und Führungen
angeboten (Abb. 61).

Vom Westerheversand nur durch das Fallstief getrennt, wiederholt sich ein vergleichbares System von Sandbänken (A1). Es erstreckt sich westlich von St. Peter-Ording und ist etwa doppelt so lang wie das vor Westerhever. Der ins Meer hineinragende „Schild" besteht hier aus einer zusammenhängenden riesigen Sandbank mit Namen Hitzsand von rund 9 km Länge, die ebenfalls gewöhnlich trocken liegt und auf der sich das Badeleben des Nordseebades abspielt. Der N-Teil dieser Sandbank, der etwas höher als die Umgebung aufragt, wird Rochelsand genannt. Vor Ording reicht die Sandbank fast bis an den Deichfuß, so dass hier die Möglichkeit besteht, über den Deich an zwei Stellen direkt auf den Strand ganz in die Nähe des Meeres zu fahren. Die Sandbank hat hier eine Breite von rund 1 km. Die Gemeinde setzt sich vehement für den Erhalt dieser Auffahr-Möglichkeit ein, weil sonst das Wegbleiben Tausender Gäste befürchtet wird. Richtung S entfernt sich die Sandbank allmählich vom Festland und gibt Raum für einen Meeresarm, der sich nach N verjüngt. Wenige 100 m südlich der Aussichtsplattform in St. Peter-Bad beginnend, erstreckt sich über etwa 6 km Länge bis auf Höhe des Ortsteils St. Peter-Böhl (Süderhöft) ein weiterer Sand, der das Sandbanksystem nach S hin abschließt: der Hochsichtsand. Er kann, ähnlich wie die Ordinger Strände, mit dem Pkw für Badezwecke angesteuert werden. Zwischen ihm und dem Hitzsand öffnet sich der Meeresarm, der bei jeder Tide die Wattzone zwischen Festland und Hitzsand mit Nordseewasser füllt. Der Hochsichtsand ist durch einen untermeerischen Sockel mit dem Hitzsand verbunden.

Etwa 600 m südlich der Stelzenbauten ist auf der „großen Sandbank", dem Hitzsand, das Bodenprofil des Bodentyps Nassstrand zu finden (Abb. 2c). Der salzhaltige (z), sehr carbonatarme Boden ist durch einen zeitweilig wassererfüllten zFw-Horizont sowie einen dunkleren, ständig wassergesättigten (reduzierten) zFr-Horizont gekennzeichnet. Die S t r a n d b ö d e n bestehen aus reinsandigen Küstenströmungssedimenten, die in ihrer Höhenlage zwischen MTnw und MThw (Nassstrand) bzw. über dem mittleren Gezeitenmeeresspiegel (Normstrand) durch Brandungsaktivität ständig umgelagert werden, weshalb sie auch vegetationsfrei sind.

Die Strandböden sind z.B. an Prielen, die die Strandwälle durchbrechen, mit Wattböden verbunden, die durch eine deutlich höhere biologische Aktivität gekennzeichnet sind und von salztoleranter Pioniervegetation wie Queller und Schlickgras besiedelt werden. Setzt sich die Sedimentation über das MThw hinaus fort, bildet sich eine geschlossene Vegetationsdecke in Form einer Salzwiese aus. Der Boden, der sich darunter entwickelt, wird als Rohmarsch bezeichnet (vgl. Abb. 2c).

Im Bereich des heutigen zentralen Ortsteils Bad ist der Meeresarm bei gewöhnlichen Wasserständen bis auf einige kleine Priele zusammengeschrumpft, so dass hier eine relativ gute Verbindung zum Hitzsand und damit zur offenen Nordsee möglich war. Deshalb siedelte sich auch genau an dieser zuvor siedlungsleeren Stelle zwischen dem alten Ort Ording und St. Peter 1877 das erste Hotel als Keimzelle des heutigen Kurzentrums an. 1926 wurde eine erste größere Stelzen-Brücke gebaut, die durch eine unlängst modernisierte Betonkonstruktion ersetzt wurde. Beginnend an einer in den Deich integrierten Aussichtsplattform bildet ein molenartiger hölzerner Steg ihre Fort-

D 2   setzung nach W, der die Badegäste bis in die Gegend der Stelzenbauten (Restaurants usw.) führt. Die Gesamtkonstruktion hat eine Länge von rund 1 000 m.

Südlich der Aussichtsplattform liegt das Bodenprofil (Bodentyp: Rohmarsch, frühere Bezeichnung: Salzmarsch) als Beispiel für ein nur noch bei höher auflaufender Tide überschwemmtes, von Prielen durchzogenes Verlandungsgebiet (vgl. Abb. 2c). Seine Entstehung verdankt die Salzwiese einem natürlich gewachsenen, meerwärts gelegenen Strandwallsystem, das nach Auswertung von Luftbildern und Bodenkarten nicht älter als 30 Jahre ist. Wie das geschichtete Profil zeigt, wurden die ursprünglich sandigen Ablagerungen infolge geänderter Strömungsbedingungen von feineren Sedimenten überlagert. Das Profilbild zeigt einen durch Bioturbation geprägten krümeligen Oberboden mit Humusanreicherung (Ah), beginnender Aussalzung und Gefügebildung, sowie eine durch die Oxidation von Eisen (Go) hervorgerufene Rostfleckung. Im Unterboden herrschen reduzierende, durch den gezeitenabhängigen Grundwassereinfluss hervorgerufene Bedingungen vor (Gr). Durch die Zusammensetzung der Vegetation (Andelgras, Strandsode, Portulak-Keilmelde u.a.) sowie die Lage der heutigen Oberfläche mit etwa 40 cm oberhalb des MThw ist von ca. 90 Überflutungen pro Jahr auszugehen. Rohmarschen mit geschlossenen salztoleranten Vegetationsbeständen befinden sich überwiegend vor den Landesschutzdeichen, wo sie dem Küsten- und dem Naturschutz gleichermaßen dienen.

Das Dünengebiet „Beim Meere" befindet sich in dem ausgedehnten Dünengürtel etwas nördlich des Ortsteils Bad. Dabei handelt es sich um das einzige Vorkommen von Festlandsküstendünen in Schleswig-Holstein. Der Dünengürtel erreicht seine größte Höhe von 17,5 m ü. NN südlich der Pkw-Auffahrt von Ording. Aufgrund eines gewissen Schluffanteils im Sand der Sandbänke ist die Bindigkeit des Eiderstedter Sandes deutlich größer als z.B. diejenige des Sylter Strandsandes. Das bedeutet weniger Sandflug und Dünenbildung. Dennoch sorgten die vorherrschenden W-Winde dafür, dass die Ordinger Kirche im 15. Jh. infolge zunehmender Versandung weiter nach O verlegt werden musste. Doch auch das neu errichtete Kirchengebäude – die Wege waren vor dem Gottesdienst freizuschaufeln – wurde 1724 zugunsten eines weiteren, bis heute bestehenden östlich gelegen Neubaus aufgegeben. Neben den Problemen in den unmittelbaren Siedlungsbereichen war die Überwehung wertvollen Marschlandes zu befürchten. Um den Sandflug zu hemmen, aber auch um den Gästen mit der windberuhigten Waldluft einen zusätzlichen medizinischen Heilfaktor und Erholung anzubieten, wurde in der zweiten Hälfte des 19. Jh. ein breiter Fichten- und Kiefernwaldgürtel auf dem Dünensand angelegt.

Das Profilbild (Bodentyp: Lockersyrosem) zeigt einen für diesen Standort typischen Boden, der die zuvor beschriebene Dynamik der Dünenbildung nachzeichnet (vgl. Abb. 2c). Der aus Dünensand hervorgegangene Rohboden weist im Oberboden eine beginnende (initiale) Bodenbildung bzw. Humusanreicherung auf (Ai), während darunter nur schwach verwittertes Ausgangssubstrat (Cv) vorliegt. In ähnlicher Weise zeigen sich in größerer Tiefe zwei weitere Bodenbildungen (Regosol, Lockersyrosem), die früheren Ursprungs (heute fossil) sind (fAh, bzw. fAi). In Folge der Umlagerungen von Strandsanden durch Wind wurde die Bodenentwicklung immer wieder unterbrochen, so dass sich Passivitätsphasen mit Bodenbildung und Aktivitätsphasen mit Sedimentauftrag abwechselten. Nach einer Aufwehung und Festlegung des Sediments durch Vegetation entwickelte sich jeweils ein Boden – an der dunkleren Färbung durch Humus zu

D 2

Abb. 62 Pflanzen und Tiere am Strand und in den Dünen vor St. Peter-Ording. Links oben: Schwarze Krähenbeere (*Empetrum nigrum*) und Lungen-Enzian (*Gentiana pneumonanthe*). Rechts oben: Europäischer Meersenf (*Cakile maritima*) und Binsen-Quecke (*Elymus farctus*). Unten: Zwergseeschwalbe (*Sterna albifrons*) und Sanderling (*Calidris alba*).

D 2 erkennen –, bis erneut eine Phase der Sedimentation und neuerlichen Bodenbildung an der Oberfläche stattgefunden hat.

Aufgrund des sandigen, sehr sauren Substrats liegt ein durch Nährstoffarmut und geringe Wasserspeicherfähigkeit gekennzeichneter ökologischer Extremstandort vor, was sich in einer geringen biologischen Aktivität widerspiegelt. Die Aufforstung mit Kiefern und Fichten hat eine Festlegung der Dünen und damit eine Verdrängung der typischen überwehungstoleranten und Nährstoffarmut ertragenden Vegetation (Strandhafer, Besenheide, Krähenbeere, Silbergras) zur Folge. Die Nutzung beschränkt sich heute auf den Naturschutz und die Funktion als Erholungswald; in der Vergangenheit dienten Dünen auch als Schafweide. Außendeichs stellen sie häufig einen natürlichen Küstenschutz dar. Zum besseren Schutz gegenüber Winderosion wurde neben der natürlichen Bedeckung vielfach Strandhafer angepflanzt (Abb. 62).

Die landschaftlichen Veränderungen des Ortes waren das Ergebnis einer ständigen Auseinandersetzung mit den wandernden Dünen und dem nachfolgenden Wasser. Bereits 1795 hieß es, Reisende fühlten sich in den weißen Dünen an der W-Küste in die „Sandwüsten Arabiens" versetzt. Die alte Bezeichnung „wüste Mark" für Westmarken war ein deutlicher Hinweis auf die sandige Unfruchtbarkeit des Landes mit einer Dünenlandschaft ohne Bewuchs. Schon früh mussten die Häfen im N und S wegen Versandung aufgegeben werden. Zwischen 1462 und 1825 klagten Pastor und Lehnsmann immer wieder über den ständigen Landverlust durch Versandung, besonders im N, wo Ording bis 1790 ca. 500 ha Land verlor. Um diesen ständigen Landverlust abzuwehren, wurden seit etwa 1800 die Dünentäler aufgefüllt und mit Bestick befestigt. Um 1820 verbot man der Bevölkerung bei Strafe ihre Schafe und Gänse in die Dünen zu treiben, und ab 1860 bepflanzte man die Dünentäler mit Setzlingen verschiedener Bäume, von denen die Schwarz-Kiefer am besten gedieh und heute den Kiefernwald bildet. An der N-Spitze musste um 1900 sogar eine Steinmole gesetzt werden, da ein Priel den einzigen Deichschutz bedrohte. Erst ab 1955 fand man in der Asphaltdecke das Mittel, um den sandigen Deich endgültig zu befestigen. Er wurde bei der letzten Deichverstärkung 1995 auf 8,50 m erhöht, da im N keine zweite Deichlinie bestand.

E 1 Garding, seit 2006 zum Amt Eiderstedt

Die Stadt Garding mit ihren rund 2 700 Einwohnern, seit 1984 Luftkurort, liegt in der geographischen Mitte der Halbinsel Eiderstedt auf 2 m ü. NN. Der Ort ist über die B 202 und über die Bahnlinie Husum–St. Peter-Ording gut erreichbar. Er bildet nach den Vorgaben und Aussagen des Regionalplans V für Schleswig-Holstein ein Nahverkehrszentrum für 5 800 Einwohner einschließlich neun amtsangehöriger Gemeinden des Amtes Eiderstedt. Der Ort dehnt sich auf 2,5 km Länge aus und hat eine Gesamtfläche von 303 ha.

In dem heutigen Stadtgebiet sind mehrere v o r - u n d f r ü h g e s c h i c h t l i c h e F u n d s t e l l e n belegt. Von einer frühen Begehung des Gardinger Strandwalles ist ein Steinbeil geblieben. In einer 2,90 m tiefen Eingrabung an der N-Seite der auf einer künstlichen Anhöhe errichteten Kirche wurde bereits 1914 unter dem Bestattungshorizont, unter geschichtetem Dünensand und einer Ortsteinbildung eine Siedlungsschicht des 1.–3. Jh. n.Chr. freigelegt. Eine weitere Fundschicht mit Keramik der römischen

Kaiserzeit kam 1936 in 0,80 m Tiefe beim Ausheben einer Grube nordöstlich der Kirche zum Vorschein. Östlich dieser Fundstelle sind mehrere Urnenfunde unbekannter Zeitstellung überliefert, die nicht bewahrt worden sind. Dass sich hier auch Menschen in der jüngeren römischen Kaiserzeit und in der frühen Völkerwanderungszeit aufgehalten haben, belegen Keramikscherben von Gefäßen des 4./5. Jh., die am N-Rand des Strandwalles ausgegraben wurden.

Als erste sagenhafte Erwähnung Gardings gilt das Jahr 1109, als eine Kirche „auf dem Kliff" am Rande der Süderhever erbaut wurde. Der Ortsname wird am einfachsten durch „Wohnort der Leute bei dem Hofe (Gard)" erklärt. 1187 erscheint Garding als kirchliches und weltliches Zentrum des späteren Landes Everschop, damals aber Gardingharde genannt, so auch noch in Waldemars „Erdbuch" von 1231. Später setzte sich hierfür der Name Everschop durch. Bereits 1196 wird dieses Gebiet in den Einnahmeregistern des Rudeklosters (später Glücksburg) als Land an der Hever genannt. Zu dieser Zeit war die erste Kirche wegen der Sturmflutgefahr schon längst weiter nach Osten an den jetzigen Platz verlegt worden. Die nach den Bedeichungen der umgebenden Marschen vermögend gewordenen Einwohner des Kirchspiels ließen nach dem Sieg über König Abel 1252 die Statue ihres Kirchenpatrons Christian mit Gold überziehen. Im 15. Jh. statteten sie die Kirche neben dem Hauptaltar mit mehreren Nebenaltären aus. Damals entstand auch der markante Turm. In der Zeit der Reformation stiftete man eine Einrichtung für kranke, arme und alte Menschen („Gasthaus"), die als Marienstift noch heute besteht.

Das „goldene Zeitalter" des 16. Jh. gipfelte für Garding in der Verleihung des Stadtrechts am 12. Oktober 1590. Bereits 1575 hatte die Gemeinde das Waage- und Marktrecht erhalten. Die Handelsgeschäfte fanden um die Kirche statt, auf dem Marktplatz, der zweimal zulasten des Kirchhofs erweitert wurde. Garding wurde 1612 über die 6,5 km lange Süderbootfahrt mit dem Hafen bei Katingsiel verbunden und entwickelte sich damit schnell zu einem prosperierenden Handels-, Wirtschafts- und Handwerksort. Diese Entwicklung wurde durch die Kriege im 17., 18. und 19. Jh. ins Stocken gebracht. 1845 wurde die Chaussee von Tönning nach Garding fertiggestellt, die 1877 über Tating nach St. Peter-Ording weitergeführt wurde. 1879/80 folgte der Straßenbau von Garding nach Osterhever über Poppenbüll und von Garding nach Welt und Vollerwiek. Die 1854 errichtete Eisenbahnstrecke Flensburg–Husum–Tönning wurde 1892 bis Garding verlängert und erst 1932 von Garding bis St. Peter-Ording weitergeführt. Damit waren die Voraussetzungen geschaffen für einen schnelleren und kostengünstigeren Waren- und Viehaustausch. In der Folge nahm die Bedeutung der Süderbootfahrt als Verkehrsader ab, so dass der Hafen in Garding und einige Teilsegmente der Bootfahrt 1905 zugeschüttet wurden. Bis heute werden die Reste der Bootfahrt nur noch als breiterer Entwässerungsgraben genutzt.

Die Stadt Garding büßte infolge der radikal veränderten und verbesserten Infrastruktur, insbesondere durch den Ausbau des Wege- und Eisenbahnnetzes und der heutigen Marktferne, einen Teil ihrer regionalen Bedeutung als Handelszentrum ein, weil sich überregionale Märkte auftaten. Gleichwohl nimmt sie im Dienstleistungs- und Versorgungsbereich für das ländliche Umland immer noch einen gewissen Stellenwert ein.

Zwischen den beiden Weltkriegen partizipierte Garding an den Landgewinnungsarbeiten im Tümlauer-Koog (A5) und im Norderheverkoog (B2) und dem damit verbundenen Material- und Versorgungsbedarf.

E 1   Nach dem Zweiten Weltkrieg entwickelte sich Garding von einer beschaulichen Kleinstadt mit vielen Läden und Handwerksbetrieben zu einem Ort, der in der Mittellage zwischen St. Peter-Ording und Tönning in Stagnation und Rückgang geriet. Die vor allem seit den 1970er Jahren zunehmende Mobilität förderte die schnelle Erreichbarkeit der großen Verbrauchermärkte an diesen Orten und auch in Husum und Heide. In Garding begann damit das „Wegsterben" von Geschäften und Betrieben, was zum Verlust zahlreicher Arbeits- und Ausbildungsplätze und zu vielen Leerständen in den Hauptstraßen führte. 2005 wurde direkt an der B 202 ein neues Einkaufszentrum eröffnet. Garding ist nach wie vor als Altersruhesitz vieler ehemaliger Landwirte des westlichen Eiderstedt sehr beliebt.

Zwei soziale Einrichtungen sind für die Stadt von großer Bedeutung. Das Marienstift in der Osterstraße dient als Heim für mehrfach behinderte Menschen. Es steht in der Tradition der alten Gasthaus- und Marienstiftung von 1538, die Bedürftige aus ganz Eiderstedt aufnahm. 1965 wurde in der Friedrich-Heddies-Tetens-Straße ein Alten- und Pflegeheim erbaut, das den Namen Martje-Flohrs-Haus trägt. Von 1867 bis 1959 war Garding Sitz eines Amtsgerichts. Die 1921 eröffnete Landwirtschaftsschule für Eiderstedt schloss 1977. Das Gebäude wurde von der Landesberufsschule für Sanitär, Heizung und Lüftung übernommen. Diese zentrale Schulungsstätte mit angeschlossenem 100-Betten-Internat wurde 2006 geschlossen, was einen erneuten Verlust von Arbeitsplätzen mit sich brachte. 2004 verlor Garding die Kirchenkreisverwaltung mit 21 Arbeitsplätzen. Positiv wirkte sich für die Stadt die von der Landesregierung 2005 beschlossene Verwaltungsstrukturreform aus. Das Amt Eiderstedt, die Stadt Garding und die Gemeinde St. Peter-Ording fassten gleichlautende Beschlüsse für einen Zusammenschluss und die Festlegung von Garding als Standort für die Verwaltung. Damit ist Garding weiterhin Sitz der für 17 Gemeinden zuständigen Amtsverwaltung Eiderstedt mit jetzt ca. 30 sicheren Arbeits- und Ausbildungsplätzen.

Die Stadt lebt von H a n d e l ,   H a n d w e r k ,   G e w e r b e   u n d   T o u r i s m u s und der Nähe zum Nordseeheilbad St. Peter-Ording. Bis zu den Gesundheitsreformen von 2003, 2004 und 2007 war Garding für die in den dortigen Kur- und Kinderheimen Beschäftigten wegen der günstigen Grundstückspreise ein bevorzugter Wohnort. Garding ist der Sitz der Tourismuszentrale Eiderstedt e.V., die jährlich für den ländlichen Raum über 800 000 Übernachtungen vermittelt. Mehrere Veranstaltungen ziehen auch Besucher von außerhalb an, darunter die jährliche „Musikantenbörse", der „Spezialitätenmarkt" der Eiderstedter Landfrauen rund um die Kirche, das vom Reit- und Fahrverein Garding e.V. ausgerichtete landesoffene Reitturnier und die „Eiderstedtmesse" des Gardinger Gewerbevereins, die alle drei Jahre in der Dreilandenhalle stattfindet. Die schulische Versorgung in Garding umfasste bisher in der Theodor-Mommsen-Schule den Grund-, Haupt- und Realschulzweig, wobei die beiden letztgenannten 2011 ausliefen. Weiterführend besuchen Gardinger Schüler nun das Gymnasium mit Regionalschulteil in St. Peter-Ording sowie die Gemeinschaftsschule in Tönning.

Seite 263
Abb. 63   Innenstadtplan von Garding mit Sehenswürdigkeiten (Entwurf: Werner Kraus und Haik Thomas Porada nach Staacken 2003)

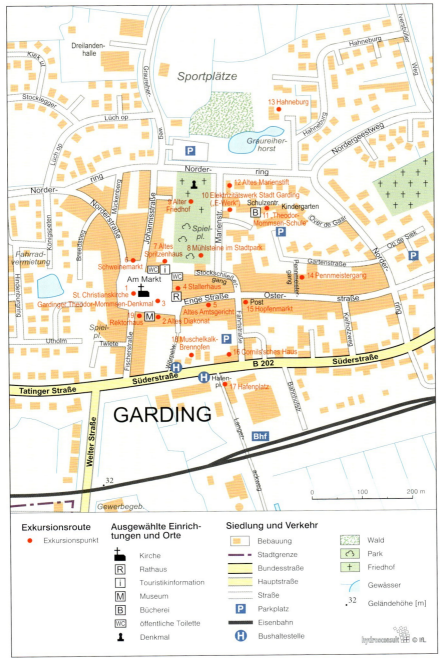

E 1

Abb. 64   Orgelfassade von 1512 in der Gardinger Christianskirche

Im Wesentlichen wird Garding von einer beschaulichen B e b a u u n g des 19. Jh. sowie der auf das Mittelalter zurückgehenden Kirche, die im 19. Jh. überformt wurde, geprägt (Abb. 63). Die von Bäumen umstandene evangelische Christianskirche ist ein kreuzförmiger Backsteinbau mit einem Chor aus zwei schmalen Jochen und einem 5/8-Schluss. Von vornherein war der Chor mit einem Kreuzgewölbe versehen, während das Langhaus erst in gotischer Zeit über zwei den Raum in zwei Schiffe teilenden massiven Stützen mit Kreuzrippen eingewölbt wurde. Die reich ausgestatte Kirche beherbergt einen Gemäldeflügelaltar von Marten van Achten aus dem Jahre 1596. Die architektonische Rahmung des Gardinger Altars ist wesentlich schlichter gestaltet als bei dem vier Jahre früher gefertigten Altar in Oldenswort, dafür zeigt dieser an seinen Seitenflügeln innen und außen Gemälde. Bei geschlossenem Altar sind vier Szenen aus der frühen Lebensgeschichte Jesu zu sehen. Bei geöffnetem Zustand steht „Christus in Gethsemane" im Mittelpunkt, die Seitenflügel zeigen das Passahfest und das Abendmahl sowie Christus vor Kaiphas und die Dornenkrönung. Wie auch in Oldenswort gehen die Gemälde auf Stichvorlagen zurück, wobei Marten van Achten hier mehrere Vorlagen miteinander verband und überlagerte. Der Altar gilt als Hauptwerk des Malers. Schon früh leistete man sich im damals wohlhabenden Garding eine Orgel, deren Fassade aus dem Jahre 1512, mit reichen Schnitzereien verziert, erhalten geblieben ist. Oft mit der Kleinen Orgel der Lübecker Kirche St. Jacobi verglichen, verweisen die Bau- und Schnitzformen zugleich auf Instrumente im südlichen Nordseeraum wie in Rysum, Ostfriesland, und im Raum Leeuwarden/Groningen. In der Ornamentverzierung sind zwei Jäger dargestellt, die mit Blasrohr und Armbrust auf die das Orgelwerk bekrönende Eule zielen; traditionell wird dies als Angriff der Musik (Blasrohr!) auf die

E 1

Abb. 65   Denkmal für den Althistoriker und Nobelpreisträger Theodor Mommsen (1817–1903) in Garding

durch die Eule repräsentierte Melancholie interpretiert. Das Rückpositiv an der Emporenbrüstung ist spätestens um 1700 angefügt worden. Heute befindet sich ein Werk der Orgelbaufirma Schuke aus Berlin in dem historischen Gehäuse (Abb. 64).

Im Ortskern sind noch viele der kleinen giebelständigen Wohnhäuser erhalten, z.B. das Wohnhaus Enge Straße 4. Der auf das 17. Jh. zurückgehende Rotsteinbau zählt zum Typ des Marschbürgerhauses, ist aber durch spätere Fenstereinbauten verändert. Das Alte Rathaus/Stallerhaus in der Engen Straße wird heute von verschiedenen Vereinen genutzt.

Am Markt steht das kleine traufenständige Geburtshaus des Althistorikers und Nobelpreisträgers Theodor Mommsen (1817–1903). An ihn erinnern auch das Mommsen-Denkmal auf dem Marktplatz – auf drei Stelen sind die Vita und die Titel seiner Werke gut lesbar angebracht – und eine Gedächtnisausstellung im evangelischen Gemeindehaus (Abb. 65). Auch jüngere Bauten, vor allem aus der Zeit um 1900, zählen zum Denkmalbestand der Stadt und machen deutlich, wie sehr das städtische bürgerliche Bauen auch im ländlichen Bereich in Form kleiner Villen aufgenommen wurde, z.B. im Osterende und in der Welter Straße. Von den ehemals zwei Windmühlen der Stadt hat sich nur die Windmühle „Emanuel", ein Erdholländer ohne technische Ausstattung, an der Tönninger Straße erhalten.

Bemerkenswert ist am Norderring die zweitgrößte Graureiherkolonie in Schleswig-Holstein. Der über 60 m hohe rot-weiße Fernsehturm am Nordergeestweg ist ein markantes Erkennungszeichen Gardings in der flachen Marsch. Der Stadtwald am Kirchkoog bietet viele Spazierwege und verschiedene Möglichkeiten der Freizeitgestaltung.

E 2 Garding, Kirchspiel, seit 1970 zum Amt Eiderstedt

Die Gemeinde Kirchspiel Garding mit ihren ca. 380 Einwohnern, seit 2000 als Erholungsort anerkannt, umschließt die Stadt Garding. Die Gemeinde ist über die B 202 und über die Landstraßen nach Poppenbüll/Osterhever und nach Welt/Vollerwiek sowie über die Bahnlinie Husum–St. Peter-Ording gut zu erreichen. Sie umfasst ein Gebiet von 1 483 ha. Die Gemeinde Kirchspiel Garding und die Stadt Garding bilden zusammen die Kirchengemeinde Garding. Feuerwehr, Ehrenmal, Schule, Sozialstation und Kindergarten werden von beiden Gebietskörperschaften zusammen unterhalten. Heute führt nur noch die Gemeinde Kirchspiel Garding den Namen „Kirchspiel" in der Landschaft Eiderstedt. Ursprünglich bedeutet die Bezeichnung Kirchspiel den Einzugsbereich einer Kirche. Da der Ort Garding mit der Stadtwerdung 1590 eine Sonderrolle erhielt, blieb nur für die Umgebung die Benennung Kirchspiel erhalten. Daraus resultierte eine kommunale Trennung zwischen Stadt und Umland.

Die Gemeinde war immer landwirtschaftlich ausgerichtet. Derzeit gibt es noch 15 landwirtschaftliche Vollerwerbsbetriebe, die überwiegend von der Milchwirtschaft bzw. vom Ackerbau leben. Ein weiteres Standbein der Betriebe ist der „Urlaub auf dem Bauernhof". Das Bild der „grünen fetten Marschwiesen" veränderte sich in jüngster Zeit durch Biogasanlagen, so dass auf den Flächen kein Vieh mehr gehalten wird, sondern Mais angebaut wird. Im Ortsteil Sandwehle wurde 1891 die erste Meierei in Eiderstedt eröffnet, die jedoch im Zweiten Weltkrieg schließen musste. 1950 etablierte sich in ihren Räumen die Eiderstedter Strickwarenfabrik „Reico", die eine überregionale Bedeutung erlangte und zeitweilig bis zu 50 Arbeits- und etliche Ausbildungsplätze vorhielt. Sie beschäftigte auch viele Heimarbeiterinnen. Die Firmenniederlassung war einer der Gründe für die Errichtung der Bahnhaltestelle „Sandwehle". Die Fabrik konnte sich wegen der Konkurrenz aus Fernost nicht mehr am Markt behaupten und wurde 1979 geschlossen. Heute befindet sich in den Gebäuden ein Fahrradgeschäft mit angeschlossener Reparaturwerkstatt und einem Fahrradverleih. An der B 202 in Richtung Katharinenheerd gibt es eine Tischlerei und eine privat betriebene Kompostierungsanlage mit einer kleinen Anzahl von Arbeitsplätzen. Ansonsten verfügt die Gemeinde über keine weiteren handwerklichen Betriebe, keine Gaststätten und keine Geschäfte mehr. Die Gemeinde hat durch die Ausweisung zweier Baugebiete mit zusammen 35 Baugrundstücken im Ortsteil Sandwehle an der B 202 in den letzen Jahren auch jungen Familien mit Kindern einen Anreiz geboten. Das Kirchspiel Garding wurde von Haubargen geprägt. Der 1841 erbaute Haubarg Hülkenbüll liegt in einer parkähnlichen Umgebung. Die Außenmauern sind weiß geschlämmt, das Ständerwerk besteht aus einem Vierkant mit sechs Kiefernständern.

E 3 Katharinenheerd mit Hemminghörn, seit 1970 zum Amt Eiderstedt

In der Mitte der Halbinsel Eiderstedt liegt Katharinenheerd ca. 10 m ü. NN am Ende des sich von St. Peter her erstreckenden Sandrückens. Die umliegenden landwirtschaftlich genutzten Flächen sind flaches fruchtbares Marschland. Katharinenheerd hat 168 Einwohner. 19 Personen sind mit Nebenwohnung gemeldet. Zwei Neubaugebiete, vornehmlich für jüngere Familien, kamen in den letzten Jahren hinzu. Die Landgemeinde

Katharinenheerd gehört zum Amt Eiderstedt mit Sitz in Garding. Die Gemeinde hat E 3
eine Fläche von 840 ha, davon sind 90 ha Ackerland und 750 ha Grünland. Katharinenheerd liegt an der B 202. Parallel dazu verläuft im S des Dorfes die Eisenbahnlinie St. Peter–Tönning–Husum. Noch bis nach dem Zweiten Weltkrieg als Verladestation für den Güter- und Viehtransport von großer Bedeutung, dient der Bahnhof heute nur als Haltestelle für Schüler, Pendler und andere Bahnreisende. Zudem ist das Dorf an das regionale Autobusnetz angeschlossen. Der Ortsname Katharinenheerd setzt sich zusammen aus zwei Teilen: Der erste ist zurückzuführen auf die der Sage nach 1113 erbaute Kapelle St. Katharina, der zweite Teil hat die entsprechende Bedeutung wie Kirchspiel.

Bereits im 19. Jh. sind bei Katharinenheerd bedeutende archäologische Funde ausgegraben worden. Überliefert ist die Entdeckung zahlreicher Urnen mit „Aschenresten", wahrscheinlich Reste eines Urnenfriedhofes, sowie von „Thonringen", die als Netzbeschwerer gedeutet wurden, aber wohl eher Gewichte von Webstühlen gewesen sind. Leider sind diese Funde nicht bewahrt, ebenso wenig wie ein vollständiges Boot, dessen Bauteile als Brennholz verbraucht wurden. Bekannt ist hingegen der Fundort von Keramikresten der jüngeren römischen Kaiserzeit und der frühen Völkerwanderungszeit (4./5. Jh.), die auf dem Strandwall zwischen Katharinenheerd und Garding entdeckt wurden, und die von einer frühgeschichtlichen Siedlung geblieben sein dürften. Genau lokalisieren lässt sich auch ein Depotfund, den das Archäologische Landesmuseum in Schleswig bewahrt (MÜLLER-WILLE 1986). Er stammt aus dem westlich von Katharinenheerd gelegenen Ortsteil Allersdorf und wurde dort bereits 1872 bei der Ausbeutung einer Sandgrube entdeckt. In etwa 1 m Tiefe kam ein mit einem eisernen Deckel abgedecktes Tongefäß zum Vorschein, das bei der Entdeckung zerbrach. Es barg einen gerippten Fingerring eines Typs, wie er auch bei Ausgrabungen in der frühgeschichtlichen Dorfwarft Tofting geborgen werden konnte, außerdem neun Spiralringe sowie zahlreiche Fragmente zerhackter Ringe und anderer Edelmetallobjekte, insgesamt 47 Teile, von denen neun aus Silber und die übrigen aus Elektrum, einem Silber-Gold-Gemenge, bestehen. Zu dem Fundkomplex werden außerdem ein Beigefäß, einige Perlen und Glasschlacke gezählt, deren Zugehörigkeit zu dem Depot aber unsicher ist. Die Spiralringe und insbesondere die zerhackten Ringe weisen den Fund als Barschaft eines Händlers aus, der mit Ringgeld und mit zu kleineren Gewichtseinheiten zerschnittenen Ringen gezahlt hat. Datiert wird der Fundkomplex in die späte Völkerwanderungszeit, möglicherweise noch in das 6. Jh. n.Chr. Geburt. Damit kommt diesem Depotfund eine besondere Bedeutung zu, belegt er doch die Möglichkeit oder zumindest die Absicht, in einer Landschaft Handel zu treiben, in welcher in der Völkerwanderungszeit ein immer noch rätselhafter Bevölkerungsschwund stattgefunden hatte.

Durch die Brandschatzungen im 15. Jh. litt auch Katharinenheerd mit seiner Kirche sehr. Doch bis zum Beginn des 17. Jh., in der Blütezeit der Eiderstedter Wirtschaft und Kultur, erfuhr die kleine Backsteinkirche St. Katharina eine reichhaltige und bemerkenswerte Ausstattung des Innenraums (Abb. 66). Altar, Kanzel, Triumphbalken mit Kruzifix, Chorgestühl, Stundenuhr sind Zeugen wohlhabender Stifter. Solchen verdankt die Kirche auch die hölzerne Statue des Ritters St. Georg zu Pferde aus dem 15. Jh.; zur finanziellen Ausstattung dieser mittelalterlichen Stiftung gehörte u.a. auch eine Fenne mit dem Namen „Holten Peerd". In dieselbe Zeit gehört das achteckige Taufbecken aus Namurer Marmor.

E 3

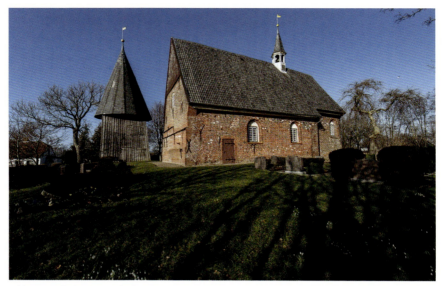

Abb. 66   Kirche von Katharinenheerd

Bei der Errichtung der Norderbootfahrt von Tönning nach Tetenbüll 1612 wurde ein Stichkanal nach Katharinenheerd angelegt; der Anlegeplatz lag neben dem Schulgebäude. Dieser Kanal war im Winter ein Hauptverkehrsweg. Die Kähne wurden von Bootsleuten getreidelt. Daran erinnert noch heute der Name einer Deichstrecke nördlich des Dorfes: Bootführerdeich. Mit dem Bau von Chausseen in der Mitte des 19. Jh. verlor die Norderbootfahrt ihre Bedeutung.

Östlich des Dorfes an der heutigen B 202 bei Hemminghörn befand sich die Dingstätte, der Versammlungsplatz der Eiderstedter Friesen. Hier sprachen und beschlossen sie Recht. 1625 soll zum letzten Mal hier die aus 36 Ratleuten und den Gevollmächtigten bestehende Landesversammlung der Landschaft Eiderstedt getagt haben. Ab Mitte des 19. Jh. verlor Katharinenheerd, wie viele andere Dörfer Eiderstedts, zahlreiche Einwohner, seit die Bauern immer mehr zur Weidemast übergingen. Gleichzeitig gewann der Katharinenheerder Bahnhof größere Bedeutung für den Viehtransport. Nach dem Zweiten Weltkrieg jedoch ging die Bahnverladung von Rindern und Schafen ständig zurück, da man zunehmend Lastkraftwagen verwendete.

Von den 1795 für Katharinenheerd aufgeführten 14 Haubargen sind nur noch drei erhalten. Diese an Nichtlandwirte verkauften Resthöfe stehen unter Denkmalschutz. Im Ort gibt es außerdem einige restaurierte Katen und ein altes Schulgebäude, das zur Hälfte der Gemeinde gehört und für öffentliche Veranstaltungen zur Verfügung steht. Im Zentrum des Dorfes befindet sich eine große Grünfläche mit Unterstand und Kinderspielplatz, die für sportliche Zwecke und Geselligkeiten genutzt wird.

E 3

Abb. 67 Motiv „Die beiden Drescher" auf den Scheunentüren des Olufhof bei Katharinenheerd

Die Gemeinde ist landwirtschaftlich strukturiert, auch wenn sich die Anzahl der Höfe stark reduziert hat. Hinzu kommen ein Dutzend kleinerer Gewerbeunternehmen. Die Einwohner bemühen sich zudem, durch Vermietung von Ferienwohnungen und „Urlaub auf dem Bauernhof" zusätzliche Einnahmequellen zu schaffen. Die meisten Einwohner sind Tagespendler. Im Zuge der gesellschaftlichen und wirtschaftlichen Umstrukturierung nach dem Zweiten Weltkrieg sind auch in diesem kleinen Dorf Schule, Pastorat, Feuerwehr, Post, Gastwirtschaften und Kaufmannsladen verschwunden. Die Grundschule befindet sich im benachbarten Tetenbüll. Die Postzustellung erfolgt über Garding. Der Feuerschutz wird seit 1975 durch die Freiwillige Feuerwehr Tetenbüll wahrgenommen.

In die O-Mauer der Katharinenheerder Kirche wurde ein Stein-Relief eingemauert, das Martje Flohrs in Eiderstedter Tracht darstellt (s. Volksüberlieferung). An den beiden Scheunentoren des Olufhofs sind zwei sogenannte Türwächterbilder erhalten geblieben. Das eine zeigt ein springendes Pferd mit Zaumzeug, aber ohne Sattel, das andere einen großen und einen kleinen Drescher mit Dreschflegeln. Der Olufhof wurde nach einem Brand 1874 wieder aufgebaut, die Malereien auf den Toren sollen bereits am Vorgängerbau vorhanden gewesen sein. Neben dem großen Drescher steht geschrieben: „Ich bin der Mann, der rechtschaffen dröschen kann", neben dem kleinen: „Ich versteh das Dröschen wohl, wenn's keine Arbeit kösten soll" (Abb. 67).

E 4   Bundesstraße 202

Die maßgebliche Straßenverbindung in Eiderstedt stellt die B 202 dar, die in O-W-Richtung von Tönning über Garding bis nach St. Peter-Ording verläuft. Sie ist die westliche Endteilstrecke einer ursprünglich von Kiel über Rendsburg und Friedrichstadt bis nach St. Peter-Ording verlaufenden Bundesstraßenverbindung. Die B 202 in Eiderstedt weist eine Gesamtlänge von 25 km auf und verbindet die Ortschaften Tönning, Kotzenbüll, Katharinenheerd, Garding, Tating und St. Peter-Ording.

Als eine der ersten Chausseen in Nordfriesland wurde 1843/44 die Strecke zwischen Tönning und Garding fertig gestellt. 1877 wurde der Straßenverlauf von Garding bis nach St. Peter-Ording verlängert. Von diesem Zeitpunkt an erlangte St. Peter-Ording seine bis heute anhaltende Bedeutung als wichtiger Badeort. Bis zum heutigen Zeitpunkt wird die B 202 in den Saisonzeiten überwiegend von Touristen genutzt. Sie ist darüber hinaus die bedeutendste Verkehrsachse auf der Halbinsel, in deren Umfeld sich entsprechend auch ein Großteil der wirtschaftenden Betriebe niedergelassen hat.

Die B 202 wird entsprechend der touristischen Saisonzeiten unterschiedlich stark befahren. Nach Angaben des Landesbetriebes für Straßenbau und Verkehr Schleswig-Holstein ergab die letzte Verkehrszählung 2005 eine Frequenz von rund 3 000 bis zu 6 200 Kraftfahrzeugen pro Tag, je nach Streckenabschnitt. Die höchste Verkehrsdichte ist dabei in der Ortsdurchfahrt von Garding und im Streckenabschnitt bei Kotzenbüll zu verzeichnen. Die B 202 befindet sich in einem allgemein recht guten Ausbauzustand. Insbesondere die Ostdurchfahrt in Tating stellt jedoch einen erheblichen Engpass dar, der in naher Zukunft durch den Bau einer ca. 3,8 km langen Ortsumgehung beseitigt werden soll.

E 5   Kotzenbüll, seit 1974 zum Amt Eiderstedt

Die Gemeinde Kotzenbüll liegt 2 m ü. NN an der B 202 etwa 2 km nördlich von Tönning. Der Ort hat eine Fläche von 737 ha. In 71 Häusern wohnen 220 Einwohner. Zu Kotzenbüll gehören Axendorf, Fleudenberg, der Schwarzhof, Kleihörn und einige Einzelhöfe, darunter südöstlich der Mars-Skipper-Hof und das erst in jüngster Zeit sogenannte Schloss Axendorf.

Die ältesten archäologischen Funde des Gemeindegebietes stammen vom Gelände einer südwestlich des Dorfes in O-W-Richtung liegenden Langwarft, die offensichtlich aus dem Zusammenschluss mehrerer kleiner, in Reihe liegender Hofwarften entstanden ist. Diese sind im hohen Mittelalter über einer Flachsiedlung der römischen Kaiserzeit aufgeschüttet worden, von der einige Keramikscherben zum Vorschein gekommen sind.

1305 wird eine Kirche in *Kotzenbull* erwähnt. Der Ortsname enthält den Vornamen „Kotze". Nicht ganz auszuschließen ist die Möglichkeit, dass der ursprüngliche Rufname des Ortsgründers „Katte" gewesen ist, ein solcher Name wird noch 1444 erwähnt.

Seit 1461 war Kotzenbüll der Sitz des Eiderstedter Stallers, der dort seinen befestigten Wohnsitz, die Garde, in sieben Jahren errichten ließ. Kotzenbüll lag relativ hoch und trocken und hatte einen guten Boden. In der Nähe lag ein Asylberg („Freiberg"); auf ihn flüchteten sich im Mittelalter verfolgte Gesetzesbrecher, um dort vor einer

Strafe sicher zu sein. In den Fehden der Eiderstedter mit den Dithmarschern zwischen 1401 und 1559 hatten Tönning und Kotzenbüll unter Plünderungen und Brandschatzungen, besonders um 1415, schwer zu leiden. Der Staller Boye Tetens, Nachfolger von Tete Fedderkens, fand 1500 den Tod im Kampf gegen Dithmarschen. Im Nordischen Krieg, zur Zeit der Belagerung Tönnings, stand Kotzenbüll im Zentrum des Geschehens und erlitt große Verluste an Menschen und Gebäuden. Zeitweise hatte General Magnus Stenbock in Kotzenbüll sein Hauptquartier.

1613 wurde die Norderbootfahrt an Kotzenbüll vorbei in das westliche Eiderstedt gegraben. Dadurch bekam Kotzenbüll eine bessere Verbindung zum Handelsplatz und Hafen Tönning. Durch die Milchwirtschaft im 17. Jh. und später durch die Fettgräsung im 19. Jh. gedieh der Ort. Die große Anzahl der Haubarge war Zeichen seines Reichtums.

Geprägt wird der Ort durch die Kirche auf hoher, wasserumflossener Warft. Nach der großen Sturmflut wurde 1365 eine neue Kirche errichtet, die seit 1488 zu größerer Form weiter entwickelt wurde. In ihr standen fünf Altäre. Die Wappenbilder des Bauherrn Boye Tetens und seiner Frau zieren die Seiten des Eingangs. Die St. Nikolai-Kirche wurde 1495 durch den Schleswiger Bischof Eggert Dürkop aufs Neue geweiht. Wie mehrere Kirchen Eiderstedts hat auch sie eine Überformung durch Johann Friedrich Holm 1857–1859 im neugotischen Stil erfahren. Der W-Turm, der durch seine ungewöhnliche Turmspitze auffällt, ist im Kern der älteste erhaltene Bauteil. Das Gebäude besteht aus einem einschiffigen Langhaus mit kurzen Querarmen und etwas eingezogenem, dreiseitig geschlossenem Chor. Das Schiff ist nur zu einem Teil ausgeführt worden. Das Unvollendete tritt jedoch angesichts der reichen Ausstattung gänzlich zurück. Vor allem der Schnitzaltar, ein Flügelaltar von 1506, vermag den Betrachter mit der eindringlichen Erzählung der figurenreichen Kreuzigung zu beeindrucken. Eine ähnliche Wirkung erzielt die seit 1968 wieder aufgestellte Triumphkreuzgruppe über einem aus Resten des Lettners zusammengefügten Chorgitter. Wie in den meisten Kirchen der Halbinsel findet sich auch hier eine gut erhaltene, erst vor Kurzem restaurierte Kanzel des Eiderstedter Typs aus dem späten 16. Jh. Außer dem spätgotischen Chorpult, an dessen zwei Seiten sich damals die Sänger gegenüber standen, enthält die Kirche mit ihrer Orgel eine besondere Kostbarkeit: Hinter dem neugotischen Prospekt des Tönninger Orgelbauers Johann Färber von 1858 befindet sich ein Pfeifenwerk, das teils von einer Erweiterung durch Johann Hinrich Klapmeyer aus Glückstadt von 1737/38 stammt, teils aus zwei sehr viel älteren Bauphasen. So hat die Orgellandschaft Eiderstedt, deren historisches Erbe sich im Wesentlichen nur an Orgelfassaden festmachen lässt, hier einen Traditionsbestand, der bis ins 16. Jh. zurückreicht: in die Entstehungszeit mindestens der Orgelprospekte in Tating und Oldenswort (1591/92). Dass dieses Musizieren kein isoliert kirchliches Interesse war, belegen die Überreste der privaten Notensammlung Becker im Museum der Landschaft Eiderstedt (um 1820).

Es gibt neun Betriebe im Ort, von denen fünf in der Landwirtschaft tätig sind. Die Dorfschule wurde 1969 geschlossen, die Schüler Tönning zugewiesen. Auch die Kirche wird vom Pastorat in Tönning betreut. In den vergangenen Jahren wurde der Mars-Skipper-Hof, ein Haubarg, dessen Vierkant vier Ständer aufweist, zu neuem Leben erweckt. Durch den denkmalgerechten Umbau des Haubargs und einer Umgestaltung der Umgebung ist das „Erfahrungsfeld Mars-Skipper-Haus" entstanden, ein Ort für Besucher jeden Alters, u.a. auch Schulklassen. Der reetgedeckte Haubarg besitzt einen nach

E 5 W ausgerichteten Wohnteil, der eine nahezu ungestörte Ausstattung aufweist. – Das heute sogenannte Schloss Axendorf entstand 1907 als Jugendstilvilla, die den älteren Wohnteil eines Haubargs ersetzte; die Reste des Haubargs wurden in den 1950er Jahren abgebrochen. Bei der Villa handelt es sich um einen eingeschossigen, breit gelagerten Putzbau, eingedeckt mit grün glasierten Hohlziegeln. Die repräsentative Fassade schmücken Reliefs wie Masken und Ornamentfriese. Im Inneren beeindrucken vor allem ein aufwändiges Treppenhaus sowie eine gut erhaltene hölzerne Ausstattung. Die Jugendstilvilla verweist nicht nur auf den Reichtum einiger als Händler und Züchter tätiger Marschbauern, sondern lässt auch eine Orientierung an allgemeinen architektonischen Entwicklungen und Neuerungen erkennen. Der Mars-Skipper-Hof und das „Schloss Axendorf" sind – in ihrer Unterschiedlichkeit – wichtige Beispiele gelungener denkmalgerechter Instandsetzungen im ländlichen Raum.

Nahe der Kirchwarft steht eine mächtige alte Stiel-Eiche. Der etwa 200 Jahre alte Baum ist ungefähr 15 m hoch und seine Krone, die bereits in 1 m Höhe ansetzt, hat einen Durchmesser von ebenfalls 15 m. Der Baum bildet eine harmonische Einheit mit einem von ihm überragten alten reetgedeckten Gebäude sowie seiner Umgebung mit der Kirchwarft. Für andere deutsche Landschaften mag der Baum nichts Besonderes sein. Für die Eiderstedter Marsch mit ihrem stürmischen Klima ist ein Baum solchen Alters und solcher Dimensionen eine Rarität mit besonders starker Prägung des Landschafts- und Ortsbildes. Ohne die Hilfe des Menschen würde der Baum in die lang andauernde Phase des Absterbens hineinwachsen. Denn seine Statik war den Stürmen schon nicht mehr gewachsen. Starke Äste brachen bereits heraus, der Stammfuß wies große Rindenschäden mit Pilzbefall auf. Der Eigentümer und der Kreis Nordfriesland waren und sind gleichermaßen am Erhalt dieses urtümlich gewachsenen Baumes interessiert. Auf Antrag des Eigentümers wird der Baum seit 1999 durch Kreisverordnung als Naturdenkmal geschützt und entsprechend konserviert.

E 6 **Grothusenkoog**, seit 1970 zum Amt Eiderstedt

Der Grothusenkoog liegt durchschnittlich 1 m ü. NN im SW der Halbinsel Eiderstedt mit direktem Kontakt zur Nordsee. Die Deichlänge beträgt rund 3,59 km (Abb. 68). Der Koog besitzt eine Fläche von 327,2 ha. Er ist die kleinste Gemeinde im Amt Eiderstedt. Die Einwohnerzahl des Kooges ist über die letzten Jahrzehnte ziemlich gleich geblieben. 1939 lebten hier 19 Menschen. Gegenwärtig hat der Ort 21 Einwohner. Von der L 305, die das Eidersperrwerk mit St. Peter-Ording verbindet, führt die einzige Straße der Gemeinde, die Koogschaussee, in gerader Linie bis an den Außendeich.

Der spätere Grothusenkoog wurde 1693 durch den Gottorfer Herzog Christian Albrecht dem Generalleutnant Otto Johann Freiherr von Grothusen (1627–1697) für dessen Verdienste urkundlich übereignet und nach ihm benannt. Grothusen erhielt demnach die deichreifen Ländereien an der Eidermündung und tat sich zum Deichbau u.a. mit dem vermögenden Deichgrafen und Staller Ove Lorenz aus Welt zusammen. An diesem Küstenabschnitt war es bereits vorher zu Eindeichungen gekommen, die aber teilweise wieder verloren gegangen waren. Noch um 1600 gab es im Gebiet des neuen Kooges eine Meeresbucht, begrenzt im W vom Tatinger Buerkoog, im N vom Wattkoog und im O von den Welter und Gardinger Kornkögen sowie dem Vollerwieker

Westerkoog. In den Innenteil dieser von weiten Vorlandflächen gefüllten Bucht baute man 1612 den Dreilandenkoog, der seinen Namen daher trug, dass die Eindeichung die alten drei Landesteile Eiderstedts zusammenführte. Hier hatte sich einst der südliche Zu- und Abfluss des alten Heverstromes befunden. Die späteren Bauten des Grothusenkooges (1693) und des Wilhelminenkooges (1821) an der Eidermündung und des Norderheverkooges 1937 am Heverstrom vollendeten die Bedeichungen in diesem Gebiet, wobei der Süderheverkoog 1862 und der Tümlauer-Koog 1934 die O-W-Achse abschlossen.

Das Studium der örtlichen Geologie und der Abfolge der Koogbauten an der N-S-Achse weist noch heute auf den Verlauf des bis ins Mittelalter zwischen Everschop und Utholm hindurchfließenden alten Heverstromes hin. In dessen Bett schufen neue Köge die Landbrücke zwischen den beiden Inseln Utholm und Westerhever mit Everschop. Die schweren Sturmfluten 1625 fügten dem neuen Deich des Dreilandenkooges so starke Schäden zu, dass der Koog als Ganzes nicht zu halten war. So sicherte man zunächst ein nördliches Teilgebiet und gab die südlichen Ländereien auf. Hier kam es 1630 zu neuerlichen Bedeichungsversuchen, die allerdings letztendlich ohne Erfolg blieben. Dies war die Lage vor Ort zum Zeitpunkt des herzoglichen Oktroys vom Januar 1693. Im Sommer dieses Jahres war der Koog fertig gestellt. Der Freiherr und seine Mitinteressenten konnten zum Bau das Material aus dem Vorland entnehmen, alle Zulieferungen während der Bauphase waren gebührenfrei. Weiterhin galt laut Oktroy eine generelle Zoll- und Abgabenfreiheit für die ersten 18 Jahre. Zudem wurde z.B. das freie Jagd- und Fischereirecht binnen- und außendeichs gewährt sowie die örtliche Polizeigewalt an die neuen Besitzer übertragen. Nach dem Tod Grothusens 1697 kam Ove Lorenz durch Erbschaft in den Besitz des gesamten Kooges. Der Hauptgrund für

Abb. 68   Lahnungen vor dem Grothusenkoog

E 6   Grothusen, mit Hilfe anderer Interessenten das aufwendige Bedeichungswerk in Angriff zu nehmen, dürfte der Wunsch nach einer Anlagemöglichkeit für die beträchtliche Geldsumme gewesen sein, die er aus dem Verkauf der Turower Güter in Schwedisch-Pommern erlöst hatte. Während der Weihnachtsflut 1717 ertranken nach mehreren Deichbrüchen neun Koogsbewohner. Der Seedeich konnte erst 1719 wieder hergestellt werden. 1805 strandete ein englischer Kohlefrachter, 1809 eine mit Tabak und Kaffee beladene amerikanische Brigg.

Ursprünglich befanden sich im Koog vier Haubarge, die aber durch Sturm und Feuer verschwunden sind. Der Eckhof, einer der größten Haubarge in Eiderstedt, verfiel, und nur der alte Baumbestand weist noch auf seinen Standort hin. Auf dem Eichenhof befindet sich heute ein Gestüt für Islandpferde, auf dem Marienhof eine 180 ha große Biolandwirtschaft. 1990 brannte der Frauensche Hof ab. An seiner Stelle entstanden ein Wohnhaus, eine Maschinenhalle und Ferienwohnungen. Entlang der Koogschaussee wurden 1951 sieben Siedlungshäuser für Deicharbeiter gebaut, eingangs befindet sich ein neu erbauter Ferienhof.

Grothusenkoog hat keine Gemeindevertretung, sondern auf Grund der geringen Einwohnerzahl eine Gemeindeversammlung mit Stimmrecht für alle volljährigen Bürgerinnen und Bürger. Die schulpflichtigen Kinder besuchen die Grundschulen in Garding bzw. Tetenbüll und weiterführend in St. Peter-Ording und Tönning. Der Ort gehört zur Kirchengemeinde Welt-Vollerwiek.

E 7   **Welt**, seit 1970 zum Amt Eiderstedt

Das Dorf liegt 10 km westlich von Tönning und 3 km südlich von Garding und umfasst die Ortsteile Freudenthal, Speckhaus, Alter Deich, Westerdeich, Welter Mühle, Schreiershuck, Kampenhof und Elhorn. Die Gemeinde Welt ist 818 ha groß, zählt 218 Einwohner und gehört dem Amt Eiderstedt an. 1905 lebten noch 286 Einwohner in Welt. Der Name des Ortes lautete 1305 *Welte*, so auch 1447. Die Deutung ist schwierig, da die Bezeichnung noch in die Zeit des 8. Jh. reichen kann, doch deutet der erste Bestandteil *Wel* (mndt. *Welle* = „Quelle") auf einen Ort hin, an dem es Süßwasser gab. Eine Ableitung von Wehle setzte einen Deichbruch voraus, der für die frühe Zeit nicht erwartet werden kann.

Die Marschensiedlung Welt besteht aus zwei großen, durch einen etwa 75 m breiten Marschstreifen voneinander getrennten Dorfwarften und der Einzelhofwarft Kampenhof. Die südliche der beiden Dorfwarften hat einen etwas unregelmäßig rundovalen Grundriss und ist mit einer Grundfläche von etwa 9 ha die größte Warft Eiderstedts. Archäologisch untersucht ist sie nur am westlichen Rand (1953) und im östlichen Drittel (1957) durch kleine Schnittgrabungen, die Warftmitte blieb dabei unberührt (MEIER 1997). Im ersten Schnitt wurde die alte Marschoberfläche bei 1,40 m ü. NN erreicht. Die darüber liegende Warftschüttung besteht aus einer Wechsellagerung von bis zu 1,50 m dicken Mist- und Kleischichten unterschiedlicher Stärke. Um Mist- und Kleiaufträge zu stabilisieren, sind mehrfach Sodenwälle errichtet worden. Einzelne Pfosten, Gruben und Gräben künden von Siedlungsaktivitäten, sagen aber nichts über die Art der Bebauung aus. Auch im zweiten Schnitt wurden Warftaufträge aus Mist und aus Klei freigelegt, die alte Marschoberfläche lag hier bei etwa 1 m ü. NN. Für den Nachweis von Gebäuderesten reichte auch diese Schnittgrabung nicht aus, es wurde aber ein Sodenbrunnen angeschnitten, dessen breite Baugrube von einer ehemaligen, bei 2 m ü. NN liegenden Warftoberfläche eingetieft worden war. Das archäologische Fundgut besteht überwiegend aus Keramik, die von Siedlungsaktivitäten des 9.–13. Jh. geblieben ist (HARTMANN 1975). Da der Siedlungskern nicht aufgedeckt worden ist, muss offen bleiben, ob sich die frühen Siedler hier, wie in Elisenhof bei Tönning nachgewiesen, bereits im 8. Jh. zu ebener Erde niedergelassen haben.

E 7

Nordwestlich schließt die zweite Dorfwarft an, die auf ihrem südlichen Rand die Kirche trägt. Sie ist an Grundfläche nur wenig kleiner als die Nachbarwarft, setzt sich aber durch ihre unregelmäßige Form und die unruhig gestaltete Oberfläche deutlich ab. Wahrscheinlich ist sie aus mehreren Warftschüttungen zusammengewachsen. Archäologische Untersuchungen haben nicht stattgefunden. Nach dem Ergebnis mehrerer Bohrungen, die in der N-Hälfte und am O-Rand der Warft eingetieft worden sind, ist die Warft in mehreren Schritten überwiegend aus sandigem Klei aufgeworfen worden, in den einige Mistschichten eingelagert waren. Mistschichten wurden insbesondere in Höhe der Warftbasis beobachtet, die aber bei weitem nicht die Mächtigkeiten erreichten, wie sie in der Nachbarwarft freigelegt worden sind. Möglicherweise ist das als Indiz für eine etwas jüngere Zeitstellung zu werten. Bei einem randlichen Bodenabtrag sind einige grob gemagerte Wandscherben des frühen Mittelalters geborgen worden, die sich nicht näher datieren lassen, sowie einige Wandscherben der hochmittelalterlichen Harten Grauware, darunter eine Randscherbe des 12. Jh.

Beide Dorfwarften zusammen genommen bedecken eine Grundfläche von etwa 17 ha, womit schon ihre Funktion als zentraler Ort und Ausgangspunkt für die Erschließung des Umlandes im frühen und im hohen Mittelalter belegt sein dürfte. Die südliche Warft fiel im Zuge der Aussiedlung der Höfe im späten Mittelalter wüst, während die Nachbarwarft zumindest Kirchwarft und somit Mittelpunkt des zugehörenden Kirchspiels blieb. Ohne archäologische Untersuchungen lässt sich nichts über die Fernhandelskontakte, die wirtschaftlichen Grundlagen und den sozialen Rang der frühen Siedler sagen, lässt sich ihr Anteil an der friesischen Landnahme und der Landeskultivierung nicht nachzeichnen. So weist vorerst nur die eindrucksvolle Größe der Warftsiedlung Welt auf ihre besondere landesgeschichtliche Bedeutung hin, zugleich zeigt ihr Standort aber an, wie weit die für Menschen nutzbare Marsch bereits in der Wikingerzeit in Richtung S aufgewachsen war.

Im Zuge der Großbedeichung gegenüber Süderhever und Eider im 12. Jh. entstand der erste Deich, der Welt an das Gardinger Geestgebiet anschloss: der alte Welter oder Gardinger Deich. Vor diesem Deich wurde 1550 der Kornkoog eingedeicht, von dem ein Teil zu Welt gehört. Die Sturmflut von 1634 hatte die Wehlen am jetzigen Westerdeich zur Folge. Die nördliche Grenze der Gemeinde Welt bildet die 1435 errichtete Sietwende. Im östlichen Teil findet sich der Mittelteil der Süderbootfahrt (E10).

Die Kirche St. Michael zu Welt wurde der Sage nach 1113 von Garding aus als Kapelle gegründet. Nach der Zerstörung des Dorfes Welt durch die Dithmarscher 1414 wurde vermutlich das Kirchenschiff im gotischen Ziegelverband errichtet, doch lässt sich die romanische Anlage noch erkennen. Der Taufstein aus Namurer Marmor stammt aus dem Jahre 1521, die im Eiderstedter Typ geschaffene hölzerne Kanzel von 1578. Der etwa 1600 angefertigte Klappaltar zeigt Gemälde der van-Achten-Schule; ein ähnliches Exemplar befindet sich in der Kirche zu Poppenbüll. Das ursprünglich

275

E 7 hölzerne Glockenhaus wurde 1908 durch den jetzigen Kirchturm an der W-Seite ersetzt; die Mittel dafür hatte bereits zehn Jahre zuvor der Landwirt Magnus Abraham Pauls gespendet. Die 1847 aus der Klosterkirche zu Itzehoe übernommene Orgel erhielt 1898 ein von dem preußischen Hoforgelbaumeister Wilhelm Sauer aus Frankfurt an der Oder gefertigtes neues Werk. Es wurde von dem aus Welt stammenden wohlhabenden Bauern Johann Magnus Tetens und seiner Frau gestiftet; deren Grabdenkmal befindet sich hinter der Kirche. Die Orgel wurde zu Beginn des 21. Jh. in Stand gesetzt, nachdem sie über 30 Jahre lang nicht bespielbar war. 1966 wurde die Kirche vorerst geschlossen. Die Kirchengemeinde Welt-Vollerwiek nutzt seitdem die Vollerwieker Kirche St. Martin für den regelmäßigen Gottesdienst. Nach einer umfassenden Restaurierung in den 1970er Jahren wird die Kirche in Welt vor allem als sogenannte Programmkirche für verschiedenste kulturelle Veranstaltungen genutzt (seit 1996: „Sommerkirche").

Den Mittelpunkt der Gemeinde Welt bildet das Dorf, das bis in die 1970er Jahre Kirche, Pastorat, Kirchspielskrug, Post, Meierei, Gemischtwarenladen und Schule vereinigte. Geblieben sind nur Kirche und Gastwirtschaft, in der sich seit Generationen die politischen Repräsentanten versammelten und das Archiv aufbewahrt wurde. Das alte Pastorat befindet sich inzwischen in Privatbesitz, ebenso die 1971 geschlossene Schule. Die Kinder aus Welt besuchen die Grundschulen in Tetenbüll oder Garding, danach die Gemeinschaftsschule in Tönning bzw. das Gymnasium mit Regionalschulteil in St. Peter-Ording. Der Dorfmittelpunkt konnte in den letzten Jahren gestärkt werden. An das 1999 errichtete Feuerwehrgerätehaus wurde (nach Veräußerung des alten Pastorats) im Jahr 2005 das Karkenhuus angegliedert, womit Versammlungsräume gewonnen wurden. Daneben befinden sich ein Kinderspielplatz und eine große Rasenfläche für Sportveranstaltungen und Dorffeste. Die Einwohner von Welt und den Nachbargemeinden Vollerwiek und Grothusenkoog pflegen seit jeher ein aktives gemeinsames Vereinsleben. Die drei Gemeinden haben sich auch zu einem Feuerlöschverband zusammengeschlossen, der 2008 sein 100-jähriges Bestehen feiern konnte.

Das Profilbild (Bodentyp: Knickmarsch) zeigt einen charakteristischen Boden der alten Marsch, die sich südlich der Gardinger Nehrung erstreckt, hier für einen Punkt etwa 300 m südlich vom Kreuzungspunkt Sietwende/Süderbootfahrt (vgl. Abb. 2c). Prägend ist ein wasserstauender, tonreicher Knickhorizont, der von einem eisenfleckigen, stauwasserführenden Sw- sowie einem humosen Horizont überlagert wird. Die Knickgenese geht entweder auf die Ablagerung tonreicher Sedimente und/oder auf eine Tonverlagerung aus dem Ober- in den Unterboden aufgrund zunehmender Versauerung/Entkalkung zurück. Der Boden steht zudem unter Grundwassereinfluss, so dass hier mit zunehmender Tiefe ein Wechsel vom oxidierenden zum reduzierenden Milieu auftritt. Aufgrund des hohen Tongehaltes sowie der Vernässungsneigung sind die Knickmarschen schwer zu bearbeiten und weisen eine schlechte Durchlüftung auf. Da zumeist nur eine kurze, durch die Bodenfeuchte bestimmte Zeitspanne für die schadfreie landwirtschaftliche Bearbeitung zur Verfügung steht, werden sie auch als „Minutenböden" bezeichnet. Trotz ansonsten günstiger Wasserspeicherfähigkeit und Nährstoffversorgung werden Knickmarschen daher meistens nicht ackerbaulich genutzt. Im Umfeld des Profils befinden sich einige aus Kleiauftrag aufgebaute, wüstgefallene Warfthügel, auf denen sich zumeist humusreiche, nur wenig entwickelte Rohböden entwickelt haben.

Kating mit Katingsiel, seit 1974 zu Tönning   E 8

Das Dorf Kating, seit 1974 Ortsteil der Stadt Tönning, liegt am hochgelegenen Ufersaum der Eider. In der ca. 1 000 ha umfassenden ehemaligen Landgemeinde, die größtenteils landwirtschaftlich genutzt wird, wohnten 1853 hier 537, in der Gegenwart rund 400 Einwohner.

Die im Gebiet der Alt-Gemeinde Kating liegenden frühgeschichtlichen Fundstellen erstrecken sich von der Warft Rothelau im N über Kating-Niehus bis zur Warft Pernör im S. Nach den archäologischen Funden haben hier in der römischen Kaiserzeit mehrere Flachsiedlungen auf schmalem Streifen dicht beieinander gelegen. Nach einer Unterbrechung von etwa 1 000 Jahren ist das Siedelgebiet erneut in Besitz genommen und mit in Reihe liegenden Hofwarften besetzt worden. Der Katinger Landwirt Hans Johannsen sammelte viele Relikte und stellte sie in seinem kleinen Privatmuseum aus.

Nach archäologischen Funden und den Resten von Sodenbrunnen und anderen Siedlungsstrukturen ist das vor Katingsiel liegende Wattengebiet vom 12. bis 14. Jh. besiedelte und bewirtschaftete Marsch gewesen. Sie wurde durch die spätmittelalterlichen Sturmfluten zerstört und lag nach Rücknahme des Deiches wieder in dem durch die Tide beeinflussten Gebiet. Auf der Abrasionsfläche eines Wattenpriels waren hier bis zur Schließung des Eidersperrwerks 1973 Kulturspuren sichtbar (BANTELMANN 1975), wie wir sie in großer Zahl aus dem nordfriesischen Wattengebiet kennen. Zu den besonderen Funden zählt eine 1931 aus einem Sodenbrunnen geborgene Kanne der spanischmaurischen Lüsterware aus der Mitte des 14. Jh. Diese besonderen Gefäße sind noch vor der Sturmflut 1362 über Flandern an die nordfriesische Küste gelangt, wie durch mehrere Funde aus dem Watt bei Nordstrand und der Hallig Südfall belegt ist.

Die Siedlung Kating wird 1305 und 1378 als *Katenn* (rekonstruierte Formen) erwähnt. 1447 heißt sie *Cothen*, 1535 *Kathenn*. Diese Benennungen sind mit der Deutung „bei den Katen" verträglich; verständlich wird der Ortsname dadurch, dass er sich auf die Lage der Kirche „bei den kleinen Häusern" bezieht (Abb. 69). Die großen Höfe befanden sich in der Umgebung. Beim Einfall der Dithmarscher 1414 hatte das Kirchspiel den ersten Ansturm auszuhalten und wurde fast ganz verwüstet. Das Gemeindegebiet erfuhr 1533 durch die Rücknahme des Seedeiches eine wesentliche Verkleinerung, die durch eine Schadensflut von 1508 eingeleitet worden war. Im 15. Jh. war Kating erheblich größer, die Siedlung Spallenbüll südlich des heutigen Katingsiel wurde in dieser Flut verwüstet. Bei der Ziehung des neuen Seedeichs blieben mehrere Warften, der Südteil Katings, auf dem neuen Vorufer besiedelt. Infolge der Sturmflut 1825 zogen die Bewohner hinter den Seedeich. Noch 1861 stand ein Haus, „Pulverturm" genannt. Die übrigen leeren Wohnplätze nutzten die Katinger weiterhin als Gartenland. Das gesamte Katinger Vorland wurde 1970 im Zuge der Eiderabdämmung bedeicht (E11).

Die St. Laurentius geweihte Kirche zu Kating erhielt 1489 eine neue und größere Eingangstür. Anlässlich dieses Ereignisses, das möglicherweise mit dem Turmbau verbunden war, sangen drei Priester zum ersten Mal eine Messe. Zu dieser Zeit gab es schon den gotischen Schreinaltar, der heute noch zu sehen ist. Die Einkünfte der Nebenaltäre wurden später dem Diakonat zugelegt, das 1722 einging. Die ältere Glocke im Turm stammt aus der Zeit um 1300 und ist gleichzeitig die älteste Eiderstedts, während die jüngere von 1489 zur Zeit des Priesters Johann Ivers gegossen wurde. 1862 schlug der Blitz in den Turm ein. Eine Kreuzigungsgruppe aus der Zeit um 1520 kom-

277

E 8

Abb. 69   Blick durch die Ortslage auf die Kirche in Kating

plettiert das ältere Inventar. Nachreformatorisch ist die Kanzel von 1580, die im 17. Jh. erweitert wurde. Aus dieser Zeit sind mehrere Epitaphien und Grabsteine erhalten.

1569 trieb vor Spallenbüll bei Katingsiel ein 16 m langer und 4 m hoher Wal ans Ufer. Die große Flut von 1634 richtete am Katinger Deich zwar große Schäden an, aber es gab keinen Durchbruch. Das Wasser lief dennoch in das Kirchspiel und es ertranken 85 Personen, 228 Pferde und Rinder kamen um, 33 Häuser wurden zerstört. Katingsiel war der Endpunkt der Süderbootfahrt von Garding (E10). 1714 starben 140 Einwohner an einer ansteckenden Krankheit. 1780 bezichtigte man den Katinger Pastor des Mordes an seinem mit dem Dienstmädchen gezeugten Kind; er floh daraufhin, stellte sich aber und erhielt eine lebenslange Zuchthausstrafe. 1794 standen in der Gemeinde 17 Haubarge, 45 Häuser und eine Mühle. In 20 Betrieben wurde Milch produziert. Damals hatte die Gemeinde 459, 1853 sogar 537 Einwohner. 1906 umfasste die Gemeinde 1 103 ha, davon waren 42 ha Acker, 2 ha Wiesen und 987 ha Weiden. Das eigentliche Kirchdorf enthielt damals nur fünf Wohnungen, die übrigen 76 befanden sich im Umland. 384 Einwohner lebten in ihnen. Diese Zahl sank bis 1919 auf 301, stieg durch den Flüchtlingsstrom 1946 auf 620, verminderte sich bis 1961 auf 329 und erreichte 1970 die Zahl 394. 1974 wurde Kating nach Tönning eingemeindet; trotz mehrerer Neubaugebiete sank die Einwohnerzahl bis 2010 auf etwa 300. Auch kirchlich wird Kating heute von Tönning aus betreut.

Von dem kleinen Hafen Katingsiel wurden bis zum Ausgang des 19. Jh. fast alle Waren für das ganze westliche Eiderstedt mit Lastbooten auf der Süderbootfahrt befördert. Hier verlud man das Eiderstedter Korn wieder auf Schiffe nach Hamburg und in die Niederlande. Von der Obereider kamen im Nachsommer schwerbeladene Torfboote nach Katingsiel und versorgten Eiderstedt mit Brennmaterial. Dieser Handel bot auch zwei Schankwirtschaften rechts und links der Schleuse guten Verdienst. Heute ist noch die Andresensche Wirtschaft erhalten und wegen regionaler Spezialitäten weithin bekannt. In einer Kate mit Schafstall betrieb Hein Hoop (1927–1986) seine Aktionskunst, die viele Menschen anzog.

E 8

Seit dem Ende des 19. Jh. ist Kating Haltepunkt der Bahnlinie Tönning–Garding. Während des Zweiten Weltkrieges bestanden in der Gemeinde ein Gefangenenlager und ein kleiner Flugplatz, dessen Fläche aber seit 1945 wieder landwirtschaftlich genutzt wird. 1945 etablierte sich aus kleinen Anfängen bei der Katinger Kirche das metallverarbeitende Unternehmen „Eller-Garagentore", das bis zu 150 Arbeitsplätze bot, jedoch 1981 schließen musste. Viele Arbeitnehmer hatten sich Häuser in der „Eller-Siedlung" gebaut, so dass Kating stark wuchs. Entsprechend ernst waren die Probleme nach der Werkschließung. Die Katinger Volksschule ist längst eingegangen und dient heute als Kirchspielskrug. Am Ausgang des 19. Jh. gingen aus einer Katinger Jahrgangsklasse zwei Knaben ins Leben hinaus: der Landeshistoriker Volquart Pauls und Wilhelm Ludwig Andresen, Handelsvertreter, Journalist, Verfasser einer Sozialgeschichte des Dorfes Kating in plattdeutscher Sprache. Außerdem hat Kating in den vergangenen 140 Jahren der Landschaft Eiderstedt insgesamt vier Deichgrafen gestellt. Von den ehemaligen Haubargen sind nur zwei erhalten. Der 1653 errichtete „Rothelau", einer der ältesten Eiderstedts, wurde abgebrochen und 1959/60 im Freilichtmuseum Lyngby bei Kopenhagen wieder aufgebaut. Das empfand man damals als grenzpolitische Schmach, so dass der Aufbau des Schleswig-Holsteinischen Freilichtmuseums in Kiel-Molfsee forciert wurde.

Vollerwiek, seit 1970 zum Amt Eiderstedt

E 9

Vollerwiek liegt zwischen Tönning und St. Peter-Ording an der Eidermündung, welche auch die S-Grenze des Ortes bildet (Abb. 70). Im O folgt die Grenze zu Tönning der Eiderdammstraße, im N grenzt Vollerwiek an die Gemeinde Welt, im W an die kleine Gemeinde Grothusenkoog. Das Gemeindegebiet erstreckt sich über eine Fläche von 462 ha, die Einwohnerzahl pendelt um 230. Einige Zahlen zum Vergleich: 1906: 325, 1939: 238 Einwohner, 1970: 228, 2000: 212, 2006: 233.

Vollerwiek wird 1305 als *Fullerwyck*, 1378 als *Fulrewik*, 1438 als *Volrewyk*. Die Deutung knüpft an die Zerlegung des Namens in die Teile „Fulre" und „wik" an; Wik ist die Bezeichnung für eine Einbuchtung am Meer, und Fulre ist die alte Bezeichnung für einen Walker, also eine Person, die Gewebe aus Wolle unter Zuhilfenahme von fettem Ton in Filz verwandelt. Vollerwiek hat also den Namen nach dem dort vorgefundenen geeigneten Platz für das genannte Handwerk bekommen.

In der Mitte des Ortes liegt die Kirche St. Martin auf einer hohen Warft. Sie wurde der Sage nach 1113 erbaut. Das aus Feldsteinen und Ziegeln gebaute romanische Kirchenschiff wurde 1888 nach W hin etwas verlängert und gleichzeitig das hölzerne Glockenhaus durch einen Dachreiter ersetzt. Im Inneren der Kirche, die mit einer blau gestrichenen Holzdecke versehen ist, sind beachtenswert: der spätgotische Klappaltar mit seinen 26 geschnitzten Figuren, der aus dem 15. Jh. stammende Taufstein aus schwarzem Marmor, die Kanzel in Eiderstedter Bauart von 1586/87 mit niederdeutscher Be-

E 9

Abb. 70   Windkraftanlagen bei Vollerwiek

schriftung, der von Lammert Schnitker gefertigte Beichtstuhl, zwei Gedenktafeln mit Volkskunst sowie die bemalte Empore. Die Kirche ist von einem nur noch etwa zur Hälfte genutzten Friedhof umgeben. Das Ehrenmal für die Gefallenen der beiden Weltkriege liegt im NO der Kirchhofswarft.

Die Geschichte Vollerwieks ist von der exponierten Lage an der Eidermündung geprägt. Auf dem vorgelagerten Borgsand lieferten sich Eiderstedter und Dithmarscher 1414 erbitterte Kämpfe. Nach dem Totschlag am Eiderstedter Staller Jon Jonsen 1462 zogen sich die Täter nach Vollerwiek zurück und verschanzten sich in der Kirche. Sie mussten sich den zahlenmäßig überlegenen Verfolgern ergeben und wurden zur Verurteilung nach Schleswig gebracht.

1443 schlossen Gemeinde und Pfarrherr eine Vereinbarung wegen seiner Einkünfte und Dienstländereien, wobei auch die Deichpflicht geregelt wurde. Die große, umfassende Bedeichung Eiderstedts um 1200 schützte auch Vollerwiek. Zur Sicherung der westlichen Flanke zwischen dem Ort und Garding gewann man 1550 auf dem Anwachs die Kornköge. Der Vollerwieker Anteil erhielt im Laufe der Zeit den Namen Alter Westerkoog. Die Südspitze der Gemeindefläche, Hülckhörn genannt, wurde bis 1565 ausgedeicht. Dieser Landverlust sorgte für eine erhöhte Sedimentation, so dass der vor den Kornkögen liegende Anwachs 1620 eingedeicht werden konnte. Der Koog musste aber bereits 1627 aufgrund der ungünstigen Deichlinie wieder aufgegeben werden. Später wurde mit dem Grothusenkoog (E6) ein erfolgreicher Versuch unternommen, das Land zu gewinnen. Zusammen mit der Gemeinde Welt klagten die Vollerwieker später gegen diese Eindeichung, weil sie die Vorländereien zwecks Erhaltung der eigenen Deiche vom Herzog zu Gottorf gekauft hatten. Da der Herzog aber sowohl

Beklagter als auch Richter war, wurde der Prozess zu Ungunsten der Kläger entschieden. Da die Vollerwieker Deiche auch den Gemeinden Welt, Katharinenheerd und Kirchspiel Garding sowie der Stadt Garding Schutz boten, erklagten die Vollerwieker 1613 Hilfe. Jede der Gemeinden wurde daraufhin verpflichtet, ein Stück des Deiches in Stand zu halten – der „Fief-Kommünen-Diek" (Fünf-Gemeinden-Deich). Trotz sorgfältiger Deichpflege konnten die Deiche der großen Sturmflut 1634 nicht standhalten. In Vollerwiek ertranken 45 Menschen, 90 Stück Hornvieh sowie 130 Schafe und Schweine, 21 Häuser gingen verloren.

Am Deich des Ortsteils Hülck wurde im Dreißigjährigen Krieg eine Schanze errichtet. Sie verlor durch die Befestigung Tönnings an Bedeutung und wurde später wieder geschleift. Einige Hundert Meter weiter in westlicher Richtung, wo sich heute der Badedeich befindet, wurde 1801 eine Seebatterie erbaut – dies erklärt den Namen „Batterieeck" für diesen Teil des Deiches. Sie spielte 1807 während der Kontinentalsperre, die Tönning zu einem regen Umschlagplatz für geschmuggelte Kolonialwaren machte, und im „Kosakenwinter" 1813/14 eine wichtige Rolle. Die Batterie wurde wenig später abgebrochen. Zwischen Hülck und Batterieeck stand das Quarantänehaus, ein für Vollerwieker Verhältnisse außergewöhnlich stattliches Gebäude; hier wurden kranke Seeleute untergebracht, um zu vermeiden, dass Seuchen nach Tönning eingeschleppt wurden. Heute ist der Deich zwischen Südwesthörn und Verlorenhörn die Hauptgrundlage des örtlichen Fremdenverkehrs. Hier befinden sich der von der DLRG bewachte Badedeich, dahinter der geräumige Parkplatz, ein Imbiss und ein Campingplatz. Der Deich wird auch von vielen Radfahrern und Spaziergängern genutzt und dient als Ausgangspunkt für Wattwanderungen.

Vollerwiek ist eine Streusiedlung. Die Katen und Höfe liegen entlang der Binnen- und Außendeiche. Während früher die Landwirtschaft und Deicharbeit das Leben bestimmten, ist es heute überwiegend der Tourismus. Schon Anfang des 20. Jh. waren einige Damen so vorausschauend, mit der Zimmervermietung zu beginnen. Die damalige Gastwirtschaft „Hol Stopp", die nahe am Badedeich lag, war sogar mit einer kleinen Kegelbahn ausgestattet. In der ersten Hälfte des 20. Jh. arbeiteten bis zu 40 Männer aus Vollerwiek am Deich – heute ist es nur noch einer. Neben der Deicharbeit wurde das Einkommen mit kleiner Landwirtschaft und der Arbeit auf den Vollerwerbshöfen, von denen es im Ort 15 gab, verbessert. Auf den heute noch verbliebenen sieben Höfen im Ort erledigt man die Arbeit entweder selbst oder mit Hilfe der beiden ortsansässigen Lohnunternehmen. Der Fremdenverkehr bietet z.T. ein zweites Standbein. In den meisten Katen und Kleinbetrieben sind die Kuh- und Schafställe modernen Ferienwohnungen gewichen. Die früher von vielen Frauen betriebene Porren(= Krabben-)fischerei mit der Gliep, einem traditionellen Schubnetz, ist heute ebenso wie das Bernsteinsammeln bei Ebbe lediglich ein Hobby.

Neben der Kirche in der Ortsmitte lagen die Dorfschule sowie später auch eine kleine dänische Privatschule mit einem kleinen Kindergarten. Beide Schulen und der Kindergarten wurden inzwischen im Zuge von Zentralisierungsmaßnahmen geschlossen. Für kleine Kinder steht seit einigen Jahren unweit vom Deich ein privater Wattkindergarten zur Verfügung. Westlich der Kirche lag früher der Kaufmannsladen, der zugleich als Poststelle und Schankwirtschaft diente. Er bildete zusammen mit den Schulen und der Kirche den natürlichen Dorfmittelpunkt. Im Laden wurden nicht nur alle Waren des täglichen Bedarfs angeboten, sondern auch Strandkörbe und Fahrräder

281

E 9 vermietet. In unmittelbarer Nähe des früheren Ladens hat eine junge Familie vor einigen Jahren den einzigen Haubarg des Dorfes liebevoll restauriert. Der Hof wird heute nicht mehr landwirtschaftlich genutzt. Im Vierkant sind alte Geräte zu sehen, und die Geschichte des alten Lehnsmannshofes wird auf Schautafeln dargestellt. Auch eine Töpferei und drei Galerien bereichern das Dorfbild. Auf der neben der Kirchwarft höchsten und ältesten Warft des Ortes lädt der Gasthof „Op de Burg" zur Einkehr ein. Früher war eine ganze Reihe kleiner Handwerksbetriebe im Dorf ansässig. Gegenwärtig sind ein Maler und ein Tischler selbstständig tätig. Das kirchliche und kulturelle Leben wird gemeinsam mit den Gemeinden Welt und Grothusenkoog gestaltet. Es bestehen mehrere Vereine: Freiwillige Feuerwehr, Boßel-, Fruunsboßel- und Ringreiterverein, Landjugend und dänischer Kulturverein.

Die bekannteste Sage Vollerwieks erzählt vom Gonger, dem Geist eines gierigen Lehnsmanns, der bei der Strandräuberei ertrank. Der Sage entsprechend nähert sich der Gonger dem Deich fortan alle sieben Jahre um einen Hahnentritt. Die Sage prophezeit den Untergang Vollerwieks für den Moment, in dem der Geist des ertrunkenen Lehnsmanns die Deichkrone erreicht. Die Höhe der modernen Deiche des Ortes dürften das Vorhaben des Gongers jedoch erheblich verzögern.

E 10 **Süder-** und **Norderbootfahrt**

Die Süder- und Norderbootfahrten sind heute noch die Hauptentwässerungssielzüge der Sielverbände Norderwasserlösung und Katingsiel. Die Anregung zum Bau gab Caspar Hoyer (1540–1594), der vom Herzog Johann Adolf (1575–1616) zum Staller der Dreilande bestellt wurde. Caspar Hoyer konnte seinen Landesherren davon überzeugen, die ohnehin fälligen Mittel zur Wiederherstellung der verfallenen Sielzüge in der Gardinger Südermarsch sowie in den Kirchspielen Welt und Vollerwiek zum Bau eines Kanalsystems zu verwenden. Caspar Hoyer starb 1594, die Genehmigung des Gottorfer Hofes für seinen anspruchsvollen Plan erlebte er nicht mehr. Sein Sohn und Nachfolger Hermann Hoyer († 1622) setzte die kühne Idee seines Vaters um. Es dauerte aber fast noch zwei Jahrzehnte, bis das Werk zum glücklichen Ende gebracht werden konnte. Das zeigt, mit wie vielen Detailproblemen der junge Staller zu kämpfen gehabt haben mag, bevor die Gesamtfinanzierung gesichert, die beeidigten Landmesser bestellt, das Abstecken des Kanalbetts geklärt, die Kommission zur Planung, Leitung und Beaufsichtigung zusammengestellt und der für damalige Zeiten monumentale Schleusenbau in Katingsiel sowie die Hafenanlagen dort und in Garding entworfen waren.

Mit den 8–10 m breiten Kanälen sollten die Transportprobleme auf den oft unpassierbaren Kleiwegen gelöst werden, um die ganzjährige Handelstätigkeit zu erleichtern. Garding sollte Hafenstadt werden, sobald die Süderbootfahrt mit flachen Lastschiffen befahrbar war. Gleichzeitig war so das Entwässerungsproblem zu lösen. Den Auftrag zur Ausführung des komplexen Vorhabens erhielt 1611 der zwei Jahre zuvor von Herzog Johann Adolf zum Generaldeichgrafen ernannte Niederländer Johann Claussen-Rollwagen. 1612 war die ca. 11 km lange Norderbootfahrt zwischen Tetenbüll und Tönning nahezu fertig gestellt, wo sie östlich des Schlossplatzes durch die große Hafenschleuse in Hafen und Eider einmündet. 1613 wurde die etwa 7 km lange Süderbootfahrt von Garding nach Kating gegraben. Noch im selben Jahr begann der Ausbau des Tönninger Hafens. Als Rollwagen aufgrund von Arbeiteraufständen im September 1613 für drei Jahre in die Niederlande zurückkehrte, führte Johann Clausen Cotte die Arbeit weiter. Bis 1615 wurde zusätzlich ein Verbindungskanal von Tönning nach Kating erbaut, der aber bereits in der ersten Hälfte des 18. Jh. wieder zugeschüttet wurde.

Viele Güter wurden über die Bootfahrten zur Eider und ins Binnenland mit kleineren Booten „getreidelt": Pferde oder Menschen zogen die Boote. 1612–1905 wurden über die beiden Bootfahrten Waren transportiert. Über den Tönninger Hafen sollen 1616 über 3 000 000 Pfund Käse ausgeführt worden sein, außerdem Getreide, gegerbte Häute u.v.m. Eingeführt wurden u.a. Sirup, Holz, Kohle, amerikanisches Pökelfleisch, kanadisches Mehl, Tabakrollen, Edelmetalle, Bandeisen. Die Norderbootfahrt büßte ihre Rolle als Schifffahrtsweg mit dem Bau der Straße von Tönning nach Garding 1842 ein. Die Süderbootfahrt verlor durch den Bau der Eisenbahnstrecke Tönning–Garding 1892 an Bedeutung. Auch durch den Bau des Kaiser-Wilhelm-Kanals 1895, der den alten Eiderkanal ersetzte, nahm die Bedeutung der Treidelei rapide ab. Infolge dieser Modernisierungsmaßnahmen fasste man 1910 den Beschluss, die Süderbootfahrt für den Schiffsverkehr zu schließen und sämtliche Rechte und Pflichten auf die an der Entwässerung teilhabenden Gemeinden übergehen zu lassen. Der Gardinger Hafen wurde schon 1896 teilweise und endgültig 1920 zugeschüttet. Obgleich die beiden Bootfahrten über drei Jahrhunderte zum Wohle der Landschaft erheblich beitrugen, gab es von Anfang an Auseinandersetzungen, und zwar zwischen den beiden Hauptfunktionen Entwässerung (Landbesitzer) und Transport (Händler) sowie über die Frage der gerechten Verteilung von Bau- und Unterhaltungskosten.

NSG Grüne Insel mit Eiderwatt E 11

Der Wiesen- und Wasservogelschutz steht im Zentrum der Naturschutzbemühungen an der Eidermündung. Über 400 Brutpaare des Austernfischers und mehr als 850 Brutpaare des Kiebitzes sind auf den Wiesen heimisch. Daneben brüten Bekassine, Kampfläufer, Uferschnepfe und Rotschenkel. An weiteren Watvögeln sind Säbelschnäbler mit etwa 750 Brutpaaren sowie See- und Sandregenpfeifer zu nennen. Hinsichtlich der Wasservögel dominieren Löffel-, Reiher-, Stock- und Schnatterente sowie Brand- und Graugans das Arteninventar. Hinzu kommen Knäk-, Krickente und Höckerschwan.

Bei den Möwen und Seeschwalben prägt die Lachmöwe mit über 1 000 Brutpaaren das Bild, dazu kommen Silber- und Sturmmöwen. Die Brutpaarzahl der Küsten- und Flussseeschwalbe wächst kontinuierlich, wobei die Küstenseeschwalbe deutlich überwiegt. In den Schilfröhrichten brüten beispielsweise Bart- und Blaumeise, Rohrammer, Rohrdommel, Rohrweihe, Rohrschwirl, Schilfrohrsänger, Teichrohrsänger und Wasserralle. Zudem brüten Wasservögel wie Blässralle, Hauben- und Zwergtaucher am Rand des Schilfs.

Im Katinger Watt brüten regelmäßig mehrere Paare des Mäusebussards und im Oldensworter Vorland brütet zudem ein Wanderfalkenpaar. Seit 2005 zieht auch ein Seeadlerpaar im gepflanzten Katinger Wald seine Jungen auf. Generell wird die Vogelwelt des Katinger Walds aber durch die Singvögel Buchfink, Fitis, Rotkehlchen, Zaunkönig, Blau- und Kohlmeise dominiert. An weiteren, waldtypischen Vogelarten finden sich

E 11 z.B. Eichelhäher, Habicht, Pirol, Waldschnepfe oder Waldohreule. Mehr als zwei Drittel der nachgewiesenen Brutvogelarten der Schutzgebiete (ohne Katinger Wald) brüten in den Feuchtgrünländern, etwa 15 % im Bereich der Stillgewässer und etwa 11 % sind Röhrichtbrüter. Nur etwa 4 % der Brutvogelarten sind dem Wald- und Gebüschbereich zuzuordnen (BRUNS et al. 2007). Neben der hohen Bedeutung für Brutvögel ist das Gebiet der Eidermündung vor allem für Zug- und Rastvögel von großer Wichtigkeit. Während des Frühjahrszuges von Februar bis Mai ziehen die nordischen Brutvögel auf dem Weg von ihren Überwinterungsgebieten über das Wattenmeer in ihre Brutgebiete. Während des Herbstzuges von August bis Oktober ziehen sie nach der Brutsaison wieder über das Wattenmeer in die Überwinterungsgebiete. Hinzu kommen die Arten, die in unseren Breiten brüten. Die meisten Zugvögel suchen in den bei Ebbe freigefallenen Wattflächen nach Nahrung und verbringen die Hochwasserstände an den sogenannten Hochwasserrastplätzen, um zu ruhen oder ihr Gefieder zu pflegen.

Die einem Pflegeregime unterliegenden Grünflächen stellen solche Hochwasserrastplätze dar und werden von bis zu 24 000 Nonnengänsen (auch Weißwangengänse genannt) und bis zu 6 700 Graugänsen während des Durchzuges und zur Winterrast aufgesucht. Hinzu kommen beispielsweise Sing- und Zwergschwäne, Bläss- und Brandgänse. Zahlreiche Entenvögel wie z.b. Pfeif- und Stockenten oder auch Spießenten (maximal 2 000 Individuen) nutzen die ausgedehnten Wasserflächen zur Rast. Hinsichtlich der Limikolen (Watvögel) stellen ca. 9 500 Goldregenpfeifer und ca. 9 000 Kiebitze die individuenreichste Gruppe dar. Weitere Limikolenarten sind Alpenstrandläufer, Dunkle Wasserläufer (maximal 1 600 Tiere), Großer Brachvogel, Rotschenkel, Säbelschnäbler oder Sandregenpfeifer (maximal 1 700 Tiere).

Das insgesamt etwa 260 ha große Oldensworter Vorland ist in ein etwa 54 ha großes tiefer liegendes Vorland (1,5–1,8 m ü. NN), das erst nach dem Bau des Sperrwerkes bei Nordfeld 1936 entstanden ist, und in ein älteres, höher liegendes Vorland (2–3 m ü. NN) von etwa 145 ha gegliedert. Es schließt sich direkt vor dem Deich mit 40 ha der 18-Ruten-Streifen an. Das Vorland steht unmittelbar in Verbindung mit den Watt- und Wasserflächen der Eider. Vor der Eiderabdämmung wurde es regelmäßig mit Salzwasser überflutet. Daher waren die sieben Ringtränken erforderlich, um das Vieh mit Süßwasser zu versorgen. Nach der Eiderabdämmung wurde bis 1988 das Vorland ohne jede Auflage als Wiese und Weide intensiv genutzt und entwässert. Heute finden sich hier nur noch vereinzelt Salzwiesenpflanzen wie Andel und Strand-Aster (BRUNS et al. 2007). Danach wurden zur Verbesserung der Lebensbedingungen der Wiesen- und Rastvögel die Gräben des höheren Vorlands aufgestaut und im Übrigen die Beweidung auf ein bis eineinhalb Rinder je Hektar zurückgenommen. Der Deich (außerhalb des Schutzgebietes) wird je nach Aufwuchs mit Schafen gegräst. Erfolge stellten sich auch hier schnell ein. Wiesenvögel wie Kiebitz, Rotschenkel, Austernfischer und Uferschnepfe sowie Enten- und Gänsevögel nahmen das Gebiet spontan an. Auch die seltene Trauerseeschwalbe brütete hier bisweilen. Die Flachgewässer bilden ideale Biotope für den Moorfrosch, kleine Watvögel, Enten und Gänse. Die stufige Vegetationsstruktur des tieferen Vorlands, der Wechsel von Süß- und Salzwasser und der sanfte Übergang in das nahrungsreiche anlandende Watt sind hervorragend für Junge führende Rotschenkel und Austernfischer geeignet.

Das Eiderwatt, die Gewässer, Röhrichte und Feuchtgrünländer unterliegen dem unmittelbaren Schutz des Landesnaturschutzgesetzes von Schleswig-Holstein, so dass

E 11

Abb. 71   Vertragsschutzgebiet im Katinger Watt

Eingriffe jedweder Art verboten sind. 1989 wurden ein Teil des Katinger Watts als Grüne Insel mit Eiderwatt mit 1 000 ha und 1993 das Oldensworter Vorland mit 260 ha durch Landesverordnung zum NSG erklärt. Das Gebiet zwischen dem Seedeich und dem Katinger Priel erfüllt alle Voraussetzungen an ein NSG und wird wie ein NSG behandelt, wurde aber nicht als solches ausgewiesen. Für die beiden NSG gilt weitestgehend die gleiche Zielsetzung: Erhaltung der Brack- und Salzwasserbereiche, der Watt- und Vorlandflächen und des Feuchtgrünlandes sowie der Brut-, Nahrungs-, Mauser- und Rastplätze für Wiesen-, Wat- und Wasservogelarten. Daher sind Eingriffe und Nutzungen, das Betreten, Fahren und Reiten verboten. Die dem Naturschutz dienende extensive Beweidung oder Wiesennutzung und die Maßnahmen der Wasserbewirtschaftung sind erlaubt. Trotz des Betretungsverbotes soll der Mensch nicht vom Naturerlebnis ausgeschlossen werden. Daher findet eine die Natur nicht störende Besucherlenkung statt. Außerhalb der NSG hat der NABU in Zusammenarbeit mit dem Land und dem Kreis Nordfriesland – ausgehend vom Naturzentrum „Lina-Hähnle-Haus" – in der NW-Spitze des Katinger Watts ein Naturinformationsareal mit ausgezeichneten Beobachtungsmöglichkeiten in Zuordnung zu Wasser und Feuchtgrünland geschaffen. Etwa an der S-Grenze des Informationsareals befindet sich ein hoher Aussichtsturm. Er ermöglicht einen Blick über das gesamte Katinger Watt mit Wasser, Wald und Grünland und über den Seedeich hinweg auf den Nationalpark mit der Außeneider (Abb. 71). Von Tönning über die Kreisstraße kommend, trifft man auf einen weiteren Aussichtsturm (Kiek ut), der einen weiten Einblick über das Olversumer Vorland und die Grüne Insel gestattet. Er befindet sich auf dem Schafsberg, der vor der

E 11   Abdämmung bei Hochwasserereignissen den Schafen der Grünen Insel als Zufluchtsort diente. Von verschiedenen Parkplätzen bieten sich Rundwege auf den Deichen, dem Leitdamm, durch den Wald und die Ackerflächen an, die das gesamte Katinger Watt erschließen, ohne die Schutzgebiete zu beunruhigen.

Das Eiderästuar besitzt eine hohe internationale Bedeutung für die Vogelwelt. Die Population von mindestens elf Wasservogelarten erreicht 1 % und mehr ihres biogeographischen Verbreitungsgebietes.Mit dieser Populationsdichte erfüllt das Gebiet die Voraussetzungen eines der ältesten internationalen Übereinkommens für Feuchtgebiete (Ramsar-Konvention von 1971) Auch die Summe von mindestens 20 000 Wat- und Wasservögeln – ein weiteres Kriterium – wird bei weitem überschritten. Daher und wegen des funktionalen Zusammenhangs mit dem Nationalpark hat die Landesregierung das Gebiet der Untereider zum einen als EU-Vogelschutzgebiet „Ramsar Gebiet Schleswig-Holsteinisches Wattenmeer und angrenzende Küstengebiete" und zum anderen als FFH-Gebiet Untereider bei der EU angemeldet.

E 12   Eidersperrwerk

Die Eider mündet in einem breiten Trichter an der S-Seite Eiderstedts durch das Eidersperrwerk in die Nordsee. Das Sperrwerk mit den nach N und S anschließenden etwa 4,8 km Landesschutzdeichen wurde vom Herbst 1967 bis zum Frühjahr 1972 erbaut. Es dient nicht nur dem Schutz vor Sturmfluten der Nordsee, sondern es soll auch die Binnenentwässerung im Bereich des 2 100 km² großen Einzugsgebiets der Eider und ihrer Nebenflüsse verbessern.

Abb. 72   Luftaufnahme vom Eidersperrwerk

Der Deich ist nicht wie sonst üblich „grün", sondern „schwarz". Er hat keine erosionsfeste Abdeckung des Sandkerns aus Kleiboden, sondern aus einer 20–25 cm dicken Asphaltschicht. Diese Bauweise wurde gewählt, da nicht genügend geeignete Kleivorkommen in der Nähe des Bauwerks zur Verfügung standen. Der Kern des Dammes besteht, wie auch sonst üblich, aus eingespültem Sandboden. Die Kronenhöhe beträgt 8,50 m ü. NN, das entspricht etwa 3,50 m über dem Bemessungswasserstand. Die Innenböschung ist im Verhältnis 1:3, die Außenböschung 1:6 geneigt. Der seeseitige Abschluss zum Watt besteht aus einem Schüttsteindeckwerk. Für die Herstellung des Eiderdammes mussten rund 1,7 Mio. m³ Spülsand, 31 000 m² Schüttsteindeckwerke, 146 000 m² Asphaltabdeckungen und 27 000 m² Straßenbauflächen eingebaut werden. Das Sperrwerk besteht aus fünf Sielkammern mit einer Durchflussbreite von jeweils 40 m und einer Schifffahrtsschleuse mit Abmessungen von 14 m Breite und 75 m Länge. Die Schleusentorverschlüsse bestehen aus Stahl und sind als Stemmtore ausgebildet (Abb. 72). E 12

Der rund 236 m lange Sielbereich des Sperrwerks besteht aus rund 49 000 m³ Stahlbeton. Wegen der weichen Untergrundverhältnisse wurde das Bauwerk auf 25 m langen Stahlbetonpfählen tief gegründet. Die 40 m langen Sielöffnungen werden durch 6 m breite Wehrträger unterteilt. Diese stellen auch die Widerlager für die Brücken- bzw. Tunnelkonstruktionen dar. Im Tunnel befindet sich eine 7 m breite zweispurige Verbindungsstraße, die die Halbinsel Eiderstedt mit Dithmarschen verbindet. Der Tunnel ist als freitragende Spannbetonkonstruktion ausgebildet. Zu beiden Seiten des Autotunnels sind die Segmentverschlüsse aus Stahl angeordnet. Hiermit werden die Wasserstände der Eider reguliert. Außerdem dienen diese Verschlüsse dazu, bei Sturmfluten das gesamte Eidereinzugsgebiet vor Hochwassergefahren zu schützen.

Zur Errichtung von Sperrwerk und Schleuse diente eine rund 28 ha große künstliche Insel, die im Wattbereich der Eidermündung als erste Baumaßnahme entstand. Nach Schluss der Arbeiten konnte sie wieder zurückgebaut werden. Nach Inbetriebnahme des Sperrwerks wurde dann die letzte noch offene Rinne im sogenannten Purrenstrom mittels einer zunächst durchlässigen Stahlpfahlwand und dem gleichzeitigen Einspülen von großen Sandmassen geschlossen. Träger der Baumaßnahme war das Land Schleswig-Holstein. Die Bauunterhaltungslast für die Landesschutzdeiche nach N und S des Sperrwerks liegen beim Land, für das Sperrwerk und die Schleuse bei der Wasser- und Schifffahrtsverwaltung des Bundes.

Tönning mit Elisenhof und Olversum, F 1
seit 2010 Verwaltungsgemeinschaft mit dem Amt Eiderstedt

Tönning, mit 4 900 Einwohnern die größte Stadt der Halbinsel Eiderstedt und durch mehrere Jahrhunderte deren Hauptort, liegt 2 m ü. NN am Nordufer der Eider. Von der 1973 errichteten Eiderbrücke bietet sich ein schöner Blick auf die Stadtsilhouette mit dem hoch aufragenden Turm der St. Laurentius-Kirche.

Das heutige Stadtgebiet überlagert eine frühgeschichtlich-mittelalterliche Dorfwarft von unregelmäßig rundovaler Form, die eine Grundfläche von mindestens 4 ha bedeckt. Auf dem höchsten Punkt wurde die Tönninger Kirche errichtet. Etwa 30 m vom W-Abschluss der Kirche entfernt konnte 1982 bei Abrucharbeiten

F 1 der Warftaufbau dokumentiert werden. Unter neuzeitlichem Bauschutt kam eine kräftige spätmittelalterliche Mistschicht zum Vorschein, die wiederum Auftragsschichten der Wikingerzeit und der späten römischen Kaiserzeit (SAGGAU 1988) überlagert. In einer Höhe von 2 m ü. NN wurde einer der für die frühgeschichtlichen Häuser typischen Scherbenherde angeschnitten. An anderer Stelle stiegen die Fundschichten der römischen Kaiserzeit bis 3,45 m ü. NN an und lagen somit oberhalb des damaligen Sturmflutspiegels. Sie reichen an die Höhen zeitgleicher Hausplätze der Dorfwarft Tofting, Gemeinde Oldenswort, heran und setzen sich damit ebenfalls deutlich von den tiefer liegenden Flachsiedlungen des 4. und des 5. Jh. ab, wie wir sie aus dem östlichen Teil Eiderstedts kennen. Wie in Tofting so wurden auch in Tönning Scherben der aus dem römischen Herrschaftsgebiet importierten Terra-Sigillata-Ware geborgen.

Erst etwa 400 Jahre später als die Tönninger Dorfwarft ist die über 1 km weiter südwestlich liegende Marschensiedlung Elisenhof gegründet worden. Mit einer Grundfläche von 8 ha zählt sie zu den größten, und zugleich zu den bedeutendsten und am besten archäologisch untersuchten Dorfwarften Eiderstedts. Bereits 1957/58 und 1961–1964 sind hier großflächige Ausgrabungen durchgeführt worden, die detaillierte Auskunft geben über die Struktur einer Ufersiedlung des 8.–11. Jh. n.Chr., über den Hausbau und über die Inventare der überwiegend bäuerlichen Betriebe (BANTELMANN 1975; STEUER 1979; KOSSACK et al. 1984; WESTPHALEN 1999). Als Siedelplatz ist ein im trichterförmig gestalteten Mündungsgebiet der Eider gelegener, in O-W-Richtung verlaufender Uferwall gewählt worden, der durch einen Vorlandstreifen vom eigentlichen Strombett getrennt war. Die frühen Siedler konnten den Fluss über einen Priel erreichen und hatten somit Zugang zu einem Fernhandelsweg, der über die Schleswiger Landenge im frühen Mittelalter Nord- und Ostsee verband. Nördlich des Uferwalls erstreckte sich hohe Marsch, die als Weide und als Land für Heugewinnung gut geeignet war.

Die ältesten Siedelreste wurden auf dem höchsten Punkt des lang gestreckten, bis zu 2,20 m ü. NN aufragenden Uferwalles freigelegt, hier hatten sich die ersten Siedler im 8. Jh. n.Chr. zu ebener Erde niedergelassen. Noch im selben Jahrhundert erfolgte ein Ausbau der Siedlung in Richtung S, der hauptsächlich den zum Priel hin abfallenden S-Hang des Uferwalles einbezogen hat, während der zum Wirtschaftsland weisende N-Abhang noch unbebaut blieb. Waren die ältesten Häuser noch teilweise in O-W-Richtung angelegt worden, so lässt sich im 9. Jh. ein Richtungswechsel erkennen. Die Wohnstallhäuser liegen nun in N-S-Richtung und folgen in ihrer Ausrichtung mehr dem natürlichen Gefälle des Uferwalles. Darin zeigt sich lediglich das verständliche Bestreben, den Wohnteil höher anzulegen als den Stallteil, damit die Jauche hangabwärts fließen konnte. Zahlenmäßig überwogen Wohnstallhäuser, in denen Mensch und Tier unter einem Dach lebten, Sodenwandhäuser kamen seltener vor. Die Wände der Langhäuser bestanden aus Flechtwerk, das außen durch Sodensetzungen zusätzlich geschützt war. Mit Soden waren auch die Fußböden belegt, z.T. auch die Dächer. Überwiegend dürften aber die Dächer mit Schilfrohr gedeckt gewesen sein. Die Häuser waren bis zu 30 m lang, im Stallteil standen bis zu 32 Rinder in Boxen, jeweils mit dem Kopf zur Wand.

Durch die Rinderhaltung wurden große Mengen von Dung erzeugt, mit dem noch im 9. Jh. der den Uferwall begleitende Priel nach und nach verfüllt worden ist. In der Siedlung ausplanierter, mit Sodenpackungen abgedeckter Dung sorgte zudem für eine allmähliche Erhöhung des Siedelniveaus. Im hohen Mittelalter war die Warft um etwa 3 m aufgewachsen und bedeckte eine Grundfläche von etwa 5 ha. Zwar dünnt die Siedeldichte vom frühen zum hohen Mittelalter hin aus, doch spricht die Platzkonstanz der Hausplätze für eine kontinuierliche Besiedlung. Erst im 12. oder 13. Jh. wird die Dorfwarft verlassen. Anlass dafür dürfte die mit dem frühen Deichbau einhergehende Entwässerung und Parzellierung der Marsch gewesen sein, die das genossenschaftliche Wirtschaften verdrängte und zur Bildung von Privatbesitz und somit zum Bau von Einzelhofwarften führte.

Wenn auch in allen Jahrhunderten die Viehwirtschaft der vorherrschende Wirtschaftszweig war, so fehlen nicht die Hinweise auf frühen Ackerbau (BEHRE 1976). Spuren von Haken- und Streichbrettpflug kamen unmittelbar neben den frühen Gebäuden zum Vorschein, sie sind aber im Zuge der Erweiterung des bebauten Areals überlagert worden. Hinweise auf die Art der Feldfrüchte geben die geborgenen Großpflanzenreste. Neben der Pferdebohne sind Gerste und Hafer belegt. Insgesamt spielte der Ackerbau aber eine geringe Rolle, da Siedlung und Wirtschaftsfläche nicht sturmflutfrei waren. Es sind aber kaum Anzeichen zu erkennen, dass sich die Warftbewohner dagegen mit großem Aufwand zu schützen suchten. So werden vom Ausgräber die Wechsellagerungen von Dung- und Kleisodenschichten nicht primär als gezielte Aufwarftungen gedeutet und auch bei der Trinkwasserversorgung bediente man sich nicht der Zisternen, sondern nutzte bis in brackwasserführende Schluffschichten eingegrabene Brunnen. Dass aber Salzwassereinfluss die Qualität der Weideflächen minderte, spiegelt sich nach Auswertung der geborgenen Tierknochen im Anteil der anspruchslosen Schafe wider, die 50 % des gesamten Haustierbestandes ausmachten.

Gar nicht zu einer bäuerlichen Siedlung wollen drei sorgfältig mit Soden gepflasterte, etwa 3 m breite Wege passen, die aus der Siedlung heraus nach S in Richtung auf den Eiderstrom führten. Sie geben einen deutlichen Hinweis darauf, dass die Ufersiedlung Elisenhof im Gefüge des friesisch-fränkischen Fernhandels eine wichtige Rolle spielte (KÜHN 2008). Hier dürfte eine derjenigen Versorgerstationen lokalisiert worden sein, ohne die der Handel zwischen West- und Osteuropa nicht funktioniert hätte. Nach Analyse der bei der Ausgrabung geborgenen Kleinfunde wird deutlich, dass im frühen Mittelalter mehrere Familien von den Fernhandelskontakten profitiert haben (WESTPHALEN 1999). Zahlreiche importierte Luxusgüter sind archäologisch belegt, wie westeuropäische Hohlgläser und Glasperlen, die als Schmuck und Zahlungsmittel dienten, Scheibenfibeln und Schmucknadeln, aber auch Waffen und wertvolles Reitzeug, wie z.B. besondere Riemenzügelhalter, die ihre nächsten Entsprechungen im großmährischen bzw. westischen Raum haben. Als Tauschmittel dürften überwiegend Überschüsse aus der landwirtschaftlichen Produktion gedient haben. Durch vielfältige handwerkliche Tätigkeiten wurden auf der Dorfwarft aber auch andere Güter produziert, die als Handelsware taugten. So ist neben der Textilherstellung die Verarbeitung von Eisen, Bronze, Geweih, Horn und Knochen nachgewiesen. Als Besonderheit ist die Bernsteinbearbeitung hervorzuheben, von der u.a. zwei Leierstege geblieben sind.

In der zweiten Hälfte des 11. Jh. übernahm Schleswig nach dem Niedergang von Haithabu dessen Rolle als Umschlagplatz für den Handel zwischen dem Nordsee- und dem Ostseeraum. Ob die Nähe zu dem Fernhandelsweg für die Bewohner von Elisenhof noch im hohen Mittelalter von Vorteil war, ist archäologisch nicht untersucht. Über 70 Brunnen des hohen und späten Mittelalters belegen aber, dass die Dorfwarft auch nach dem frühen Mittelalter dicht besiedelt blieb. Soweit sie durch archäologisches

F 1 Fundgut datiert sind, stammen die Brunnen überwiegend aus dem 12. und 13. Jh. Einzelne datieren noch in das 14. Jh. Darin spiegelt sich die insbesondere im 13. Jh. stattfindende Aussiedlung der Höfe in das Umland wider, die durch Fortschritte im Deichbau und den dadurch steigenden Sturmflutschutz begünstigt wurde.

Die erste Erwähnung findet die *Tunnighen haeret* (Harde) 1187, und auch die Kirche geht im Kern auf das 12. Jh. zurück. Der Ortsname Tönnings stellt sich am Ende des 12. Jh. in der Form *Tunnighe* vor, der sich dann über *Tunning* zu Tönning entwickelt. Zwischenstufen sind 1444 *Tonnien* bzw. *Tonnighen*. Die Deutung des Ortsnamens ist ungeklärt. Vielleicht hängt er mit *tun* (mndt. für Zaun) zusammen.

Die s c h r i f t l i c h e Ü b e r l i e f e r u n g setzt verstärkt erst im 15. Jh. ein. Am 20. Juli 1402 überfielen Dithmarscher Eiderstedt und verbrannten das ganze Kirchspiel Tönning, dazu auch das Kirchspiel Oldenswort. Der unmittelbare Grund war die Gefangennahme von sieben Frauen aus Dithmarschen durch Eiderstedter, die sie in der Tönninger Kirche einsperrten. Fünf Tage danach kamen die Dithmarscher herüber, verbrannten das halbe Land und nahmen die Frauen mit nach Hause. Am 10. Oktober schlossen die beiden streitbaren Parteien Frieden, doch schwelte der Konflikt infolge des Kampfes um das Herzogtum Schleswig zwischen der dänischen König und den Grafen von Holstein weiter. Da die Dithmarscher seit 1409 Parteigänger der Dänen waren, bemühten sich die Eiderstedter Friesen als Sympathisanten der Holsteiner, ihren Nachbarn zu schaden, die sich nicht lumpen ließen. Als die Eiderstedter 1413 fünf Dithmarscher ergriffen und hängten, überzogen deren Landsleute 1414 ganz Eiderstedt mit Fehde, wurden aber geschlagen. Nur wenig später kamen sie verstärkt zurück und brannten und mordeten, das Dorf Tönning aber kaufte sich mit einer Summe Geldes frei. Dies tat das Kirchspiel Tönning ebenfalls 1417, nachdem der Krieg mit Dithmarschen erneut entflammt war. Ein demütigender Friedensvertrag beendete die Kämpfe, doch gingen lokale Sticheleien weiter.

1430 wurde das Schiff des Nickels Wilts von Sylt in *der haven Tunningen* von Dithmarschern beraubt. 1436 gab es in Tönning einen Bürgermeister. Aus den Klageschriften gegen die Dithmarscher von 1480 lassen sich neben rein bäuerlichen Existenzen auch andere Gewerbetreibende erschließen. So finden sich Reimer Fährmann, der die Fahrt quer über die Eider nach Dithmarschen betrieb, dann Karsten Kymer, der Bottiche herstellte, Meister Cordt, wohl ein Barbier oder Wundarzt, Johan und Albert Krämer, Heyne Schröder, ein Schneider, Hardynck, der Schmied, Boye, der Färber; Metke Gelehar war ein Schiffer und Michel Berndes ein Ochsenhändler. Im 15. Jh. zeichnete sich ein vorstädtisches Milieu ab, das noch gestützt wird von der Klage des Bischofs zu Schleswig, in Tönning würden „Bäcker und Schuster" im Kirchspielsgericht (seit 1450) in Deichsangelegenheiten und weniger wichtigen Fällen Urteile verkünden, wobei vorher in seinem, des Bischofs Namen zwei Lehnsmänner damit beauftragt waren. Diese Gewohnheit reicht in die Zeit zurück, als das Gebiet um Tönning dem Bischof den sogenannten Peterspfennig zahlte, wie z.B. 1378 belegt und vermutlich in das Jahr 1196 zurückreichend. In Tönning fand 1527 auch der Tag statt, an dem die Streitigkeiten mit Dithmarschen durch die Schaffung einer paritätisch besetzten Schiedskommission zu Ende gebracht werden sollten, was jedoch erst mit der Unterwerfung der Nachbarn 1559 erreicht wurde.

Für das Tönninger S t a d t b i l d prägend ist die Kirche am Markt (Abb. 73). Im Kern ist sie noch romanisch, jedoch hat sie im 17. und 18. Jh. wesentliche Überformun-

F 1

Abb. 73   Luftaufnahme von Tönning

gen nach mehrfachen Zerstörungen erfahren. Es handelt sich um einen lang gestreckten Bau mit einem Chor mit Drei-Achtel-Schluss. Der Turm im W war im 15. Jh. im Zuge der Auseinandersetzungen mit den Dithmarschern abgebrannt, danach mehrfach erhöht und bei der Beschießung 1700 erneut beschädigt worden. Auf den romanisch-gotischen Turmstumpf wurde 1706 eine steil emporragende, dreistufig gegliederte Barockhaube gesetzt, erbaut von dem Altonaer Zimmermeister Jakob Bläser. Der Tönninger Kirchturm war der höchste im Herzogtum Schleswig, bis 1894 der Schleswiger Dom seinen neugotischen Turm erhielt. Das Innere des Gotteshauses wird von einer hölzernen, illusionistisch bemalten Tonnendecke geprägt, die 1704 nach der großen Zerstörung eingefügt wurde, gefertigt von Bartel Conrath aus Hamburg. Sie gehört zu den frühen Beispielen ihrer Art in Schleswig-Holstein. Das Tönninger Gotteshaus weist eine besonders reiche Ausstattung auf. Als einzige der Eiderstedter Kirchen vermittelt der repräsentative Bau einen Eindruck von der Zeit des norddeutschen Barock. Neben der Triumphkreuzgruppe muss auf den Emporenlettner von 1635 ebenso hingewiesen werden wie auf den Schnitzaltar von 1634. Die Barockkanzel von 1703 gehört zu den schönsten ihrer Art in Norddeutschland. Der wohl bedeutendste Schatz der Kirche ist das Ovens-Epitaph von 1691. Das Bild im Mittelfeld „Die heilige Familie mit Elisabeth und dem kleinen Johannes" schuf der 1623 in Tönning geborene Maler Jürgen Ovens, der insgesamt 16 Jahre in den Niederlanden verbrachte. Er gilt als Schüler Rembrandts und als Barockmaler von europäischem Rang. Das Epitaph in Tönning enthält auch ein Selbstbildnis des Malers und ein Bild seiner Frau. Die Gottorfer Herzöge beschäftigten ihn bis zu seinem Tod 1678 vielfach als Hofmaler.

F 1 Das historische M u s i k l e b e n Tönnings teilt sich in vier Segmente: die vorreformatorische Pflege des Gregorianischen Chorals, von der einzelne Notenfragmente erhalten blieben; die Musikpflege des städtischen Patriziats, die durch private Notensammlungen und durch die Texte festlicher Musiken für das dänische Königshaus dokumentiert ist; ferner die Musikpflege an der Tönninger Lateinschule und – nicht zuletzt – die Orgelkultur. Aus der Lateinschultradition ist nur auf den Kantor Tobias Eniccelius zu verweisen, der seine Tönninger Berufung aus einem gleichartigen Amt in Flensburg 1664 als Aufstieg verstand und 1667 von hier aus eine umfangreiche Sammlung eigener Kompositionen in Druck gab. Von der ältesten Orgel der Laurentiuskirche (1593) ist nichts mehr erhalten; mit Blick auf Garding und Oldenswort ist jedoch auch zu überlegen, ob Tönning nicht schon vorher eine Orgel besessen haben müsste. Aus der Zeit um 1700 ist neben dem Gehäuse der Hauptorgel (1681–1683, für eine Orgel von Joachim Richborn aus Hamburg) auch das der Lettnerorgel erhalten (1739). Die Hauptorgel enthält heute ein Werk von Hinrich Otto Paschen aus Kiel (1976). Nicht mehr erhalten ist die Schlosskirchen-Orgel, auf der der Bach-Zeitgenosse Hinrich Zinck (1677–1751) wirkte. Tönning ist Geburtsort von Kurt Thomas (1904–1973), der als Leipziger Thomaskantor bekannt wurde, und war Wirkungsort des überregional bekannten Kirchenmusikers Kurt Rienecker (1910–1969).

Tönning lag zunächst nicht direkt an der Eider. Infolge von Sturmfluten und Tideveränderungen im 14. Jh. wurde das Flussbett nach N verlagert. Der Ort entwickelte sich fortan zu einem Ausfuhrhafen für die blühende Landwirtschaft Eiderstedts. Durch den Einfluss des Eiderstedter Stallers Caspar Hoyer ließ hier 1581–1583 der Gottorfer Herzog Adolf, nach dem Husumer Schloss, durch einen niederländischen Baumeister eine weitere Nebenresidenz errichten. Der repräsentative Bau erhielt an den vier Ecken Pavillons mit je einem Turm, ein kleinerer erhob sich über dem zweigeschossigen Zentralbau. Allerdings wurde das Tönninger Schloss bereits 1735 wieder abgebrochen. Der G r u n d r i s s d e r S t a d t, insbesondere auch der Marktplatz, der auf das Schloss ausgerichtet war, lassen noch heute den Verlust deutlich werden. Immerhin hat sich der Graben großenteils erhalten. Die Fläche ist z.T. mit einer modernen Bebauung versehen, z.T. hat hier ein kleiner Park seinen Platz gefunden. An den Chirurgen Friedrich von Esmarch (1823–1908) erinnert ein 1905 enthülltes Denkmal, geschaffen von dem aus Husum stammenden Bildhauer Adolf Brütt (Abb. 74). Im südlichen Bereich des Schlossgartens befindet sich die „Waschkuhle". Der kleine Teich diente Haushalten ohne eigene Zisterne wie auch Seeleuten zur Versorgung mit Trinkwasser.

Tönning erhielt 1590 S t a d t r e c h t e und ist damit, gemeinsam mit Garding, die älteste Stadt Nordfrieslands. Gefördert von den Gottorfer Landesherren, wurde der Ort in der Frühen Neuzeit die eigentliche Hauptstadt der Halbinsel Eiderstedt und war seit etwa 1630 ständiger Tagungsplatz der Eiderstedter Landesversammlung. Die landwirtschaftlichen Erzeugnisse der fruchtbaren Marschen wurden großenteils in der Stadt umgesetzt. Der Gottorfer Herzog Johann Adolf ließ 1613 den Hafen in der Form anlegen, wie er noch heute erhalten ist. Zuvor befand sich nördlich davon nur ein kleiner Sielhafen als Anlegestelle. Die von den nach Eiderstedt eingewanderten Niederländern eingeführte Milchwirtschaft hatte den Schiffsverkehr stark ansteigen lassen. Insbesondere der Handel mit Käse florierte. Ebenfalls mit Hilfe von Niederländern wurde 1612 zur Verbesserung des Binnenverkehrs auf der Halbinsel die Norderbootfahrt angelegt, die durch ein Sieltor mit dem Hafen verbunden ist. Auf der 8–10 m breiten, großenteils

Abb. 74   Das 1905 gestiftete Denkmal für den in Tönning geborenen Chirurgen Friedrich von Esmarch (1823–1908), einem der Pioniere des modernen Gesundheitswesens

erhaltenen Wasserstraße wurden von und nach Tönning zahllose Güter transportiert, denn die grundlosen Kleiwege in der Marsch waren bei Regenwetter und im Winter oft unpassierbar. Der Marktplatz wurde durch 12 000 Fuder Erde erhöht und gepflastert. An jedem Montag wird hier Wochenmarkt gehalten. Als Schmuck erhielt der Platz in der Mitte einen achteckigen Sandsteinbrunnen im Stil der niederländischen Renaissance.

Im Ortskern wie am Hafen haben sich giebelständige Backsteingebäude erhalten, teils aus dem 16. Jh. stammend, die großenteils gleichfalls auf den Einfluss niederländischer Baukultur verweisen. Das ehemalige Stationsgebäude der fahrenden Post in der Neustraße 10 weist einen schönen Stufengiebel auf, ebenso das Nachbarhaus, an dem zu lesen ist: DER SEGEN DES HERREN SEI IN DIESEM HAVSE MIT ALLEN DIE DA GEHEN EIN VND AVSE. In der von der Kirche nach N führenden Johann-Adolf-Straße, einer der ältesten Tönnings, benannt nach dem für die Stadtentwicklung wichtigen Gottorfer Herzog, befand sich im Haus Nr. 11 eine der ältesten Apotheken Schleswig-Holsteins; heute wird sie wieder am Markt betrieben. Norderstraße, Twiete, Rademacherstraße und Kattrepel vermitteln einen Eindruck vom früheren Leben in den engen Gassen einer Kleinstadt. Mehrere alte Häuser sind in der Straße Neustadt erhalten. Das eingeschossige Backsteinhaus mit Stufengiebel in der Neustadt Nr. 20 trägt die Jahreszahl 1619. Auf der anderen Straßenseite (Nr. 39) liegt neben einem alten Speichergebäude das mit einer Gedächtnistafel versehene Geburtshaus des Chirurgen Friedrich von Esmarch, ein dreigeschossiges Traufenhaus mit altem Backstein-Rückflügel, das ursprünglich als Getreidehandelshaus diente; der schwedische General Stenbock

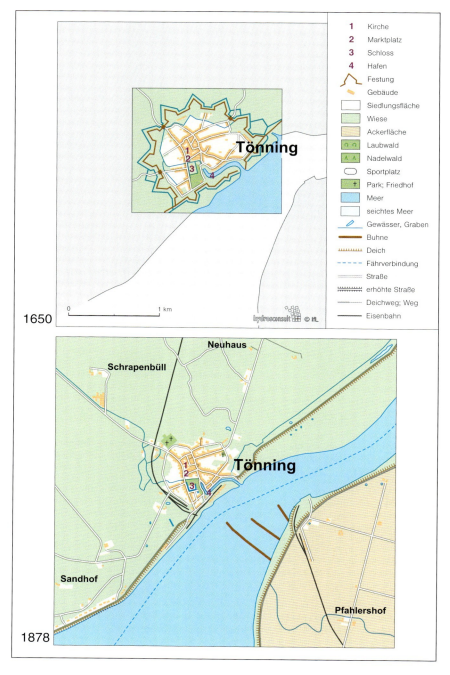

F 1

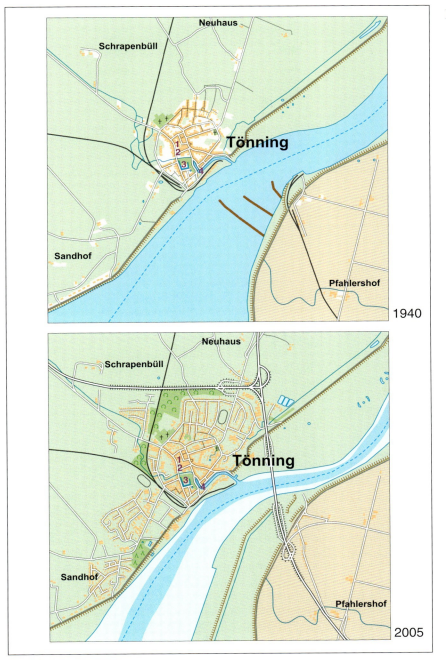

1940

2005

F 1 Seiten 294 und 295
Abb. 75 Stadtentwicklung von Tönning (Entwurf: Thomas STEENSEN und Haik Thomas PORADA, nach DANCKWERTH u. MEJER 1652, KPL 1878, RfL 1940, LVermA S-H)

wurde hier 1713 inhaftiert. Die Wendung vom Giebelhaus zum Querhaus in Traufenstellung, das die Breitseite zur Straßenfront kehrte, vollzog sich wie in anderen Kleinstädten Norddeutschlands hauptsächlich gegen Ende des 18. Jh., als eine breitere bürgerliche Wohnkultur Platz griff. Zu den Kulturdenkmalen von besonderer Bedeutung zählt das Alte Hospital im Neuweg 47, am Rande des Stadtkerns zur Friedrichstädter Landstraße hin gelegen. Das lang gestreckte eingeschossige Backsteintraufenhaus von 1602 weist einen Krummholzdachstuhl auf, was ebenfalls auf einen niederländischen Baumeister hindeutet. Das zunächst aus mehreren großen Räumen bestehende Siechen- und Armenhaus erhielt um 1750 bei einem Umbau Zimmer. Es diente bis 1978 als städtisches Altenheim, wurde dann grundlegend renoviert und 1990–1998 als Museum genutzt, heute ist hier ein Architekturbüro ansässig.

Im Dreißigjährigen Krieg begann eine jahrzehntelange Leidenszeit. Tönning wurde zu einem Schauplatz der Kriege zwischen Schweden, Dänemark, Russland, Sachsen, Polen, dem Gottorfer Herzogtum und den Kaisern des Heiligen Römischen Reiches deutscher Nation. 1627–1629 plünderten Soldaten Wallensteins die Stadt und zerstörten über 100 Häuser. Der Gottorfer Herzog Friedrich III. veranlasste 1644 den Ausbau Tönnings zur Festung. Die Stadt wurde umgeben durch Gräben und Wälle mit elf Bastionen (Abb. 75). Der dänische König ließ die Befestigungen 1675/76 schleifen, aber der Gottorfer Herzog Christian Albrecht befestigte Tönning 1692 unter der Leitung von Zacharias Wolf erneut. Zu Beginn des Großen Nordischen Krieges wurde die Stadt durch dänische Truppen mit Kanonen beschossen und weitgehend verwüstet. Nach dem 1706 abgeschlossenen Wiederaufbau rückte 1713 der schwedische General Graf Magnus Stenbock (1665–1717), der kurz zuvor Altona hatte niederbrennen lassen, mit 11 000 Mann in Tönning ein. Nach dreimonatiger Belagerung, gekennzeichnet durch Hunger und Krankheit, Not und Tod unter den Soldaten und der Bevölkerung, ergab er sich einer Übermacht dänischer, russischer und sächsischer Truppen. Etwa 2 000 Menschen hatten während der Belagerung ihr Leben verloren. Nach der endgültigen Kapitulation am 7. Februar 1714 ließ der dänische König das Festungswerk erneut zerstören. Es wurde nicht wieder errichtet. Im Stadtbild sind kaum noch Spuren erkennbar. Die reich ausgestattete Garnisonkirche wurde um 1750 abgebrochen; der Altar und ein Epitaph gelangten in die Kirche von Tellingstedt in Dithmarschen.

Die Erbauung des Schleswig-Holsteinischen Kanals 1777–1784, 1853 in „Eiderkanal" umbenannt, brachte der Stadt einen erheblichen Aufschwung. Über die Eider sorgte er für einen ersten Schifffahrtsweg zwischen Nord- und Ostsee. Das 1783 erbaute Packhaus, ein für damalige Verhältnisse riesiger Ziegelbau, ist heute das letzte unveränderte Packhaus seiner Art in Schleswig-Holstein. Das Lagergebäude weist eine hölzerne, dreischiffige Konstruktion über drei Geschosse auf. Die Stützen stehen im Erdgeschoss auf Granitfundamentsteinen, die als Basen ausgebildet sind. Der stattliche Rotsteinbau prägt das Bild des Hafens bis heute; die Gesellschaft für Tönninger Stadtgeschichte zeigt in dem Gebäude eine historische Ausstellung. Er gilt seit 1997 als "längster Adventskalender der Welt".

Als während der britischen Elbblockade 1803–1807 der Hamburger Hafen nicht mehr angelaufen werden konnte, wurde Tönning fast über Nacht zu einem „Welthafen". Als „Klein-Hamburg" verdreifachte die Stadt ihre Einwohnerzahl. Auch während der Kontinentalsperre brachte man die Waren mit Wagen und Küstenschiffen nach Altona und Hamburg. Einer der größten Kriegsgewinnler war der aus Rostock stammende Joachim Lexow, der es zu ungeheurem Wohlstand brachte, sein Vermögen dann aber noch schneller verlor. In Tönning wurde 1818 die erste Badeanstalt an der Nordseeküste Schleswig-Holsteins gegründet. Sie florierte aber „wegen des abschüssigen und schlickigen Ufers der Eider" nicht. Immerhin hieß es 1835, dass ihr „viele Personen die Wiederherstellung ihrer Gesundheit" verdanken. Es bestand ein Badehaus mit vier Stuben, in denen warme und kalte Wannenbäder mit Eiderwasser genommen werden konnten. 1845 ist ein „Badefloß zum Gebrauch von Strombädern" belegt.

Im Zeitalter der Industrialisierung wurde von Tönning aus in großer Zahl Vieh nach Großbritannien ausgeführt, 1876 fast 50 000 Rinder und 60 000 Schafe. Seit 1871 machten die Tönninger mit einer eigenen Dampfschifffahrts-Gesellschaft den britischen Reedern Konkurrenz. 1876 wurde als Aktiengesellschaft die Tönninger Darlehns-Bank gegründet; sie firmierte seit 1891 als Schleswig-Holsteinische Bank und ging später in der Vereins- und Westbank auf. Der Export endete, als 1888 in Deutschland die Maul- und Klauenseuche ausbrach und die englische Regierung diese gefürchtete Rinderkrankheit zum willkommenen Anlass nahm, ein Einfuhrverbot für Vieh aus Deutschland zu verhängen. In gut vier Jahrzehnten waren von Tönning aus über eine Mio. Rinder und noch mehr Schafe verschifft worden. Von einer britischen Firma und weitgehend mit britischem Kapital wurde auch die erste Eisenbahn errichtet, die 1854 Tönning mit Husum und Flensburg verband (F2).

Das überkommene Stadtbild im Ortskern und insbesondere am Markt wurde um 1900 durch große Geschäftshäuser beeinträchtigt; das „Wirtschaftswunder" seit den 1950er Jahren wirkte in ähnlicher Weise. Das gehobene Bürgertum des Kaiserreichs ließ sich in ruhigen Straßen repräsentative Villen errichten. Größter Wirtschaftsbetrieb Tönnings und Nordfrieslands mit bis zu 1 600 Beschäftigten war die 1889 gegründete Werft Schömer & Jensen, hervorgegangen aus einer Maschinenfabrik mit Reparaturwerkstatt für Schiffe. Die Bevölkerungszahl der Stadt wuchs von 3 427 Menschen 1900 auf 4 427 fünf Jahre später, also um rund 30 %. Für die Arbeiter wurden ganze Straßenzüge mit Wohnungen errichtet. Mehrere dieser „Werfthäuser" sind in der Yurian-Ovens-Straße erhalten. Die Werft ging zum Bau von Mehrschraubendampfern über und lieferte mit dem „Roland" den größten Hochseeschlepper Europas. Doch bald schon ging es bergab. 1909 musste das Werk Konkurs anmelden. Ein Viertel der Einwohner verließ binnen Jahresfrist die Stadt. Der Bürgermeister bettelte erfolglos um staatliche Aufträge. Nach der Inflation 1923 kam das endgültige Aus. Die Krise um die Werft steht im Mittelpunkt des Romans „Millionensegen" (1920, Neuauflage 2007) von Meta Schoepp (1868–1939), die durch ihre Helgoland- und Marine-Romane bekannt wurde. Vordergründig geht es um einen Mord und eine Erbschaft. Die Autorin arbeitet das soziale Gefälle, die Animositäten und die dadurch entstehenden Konflikte zwischen der Stadt „Vineta", das ist Tönning, und dem flachen Land, dem Dorf „Seethenbüll", das ist Kotzenbüll, heraus, zwischen städtischen Honoratioren, Kleingewerbetreibenden und

F 1 Arbeitern einerseits, selbstherrlichen Hofbesitzern andererseits. Der Roman wurde unter dem Titel „Das Testament des Ive Sievers" 1922 mit Hans Albers in der Hauptrolle verfilmt und lief seit 1924 auch in einer englischen Fassung. Tönning, Eiderstedt und Stapelholm tauchen als landschaftlicher Hintergrund ebenfalls in Meta Schoepps 1929 in den USA auf Englisch erschienenem Roman „Scrapped" auf.

Die auffallend großen Gebäude am Eiderufer wurden 1936 als Seefliegerhorst durch das Reichsluftfahrtministerium erbaut. Der Stützpunkt diente der Wartung und Versorgung der Seefliegerverbände, Kampfflugzeuge waren nicht stationiert. Die dazugehörigen Kasernen wurden 2005 abgerissen. Auf dem Gelände entstand ein Campingplatz mit 250 Stellplätzen. In den großen Hallen wurde nach dem Krieg die erste deutsche Produktionsstätte der ETERNIT AG aufgebaut, deren Berliner Werk zerstört war. Sie beschäftigte bis zu 200 Arbeitskräfte, musste aber 1971 geschlossen werden. Als Nachfolger konnte eine Firma für Pumpen- und Anlagentechnik gewonnen werden.

In der Stadt an der Eider bestanden auch Betriebe zur Garnelenverwertung, die viele „Krabbenpulerinnen" beschäftigten. Garnelen („Krabben" oder „Porren") waren lange im Nebenerwerb, zumeist von Frauen, mit einem Schiebenetz („Gliep") gefangen worden. Ein Tönninger Fischer stellte 1865 den Krabben erstmals mit einem von seinem Segelboot gezogenen kleinen Schleppnetz nach. Die Fischer wohnten vor allem in Olversum, westlich von Tönning hinter dem Eiderdeich gelegen und mittlerweile eingemeindet. Zunächst hatte man von kleinen Ruderbooten aus überwiegend Hering, Stint, Stör, Butt und Aal gefangen. Seit den 1880er Jahren entwickelte sich der Krabbenfang zum größten und profitabelsten Erwerbszweig der regionalen Seefischerei. 1895 hatte Tönning mit zehn Fahrzeugen die erste Krabbenfangflotte an der Westküste Schleswig-Holsteins aufzuweisen. 1897 wurde in Olversum ein Fischerverein gegründet. Kurz vor dem Ersten Weltkrieg begann die Motorisierung der Kutter. Die Tönninger Fangflotte bestand zeitweise aus 30 bis 45 Schiffen. Nach der Fertigstellung des Eidersperrwerks 1972 wurden mehrere Kutter dorthin verlegt. Heute laufen den Tönninger Hafen nur noch vereinzelt Krabbenkutter an (Abb. 76). Die einstige wirtschaftliche Lebensader der Stadt dient in der Gegenwart vor allem als Sportboot- und Freizeithafen. An der Hafeneinfahrt beim Wasser- und Schifffahrtsamt ist der 1959 in Tönning gebaute, 1992 ausgemusterte Kutter „Pornstrom" zu besichtigen.

In den Hafenbereich gelangt man durch gemauerte „Stöpen", die noch bis zur Fertigstellung des Eidersperrwerks bei hohen Wasserständen mit zwei Lagen von Bohlen geschlossen wurden, um eine Überflutung der Stadt zu verhindern. Ähnliche Vorrichtungen weisen verkleinert einzelne Häuser am Hafen auf. Mehrere Gebäude erinnern an Tönnings große Zeit als H a f e n s t a d t . Das „Schifferhaus", ein zweigeschossiges Traufenhaus mit Zwerchgiebel und kleinem Turm mit Uhr und Glocke, geht auf die Tönninger Schiffergilde von 1624 zurück. In der Festungszeit nahm der schwedische General Stenbock hier sein Hauptquartier. Der von Föhr stammende Seemann Hinrich Braren, später Brarens, (1751–1826) betrieb in dem für diesen Zweck erweiterten Haus zu Beginn des 19. Jh. eine in hohem Ansehen stehende Navigationsschule. Von 1926 bis zu ihrem Verbot 1933 hatte die Freimaurerloge „Eidora zum Schwane" hier ihren Sitz. Die NSDAP nutzte das Gebäude danach für ihre Zwecke, während nach dem Krieg der Entnazifizierungshauptausschuss in dem Haus tätig war. Es gehört seit 1965 der dänischen Minderheit und wird für Jugendaufenthalte genutzt. Auf einer Steintafel außen erinnern, wie an anderen Gebäuden und einem Pfahl am Hafen auch, Flutmarken

Abb. 76 Hafen von Tönning mit Fischereifahrzeugen

an frühere Sturmfluten. Die zweigeschossigen Traufenhäuser mit Zwerchhaus in der Frontmitte Am Hafen 22, 23 und 24 weisen besonders schöne Türen aus der Empire-Zeit auf. „Auf dem Robbenberge" befindet sich das zu Beginn des 19. Jh. als Fährhaus errichtete, mehrfach erweiterte Gebäude des Wasser- und Schifffahrtsamtes. Der international bekannte Botaniker Ferdinand von Müller (1825–1896) verbrachte hier prägende Jugendjahre. Die „Wasserbauinspektion" wurde 1884 in Tönning gegründet. Als Bundesbehörde ist sie heute für die gesamte schleswig-holsteinische Westküste zuständig und beschäftigt insgesamt rund 2 000 Menschen. Damit ist sie der größte Arbeitgeber in der Stadt. Auf dem Betriebshof lagern viele Seezeichen. 1815 hatte mit der „Eider-Lootsen-Galliote" das erste „Feuerschiff" der Deutschen Bucht vor der Eidermündung Position genommen. Im Torfhafen legten früher vor allem kleine Schiffe an, die das Heizmaterial aus Stapelholm und dem Rendsburger Raum auf der Eider nach Tönning brachten. Über diesen Teil des Hafens führt eine nach niederländischem Vorbild errichtete Zugbrücke für Fußgänger (Abb. 77). Im Hafenwinkel betreibt eine kleine Werft nach wie vor Holzschiffbau. Sie wurde 1740 konzessioniert und gilt als älteste noch produzierende Werft in Schleswig-Holstein. Seit sie 1910 von der Familie Dawartz übernommen wurde, entstanden hier weit über 300 Holzschiffe. In der Schleusenstraße 4 erinnert ein zweigeschossiges Giebelhaus mit Giebelluke und Kranausleger an die Zeit der florierenden Hafen- und Handelsstadt.

Tönning war lange Zeit der wichtigste Hafen an der Westküste Schleswig-Holsteins, verlor diesen Rang aber um 1900 an Husum. Als Sinnbild des Niedergangs kann der große Speicher dienen, den der Senator Harald Lempelius 1854 nach dem Vorbild des Kanalpackhauses von 1783 auf der gegenüberliegenden Hafenseite errichtete. Schon

F 1

Abb. 77   Zugbrücke nach niederländischem Vorbild in Tönning

1901 wurde er zu einem Wohnhaus umgewandelt, das wegen seiner aufwändigen Fassade im Volksmund „Schloss" genannt wurde. Verschiedene Entwicklungen warfen die Stadt an der Eider zurück: Die 1887 eröffnete „Marschbahn" lief an ihr vorbei. Der 1895 fertiggestellte Kaiser-Wilhelm-Kanal zwischen Kiel und Brunsbüttel machte den alten Eiderkanal beinahe bedeutungslos, den 1872 noch über 5 000 Schiffe passiert hatten. Die fast vollständige Stilllegung der Eisenschiffswerft bedeutete einen weiteren Rückschlag. Die Arbeiter an der Werft und in kleineren Fabriken hatten dafür gesorgt, dass Tönning zu einer Hochburg der Sozialdemokraten und später zeitweise auch der Kommunisten wurde. Bereits um 1872 bestand ein erster SPD-Ortsverein. Bei der Reichstagswahl von 1903 wurde das Spitzenergebnis von 58,4 % erzielt. Ein auch überregional bekannter SPD-Politiker wurde der in Tönning ansässige Paul Dölz (1887–1975).

Nach der Inkorporation Schleswig-Holsteins in Preußen wurde Tönning 1867 Ve r w a l t u n g s s i t z des neuen Kreises Eiderstedt. Das 1845 als Rathaus errichtete Haus Am Markt 13, dessen Giebel eine Justitia-Figur schmückte, diente seit 1895 als Landratsamt. 1961 erhielt die Stadt ein neues Kreishaus auf dem alten Schlossgrund am Herrengraben. Als Eiderstedt 1970 im Kreis Nordfriesland aufging, verlor Tönning seinen Status als Kreisstadt. Das gewohnte Autokennzeichen TÖN gehörte bald der Vergangenheit an. Das Verwaltungsgebäude diente zunächst als Internat für Auszubildende

der Landesberufsschule für Drogisten, später als Nationalparkamt. Verwaltungssitz des F 1
Amtes Eiderstedt wurde Garding. Als im Zuge einer landesweiten Verwaltungsstruktur-
reform fast alle Orte unter 8 000 Einwohnern ihre Eigenständigkeit verloren, konnte
Tönning 2008 seine Selbstständigkeit mit eigener Verwaltung und hauptamtlichem
Bürgermeister bewahren. In einem Kooperationsvertrag wurden jedoch Aufgaben auf
das Amt Eiderstedt übertragen.

Tönning ist Sitz des Nationalparkamtes, das den 1985 geschaffenen Nationalpark
Schleswig-Holsteinisches Wattenmeer verwaltet. 2008 wurde es in den Landesbetrieb
für Küstenschutz, Nationalpark und Meeresschutz eingegliedert. Zu einem Besucher-
magneten entwickelte sich das 1999 eröffnete und seitdem dreimal erweiterte Multi-
mar-Wattforum, das auf vielfältige und anschauliche Weise den Naturraum Wattenmeer
erklärt und außerdem ein „Walhaus" unterhält (Abb. 78).

Rund 100 Vereine prägen das gesellschaftliche Leben in der Kleinstadt mit. Genannt
seien die Ringreitergilde von 1823, die 1842 gegründete Singgemeinschaft, die Freiwillige Feuerwehr von 1877, der Boßelverein von 1900, der 1914 gebildete Ortsverband
des Deutschen Roten Kreuzes und der Tönninger Sportverein von 1928, der auch die
seit 1861 organisierten Turner umfasst.

Obwohl recht weit entfernt von der 1920 gezogenen deutsch-dänischen Grenze,
wandten sich vor allem Arbeiter, Handwerker und Kleinhändler in Tönning der dänischen Minderheit zu. 1935 konnte eine dänische Schule mit Kindergarten eröffnet werden. In der NS-Zeit schlossen sich manche der bedrängten Sozialdemokraten und Kommunisten der dänischen Minderheit an. Nach Kriegsende erhielt sie vorübergehend
außerordentlich starken Zulauf. Bei der Landtagswahl 2009 erzielte der Südschleswigsche Wählerverband, die Partei der dänischen Minderheit und der Nationalen Friesen,
in Tönning 15,3 % der Stimmen.

In der Stadt bestehen folgende Schulen und Einrichtungen: eine Grundschule mit
Förderzentrum, eine Gemeinschaftsschule, eine dänische Schule, vier Kindergärten,
zwei Senioren- und Pflegeheime, drei Sportplätze, drei Sport- und Turnhallen, eine
Stadthalle, eine Jugendherberge mit Jugendbildungsstätte, ein Kreisklinikum mit
55 Belegbetten, eine Stadtbücherei, eine dänische Bücherei, eine Sozialstation der Ar-
beiterwohlfahrt, eine Altenbegegnungsstätte und ein Jugendzentrum.

Tönning ist Standort zahlreicher kleiner und mittlerer Handels- und Gewerbebetriebe. Nur vier Industriebetriebe beschäftigen 50 bis 100 Menschen, und zwar
für Pumpen- und Anlagentechnik, Elektrobau, Torantriebe sowie Garagen- und Hallen-
tore. In der Innenstadt mussten viele kleine Geschäfte seit den 1980er Jahren schließen.
Insbesondere am Stadtrand haben sich mehrere große Verbrauchermärkte angesiedelt.

Vor allem seit den 1960er Jahren bemühte sich Tönning um eine Stärkung des Frem-
denverkehrs. 1965 standen 1 000 Gästebetten und 200 Strandkörbe am Eiderstrand zur
Verfügung. Hinter dem Deich wurde ein Kurwald angelegt, zwischen Wäldchen und
Deich entstand 1964 ein Meerwasser-Freibad. Der Bade- und Luftkurort zieht viele
Tagesgäste an, die sich an dem historisch gewachsenen Stadtbild und der schönen Lage
an der Eidermündung erfreuen.

Zum Tönninger Stadtgebiet gehört neben Kating (E8) der Ortsteil Olversum, bereits
1305 als *Alversum* erwähnt. Der Ortsname lässt sich in die Bestandteile *Alver* (männli-
cher Personenname) und *um* (aus –heim entwickelt) zerlegen. 1453 wurden die Einkünfte des Priesters an der St.-Bartholomäus-Kirche wesentlich verbessert. Noch 1523

301

F 1

Abb. 78   Multimar Wattforum Tönning des Nationalparks Wattenmeer

und 1547 wurde Olversum als eigenständiges Kirchspiel erwähnt. 1609 gehört der Kirchhof schon zu Tönning. Der Chronist Peter Sax schrieb 1636: „Alversum ist ein berühmt großes Caspell (Kirchspiel) in Eiderstedt gewesen."

F 2   **Eisenbahn Husum–Tönning–Garding–St. Peter-Ording**

Von Husum aus besteht eine Zugverbindung nach Tönning, die von dort über Garding bis nach St. Peter-Ording weitergeführt wird. Haltestellen, teilweise auch Bedarfshaltepunkte, auf der insgesamt 44 km langen Strecke befinden sich in Witzwort, Harblek, Tönning, Kating, Katharinenheerd, Garding, Sandwehle, Tating, Bad St. Peter Süd und letztendlich in Bad St. Peter-Ording. Ingesamt handelt es sich um eine zweigeteilte Verbindung, die im Kopfbahnhof Tönning zusammenläuft. Die Bahnstrecke ist eingleisig und nicht elektrifiziert.

Schon im Jahr 1854 wurde die erste Bahnstrecke im heutigen Landesteil Schleswig fertig gestellt. Dabei handelt es sich um die Verbindung von Flensburg über Husum bis nach Tönning. Sie wurde ermöglicht durch den Tönninger Viehtransport und von einer englischen Reederei finanziert, die sich einen Handelsanschluss an den Ostseeraum suchte. Im Jahr 1892 folgte der Bau der Eisenbahnstrecke von Tönning bis nach Garding. Erst 1932 wurde die Strecke bis nach St. Peter-Ording, dem heutigen Endpunkt, ausgebaut. Die heutige Endhaltestelle in östlicher Richtung stellt Husum dar, die weitere Strecke nach Flensburg wurde bereits in früheren Jahren eingestellt. Von Husum aus besteht ein Anschluss über die sogenannte Marschbahn nach Hamburg-Altona in südlicher und nach Westerland auf Sylt in nördlicher Richtung sowie in östlicher Richtung nach Schleswig, Rendsburg und Kiel. Insbesondere in den frühen Jahren siedelten sich entlang der Eisenbahnverbindung, hauptsächlich in der Nähe der Bahnhöfe, viele neue Wirtschaftsbetriebe an. Der alte Bahnhof in Husum ist erhalten, den in Tönning ließ die Bahn hingegen 1970 abreißen, ebenso weitere Bahnhöfe in Eiderstedt. Aus der Anfangszeit erhalten ist in Tönning ein Güterschuppen am Ende der Straße Am Bahnhof.

F 2

In den 1970er und 1980er Jahren gab es Überlegungen seitens des Verkehrsministeriums, die Bahnverbindung gänzlich stillzulegen. Dieses Vorhaben scheiterte aufgrund vehementer Proteste aus der gesamten Region. Nachdem in den 1990er Jahren auch wieder in die Bahnstrecke investiert wurde, das Zugmaterial besser und somit schneller wurde und ein verlässlicher Stundentakt Einzug erhielt, erlebte die Verbindung zuletzt wieder eine deutliche Attraktivitätssteigerung mit erheblich steigenden Fahrgastzahlen.

Seit 2000 wird die Strecke von der Nord-Ostsee-Bahn (NOB), einem Unternehmen des Veolia-Konzerns, betrieben, die im stündlichen Takt die Strecke mit Triebwagen bedient. Ab Ende 2011 bedient wiederum die Deutsche Bahn, mit der Tochterfirma DB Regio Nord GmbH, die Verbindung von St. Peter-Ording bis nach Husum und weiterhin darüber hinaus bis nach Kiel. Durchschnittlich reisen gerundet 370 000 Fahrgäste pro Jahr auf dieser Strecke. Kennzeichnend sind dabei hohe Fahrgastzahlen von bis zu 3 000 Personen am Tag in den Sommermonaten, während in der Winterzeit etwa 1 600 Personen täglich die Verbindung nutzen. Die Strecke wird vorwiegend von Schülern und von Reisenden zum bzw. vom Seebad St. Peter-Ording sowie daneben von Berufspendlern befahren.

Eider

F 3

Die Eider ist mit rund 110 km Länge – vor dem Bau des Kaiser-Wilhelm-Kanals, des heutigen Nord-Ostsee-Kanals, waren es 180 km – und einem Einzugsgebiet von knapp 2 100 km^2 der bedeutendste Fluss Schleswig-Holsteins. Sie bildete früher die Südgrenze des dänischen Reichs sowie die Grenze zwischen den Herzogtümern Schleswig und Holstein; noch heute trennt sie die Kreise Nordfriesland und Dithmarschen. Ursprünglich durchzog sie von der südlich von Kiel gelegenen Quelle die Geest westwärts bis nach Rendsburg, wo sie in die Niederungen der Marschen und Moore eintritt. Bis zum Bau des Eidersperrwerkes 1967–1972 zeigte sie sich insbesondere als Tideeider mit ihrem Mündungstrichter von bis zu 5 km Breite und mit seinen Vorland-, Schlick- und Wasserflächen als imposante Flusslandschaft.

Bei den Wattflächen der Untereider handelt es sich nach den Seekarten des Bundesamtes für Seeschifffahrt und Hydrographie entlang der Fahrrinne um Sandwatt, das in den strömungsärmeren Flachwasserzonen am Ufer deutlich schlickiger wird. Die Wattflächen weisen Höhen bis 2,5 m über Mittlerem Springniedrigwasser (MSpNW) auf. Die Fahrrinne zeigt dagegen durchschnittliche Wassertiefen von 1–4 m unter MSpNW. Kleinere Auskolkungen der Fahrrinne liegen bis 14 m unter MSpNW und die Sohle des Sperrwerks liegt sogar bis 20 m unter MSpNW. Verlauf und Tiefen des Fahrwassers sind extrem veränderlich, so dass die Fahrrinne regelmäßig neu markiert werden muss.

F 3 Entlang der Untereider sind am Uferbereich schmale Brackwasserröhrichte mit Gewöhnlicher Strandsimse und Schilf vorherrschend, in denen eingestreut Strand-Aster, Strand-Dreizack und Spieß-Melde zu finden sind. Hier sind auch noch Reste der vor dem Sperrwerksbau vorhandenen flächig ausgeprägten Salzwiesen nachweisbar. Auch wenn durch Deiche von der Eider getrennt, müssen der Flusslandschaft die umgebenden Flussmarschen und oberhalb von Friedrichstadt die Moore und Niederungen von Treene und Sorge hinzugerechnet werden. Entlang der Eider, Treene und Sorge reihen sich als Biotopverbund die Naturschutz- und Natura-2000-Gebiete sowie Flächen des Vertragsnaturschutzes Ehemaliges Katinger Watt, Grüne Insel mit Eiderwatt, Dithmarscher Eidervorland mit Watt, Oldensworter Vorland, Eidervorländer, Lundener Niederung, Wildes Moor, Hohner See, Tetenhusener Moor, Dellstedter Birkwildmoor sowie Alte Sorge-Schleife auf und bilden den größten Niederungs- und Feuchtgebietskomplex des Landes. Es ist die wichtigste Biotopverbundachse, die den Vogelzug quer über das Land zwischen Nord- und Ostsee vorzeichnet.

Der Bau des Eidersperrwerks 1967–1972 brachte gravierende ökologische Veränderungen. Etwa die Hälfte der Mündungswatten und große Teile der Salzwiesen gingen durch Trockenlegung verloren. Der Mündungsbereich der Eider wurde u.a. im Bereich der Gewässersohle beiderseits des Sperrwerks auf einer Länge von 150 m mittels Granitblöcken mit Filterunterbau befestigt. Der Norderlochpriel grub sich bereits während der Bauphase des Eiderdamms ein neues parallel zum Eiderdamm verlaufendes Bett, den „Katinger Priel". Die Tide wurde durch das Eidersperrwerk so stark gedämpft, dass die nicht eingedeichten Salzwiesen zunehmend aussalzen und mehr und mehr von nicht-halophilen Pflanzen verdrängt werden.

Im Zusammenhang mit der Eiderabdämmung wurde zwischen dem Olversumer Eiderdeich und dem Sperrwerk ein etwa 6 km langer Leitdamm entlang des N-Ufers der Untereider gebaut, der wesentliche Teile der Grünen Insel und des Katinger Watts von der Eider abschnitt und dadurch etwa die Hälfte der Eidermündung trocken legte. Für das gewonnene Land setzte die Landesregierung als landesplanerische Ziele fest: landwirtschaftliche Nutzung auf den hohen Flächen der Grünen Insel (380 ha), forstwirtschaftliche Nutzung zwischen dem Katinger Priel und der Agrarfläche (350 ha) und eine Entwicklungsfläche für Jugend- und Familientourismus zwischen dem Seedeich und dem Katinger Priel (374 ha). Wasserwirtschaftlich wurden die Verhältnisse grundlegend geändert. Der Norderlochgraben wurde als Hauptentwässerung ausgebaut. Zugleich wurde der Katinger Priel als Staugewässer mit einem Ringgraben in den Waldflächen und mit Bewässerungsdränungen für die Forstfläche hergerichtet, um einerseits ein Süßwasserpolster über dem salzigen Grundwasser zu schaffen und um während sommerlicher Trockenphasen den Forst mit ausreichend Wasser zu versorgen. Zugleich sollte das Gewässer für den Wassersport ausgebaut werden. Die Flächen westlich des Katinger Priels wurden zunächst an einen Saatzuchtbetrieb verpachtet, der mit seinen Ansaaten die Flächen sicherte. Danach fand eine intensive Grünlandnutzung statt. 1974–1981 gelang es, einen künstlichen Forst auf dem einstigen Wattboden aufzubauen. Der durch den Wald verlaufende, etwa 3 400 m lange Informationspfad führt an der ehemaligen Abbruchkante der Grünen Insel vorbei, die als Geländekante noch heute gut zu erkennen ist. Kommunal wurde das Katinger Watt der Stadt Tönning, die gerade ihren Kreisstadtstatus verloren hatte, zur Verbesserung ihrer Wirtschaftskraft zugeordnet. Außer zwei gastronomischen Betrieben nahe dem Eidersperrwerk und ei-

F 3

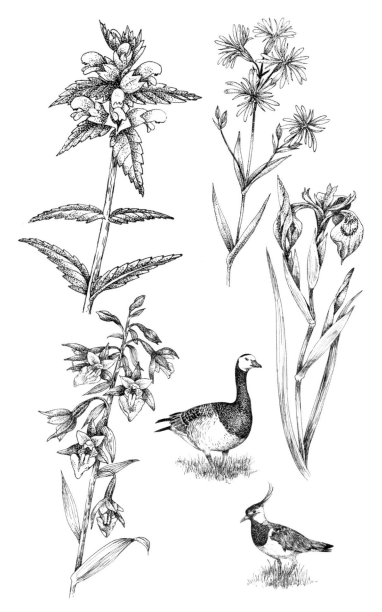

Abb. 79 Pflanzen und Tiere an der Eidermündung. Links: Großer Klappertopf (*Rhinanthus angustifolius*) und Sumpf-Stendelwurz (*Epipactis palustris*). Rechts oben: Kuckucks-Lichtnelke (*Silene flos-cuculi*) und Sumpf-Schwertlilie (*Iris pseudacorus*). Unten: Nonnengans (*Branta leucopsis*) und Kiebitz (*Vanellus vanellus*)

F 3　nem Bade- und Segelsurfbetrieb im S-Teil des Katinger Priels, der durch eine Bojenkette gekennzeichnet ist, wurde die Entwicklung des Tourismus nicht weiter verfolgt. Zur Anbindung Tönnings wurde zwischen Olversum und dem Sperrwerk eine Kreisstraße gebaut.

Mit dem Ausbleiben regelmäßiger Überflutungen und der Aussalzung entstanden völlig neue Entwicklungsperspektiven für das Katinger Watt und den gesamten Mündungsbereich der Eider. Die Flächen nordöstlich des Leitdammes konnten nur noch an den Rändern von Prielen und Gräben ihren Salzwiesencharakter erhalten. Hier halten sich bis heute u.a. Andel, Strand-Milchkraut, Salz-Schuppenmiere, Salz-Rotschwingel oder die Bodden-Binse. Durch den Eider- und Leitdamm dringendes Druckwasser (Qualmwasser) führte zur Ausbildung binnendeichs liegender, kleinflächiger Salzpfannen, in denen sich u.a. Kurzähren-Queller, Strand-Aster, Strand-Dreizack, Strand-Melde sowie Strandsode etablierten (Abb. 79). Alle übrigen Flächen und Gewässer verloren ihren Salzeinfluss weitestgehend. Als Arten der brackigen Küstensalzwiesen besiedeln Erdbeer-Klee, Gekrümmter Dünnschwanz oder die Einspelzige Sumpfbinse die Feuchtgrünländer an der Untereider und zeigen noch einen geringen Salzeinfluss an. Botanische Besonderheiten sind zudem das Kleine Tausendgüldenkraut, die Zweischneidige Binse oder der Sumpf-Dreizack. Brackwasserröhrichte dominieren im Oldensworter Vorland und auf der gegenüberliegenden Seite im Dithmarscher Eidervorland. Die Röhrichte werden von der Gewöhnlichen Strandsimse charakterisiert. Darüber hinaus wachsen Breitblättriger und Schmalblättriger Rohrkolben sowie selten die Salz-Teichsimse. Weiter in Richtung Eidersperrwerk nach SW bildet sich derzeit am S-Rand der Grünen Insel am Übergang zur Eider vor dem Leitdamm ein schmaler Salzwiesenstreifen neu. Hier finden sich u.a. Salz-Schlickgras, Strand-Aster, Andel oder Gewöhnliche Strandsimse (BRUNS et al. 2007).

Um den Katinger Priel, um künstliche Gruben und um natürliche wassergefüllte Senken entwickelten sich Schilfröhrichte. Die später extensiv genutzten Grünflächen zwischen dem Katinger Priel und dem Seedeich wandelten sich zu feuchten Magerwiesen. Dort, wo fast nur eine extensive Nutzung stattfand, breiteten sich Pflanzen wie Disteln, Schilf, Flatterbinsen oder Weidenbüsche zunehmend aus, die letztlich von einem Wald abgeschlossen worden wären. Um dies zu verhindern, war eine Zielfestlegung für das Oldensworter Vorland und ein daran angepasstes Management unumgänglich. Der zur Hauptentwässerung ausgebaute Norderlochgraben konnte wegen intensiver Verlandung seines Übergangs in die Eider die ihm zugedachte Funktion nicht aufrechterhalten. Stattdessen wurde der Katinger Priel zur Hauptentwässerung. Um die Funktion als Staugewässer zu erhalten und zugleich als Hauptvorflut zu dienen, wurde er bei Katingsiel mit dem Norderlochgraben durch ein Schöpfwerk und Siel verbunden und entwässert durch das Speicherbecken im S in die Eider. Dies schaffte die Voraussetzung für ein gezieltes Wassermanagement. Heute wird der Wasserstand nach Vorgaben des Naturschutzes durch den Deich- und Hauptsielverband Eiderstedt geregelt. Zwischen März und September wird er in der Regel auf +/-0 m NN gefahren, damit Gräben, Tümpel maximal gefüllt und die Böden wassergesättigt sind. Im Winter wird auf 0,80 m u. NN abgesenkt. Die Wasserstände des Speicherbeckens und angrenzender Gewässer können getrennt reguliert werden. Ein gezielter Wasseraustausch muss zur Erhaltung der Laichkräuter als Nahrungsgrundlage für Enten und Schwäne regelmäßig stattfinden, da diese sonst durch die reichlichen Nährstoffe von Blaualgenmatten über-

zogen und absterben würden. Im Olversumer Vorland und auf der Grünen Insel wurden F 3
zwei Flachgewässer angelegt und Gräben und Grüppen weitestgehend abgedichtet. Der
aufkommende Weidenbewuchs am Katinger Priel und in der sogenannten Sukzessionsfläche zwischen Leitdamm und K 41 wurde gerodet. In Absprache mit dem NABU
werden zur Erhaltung des Feuchtgrünlandes verschiedene Nutzungsmodelle wie
Weide, Mähweide und Wiese umgesetzt. Sie haben das Ziel, durch zeitlich und örtlich
differenzierte Mahd und Weideauftrieb, mit Pferden, Schafen, Shorthorn- und Angussowie Schottischen Hochlandrindern und durch differenzierte Beweidungsdichten
möglichst flexibel auf die Bedürfnisse der Vogel- und Pflanzenwelt zu reagieren. Als
Pflegemaßnahme werden die Flächen bei Bedarf gemulcht.

Auf den seit der Abdämmung östlich des Eiderdammes neu entstandenen Flächen
findet heute eine Mahdnutzung mit Beweidung von Angus-Rindern, Pferden und Ponies statt. Zur Blütezeit im Mai/Juni werden weite Flächen dieser Grünländer vom Großen Klappertopf dominiert. Neben Orchideen kommen auch Seggen und Gräser sowie
andere Wiesenkräuter zur Entfaltung. Beispiele sind Blaugrüne Segge, Zweizeilige
Segge, Wiesen-Kammgras und das Gewöhnliche Ruchgras, Herbst-Löwenzahn, Kleine
Brunelle, Kleines Habichtskraut, Roter Zahntrost, Wiesen-Platterbse oder die Vogel-Wicke. Zwischen Leitdamm und der K 41 befindet sich ein Bereich, der als Mähwiese
und Weide bewirtschaftet wird. Neben den zuvor aufgeführten Pflanzenarten wachsen
auf den Mähwiesen die vier Orchideenarten Breitblättriges, Fleischfarbenes und Übersehenes Knabenkraut sowie Sumpf-Stendelwurz. Zusammen mit anderen Arten wie
dem Gewöhnlichen Hornklee verwandeln sie die Fläche im Frühjahr in ein buntes Blütenmeer. In den von Überflutungen, Staunässe oder hohen Grundwasserständen geprägten Flutrasen- und Feuchtgrünlandbereichen wachsen beispielsweise Arznei-Beinwell,
Blaugrüne Binse, Flatter-Binse, Gewöhnliche Kröten-Binse, Gänse-Fingerkraut,
Knick-Fuchsschwanzgras, Kriechender Hahnenfuß, Kuckucks-Lichtnelke oder Sumpf-Schwertlilie. Insbesondere in den Feuchtsenken des Oldensworter Vorlands prägen
großflächige Bestände des Wiesen-Schaumkrautes das Landschaftsbild (BRUNS et al.
2007).

Den ab 1976 gepflanzten Katinger Wald prägen noch heute die Baumarten Bastard-Pappel, Schwarz-Pappel, Berg-Ahorn, Gewöhnliche Esche und Schwarz-Erle. Anspruchsvollere Baumarten sind Hainbuche, Rot-Buche und Stiel-Eiche. An Sträuchern
finden sich u.a. Gewöhnliche Schlehe, Gewöhnlicher Liguster oder Haselnuss sowie
verschiedene Rosenarten. An exotischen Bäumen wurden u.a. Tamarisken und Robinien gepflanzt. In der Zwischenzeit haben sich verschiedene Weidenarten wie z.B.
Grau-Weide oder Sal-Weide im Katinger Wald etabliert. Auf dem durch den Wald führenden Rundweg kann man vereinzelte Exemplare der Sumpf-Stendelwurz und andere
Orchideenarten entdecken.

Ein Bruchwald mit Schwarz-Erlen wurde darüber hinaus im SO der Grünen Insel
angepflanzt. Dieser Bruchwald ist Heimat für Gras- und Moorfrosch. Diese beiden
Lurcharten sind zudem, zusammen mit Teichfrosch und Erdkröte, auch in den Wasserflächen der Feuchtgrünländer zu finden.

Insekten stellen ebenfalls einen wichtigen Bestandteil der Schutzgebiete dar. Die
Stillgewässer werden von verschiedenen Libellenarten besiedelt. Stellvertretend für die
Kleinlibellen seien Hufeisen- und Fledermausazurjungfer oder die Gemeine Binsenjungfer genannt. An Großlibellen finden sich u.a. die Blaugrüne, Braune und Herbst-

307

F 3

Abb. 80   Graugänse (*Anser anser*) über dem Vorland an der Außeneider

Mosaikjungfer, der Blaupfeil, der Vierfleck oder die Blutrote, Gefleckte und Gemeine Heidelibelle. An Tagfaltern sind u.a. Admiral, Distelfalter, Aurorafalter, Großer Kohlweißling, Großes Ochsenauge, Gemeiner Bläuling oder Zitronenfalter bekannt. Ursprünglich aus dem Mittelmeerraum kommend, hat sich die Zebra- oder Wespenspinne innerhalb der letzten Jahre stark nach N ausgebreitet und besiedelt mittlerweile auch den Bereich der Eidermündung. Hinsichtlich der Säugetierfauna bietet die Eidermündung Lebensraum für verschiedene Mäusearten wie Erd-, Wald-, Zwerg-, Waldspitz- und Wasserspitzmaus sowie Bisam. Daneben kommen u.a. Feldhase, Fuchs, Hermelin und Igel vor (BRUNS et al. 2007).

Trotz der großen Verluste an Natürlichkeit ist das Eiderästuar noch immer ein großartiges, wenn auch verändertes Naturgebiet von herausragender Bedeutung als Rast-, Nahrungs- und Brutgebiet sowie als Leitlinie für den Vogelzug zwischen Nord- und Ostsee (Abb. 80).

QUELLEN- UND LITERATURVERZEICHNIS

1. Atlanten, Karten und Kartenwerke, Planungsdokumente, Statistik, Gesetze und Verordnungen, Gutachten

AG Boden (2005): Bodenkundliche Kartieranleitung (KA 5). hg. von der BGR in Zusammenarbeit mit den SGD. – Stuttgart.

Badeverwaltung St. Peter-Ording (1931): Nordseebäder – St. Peter-Ording. – Hamburg.

BGR (Hg., 1999): Bodenübersichtskarte von Deutschland, Blatt CC 1518 Flensburg. 1:200 000. – Hannover.

BGR (Hg., 1999): Bodenübersichtskarte von Deutschland, Blatt CC 2318 Neumünster. 1:200 000. – Hannover.

BGR (Hg., 2005): Bodenübersichtskarte von Deutschland, Blatt CC 2310 Helgoland. 1:200 000. – Hannover.

BNL Petry, Torsten u. Daniel Hoffmann (2007): SPA „Eiderstedt" (DE 1618–402) Monitoring 2007. Gutachten im Auftrag des Eiderstedter Naturschutzverein e.V. – unveröffentlicht.

Bohlen, Manfred (2005): Vogelschutzgebiet Eiderstedt. Untersuchung im Auftrag des MLUR. – Kiel.

Boyens, K. (1861): Charte von der Landschaft Eiderstedt und einem Theile des Amtes Husum 1:40 000. – Kopenhagen.

Danckwerth, Caspar u. Johannes Mejer (1652): Newe Landesbeschreibung Der Zwey Hertzogthümer Schleswich und Holstein: Zusambt Vielen dabey gehörigen Newen LandCarten. – Husum.

Degn, Christian u. Uwe Muuss (1963): Topographischer Atlas Schleswig-Holstein. 4. Aufl. 1979. – Neumünster.

Degn, Christian u. Uwe Muuss (1984): Luftbildatlas Schleswig-Holstein und Hamburg. – Neumünster.

Elwert, Dieter (1972): Erläuterung zur Bodenkarte 1:10 000 von Eiderstedt (= Erläuterungen zur Bodenkarte 1:10 000 von Schleswig-Holstein 18). – Kiel.

Elwert, Dieter u. Samad Scharafat (1976): Erläuterung zur Bodenkarte 1:10 000 von Schleswig-Holstein; Garding (= Erläuterungen zur Bodenkarte 1:10 000 von Schleswig-Holstein 24). – Kiel.

Elwert, Dieter u. Samad Scharafat (1979): Erläuterung zur Bodenkarte 1:10 000 von Schleswig-Holstein; Westerhever (= Erläuterungen zur Bodenkarte 1:10 000 von Schleswig-Holstein 27). – Kiel.

Engels-Wibling, Sabina (2005): Landschaftsplan Westerhever vom 23.05.2005. – Garding.

FAN Verlag (2010): Ortsplan St. Peter-Ording. – Schönkirchen.

Fischer, Fritz u. Albert Bantelmann (1977/78): Alt-Nordstrand um 1634, in: Zeitschrift der Gesellschaft für Schleswig-Holsteinische Geschichte 102/103, Beilage (Nebenkarte: Lundenbergharde).

Gemeinde Kotzenbüll (1999): Kreisverordnung zum Schutze eines Naturdenkmals in der Gemeinde Kotzenbüll vom 22.12.1999. – Kotzenbüll.
Gemeinde Simonsberg (1998): Landschaftsplan der Gemeinde Simonsberg vom 11.11.1998. – Simonsberg.
Geologisches Landesamt S-H (Hg., 1975–1983): Bodenkarte von Schleswig-Holstein 1: 25 000, Blätter 1519 Simonsberg (1978), 1617 St. Peter-Ording (1977), 1618 Garding (1977), 1619 Tönning (1977), 1620 Friedrichstadt (1975), 1717/18 Böhl-Vollerwiek (1978), 1719 Wesselburen (1983). – Kiel.
HEYDEMANN, Berndt u. Jutta MÜLLER-KARCH (1980): Biologischer Atlas Schleswig-Holstein: Lebensgemeinschaften des Landes. – Neumünster.
HEYDEMANN, Berndt (1997): Neuer biologischer Atlas: Ökologie für Schleswig-Holstein und Hamburg. – Neumünster.
HILDEBRANDT, Volker et al. (1993): Landesweite Biotopkartierung – Kreis Nordfriesland: Landschaftsentwicklung, aktuelle Situation, Flächenschutz. hg. vom LN S-H. – Kiel.
HÖTKER, Hermann et al. (2001): Wiesenvögel auf Eiderstedt im Jahr 2001: Bestände, Verbreitung, Habitatwahl, Bruterfolg, Bedeutung des Vertragsnaturschutzes. Untersuchung im Auftrag des LANU S-H. – Flintbek.
HOFFMANN, Daniel (2001): Artenschutzprojekt Wiesenweihe des Landes Schleswig-Holstein. Bericht über die Brutperiode 2001. Im Auftrag des MinUNF S-H. – Kiel.
IBS, Jürgen Hartwig; Eckart DEGE u. Henning UNVERHAU (Hgg., 2004): Historischer Atlas Schleswig-Holstein. Vom Mittelalter bis 1867 (= Sonderveröffentlichung der GSHG). – Neumünster.
IfL (Hg., 2003): Nationalatlas Bundesrepublik Deutschland 3: Klima, Pflanzen- und Tierwelt. – Heidelberg, Berlin.
IM S-H (1968): Sachverständigen-Gutachten zur lokalen und regionalen Verwaltungsneuordnung in Schleswig-Holstein [Loschelder-Gutachten]. – Kiel.
Ingenieur-Büro Strunk-Husum (1950): Übersichtskarte vom Kreis Eiderstedt. – Berlin.
JENSEN, Hans Nicolai Andreas (1841): Versuch einer kirchlichen Statistik des Herzogthums Schleswig. 2. Lieferung, enthaltend die Propsteien Tondern, Husum mit Bredstedt und Eiderstedt. – Flensburg.
JEROMIN, Knut; Rolf K. BERNDT u. Bernd KOOP (2004): Rastbestände des Goldregenpfeifers in Schleswig-Holstein. Ornithologische Arbeitsgemeinschaft Schleswig-Holstein im Auftrag des MUNL. – Kiel.
KLINGE, Andreas u. Arne DREWS (2005): Atlas der Amphibien und Reptilien Schleswig-Holsteins (= Schriftenreihe des LANU S-H 11). – Flintbek.
KÖSTER, Heike. u. Hermann HÖTKER (2003): Rastvögel auf Eiderstedt 2002. Untersuchung im Auftrag des LANU S-H. – Flintbek.
Kommunalverlag Hans Tacken (2006): KVplan Nordseehalbinsel Eiderstedt. Garding – St. Peter-Ording – Tönning. 1:15 000 + 1:25 000. – Essen.
KPL (Hg. 1878–1919): Topographische Karten des Königlichen Preußens (Messtischblätter) 1:25 000. Blätter 295 (1517) Süderoog, 296 (1518) Südfall, 297 (1519) Simonsberg, 298 (1520) Husum, 352 (1617) Ording, 353 (1618) Garding, 354 (1619) Tönning, 355 (1620) Friedrichstadt, 417 (1717) Böhl, 418 (1718) Vollerwiek, 420 (1719) Wesselburen, 420 (1720) Weddingstedt. – Berlin.
LAFRENZ, Jürgen (1979): Friedrichstadt (= Deutscher Städteatlas, Lieferung II, 3). – Altenbeken.
Landesregierung Schleswig-Holstein (1978): Landesverordnung über das Naturschutzgebiet „Westerspätinge" vom 09.02.1978. – Kiel.
Landesregierung Schleswig-Holstein (1982): Landesverordnung über das Naturschutzgebiet „Nordfriesisches Wattenmeer" vom 23.08.1982. – Kiel.

Landesregierung Schleswig-Holstein (1989): Landesverordnung über das Naturschutzgebiet „Grüne Insel mit Eiderwatt" vom 15.12.1989. – Kiel.
Landesregierung Schleswig-Holstein (1993): Landesverordnung über das Naturschutzgebiet „Oldensworter Vorland" vom 16.12.1993. – Kiel.
Landesregierung Schleswig-Holstein (1999): Gesetz zur Neufassung des Gesetzes zum Schutze des schleswig-holsteinischen Wattenmeeres (NPG). – Kiel.
Landesregierung Schleswig-Holstein (2003): Landesverordnung zur Änderung der Landesverordnung vom 16.12.1993 am 02.07.2003. – Kiel.
Landesregierung Schleswig-Holstein (2006): Landesverordnung über das Landschaftsschutzgebiet „Westerhever" vom 24.08.2006. – Kiel.
Landesregierung Schleswig-Holstein (2006): Landesverordnung über das Landschaftsschutzgebiet „Kotzenbüll" vom 24.08.2006. – Kiel.
Landesregierung Schleswig-Holstein (2006): Landesverordnung über das Landschaftsschutzgebiet „Poppenbüll" vom 24.08.2006. – Kiel.
Landesregierung Schleswig-Holstein (2007): Gesetz zum Schutz der Natur – Landesnaturschutzgesetz vom 06.03.2007. – Kiel.
LANGE, Ulrich et al. (Hgg., 1999): Historischer Atlas Schleswig-Holstein. Seit 1945 (= Sonderveröffentlichung der GSHG). – Neumünster.
LVermA S-H (Hg., 1992–1994): Topographische Karten 1:100 000. Blätter C 1514 Amrum, C 1518 Husum, C 1918 Heide. – Kiel.
LVermA S-H (Hg., 2000): Luftbild Westerhever. Flugdaten: 08.05.2000, Aufnahmemaßstab 1:16 000, TK 1/00 Husum/Sylt, Blatt 1718, Streifen 28, Nr. 633. – Kiel.
LVermA S-H (Hg., 2002–2003): Topographische Karten 1:100 000. Blätter C 1514 Amrum, C 1518 Husum, C 1918 Husum. – Kiel.
LVermA S-H (Hg., 2002–2006): Topographische Karten 1:25 000. Blätter 1517 Süderoog, 1518 Südfall, 1519 Simonsberg, 1520 Husum, 1617 St. Peter-Ording, 1618 Garding, 1619 Tönning, 1620 Friedrichstadt, 1717 Böhl, 1718 Vollerwiek, 1719 Wesselburen, 1720 Weddingstedt. – Kiel.
LVermA S-H (Hg., 2006): Digitale Landschaftsmodelle (ATKIS®-DLM). – Kiel.
LVermA S-H (Hg., 2007): Digitale Geländemodelle (ATKIS®-DGM5/DGM25). – Kiel.
MELF (Hg., 1963): Generalplan: Deichverstärkung, Deichverkürzung und Küstenschutz in Schleswig-Holstein. – Kiel.
MELFF (Hg., 1995): Vorlandmanagement in Schleswig-Holstein. – Kiel.
MinUNF S-H (2004): Oldensworter Vorland, Grüne Insel, Katinger Watt. Unveröffentlichter Aktenvermerk. Mskr. – Kiel.
MLR (Hg., 2001): Generalplan Küstenschutz: integriertes Küstenschutzmanagement in Schleswig-Holstein. – Kiel.
MLR (Hg., 2001): Vorlandmanagementkonzept: Erfahrungsbericht 1995–2000. – Kiel.
MLR (Hg., 2002): Neufassung 2002 des Regionalplans für den Planungsraum V Landesteil Schleswig (Schleswig-Holstein Nord) des Landes Schleswig-Holstein – Kreisfreie Stadt Flensburg, Kreise Nordfriesland und Schleswig-Flensburg. – Kiel.
MLR (Hg., 2007): Vorlandmanagementkonzept in Schleswig-Holstein – Fortschreibung 2007. – Kiel.
MLUR (2007a): Umweltbericht des Landes Schleswig-Holstein, Natura 2000 Dünen St. Peter (FFH DE 1617–301) vom 02.12.2007. – Kiel.
MOMSEN, Ingwer Ernst; Eckart DEGE u. Ulrich LANGE (Hgg., 2001): Historischer Atlas Schleswig-Holstein. 1867 bis 1945 (= Sonderveröffentlichung der GSHG). – Neumünster.
NASA Landsat Program, 2002, Landsat ETM+ scene L71197022_02220020715, SLC-On, USGS, Sioux Falls, 07/15/2002.

NPA, UBA (Hgg., 1998): Umweltatlas Wattenmeer 1: Nordfriesisches und Dithmarscher Wattenmeer. – Tönning, Berlin.
Petry, Torsten u. Daniel Hoffmann (2007): Pflege und Entwicklungsplan Rosenburger Deep. Im Auftrag des Eiderstedter Naturschutzvereins e. V.. – Wadern.
RfL (Hg., 1927–1940): Topographische Karten des Deutschen Reiches (Messtischblätter) 1:25 000. Blätter 295 (1517) Süderoog, 297 (1519) Simonsberg, 353 (1618) Garding, 419 (1719) Wesselburen, 420 (1720) Weddingstedt. – Berlin.
Ross, Peter-Helmut (1971): Erläuterungen zur Ingenieurgeologischen Planungskarte 1:10 000, Gemeinde Bad St. Peter Ording, hg. vom Geologischen Landesamt S-H. – Kiel.
Schubert, Bodo (2009): Bestands- und Gehölzplan vom Gutspark Hochdorfer Garten, Tating 1:500, im Auftrag der Stiftung Hochdorfer Garten in Tating und des Landesamtes für Denkmalpflege Schleswig-Holstein. – Blankenfelde.
sh:z (Hg., 2001–2008): Schleswig-Holstein Topographie. Städte und Dörfer des Landes 1–10. – Flensburg.
Stadtentwicklungskonzept der Stadt Garding.
StatLA S-H (Hg., 2005): Agrarstruktur in Schleswig-Holstein 2003. Sozialökonomische Betriebstypen und betriebswirtschaftliche Ausrichtung in den Gemeinden. Statistischer Bericht C IV 9–4j/2003 S, Teil 1, Heft 2. – Hamburg.
Statistisches Landesamt für Schleswig-Holstein (Hg., 1967): Beiträge zur historischen Statistik Schleswig-Holsteins. – Kiel.
Statistisches Landesamt für Schleswig-Holstein (Hg., 1972): Die Bevölkerung der Gemeinden in Schleswig-Holstein 1867–1970. – Kiel.
Tourismus-Zentrale St. Peter-Ording (2010): Urlaubsplaner 2010. – St. Peter-Ording.
VD Mecklenburg (Hg., 1953): Topographische Karten 1:25 000. Blätter 1619 Tönning. – Schwerin.
Winter, Rolf u. Lothar Beckel (1991): GEO Satellitenbild-Atlas, hg. in Zusammenarbeit mit der DLR. – Berlin u.a.

2. Archivalien, Bibliographien, Topographien, Quelleneditionen, unveröffentlichte Manuskripte

Reichsarchiv Kopenhagen
De sønderjyske fyrstearkiver

Königliche Bibliothek Kopenhagen
Handschriftensammlung, Sign.: Add. 109.4°
Iven Knudsen, tho Wobbenbüll in Hadtsteder Harde wohnhafftigh: Eijderstädtische Chronick. Oktober 1588.

Landesarchiv Schleswig-Holstein (= LAS)
Abt. 7 Herzöge von S.-H.-Gottorf 1544–1713
Abt. 65.1 und 65.2 Deutsche Kanzlei zu Kopenhagen bis 1730
Abt. 163 Ämter Husum und Bredstedt sowie Landschaften Eiderstedt, Pellworm und Nordstrand bis 1867
Abt. 320.4 Kreis Eiderstedt 1867–1950
C/1 Karten
Landratsamt Tönning: Deichgraf Joh. R. Volquardsen aus Tetenbüll. o.J.

Nordelbisches Kirchenarchiv
Bestände Garding, Koldenbüttel, Kotzenbüll, Oldenswort, Tating, Tönning, Westerhever

Kreisarchiv Nordfriesland (= KANF)
Abt. A2 Landschaft Eiderstedt: St. Peter und Ording und Norderfr. Koog 9
Abt. B3 Kreis Eiderstedt 1950–1970
Abt. C diverse Amtsarchive
Abt. D diverse Gemeindearchive sowie Archiv der Stadt Garding
Abt. F7 Deich- und Hauptsielverband Eiderstedt
Kreis Nordfriesland als untere Naturschutzbehörde: Naturdenkmal „Eiche Kotzenbüll", Naturdenkmalverordnung vom 22.12.1999

Stadtarchiv Tönning

Propsteiarchiv Garding (= PAG), jetzt Kirchenkreisarchiv Nordfriesland
Kirchenbücher zu St. Peter und Ording

Gemeindearchiv Simonsberg
Unterlagen über die Flurbereinigung und die Dorferneuerung

Gemeindearchiv Witzwort
Oesau, Ludwig (o.J.): I, Beschreibung der Flurstücke. Mskr.
Oesau, Ludwig (o.J.): II, Häuser und Höfe. Mskr.
Oesau, Ludwig (o.J.): III, Witzwort. Mskr.

BACKHEUER, Kristiane (1989): Der Hof Alberts aus Witzwort. Ein Beitrag zur Kulturgeschichte des Eiderstedter Haubargs. Magisterarbeit Philosophische Fakultät der CAU. – Kiel.
BECK, Gerhard et al. (1971): Landschaftsentwicklungs- und Fremdenverkehrsplan Eiderstedt, Planungswissenschaftliches Gutachten der IFLOF im Auftrag des ehem. Kreises Eiderstedt, jetzt Nordfriesland. – Berlin.
BRUNS, Holger A.; Frank HOFEDITZ u. Knut JEROMIN (2005): Zur Verbreitung und Brutbiologie der Wiesenlimikolen auf Modellbetrieben des Projektes „Extensive Weidewirtschaft Eiderstedt". – Bergenhusen.
DAU, Jan (1994): Abriss über die Geschichte des Koldenbütteler Pastorats. – Süderhof, Koldenbüttel.
DAUMANN, Antje (1990): Die Vorlandvegetation von St. Peter-Ording. Dipl. Universität Hamburg, Institut für Geographie. – Hamburg.
DEGN, Knud (1968): Den ejderstedtske haubarg. Diss. Universität Århus. Tskr. – Århus.
DHSV Eiderstedt (1998): Deich- und Sielübersicht. Mskr. – Garding.
FEDDERSEN, Friedrich (1853a): Beschreibung der Landschaft Eiderstedt. Mit einer geschichtlichen Einleitung und statistischen Nachrichten. – Altona.
FEDDERSEN, Friedrich (1853b): Nachrichten von den Pröpsten und Predigern in Eiderstedt. – Altona.
FREDRIKSEN, Bjarne W. (1968): Det nordfrisiske Hus. – Diss. Universität Århus. Tskr. – Århus.
HANSEN, Hans (1968): Landvinding i Nordfriesland (med særlig henblik på det 20. årh.). Diss. Universität Århus. Tskr. – Århus.
HANSEN, Reimer u. Willers JESSEN (1904): Quellen zur Geschichte des Bistums Schleswig (= Quellensammlung der GSHG 6). – Kiel (Reprint 1974).

HOFFMANN, Juliane (2006): Schlupferfolgskontrolle von Wiesenlimikolen im Naturraum Eiderstedt. Dipl. Universität Trier, Fach Biogeographie des Fachbereiches VI Geographie/Geowissenschaften. – Trier.

IVENS, Claus (2005): Jahresberichte Trauerseeschwalbe und Wiesenvögel für das Fördergebiet Eiderstedt 2004/2005. – Kotzenbüll.

JOHANSEN, Per C. (1968): Marskens afvanding. – Diss. Universität Århus. Tskr. – Århus.

Kirchenvorstand der Gemeinde Simonsberg (2005): Chronik der Kirchengemeinde Simonsberg. 2. Aufl. – Simonsberg.

KARASCH, Regina (1981): Optimale Landnutzung in Eiderstedt – unter ökologischen und ökonomischen Aspekten. Dipl. Fachbereich Geographie und Wirtschaftsgeographie der Universität Hamburg. – Hamburg. Tskr.

KRUSE, Michael (2007): Vertragsnaturschutz auf der Halbinsel Eiderstedt 2007. Aktenvermerk des MLUR Kiel. – unveröffentlicht, Kiel.

KUNZ, Harry (1998): Wegweiser zu den Quellen der Haus- und Hofgeschichte Nordfrieslands. – Bräist/Bredstedt.

Landesregierung Schleswig-Holstein (2005): Natura 2000. Vorschläge des Landes Schleswig-Holstein, DE 1719–391, Stand 2005. – Kiel.

LAUR, Wolfgang (1992): Historisches Ortsnamenlexikon von Schleswig-Holstein (= Veröffentlichungen des LAS 28). 2. Aufl. – Neumünster.

LORENZEN, Wilhelm (o.J.): Handschriftliche Aufzeichnungen, nicht veröffentlicht. – o.O.

LWK S-H (o.J.): Agrarstrukturelle Vorplanungen. – Rendsburg.

MLUR (2007b): Vertragsnaturschutz Tabelle 1, Finanzierungsinstrumente, V 5016 Stand 2/2007. – Kiel.

NØRR, Erik (1968): Digelovgivning i begyndelsen af det 19. årh. Diss. Universität Århus. Tskr. – Århus.

OLDEKOP, Henning (1906): Topographie des Herzogtums Schleswig (1975). – Kiel.

PALM, Melf (2008): Entwicklung des Vorlandes und des Außensandes Westerhever. ALR Husum, Dezernat Gewässerkunde. Tskr. – Husum.

PANTEN, Albert (1976): Unbekannte Rechtsquellen des 15. und 16. Jahrhunderts aus Nordfriesland. hg. vom Nordfriesischen Verein für Heimatkunde und Heimatliebe. – Langenhorn.

PANTEN, Albert (Bearb., 1983–1988): Peter Sax – Werke zur Geschichte Nordfrieslands und Dithmarschens. Sieben Bände. – St. Peter-Ording.

PANTEN, Albert u. Ehrhart KÖRTING (Hgg., 1997): Petrus Petrejus: Historische Nachricht von den Stallern in Eyderstedt, Everschop und Utholm. – Bräist/Bredstedt.

PANTEN, Albert u. Heinz SANDELMANN (Hgg., 1993): Petrus Petrejus: Von der Stadt und dem Amt Tondern und vom Deichwesen. – Bräist/Bredstedt.

PANTEN, Albert u. Heinz SANDELMANN (Hgg., 1995–1998): Petrus Petrejus: Eine Grundlegung der nordfriesischen und insbesondere der eiderstedtischen Kirchengeschichte. Zwei Teile in drei Bänden. – Bräist/Bredtstedt.

PIENING, Holger (1994): Eiderstedt. Eine Bibliographie zur Heimatkunde 1961–1993. – Tating.

RALKING, Hans C. (1968): Stormflodskatastrofer i det 18., 19. og 20. århundrede. Diss. Universität Århus. Tskr. – Århus.

SCHRÖDER, Bärbel u. Dirk HOFFMANN (1986): Landschaftsplan nordwestliches Eiderstedt. Gemeinden Westerhever, Augustenkoog und Osterhever. Dipl. Fachbereich Stadt- und Landschaftsplanung der Gesamthochschule Kassel. – Kassel. Tskr.

SHLB (Hg., 1928–1996): Schleswig-Holsteinische Bibliographie 1–16. – Neumünster.

SØRENSEN, Erling V. (1968): Sakserhuset. Diss. Universität Århus. Tskr. – Århus.

STEENBUCK, Dietmar (2008): Schriftliche Information über die Waldflächen in Eiderstedt. Aktenvermerk (Forstamt Nordfriesland). – unveröffentlicht, Bredstedt.

THIESSEN, Thies (2003/04): Eiderstedt und der Deich- und Hauptsielverband. Mskr. – Husum OT Schobüll.
VERHOLT, Klavs (1968): Digebygningen ved Slesvig-Holsteins Nordsøkyst især med henblik på det 18., 19. & 20. århundrede. Diss. Universität Århus. Tskr. – Århus.
WEHMÜLLER, Wolfgang (1968): Johan Nicolai Tetens. Diss. Universität Århus. Tskr. – Århus.
ZIMMERMANN, Jörge (1996): Eiderstedt als Kultur- und Naturlandschaft. Beiträge zu einem geographischen Exkursionsführer. Schriftliche Hausarbeit im Rahmen der ersten Staatsprüfung des Staatsexamens für das Lehramt der Sekundarstufe II. Institut für Geographie und ihre Didaktik der Westfälischen Wilhelms-Universität Münster. – Münster. Tskr.

3. Zitierte Literatur und ergänzende Literaturhinweise

ABRAHAM, Jann (2004): Die Olversumer und Tönninger Krabbenfischer – Ein Rückblick auf die Fischerei in Olversum und Tönning. – Niebüll.
AG Orts-Chronik St. Peter-Ording e.V. (Hg., 1990): St. Peter und Ording im Wandel. Historische Ansichten von 1890–1945. – St. Peter Ording.
ANDRESEN, Gerd (1969): Der Grothusenkoog, in: Eiderstedter Heimatbund (Hg.): Blick über Eiderstedt: Beiträge zur Geschichte, Kultur und Natur einer Landschaft. Bd. 2. – Heide, S. 121–124.
ANDRESEN, Gerd (1985): Bade- und Luftkurort Tönning. – St. Peter-Ording.
ANDRESEN, Wilhelm Ludwig (1985): Tachendi Jåhr Arbeid. – Husum.
ANDRESEN, Wilhelm Ludwig (1981): Besök bi ole Frünn. – Husum.
Archivgruppe Witzwort (2007): Witzwort vertellt, Schule Ingwershörn. – Witzwort.
Archivgruppe Witzwort (2009): Witzwort vertellt 2, „Weets na…?", Erinnerungen von Peter Paulsen an seine Jugend in Witzwort um 1900. – Witzwort.
ÅRHAMMAR, Nils (2001): Das Nordfriesische im Sprachkontakt (unter Einschluß der nordfriesischen Lexikologie), in: MUNSKE, Horst Haider et al. (Hgg.): Handbuch des Friesischen = Handbook of Frisian studies. – Tübingen, S. 328.
ASMUSSEN, Asmus; Ferdinand PAULS u. Sönnich VOLQUARDSEN (1985): 700 Jahre Tetenbüller Trockenkoog: Traditionen im Eiderstedter Land. Eine Schrift des Festausschusses „700 Jahre Drögekoog". – Tetenbüll.
AUGUSTIN, Michael u. Friedrich JOHANNSEN (1978): Vom Boßeln, Klootschießen und vom Bowlplaying. – St. Peter-Ording.
AUSTEN, Guido (1992): Sandwälle im südlichen Eiderstedt (Schleswig-Holstein), in: Meyniana Bd. 44, S. 67–74.
BAMMÉ, Arno (2012): Kunst am Meer. Hein Hoop's Damm gegen die Unkultur. – Husum
BANTELMANN, Albert (1950/51): Tofting, eine 1700-jährige Marschensiedlung, in: Jahrbuch des Nordfriesischen Vereins für Heimatkunde und Heimatliebe 28, S. 9–47.
BANTELMANN, Albert (1955): Tofting, eine vorgeschichtliche Warft an der Eidermündung (= Offa-Bücher, N.F. 12). – Neumünster.
BANTELMANN, Albert (1966): Die Landschaftsentwicklung an der schleswig-holsteinischen Westküste: dargestellt am Beispiel Nordfriesland – eine Funktionschronik durch fünf Jahrtausende (= Die Küste 14/2). – Neumünster, S. 5–99.
BANTELMANN, Albert (1967): Die Landschaftsentwicklung an der schleswig-holsteinischen Westküste dargestellt am Beispiel Nordfriesland – eine Funktionschronik durch fünf Jahrtausende (= Offa-Bücher – Untersuchungen aus dem Schleswig-Holsteinischen Landesmuseum für Vor- und Frühgeschichte, dem LVF S-H und dem Institut für Ur- und Frühgeschichte an der Universität Kiel 21). – Neumünster.

315

BANTELMANN, Albert (1970): Spuren vor- und frühgeschichtlicher Besiedlung auf einem Strandwall bei Tating, Eiderstedt, in: GEBHARDT, Harald u. Werner HAARNAGEL (Hgg.): Probleme der Küstenforschung im südlichen Nordseegebiet. Teil 9. – Hildesheim, S. 49–57.

BANTELMANN, Albert (1975): Elisenhof: die Ergebnisse der Ausgrabung der frühgeschichtlichen Marschensiedlung beim Elisenhof in Eiderstedt 1957/58 und 1961/64. Teil 1: Die frühgeschichtliche Marschensiedlung beim Elisenhof in Eiderstedt: Landschaftsgeschichte und Baubefunde (= Studien zur Küstenarchäologie Schleswig-Holsteins, Serie A 1). – Bern.

BANTELMANN, Albert (2010): Nordfriesland in vorgeschichtlicher Zeit (= Geschichte Nordfrieslands 1). – Bräist/Bredstedt. 4. Aufl.

BARLØSE, Børge L. (1981): Lærerstanden i Sydslesvig fra reformationen til 1864: Personalhistoriske undersøgelser (=Skrifter, udgivne af Historisk Samfund for Sønderjylland, 53). – Aabenraa.

BECKER, Martin u. Gerd KASTER (2005): Kulturlandschaft Eider-Treene-Sorge. – Neumünster.

BEHRE, Karl-Ernst (1976): Die Pflanzenreste aus der frühgeschichtlichen Wurt Elisenhof (= Studien zur Küstenarchäologie Schleswig-Holsteins: Serie A 2). – Bern.

BEHRE, Karl-Ernst (2003): Eine neue Meeresspiegelkurve für die südliche Nordsee. Transgressionen und Regressionen in den letzten 10 000 Jahren, in: Probleme der Küstenforschung im südlichen Nordseegebiet 28, S. 9–63.

BEHRE, Karl-Ernst (2004): Die Schwankungen des mittleren Tidehochwassers an der deutschen Nordseeküste in den letzten 3 000 Jahren nach archäologischen Daten, in: SCHERNEWSKI, Gerald u. Tobias DOLCH (Hgg.): Geographie der Meere und Küsten: Ergebnisse der 22. Jahrestagung des Arbeitskreises „Geographie der Meere und Küsten" in Warnemünde (= Coastline Reports 1). – Warnemünde, S. 1–7.

BERENDT, Willi (2000): Die Gemeinde Witzwort, in: Einblick, 4.2.2008. – Friedrichstadt.

BERNDT, Rolf K.; Bernd KOOP u. Bernd STRUWE-JUHL (2003): Vogelwelt Schleswig-Holsteins. Bd. 5: Brutvogelatlas. 2. Aufl. – Neumünster.

BESELER, Hartwig (1969): Kunst-Topographie Schleswig-Holstein. – Neumünster.

BILLWITZ, Konrad u. Peter JANETZKO (2006): Die Grundmuster der Bodenverbreitung im Jung- und Altmoränengebiet Schleswig-Holsteins in ihrer Bindung an geomorphologische Einheiten – Überlegungen für die Herstellung von Bodenkarten, in: Zeitschrift für Geomorphologie N.F. 50, S. 23–36.

BILLWITZ, Konrad u. Haik Thomas PORADA (Hgg., 2009): Die Halbinsel Fischland-Darß-Zingst und das Barther Land. Eine landeskundliche Bestandsaufnahme im Raum Wustrow, Prerow, Zingst und Barth (= Landschaften in Deutschland – Werte der Deutschen Heimat 71). – Köln, Weimar, Wien.

BITTNER, Gerhard (1990): Die Entwicklung der Stadt ab 1970, in: Stadt Tönning (Hg.): Tönning im Wandel der Zeiten: Bürger schreiben über ihre Stadt. – Husum.

BLUME, Hans-Peter u. Ulrich PFISTERER (1993): Exkursionsführer zur Jahrestagung der DBG in Kiel. Sonderheft, in: Mitteilungen der DBG 70, S. 1–288.

BOCK, Karl-Heinz et al. (2002): Seewetter. 2. Aufl. – Hamburg.

BOECKMANN, Barbara (1975): Beiträge zur geographischen Erforschung des Kurfremden- und Freizeitverkehrs auf Eiderstedt unter besonderer Berücksichtigung Sankt Peter-Ordings (= Regensburger Geographische Schriften 7). – Regensburg.

BOKELMANN, Klaus (1988): Wurten und Flachsiedlungen der römischen Kaiserzeit, in: MÜLLER-WILLE, Michael et al. (Hgg.): Norderhever-Projekt 1 (Offa-Bücher 66). – Neumünster, S. 149–162.

BORG, Erik; Rainer RESSL u. Kurt P. GÜNTHER (2004): Fernerkundungsdaten und -produkte für die Landschaftsstrukturanalyse, in: WALZ, Ulrich et al. (Hgg.): Landschaftsstruktur – Methoden und Anwendungen im Kontext von naturräumlicher Vorprägung und Nutzung (= IÖR-Schriften 43). – Dresden, S. 79–90.

Borg, Erik et al. (2012): Das RESA-Projekt: Bereitstellung von RapidEye-Daten für die Deutsche Wissenschaft, in: Borg, Erik, H. Daedelow u. R. Johnson (Hgg.): RapidEye Science Archive (RESA) – Vom Algorithmus zum Produkt. 4. RESA Workshop, Neustrelitz, 21.–22.03.2012. – Berlin, S. 3–16.

Borkenhagen, Peter (2011): Die Säugetiere Schleswig-Holsteins, hg. von der Faunistisch-Ökologischen Arbeitsgemeinschaft Schleswig-Holstein. – Husum.

Brande, Arthur (1988): Zur frühsubatlantischen Vegetations- und Landschaftsentwicklung Westeiderstedts, in: Offa – Berichte und Mitteilungen zur Urgeschichte, Frühgeschichte und Mittelalterarchäologie 66, S. 139–147.

Braun, Frank u. Rhonda Strehl (1989): Langhaus und Winkelbau: zur Entwicklungsgeschichte uthlandfriesischer Bauformen im 18. und 19. Jahrhundert (= Studien und Materialien / Nordfriisk Instituut 21). – Bräist/Bredstedt.

Bruhn, Emil (1928): Die Chronik von Koldenbüttel (= Zur Heimatgeschichte Eiderstedts 2). – Garding.

Bruhn, Emil (1930): Die Geschichte der Höfe in Koldenbüttel. Koogsweise aufeinander folgend (= Zur Heimatgeschichte Eiderstedts 3). – Garding.

Brumm, Dieter (2007): Die Eider. Der lange Fluss. – Husum.

Brümmer, Gerhard; Hans-Siegfried Grunwaldt u. Dietrich Schroeder (1970): Beiträge zur Genese und Klassifizierung der Marschen II. Zur Schwefelmetabolik in Schlicken und Salzmarschen, in: Zeitschrift für Pflanzenernährung und Bodenkunde 128, S. 208–220.

Brümmer, Gerhard u. Dietrich Schroeder (1968): Prozesse der Marschen-Genese, in: Mitteilungen der DBG 8, S. 247–250.

Bruns, Holger A. et al. (2001): Oldensworter Vorland, in: Corax 18, Sonderheft 2.

Bruns, Holger A.; Sibylle Stromberg u. Stefan Wolff (2007): Naturführer Eidermündung. – Husum.

Carstensen, Hans (1995): St. Peter-Ording. Ein Führer durch das Nordseeheil- und Schwefelbad. – St. Peter-Ording, Hamburg.

Clausen, Otto (1911): Kirchliche Sitten und Gebräuche in der Landschaft Eiderstedt. – Garding.

Coldewey, Wilhelm Georg et al. (2012): Das Geheimnis der Himmelsteiche – Physikalische Grundlagen einer historischen Wasserversorgung im Küstenraum, in: Ohlig, Christoph (Hg.): DWhG – Zehn Jahre wasserhistorische Forschungen und Berichte (= Schriften der Wasserhistorischen Gesellschaft DWhG e.V. 20, Teil 2). – Norderstedt, Siegburg, S. 315–330.

Cordes, Friedrich (1972): Eiderdamm: Natur und Technik. – Hamburg.

Cornils, Peter Wilhelm (1841): Die Communal-Verfassung in der Landschaft Eiderstedt. – Heide.

Dau, Jan (1996): Chronik der Herrnhallig. – Süderhof.

Dau, Jan (1999–2009): Ein Stück Koldenbütteler Geschichte. Drei Bände. – Koldenbüttel.

Dierssen, Klaus u. Ulrich Mierwald (Hgg., 1987): Atlas der Flora Schleswig-Holsteins und Hamburgs. – Neumünster.

Dircks, Susanne (Hg., 1996): 300 Jahre Norderfriedrichskoog 1696–1996. – Norderfriedrichskoog.

Dittmer, Ernst (1952): Die nacheiszeitliche Entwicklung der Schleswig-holsteinischen Westküste, in: Gripp, Karl u. Ekke W. Guenther (Hgg.): Meyniana. Veröffentlichungen aus dem Geologischen Institut der Universität Kiel 1. – Neumünster, S.138–168.

Dittrich, Konrad u. Michael Pasdzior (1998): Eiderstedt: Friedrichstadt und Husum (= Ellert- &-Richter-Reiseführer). – Hamburg.

Domeier, Kurt (1963): Die Landkarten von Johannes Mejer, Husum, aus der neuen Landesbeschreibung der zwei Herzogtümer Schleswig und Holstein von Caspar Danckwerth D. 1652. – Hamburg.

DVWK (Hg., 1992): Historischer Küstenschutz: Deichbau, Inselschutz und Binnenentwässerung an Nord- und Ostsee. Bearb. von Johann Kramer u. Hans Rohde. – Stuttgart.

Ehlers, Jürgen (1988): The Morphodynamics of the Wadden Sea. – Rotterdam.

Erichsen, Margareta (1998): Häuser und Höfe in Eiderstedt. Mit Beiträgen von Gerd Kühnast u. Ludwig Fischer (= Schriften der IG Baupflege Nordfriesland e.V. 6). – Bredstedt.

Erler, Heinrich (1977): Friedrichstadt. Eine holländische Gründung zwischen Eider und Treene. – Heide.

Falck, Niels (Hg., 1819): Anton Heimreichs nordfresische Chronik. – Tondern.

Feddersen, Ernst (1935): Kirchengeschichte Schleswig-Holsteins Bd. 2. – Kiel.

Festausschuß Tetenbüll-Marschkoog (Hg., 1975): 700 Jahre Tetenbüller Marschkoog. – Tetenbüll.

Fiedler, Walter (1977): Eiderstedt. – Breklum. 7. Aufl.

Finnern, Herwig u. Gerhard Brümmer (1987): Einflußfaktoren auf die Entkalkung schleswig-holsteinischer Marschböden, in: Mitteilungen der DBG 55/II, S. 745–750.

Fischer, Ludwig (1984): Haubarge – Eine Bauernhausform hat abgewirtschaftet? (= Schriften der IG Baupflege 1). – Bredstedt.

Fischer, Ludwig (1994): Westerhever – Ein Dorf an der Nordsee: Vergangenheit – Gegenwart – Zukunft. Eine Küstengemeinde im Wandel des ländlichen Raums (= Schriften zur Kultur- und Sozialgeschichte Eiderstedts und zur Entwicklung des ländlichen Raums 1). – Westerhever.

Fischer, Ludwig (2007): Nicht nur Fachwerk, in: Kaspar, Fred u. Bernd Adam (Hgg.): Bauten in Bewegung. Von der Wiederverwendung alter Hausgerüste, vom Verschieben und vom Handel mit gebrauchten Häusern, von geraubten Spolien, Kopien und wiederverwendeten Bauteilen. – Mainz, S. 276–281.

Fischer, Otto u. Friedrich Müller (1955a): Sonderprobleme des Küstenraumes (= Das Wasserwesen an der schleswig-holsteinischen Nordseeküste 1). – Berlin.

Fischer, Otto u. Friedrich Müller (1955b): Das Festland: Nordfriesland (= Das Wasserwesen an der schleswig-holsteinischen Nordseeküste 3/2). – Berlin.

Fischer, Otto u. Friedrich Müller (1955c): Das Festland: Hydrographie des Küstengebietes (= Das Wasserwesen an der schleswig-holsteinischen Nordseeküste 3,7) . – Berlin.

Fischer, Otto u. Friedrich Müller (1956): Das Festland: Eiderstedt (= Das Wasserwesen an der schleswig-holsteinischen Nordseeküste 3/3). – Berlin.

Förster, Jutta (2008): Das Naturschutzgebiet Wester-Spätinge. Informationsfaltblatt der Internetseite NABU Deutschland. – Berlin.

Gaasch, Karl-Heinz (1978): Die mittelalterliche Pfarrorganisation in Schleswig-Holstein, in: Schleswig-Holsteinische Kirchengeschichte 2. – Neumünster. S. 43–69.

Galette, Alfons (1969): Verwaltungsneuordnung zwischen Plan und Verwirklichung: zum Stand der Verwaltungsreform in Schleswig-Holstein, in: Archiv für Kommunalwissenschaften: Grundlagen, Konzepte, Beispiele 8, S. 329–353.

Ganzelewski, Michael (2000): Archäometallurgische Untersuchungen zur frühen Verhüttung von Raseneisenerzen am Kammberg bei Joldelund, Kreis Nordfriesland, in: Haffner, Alfred; Hauke Jöns u. Joachim Reichstein (Hgg.): Frühe Eisengewinnung in Joldelund, Kreis Nordfriesland. Ein Beitrag zur Siedlungs- und Technikgeschichte Schleswig-Holsteins. Teil 2. – Bonn.

Gebhardt, Harald u. Werner Haarnagel (Hgg., 1970): Probleme der Küstenforschung im südlichen Nordseegebiet. Teil 9. – Hildesheim.

Gebhardt, Harald u. Werner Haarnagel (Hgg., 1976): Probleme der Küstenforschung im südlichen Nordseegebiet. Teil 11. – Wilhelmshaven.
Geerkens, August (1935): Eiderstedt, mein Heimatland. Heimatliche Aufsätze und Gedichte. – Garding. (Reprint: Husum 2007).
Geerkens, August (1926): 50 Jahre Schleswig-Holsteinische Bank. – Husum.
Geerkens, August (2008): Vun Land un Lüüd. Eiderstedt im 19. und 20. Jahrhundert, Bd. 5, in: Koopmann, Hauke u. Sönnich Volquardsen (Hgg.):Blick über Eiderstedt V. – Garding.
Geisslinger, Helmut (1967): Horte als Geschichtsquelle: dargestellt an den völkerwanderungs- und merowingerzeitlichen Funden des südwestlichen Ostseeraumes (= Offa-Bücher, N.F. 19). – Neumünster.
Gemeinde Katharinenheerd (Hg., 1998): Chronik der Gemeinde Katharinenheerd. – Katharinenheerd.
Gemeinde Osterhever (Hg., 2010): Osterhever, Augustenkoog. Die Geschichte einer Heverbundgemeinde. – Osterhever.
Gemeinde Oldenswort (Hg., 2011): Die Chronik von Oldenswort. – Oldenswort.
Gemeinde Poppenbüll (Hg., 1987): Poppenbüll – Ein Dorf im Wandel der Zeiten. 1 000 Jahre St. Johannis-Koog. – Husum.
Gemeinde Südermarsch (Hg., 2009): 75 Jahre Gemeinde Südermarsch 1934–2009. Festschrift zur Koogsgeschichte – Südermarsch.
Gemeinde Tümlauer-Koog (Hg., 1985): Festschrift zum 50jährigen Jubiläum des Tümlauer-Kooges. – Tümlauer-Koog.
Gemeinde Tümlauer-Koog (Hg., 2010): 75 Jahre Tümlauer-Koog. 1935–2010. – Tümlauer-Koog.
Gemeinde Westerhever (Hg., 2004): Dorfgeschichte Westerhever. Die Gemeinde im Nordwesten Eiderstedts. – Westerhever.
Gerdes, Gisela et al. (Hgg., 1987): Mellum, Portrait einer Insel (= Senckenberg-Buch 63). – Frankfurt a. Main.
Geerkens, August (Hg., 1927): Festgabe zum Eiderstedter Heimatsfest 1927 – Garding.
George, Ernst (1923): Die wirtschaftlichen und kulturellen Beziehungen der Westküste Schleswig-Holsteins zu den Niederlanden (Nordelbingen 1). – Flensburg.
Gertz, Jürgen Boye (1988): Die Landwirtschaft im Norderheverkoog. Aus Sicht der 3. Generation, in: Sielverband Norderheverkoog (Hg.,): Norderheverkoog 1938–1988. – Husum.
Göbell, Walter (1986): Die Schleswig-Holsteinische Kirchenordnung von 1542. – Neumünster.
Gönnert, Gabriele et al. (Hgg., 2004): Klimaänderung und Küstenschutz. Proceedings der HTG-Tagung 29.–30.11.2004. – Greifswald.
Göttsch-Elten, Silke (Hg., 1988): Forschungsfeld Museum: Festschrift für Arnold Lühning zum 65. Geburtstag (= Kieler Blätter zur Volkskunde 20). – Kiel.
GSHG (Hg.1970–2006): Schleswig-Holsteinisches Biographisches Lexikon 1–12. – Neumünster (ab Bd. 6: Biographisches Lexikon für Schleswig-Holstein und Lübeck, hg. von der GSHG und dem VLGA, ab Bd. 11 von der SHLB).
Haffer, Oskar (1956): Führer durch Landschaft, Tier- und Pflanzenwelt von St. Peter-Ording (Westküste Eiderstedt). – Garding.
Haffner, Alfred; Hauke Jöns u. Joachim Reichstein (Hgg., 2000): Frühe Eisengewinnung in Joldelund, Kreis Nordfriesland. Ein Beitrag zur Siedlungs- und Technikgeschichte Schleswig-Holsteins. Teil 2. – Bonn.
Hamkens, Gönna (1972): Die Familie Hamkens aus Eiderstedt: eine Chronik. – Lübeck.
Hamkens, Johannes u. Henning Henningsen (1990): Die Chronik der Pastoren Johann Hamkens von 1771 und Ergänzungen von Pastor Henning Henningsen 1808, in: Aus der Ortsgeschichte Sankt Peter-Ording 12, S. 65–131.

HAMMERICH, Heinz (1984): Eiderstedts Landwirtschaft gestern und heute. – Husum.
HANDKE, K. Heinz (1989): Tönning in alten Ansichten. – Zaltbommel.
HANSEN, Ernst (1910): Eiderstedt. Beiträge zur Heimatkunde. Geschrieben von Lehrern des Kreises. – Garding.
HANSEN, Hermann (1971): Friedrichstadt 1621–1971. – Friedrichstadt.
HANSEN, Reimer (1901–1903): Wiedertäufer in Eiderstedt, in: Schriften des Vereins für Schleswig-Holsteinische Kirchengeschichte II, 2, Heft 2, S. 175–238 u. Heft 3, S. 344–399.
HARTMANN, Peter (1975): Keramik des Mittelalters und der frühen Neuzeit aus Nordfriesland (= Offa-Bücher, N.F. 32). – Neumünster.
HAWEL, Bernd W. (1981): Freizeit in Friedrichstadt. Untersuchungen zur Situation Jugendlicher und älterer Bürger in einem ländlichen Peripherraum. Freizeitbedingungen, -verhaltensweisen und -politik (= MARE – Materialien zur Geographischen Regionalforschung in Kiel 7). – Kiel.
HECHMANN, Klaus P. (1991): Naturschutz und Landwirtschaft in Eiderstedt. Eiderstedts Landwirtschaft in den letzten 20 Jahren, in: Blick über Eiderstedt III. – Husum.
Heimatbund Landschaft Eiderstedt (Hg., 1997): 300 Jahre Norderfriedrichskoog, in: Zwischen Eider und Wiedau: Heimatkalender für Nordfriesland, S.157–166.
Heimatbund Landschaft Eiderstedt (Hg., 2005): Flucht und Vertreibung 1945. Neubeginn in Eiderstedt. Vertriebene berichten (= Eiderstedter Hefte 7). – St. Peter-Ording.
HEITMANN, Claus (1995a): Das Eiderstedter Alphabet. Namen, Begriffe, Daten und „wat man hier so seggt". Eine Einführung in landschaftliche, kulturelle, sprachliche und historische Besonderheiten der Landschaft Eiderstedt (= Eiderstedter Hefte 1). – St. Peter-Ording. 2. Aufl.
HEITMANN, Claus (Hg., 1995b): 500 Jahre Kotzenbüll (= Eiderstedter Hefte 2). – St. Peter-Ording.
HEITMANN, Claus (1997): 300 Jahre Norderfriedrichskoog, in: Zwischen Eider und Wiedau. Heimatkalender für Nordfriesland.
HEITMANN, Claus (2000): Die Dreilande – Eiderstedt, in: Steensen, Thomas (Hg.): Das große Nordfriesland-Buch. – Hamburg.
HEITMANN, Claus (2005): Zahl der Gäste in St. Peter und Ording, in: AG Ortschronik (Hg.): Aus der Ortsgeschichte Sankt Peter-Ording 24. – St. Peter-Ording, S. 42–44.
HEITMANN, Claus (2006): St. Peter-Ording, Schleswig-Holstein, in: Dem Tourismus auf der Spur (= geographie heute. Themen, Modelle, Materialien für die Unterrichtspraxis aller Schulstufen 240, 27. Jg.). – Velber, S. 10–11 + Arbeitsblatt.
HEITMANN, Claus (2010a): Plädoyer für ein kulturhistorisches Kleinod, in: IG Baupflege Nordfriesland u. Dithmarschen e.V. (Hg.): Der Maueranker. Baupflege in Nordfriesland Dithmarschen und Angeln, September 2010. – Bredstedt.
HEITMANN, Claus (2010b): Auf Sand gebaut. Dünenbildung und Bedeichung vor St. Peter und Ording, in: St. Peter-Ording im Wandel. – o.O. (Vorabdruck).
HEITMANN, Claus (2011): St. Peter-Ording. Eine Chronik in Bildern. – St. Peter-Ording.
HEITMANN, Claus u. Marianne OPPEL (1997): 625 Jahre St. Peter-Ording (1373–1998). – St. Peter-Ording.
HENDL, Manfred (2001): Klima, in: LIEDTKE, Herbert u. Joachim MARCINEK (Hgg.): Physische Geographie Deutschlands. – Gotha.
Oberpräsident und Gauleiter von Schleswig-Holstein (Hg., 1935): Der Hermann-Göring-Koog. Denkschrift anlässlich der Einweihung Ende Oktober 1935 – Berlin-Schöneberg.
HESS, Helmut (1985): Chronik von Uelvesbüll. – Uelvesbüll.
HIELMCRONE, Ulf von (2009): Kirken i Simonsberg – En bygning planlagt af C.F. Hansen, in: Sønderjysk Månedsskrift, H. 2, S. 52–63.

HIELMCRONE, Ulf von (2011): Eine europäische Region von exemplarischer Bedeutung. Zukunft ist machbar – auch in Eiderstedt, in: Nordfriesland 168, S. 16–21.
HINRICHS, Hans (1923): Die Eindeichung des Sieversfleether Kooges, in: Jahrbuch des Nordfriesischen Vereins, S. 33–43. HINRICHS, Hans (1924): De beide Döschers. – Garding (Neuauflage 1997).
HINRICHS, Hans (1927): Die Entwicklung eines Marschkirchspiels (Tetenbüll). Jahrbuch des Nordfriesischen Vereins 1927, S. 120–140.
HINRICHS, Hans (2007): Die Geschichte des Hofes Trindamm, in: IG Baupflege Nordfriesland u. Dithmarschen e.V. (Hg.): Der Maueranker. Baupflege in Nordfriesland Dithmarschen und Angeln. – Niebüll
HINRICHS, Karl (1932): Die Poppenbüller Tauteiche, in: Die Heimat, S. 123–128.
HINRICHS, Karl (1987): Die Poppenbüller Tauteiche, in: Gemeinde Poppenbüll (Hg.): Poppenbüll – Ein Dorf im Wandel der Zeiten. 1 000 Jahre St. Johannis-Koog. – Husum, S. 46–48.
HINRICHS, Wilhelm (1931): Nordsee: Deiche, Küstenschutz und Landgewinnung. – Husum.
HINTZE, Otto (1933): Die Bepflanzung und Aufforstung des Dünengeländes von St. Peter und Ording. – Garding.
HINTZE, Otto (1933): Kotzenbüll im Schwedenjahre 1713 und die folgenden Jahre. – Garding.
HINTZE, Otto (1935): Die lutherische Propstei Eiderstedt, ihre Pröpste und deren Familien (1584–1934). – Garding.
HOFFMANN, Daniel u. Heiko SCHMÜSER (2007): Wiesenweihe, in: MLUR als oberste Jagdbehörde (Hg.): Jagd und Artenschutz. Jahresbericht 2007. – Kiel, S. 50–53.
HOFMANN, Dietrich (1956): Probleme der nordfriesischen Dialektforschung, in: Zeitschrift für Mundartforschung 24, S. 78–112.
HOFMANN, Dietrich (1958): Zum Eiderstedter Friesisch, in: Niederdeutsche Mitteilungen 14, S. 59–68.
HOFMANN, Dietrich (1989): Gesammelte Schriften. Teil 2: Studien zur friesischen und niederdeutschen Philologie. – Hamburg.
HOFFMANN , Erich (1953): Die Herkunft des Bürgertums in Städten des Herzogtums Schleswig (= Quellen und Forschungen zur Geschichte Schleswig-Holsteins 27). – Neumünster.
HOFFMANN, Hans (2005): Kommunalverwaltung einst und jetzt: Geschichte der Kommunalverwaltung in Schleswig-Holstein. Entstehung, Entwicklung von der germanischen Frühzeit bis zur Gegenwart, staatsrechtliche und territoriale Veränderungen, Verfassung der kommunalen Einrichtungen. – Kiel.
HUBRICH-MESSOW, Gundula (Hg., 2000–2007): Schleswig-Holsteinische Volksmärchen. Bd. 4–7. – Husum.
HUMMEL, Peter u. Eilhard CORDES (1969): Holozäne Sedimentation und Faziesdifferenzierung beim Aufbau der Lundener Nehrung (Norderdithmarschen), in: Meyniana, 19, S. 103–112.
HUPFER, Peter et al. (2006): Witterung und Klima: eine Einführung in die Meteorologie und Klimatologie. – Stuttgart.
JANZEN, Johann-Albrecht (1997): Der Koldenbüttler Glockenstapel, in: Domaals un hüüt 2, S. 8–9.
JANZEN, Johann-Albrecht (1997): Peter Sax zum Gedächtnis, in: Domaals un hüüt 3, S. 3–6.
JANZEN, Johann-Albrecht (2001): Gedanken und Wissenswertes über die Kanzel der St. Leonhard-Kirche in Koldenbüttel, in: Domaals un hüüt 12, S. 14–20.
JANZEN, Johann-Albrecht (2002): 650 Jahre Koldenbüttel, in: Domaals un hüüt 13, S. 26–28.
JANZEN, Johann-Albrecht (2005): Die St. Leonhard-Kirche in Koldenbüttel, in: Domaals un hüüt 20, S. 4–23.
JANZEN, Johann-Albrecht (2007): Alt-Koldenbüttel – gesehen von einem Zeitgenossen, in: Domaals un hüüt 23, S. 42–43.

JANZEN, Johann-Albrecht (2007): Die Bildwerke in St. Leonhard Koldenbüttel, in: Domaals un hüüt 23, S. 4–17.
JANZEN, Johann-Albrecht (2009): Koldenbüttel im Bannkreis europäischer Konflikte. Rekonstruiert für den Zeitraum 1627 bis 1850, in: Nordfriesisches Jahrbuch 45, S. 7–50.
JANZEN, Johann-Albrecht (2010): Kein Licht ohne Schatten. Koldenbüttel im Zeichen der Aufklärung, in: Nordfriesisches Jahrbuch 46, S. 21–72.
JANZEN, Johann-Albrecht (2011): Glut unter der Asche. Koldenbüttel im Zeitalter des nationalen Aufbruchs, in: Nordfriesisches Jahrbuch 47, S. 39–56.
JASPER, Johannes (1977): Chronicon Eiderostadense vulgare oder die gemeine Eiderstedtische Chronik 1103–1547. 2. Aufl.; übers. v. Claus HEITMANN. – St. Peter-Ording.
JEDICKE, Leonie u. Eckhard JEDICKE (1989): Naturdenkmale in Schleswig-Holstein. – Hannover.
JENSEN, Thomas (1998): Aufzeichnungen des Zimmermanns Thomas Jensen aus Witzwort über die Jahre 1781–1901, in: Eiderstedter Heimatbund (Hg.): Blick über Eiderstedt: Beiträge zur Geschichte, Kultur und Natur einer Landschaft. Bd. 4. – Heide, S. 120–201.
JENSEN, Wilhelm (1955): Die kirchlichen Verhältnisse der Propstei Eiderstedt um 1700, in: Schriften des Vereins für Schleswig-Holsteinische Kirchengeschichte, 2. Reihe, Bd. 13, S. 30–46.
JESSEN, Hans Jacob (1933): Auszug aus der Geschichte der oktroyierten Köge neben Erwähnungen des Deichwesens und der Verwaltung in der Landschaft Eiderstedt. – Garding.
JESSEN-KLINGENBERG, Manfred (1967): Eiderstedt 1713–1864, Landschaft und Landesherrschaft in königlich-absolutistischer Zeit (= Quellen und Forschungen zur Geschichte Schleswig-Holsteins 53). – Neumünster.
JESSEN-KLINGENBERG, Manfred (1996): Begründung, Bewährung und Versagen der Toleranz. Friedrichstadts Platz in der schleswig-holsteinischen Geschichte, in: Nordfriesland 114 (Juni 1996), S. 9–13.
JESSEN-KLINGENBERG, Manfred (1998): Von der Landschaft zum Kreis Eiderstedt, in: HANSEN, Reimer u. Jörn-Peter LEPPIEN (Hgg.): Standpunkte zur neueren Geschichte Schleswig-Holsteins. – Malente, S. 171–176.
JESSEN-KLINGENBERG, Manfred (2000): „Kleine Republiken" – Selbstverwaltung in Nordfriesland, in: STEENSEN, Thomas: Das große Nordfriesland Buch. – Hamburg, S. 206–211.
JOCHIMSEN, Reimut (1971): Gebietsreform und regionale Strukturpolitik: das Beispiel Schleswig-Holsteins (= Veröffentlichung der Hochschule für Wirtschaft und Politik, Hamburg 8). – Opladen.
JOCHIMSEN, Reimut; Peter KNOBLOCH u. Peter TREUNER (1969): Grundsätze der Landesplanung und der Gebietsreform in Schleswig-Holstein. – Kiel.
JOCKENHÖVEL, Klaus (1980): Gottesdienst und Frömmigkeit der Friedrichstädter Katholiken zur Zeit der Jesuitenmission, in: Unterhaltung für Friedrichstadt und die angränzende Gegend, in: 17. Mitteilungsblatt der Gesellschaft für Friedrichstädter Stadtgeschichte, S. 181–259
JOHANNSEN, Friedrich Heinrich (1979): Funde der frühgeschichtlichen Zeit in Tating, in: Zwischen Eider und Wiedau. Heimatkalender für Nordfriesland. – Husum, S. 193–199.
JOHANNSEN, Friedrich (Hg., 1989): 500 Jahre Dammkoog: 1489 – 1989. Wie Eiderstedt landfest wurde. – Husum.
JOHANSEN, Erik (2007): Ejdersteds danske mindretal efter 1945. In: Sønderjysk Månedsskrift. – Aabenraa.
JÜDES, Ulrich et al. (Hgg., 1988): Naturschutz in Schleswig-Holstein. Ein Handbuch für Naturschutzpraxis und Unterricht. – Neumünster.
JUNGJOHANN, Heinz Erwin (1965): Über die Pflanzenwelt Eiderstedts, in: Eiderstedter Heimatbund (Hg.): Blick über Eiderstedt: Beiträge zur Geschichte, Kultur und Natur einer Landschaft. – Heide, S. 122–144.

KAMBECK, Werner (1973): Die Husumer Südermarsch: Festschrift zum Richtfest Schöpfwerk Halbmond am 28. September 1973 (= Nordfriisk Instituut 18). – Bräist/Bredstedt.

KARTING, Herbert (1995): Segel von der Eider. Die Geschichte der Schöning-Werft in Friedrichstadt (später Burg/Dithmarschen) und der dort gebauten Schiffe. – Bremen.

KASPAR, Fred u. Bernd ADAM (Hgg., 2007): Bauten in Bewegung. Von der Wiederverwendung alter Hausgerüste, vom Verschieben und vom Handel mit gebrauchten Häusern, von geraubten Spolien, Kopien und wiederverwendeten Bauteilen. – Mainz.

KAUFELD, Lothar; Manfred BAUER u. Klaus DITTMER (1997): Wetter der Nord- und Ostsee (= Yacht-Bücherei 120). – Bielefeld.

KLOSE, Werner (Red., 1977): 100 Jahre Bad Sankt Peter-Ording. Vom Badekarren zur Badekur. – St. Peter-Ording.

KLOSE, Werner u. Eckhard KLOTH (Hgg., 1981): St. Peter-Ording. Nordseeheil- und Schwefelbad. – St. Peter-Ording.

KLOSE, Werner u. Günter PUMP (1988): St. Peter-Ording. – St. Peter-Ording.

KNOTTNERUS, Otto S. (2008): Haubarg, Barghaus, Bargscheune und ihre mittelalterlichen Vorläufer – Materialien zur Vorgeschichte der Gulfscheune, in: Probleme der Küstenforschung im südlichen Nordseegebiet, H. 32, S. 105–125.

KNUTZ, Hans (1983): Chronik von Witzwort. – Witzwort.

KOHL, Johann Georg (1846): Die Marschen und Inseln der Herzogthümer Schleswig und Holstein. Bd. 3. – Dresden, Leipzig.

KOHN, Hans-Lothar (1965): Über die Tierwelt Eiderstedts, in: Eiderstedter Heimatbund (Hg.): Blick über Eiderstedt: Beiträge zur Geschichte, Kultur und Natur einer Landschaft. – Heide, S. 122–144.

KOHN, Hans-Lothar (1998): Die Pflanzenwelt Eiderstedts, in: Eiderstedter Heimatbund (Hg.): Eiderstedter Heft 4. – Heide, S. 41–96.

KÖNIG, Dietrich (1972): Deutung von Luftbildern des schleswig-holsteinischen Wattenmeeres, Beispiele und Probleme, in: Die Küste, H. 22, S. 29–74.

KOOP, Rudolph (1936): Eiderstedter Heimatbuch 1: Besiedelung und Bedeichung. – Garding.

KOSSACK, Georg; Karl-Ernst BEHRE u. Peter SCHMID (Hgg., 1984): Archäologische und naturwissenschaftliche Untersuchungen an ländlichen und frühstädtischen Siedlungen im deutschen Küstengebiet vom 5. Jahrhundert v.Chr. bis zum 11. Jahrhundert n.Chr. – Weinheim.

KRÄHE, Hans-Jürgen (1999): Jacob Alberts 1860–1942; Retrospektive, hg. vom Museumsverbund Nordfriesland, Nordfriesisches Museum, Ludwig-Nissen-Haus. – Husum.

KRAMER, Herbert J. (2002): Observation of the earth and its environment. Survey of missions and sensors. 4. Aufl. – Berlin, Heidelberg, New York.

KRAZE, Friede Henriette (1926): Die Frauen von Volderwiek. – Hamburg (Neuausgabe Husum 2013).

KRETZENBACHER, Leopold (1966): Ringreiten, Rolandspiel und Kufenstechen: sportliches Reiterbrauchtum von heute als Erbe aus abendländischer Kulturgeschichte. – Klagenfurt.

KÜHN, Hans Joachim (1999): Gestrandet bei Uelvesbüll. Wrackarchäologie in Nordfriesland. – Husum.

KÜHN, Hans Joachim (2001): Archäologische Zeugnisse der Friesen in Nordfriesland, in: MUNSKE, Horst Haider et al. (Hgg.): Handbuch des Friesischen/Handbook of Frisian Studies. – Tübingen, S. 499–503.

KÜHN, Hans Joachim (2008): Händler – Waren – Friesen. Eine archäologische Spurensuche, in: PINGEL, Fiete u. Thomas STEENSEN (Hgg.), Friesischer Handel im Friesischen Meer. Beiträge vom 6. Historiker-Treffen des Nordfriisk Instituut. – Bräist/Bredstedt, S. 11–28.

KÜHN, Hans Joachim u. Albert PANTEN (1989): Der frühe Deichbau in Nordfriesland: archäologisch-historische Untersuchungen (= Nordfriisk Instituut 94). – Bräist/Bredstedt.

KÜHNAST, Gerd (2008): Eiderstedt. Kulturlandschaft in Gefahr, in: IG Baupflege Nordfriesland u. Dithmarschen e.V. (Hg.): Der Maueranker. Baupflege in Nordfriesland Dithmarschen und Angeln. – Bredstedt.

KÜHNAST, Gerd (2007): Landschaft Eiderstedt. Was wird daraus?, in: IG Baupflege Nordfriesland u. Dithmarschen e.V. (Hg.): Der Maueranker. Baupflege in Nordfriesland Dithmarschen und Angeln. – Bredstedt.

KÜHNAST, Gerd (2000): Nordfriesland – eine vielfältige Hauslandschaft, in: STEENSEN, Thomas (Hg.): Das große Nordfriesland-Buch. – Hamburg, S. 440–447.

KUNZ, Harry (2009): Erinnerungsorte in Nordfriesland. – Bräist/Bredstedt.

KUNZ, Harry u. Albert PANTEN (1997): Die Köge Nordfrieslands (= Nordfriisk Instituut 144). – Bräist/Bredstedt.

KUNZ, Harry; Fiete PINGEL u. Thomas STEENSEN (1998): Nordfriesland von A bis Z: 100 Begriffe in Wort und Bild (= Nordfriisk Instituut 156). – Bräist/Bredstedt.

KURBERG, Horst (1984): Geschichte der Propstei Eiderstedt. Von den Anfängen bis zum Ende des Sonderstatus 1854; Festschrift zum 400jährigen Bestehen des evangelisch-lutherischen Kirchenkreises Eiderstedt 1584–1984 (= Eiderstedter Heimatbücher 6). – St. Peter-Ording.

KUSCHERT, Rolf (1954): Landesherrschaft und Selbstverwaltung in Eiderstedt unter den Gottorfern, in: ZSHG 78, S. 50–138 (Reprint: Neumünster 1981).

KUSCHERT, Rolf (1990): Der Rote Haubarg. Baudenkmal und Museum in Witzwort in der Landschaft Eiderstedt (= Schriften des Kreisarchivs Nordfriesland, Schloß vor Husum 13). – Husum.

KUSCHERT, Rolf (Hg., 1996a): Eiderstedt. Ein Lesebuch. Die Landschaft Eiderstedt in Erzählungen, Anekdoten, Sagen, Chroniken, Romanen, Nachschlagewerken, Reisebeschreibungen, Lebenserinnerungen, Briefen und Gedichten von einst und jetzt. – Husum.

KUSCHERT, Rolf (1996b): Eiderstedt – eine kleine Landschaft mit großer Vergangenheit, in: Die Heimat, S. 1–8.

KUSCHERT, Rolf (2007): Nordfriesland in der frühen Neuzeit. Neu bearb. von Martin RHEINHEIMER, Fiete PINGEL und Thomas STEENSEN (= Geschichte Nordfrieslands 3). – Bräist/Bredstedt.

KWIECIEŃ, Krystina (1959): Próba określenia zasięgu wpływu Bałtyku na klimat przyległego Pomorza. Biuletyn PIHM. Nr. 9., S. 15–22.

LAFRENZ, Deert (2011): Der Schlossbau Herzog Adolfs in Tönning. In: Nordelbingen 80. – Heide.

LANU S-H (Hg., 2006): Die Böden Schleswig-Holsteins: Entstehung, Verbreitung, Nutzung, Eigenschaften und Gefährdung (= Schriftenreihe des LANU S-H: Geologie und Boden 11). – Flintbek.

LAS (Hg., 1999): Heinrich Rantzau (1526–1598) – königlicher Statthalter in Schleswig und Holstein. Ein Humanist beschreibt sein Land; eine Ausstellung im LAS (= Veröffentlichungen des LAS 64). – Schleswig.

LANGE, Ulrich (Hg., 2003): Geschichte Schleswig-Holsteins. Von den Anfängen bis zur Gegenwart. – Neumünster. 2. Aufl.

LAUE, Bernd (2007): Sonderheft 400 Jahre Stadt Garding. Blick in die Geschichte. Fortsetzung der Stadtgeschichte von 1990 bis 2007. – Garding.

LBEG (2007): Erdgeschichte von Niedersachsen – Geologie und Landschaftsentwicklung. Das Quartär in Niedersachsen und benachbarten Gebieten – Gliederung, geologische Prozesse, Ablagerungen und Landschaftsformen (= Geoberichte 6). – Hannover.

LEIBRANDT, Beate (2011): Eiderstedter Forum. Ein Bürgerbündnis engagiert sich, in: Nordfriesland 176 (Dezember 2011), S. 12–16.

LIEDTKE, Herbert u. Joachim MARCINEK (Hgg., 2002): Physische Geographie Deutschlands. 3. Aufl. – Gotha.

LN S-H (1993): Ergebnisse der landesweiten Biotopkartierung: Kreis Nordfriesland – Erfassung biologisch-ökologisch wertvoller Lebensräume, in: Beiträge zu Naturschutz und Landschaftspflege, S. 18–20.

Löw, Isabella (2003): Die Eiderstedter Landrechte von 1426 bis 1591. Rechtsgeschichte, Rechtswandel und Rechtsverwandtschaften (= Studien und Materialien 32). – Bräist/Bredstedt.

Lohmeier, Dieter (1980): Personalhistorische Anmerkungen zur Geschichte des Deichwesens in Nordfriesland im frühen 17. Jahrhundert, in: Nordfriesisches Jahrbuch 16, S. 75–90.

Lozán, José L. et al. (Hgg., 2008): Warnsignal Klima: Gesundheitsrisiken. Gefahren für Menschen, Tiere und Pflanzen: wissenschaftliche Fakten. – Hamburg.

Lucassen, Uwe u. Wolfgang Oppermann (1980): Gruß und Kuß aus Eiderstedt. 100 Ansichten von Anno dazumal. – St. Peter-Ording.

Machtemes-Titgemeyer, Ursula (2005): Schloß Axendorf von Kotzenbüll (= Nordfriisk Instituut 180). – Bräist/Bredstedt.

Marschenverband Schleswig-Holstein e.V. (Hg., 1932): Zweite Denkschrift über die Bedeutung der Ausführung landeskultureller Aufgaben in den Marschen Schleswig-Holsteins. – Husum.

Matthiessen, Johannes (2011): Die Entstehung und Landschaftsentwicklung St. Peter-Ordings, in: Mitteilungen der Arbeitsgemeinschaft Geobotanik in Schleswig-Holstein und Hamburg 67, S. 265–315.

Matzarakis, Andreas u. Birger Tinz (2008): Tourismus an der Küste sowie in Mittel- u. Hochgebirge. Gewinner und Verlierer, in: Lozán, José L. et al. (Hgg.): Warnsignal Klima: Gesundheitsrisiken. Gefahren für Menschen, Tiere und Pflanzen: wissenschaftliche Fakten. – Hamburg, S. 247–252.

Meier, Dirk (1991): Archäologische Untersuchungen zur Besiedlung und Bedeichung Eiderstedts, in: Eiderstedter Heimatbund (Hg.): Blick über Eiderstedt: Beiträge zur Geschichte, Kultur und Natur einer Landschaft. Bd. 3. – Husum, S. 9–25.

Meier, Dirk (1996): Landschafts- und Siedlungsgeschichte Eiderstedts. Vortrag auf der Jahrestagung des Vereins DIE HEIMAT 1995 in Tönning, in: Die Heimat 103/7/8, S. 141–159.

Meier, Dirk (1997): Welt, eine frühmittelalterliche Dorfwurt im Mündungsgebiet der Eider, in: Archäologisches Korrespondenzblatt 27/1, S. 171–184.

Meier, Dirk (2001): Landschaftsentwicklung und Siedlungsgeschichte des Eiderstedter und Dithmarscher Küstengebietes als Teilregionen des Nordseeküstenraumes: Untersuchungen der AG Küstenarchäologie des FTZ Westküste. 2 Teile (= Universitätsforschungen zur prähistorischen Archäologie 79). – Bonn.

Meier, Dirk (2007): Die Nordseeküste: Geschichte einer Landschaft. – Heide.

Meier, Dirk; Dietrich Hoffmann u. Michael Müller-Wille (1989): Zum mittelalterlichen Landesausbau Eiderstedts, in: Offa – Berichte und Mitteilungen zur Urgeschichte, Frühgeschichte und Mittelalterarchäologie 46, S. 285–299.

Meier, Dirk u. Holmer Wohlenberg (2003): Wattenfund vor Kating 1931. Verloren geglaubt und rekonstruiert. Zur Erinnerung an den 100. Geburtstag von Prof. Dr. Erich Wohlenberg, *12.3.1903, ehemals Direktor des Nordfriesischen Museums (Nissenhaus) in Husum, in: Natur- und Landeskunde Nr. 5/6, 110. – Husum.

Meiborg, Reinhold (1977): Das Bauernhaus im Herzogtum Schleswig und das Leben des schleswigischen Bauernstandes im 16., 17. u. 18. Jahrhundert. Nd. von 1896. – Kiel.

Menke, Burchard (1976): Befunde und Überlegungen zum nacheiszeitlichen Meeresspiegelanstieg (Ditmarschen und Eiderstedt, Schleswig-Holstein), in: Gebhardt, Harald u. Werner Haarnagel (Hgg.): Probleme der Küstenforschung im südlichen Nordseegebiet. Teil 11. – Wilhelmshaven, S. 145–161.

MENKE, Burchard (1988): Die holozäne Nordseeküstentransgression im Küstenbereich der südöstlichen Deutschen Bucht, in: Offa – Berichte und Mitteilungen zur Urgeschichte, Frühgeschichte und Mittelalterarchäologie 66, S. 117–137.
MEYNEN, Emil u. Josef SCHMITHÜSEN et al. (Hgg., 1962): Handbuch der naturräumlichen Gliederung Deutschlands. 2 Bde. – Bad Godesberg.
MORAHT-FROMM, Anna (1991): Theologie und Frömmigkeit in religiöser Bildkunst um 1600. – Neumünster
MOMSEN, Heinrich (1890): Bilder aus Eiderstedt und den angrenzenden Gegenden. – Garding.
MOORE, Cornelia Niekus (2000): Anna Ovena Hoyers (1584–1655), in: MERKEL, Kerstin u. Heide WUNDER (Hgg.): Deutsche Frauen der frühen Neuzeit. – Darmstadt, S. 65–76.
MÜGGE, Theodor (1846): Streifzüge in Schleswig-Holstein und im Norden der Elbe. 2 Bde. – Frankfurt a. Main.
MÜLLER, Helmuth (1987): Simonsberg. Finkhaushallig. Beiträge zur Geschichte. – Simonsberg.
MÜLLER, Werner (1985): Zur Genese der Verbreitungsmuster der Marschböden und Diskussion verschiedener Entstehungstheorien, in: Geologisches Jahrbuch, Reihe F 19, S. 73.
MÜLLER, Werner (1994): Zur Genese der Marschböden II: Kalksedimentation, Entkalkung, in: Zeitschrift für Pflanzenernährung und Bodenkunde 157, S. 333–343.
MÜLLER, Wolfgang (1996): Das Diakonat von 1614 und sein Nordgiebel in Koldenbüttel, in: Domaals un hüüt 1, S. 1–14.
MÜLLER, Wolfgang (1997): Geistiger Vater Nordfrieslands – Feier zum 400. Geburtstag von Peter Sax. 1997, in: Husumer Nachrichten vom 11. Sept. 1997
MÜLLER, Wolfgang (1998): Gedenksäulen in Koldenbüttel, in: Domaals un hüüt 5, S. 4–11.
MÜLLER, Wolfgang (2000): Koldenbüttler Glockenstapel – Ergebnis der dendrochronischen Untersuchung des LD S-H, in: Domaals un hüüt 10, S. 15.
MÜLLER, Wolfgang (2003): Die Entstehung des Dorfwappens von Koldenbüttel, in: Domaals un hüüt 15, S. 9–13.
MÜLLER, Wolfgang (2007): Die Engelsfigur über dem Taufstein in der St. Leonhard-Kirche, in: Domaals un hüüt 23, S. 44.
MÜLLER-NAVARRA, Sylvin H. u. Norbert LADWIG (1997): Über Wassertemperaturen an deutschen Küsten, in: Die Küste, H. 59, S. 1–26.
MÜLLER-WILLE, Michael (1986): Frühgeschichtliche Fundplätze in Eiderstedt, in: Offa – Berichte und Mitteilungen zur Urgeschichte, Frühgeschichte und Mittelalterarchäologie 43, S. 295–310.
MÜLLER-WILLE, Michael (1987): Frühgeschichtliche Fundplätze in Eiderstedt. Ein Nachtrag, in: Offa – Berichte und Mitteilungen zur Urgeschichte, Frühgeschichte und Mittelalterarchäologie 44, S. 175–179.
MÜLLER-WILLE, Michael et al. (Hgg., 1988): Norderhever-Projekt 1: Landschaftsentwicklung und Siedlungsgeschichte im Einzugsgebiet der Norderhever (Nordfriesland). – Neumünster.
MUNSKE, Horst Haider et al. (Hgg., 2001): Handbuch des Friesischen = Handbook of Frisian studies. – Tübingen.
NEHLS, Georg (2001): Bestandserfassung von Wiesenvögeln in der Eider-Treene-Sorge-Niederung und auf Eiderstedt 1997, in: Corax 18, Sonderheft 2, S. 27–38.
NICKELSEN, Hans Christian (1982): Das Sprachbewußtsein der Nordfriesen in der Zeit vom 16. bis ins 19. Jahrhundert (= Studien und Materialien. Nordfriisk Instituut 16). – Bräist/Bredstedt.
NSG SW (2008): Tier- und Pflanzenarten des Wattenmeeres. – Rendsburg.
NYGAARD, Hannes (2004): Tod in der Marsch. – Köln.
OESAU, Ludwig (1953): Koldenbüttel im 30jährigen Krieg, in: Die Heimat. Monatsschrift des Vereins zur Pflege der Natur- u. Landeskunde in Schleswig-Holstein, Jg. 60/5, S. 169.

OBERDIECK, Gustav et al. (1939): Die Kunstdenkmäler des Kreises Eiderstedt (= Die Kunstdenkmäler der Provinz Schleswig-Holstein. Bd. 2). – Berlin.
PANTEN, Albert (2001): Geschichte der Friesen im Mittelalter: Nordfriesland, in: MUNSKE, Horst Haider et al. (Hgg.): Handbuch des Friesischen (Handbook of Frisian Studies). – Tübingen, S. 550–555.
PANTEN, Albert (2002): Koldenbüttel im Mittelalter oder Nichts ist beständiger als der Wandel, in: Domaals un hüüt 14, S. 4.
PANTEN, Albert (2004): Die Nordfriesen im Mittelalter (= Geschichte Nordfrieslands 3). 3. Aufl. – Bräist/Bredstedt.
PARAK, Dorothea (2010): Juden in Friedrichstadt an der Eider. Kleinstädtisches Leben im 19. Jahrhundert (= Zeit und Geschichte 12/= Quellen und Studien zur Geschichte der Juden in Schleswig-Holstein 4). – Neumünster.
PASDZIOR, Michael u. Jens MEYER-ODEWALD (2007): Leuchtturm Westerheversand. Eine Reise durch Licht und Zeit. – Westerland.
PAULS, Volquart (1932): Landesherrschaft und Selbstverwaltung in Eiderstedt (Vortrag gehalten bei der Tagung der GSHG in Tönning am 25. Juni 1932). – Garding.
PAULSEN, Carsten (1998): Struktur der Landwirtschaft in Koldenbüttel lt. Handbuch von 1912 über den Grundbesitz im Deutschen Reich, in: Domaals un hüüt, H. 6, S. 6/7. – Koldenbüttel.
PAULSEN, Carsten (1999): Die Haubarge auf Herrnhallig. Die Haubarge in Koldenbüttel, in: Domaals un hüüt, H. 8, S. 8/16. – Koldenbüttel.
PAULSEN, Carsten (2000): Lage der Haubarge in Koldenbüttel und Herrnhallig, in: Domaals un hüüt, H. 9, S. 15/20. – Koldenbüttel.
PETERS, Lorenz Conrad (1929): Nordfriesland. Heimatbuch für die Kreise Husum und Südtondern. – Husum.
PETKE, Wolfgang (2006): Die Pfarrei. Ein Institut von langer Dauer als Forschungsaufgabe, in: BÜNZ, Enno u. Klaus-Joachim LORENZEN-SCHMIDT (Hgg.): Klerus, Kirche und Frömmigkeit im spätmittelalterlichen Schleswig-Holstein (= Studien zur Wirtschafts- und Sozialgeschichte Schleswig-Holsteins 41). – Neumünster, S. 17–49.
PETRY, Torsten u. Daniel HOFFMANN (2005): Monitoring-Studie „Eiderstedt". 2. Zwischenbericht zur Brutvogelkartierung. – o.O.
PHILIPP, Hans (1948): Schleswig-Holstein: Landschaft und Bau 1: Eiderstedt. – Hamburg.
PINGEL, Fiete u. Thomas STEENSEN (Hgg., 2006): Städte in den Frieslanden. Beiträge vom 5. Historiker-Treffen im Nordfriisk Instituut. – Bräist/Bredstedt.
PINGEL, Fiete u. Thomas STEENSEN (2009): Geschichte Nordfrieslands. Zeittafel, Literaturverzeichnis, Register (= Geschichte Nordfrieslands 6). – Bräist/Bredstedt.
PONT, Ferdinand (1913): Friedrichstadt a.d. Eider. Die holländische Kolonisation an der Eider und die gottorpische Handelspolitik in den letzten dreißig Jahren des spanisch-niederländischen Krieges. – Friedrichstadt.
POSTEL, Ulf O. (1990): 400 Jahre Stadt Garding. Blick in die Geschichte. – Garding.
PRANGE, Werner (1971): Geologisch-historische Untersuchungen an Deichbrüchen des 15. bis 17. Jahrhunderts in Nordfriesland, in: Nordfriesisches Jahrbuch, Bd. 7, S. 25–55.
PROBST, Bernd (1978): Der Deichbau bei Süderhöft, in: Nordfriesland 42/44, Bd. 11, H.2/4, S. 89–95.
RAABE, Walter (1992): Eiderstedt (= Stadtansichten und Landschaftsbilder 5). – Heide.
RANKE, Kurt (Hg., 1955–1962): Schleswig-Holsteinische Volksmärchen. Bd. 1–3. – Kiel.
RAUTERBERG, Claus (1995): Die St. Nicolai-Kirche 1495–1995, in: HEITMANN, Claus (Hg.): 500 Jahre Kotzenbüll. – St. Peter-Ording, S. 33–57.
RESCHENBERG, Hasso (1996): Oldenswort. Ein Dorf mit Geschichte. – Husum.

Rogby, Ove (1967): Niederdeutsch auf friesischem Substrat: die Mundart von Westerhever in Eiderstedt (Schleswig-Holstein); die starktonigen Vokale und die Diphthonge (= Studia Germanistica Upsaliensia 5). – Uppsala.

Saeftel, Friedrich (1930): Haubarg und Barghus, die friesischen Großhäuser an der schleswig-holsteinischen Westküste. – Heide.

Saeftel, Friedrich (1965): Die Althaus-Formen in Eiderstedt, in: Eiderstedter Heimatbund (Hg.): Blick über Eiderstedt: Beiträge zur Geschichte, Kultur und Natur einer Landschaft. – Heide, S. 58–65.

Saggau, Hilke Elisabeth (1988): Siedlungskeramik der jüngeren Kaiserzeit und der Völkerwanderungszeit aus Eiderstedt, in: Müller-Wille, Michael et al. (Hgg.): Norderhever-Projekt 1: Landschaftsentwicklung und Siedlungsgeschichte im Einzugsgebiet der Norderhever (Nordfriesland). – Neumünster, S. 163–180.

Sauermann, Ernst (Hg., 1939): Die Kunstdenkmäler der Provinz Schleswig-Holstein. Bd 4: Die Kunstdenkmäler des Kreises Eiderstedt. – Berlin.

Scharff, Alexander (1960): Schleswig-Holsteinische Geschichte – ein Überblick, – Würzburg.

Scharnweber, Werner (1999): Eiderstedt und Husum: Reisebilder. – Bremen.

Scharnweber, Werner (2009): Eiderstedt. Ein Porträt. – Bremen.

Scharnweber, Werner (2003): Kreis Nordfriesland: Reisebilder. – Bremen.

Scheby-Buch, Oscar-Louis (1895): Nordseebad Sanct-Peter und Ording nebst Übersicht über die Wirkung und Gebrauchsweise der Nordseebäder. – Garding (Reprint: St. Peter-Ording 1981).

Schernewski, Gerald u. Tobias Dolch (Hgg., 2004): Geographie der Meere und Küsten: Ergebnisse der 22. Jahrestagung des Arbeitskreises „Geographie der Meere und Küsten" in Warnemünde (= Coastline Reports 1). – Warnemünde.

Schilling, Johannes (Hg., 2000): GLAUBEN. Nordelbiens Schätze. – Neumünster.

Schilling, Johannes (1999): Schleswig-Holstein, in: Theologische Realenzyklopädie 30. – Berlin, New York, S. 201–214.

Schlee, Ernst (1988): Türwächterbilder, in: Göttsch-Elten, Silke (Hg.): Forschungsfeld Museum: Festschrift für Arnold Lühning zum 65. Geburtstag (= Kieler Blätter zur Volkskunde 20). – Kiel, S. 275–293.

Conrad, Carl-August u. Alfons Galette (1992): 125 Jahre Kreise in Schleswig-Holstein, hg. vom Schleswig-Holsteinischen Landkreistag. – Neumünster.

Schnoor, Willi Friedrich (1976): Die rechtliche Organisation der religiösen Toleranz in Friedrichstadt in der Zeit von 1621 bis 1727. Diss. Fachbereich Rechtswissenschaften der CAU. – Husum.

Schoepp, Meta (1920): Millionensegen. – Berlin (Neuauflage 2007).

Schröder, Johannes von (1854): Topographie des Herzogthums Schleswig. 2. Aufl. – Oldenburg.

Schultz, Adolf (1900): Aus der Kirchengeschichte Eiderstedts. – Garding.

Schumann, Otto (1973): Quellen und Forschungen zur Geschichte des Orgelbaus im Herzogtum Schleswig (=Schriften zur Musik, 23), – München.

Schwedhelm, Edgar u. Georg Irion (1985): Schwermetalle und Nährelemente in den Sedimenten der deutschen Nordseewatten (= Courier Forschungsinstitut Senckenberg 73). – Frankfurt a. Main.

Seedorf, Hans H. u. Hans-Heinrich Meyer (1992): Historische Grundlagen und naturräumliche Ausstattung (= Landeskunde Niedersachsen 1). – Neumünster.

Segschneider, Martin (2007): Siedlungsspuren der mittleren Bronzezeit auf dem Tholendorfer Sandwall, Eiderstedt – Ausgangspunkt für die Hochseefahrt nach Helgoland?, in: NIhK (Hg.): Probleme der Küstenforschung im südlichen Nordseegebiet. – Oldenburg, S. 9–16.

SEMPER, Wolfram (1990): Tönning in alten Urkunden (= Sonderheft zum Mitteilungsblatt der Gesellschaft für Tönninger Stadtgeschichte). – Tönning.
Sielverband Norderheverkoog (Hg., 1988): Norderheverkoog 1938–1988. Festschrift zum 50-jährigen Bestehen. – Norderheverkoog.
SIEMS, Werner (2010): Eiderstedt erleben. Reise- und Erlebnisführer. – Heide.
SÖNNICHSEN, Uwe u. Jochen MOSEBERG (2001): Wenn die Deiche brechen: Sturmfluten und Küstenschutz an der schleswig-holsteinischen Westküste und in Hamburg. – Husum.
SÖRENSEN, Christian M. (1995): Politische Entwicklung und Aufstieg der NSDAP in den Kreisen Husum und Eiderstedt 1918–1933 (= Quellen und Forschungen zur Geschichte Schleswig-Holsteins 104). – Neumünster.
STAACKEN, Dieter (2003): Theodor Mommsen – der große Sohn der Mommsen-Stadt Garding. – Garding.
STAACKEN, Dieter (2007): Carsten Kühl der Haubarg-Maler und -Kenner, in: IG Baupflege Nordfriesland u. Dithmarschen e.V. (Hg.): Der Maueranker. Baupflege in Nordfriesland, Dithmarschen und Angeln. – Niebüll.
STAACKEN, Dieter (2006): Treideln auf der Süderbootfahrt, in: Nordfriesischer Verein e.V. und Heimatbund Landschaft Eiderstedt: Zwischen Eider und Wiedau. Heimatkalender Nordfriesland. – Husum, S. 10.
STADELMANN, Robert (2008): Den Fluten Grenzen setzen. Schleswig-Holsteins Küstenschutz. Westküste und Elbe 1: Nordfriesland. – Husum.
Stadt Garding (Hg., 1965): 375 Jahre Stadt Garding. – Garding.
Stadtvertretung Tönning (Hg., 1965): 375 Jahre Stadt Tönning. 12. Oktober 1590 – 12. Oktober 1965. – Tönning.
STAL, Lucas J. (1987): Ökologie der Bakterien des Farbstreifen-Sandwatts, in: GERDES, Gisela et al. (Hgg.): Mellum, Portrait einer Insel (= Senckenberg-Buch 63). – Frankfurt a. Main, S. 188–202.
STEENSEN, Thomas (Hg., 1992): Deichbau und Sturmfluten in den Frieslanden: Beiträge vom 2. Historiker-Treffen des Nordfriisk Instituut. – Bräist/Bredstedt.
STEENSEN, Thomas (Hg., 2000): Das große Nordfriesland-Buch. – Hamburg.
STEENSEN, Thomas (2008a): „Unterstützung für verschämte Arme". Stiftungen als Ausdruck sozialer Verantwortung in Eiderstedt und Nordfriesland um 1900 und heute, in: Zwischen Eider und Wiedau. Heimatkalender für Nordfriesland 2008. – Husum, S. 72–91.
STEENSEN, Thomas (2008b): Geschichte Nordfrieslands von 1918 bis in die Gegenwart (Geschichte Nordfrieslands 5). – Bräist/Bredstedt.
STEENSEN, Thomas (2009a): Im Zeichen einer neuen Zeit (= Geschichte Nordfrieslands 4). 4. Aufl. – Bräist/Bredstedt.
STEENSEN, Thomas (2009b): Nordfriesland – das „dänische Holland", die „schleswigsche Niederlande", in: FÜRSTEN, Ernst Joachim (Hg.): Das Konsulat der Niederlande in Rendsburg 1809–2009. – Rendsburg, S. 464–488.
STEENSEN, Thomas (2011): Heimat Nordfriesland. Ein Kanon friesischer Kultur. Redaktion: Harry KUNZ u. Fiete PINGEL. – Bräist/Bredstedt (2. Aufl. 2013).
STELLMACHER, Dieter (2000): Niederdeutsche Sprache. 2. Aufl. (= Germanistische Lehrbuchsammlung 26). – Berlin.
STERR, Horst.; Hans-Jörg MARKAU u. Stefan REESE (2004): Risiken eines Klimawandels an den Küsten Schleswig-Holsteins. Schadenpotentiale und Vulnerabilität, in: GÖNNERT, Gabriele et al. (Hgg.): Klimaänderung und Küstenschutz. Proceedings der HTG-Tagung 29.–30.11.2004. – Greifswald, S. 291–300.
STEUER, Heiko (1979): Elisenhof: die Ergebnisse der Ausgrabung der frühgeschichtlichen Marschensiedlung beim Elisenhof in Eiderstedt 1957/58 und 1961/64. Teil 3: Die Keramik aus

der frühgeschichtlichen Wurt Elisenhof (= Studien zur Küstenarchäologie Schleswig-Holsteins, Serie A 3). – Frankfurt a. Main.

STEWIG, Reinhard (Hg., 1987): Untersuchungen über die Kleinstadt in Schleswig-Holstein. (= Kieler Geographische Schriften 66). – Kiel.

STIERLING, Hubert (1955): Der Silberschmuck der Nordseeküste hauptsächlich in Schleswig-Holstein. Goldschmiedezeichen von Altona bis Tondern. – Neumünster.

STOCK, Martin et al. (2005): Salzwiesen an der Westküste von Schleswig-Holstein 1988–2001 (= Schriftenreihe des Landesamtes für den Nationalpark Schleswig-Holsteinisches Wattenmeer). – Tönning.

STOCK, Martin u. Jörn KOHLUS (1996): Ökosystemforschung Wattenmeer: Synthesebericht; Grundlagen für einen Nationalparkplan; Kernpunkte (= Schriftenreihe des Nationalparks Schleswig-Holsteinisches Wattenmeer 9). – Heide.

STOLZ, Gerd (Hg., 2000): Der Kampf um Friedrichstadt, hg. für die Gesellschaft für Friedrichstädter Stadtgeschichte anläßlich des 150. Jahrestages der Belagerung und Beschießung Friedrichstadts. – Husum.

STOLZ, Gerd u. Heyo WULF (2004): Dänische, deutsche und österreichische Kriegsgräber von 1848/51 und 1864 in Schleswig-Holstein. – Husum.

STÜLPNAGEL, Karl-Heinrich von (2004): Der Landesblock von Eiderstedt, in: Eiderstedter Museumsspiegel, Bd. 6–7. – St. Peter-Ording.

TETENS, Holm (2008): Der Eiderstedter Philosoph Johann Nicolaus Tetens, in: Nordfriesisches Jahrbuch 44, S. 19–32.

TETENS, Johann Nicolaus (1788): Reisen in die Marschländer an der Nordsee zur Beobachtung des Deichbaus. – Leipzig.

TEUCHERT, Wolfgang (1986): Taufen in Schleswig-Holstein. – Heide.

THOMSEN, Christiane (2001): Friedrichstadt. Ein historischer Stadtbegleiter. – Heide.

THOMSEN, Christiane (2005): Friedrichstadt – wie es war. Ein historisches Bilderbuch. – Husum.

TIMMERMANN, Ulf (2001a): Nordfriesische Ortsnamen, in: MUNSKE, Horst Haider et al. (Hgg.): Handbuch des Friesischen = Handbook of Frisian studies. – Tübingen, S. 366–381.

TIMMERMANN, Ulf (2001b): Nordfriesische Personennamen, in: MUNSKE, Horst Haider et al. (Hgg.): Handbuch des Friesischen = Handbook of Frisian studies. – Tübingen, S. 381–395.

TINZ, Birger u. Peter HUPFER (2006): Die thermischen Verhältnisse im Bereich der deutschen Ostseeküste unter besonderer Berücksichtigung des Bioklimas und der Eisverhältnisse (= Berichte des DWD 228). – Offenbach a. Main.

TÖDT, Anton (1965): Über Eiderstedts Kirchen bis zur Einführung der Reformation, in: Eiderstedter Heimatbund (Hg.): Blick über Eiderstedt: Beiträge zur Geschichte, Kultur und Natur einer Landschaft. – Heide, S. 66–70.

TÖNNIES, Trude (2000): Die Eiderstedter Tracht. Ein Beitrag zur historischen Dokumentation. – St. Peter-Ording.

TÜXEN, Reinhold (1962): Bemerkungen zu den Exkursionen der Floristisch-soziologischen Arbeitsgemeinschaft durch Schleswig vom 25. bis 27. Mai 1961, in: Mitteilungen der Floristisch-soziologischen Arbeitsgemeinschaft, N.F. 9, S. 271–276.

UNDEUTSCH, Dieter (2002): 100 Jahre Museum. Wiedereröffnung in St. Peter nach dem Krieg, in: Eiderstedter Museumsspiegel, Bd. 5. – St. Peter-Ording.

VENBORG Pedersen, Mikkel (2004): Ejdersted. Skitser fra et landskab 1650–1850. – Lyngby.

Verein für Schleswig-Holsteinische Kirchengeschichte (Hg., 1977 ff.): Schleswig-Holsteinische Kirchengeschichte 1–6,1. – Neumünster.

VOLCKMAR, Friedrich Karl (1795): Versuch einer Beschreibung von Eiderstädt in Briefen an einen Freund im Hollsteinischen. – Garding, Hamburg (Reprint: Husum 1976).

VOLQUARDSEN, Johan Redlef (1963): Weißer Sand im Kranz grüner Ringe. Dünenschutz in St. Peter-Ording, in: Zwischen Eider und Wiedau. Heimatkalender für Nordfriesland.
VOLQUARDSEN, Johan Redlef (1966): Die Viehseuche in Eiderstedt im 18. Jahrhundert, in: Nordfriesisches Jahrbuch. – Bredstedt, S. 101–109.
VOLQUARDSEN, Johan Redlef (1971): Die Bühreinteilung in Eiderstedt, in: Nordfriesischer Verein für Heimatkunde und Heimatliebe (Hg.): Zwischen Eider und Wiedau – Husum, S. 147.
VOLQUARDSEN, Redlef (1997): Nordfriesische Weidemast. Aufzeichnungen von Johan Redlef Volquardsen, in: Nordfriesisches Jahrbuch 32/33, S. 19–34.
VOLQUARDSEN, Sönnich (1991): Tetenbüll – eine „vergessene" Gemeinde?, in: Blick über Eiderstedt 3. – Husum, S. 69–90.
VOLQUARDSEN, Sönnich (1992): Ein Selfmademan in Eiderstedt (Hans Richardsen), in: Nordfriesisches Jahrbuch 28. – Bredstedt, S. 165–184.
VOLQUARDSEN, Sönnich (1995): Bäuerliche Anschreibebücher aus Eiderstedt 1883–1945, in: Nordfriesisches Jahrbuch 31. – Bredstedt, S. 65–118.
VOLQUARDSEN, Sönnich u. Albert PANTEN (2001): Der Wilhelminenkoog 1821–2001, in: Heimatbund Landschaft Eiderstedt (Hg.): Eiderstedter Heft 5.
VOLQUARDSEN, Sönnich (1991): Trockenkooger Tagebuchblätter 1931–1971 von Johan Redlaf Volquardsen, in: Nordfriesisches Jahrbuch 26/27, S. 181–240.
VOSS, Marcus Detlef u. Friedrich FEDDERSEN (1853): Nachrichten von den Pröpsten und Predigern in Eiderstedt seit der Reformation. – Altona.
WBV Eiderstedt (Hg., 2006): Wasser für Eiderstedt: Geschichte des WBV Eiderstedt. – Garding.
WEGEMANN, Georg (1959): Die Flurnamen des Kreises Eiderstedt. – Detmold.
WEIDT, Karl u. Hans HOFFMANN (1974): Die Halbinsel Eiderstedt. – bi uns to hus. – Hamburg.
WEIDT, Karl u. Hans HOFFMANN (1974): Der Kreis Eiderstedt im Bild – bi uns to hus. – Flensburg.
WERNER, Julius, Wilhelm G. COLDEWEY, Christian WALLMEYER, Gerald FISCHER (2013): Der Tauteich Helmfleeth im St. Johannis-Koog, Gemeinde Poppenbüll, in: Zwischen Eider und Wiedau. Heimatkalender für Nordfriesland, S. 10–23.
WESTPHALEN, Petra (1999): Die Kleinfunde aus der frühgeschichtlichen Wurt Elisenhof (= Offa-Bücher, N.F. 80). – Neumünster.
WESTPHALEN, Petra (1999): Elisenhof: die Ergebnisse der Ausgrabung der frühgeschichtlichen Marschensiedlung beim Elisenhof in Eiderstedt 1957/58 und 1961/64. Teil 7: Die Kleinfunde aus der frühgeschichtlichen Wurt Elisenhof (= Studien zur Küstenarchäologie Schleswig-Holsteins, Serie A 7). – Neumünster.
WIECHMANN, Ralf (1996): Edelmetalldepots der Wikingerzeit in Schleswig-Holstein: vom „Ringbrecher" zur Münzwirtschaft (= Offa-Bücher, N.F. 77). – Neumünster.
WITTE, Christiane (2001): Von der Altertumssammlung zum Museum, in: Eiderstedter Museumsspiegel, Bd. 4. – St. Peter-Ording.
WOLF, Gustav (1940): Haus und Hof deutscher Bauern. Schleswig-Holstein. – Berlin.
WOHLENBERG, Holmer (2005): Schiffsstrandungen vor Uelvesbüll 1949 und 1926 – „Stadt Husum" in Seenot und der Deichbuckel am Adolfs-Koog-Deich, in: Zwischen Eider und Wiedau. Heimatkalender für Nordfriesland. – Husum.
WOHLENBERG, Holmer (2008): Vom Küstengewässer zum Binnengewässer. Das 5-Wehlen-Gebiet am Porrendeich in Uelvesbüll/Eiderstedt. Entstehung und Topographie, in: Verein zur Pflege der Natur- und Landeskunde Schleswig-Holstein und Hamburg e.V. (Hg.): Natur- und Landeskunde Nr. 1–3, Jg. 115. – Husum, S. 19.
WOHLENBERG, Holmer (2008): Zur historischen Kartographie und Topographie des Porrendeichs auf Eiderstedt. In Erinnerung an den 400. Geburtstag des Kartographen Mejer (1606–1674) aus Husum, in: Verein zur Pflege der Natur- und Landeskunde Schleswig-Holstein und Hamburg e.V. (Hg.): Natur- und Landeskunde Nr. 1–3, Jg. 115. – Husum, S. 31.

WOHLENBERG, Holmer (2009): Die Grabplatte der Margareta Hans vom Leutnantshof am Porrendeich, in: Natur- und Landeskunde – Zeitschrift für Schleswig-Holstein, Hamburg und Mecklenburg, H. 116, S. 66–68.
WULF, Hans-Walter (1981): Kirchen in Eiderstedt. – St. Peter-Ording.
WULF, Hans-Walter (1990): Eiderstedt: Land der Kirchen. – Hamburg.
WULF, Hans-Walter (1999): Eiderstedt: Halbinsel der Kirchen. – Hamburg.

4. Periodika und Reihen

AG Ortschronik (Hg., 1985 ff.): Aus der Ortsgeschichte Sankt Peter-Ording, Nr. 1 ff.
AG Ortschronik Tating (1998–2008): Tatinger Hefte. Beiträge zur Ortsgeschichte 1–12. – Tönning.
Domaals un hüüt. Mitteilungsblatt der „Kombüttler Dörpsgeschichten von e.v. von 1996" Nr. 1 ff. (1996 ff.).
Dor is wat in de Klock … Mitteilungen der Heimatkundlichen Arbeitsgemeinschaft Stadt und Kirchspiel Garding, 1 ff. (1988).
Eiderstedter Nachrichten (1864–1945).
Eiderstedter Heimatbund (Hg., 1965): Blick über Eiderstedt (1): Beiträge zur Geschichte, Kultur und Natur einer Landschaft. – Heide. 4. Aufl. 1990.
Eiderstedter Heimatbund (Hg., 1969): Blick über Eiderstedt 2: Beiträge zur Geschichte, Kultur und Natur einer Landschaft. – Heide.
Heimatbund Landschaft Eiderstedt (Hg., 1991): Blick über Eiderstedt 3: Beiträge zur Geschichte, Kultur und Natur einer Landschaft. – Husum.
Heimatbund Landschaft Eiderstedt (Hg., 1998): „…den Fuß auf der schweren Eiderstedter Erde – welch ein Gefühl!". Agrarhistorische Berichte und Erinnerungen (= Blick über Eiderstedt 4. Beiträge zur Geschichte, Kultur und Natur einer Landschaft). – Husum.
Heimatbund Landschaft Eiderstedt (Hg., 2008): Vun Land un Lüüd. Lebensbilder, Handel und Verkehr, Politik, Heimatpflege. Eiderstedt im 19. und 20. Jahrhundert. Aus dem Nachlass von Dr. August Geerkens zusammengetragen von Hauke KOOPMANN und Sönnich VOLQUARDSEN (= Blick über Eiderstedt 5. Beiträge zur Geschichte, Kultur und Natur einer Landschaft). – Garding.
Heimatbund Landschaft Eiderstedt (Hg., 2009): Beschreibung der Landschaft Eiderstedt. Mit einer geschichtlichen Einleitung und statistischen Nachrichten von Friedrich Feddersen. Nachdruck der Ausgabe von 1853 (= Blick über Eiderstedt 6. Beiträge zur Geschichte, Kultur und Natur einer Landschaft). – Garding.
Heimatbund Landschaft Eiderstedt (Hg., 2010): Zeitenwende 1945. Eiderstedt im 20. Jahrhundert (= Blick über Eiderstedt 7. Beiträge zur Geschichte, Kultur und Natur einer Landschaft). – Garding.
Heimatbund Landschaft Eiderstedt (Hg., 2011): Landschaftsfotografien um 1900 von Gustav Wieding (= Blick über Eiderstedt 8). – Garding.
Jahrbuch des Nordfriesischen Vereins für Heimatkunde und Heimatliebe 1–35 (1903/04–1964).
Jahrbuch des Nordfriesischen Instituts 1–8 (1949–1962/63).
Mitteilungsblatt der Gesellschaft für Friedrichstädter Stadtgeschichte Nr. 1 ff. (1971 ff.).
Mitteilungsblatt der Gesellschaft für Tönninger Stadtgeschichte e.V., Heft 1 ff. (1981 ff.).
Nordfriesisches Jahrbuch 1 ff. (1965 ff.).
Nordfriesland 1 ff. (1965 ff.).
Schleswig-Holsteinische Provinzialberichte (1787–1798): 1.–12. Jg. – Altona, Kiel, Kopenhagen.

Schriften des Vereins für Schleswig-Holsteinische Kirchengeschichte, Reihe I, 1 ff. (1899 ff.) u. Reihe II, 1 ff. (1897 ff.)
Zeitschrift der GSHG 1 ff. (1870 ff.).
Zwischen Eider und Wiedau. Heimatkalender für Nordfriesland (1958 ff.).

5. Internetdokumente

BfN (Hg., 2012): www.floraweb.de – Daten und Informationen zu Wildpflanzen und zur Vegetation Deutschlands. – Bonn.
Bruns, Holger A. (2006a): Brutvögel im NSG „Oldensworter Vorland" (77) für das Jahr 2006, Online verfügbar unter http://schleswig-holstein.nabu.de/imperia/md/content/schleswigholstein/katingerwatt/bv_vl_oldenswort.pdf. – o.O.
Bruns, Holger A. (2006b) Brutvögel im NSG „Grüne Insel mit Eiderwatten" (136) für das Jahr 2006. Online verfügbar unter http://schleswig-holstein.nabu.de/imperia/md/content/schleswigholstein/katingerwatt/bv_grueneinsel_2006.pdf. – o.O.
BSH: Aktuelle Werte der Wassertemperatur. Online verfügbar unter http://www.bsh.de/aktdat/bm/Baden&Meer.htm. – Hamburg.
Gemeinde Tating: http://www.tating.de. – Tating.
MLUR: Natura 2000 – FFH-Gebiete online verfügbar unter: http://www.umweltdaten.landsh.de/atlas/script/index.php?aid=637. – Kiel.
MLUR: Natura 2000 – Vogelschutzgebiete online verfügbar unter: http://www.umweltdaten.landsh.de/atlas/script/index.php?aid=639. – Kiel.
MLUR (2008): Gebietsmeldekulisse des Landes Schleswig-Holstein. Online verfügbar unter http://www.natura2000-sh.de/. – Kiel.
NABU S-H e.V. (2008a): Das Naturschutzgebiet Grüne Insel. Online verfügbar unter http://schleswig-holstein.nabu.de/m03/m03_02/02416.html. – Neumünster.
NABU S-H e.V. (2008b): Das Naturschutzgebiet Oldensworter Vorland. Online verfügbar unter http://schleswig-holstein.nabu.de/m03/m03_02/02415.html. – Neumünster.
NABU S-H e.V. (2008c): Eidermündung. Online verfügbar unter http://schleswig-holstein.nabu.de/m03/m03_02/02412.html. – Neumünster.
NABU S-H e.V. (2008d): NABU Naturschutzgebiet und Infohütte „Wester-Spätinge". Online verfügbar unter http://schleswig-holstein.nabu.de/naturerleben/zentren/westerspaetinge/index.html. – Neumünster.

ANHANG

A. Einwohnerzahlen von 1794 bis 2010 (Quellen: VOLCKMAR 1795, JENSEN 1841, Statistisches Landesamt für Schleswig-Holstein 1972 sowie Statistisches Amt für Hamburg und Schleswig-Holstein – Statistikamt Nord 2010)

Gemeinden/Ortsteile	1794	1835	1867	1910	1939	1946	1970	2010	Bemerkungen
Augustenkoog	153	139	131	67	97	185	57	siehe Osterhever	zwischen 1867 und 1970 Gemeinde Augustenkoog, bis 1970 zum Kreis Eiderstedt, 2002 Angliederung an die Gemeinde Osterhever
Friedrichstadt	k.A.	2 238	2 233	2 634	2 194	3 648	3 079	2 411	amtsfreie Stadt
Garding, Stadt	1803: 985	1 365	1 736	1 703	1 705	3 015	1 893	2 649	Gemeinde im Amt Eiderstedt; zwischen 1867 und 1970 Amt Garding, bis 1970 zum Kreis Eiderstedt; 1970 bis 1.1. 2007 selbständige Verwaltung, danach Eingliederung in das Amt Eiderstedt
Garding, Kirchspiel	533	687	800	543	439	827	352	350	Gemeinde im Amt Eiderstedt; zwischen 1867 und 1970 Amt Garding Kirchspiel, bis 1970 zum Kreis Eiderstedt
Grothusenkoog	46	42	47	26	18	63	41	20	Gemeinde im Amt Eiderstedt, bis 1970 zum Kreis Eiderstedt
Katharinenheerd	317	239	338	240	195	429	211	166	Gemeinde im Amt Eiderstedt, bis 1970 zum Kreis Eiderstedt
Kating	459	484	1871: 603	340	298	620	394	400	amtsfreie Stadt Tönning, zwischen 1867 und 1970 Gemeinde Kating, bis 1970 zum Kreis Eiderstedt
Koldenbüttel (mit Herrenhallig)	945	988	864	700	642	1275	714	912	Gemeinde im Amt Nordsee-Treene, bis 1970 Amt Koldenbüttel und zum Kreis Eiderstedt, ab 1970 Angliederung an das Amt Friedrichstadt; außerdem Angliederung der sich bis 1970 selbständig verwaltenden Gemeinde Koldenbüttel (Eigenamt Koldenbüttel) an das Amt Friedrichstadt.
Kotzenbüll	303	275	257	164	138	366	207	220	Gemeinde im Amt Eiderstedt, bis 1970 zum Kreis Eiderstedt
Norderfriedrichskoog	70	95	113	105	89	202	83	40	Gemeinde im Amt Eiderstedt, bis 1970 zum Kreis Eiderstedt
Oldenswort (mit Hoyerswort)	1 158	1 286	1 276	1 210	1 071	2 086	1 407	1 252	Gemeinde im Amt Eiderstedt, zwischen 1867 und 1970 Amt Oldenswort, bis 1970 zum Kreis Eiderstedt
Ording	133	131	171	146	265	929	siehe St. Peter-Ording		Gemeinde St. Peter Ording, zwischen 1867 und 1970 Gemeinde Ording, bis 1970 zum Kreis Eiderstedt
Osterhever	301	466	429	771	319	693	360	238	Gemeinde im Amt Eiderstedt; zwischen 1867 und 1970 Amt Osterhever, bis 1970 zum Kreis Eiderstedt

Gemeinden/Ortsteile	1794	1835	1867	1910	1939	1946	1970	2010	Bemerkungen
Poppenbüll	453	494	491	355	329	667	324	191	Gemeinde im Amt Eiderstedt, bis 1970 zum Kreis Eiderstedt
Simonsberg	k.A.	339	516	368	593	998	683	809	Gemeindes im Amt Nordsee-Treene, bis 1970 zum Kreis Husum
St. Peter	605	815	983	803	1346	3885	siehe St. Peter-Ording		zwischen 1867 und 1970 Amt St. Peter, bis 1970 zum Kreis Eiderstedt
St. Peter-Ording	-	-	1154	949	1611	4814	4129	4127	Gemeinde im Amt Eiderstedt, St. Peter und Ording 1967 vereinigt, bis 1970 zum Kreis Eiderstedt, von 1967 bis 1.1. 2008 selbständige Verwaltung Amt St. Peter-Ording
Südermarsch	k.A.	k.A.	k.A.	1905: 174	130	239	153	161	Gemeinde im Amt Nordsee-Treene, vor 1934 Teil der Kirchspielslandgemeinde Mildstedt, bis 1970 zum Kreis Husum
Tating	1005	1229	1625	1145	1021	1815	950	963	Gemeinde im Amt Eiderstedt, bis 1970 zu Kreis Eiderstedt
Tetenbüll (mit Warmhörn und Wasserkoog)	1574	1555	1554	1096	988	1976	956	625	Gemeinde im Amt Eiderstedt, zwischen 1867 und 1970 Amt Tetenbüll, bis 1970 zum Kreis Eiderstedt
Tönning, Stadt	1572	2433	3039	3216	3699	6018	4425	4921	amtsfreie Stadt; zwischen 1867 und 1970 Stadt Tönning, bis 1970 zum Kreis Eiderstedt
Tönning, Kirchspiel	341	384	405	384	292	623	697	siehe Tönning, Stadt	amtsfreie Stadt Tönning, zwischen 1867 und 1970 Amt Kirchspiel, bis 1970 zum Kreis Eiderstedt
Tümlauer-Koog	-	-	-	-	225	327	170	97	Gemeinde im Amt Eiderstedt, bis 1970 zum Kreis Eiderstedt
Uelvesbüll	476	491	486	320	346	677	347	257	Gemeinde im Amt Nordsee-Treene, bis 1970 zum Kreis Eiderstedt, ab 1970 Angliederung an das Amt Friedrichstadt
Vollerwiek	363	583	1871: 429	285	238	425	228	221	Gemeinde im Amt Eiderstedt, bis 1970 zum Kreis Eiderstedt
Welt	259	250	296	298	246	472	251	215	Gemeinde im Amt Eiderstedt, bis 1970 zum Kreis Eiderstedt
Westerhever	547	599	590	379	342	548	245	117	Gemeinde im Amt Eiderstedt, bis 1970 zum Kreis Eiderstedt
Witzwort	1051	1208	1265	907	788	1615	900	994	Gemeinde im Amt Nordsee-Treene, bis 1970 Amt Witzwort und zum Kreis Eiderstedt, ab 1970 Angliederung an das Amt Friedrichstadt

B. Gliederung des Quartärs in Schleswig-Holstein und Eiderstedt (nach MENKE 1988, SEEDORF u. MEYER 1992, GANZELEWSKI 2000, MEIER 2001, BEHRE 2004, LANU S-H 2006, LBEG 2007)

Jahre	Geologische Gliederung			Nordseespiegel (MThw in m bez. auf NN*)	
				Transgression	+1,0 bis +2,0
+1000	Holozän (Nacheiszeit)	Subatlantikum (Nachwärmezeit)	Dünkirchen	Stillstand/Regression	+0,5 bis ±0,0
				Transgression	+0,5 bis +1,0
Chr. Geb. −500				Stillstand/Regression	±0,0 bis +0,5
				Transgression	−0,5 bis ±0,0
		Subboreal (Späte Wärmezeit)		Transgression	−2,0 bis −0,5
				Stillstand/Regression	−2,5 bis −2,0
−3000				Transgression	−4,0 bis −2,5
−6000		Atlantikum (Mittlere Wärmezeit, „Klimaoptimum")	Calais	Transgression	Nordsee erreicht heutige Küste −9,0 bis −4,0 Nordsee erreicht Pellworm −20**
−7000				Stillstand/Regression	Ärmelkanal geflutet −40** Doggerbank umflutet −50**
−8000		Boreal (Frühe Wämezeit)			−65**
−9000		Präboreal (Vorwärmezeit)			
−10000	Pleistozän (Eiszeitalter)	Weichsel Kaltzeit	Spätglazial	Jüngere Dryas	
−11000				Alleröd-Interstadial	
−12000				Älteres Spätglazial	
				Hochglazial	unter −100**
ca. −113000				Frühglazial	
ca. −126000		Eemwarmzeit			
		Saalekaltzeit		Warthe-Stadium (Saale II und III)	
ca. −308000				Drenthe-Stadium (Saale I)	
ca. −323000		Holsteinwarmzeit			
		Elsterkaltzeit			
ca. −400000 bis ca. −2 Mio.		Abfolge von weiteren Kalt- und Warmzeiten			

*nach MENKE, 1988   ** NN absolut

Ereignis	Ablagerungen/Bodenbildungen		Kulturstufe
	Junge Marsch		Neuzeit
			Mittelalter
	Mittelalterlicher Dwog		Wikingerzeit
	Junge Marsch (Pewsum-Schichten)		Merowingerzeit
			Völkerwanderungszeit
			Römische Kaiserzeit
	Chr. bzw. kaiserzeitlicher Dwog		
	Alte Marsch (Midlum-Schichten)		Vorrömische Eisenzeit
			Bronzezeit
	Oberer Klei (Midlum-Schichten)		
Entstehung der heutigen Nordsee in	Hollandtorf	Flugsand, Mudde, Torf, Klei, Flussablagerungen	Jüngere Steinzeit
Folge des nacheiszeitlichen Meeres-	Unterer Klei (Dornum-Schichten)		(Neolithikum)
spiegelanstiegs (wechselnde Phasen			
von Meeres-Transgressionen und			
Regressionen, bzw. Stillstandphasen)	Unterer Klei (Baltrum-Schichten)		
			Mittlere Steinzeit
			(Mesolithikum)
	Basaltorf		
	Flugsand		
Teile Schleswig-Holsteins	Geschiebedecksand		
	Talsand, Fließerde		
von Eis bedeckt, Eiderstedt			
eisfrei und „landfest"	Geschiebemergel und -sand,		
	Schmelzwassersand		
	Flugsand, Geschiebedeck-		
	sand, Talsand, Fließerde		
Teile Schleswig-Holsteins (teilweise	Torf, Mudde,		Ältere Steinzeit
auch Eiderstedt) von Meer bedeckt	marine Ablagerungen		(Paläolithikum)
Große Teile Schleswig-Holsteins			
von Eis bedeckt, Eiderstedt eisfrei	Geschiebemergel und -sand,		
und „landfest"	Schmelzwassersand		
Gesamt Schleswig-Holstein			
mit Eis bedeckt			
Weite Teile Schleswig-Holsteins und	Holstein-Ton		
Eiderstedt von Meer bedeckt	Torf, Mudde		
Gesamt Schleswig-Holstein	Lauenburger Ton		
mit Eis bedeckt	Geschiebemergel und -sand,		
	Schmelzwassersand		

C. Statistische Auswertung der Klimadaten von St. Peter-Ording (54°18' N, 8°39' E, 4 m ü. NN) 1971–2000

(* Bezugszeitraum 1994–2003, ** Bezugszeitraum 1999–2007), Angaben zur Bewölkung und zur Anzahl der trüben und heiteren Tage von Weddingstedt (54°12' N, 9°06' E, 12 m ü. NN)

Monat	Jan	Feb	Mrz	Apr	Mai	Jun	Jul	Aug	Sep	Okt	Nov	Dez	Jahr
mittleres Monatsmittel der Lufttemperatur in °C	1,4	1,4	3,7	7,0	11,6	14,7	16,9	17,0	13,9	9,8	5,5	2,9	8,8
mittleres Tagesmaximum der Lufttemperatur in °C	3,1	3,5	6,5	10,6	15,7	18,1	20,2	20,7	17,1	12,6	7,6	4,6	11,7
mittleres Tagesminimum der Lufttemperatur in °C	-0,8	-0,9	1,2	3,5	7,4	11,0	13,4	13,3	10,7	7,0	3,3	0,7	5,8
mittlere Tagesschwankung der Lufttemperatur in K	3,9	4,3	5,3	7,1	8,3	7,1	6,9	7,3	6,4	5,5	4,3	3,9	5,8
mittleres Monatsmittel der Bewölkung in Prozent (100 Prozent = 8 Achtel)	73	71	68	61	59	67	64	58	63	66	74	75	67
mittlere Anzahl der heiteren Tage (Tagesmittel der Bewölkung unter 20 Prozent oder kleiner 1,6 Achtel)	2,1	2,5	2,7	3,0	4,1	2,1	2,6	3,2	2,0	2,8	1,6	1,9	30,7
mittlere Anzahl der trüben Tage (Tagesmittel der Bewölkung über 80 Prozent oder größer 6,4 Achtel)	15,6	14,1	13,3	9,2	9,2	11,0	9,8	7,3	9,0	12,0	15,1	16,7	142,2
mittlere Monatssumme der Sonnenscheindauer in Stunden	33	64	106	168	232	208	217	215	135	89	43	25	1535
mittlere Monatssumme des Niederschlages in mm	70	41	56	42	43	71	66	70	90	99	98	83	831
mittlere Anzahl der Tage mit Niederschlag größer/gleich 0,1 mm	19,7	15,6	17,1	12,7	12,4	13,9	14,1	14,4	17,2	18,3	20,7	21,1	197,1
mittlere Anzahl der Tage mit Niederschlag größer/gleich 1,0 mm	13,5	9,3	11,5	8,9	8,2	10,4	10,6	10,3	12,4	13,1	14,8	13,7	136,7
mittlere Anzahl der Tage mit Niederschlag größer/gleich 10,0 mm	1,5	0,6	1,1	0,9	0,8	2,1	1,8	2,1	2,8	3,4	3,1	2,3	22,4
mittlere Anzahl der Tage mit Schneedecke größer/gleich 1 cm	7,2	5,6	1,6	0,1	-	-	-	-	-	-	1,0	3,2	18,7
mittleres Monatsmittel der rel. Luftfeuchte in Prozent	89	90	88	85	80	76	76	76	81	85	88	90	82
mittlere Anzahl der Tage mit Nebel	5,1	5,4	5,4	2,9	1,0	0,6	0,5	0,9	2,8	4,1	3,9	4,1	36,7
mittleres Monatsmittel der Windgeschwindigkeit in m/s*	7,4	7,9	7,3	6,1	6,5	7,3	6,8	6,2	6,4	7,5	6,8	7,2	7,0
mittlere Anzahl der Tage mit Windböen von mindestens 8 Bft**	9,3	7,2	5,2	3,7	3,9	5,2	4,6	3,7	5,3	6,0	6,7	8,8	69,6

Definitionen meteorologischer Größen

- Eistag: Tageshöchsttemperatur unter 0 °C (TMax < 0 °C).
- Heißer Tag: Tageshöchsttemperatur mindestens 30 °C (TMax >= 30 °C).
- Frosttag: Temperaturminimum unter 0 °C (TMin < 0 °C).
- Heiterer Tag: Bedeckungsgrad weniger als 20 % / 1,6 Achtel.
- Klima: Zusammenfassung der Wettererscheinungen, die den mittleren Zustand der Atmosphäre an einem Ort oder in einem Gebiet charakterisieren. Das Klima wird repräsentiert durch die statistischen Gesamteigenschaften (Mittelwerte, Extremwerte, Häufigkeiten, Andauerwerte u.a.) über einen genügend langen Zeitraum; oft werden 30 Jahre verwendet.
- Kontinentalitätsindex (nach Kwiecień 1959): er wird aus der mittleren jährlichen Lufttemperaturschwankung, der Zahl der Frost-, der Eis- und der Sommertage sowie der Dauer der Frostperiode berechnet und auf 0 % (maritim) bis 100 % (kontinental) normiert (Tinz u. Hupfer 2006).
- Tägliche Temperaturschwankung: Differenz des täglichen Maximums und Minimums.
- Nebel: Sichtreduktion unter 1 km.
- Niederschlag: Regen, Schnee, Graupel, Hagel und andere Formen wie der als Tau bzw. Reif abgesetzte Wasserdampf.
- Niederschlagstag: Tag, an denen messbarer Niederschlag registriert wird (>= 0,1 mm).
- Sommertag: Höchsttemperatur mindestens 25 °C (TMax >= 25 °C).
- Sonnenscheindauer: Zeit, in der die direkte Sonnenstrahlung die Erdoberfläche erreicht.
- Trüber Tag: Bedeckungsgrad über 80 % oder größer 6,4 Achtel.
- Wind: bewegte Luft, wird gekennzeichnet durch Windrichtung (Richtung, aus der der Wind weht) und Windgeschwindigkeit.
- Wolke: Ansammlungen von Wassertropfen und/oder Eiskristallen in der Atmosphäre.

D. Übersicht zu den Deichen und Kögen (vgl. Abb. 4 und 5)

1. Eiderstedt — 12. Jh.
2. Poppenbüller St. Johanniskoog — 12. Jh.
3. Osterhever-Köge — 12. Jh., 1438 wiederbedeicht
4. Utholm — um 1200
5. Westerhever — um 1200, wiederbedeicht nach 1370 und vor 1436
6. Gardinger Kirchkoog — 12 Jh.
7. Marnekoog — nach 1231
8. Mimhusenkoog — nach 1362
9. Mühlenkoog — 13./14. Jh.
10. Iversbüllerkoog — nach 1362
11. Tetenbüller Kirchenkoog — 14. Jh.
12. Tetenbüller Osterkoog — 14. Jh.
13. Grudenkoog — um 1400
14. Büttelkoog — um 1400
15. Wallsbüller Koog — um 1400
16. Badenkoog — um 1400
17. Drandersumkoog — um 1400
18. Westerbüllkoog — um 1400
19. Haimoorkoog — um 1400
20. Riesbüllkoog — um 1400
21. Dingsbüllkoog — um 1400
22. Schockenbüller Koog — um 1400
23. Reinsbüllkoog — um 1400
24. Tetenbüller Marschkoog — um 1400
25. Tatinger Alter Koog — 14./15. Jh.
26. Mittelkoog — 14./15. Jh.
27. Jappenkoog — 14./15. Jh.
28. Tatinger Buerkoog — 14./15. Jh.
29. Heverkoog — nach 1437
30. Westerhever Hayenbüllkoog — um 1460
31. Westerhever Osterkoog — zwischen 1456 und 1463
32. Holmkoog — vor 1460
33. Wattkoog — um 1460
34. Barneckemoorkoog — 1463
35. Oster-Offenbüllkoog — 1468
36. Wester-Offenbüllkoog — 1470
37. Tetenbüller Trockenkoog — 1475
38. Dammkoog — 1489
39. Margarethenkoog — 1511
40. Sankt Peterskoog — 1515
41. Adenbüllerkoog — 1529
42. Gardinger und Welter Kornkoog — 1550

43.	Alter Westerkoog	1550
44.	Darrigbüllkoog/Leglichheitskoog	1554
45.	Junkernkoog	16. Jh. (Namensgebung)
46.	Altneukoog	1559
47.	Obbenskoog	1565
48.	Herrnhallig	1570
49.	Adolfskoog	1579
50.	Otteresinger Koog	vor 1610
51.	Kleiner Tatinger Koog	vor 1610
52.	Sieversflether Koog	1610
53.	Altaugustenkoog	1611
54.	Freesenkoog	1611
55.	Harbleker Koog	1612
56.	Dreilandenkoog	1612
57.	Süderfriedrichskoog	1613
58.	Ehster Koog	1614
59.	Wasserkoog	1617
60.	Johann-Adolfs-Koog	1624
61.	Schwenkenkoog	1631
62.	Grothusenkoog	1693
63.	Norderfriedrichskoog	1696
64.	Neuaugustenkoog	1699
65.	Tetenskoog	um 1795
66.	Wilhelminenkoog	1821
67.	Ketelskoog bei St. Peter	1841
68.	Süderheverkoog	1862
69.	Tümlauer-Koog	1934
70.	Uelvesbüller Koog	1935
71.	Norderheverkoog	1937
72.	Jordflether Koog	1970
73.	Katinger Watt	1973

Außerhalb Eiderstedts:

74.	Südermarsch	1468
75.	Schwabstedter Westerkoog	vor 1464
76.	Neuer Koog	1721
77.	Kleiner Peterskoog	1636
78.	Simonsberger Koog	1861
79.	Finkhaushalligkoog	1935/1967

E. Aufgaben des Deich- und Hauptsielverbandes Eiderstedt sowie Kurzdarstellungen der 17 Sielverbände

a) Aufgaben des Deich- und Hauptsielverbandes Eiderstedt

- Erfüllung der Aufgaben gemäß LWG,
- Umsetzung der EU-WRRL,
- Hochwasserschutz mit Unterhaltung der Eider- und Mitteldeiche im Verbandsgebiet,
- Unterhaltung und Betrieb der Mitteldeichsiele,
- Unterhaltung der Außentiefs in der Eider,
- Unterhaltung und Betrieb der Schöpfwerke,
- Unterhaltung der Deichstöpen,
- Unterhaltung der Speicherbecken,
- Pflege des eigenen 245 ha großen Wald- und Dünengeländes in St. Peter-Ording,
- Pflege, Unterhaltung und Verpachtung verbandseigener Flächen in Eiderstedt,
- teilweise Verpachtung der Mitteldeiche,
- Gewässerausbau und -unterhaltung,
- Landschaftspflege und Naturschutz,
- Beitrags- und Liegenschaftsverwaltung der 17 Unterverbände,
- EDV-gestützte Fortschreibung des Liegenschaftskatasters,
- Führung eines Öko-Kontos,
- Verwaltungsmäßige und technische Betreuung weiterer Nichtmitgliedsverbände.

Anlagen des DHSV sind:

- Mitteldeichsiele   30 Stück,
- Schöpfwerke   elf Stück mit 23 Pumpen Pumpengröße 0,075–2,5 m³/s,
- Speicherbecken   zwei Stück 40 ha Everschopsiel, 17 ha Lundenbergharder Siel,
- Eiderdeiche   zweite Deichlinie (Mitteldeich) 24,9 km,
- Außentiefs   vier Stück Gesamtlänge 690 m,
- Deichlängsgraben   3 050 m,
- Mitteldeiche   zweite Deichlinie 84,4 km, unterschiedliche Eigentumsverhältnisse,
- Deichstöpen   22 Stück.

17 Unterverbände:

- Verbandsvorflutlänge   906 km,
- Gewässerdichte   i.M. 24,11 m/ha (der zu unterhaltenden Verbandsgräben der einzelnen Sielverbände),
- Sonstige Gräben   4 500 km (Parzellengräben).

Entwässerungsarten im Verbandsgebiet:

- Freie Vorflut durch Siele   18 786 ha,
- Kombination Schöpfwerke und Siele   18 794 ha, davon nur Schöpfgebiet 7 130 ha.

b) Kurzdarstellungen der 17 Sielverbände

1. Sielverband Saxfähre (1 788 ha):
Das gesamte Gebiet muss geschöpft werden. Das Schöpfwerk, erbaut 1970, mit zwei Pumpen 1,8 und 0,9 m³/sec. liegt ca. 500 m vor dem Eiderdeich und entwässert durch das 1962 gebaute Betonkastensiel, Querschnitt b/h 4,00 m/3,00 m, Sohlhöhe 2,00 m NN. Zwischen dem Schöpfwerk und dem Eiderdeichsiel befindet sich ein Spül- und Speicherbecken, das mit einem Deich umwallt ist. Mit dem aufgestauten Wasser soll das ca. 280 m lange Außentief freigespült werden. Hauptvorfluter sind Saxfährer-Sielzug 5 570 m, Dingsbüll-Sielzug 4 770 m, Drandersum-Sielzug 1 760 m, Barnstock-Sielzug 900 m und Peters-Sielzug 1 250 m.

2. Sielverband Reimersbude (2 310 ha):
Das gesamte Gebiet kann mit dem Schöpfwerk am Eiderdeich zwei Pumpen mit 2,0 beziehungsweise 1,0 m³/sec geschöpft werden. 800 ha können bei entsprechend tiefen Wasserständen in der Eider frei durch das Eiderdeichsiel, das unmittelbar neben dem Schöpfwerk steht, entwässern. Das Schöpfwerk wurde 1934/35 gebaut. Die Pumpen wurden 1973 erneuert. Das gemauerte Gewölbesiel – Querschnitt b/h 3,43 m/3,47 m, Sohlenhöhe -2,42 m NN – wurde 1862 gebaut und der Deichverstärkung 1955 angepasst. Die tiefsten Flächen liegen im 5,0 km entfernten Obbenskoog. Hauptvorfluter sind der Witzworter Sielzug 7 420 m, Uelvesbüll-Witzworter-Sielzug 2 259 m, Reimersbuder-Sielzug 2 860 m, Riesbüller-Sielzug 4 050 m, Haimoor-Sielzug 1 670 m und Büttel-Sielzug 2 900 m.

3. Sielverband Spuitsiel (838 ha):
Das Gebiet entwässert in freier Vorflut durch das 1871 gemauerte Gewölbesiel – Querschnitt b/h 1,65 m/1,28 m, Sohlenhöhe -1,64 m NN. 1903 wurde die Sohlhöhe um 0,60 m erhöht, weil das Wasser zu schnell ablief und zu Erosionen an den Vorflutern führte. Hauptvorfluter ist der Spuitsieler Sielzug 2 260 m. Das Siel wurde 2012 am Außen- und Innenhaupt mit Stahlspundbohlen für ca. 900 000 € saniert. Das Holzstemmtorpaar wird durch eine Stahlfreiaufklappe ersetzt.

4. Sielverband Rothenspieker (2 907 ha):
Das Gebiet entwässert durch das 1869/70 gemauerte Siel – Querschnitt b/h 3,72 m/3,44 m, Sohlhöhe -2,22 m NN – in freier Vorflut in die Eider. Im zurückliegenden Bereich befinden sich jedoch zwei Unterschöpfwerke: Hochbrücksiel, Baujahr 1965, mit einer Pumpenleistung von 0,6 und 0,3 m³/sec. und des weiteren Schöpfwerk Spreenfang, Baujahr 1969, mit 0,075 m³/sec., die das Wasser aus den tiefer liegenden Gebieten des Wester-Offenbüllkooges und Spreenfang in die höher liegenden Bereiche schöpfen, da eine freie Vorflut nicht möglich ist. Danach kann das Wasser über die Sielzüge in freier Vorflut abfließen. Bei erhöhten Niederschlägen und hohen Wasserständen im Freilaufgebiet dürfen die Schöpfwerke nicht fördern, weil sonst Flächen überflutet werden. Hauptsielzüge sind: der Wester-Sielzug 5 730 m, Oster-Sielzug 5 290 m, Toftinger Sielzug 2 325 m, Langenhemmer-Sielzug 1 870 m, Spreenfang-Sielzug 3 060 m, Wester-Offenbüller-Sielzug 2 920 m, Osteroffenbüller-Sielzug 1 910 m, Niederweg-Sielzug 2 060 m und Gunsbüttler-Sielzug 1 920 m.

5. Sielverband Norderwasserlösung (3 753 ha):
Das Gebiet entwässert durch ein Betonkastensiel – b/h 5,00 m/3,50 m, Sohlhöhe -2,80 m NN, Baujahr 1955 – in freier Vorflut über den Tönninger Hafen in die Eider. Es ist entwässerungstechnisch ein schwieriges Gebiet, weil die tief liegenden Flächen sehr weit vom Siel entfernt liegen. Der Hauptentwässerungssielzug ist die Norderbootfahrt mit 15 310 m. Sie hat ihren Anfangspunkt nördlich der Stadt Garding. Bei Sielschluss, d.h. wenn die Sieltore im Siel wegen höherer Wasserstände in der Eider geschlossen sind, läuft das Oberflächenwasser zu den tieferen Bereichen zurück. Um dieses zu verhindern, ist bei Kleihörn, fast 6 km stromaufwärts der Norderbootfahrt von Tönning, ein durch elektrische Sonden gesteuertes Staubauwerk errichtet worden. Weitere Hauptvorfluter sind: der Rieper-Sielzug 5 060 m und der Hauptsielzug 5 460 m.

6. Sielverband Katingsiel (4 217 ha):
Das Stammgebiet von 2 946 ha des Sielverbandes entwässert durch das 1969 gebaute Betonkastensiel – b/h 4,00 m/2,40 m, Sohlhöhe -1,70 m NN – im Eiderdeich in das 1968–1972 eingedeichte Gebiet des Katinger Watts. Der Hauptentwässerungssielzug ist die Süderbootfahrt mit 6 400 m, die bis zur Stadt Garding führt. Vor der Eiderabdämmung war das Areal eines der am besten funktionierenden Entwässerungsgebiete im DHSV durch freie Vorflut zur Eider. Nach der Eiderabdämmung wurde im Katinger Watt der 3 750 m lange Norderlochgraben gebaut. Er führt vom Katingsiel quer durch das Katinger Watt in Richtung Tönning. Am Auslauf des Grabens in die Eider wurde das Norderlochsiel – b/h 4,50/2,20 m, Sohlhöhe -2,20 m NN – gebaut. Durch das Olversumer Vorland, das im Anschluss an das Siel liegt, führte ein 1 450 m langer natürlicher Priel zur Eider. Das tiefe Eiderbett lag seinerzeit 280 m vom Auslauf des Prieles entfernt. Das Bett der Eider verlagerte sich aber in wenigen Jahren so weit, dass sich das Außentief von 1973 bis 1992 auf ca. 3 km verlängerte und derart versandete, dass ein Offenhalten des Außentiefs wirtschaftlich nicht mehr zu vertreten war. Infolge der Unterschutzstellung als NSG Grüne Insel mit Eiderwatt verboten sich ohnehin aufwendige Unterhaltungsarbeiten. Das gesamte Gebiet konnte nur noch bis 4,80 m PN entsprechend -0,20 m NN entwässern. Nach einem Betriebsplan ist der Sielverband verpflichtet, in den Sommermonaten das Oberflächenwasser im Katinger Priel zu halten. Dieser 4 190 m lange und über 100 ha große Priel liegt im Katinger Watt zwischen dem Norderlochgraben und dem Leitdammsiel. Dies kann nur durch ein Aufstauen im Stammgebiet erreicht werden. 1994 wurde ein Unterflur-Spitzenschöpfwerk mit zwei VUP-Unterwasserpumpen Fabrikat KSB jeweils 1,7 m³/sec. am Norderlochsielzug in unmittelbarer Nähe des bereits bestehenden Verbindungssieles – b/h 2,50 m/1,25 m, Sohlhöhe -1,70 m NN – gebaut. Das Norderlochsiel wurde stillgelegt. Das Wasser kann mit diesem Schöpfwerk auf 5,20 m PN gefördert werden. Nach einem Betriebsplan für die Wasserhaltung im Katinger Priel soll das Wasser in der Wachstumsperiode April–Oktober auf 5,00 m PN gehalten werden, damit die etwa 400 ha große Waldfläche mit Süßwasser versorgt werden kann. Zugleich soll damit eine Süßwasserlinse über dem Salzwasser (Qualmwasser) gebildet werden. Durch die Verdunstung fällt der Wasserstand in den Sommermonaten bis auf ca. 4,50 m PN ab. In den Wintermonaten wird die Fläche des Katinger Prieles als Speicher genutzt, ein Schöpfen ist dann weitestgehend nicht erforderlich. Neben der Süderbootfahrt wird das Verbandsgebiet durch die Sielzüge Vollerwieker-Sielzug 4 280 m, Welter-Sielzug 2 200 m, Sietwender-Sielzug 1 610 m, Gardinger-Sielzug 1 000 m, Katharinenheerder-Sielzug 2 870 m und Katinger-Sielzug 2 620 m entwässert.

7. Sielverband Ehstensiel (3 361 ha):
Das Gebiet hat im Einzugsgebiet des DHSV bis auf wenige Bereiche im Wattkoog die beste Entwässerung in freier Vorflut, weil die Geländehöhen überwiegend über 1,50 m NN liegen. Der Hauptvorfluter Ehster Hauptsielzug hat eine Länge von 5 500 m und entwässert durch das Siel im Landesschutzdeich, Baujahre 1936–1938 – b/h 4,00 m/3,00 m, Sohlenhöhe -1,40 m NN. Bei Deichverstärkungsarbeiten 1978 wurde das Siel im Außen- und Innenhaupt verstärkt und dem neuen Deichprofil in Asphaltbauweise angepasst. Im Sielverbandsgebiet sind zur optimalen Wasserbewirtschaftung mehrere Staubauwerke im Zuge der Ausbaumaßnahmen in den 1970er Jahren gebaut worden. Weitere Hauptvorfluter, die das Verbandsgebiet entwässern, sind: Olsdorfer-Sielzug 4 100 m, Böhler-Sielzug 2 580 m, Utholmer-Sielzug 4 210 m, Tatinger-Sielzug 2 110 m, Dreikoogen-Sielzug 2 150 m, Grothusen-Sielzug 3 300 m, Kornkoog-Sielzug 1 710 m, Wattkoog-Sielzug 2 140 m und Harmonie-Sielzug 740 m.

8. Sielverband Tümlauer-Koog-Schleuse (3 126 ha):
Das Gebiet entwässert in freier Vorflut über ein Siel im Landesschutzdeich, erbaut 1934/35 – b/h 3,50 m/2,00 m, Sohlenhöhe -1,50 m NN – in die Tümlauer Bucht. Im Zuge der Deichverstärkungsarbeiten nach der Sturmflut 1962 wurde das Deichsiel dem neuen Deichprofil angepasst und in Stahlbetonbauweise umgebaut. Vorher war es ein Stahlspundwandkasten-Siel. Am Auslauf des Sieles befindet sich ein kleiner Hafen, in dem bis ca. 1975 die Fischerboote aus St. Peter-Ording festmachten. 1980 wurde im Außentief ein Sportboothafen errichtet. Das 3,5 km lange Außentief führt durch die Zone I des Nationalparks Schleswig-Holsteinisches Wattenmeer. Es ist äußerst instabil und versandet zunehmend durch die vorgelagerten Sandbänke von St. Peter-Ording und Westerhever. 1995 war noch eine freie Vorflut bei Außenwasserständen bis 4,10 m PN möglich, die sich 2007 bis auf 4,60- 4,70 m PN verschlechterte. Wenn die Wasserstände sich weiterhin verschlechtern, muss künstlich entwässert werden. In den weiter zurückliegenden Flächen südlich des Mitteldeiches von Brösum bis Medehop liegen die tiefsten Gebiete des Verbandes. In den Wintermonaten kommt es hier bei erhöhten Niederschlägen zu einem Rückstau mit Überschwemmungen. Das Gebiet wird durch die beiden Hauptvorfluter des 6 450 m langen Brösum-Sielzuges, der den westlichen Teil bis St. Peter-Ording und den Büttel-Sielzug mit 4 520 m Länge, der den östlichen Teil bis zum Ort Medehop entwässert, wasserwirtschaftlich erschlossen. Weitere Hauptvorfluter, die das Gebiet entwässern sind: Ordinger-Sielzug 6 440 m, Haferacker-Sielzug 1 240 m, Otteresing-Sielzug 1 120 m, Norderdeich-Sielzug 1 600 m, Norderweg-Sielzug 3 740 m, Medehop-Sielzug 1 000 m und Osterender-Sielzug 900 m.

9. Sielverband Süderheverkoog-Schleuse (852 ha):
Das gesamte Einzugsgebiet muss durch eine zweistufige künstliche Entwässerung mit dem Süderheverkoogschöpfwerk im Landesschutzdeich, erbaut 1966/67, als Kombinationsanlage Schöpfwerk/Siel mit zwei Pumpen 1,15 und 0,55 m³/sec. entwässert werden. Der Freilauf – b/h 1,50 m/2,00 m, Sohlenhöhe -1,50 m NN – wurde 2006 im Zuge von Umbauarbeiten wegen zu hoher Verlandung des Außentiefs geschlossen. Am Außenhaupt wurden die Verschlüsse aus Holzstemmtorpaaren ausgebaut und durch eine Stahlrückstauklappe im Bereich der Pumpenkammer ersetzt. Mit der Verstärkung des Deiches 1982/83 erhielten die Deichaußen- und -innenböschungen im Bereich des Bauwerkes auf 100 m Breite eine Abdeckung aus Asphaltbeton. Bei Einhaltung der Regelneigung hätte das Bauwerk seeseitig

345

verlängert werden müssen, mit Problemen bezüglich der unterschiedlichen Setzung von Altteil und Neubauteil. Das weitere Schöpfwerk ist Neukrug mit zwei Pumpen mit einer Pumpenleistung von 0,775 und 0,375 m³/sec. Es schöpft das Wasser in den Süderheverkoog. Dort muss es nochmals geschöpft werden. Das erste Schöpfwerk in Neukrug wurde bereits 1865 gebaut, vorher entwässerte der Holm- und Heverkoog in freier Vorflut nach Westerhever zum damaligen Adamshafen (heute Schöpfwerk Adamsiel). Das Gebiet wird durch den Hauptsielzug im Süderheverkoog 2 500 m, den Holm-Sielzug 2 210 m und den Hever-Sielzug 2 100 m wasserwirtschaftlich erschlossen.

10. Sielverband Westerhever-Augustenköge (1 642 ha):
Das gesamte Einzugsgebiet muss geschöpft werden. Das Schöpfwerk Adamsiel mit zwei Pumpen 1,8 und 0,9 m³/sec wurde im Zuge der Deichverstärkungsarbeiten 1977 gebaut. 1997 und 2005 wurde das Schöpfwerk automatisiert sowie die Pumpenmotoren auf eine größere Förderhöhe umgerüstet. Das Gebiet wird durch den Oster-Sielzug mit 3 240 m, den Norder-Sielzug 3 310 m, den Quer-Sielzug 1 200 m, den Koogs-Sielzug 3 360 m, den Altaugustenkooger-Sielzug 3 280 m und den Neuaugustenkooger-Sielzug 3 580 m wasserwirtschaftlich erschlossen.

11. Sielverband Norderheverkoog-Schleuse (755 ha):
Das Gebiet wird in freier Vorflut durch das Mitteldeichsiel Norderheverkoog-Schleuse – b/h 2,10 m/2,50 m Sohlenhöhe -1,50 m NN – , Baujahr 1936, in das 40 ha große 1970 gebaute Spül- und Speicherbecken Everschop geleitet und dann durch das Everschopsiel, erbaut 1970 mit drei Sielkammern von je 4 m lichter Weite und der Sohle auf -2,50 m NN im Landesschutzdeich, über ein 1,5 km langes Außentief zur Hever entwässert. Das Siel musste 2001 mit Epoxydharz an allen Außenseiten beschichtet werden, weil der Beton durch Salzwassereinwirkung stark verwittert war. Durch das Siel entwässern außer der Norderheverkoog-Schleuse auch die Sielverbände Tetenbüllspieker und Norderfriedrichskoog, so dass insgesamt 6 525 ha in freier Vorflut entwässert werden müssen. Das Gebiet wird durch den Hauptsielzug mit 8 340 m wasserwirtschaftlich erschlossen.

12. Sielverband Tetenbüllspieker (5 086 ha):
Dieser Verband ist der größte Verband im DHSV. Er wird durch das Mitteldeichsiel Tetenbüllspieker mit zwei Sielkammern in Klinkerbauweise – b/h 3,00 m/2,80 m, Sohlenhöhe -2,39 m NN, Baujahr 1908 – in freier Vorflut in das Spül- und Speicherbecken Everschopsiel entwässert und sodann durch das Everschopsiel in die Nordsee zur Hever. Wegen der weiter entfernt vom Siel tief liegenden Flächen sowie der niedrigen Spätinge (für den früheren Deichbau abgegrabenes Land) und alten Prielsysteme ist die Entwässerung bei erhöhten Niederschlägen verbunden mit starken Nordwestwinden sehr kritisch. Wasserstände von 4.00–4,20 m PN sind bereits problematisch. Bei Wasserständen von 4,40–4,60 m PN, die nicht selten vorkommen, werden etwa 200 ha überflutet. Durch mehrere Stauanlagen, verteilt im gesamten Verbandsgebiet, wird eine Bewirtschaftung des Wassers betrieben, so dass die Gräben in den höher gelegenen Gebieten auch während der Sommermonate Wasser führen. Durch den Bau des Spül- und Speicherbeckens hat sich die Entwässerung verbessert. Bei entsprechend niedrigen Außenwasserständen kann das Oberflächenwasser in drei bis fünf Tagen abgeführt werden. Das Spül- und Speicherbecken wird auch zum Spülen des Außentiefs in den Monaten vom Frühjahr bis zum Frühherbst verwendet. Zum Spü-

len wird Seewasser bis ca. 5,80 m PN durch das Siel eingelassen und kurz vor Niedrigwasser wieder abgelassen. Die Sand- und Schlickstoffe werden dann durch die erhöhte Geschwindigkeit in die Hever gespült. Damit beim Spülvorgang kein Seewasser in das Hinterland zurückfließen kann, werden die Mitteldeichsiele geschlossen. Durch das Einstauen von Seewasser und den damit verbundenen Sedimenteintrag erhöht sich die Speicherbeckensohle. Daher ist ein Ausspülen der Beckensohle von Zeit zu Zeit erforderlich Das Gebiet wird durch mehrere Sielzüge erschlossen: Tetenbüller-Sielzug 6 880 m, Kanal 6 470 m, Poppenbüll-Osterhever-Sielzug 9 770 m, Altneukooger-Sielzug 3 850 m, den Adenbüller-Sielzug 2 485 m und den Osterkoog-Sielzug 2 060 m.

13. Sielverband Norderfriedrichskoog (684 ha):
Das Gebiet wird in freier Vorflut durch das Mitteldeichsiel Norderfriedrichskoog, Baujahr 1981, mit einem Stahlrohr (NW 120 cm, Sohle – 0,50 m NN) in den Jordflether Koog und dann durch den Hauptsielzug 3 970 m über ein 2,0 ha großes Speicherbecken durch ein Auslaufbauwerk – b/h 1,50 m/1,20 m, Sohlenhöhe -1,50 m NN – in des Speicherbecken Everschop entwässert. Das Gebiet im Norderfriedrichskoog wird durch den Rechten-Sielzug 2 720 m und den Linken-Sielzug 1 040 m entwässert.

14. Sielverband Uelvesbüll-Adolfskoog (1 308 ha):
Das gesamte Einzugsgebiet muss geschöpft werden. Bis zum Bau des Schöpfwerkes 1967 entwässerte der Koog, der damals zum Sielverband Reimersbude gehörte, über den Haimoor-Sielzug in die Eider. Da sich damals die Entwässerungsverhältnisse als unzureichend erwiesen, musste ein Schöpfwerk gebaut werden. Das Schöpfwerk ist mit drei Pumpen ausgestattet (1,00 +1,00 + 0,5 m³/sec). Noch bis 1994 gehörte das Gebiet des Adolfskooges mit eigener Rechnungslegung zum damaligen Sielverband Reimersbude-Adolfskoog. Nachdem der damalige Sielverband Uelvesbüller-Koog auch 1994 an den Adolfskoog angeschlossen wurde, wurde der Sielverband Uelvesbüll-Adolfskoog gegründet. Die ehemaligen Zuläufe nach Reimersbude im Moordeich wurden geschlossen. Das Gebiet wird durch die Sielzüge Uelvesbüller-Sielzug 4 170 m, Adolfskoog-Sielzug 2 420 m und den Moordeichsielzug 3 260 m entwässert.

15. Sielverband Simonsberger Koog (573 ha):
Das Gebiet entwässert in freier Vorflut über das Mitteldeichsiel – b/h 1,40 m/1,58 m, Sohlenhöhe -1,50 m NN, Baujahr 1861 – in ein 17 ha großes Spül- und Speicherbecken Lundenberg. In das Becken entwässern auch die Sielverbände Finkhaushallig und ein Teilgebiet der Südermarsch (ca. 1 000 ha Schöpfwerk Siebenkirchspielsdeich). Das Speicherbecken entwässert über das Lundenberghardersiel (Baujahr 1965/66, eine Sielkammer in Stahlbetonbauweise, b/h 4,60 m/3,25 m, Sohlenhöhe -2,25 m NN) in das 2 km lange Außentief und weiter in die Hever. Das Gebiet wird durch die Sielzüge Oster-Längssielzug 1 360 m, Unter-Sielzug 1 680 m und Oster-Sielzug 2 130 m entwässert.

16. Sielverband Finkhaushallig (607 ha):
Das Gebiet entwässert in freier Vorflut über ein Auslaufbauwerk – b/h 1,50 m/1,20 m, Sohlenhöhe -2,10 m NN – in das gemeinsame Spül- und Speicherbecken Lundenberg. Wasserwirtschaftlich wird das Gebiet durch den Sielzug 4 465 m erschlossen.

17. Sielverband Südermarsch (3 699 ha):
Das Gebiet kann bei niedrigen Wasserständen in freier Vorflut durch das Kombinationsbauwerk Halbmondschleuse entwässern. Es wurde 1971–1973 als Ersatz eines 1939–1941 erstellten Kombinationsbauwerks in Flachgründung mit höherer Leistung gebaut (b/h 4,50 m/2,00 m, Sohlenhöhe -2,00 m NN, mit drei Pumpen 2,00+2,50+2,50 m³/sec). Das Wasser wird in den Husumer Hafen und von dort über die Hafenschleuse (Schifffahrtschleuse, Baujahr 1973/74) in die Husumer Au zur Nordsee (Heverstrom) geleitet. Das Schöpfwerk wurde 1997 mit einer Fernsteuerung automatisiert. Neben der Hafenschleuse ist ein weiteres Schöpfwerk mit einer Gesamtpumpenleistung von 7,50 m³/sec. gebaut worden, das bei Sielschlusszeiten und einem Maximalwasserstand von + 2,00 m NN im Husumer Hafen in Funktion tritt, um das Wasser abzuführen, wenn gleichzeitig das Schöpfwerk Halbmond in Tätigkeit ist. Ein weiteres Schöpfwerk mit zwei Pumpen (1,40+ 0,70 m³/sec. Baujahr 1969) befindet sich am Mitteldeich, dem Siebenkirchspielsdeich, zwischen dem Simonsberger- und dem Finkhaushalligkoog. Mit diesem Schöpfwerk kann das Wasser aus einem Teilgebiet von ca. 1 000 ha der Südermarsch über einen verwallten Stichkanal, im Sielverbandsgebiet Finkhaushallig, dem Siebenkirchspiels-Sielzug 2 100 m in ein Rückhaltebecken 16 ha durch ein Auslaufbauwerk – b/h 3,00 m/2,80 m, Sohlenhöhe -2,10 m NN – in das gemeinsame Spül- und Speicherbecken Lundenberg entwässert werden.

2007 mussten die Betonaußenflächen des Kombinationsbauwerks ähnlich dem Deichsiel Everschopsiel mit hohem Kosten saniert werden. Ein weiteres Mitteldeichsiel, das Siel Rödemis, erbaut 1875 in Klinkerbauweise, b/h 2,02 m/1,88 m, Sohlhöhe -0,45 m NN, liegt am Auslauf des Lagedeichsielzuges und entwässert in den Husumer Hafen. Die Flügelwände am Außenhaupt wurden 1997 durch die Vorsetzung einer Stahlspundwand mit Betonhinterfüllung saniert. 1998 ging die Unterhaltung des fast 8 km langen Lagedeichsielzug in die Unterhaltung des Wasser- und Bodenverbandes Mildstedt-Rantrum über, jedoch noch nicht das Rödemis-Siel. Die Entwässerung des Verbandsgebietes ist, bedingt durch die unterschiedliche Höhenlage und durch das teilweise anmoorige Gelände, nicht einfach. Die Gewässerunterhaltung muss aufgrund der schnellen Verkrautung äußerst sorgfältig durchgeführt werden. Über ein Stau- und Durchlaufbauwerk im Bereich Darrigbüll-Großer-Sielzug kann eine Trennung des Wasserlaufes dahingehend vorgenommen werden, ob das Wasser über das Schöpfwerk Siebenkirchspielsdeich geschöpft wird oder bei niedrigen Wasserständen frei durch das Halbmondsiel entwässert. Das Einzugsgebiet wird durch nachfolgend aufgeführte Sielzüge entwässert: Großer Sielzug 9 650 m, Adebüller-Sielzug 1 420 m, Vosskuhlen-Sielzug 3 600 m, Siebenkirchspiels-Sielzug 2 100 m, Darrigbüll-Sielzug 5 120 m, Leglichheits-Sielzug 1 470 m, Hakens-Sielzug 1 580 m, Dammkoog-Sielzug 3 660 m, Rampel-Sielzug 4 060 m, Twisit-Sielzug 4 020 m, Binnenmilder-Sielzug 2 900 m, Kleiner-Sielzug 1 110 m, Maas-Sielzug 870 m, Margarethen-Sielzug 760 m und Rethbohl-Sielzug 840 m.

F. Pflanzenarten (Nomenklatur nach BfN 2012)

Deutscher Artname	Wissenschaftlicher Artname	Beschrieben im Abschnitt
Gehölze		
Bastard-Pappel	Populus x canadensis Moench	LKÜ; F 3
Berg-Ahorn	Acer pseudoplatanus	D 1; F 3
Berg-Kiefer	Pinus mugo	LKÜ; D 2
Berg-Ulme	Ulmus glabra	LKÜ
Besenheide	Calluna vulgaris	D 2
Eingriffliger Weißdorn	Crataegus monogyna Jacq. s. l.	D 1
Englischer Ginster	Genista anglica	D 2
Europäische Lärche	Larix decidua	LKÜ
Fichte	Picea abies	LKÜ; D 2
Gagelstrauch	Myrica gale	LKÜ
Garten-Apfel	Malus domestica Borkh.	D 1
Gewöhnliche Esche	Fraxinus excelsior	LKÜ; D 1; F 3
Gewöhnlicher Liguster	Ligustrum vulgare	F 3
Gewöhnliche Schlehe	Prunus spinosa	F 3
Gewöhnliche Rosskastanie	Aesculus hippocastanum	LKÜ
Grau-Weide	Salix cinerea subsp. cinerea	LKÜ, F 3
Hainbuche	Carpinus betulus	LKÜ; D 1; F 3
Haselnuss	Corylus avellana	F 3
Holländische Linde	Tilia x vulgaris Hayne	D 1
Kriech-Weide	Salix repens	D 2
Linde	Tilia spec.	D 1
Mandel-Weide	Salix tiandra	LKÜ
Moor-Birke	Betula pubescens	LKÜ; D 2
Robinie	Robinia pseudoacacia	F 3
Rot-Buche	Fagus sylvatica	LKÜ; D 1; F 3
Sal-Weide	Salix caprea	D 2; F 3
Schwarze Krähenbeere	Empetrum nigrum	D 2
Schwarz-Erle	Alnus glutinosa	LKÜ; D 1; D 2; F 3
Schwarz-Pappel	Populus nigra	LKÜ; F 3
Schwarzer Holunder	Sambucus nigra	LKÜ
Schwarz-Kiefer	Pinus nigra	LKÜ; D 2
Silber-Pappel	Populus alba	LKÜ; D 2
Silber-Weide	Salix alba	LKÜ
Sitka-Fichte	Picea sitchensis	LKÜ; D 2
Sommer-Linde	Tilia platyphyllos	LKÜ; D 1
Stiel-Eiche	Quercus robur	LKÜ; D 1; D 2; E 5; F 3
Tamarisken	Tamarix spp.	F 3
Traubenkirsche	Prunus padus	LKÜ
Wald-Kiefer	Pinus sylvestris	LKÜ; D 2
Weiß-Tanne	Abies alba	D 2
Winter-Linde	Tilia cordata	LKÜ
Sonstige Pflanzen (ohne Gehölze)		
Acker-Kleinling	Anagallis minima	D 2
Acker-Kratzdistel	Cirsium arvense	LKÜ
Ackerröte	Sherardia arvensis	LKÜ; D 2

Deutscher Artname	Wissenschaftlicher Artname	Beschrieben im Abschnitt
Acker-Windhalm	*Apera spica-venti*	LKÜ
Andel	*Puccinellia maritima*	LKÜ; A 1; A 4; D 2; E 11; F 3
Arznei-Beinwell	*Symphytum officinale*	F 3
Ausdauerndes Weidelgras	*Lolium perenne*	LKÜ
Berg-Sandglöckchen	*Jasione montana*	D 2
Binsen-Quecke	*Elymus farctus*	LKÜ; A 4; D 2
Blaugrüne Binse	*Juncus inflexus*	F 3
Blaugrüne Segge	*Carex flacca*	F 3
Bodden-Binse	*Juncus gerardii*	LKÜ; A 4; C 2; F 3
Borstgras	*Nardus stricta*	D 2
Braunes Schnabelried	*Rhynchospora fusca*	D 2
Breitblättriger Rohrkolben	*Typha latifolia*	F 3
Breitblättriges Knabenkraut	*Dactylorhiza majalis*	F 3
Dänisches Löffelkraut	*Cochlearia danica*	LKÜ; D 2
Dornige Hauhechel	*Ononis spinosa*	D 2
Drüsiges Springkraut	*Impatiens glandulifera*	LKÜ
Duftendes Mariengras	*Hierochloe odorata*	D 2
Dünen-Quecke	*Elymus athericus*	A 1
Dünen-Rotschwingel	*Festuca rubra* subsp. *rubra*	LKÜ
Dünen-Trespe	*Bromus thominii*	D 2
Dünen-Weide	*Salix repens* subsp. *dunensis*	LKÜ
Dunkelbrauner Strand-Knöterich	*Polygonum oxyspermum* subsp. *raii*	LKÜ; D 2
Echtes Mädesüß	*Filipendula ulmaria*	LKÜ
Einspelzige Sumpfbinse	*Eleocharis uniglumis*	F 3
Entferntährige Segge	*Carex distans*	D 2
Erdbeer-Klee	*Trifolium fragiferum*	F 3
Europäischer Meersenf	*Cakile maritima*	LKÜ; D 2
Flatter-Binse	*Juncus effusus*	LKÜ, F 3
Fleischfarbenes Knabenkraut	*Dactylorhiza incarnata*	F 3
Flutender Schwaden	*Glyceria fluitans*	LKÜ
Gänse-Fingerkraut	*Potentilla anserina*	LKÜ, F 3
Garten-Wolfsmilch	*Euphorbia peplus*	LKÜ
Gekrümmter Dünnschwanz	*Parapholis strigosa*	A 1; D 2; F 3
Gestielte Keilmelde	*Atriplex pedunculata*	LKÜ
Blut-Weiderich	*Lythrum salicaria*	LKÜ
Gewöhnliche Grasnelke	*Armeria maritima*	LKÜ
Gewöhnliche Kröten-Binse	*Juncus bufonius*	F 3
Gewöhnliche Margerite	*Leucanthemum vulgare*	LKÜ
Gewöhnliche Strandsimse	*Bolboschoenus maritimus*	LKÜ, C 2; D 2; F 3
Gewöhnliche Vogelmiere	*Stellaria media*	LKÜ
Gewöhnliche Weiche Trespe	*Bromus hordeaceus* subsp. *hordeaceus*	LKÜ
Gewöhnlicher Erdrauch	*Fumaria officinalis*	LKÜ
Gewöhnlicher Glatthafer	*Arrhenatherum elatius*	LKÜ
Gewöhnlicher Hornklee	*Lotus corniculatus*	F 3
Gewöhnlicher Klettenkerbel	*Torilis japonica*	LKÜ
Gewöhnlicher Salzschwaden	*Puccinellia distans*	LKÜ; A 1
Gewöhnlicher Strandflieder	*Limonium vulgare*	LKÜ; A 4
Gewöhnlicher Tüpfelfarn	*Polypodium vulgare*	D 2
Gewöhnliches Pfeifengras	*Molinia caerulea*	LKÜ
Gewöhnliches Ruchgras	*Anthoxanthum odoratum*	LKÜ; F 3
Gewöhnliches Schilf	*Phragmites australis* var. *australis*	F 3

Deutscher Artname	Wissenschaftlicher Artname	Beschrieben im Abschnitt
Gewöhnliches Seegras	Zostera marina	LKÜ
Glatthafer	Arrhenatherum elatius	LKÜ
Glocken-Heide	Erica tetralix	D 2
Große Brennnessel	Urtica dioica	LKÜ
Großfrüchtige Moosbeere	Vaccinium macrocarpon	D 2
Großer Klappertopf	Rhinanthus angustifolius	C 2; F 3
Großer Schwaden	Glyceria maxima	LKÜ
Hasen-Klee	Trifolium arvense	LKÜ
Herbst-Löwenzahn	Leontodon autumnalis	LKÜ; F 3
Hirse-Segge	Carex panicea	D 2
Japan-Knöterich	Fallobia japonica	LKÜ
Kali-Salzkraut	Salsola kali	LKÜ
Kleine Braunelle	Prunella vulgaris	F 3
Kleine Brennnessel	Urtica urens	LKÜ
Kleines Habichtskraut	Hieracium pilosella	F 3
Kleines Tausendgüldenkraut	Centaurium pulchellum	A 1; F 3
Knick-Fuchsschwanzgras	Alopecurus geniculatus	F 3
Knotiges Mastkraut	Sagina nodosa	A 1; D 2
Krähenfuß-Wegerich	Plantago coronopus	LKÜ; D 2
Kriech-Quecke	Elymus repens subsp. littoreus	LKÜ
Kriechender Arznei-Baldrian	Valeriana procurrens	LKÜ
Kriechender Hahnenfuß	Ranunculus repens	F 3
Kuckucks-Lichtnelke	Silene flos-cuculi	LKÜ; F 3
Kurzähren-Queller	Salicornia europaea	LKÜ; A 1, A 4; F 3
Laugenblume	Cotula coronopifolia	A 1
Lungen-Enzian	Gentiana pneumonanthe	D 2
Meerstrand-Binse	Juncus maritimus	LKÜ
Mittlerer Sonnentau	Drosera intermedia	D 2
Portulak-Keilmelde	Atriplex portulacoides	LKÜ; A 4; D 2
Raue Gänsedistel	Sonchus asper	LKÜ
Rauschbeere	Vaccinium uliginosum	D 2
Riesen-Bärenklau	Heracleum mantegazzianum	LKÜ
Roter Zahntrost	Odontites vulgaris	F 3
Rotes Straußgras	Agrostis capillaris	LKÜ
Rundblättrige Glockenblume	Campanula rotundifolia	LKÜ
Salzliebendes Weißes Straußgras	Agrostis stolonifera var. maritima	LKÜ
Salz-Rotschwingel	Festuca rubra subsp. litoralis	LKÜ; A 4; C 2; F 3
Salz-Schlickgras	Spartina anglica	LKÜ; A 1, A 4; F 3
Salz-Schuppenmiere	Spergularia salina	LKÜ; F 3
Salz-Teichbsimse	Schoenoplectus tabernaemontani	F 3
Salz-Wasserhahnenfuß	Ranunculus peltatus subsp. baudotii	D 2
Sand-Nachtkerze	Oenothera oakesiana	D 2
Sand-Segge	Carex arenaria	LKÜ; D 2
Sandwatt-Queller	Salicornia procumbens	LKÜ; A 1
Sardischer Hahnenfuß	Ranunculus sardous	D 2
Scharfer Hahnenfuß	Ranunculus acris	LKÜ
Schlickwatt-Queller	Salicornia stricta	LKÜ
Schmalblättriger Rohrkolben	Typha angustifolia	F 3
Schmalblättriges Wollgras	Eriophorum angustifolium	D 2
Schwarzer Nachtschatten	Solanum nigrum	LKÜ
Silbergras	Corynephorus canescens	LKÜ; D 2

Deutscher Artname	Wissenschaftlicher Artname	Beschrieben im Abschnitt
Spieß-Melde	Atriplex prostrata Boucher	LKÜ; F 3
Strand-Aster	Aster tripolium	LKÜ; A 4; C 2; E 11; F 3
Strand-Beifuß	Artemisia maritima	LKÜ, A 4
Stranddistel	Eryngium maritimum	LKÜ
Strand-Dreizack	Triglochin maritimum	LKÜ; F 3
Strandhafer	Ammophila arenaria	LKÜ; D 2
Strand-Mastkraut	Sagina maritima	LKÜ; D 2
Strand-Melde	Atriplex littoralis	LKÜ; F 3
Strand-Milchkraut	Glaux maritima	LKÜ; F 3
Strand-Platterbse	Lathyrus maritimus	LKÜ
Strandquecke	Elymus athencus	LKÜ; A 4
Strandroggen	Leymus arenarius	LKÜ; D 2
Strand-Segge	Carex extensa	A 1; D 2
Strandsode	Suaeda maritima	LKÜ; A 4; D 2; F 3
Strand-Tausendgüldenkraut	Centaurium littorale	LKÜ; A 1; D 2
Strand-Wegerich	Plantago maritima	LKÜ
Sumpfdotterblume	Caltha palustris	LKÜ
Sumpf-Dreizack	Triglochin palustre	D 2; F 3
Sumpf-Kratzdistel	Cirsium palustre	LKÜ
Sumpf-Schwertlilie	Iris pseudacorus	F 3
Sumpf-Stendelwurz	Epipactis palustris	F 3
Sumpf-Straußgras	Agrostis canina	LKÜ
Torfmoos	Sphagnum spp.	D 2
Übersehenes Knabenkraut	Dactylorhiza praetermissa	F 3
Ufer-Segge	Carex riparia	LKÜ
Vogelfuß-Klee	Trifolium ornithopodioides	LKÜ; D 2
Vogel-Wicke	Vicia cracca	F 3
Wald-Engelwurz	Angelica sylvestris	LKÜ
Weiches Honiggras	Holcus mollis	LKÜ
Weißes Straußgras	Agrostis stolonifera	LKÜ
Weiß-Klee	Trifolium repens	LKÜ
Wiesen-Bocksbart	Tragopogon pratensis	LKÜ
Wiesen-Fuchsschwanzgras	Alopecurus pratensis	LKÜ
Wiesen-Kammgras	Cynosurus cristatus	LKÜ; F 3
Wiesen-Kerbel	Anthriscus sylvestris	LKÜ
Wiesen-Lieschgras	Phleum pratense	LKÜ
Wiesen-Platterbse	Lathyrus pratensis	F 3
Wiesen-Schaumkraut	Cardamine pratensis	F 3
Wiesen-Segge	Carex nigra	LKÜ; D 2
Wiesen-Witwenblume	Knautia arvensis	LKÜ
Zottiges Weidenröschen	Epilobium hirsutum	LKÜ
Zusammengedrücktes Quellried	Blysmus compressus	D 2
Zweischneidige Binse	Juncus anceps	LKÜ; F 3
Zweizeilige Segge	Carex disticha	F 3
Zwerg-Seegras	Zostera noltii	LKÜ

G. Tierarten

Deutscher Artname	Wissenschaftlicher Artname	Beschrieben im Abschnitt
Würmer		
Köcherwurm	Pectinaria koreni	A 1
Mollusken		
Zirrenkrake	Eledone cirrhosa	A 1
Stachelhäuter		
Herzigel	Spatangoida	A 1
Krebse		
Entenmuschel	Pollicipes pollicipes	A 1
Plattfußkrabbe	Portunus latipes	A 1
Spinnen		
Wespenspinne	Argiope bruenichi	F 3
Libellen		
Blaugrüne Mosaikjungfer	Aeshna cyanea	LKÜ; F 3
Großer Blaupfeil	Orthetrum cancellatum	LKÜ; F 3
Blutrote Heidelibelle	Sympetrum sanguineum	LKÜ; F 3
Braune Mosaikjungfer	Aeshna grandis	LKÜ; F 3
Fledermausazurjungfer	Coenagrion pulchellum	LKÜ; F 3
Gefleckte Heidelibelle	Sympetrum flaveolum	LKÜ; F 3
Gemeine Binsenjungfer	Lestes sponsa	LKÜ; F 3
Gemeine Heidelibelle	Sympetrum vulgatum	LKÜ; F 3
Große Pechlibelle	Ischnura elegans	LKÜ
Herbst-Mosaikjungfer	Aeshna mixta	LKÜ; F 3
Hufeisenazurjungfer	Coenagrion puella	LKÜ; F 3
Vierfleck	Libellula quadrimaculata	LKÜ; F 3
Käfer		
Strand-Sandlaufkäfer	Cicindela maritima	D 2
Ufer-Laufkäfer	Carabus clathratus	D 2
Kurzflügelkäfer	Bledius bicornis	D 2
Kurzflügelkäfer	Bledius tricornis	D 2
Sandbank-Laufkäfer	Cillenus sp.	A 1
Salz-Käfer	Bledius arenarius	A 1; D 2
Kurzflügelkäfer	Diglotta sp.	A 1
Tagfalter		
Admiral	Vanessa atalanta	F 3
Aurorafalter	Anthocharis cardamines	F 3
Distelfalter	Vanessa cardui	F 3
Gemeiner Bläuling	Polyommatus icarus	F 3
Großer Kohlweißling	Pieris brassicae	F 3
Großes Ochsenauge	Maniola jurtina	F 3
Zitronenfalter	Gonepteryx rhamni	F 3
Fische		
Aal	Anguilla anguilla	LKÜ
Finte	Alosa fallax	LKÜ
Flunder	Platichthys flesus	LKÜ

Deutscher Artname	Wissenschaftlicher Artname	Beschrieben im Abschnitt
Hecht	*Esox lucius*	LKÜ
Lachs	*Salmo salar*	LKÜ
Meerforelle	*Salmo trutta trutta*	LKÜ
Meerneunauge	*Petromyzon marinus*	LKÜ
Nordseeschnäpel	*Coregonus oxyrhinchus*	LKÜ
Schlammpeitzger	*Misgurnus fossilis*	LKÜ
Amphibien		
Erdkröte	*Bufo bufo*	LKÜ; F 3
Grasfrosch	*Rana temporaria*	LKÜ
Kammmolch	*Triturus cristatus*	LKÜ
Kreuzkröte	*Bufo calamita*	LKÜ; D 2
Moorfrosch	*Rana arvalis*	LKÜ; D 2
Teichfrosch	*Pelophylax kl. esculentus*	LKÜ
Teichmolch	*Lissotriton vulgaris*	LKÜ
Reptilien		
Blindschleiche	*Anguis fragilis*	LKÜ
Ringelnatter	*Natrix natrix*	LKÜ
Waldeidechse	*Zootoca vivipara*	LKÜ
Zauneidechse	*Lacerta agilis*	LKÜ
Vögel		
Alpenstrandläufer	*Calidris alpina*	LKÜ; A 1; A 2; C 2; D 2; E 11
Austernfischer	*Haematopus ostralegus*	LKÜ; A 1; A 2; C 2; D 2; E 11
Bahamaente	*Anas bahamensis*	C 2
Bartmeise	*Panurus biarmicus*	C 2; D 2; E 11
Bekassine	*Gallinago gallinago*	LKÜ; E 11
Bergente	*Aythya marila*	C 2
Berghänfling	*Carduelis flavirostris*	A 1; C 2
Birkenzeisig	*Carduelis flammea*	LKÜ
Blässgans	*Anser albifrons*	E 11
Bläßralle	*Fulica atra*	E 11
Blaukehlchen	*Luscinia svecica*	C 2
Blaumeise	*Parus caeruleus*	E 11
Brandgans	*Tadorna tadorna*	C 2; E 11
Bruchwasserläufer	*Tringa glareola*	C 2
Buchfink	*Fringilla coelebs*	E 11
Dunkler Wasserläufer	*Tringa erythropus*	C 2; E 11
Eichelhäher	*Garrulus glandarius*	E 11
Feldlerche	*Alauda arvensis*	LKÜ; A 1; A 2
Fitis	*Phylloscopus trochilus*	E 11
Flussseeschwalbe	*Sterna hirundo*	A 4; E 11
Goldregenpfeifer	*Pluvialis apricaria*	LKÜ; A 1; A 2; E 11
Graugans	*Anser anser*	C 2; D 2; E 11
Graureiher	*Ardea cinerea*	LKÜ; E 1
Großer Brachvogel	*Numenius arquata*	LKÜ; A 1; C 2; D 2; E 11
Grünschenkel	*Tringa nebularia*	C 2
Habicht	*Accipiter gentilis*	E 11
Haubentaucher	*Podiceps cristatus*	C 2; E 11
Höckerschwan	*Cygnus olor*	E 11
Kampfläufer	*Philomachus pugnax*	LKÜ; C 2; E 11

Deutscher Artname	Wissenschaftlicher Artname	Beschrieben im Abschnitt
Kiebitz	*Vanellus vanellus*	LKÜ; A 2; E 11; F 3
Knäkente	*Anas querquedula*	LKÜ; E 11
Kohlmeise	*Parus major*	E 11
Krickente	*Anas crecca*	C 2; E 11
Kurzschnabelgans	*Anser brachyrhynchus*	C 2
Küstenseeschwalbe	*Sterna paradisaea*	A 3; E 11
Lachmöwe	*Larus ridibundus*	C 2; E 11
Löffelente	*Anas clypeata*	C 2; E 11
Löffler	*Platalea leucorodia*	C 2
Mandarinente	*Aix galericulata*	C 2
Mantelmöwe	*Larus marinus*	D 2
Mäusebussard	*Buteo buteo*	E11
Nonnengans	*Branta leucopsis*	A 1; A 2; C 2; F 3
Ohrenlerche	*Eremophila alpestris*	A 2; D 2
Pfuhlschnepfe	*Limosa lapponica*	LKÜ; C 2; D 2
Pirol	*Oriolus oriolus*	E 11
Regenbrachvogel	*Numenius phaeopus*	A 1
Reiherente	*Aythya fuligula*	C 2; E 11
Ringelgans	*Branta bernicla*	LKÜ; A 1, 4; C 2
Rohrammer	*Emberiza schoeniclus*	LKÜ; E 11
Rohrdommel	*Botaurus stellaris*	LKÜ; C 2; D 2; E 11
Rohrschwirl	*Locustella luscinioides*	E 11
Rohrweihe	*Circus aeruginosus*	LKÜ; A 2; C 2; C 11; E 11
Rothalstaucher	*Podiceps grisegena*	D 2
Rotkehlchen	*Erithacus rubecula*	E 11
Rotschenkel	*Tringa totanus*	LKÜ; A 1; A 2; C 2; E 11
Saatgans	*Anser fabilis*	LKÜ
Säbelschnäbler	*Recurvirostra avosetta*	LKÜ; A 1; A 2; E 11
Sanderling	*Calidris alba*	A 1; D 2
Sandregenpfeifer	*Charadrius hiaticula*	C 2; D 2; E 11
Schellente	*Bucephala clangula*	C 2
Schilfrohrsänger	*Acrocephalus schoenobaenus*	LKÜ; C 2; E 11
Schleiereule	*Tyto alba*	LKÜ
Schnatterente	*Anas strepera*	C 2; E 11
Schneeammer	*Plectrophenax nivalis*	A 1; D 2
Schwarzhalstaucher	*Podiceps nigricollis*	C 2
Schwarzkopfruderente	*Oxyura jamaicensis*	C 2
Seeadler	*Haliaeetus albicilla*	C 2; E 11
Seeregenpfeifer	*Charadrius alexandrinus*	LKÜ; A 1; C 2; D 2; E 11
Seidenreiher	*Egretta garzetta*	C 2
Sichelstrandläufer	*Calidris ferruginea*	C 2
Silbermöwe	*Larus argenatus*	A 4; D 2; E 11
Singschwan	*Cygnus cygnus*	LKÜ; C 11; E 11
Spießente	*Anas acuta*	E 11
Spornammer	*Calcarius lapponicus*	A 1
Steinkauz	*Athene noctua*	LKÜ
Stockente	*Anas platyrhynchos*	C 2; E 11
Sturmmöwe	*Larus canus*	D 2; E 11
Sumpfohreule	*Asio flammeus*	LKÜ; A 1
Teichrohrsänger	*Acrocephalus scirpaceus*	LKÜ; E 11

Deutscher Artname	Wissenschaftlicher Artname	Beschrieben im Abschnitt
Trauerschwan	*Cygnus atratus*	C 2
Trauerseeschwalbe	*Chlidonias niger*	LKÜ; A 2; E 11
Uferschnepfe	*Limosa limosa*	LKÜ; A 2; C 2; C 11; E 11
Waldkauz	*Strix aluco*	LKÜ
Waldohreule	*Asio otus*	LKÜ; E 11
Waldschnepfe	*Scolopax rusticola*	E 11
Waldwasserläufer	*Tringa ochropus*	C 2
Wanderfalke	*Falco peregrinus*	C 2; E 11
Wasserralle	*Rallus aquaticus*	E 11
Weißwangengans	*Branta leucopsis*	LKÜ; E 11
Wiesenpieper	*Anthus pratensis*	LKÜ; A 1
Wiesenweihe	*Circus pygargus*	LKÜ
Zaunkönig	*Troglodytes troglodytes*	E 11
Zwergschwan	*Cygnus columbianus*	E 11
Zwergseeschwalbe	*Sterna albifrons*	A 1; D 2
Zwergstrandläufer	*Calidris minuta*	C 2
Zwergtaucher	*Tachybaptus ruficollis*	C 2; D 2; E 11
Säugetiere		
Baummarder	*Martes martes*	LKÜ
Bisam	*Ondatra zibethicus*	LKÜ; C 2; F 3
Breitflügelfledermaus	*Eptesicus serotinus*	LKÜ
Dachs	*Meles meles*	LKÜ
Erdmaus	*Microtus agrestis*	LKÜ; F 3
Feldhase	*Lepus capensis*	LKÜ; C 2; F 3
Feldmaus	*Microtus arvalis*	LKÜ
Fischotter	*Lutra lutra*	C 11
Fuchs	*Vulpes vulpes*	A 1; C 2; D 2; F 3
Hausmaus	*Mus musculus*	LKÜ
Hermelin	*Mustela erminea*	LKÜ; F 3
Igel	*Erinaceus europaeus*	LKÜ; F 3
Iltis	*Mustela putorius*	C 2
Kaninchen	*Oryctolagus cuniculus*	LKÜ
Maulwurf	*Talpa europaea*	LKÜ; D 1
Mauswiesel	*Mustela nivalis*	LKÜ
Reh	*Capreolus capreolus*	LK; C 2
Rotfuchs	*Vulpes vulpes*	LKÜ
Schermaus	*Arvicola terrestris*	LKÜ
Schweinswal	*Phocoena phocoena*	LKÜ; A 1
Seehund	*Phoca vitulina*	LKÜ; A 1
Steinmarder	*Martes foina*	LKÜ
Waldiltis	*Mustela putorius*	LKÜ
Waldmaus	*Apodemus sylvaticus*	LKÜ; F 3
Waldspitzmaus	*Sorex araneus*	LKÜ
Wanderratte	*Rattus norvegicus*	LKÜ
Wasserfledermaus	*Myotis daubentoni*	LKÜ
Zwergfledermaus	*Pipistrellus pipistrellus*	LKÜ
Zwergmaus	*Micromys minutus*	LKÜ; F 3

H. Gebiete und Objekte des Naturschutzes

(Quelle: http://www.umweltbericht-sh.de/, http://www.nordfriesland.de/ Zugriffe 27. Februar 2008)

Kenn-zeichnung (Karte)	Seit	Amtliche Kennzeichnungen	Status	Name des Schutzgebietes	Kreis	Gemeinde	Fläche (ha)	Bemerkungen
1	1978	791-4-19; 0916-391; 0916-491	NSG, Natura 2000	Westerspätinge	NF	Simonsberg	26,7	
2	1982	791-4-47; 0916-391; 0916-491	NSG, Natura 2000	Nordfriesisches Wattenmeer	NF		136 570	An der Nordseite Eiderstedts als etwa 150 schmales Band zwischen Deich und NP
3	1985	0916-391; 0916-491	NP, Natura 2000	Nationalpark Schleswig-holsteinisches Wattenmeer	NF, Hei		452 455	Umgibt die ganze Küste Eiderstedts
4	1989	791-4-101; 1719-391; 0916-491	NSG, Natura 2000	Grüne Insel mit Eiderwatt	NF	Tönning	1 000	Das Natura2000 Gebiet „Untereider" umfasst die Gebiete 4, 5 und 7 sowie die gesamte Untereider über Friedrichstadt hinaus
5	1993	791-4-149; 1719-391	NSG, Natura 2000	Oldensworter Vorland	NF	Oldenswort	260	Das Natura2000 Gebiet „Untereider" umfasst die Gebiete 4, 5 und 7 sowie die gesamte Untereider über Friedrichstadt hinaus
6	1999	21	ND	Eiche	NF	Kotzenbüll		Einzelbaumschutz mit umgebendem Traufbereich
7	2000	1.24; 1719-391; 0916-491	Natura 2000	Vogelschutzgebiet im ehemaligen Katinger Watt	NF	Tönning	395	Keine Schutzgebietsverordnung, aber Management wie NSG. Das Natura2000 Gebiet „Untereider" umfasst die Gebiete 4, 5 und 7 sowie die gesamte Untereider über Friedrichstadt hinaus
8	2006	15; 1618-402	LSG, SPA	Kotzenbüll	NF	Kotzenbüll	840	
9	2006	14; 1618-402	LSG, SPA	Poppenbüll	NF	Poppenbüll	1 140	
10	2006	13; 1618-402	LSG, SPA	Westerhever	NF	Westerhever	850	
11		1617-301; 0916-491	FFH	Dünen St. Peter	NF	St. Peter-Ording	153	Keine Schutzgebietsverordnung
12				Rosenburger Deep	NF	Witzwort, Südermarsch	11	Keine Schutzgebietsverordnung

NSG: Naturschutzgebiet
LSG: Landschaftsschutzgebiet
ND: Naturdenkmal
NP: Nationalpark
SPA: Gebiet ist nach der EU-Vogelschutzrichtlinie geschützt
FFH: Gebiet ist nach der Flora-Fauna-Habitat-Richtlinie geschützt
Natura 2000: Gebiet untersteht EU-Vogelschutzrichtlinie und Flora-Fauna-Habitat-Richtlinie
Amtliche Kennzeichnungen von oben nach unten: Amtliche Schutzgebietsnummer; Nr. FFH; Nr. Vogelschutzgebiet

I. Interpretationsschlüssel für die Satellitenbildbeschreibung

1. Interpretationsschlüssel für die Betrachtung der LANDSAT 7/ETM+-Szene

Landnutzung	Falschfarbdarstellung
Wasser	Tiefgründiges Wasser ist schwarz und teilweise dunkelblau abgebildet.
Watt	Seichtes Wasser liefert ein spektrales Mischsignal, das sich aus dem Signal von Wasser und Tiefe des darunter liegenden Untergrundes (z.B. Sand) zusammensetzt. Die Farben sind dunkelblau, hell- bis weißblau.
Ackerflächen	Das Spektralsignal landwirtschaftlich genutzter Flächen ist u.a. durch die Frucht, den Bedeckungsgrad und die Vitalität des Bestandes definiert. Charakteristisch ist die regelmäßige Geometrie von Schlägen. Unbedeckte Böden sind grünblau bis blau abgebildet. Vitale Vegetation ist in unterschiedlich roten Farbtönen dargestellt.
Wälder	Die Textur von Wäldern ist infolge der Wechsel zwischen Baumkrone und Schatten sehr hoch. Nadelwälder werden braun, Laubwälder werden hell- braun dargestellt.
Siedlungen	Siedlungen sind durch die schnelle Abfolge von z.B. Häusern mit unterschiedlichen Dachmaterialien, Schatten, versiegelten Flächen, Bewuchs gekennzeichnet. Die Textur von Siedlungen ist infolge der Vielzahl kleiner Objekte sehr hoch.
Wolken und Dunst	Wolken sind hellblau bis weiß dargestellt. Schatten sind dunkel abgebildet. Bei relativ niedrigen Wolken kann visuell der Zusammenhang zwischen der Geometrie der Wolke und des dazugehörigen Schattens hergestellt werden.

2. Interpretationsschlüssel für die Betrachtung der RapidEye-Szenen

Landnutzung	Prinzipielle Bemerkungen	Falschfarbdarstellung (CIR)	Echtfarbdarstellung (RGB)
Wasser	Wasser ist in vielen Fällen ein guter Absorber für das sichtbare Licht. Erhöhte Reflexionen, auch als Glint bezeichnet, treten auf, wenn das Sonnenlicht an der Wasseroberfläche, vor allem durch kleine Wellen bedingt, direkt in Richtung Sensor reflektiert wird. Wasserinhaltsstoffe wie Chlorophyll, Schwimm- und Schwebstoffe können zu Farbunterschieden führen.	Tiefgründige Wasserflächen werden schwarz dargestellt.	

Landnutzung	Prinzipielle Bemerkungen	Falschfarbdarstellung (CIR)	Echtfarbdarstellung (RGB)
Watt	Seichtes Wasser liefert ein spektrales Mischsignal, abhängig von Wasser und Tiefe des darunter liegenden Untergrundes (z.B. Sand).	Die Farben sind dunkelblau, hell- bis weißblau.	Diese Bereiche sind grau bzw. hellgrau.
Ackerflächen	Das Spektralsignal landwirtschaftlich genutzter Flächen ist u.a. durch die Frucht, den Bedeckungsgrad und der Bestandesvitalität definiert. Charakteristisch ist die regelmäßige Geometrie von Schlägen.	Unbedeckte Böden sind grünblau bis blau und Flächen mit vitaler Vegetation sind in unter- schiedlich roten Farbtönen dargestellt.	Unbedeckte Böden weisen eine hell- bis braune Farbe auf, Raps zeigt sich im Blütestadium gelb, Getreide hell- bis dunkelgrün.
Wälder	Die Textur von Wäldern ist infolge der Wechsel zwischen Baumkrone und Schatten sehr hoch	Nadelwälder sind als braune, Laub-/Mischwälder als hellbraune Flächen zu erkennen.	Nadelwälder werden braun bis braungrün und Laubwälder hell- und grün dargestellt.
Siedlung	Siedlungen sind durch die schnelle Abfolge von Häusern mit unterschiedlichen Dachmaterialien, Schatten, versiegelten Flächen und Bewuchs gekennzeichnet. Die Textur von Siedlungen ist infolge der Vielzahl kleiner Objekte sehr hoch.	Unbedeckter Boden und Straßen werden violett, türkis bis blau, Vegetation rot dargestellt.	Grau-, blaue und violette Farben weisen auf unbedeckten Boden, Straßen und Betonflächen hin, rote Dachflächen und Grünanlagen sind gut zu erkennen.

K. Vorschläge für landeskundliche Exkursionen

Mit den Exkursionsvorschlägen werden thematische und räumliche Aspekte der Kulturlandschaftsentwicklung auf der Halbinsel Eiderstedt verknüpft. Jede Exkursion hat einen thematischen Schwerpunkt, umfasst aber auch jeweils andere landeskundliche Themenbereiche. Die Exkursionen können beliebig miteinander kombiniert werden. Der Verlauf der einzelnen Exkursionen ist kartographisch in der beiliegenden Landeskundlichen Übersichtskarte (vgl. Kartentasche im Einband) dargestellt.

1. Tönning–Katinger Watt–Tönning –Oldensworter Vorland
Zeit: ganztägig; Strecke 35 km; Fahrradtour (teilweise zu schieben)
Alternativ: Katinger Watt
Zeit: fünf Stunden; Strecke 19 km; Fußweg

Ausgangspunkt ist der Parkplatz am Informationszentrum „Multimar" in Tönning, zu erreichen über die B 5/B 202 Abfahrt Tönning. Besuch des „Multimar" ca. zwei Stunden. Von dort auf dem Eiderdeich zum Hafen. Der Straße „Am Hafen" folgen (F1), die Holzbrücke überqueren und der Straße „Am Eiderdeich" bis Höhe Schwimmbad nach W folgen. Von dort weiter auf dem Eiderdeich mit Blick über die Eider mit Watt- und Anwachsflächen in südwestlicher Richtung. Auf Höhe des Ortsteiles Olversum weitet sich das Vorland nach S und W zum NSG Grüne Insel mit Eiderwatt aus. Trotz des Eidersperrwerks besteht gedämpfter, abnehmender Salzwassereinfluss, der an der Anwachs- und Vorlandvegetation deutlich wird. Kurz vor dem Abzweig in das Katinger Watt liegt binnendeichs das Informationszentrum „Spökenkieker" (geöffnet im Sommer von 11.00 bis 16.00 Uhr) mit Informationen über Naturschutz, Jagd, Wald-, Wasser- und Landwirtschaft. Nach einer Aufenthaltszeit von einer Stunde geht es auf der Kreisstraße ins Katinger Watt. Diese auf Höhe des Aussichtsturms „Kiek ut" nach W verlassen. Vom Aussichtsturm überblickt man die heute landwirtschaftlich genutzten Flächen der Grünen Insel im N mit der Abbruchkante des ehemaligen Vorlandes, an die sich im S die ab 1976 mit Bastardpappeln, Esche, Ahorn, Buche u.a. aufgeforsteten 350 ha Waldflächen auf ehemaligem Wattboden anschließen (E11). Zwischen Wald- und Ackerflächen vorbei an einem Naturerlebnispfad führt der Weg ca. 600 m nach S, knickt dann scharf nach W ab und stößt nach ca. 700 m auf den „Ringpriel". Entlang des „Ringpriels" mit mehreren Hütten zur Vogelbeobachtung führt der Weg durch geschlossenen Waldbestand nach W-NW ca. 4 km bei Katingsiel auf den Eiderdeich (E8). Das im Katinger Watt liegende Siel diente einerseits als Einstau für den Katinger Priel und andererseits der Entwässerung über den Norderlochgraben. Das Norderlochsiel ist nicht mehr funktionsfähig weil der Norderlochgraben bis zur Eider versandet ist. Der Sielverband Katingsiel einschließlich des Katinger Watts entwässert über das Leitdammsiel. Ein Einstau über das Leitdammsiel ist nicht mehr möglich. Die Entwässerung des Stammgebietes Katingsiel und die Flächen, die unmittelbar am Norderlochgraben liegen, werden durch das Unterflurschöpfwerk Katinger Watt entwässert. Binnendeichs befindet sich die Schankwirtschaft „Kating Siel" mit der Möglichkeit der Einkehr. Auf dem Eiderdeich führt der Weg nach SW und trifft nach wenigen hundert Metern auf das vom NABU geführte Naturzentrum „Lina-Hähnle-Haus". In den Wiesen südlich des Deiches sind im nördlichen Teil eine Reihe von Flachgewässern, Teichen und Gräben umgeben von differenzierter Extensivweidewirtschaft, sowie gedeckte Wege und Unterstände hergerichtet, so dass eine hervorragende Beobachtung von Wiesen-, Wasser- und Watvögeln möglich ist. Insbesondere während des Vogelzuges werden die Flächen genutzt. Das Wiesen- und

Weideareal zieht sich zwischen dem Seedeich und dem Katinger Priel bis zum Eidersperrwerk hin. Das gesamte Gebiet zwischen dem Wald und der L 305 ist als Ehemaliges Katinger Watt Vogelschutzgebiet mit Vertragsnaturschutz. Auf dem asphaltierten Seedeich führt der Weg nach S. Auf der Hälfte der Strecke zum Eidersperrwerk ist ein Halt am Aussichtsturm angezeigt. Von hier lässt sich das gesamte eingedeichte ehemalige Watt- und Vorlandareal des Eidertrichters mit dem heutigen Vierklang aus Grünland, Wasser, Wald und Landwirtschaft überblicken. Auf dem Radweg am Deichfuß wird das Eidersperrwerk nach knapp 2 km erreicht (E12). Östlich des Sperrwerksgeländes geht die Fahrt weiter auf dem „Leitdamm" und über das Leitdammsiel zurück Richtung Tönning, im SO die Eider mit ihren Wattflächen (F1), im N und NW offene Wasserflächen, Grünland mit dichten Beständen von Knabenkraut, Klappertopf und Kuckuckslichtnelke, ausgedehnte Schilfbestände und Feuchtwald. Nach 4 km ist die K 41 auf Höhe des „Kiek ut" erreicht. Nach etwa 7 km findet die Exkursion zum Ausgangspunkt zurück. Von hier besteht die Möglichkeit, auf der Dithmarscher Straße die B 5 nach O zu unterqueren und nach knapp 50 m den Wirtschaftsweg auf den Deich zu nehmen. Von der Deichkrone bietet sich ein großartiger Blick in das NSG Oldensworter Vorland mit seinem Vorland als Hochterrasse und dem Anwachs als Niederterrasse, der intensiven Verknüpfung zwischen gegrüpptem Feuchtgrünland sowie mit Wasserflächen und Gräben (C7). Insgesamt ein ideal gestalteter Raum für die Vögel des Feuchtgrünlands.

2. NSG Westerspätinge

Zeit: halbtägig; Strecke 10 km; Fußweg

Ausgangspunkt ist der Parkplatz am Knotenpunkt zwischen der Simonsberger Dorfstraße mit dem Seedeich (C1). Von hier aus ist ein Blick nach S in den 1579 bedeichten Adolfskoog möglich (C3), nach N in den 1861 bedeichten Simonsberger Koog und nach W über die Vorland- und Wattflächen sowie über die Hever zur Halbinsel Nordstrand. Deutlich wahrnehmbar sind die Höhenunterschiede zwischen dem älteren Adolfskoog und dem jüngeren Simonsberger Koog, ersterer überwiegend als Grünland und letzterer überwiegend als Ackerland genutzt. Die Sturmflut von 1362 hatte die Nordereider gebildet, die hier im Bereich des Adolfskooges ihre Verbindung mit der Hever fand. Noch heute sind in der Landschaft Eiderstedts die Reste der Nordereider im Obbenskoog, dem Rosenburger Deep und in Sielzügen im Sielverband Reimersbude und Saxfähre sichtbar. 1489 wurde mit dem Bau des Dammkooges die Nordereider abgedämmt.

Wir wenden uns auf dem Seedeich nach SW und verlassen diesen auf Höhe des Sielwerkes und gelangen zur Informationshütte des NSG Westerspätinge, betreut vom NABU (C1). Hier können wir uns über die aktuelle Situation des Gebietes unterrichten. Die Westerspätinge sind ein sehr niedrig liegendes Gebiet, das der Kleigewinnung für den Deichbau gedient hat. Den besten Einblick hat man mit Hilfe von Fernglas und Spektiv vom Seedeich in das 27 ha umfassende Gebiet mit seinen ausgedehnten Röhrichtbeständen, Flach- und Tiefwasserzonen sowie extensiv bewirtschafteten Feuchtwiesen. Die beste Jahreszeit zur Beobachtung des Vogelreichtums sind Frühjahr und Herbst. Als beste Tageszeit bietet sich der Nachmittag möglichst bei Flut an, da dann der Sonnenstand günstig ist, die Vögel das Watt verlassen und das NSG aufsuchen. Der NABU bietet geführte Besichtigungen vom Seedeich aus an. Über Tag und Uhrzeit können im Internet Erkundigungen eingeholt werden: http://schleswig-holstein.nabu.de/m03/m03_11/.

Weiter führt der Weg auf dem Seedeich nach SW. Seeseitig tritt das hohe Vorland zurück, Lahnungsfelder mit Grüppen, Beeten und Gräben im Übergang zum Vorland bestimmen das Bild.

Landseitig blickt man in den 1935 bedeichten Uelvesbüller Koog, der überwiegend als Ackerland genutzt ist. Am Deichkreuz auf Höhe der L 310 folgen wir dem Mitteldeich zunächst etwa 300 m nach O und folgen dann der Deichlinie nach N und NO vorbei an der Uelvesbüller Kirche aus dem Jahr 1854 bis zur Kreuzung mit der Straße Porrendeich (B1). Hier lohnt sich ein kleiner Abstecher von etwa 1 km auf der Dorfstraße, die angelehnt ist an den Deich aus dem 12. Jh., nach O, um einerseits die alte Deichbebauung, vor allem aber die Kette von vier Wehlen – wassergefüllte Auskolkungen ehemaliger Deichbrüche – zu besichtigen, die Zeugnis der immerwährenden Gefahr vor den Fluten der Nordsee sind. Zurück auf dem Mitteldeich führt der Weg zwischen dem Adolfskoog und dem Uelvesbüller Koog. An diesem Deich wurde 1994 das Wrack eines Frachtenseglers aus dem 17. Jh. gefunden, das heute als „Zuckerschiff" im Schifffahrtsmuseum in Husum ausgestellt ist. Weiter geht es auf dem Mitteldeich bis zum Seedeich am NSG Westerspätinge und von dort bis zum Ausgangspunkt.

3. Husum–Simonsberg–Roter Haubarg–Uelvesbüll–Witzwort–Oldenswort–Hoyerswort–Kotzenbüll–Mars-Skipper-Hof–Tönning

Zeit: ganztägig; Strecke 30 km; Autofahrt

Dem kunstinteressierten Besucher sei empfohlen, vor allem die Eiderstedter Kirchen zu besuchen. Sie weisen eine reiche Ausstattung auf. Insbesondere Schnitzaltäre und Werke der Künstler Marten und Govert van Achten erwarten den Besucher, daneben hochwertige Renaissancekanzeln des sogenannten Gardinger Typs. Die meist kleineren Dorfkirchen liegen alle auf Warften und müssen als die Landmarken der Halbinsel angesehen werden, zumal es bis heute weitgehend gelungen ist, die Windkraftanlagen von Eiderstedt fernzuhalten.

Von Husum kommend, erreicht man als erstes den kleinen Ort Simonsberg, dessen Kirche auf den berühmten dänischen Architekten Christian Frederik Hansen zurückgeht (C1). Über Uelvesbüll fährt man nach dem südlich gelegenen Witzwort. Auf dem Weg dorthin kommt man am Roten Haubarg vorbei, der – da öffentlich zugänglich – besucht werden sollte, um einen Eindruck von diesen außergewöhnlichen Wohn- und Wirtschaftsgebäude – den Haubargen – zu erhalten (C3). In Witzwort selbst lohnt ein Besuch der Kirche, schon wegen des beeindruckenden Altares von 1510/20, der der Brüggemann-Schule zugewiesen wird (B1). Wie die meisten Kirchen in Eiderstedt ist auch diese Kirche von Johann Friedrich Holm überformt, sie besitzt dafür aber noch ihren hölzernen Glockenstapel, ähnlich wie in Koldenbüttel, dessen Besuch man mit einem Ausflug nach Friedrichstadt verbindet (C5).

Man fährt weiter nach Oldenswort und besucht dort die um 1250 errichtete Kirche, die über dem Ort thront (C7). 1592 haben Caspar Hoyer und seine Frau Anna Wulff für diese Kirche einen Altar gestiftet, den Marten van Achten gemalt hat. Er bildet den Auftakt einer Reihe von Eiderstedter Altären – so in Garding, Poppenbüll, Welt und in Katharinenheerd. Von Oldenswort führt der Weg – über das Renaissanceherrenhaus Hoyerswort – nach Kotzenbüll. Die sehr beeindruckende Kirche, sollte man unbedingt besuchen. Auf dem Weg nach Tönning fährt man an dem Mars-Skipper-Hof vorbei, der ebenfalls besucht werden kann. Er ist ein gutes Beispiel für eine gelungene denkmalgerechte Instandsetzung (E5). In Tönning schließlich sollte man den kleinen Hafen besuchen und einen Blick in das 1783 erbaute Packhaus werfen. Die Kirche mit ihrer reichen Ausstattung und einer der gut erhaltenen, bemalten Holztonnendecken von 1704 ist von beeindruckender Wirkung (F1).

4. Tönning–Katharinenheerd–Tetenbüll–Garding–Hochdorfer Garten bei Tating–St. Peter-Ording–Tümlauer-Koog–Westerhever–Stufhusen–Leuchtturm Westerheversand

Zeit: ganztägig; Strecke 41 km; Autofahrt

Die Exkursion führt von Tönning über Katharinenheerd nach Tetenbüll. Das Haus Peters bietet mit seinen Ausstellungen nicht nur Einblicke in die Landesgeschichte, sondern in dem kleinen historische Laden werden auch schöne Mitbringsel ganz traditioneller Art verkauft. Der Besuch in der Kirche braucht Zeit, um die Szenen des Alten und Neuen Testamentes zu entschlüsseln. Das Äußere der Kirche ist durch eine statische Maßnahme stark verändert worden. Garding und Tating bieten sich als weitere Stationen an (B7).

Das bedeutendste Gartendenkmal Eiderstedts ist der Hochdorfer Garten bei Tating, dessen denkmalgerechte Wiederherstellung in den letzten Jahren weit vorangeschritten ist (D1). Der ursprünglich dazu gehörige Haubarg bietet auch Feriengästen Platz. In St. Peter-Ording schließlich verbinden sich die Natur- und Architekturerlebnisse, ein Besuch der berühmten Stelzenhäuser oder Pfahlbauten am weitläufigen Strand sollte nicht fehlen (D2).

Im Tümlauer-Koog fällt die architektonische Einheitlichkeit der Bauten aus dem Jahr 1936 ins Auge (A5). In Westerhever ist vor allem die Kirche mit ihrem abgestützten Turm ein wichtiger Anziehungspunkt. Vom Deich bei Stufhusen lässt sich die Siedlungsstruktur um Westerhever gut erschließen (A2). Mit dem nur fußläufig zu erreichenden Leuchtturm Westerheversand vor dem Deich erreicht diese Exkursion das Wahrzeichen Eiderstedts (A1).

5. Friedrichstadt–Koldenbüttel–Reimersbude–Witzwort–Oldenswort–Hoyerswort–Tofting–Ellworth–Tönning

Zeit: ganztägig oder auch zwei Halbtagestouren; Strecke ca. 50 km; Fahrradtour

Diese Fahrradtour führt durch fünf Orte des östlichen Eiderstedt, die im Zentrum des Handlungsgeschehens regionalspezifischer Romanliteratur stehen bzw. Geburtsort ihrer Autorinnen sind. Die Route, die zu befahren ist, besteht überwiegend aus landwirtschaftlich genutzten Wegen, fernab vom Autoverkehr. Auch diese Wege sind in der Regel asphaltiert und gut befahrbar. An zwei Stellen jedoch gibt es kürzere Abschnitte, an denen der Asphalt durch zwei parallel verlaufende, etwa 50 cm breite Spurrillen aus Betonplatten ersetzt ist, einmal zwischen dem Johann-Adolfs-Koog und dem Drandersumkoog, zum anderen westlich von Hoyerswort. Für den geübten Radfahrer dürfte das kein Problem sein. Sollte man sich im Sattel jedoch unsicher fühlen, empfiehlt es sich, auf diesen beiden kurzen Strecken das Rad zu schieben. Für die Besichtigung der einzelnen Ortschaften sollte jeweils eine halbe bis eine Stunde Zeit eingeplant werden. Bei einer Teilung der Strecke in Halbtagestouren wären die folgenden beiden Abschnitte sinnvoll: (1) Tönning–Oldenswort–Witzwort und (2) Friedrichstadt–Witzwort–Oldenswort.

Ausgangspunkt ist die Gaststätte „Treene-Terrassen" in Friedrichstadt (C6). Von hier aus ist ein schöner Blick auf die aufgestaute Treene und die gegenüberliegende „Herrnhallig" gegeben. Dem Treene-Ufer Richtung Eider folgen, auf der „Blauen Brüch" den Wester-Sielzug überqueren, um den zur Tönninger Straße (B 202) parallel verlaufenden Radweg zu erreichen. Diesem kurz bis zum Abzweig rechts nach Koldenbüttel folgen. Hier wurde 1867 Katharine Fedders geboren, die unter dem Pseudonym K.v.d. Eider mehrere Eiderstedt-Romane veröffentlichte, die in jüngster Zeit alle neu aufgelegt wurden. Ihr bekanntester ist „Kihrwedder" (1906). Das ist Koldenbüttel. In ihm beschreibt sie das Leben und Treiben im Dorfe: „Unser Haus ist das kleinste im Dorfe. Es liegt im „lüttgen En" (kleinen Ende), wo all die kleinen Leute wohnen. Auf der anderen Seite ist die ‚rieke Reeg' (Reiche Reihe), hier wohnen die Reichen. Die Runde um die Kirche herum heißt der Mehlbeutel, hier wohnen Arme und Reiche. Die Reichen sind die Rosinen im Mehlbeutel und die Armen die Korinthen, und die größte Rosine ist die Kirche." Das Geburtshaus der Autorin, der Kirchspielkrug, ist vor nicht allzu langer Zeit leider abgerissen worden. An seiner Stelle befindet sich heute ein Parkplatz mit Informationstafel (C5).

Koldenbüttel auf demselben Wege verlassen, die B 202 überqueren und auf landwirtschaftlichen Wegen parallel zur Eider fahren, zu der man über Stichwege, zum Beispiel bei Saxfähre, gelangen kann. Rechter Hand könnte auf einem landwirtschaftlichen Weg der „Staatshof" erreicht werden. Von Koldenbüttel aus wäre er auch über die B 202 zugänglich. Er bildete den Schauplatz der Novelle „Auf dem Staatshof" von Theodor Storm. Der Haubarg, wie Storm ihn beschrieb, existiert allerdings nicht mehr. Er wurde 1841 abgerissen. Übrig geblieben ist lediglich der Gartenpavillon am Rande der Graft. Auf dem Eiderdeich kann man die Weite der Landschaft genießen. Gleich zu Beginn, im Freesenkoog, kann linker Hand ein Abstecher zum Süderhof gemacht werden (ausgeschildert). Dort sind alle Bücher K.v.d. Eiders vorrätig. Bei Reimersbude eine Schleusenanlage überqueren. Links befindet sich die Keramik-Werkstatt von Linda Hamkens. Rechts halten und zunächst die B 202, sodann anschließend die Bahngleise bei der Haltestelle Witzwort überqueren. Der Straßenführung bis zur Kreuzung bei der Meierei folgen und dort rechts nach Witzwort abbiegen.

Witzwort ist der Geburtsort der Schriftstellerin Ingeborg Andresen. Ihr Grabstein befindet sich auf der Westseite der Kirchwarft. Zwei ihrer schönsten Novellenbände „Zwischen Deich und Dünen" (1907) sowie „Nebelland" (1909) wurden neu aufgelegt. Von der Kirche nach O bis zum Witzworter Sielzug wenden. Dort rechts abbiegen (nach S) und dem landwirtschaftlich genutzten Weg bis Oldenswort folgen (C7). Hier besteht die Möglichkeit zur Einkehr. Große und kleine Speisen gibt es im „Handelskrug", im Oldensworter Gästehaus „Treffpunkt" und in der „Ohlen Backstuv". Im „Treffpunkt" befinden sich das Dorfmuseum, das dem hier geborenen Begründer der Soziologie als Wissenschaft im deutschsprachigen Raum, Ferdinand Tönnies, sowie der „Dichterin der Marschen", Thusnelda Kühl, gewidmet ist. Kühls neu aufgelegte Romane können dort erworben werden. In ihnen schildert sie die sozialen Umbrüche der Landschaft Eiderstedt zu Beginn des 20. Jh. Im Zentrum des Romans „Die Leute von Effkebüll" (1905) steht Oldenswort („Effkebüll"). Im heutigen Ortszentrum ist ihr ein Denkmal errichtet (C4).

Oldenswort auf der Autostraße in Richtung Osterhever verlassen und am Ortsausgang links, über die Brücke des Wester-Sielzuges, in einen asphaltierten Landwirtschaftsweg einbiegen, der nach S führt (ausgeschildert „Gunsbüttel"). Nach etwa zehn Minuten wird eine Autostraße erreicht, an der man nach links abbiegt, um das in einer Baumgruppe verborgene Herrenhaus „Hoyerswort" zu erreichen. Hier hat die Schriftstellerin Friede Kraze das Handlungsgeschehen des Romans über „Die Frauen von Volderwiek" (1926) angesiedelt. In ihm geht es um die Emanzipation der Frauen auf dem flachen Landes zu Beginn des 20. Jh. Hoyerswort ist öffentlich zugänglich, enthält ein Café, ein Museum und eine Keramikwerkstatt (C8).

Hoyerswort auf demselben Wege verlassen und auf der Autostraße, auf der man gekommen ist, nach kurzer Zeit links Richtung Tofting (ausgeschildert) abbiegen. Dabei quert man eine Brücke, die über einen Sielzug führt. Kurz hinter Tofting (Informationstafel), bevor die Bahnlinie Husum–Tönning passiert wird, ist rechter Hand, in einer Baumgruppe verborgen, der Hof „Ellworth" zu sehen (C7). Er steht im Zentrum des zweiten Bandes der Eiderstedter Romantrilogie, „Um Ellwurth" (1904), von Thusnelda Kühl. Drei Themen vor allem durchziehen das Romangeschehen: das Schicksal eines Hofes, der „wüste" zu werden droht, damit eng verknüpft der soziale Aufstieg eines Landarbeiters zum Hofbesitzer, und schließlich: die Mühen und Hindernisse, mit denen eine Frau seinerzeit auf dem Wege zur Selbstverwirklichung zu kämpfen hatte. Ellwurth spielte übrigens bei der Belagerung Tönnings 1713 durch dänische, russische und sächsische Truppen eine wichtige Rolle. Tönning wird „Am Kreuz" erreicht, das in dem Roman „Millionensegen" (1920) von Meta Schoepp eine Rolle spielt. Der Autostraße auf dem Radweg rechts folgen, der zum Hafen (ausgeschildert) führt. Dort befinden sich u.a. die Gaststätten „Der goldene Anker" und „Godewind", von deren Terrassen eine gute Aussicht auf den Tönninger Hafen besteht (F1). Meta Schoepps Buch, das 2007 neu aufgelegt wurde, schildert in Form eines Kriminalromans die Animositäten der Stadtbevölkerung von Vineta (das ist Tönning) und der Landbevölkerung um Seethenbüll (das ist Kotzenbüll). Der Roman wurde seinerzeit mit Hans Albers in der Hauptrolle verfilmt.

6. Ordinger Bahnhof–Dreilanden–Ordinger Kirche–Ordinger Deich–Köhlbrand–Treibselweg–Buhne/Seebrücke–Deichweg–Badestelle Süd/Strandhütte–Querfeuer Süderhöft (Böhler Leuchtturm)–Pestalozzistraße–Marktplatz–Kirchenleye–Ordinger Bahnhof

Zeit: zwei Stunden; Strecke ca. 15 km; Fahrradtour

Die Rundtour startet am Ordinger Bahnhof (Parkplatz), führt anfangs vom Tümmeldeich – ein Deich, der nach beiden Seiten schützt – durch den Ordinger Wald, der als Dünenschutz gedacht war und ab 1860 gepflanzt wurde, entlang der B 202, vorbei am letzten Haubarg von Ording bis zur Utholmer Straße zum Düwelsbarg. Dieser Berg ist Kern einer Sage, daher die Bezeichnung Düwelsbarg, in Wirklichkeit wohl der Rest einer Warft der Hilligelanders (Helgoländer), die im 16. Jh. Steuergelder in St. Peter bezahlten. Weiter westwärts kommt man zur kleinsten Eiderstedter Kirche. Die Ordinger Kirche hat hier ihren dritten Standort gefunden. Sie musste wegen Sandverwehungen und nachfolgendem Wasser immer wieder nach O versetzt werden. Ein Duckdalben auf der Sandbank markiert den zweiten Standort der Kirche und gleichzeitig die Höfe, die früher das Dorf Ording gebildet haben. Ca. 500 ha fruchtbarer Boden sind von den Dünen überwandert worden. Jeder Westwind vernichtete fruchtbaren Boden und ließ die armen Bewohner noch ärmer werden. Der Deich, der jetzt südwärts zu befahren ist, wurde mit einer Asphaltdecke befestigt. Diese moderne Abdeckung ist günstiger als eine Schicht aus Kleierde. Der Sandkern dieses Deiches wurde dem Dünengelände entnommen, so dass sich ein kleiner See gebildet hat (Schlender genannt), im Frühjahr ein Rast- und Nistplatz für Enten, Gänse und Schwäne. Dem Strandweg folgen, das Kurheim Köhlbrand passieren. Das Gebäude war 1911 das erste Kinderheim in St. Peter und hatte später eine bewegte Geschichte als Lazarett, Krankenhaus und Klinik. Auf dem Treibselweg geht es immer der Dünenkante entlang. Hier wird die Westküste von Eiderstedt nur durch Dünen geschützt, die bei jeder Sturmflut Verluste erlitten und schmaler wurden. Vor dieser Dünenküste entwickelte sich jedoch ab Mitte des 19. Jh. das Badeleben mit Damen-, Familien- und Herrenstrand. An der Grenze zwischen Ording und St. Peter errichteten 1877 mutige Hoteliers das erste Strandhotel. In den folgenden Jahren näherte sich die vorgelagerte Sandbank immer stärker der Dünenkante; der Priel versandete, so dass man 1926 eine Brücke zur Sandbank baute. Hier hat die Sandbank eine Breite von 1 km. Die Hälfte ist mittlerweile eine Salzwiese geworden mit den typischen Pflanzen Suden, Strandhafer, Bondestave und Andelgras. Auf der Sandbank errichteten die

Hoteliers schon 1911 einen ersten Pfahlbau, die Giftbude, anfangs als Schutzhütte. Mittlerweile gibt es fünf Badestellen und die Pfahlbauten sind ein Alleinstellungsmerkmal von St. Peter geworden. Ihre Restaurants sind Treffpunkte der gehobenen Gastronomie. Noch heute verändert sich die Sandbank ständig und das Vorland wird immer breiter. Seit etwa 1990 bildet sich eine neue Dünenkette auf der Sandbank. Diese Sandbewegung ist ein Hinweis auf die frühesten Besiedlungsphasen des Ortes. Auf den Nehrungsrücken fanden sich die ersten Besiedlungsspuren. Weiter geht es südwärts, mal auf dem Deich, mal dahinter und mal davor. Das Ziel ist der Böhler Leuchtturm, der eigentlich ein Querfeuer für die Eidereinfahrt ist und im Ortsteil Süderhöft steht. Schon im 17. Jh. standen hier Holzbaken, die die Einfahrt in die Eider erleichtern sollten. Süderhöft (Süderhövede) hatte im Mittelalter wahrscheinlich einen Hafen. Hinter dem Deich, auf der Böhler Heide, ist der neue Ortsteil Böhl entstanden mit Jugenddörfern, Kinderheimen, Internat und Schule. Sie wurden nach 1945 auf das unfruchtbare Gelände der Böhler Heide verbannt. 1945 fanden hier sieben Berliner Gymnasien mit ihren Schülern und Lehrern einen neuen Standort. Heute ist das die Europaschule. Der Weg führt durch die Pestalozzistraße zurück durch das Dorf St. Peter mit der Olsdorfer Straße. Olsdorf ist abgeleitet von Ulstrup. So hieß der Ort zuvor, aber durch Sandverwehungen und einen spektakulären Gerichtsfall auf dem Thing vor der Kirche St. Peter, wurde der Name der Kirche auch der Name des Ortes. Früher lag das Dorf hinter dem Deich. In den letzten Jahren ist aber der Ort über den Deich hinausgewachsen und hat sich mit dem neuen Ortsteil Bad verbunden. Ein neuer Deich schützt die Hotels und Pensionen. Dieser Deich ist ein Gemeindedeich mit einer Höhe von 6 m. Die eigentliche Hochwasserschutzlinie liegt immer noch auf dem Dünenrücken. Vom Marktplatz mit den Rathaus geht es an der Eiderstedter Straße entlang oder durch den Wald der Kirchenleye zurück zum Startpunkt am Ordinger Bahnhof (D2).

L. Personennamenverzeichnis

Aachen, Hans von 145
Abel, König von Dänemark 66, 150, 231, 261
Achten, Govert van 145, 147, 234, 275, 362
Achten, Marten van 145, 147, 192, 215, 232, 234, 264, 275, 362
Adam von Bremen, Chronist 63
Adler, Jakob Georg Christian 105
Adolf I., Herzog von Schleswig-Holstein-Gottorf 72, 73, 145, 214, 233, 292
Adolf VIII., Graf von Holstein und Stormarn, als Adolf I. Herzog von Schleswig 68, 69
Adsen, Laurentius 154
Albers, Hans 298, 365
Alberts, Frauke, geb. Eggers 148
Alberts, Jacob 148, 149, 157, 166
Alberts, Peter 148
Andersen, Hans 72
Andresen, Familie 129, 279
Andresen, Ingeborg, verh. Bödewadt 92, 132, 153, 157, 364
Andresen, Wilhelm Ludwig 86, 115, 132, 157, 279
Arminius, Jacobus 223
Asens, Fedder 71
Asmus, Familie 129
Asmussen, Catharina 85, 209
Asmussen, Familie 173
Aueke, Kattes Gunnen 128, 129
Augusta von Dänemark, Herzogin von Schleswig-Holstein-Gottorf 172, 233
Axen, Familie 129

Bach, Johann Sebastian 292
Bachmann, Alf 149
Backens, Mahm 187
Bähr, Kurt 100
Baudissin, Adelbert Heinrich Graf von 115
Becker, Familie 271
Behnke, Familie 129
Berens, Familie 129
Berents, Landschreiber 73
Berndes, Michel 290
Bismarck, Otto Fürst von 81, 86, 110, 156, 214
Bläser, Jakob 291
Blohm, Carl 158
Blohm, Wiebke 148
Bo, Backe 128
Bo, Peters 128
Bodenhagen, Familie 129
Bonsson, Ove 128
Boye, Färber 290
Boyemannen, Familie 65, 67
Braren, Hinrich, später Brarens 298
Braun, Georg 159
Broders, Peter 129
Bruchwitz, Doris 242

Brüggemann, Hans 145, 198, 211, 362
Brütt, Adolf 292
Bruhn, Emil 156
Brus, Dietrich 103
Buchwald, Georg von 75
Bugenhagen, Johannes 159
Buhmann, Familie 129
Bunde, Jacobes 128

Calvin, Johannes 223
Carstens, Familie 129
Carstensen, Familie 129
Christian Albrecht, Herzog von Schleswig-Holstein-Gottorf 75, 76, 148, 172, 173, 272, 291, 296
Christian I., König von Dänemark, Norwegen und Schweden 69, 70, 71
Christian III., König von Dänemark und Norwegen 72, 103, 105
Christian V., König von Dänemark und Norwegen 76, 296
Christian VIII., König von Dänemark 80
Christian IX., König von Dänemark 81
Clasen, Heinrich 91, 112
Claussen-Rollwagen, Johann 172, 189, 196, 282, 283
Cöp, Sielwärter 187
Conrath, Bartel 145, 291
Cordt, Barbiermeister 290
Cornils, Peter Wilhelm 80
Cotte, Johann Clausen 154, 283

Dahlmann, Friedrich Christoph 79
Danckwerth, Caspar 155, 233
Danckwerth, Joachim 233
Daniels, Familie 129
Dawartz, Familie 299
Dert, Junge 129
Detleff, Reden 128
Detlef von Pogwisch, Bischof von Schleswig 71
Dircks, Jacob 85, 155
Dölz, Paul 87, 89, 93, 95, 100, 157, 300
Dorothea von Brandenburg-Kulmbach, Königin von Dänemark, Norwegen und Schweden 70
Duggen, Erich 149
Dyck, Anthonis van 166

Eberstein, Ernst Albrecht von 75
Eggert Dürkop, Bischof von Schleswig 271
Ehst, Meyne zu 128
Eider, K.v.d.., s. Fedders, Katharine, verh. Saling
Eitzen, Paul von 104
Ekelöf, Familie 222
Eller, Familie 129, 279
Eniccelius, Tobias 144, 292
Erich I. (eigentlich Bogislaw), Herzog von Pommern, als Erik VII. König von Dänemark, als Eirik III. König von Norwegen, als Erik XIII. König von Schweden 68, 290

Erich II., Herzog von Schleswig 71
Erik IV., gen. Pflugpfennig, König von Dänemark 66
Eschels, Fedder 129
Eschels, Tade 239
Esmarch, Friedrich von 85, 156, 292, 293
Esselmann, Heinrich 147, 251
Eulenburg und Hertefeld, Philipp Friedrich Alexander Fürst zu 110
Ewertsen, Annemarie 149
Eye, Iwers 128

Fährmann, Reimer 290
Färber, Johann 144, 232, 271
Fallada, Hans 89
Fedderkens, Tete 70, 271
Fedders, Familie 129
Fedders, Katharine, verh. Saling (Pseudonym: K.v.d. Eider) 153, 157, 363, 364
Feddersen, Familie 155
Feddersen, Friedrich 79, 81, 155
Feddersen, Hans Peter 149
Feddersen, Tete 70
Ferdinand II., römisch-deutscher König und Kaiser des Heiligen Römischen Reiches deutscher Nation 296
Ferdinand III., römisch-deutscher König und Kaiser des Heiligen Römischen Reiches deutscher Nation 296
Flohrs, Martje 150, 186, 262, 269
Focke, Hinrich 154
Freese, Familie 129
Friedrich I., König von Dänemark und Norwegen 70, 71, 72
Friedrich II., Herzog von Schleswig-Holstein-Gottorf 73
Friedrich III., Herzog von Schleswig-Holstein-Gottorf 74, 75, 183, 213, 216, 221, 224, 225, 280, 296
Friedrich IV., Herzog von Schleswig-Holstein-Gottorf 76, 173, 183, 185
Friedrich IV., König von Dänemark und Norwegen 76, 296
Friedrich V., König von Dänemark und Norwegen 77
Friedrich VI., König von Dänemark und Norwegen 78
Friedrich VII., König von Dänemark 180, 202
Friedrich VIII., Herzog von Schleswig-Sonderburg-Augustenburg 81
Frieling, Lothar 214

Garber, Familie 129
Geerkens, August 86, 156, 158
Geertsen, Heinrich 162
Gelehar, Metke 290
Gerhard, gen. der Mutige, Graf von Oldenburg 70
Gerhard II., gen. der Blinde, Graf von Holstein-Plön 196
Gerlach, Friedrich 96
Gerntke, Max 147, 251

Goebbels, Joseph 89
Göhr, Familie 129
Göring, Hermann 177
Goldschmidt, Hilde 149
Goldschmidt, Peter 151
Gonnens, Jacob 129
Gotsch, Friedrich Karl 149, 250
Gottschalk von Ahlefeldt, Bischof von Schleswig 72, 103, 248
Graba, Willy 149
Graffen, Nicolaus von 177
Grehm, Familie 129
Grimm, Jacob 152
Grimm, Wilhelm 152
Gröningen, Nicolaus von 103
Grothusen, Otto Johann Freiherr von 272, 273, 274
Gunne, Eyken 128
Gunne, Oue 128

Habensson, Broderke 128
Hach, Doris 152
Hähnle, Emilie Karoline 285
Hamkens, Ernst 87
Hamkens, Familie 129, 233
Hamkens, Jan 157
Hamkens, Linda 364
Hamkens, Otto 89, 91, 96
Hamkens, Peter 80, 157
Hamkens, Wilhelm 88, 89, 100, 117, 157
Hans, Boy 129
Hans, Margareta 142
Hansen, Christian Frederik 204, 362
Hansen, Familie 129, 180
Hansen, Peter Julius 87
Hanß, Anke 153
Hardings, Hans 129
Hardynck, Schmied 290
Harldes, Synneke 128
Harmens, Ove 72
Harmens, Sievert 72
Harring, Momme 128
Hedwig Sophia von Schweden, Herzogin von Schleswig-Holstein-Gottorf 76
Heikens, Jacob 129
Heim, Claus 88, 117
Heimreich, Anton 130, 155
Heinrich III., Graf von Holstein 290
Heinrich IV., Graf von Holstein 290
Heistermann, Staller 151
Hensler, Philipp Gabriel 156
Herdingh 128
Herms, Uwe 153
Herring, Ove 67, 166
Heynsen, Karl 168
Hindenburg, Paul von 89
Hinrichs, Erwin 149, 187
Hinrichs, Hans 156

Hirger, Johann Heinrich 144
Hitler, Adolf 89, 91, 92, 93
Hogenberg, Frans 159
Holm, Johann Friedrich 145, 211, 214, 271, 362
Homfeld, Klaus 250
Hoop, Hein 157, 279
Horic II., gen. der Mächtige, König von Dänemark 63, 66
Hoyer, Caspar 73, 74, 104, 145, 154, 214, 232, 233, 234, 282, 292, 362
Hoyer, Hermann 73, 74, 153, 155, 233, 282
Hoyers, Anna Ovena 74, 152, 153, 155, 233, 234
Hubrich-Messow, Gundula 150
Hummer, Wessel 150

Isenbeck, Ludwig 193
Itten, Johannes 187
Ivers, Harl 129
Ivers, Johann 277
Ivers, Thias 129

Jacobs, Honne 215
Jacobs, Sax 129
Janssenius, Nicolaus 225
Jensen, Christian 180
Jensen, Familie 297
Jensen, Volquardt 187
Jess, Peter 144, 226
Jessen, Friedrich 167, 168
Johann Adolf, Herzog von Schleswig-Holstein-Gottorf, Administrator des Erzstifts Bremen und Fürstbischof von Lübeck 73, 74, 147, 172, 282, 292, 293
Johann I., gen. Hans, König von Dänemark und Norwegen, als Johann II. König von Schweden 70, 71
Johannsen, Albert 149, 181
Johannsen, Hans 277
Jonae, Volquard 104
Jons, Iver 154
Jons, Tete 129
Jonsen, Jon 69, 70, 280
Jonsen, Joneke 70
Joris, David 104, 155
Julius II., Papst 71

Kampe, Otto vam 70
Kant, Immanuel 156
Karl Friedrich, Herzog von Schleswig-Holstein-Gottorf 76
Ketels, Hans-Alwin 100, 157
Ketterer, Familie 222
Klapmeyer, Johann Hinrich 271
Klose, Werner 153
Knut V. Magnusson, König von Dänemark 65
Knutzen, Iven 154
Knutzen, Matthias 104, 155
Koch, Familie 129

Körte, Walter 161
Kokoschka, Oskar 149
Kooi, Jurjen van der 150
Koop, Rudolph 86
Korsemann, Friedrich 168
Krämer, Albert 290
Krämer, Johan 290
Kraze, Friede 154, 234, 364
Kronenberg, Fritz 149
Kühl, Carsten 156, 157
Kühl, Thusnelda 153, 156, 232, 364, 365
Kuhlemann, Peter 118
Kule, Hartig 68
Kuschert, Rolf 156
Kymer, Karsten 290

Laing, Samuel 107
Laurens, Boy 129
Lavergne-Peguilhen, Moritz von 110
Lempelius, Harald 299
Lewens, Stinke 200
Lexow, Joachim 297
Liebermann, Max 148, 149
Linde-Heiliger, Ruth Maria 187
Lohse, Hinrich 92
Lonnerus, Andreas 104
Loo, Cornelius von der 154
Lorens, Hans 75
Lorenz, Ove 272, 273
Louis-Philippe I., König von Frankreich 222
Lucas, Melchior 106, 192
Lucht, Familie 129
Ludendorff, Erich 88
Ludendorff, Mathilde 88
Lübbing, Hermann 150
Lühr, Heinrich 85, 155
Luther, Martin 103, 106, 107, 215, 224, 225, 227

Mann, Thomas 168
Marco, Bischof von Schleswig 101
Maria Eleonora von Brandenburg, Königin von Schweden 153
Martens, Maria 148
Meisner, Daniel 159
Mejer, Johannes 127, 190
Melanchthon, Philipp 104, 107, 215
Meyer, Gustav 161
Meyer, Gustav Friedrich 150, 151
Meyn, Ludwig 85
Missfeldt, Heinrich 158
Moders, Diderik 128
Möller, Lütje 232
Möller, Theodor 146
Moldenit, Johannes 155
Momme, Harreldes 128
Mommsen, Jens 105
Mommsen, Theodor 81, 105, 150, 156, 265

Moritz, Fürst von Oranien, Graf von Nassau-Dillenburg 223
Mügge, Theodor 79
Müllenhoff, Karl 150
Müller, Ferdinand von 156, 299
Müller, Klaus 198
Muuß, Rudolf 150, 151

Napoléon Bonaparte, Kaiser der Franzosen 77, 78, 231
Neber, Hinrich 221
Nickels, Jordt 71
Nicolaysen, Familie 129
Nikolaus I., Bischof von Schleswig 102, 245
Nikolaus IV. Wulf, Bischof von Schleswig 69, 290
Nobel, Alfred Bernhard 156, 265
Nolde, Emil 149
Nygaard, Hannes 153

Olde d.J., Hans 149
Olearius, Adam 144
Ostermann, Andreas 167
Otto II., gen. der Strenge, Herzog von Braunschweig-Lüneburg 196
Otto II., Graf von Holstein-Pinneberg und Schauenburg 70
Ovens, Familie 173
Ovens, Jon 154
Ovens, Jürgen 148, 157, 224, 291
Ovens, Mewes 154

Paludanus, Godefridus 222
Pampus, Matthias 154
Paschen, Hinrich Otto 292
Pauls, Jacob Friedrich 81
Pauls, Johannes Heinrich 151
Pauls, Magnus Abraham 276
Pauls, Volquart 81, 156, 279
Paulsen, Carsten 100
Paulsen, Friedrich 115
Paulsen, Ingwer 149
Pawel, Nickels 128
Payns, Ernst Christian 157
Peters, Familie 129, 199, 363
Peters, Friedrich 152
Peters, Jacob 129
Peters, Paul Andreas 144
Peters, Walter 100, 157
Petersen, Claus 215
Petersen, Cornelius 86, 157
Petersen, Familie 173
Petersson, Steffen 128
Petrejus, Petrus 101, 155
Philipp, Herzog von Schleswig-Holstein-Gottorf 72, 73
Philipp IV., gen. der Schöne, König von Frankreich 71
Pistorius, Johannes 72, 104

Pistorius, Theodericus 72, 103
Po, Pepers 128
Pogwisch, Otto 68
Prehn, Wolfgang 92

Ranke, Kurt 150
Rantzau, Jakob 72
Rantzow, Otto 72
Rathlow, Otto 72
Reeder, Nicolai Christian 85, 157
Reeder, Waldemar 95
Reimers, Reimer 216
Rembrandt Harmenszoon van Rijn 148
Richardsen, Hans 242
Richardsen, Jakob 242, 243
Richborn, Joachim 292
Richthofen, Ludwig Freiherr Prätorius von 82, 110
Rickers, Hans 149
Rienecker, Kurt 292
Rieve, Georg 146, 157, 193
Rieve, Tete 178
Riewert, Familie 67
Ringerink, Heinrich 224
Robert III., Graf von Flandern 71
Rohde, Familie 129
Ronneburger, Uwe 100, 157, 199
Roosen, Familie 173
Roric, Normanne 63, 66
Rosien, Peter Hinrich 155

Sadeler, Aegidius 145
Sammann, Detlef 148, 149, 157, 167
Sammann, Peter 148
Sauer, Wilhelm 276
Sax, Hans 129
Sax, Jacob 154
Sax, Peter 65, 129, 130, 154, 215, 302
Saxo Grammaticus, Chronist 63, 64
Schack, Hans Graf von 75
Schmidt, Peter Christian 80
Schnitker, Lammert 280
Schoepp, Meta 154, 297, 298, 365
Schömer, Familie 297
Schreiber, Johann Matthias 215
Schröder, Heyne 290
Schütt, Jan Jelles 80
Schuke, Firma 265
Schultz, Familie 129
Schultze, Johannes 154
Scriver, Dirik 154
Sieverts, Familie 189
Sieverts, Harmen 72
Sieverts, Iver 72
Sieverts, Sievert 73
Sievertsen, Friedrich 215
Simon, Familie 129
Simons, Menno 113, 224

Split, Otto 68, 69
Staacken, Dieter 132
Stenbock, Magnus Gustafsson Graf 76, 150, 231, 271, 293, 296, 298
Stierling, Hubert 142, 158
Storm, Theodor 141, 150, 153, 364
Sven III., gen. Grate, König von Dänemark 65
Sywens, Diderik 68
Sywens, Wenni 68, 154

Tast, Hermann 103
Tetens, Boye 70, 71, 271
Tetens, Johann Magnus 85, 276
Tetens, Johann Nicolaus 78, 130, 132, 156
Tetens, Peter 129
Teting, Nicolaus 155
Tettenborn, Friedrich Karl Freiherr von 78
Thomas, Kurt 157, 292
Thomblow, J. 177, 191
Thomsen, Adolf Theodor 81, 157
Thomsen, Familie 129
Ties, Jon 154
Tilly, Johann t'Serclaes Graf von 74
Tintoretto, Jacopo Robusti, gen. Tintoretto 147
Tipotius, Matthias 245
Tönnies, Ferdinand 156, 232, 364
Tönnies, Laurentius 103
Tole Herdinghes 128

Udike, Peters 128

Vespermann, Leonore 149
Voigt, Wilhelm 211

Volckmar, Friedrich Carl 77, 107, 155
Volquarts, Hans 129
Voß, Marcus Detlef 155

Wael, Adolph van 221
Waldemar I., gen. der Große, König von Dänemark 66, 103, 198
Waldemar II., gen. der Sieger, König von Dänemark 63, 64, 66, 261
Waldemar IV., gen. Atterdag, König von Dänemark 67, 69, 71
Waldemar IV., Herzog von Schleswig 63, 66
Wallenstein, Albrecht Wenzel Eusebius von Waldstein, Herzog von Friedland und Sagan, Herzog von Mecklenburg, gen. Wallenstein 74, 154, 296
Wedderkop, Magnus von 183
Wedovius, Nicolaus 104
Wilhelm I., König von Preußen und deutscher Kaiser 110
Wilts, Nickels 290
Winneke, Familie 67
Wisch, Jürgen von der 74, 75
Wogensmannen, Familie 67, 150, 166
Woldsen, August Friedrich 85, 209
Wolf, Zacharias 296
Wrangel, Carl Gustav, Graf zu Salmis 75
Wulff, Anna 232, 234, 362
Wunnekens, Epe 68, 154, 186, 187

Ziehlberg, Johann Samuel Heistermann von 76
Zinck, Hinrich 292
Zinnendorf, Familie 129

M. Geographisches Namenverzeichnis

Aalborg 212
Achter de Diek 181
Adamshafen 173, 346
Adamsiel 174, 346
Adebüller-Sielzug (Südermarsch) 348
Adenbüller-Sielzug (Tetenbüll) 347
Adenbüllerkoog 61, 196, 340
Adolfskoog 20, 118, 136, 180, 181, 182, 199, 201, 204, **207–209**, 212, 235, 341, 347, 361, 362
Adolfskoog-Sielzug 347
Ahndel (Warft) 164, 168
Allersdorf (OT Katharinenheerd) 267
Altaugustenkoog 112, 135, **172–174**, 341, s. auch Augustenkoog, -köge
Altaugustenkooger-Sielzug 346
Alte Sorge-Schleife 304
Altendeich (OT Oldenswort) 228
Alter Deich (OT Welt) 274
Alter Westerkoog 280, 341
Altes Land 192
Altneukoog 61, 196, 231, 341

Altneukooger-Sielzug 347
Alt-Nordstrand (Insel) 71, 143, 187, 201, 224, s. auch Nordstrand (Insel); s. auch Strand (Insel)
Altona 142, 159, 167, 173, 220, 297, 302, s. auch Hamburg
Amerika, s. USA, (Nord-)Amerika, Übersee
Amrum 35, 46, 124, 126, 252
Amsterdam 148, 151, 155, 226, 227
Antwerpen 223
Arabien 260
Atlantik 13
Atlantikum 1, 38, 41
Augustenkoog, -köge 114, 146, 169, 172, 173, 182, 187, 188, s. auch Altaugustenkoog; s. auch Neuaugustenkoog
Australien, australisch 156
Außeneider 49, 252, 285, 308, s. auch Eider(-strom)
Außentief 344, 345, 346, 347
Autzhusen 127
Axendorf 146, 270, 272

371

Badenkoog 67, 213, 340
Barneckemoor, -koog 67, 179, 180, 340
Barnstock-Sielzug 343
Bataver 148
Batterieeck 281
Belgien 215
Beltringharder Koog 236
Berlin 89, 97, 115, 148, 152, 161, 166, 187, 193, 251, 265, 298, 366
Binnenmilder-Sielzug 348
Birka 244
Bockshörn 194
Böhl 94, 137, 149, **243–260**, 366, s. auch St. Peter-Ording
Böhler Heide 251, 366
Böhler Koog 249
Böhler-Sielzug 345
Böhlinghörn 187
Boikenwarft 168
Bollingswarft 190
Bonn 95
Bootführerdeich 268
Borgsand 280
Bosbüll 126
Boyenburg 65
Brandenburg 22, 75
Bredstedt 226
Bredstedt-Husumer Geest 11
Breklum 180
Bremen 63, 66, 127, 131, 212
Brösum 3, 11, 58, 137, **243–260**, 345, s. auch St. Peter-Ording
Brösumer Geest 243
Brösumer Strandwall 113
Brösum-Sielzug 345
Brunsbüttel 300
Büsum 152
Büttel (Bührschaft Tating) 242
Büttel (Koldenbüttel) 212, 213
Bütteleck 213
Büttelkoog 209, 213, 340
Büttel-Sielzug 343, 345
Bundesrepublik Deutschland 95, 99, 112, 162, 287, 299, 303, s. auch Deutschland
Buphever 187
Buschhof (Tetenbüll) 196

Chicago 114

Dänemark 48, 63, 64, 65, 66, 67, 75, 76, 77, 78, 80, 81, 82, 83, 84, 86, 92, 94, 95, 96, 113, 114, 117, 128, 144, 148, 151, 155, 157, 158, 168, 172, 180, 202, 203, 204, 210, 214, 220, 222, 224, 225, 226, 227, 231, 236, 281, 290, 292, 296, 298, 301, 303, 362, 365
Dammkoog 15, 42, 71, 213, 235, 340, 361

Dammkoog-Sielzug 348
Danewerk 66, 86
Darrigbüll, -koog 3, 127, 341
Darrigbüll-Großer-Sielzug 348
Darrigbüll-Sielzug 236, 348
Davos 168
Deichgrafenhof 242
Dellstedter Birkwildmoor 304
Deutsche Bucht 84, 299
Deutscher Bund 79, 80, 81, s. auch Deutschland
Deutsches Reich 81, 82, 85, 87, 88, 89, 90, 91, 92, 96, 114, 187, 297, 298, s. auch Deutschland
Deutsch-Evern 204
Deutschland 1, 13, 22, 28, 74, 80, 81, 82, 83, 84, 86, 87, 88, 91, 92, 93, 94, 95, 96, 98, 104, 106, 114, 115, 117, 119, 123, 124, 126, 129, 148, 149, 150, 151, 156, 168, 223, 224, 228, 231, 232, 250, 255, 272, 297, 298, 301
deutschsprachiger Raum 364
Dingsbüllkoog 20, 67, 127, 209, 340
Dingsbüll-Sielzug 343
Dithmarschen 1, 3, 11, 38, 40, 41, 68, 71, 88, 94, 99, 100, 107, 129, 130, 132, 136, 143, 152, 155, 156, 175, 182, 215, 231, 271, 275, 277, 280, 287, 290, 291, 296
Dithmarschen (Kreis) 303
Dithmarscher Eidervorland 304, 306
Dithmarscher Wattenmeer 46
Dordrecht 223
Drage 112
Drandersum-Sielzug 343
Drandersumkoog 127, 213, 340, 363
Dreikoogen-Sielzug 345
Dreilande 14, 64, 67, 68, 69, 70, 71, 72, 73, 108, 127, 129, 159, 262, 365, s. auch Eiderstedt (Halbinsel)
Dreilandenkoog 273, 341
Dresden 149, 167
Dünenkomplex St. Peter-Ording (FFH) 49
Düsseldorf 148, 166
Düwelsbarg (bei Ording) 365

Ebensburg, -warft 186, 187
Eckhof (Grothusenkoog) 274
Ehemaliges Katinger Watt (Natura 2000) 304, 361
Ehst 128, 242
Ehstensiel (Sielverband) 345
Ehster Hauptsielzug 345
Ehster Koog 45, 249, 341
Eichenhof (Grothusenkoog) 274
Eider(-strom) 3, 5, 11, 13, 14, 15, 19, 20, 27, 30, 37, 38, 41, 42, 43, 44, 45, 46, 47, 50, 58, 60, 63, 65, 66, 67, 68, 71, 76, 84, 86, 87, 88, 114, 117, 127, 130, 133, 182, 209, 212, 213, 216, 217, 220, 228, 230, 231, 249, 275, 277, 278, 282, 283, 284, 286, 287, 288, 289, 290, 292, 296, 297, 298, 299, 300, 301, **303–308**, 342, 343, 344, 347, 360, 361, 363, 364, 366

Eiderbrücke (Friedrichstadt) 216
Eiderbrücke (Tönning) 98, 287
Eiderdeich 74, 151, 298, 342, 343, 344, 360, 364
Eiderdeichsiel 20, 343
Eiderkanal 283, 296, 300
Eidermündung, -ästuar 28, 30, 40, 43, 48, 60, 63, 113, 158, 210, 272, 273, 279, 280, 283, 286, 287, 299, 301, 304, 305, 308
Eidersperrwerk 4, 13, 14, 15, 43, 48, 51, 54, 55, 119, 249, 250, 272, 277, 284, **286–287**, 298, 303, 304, 306, 307, 344, 360, 361
Eiderstedt (Amt) 100, 112, 113, 115, 122, 164, 172, 177, 183, 185, 189, 190, 195, 228, 233, 236, 243, 260, 262, 266, 267, 270, 272, 274, 279, 287, 301
Eiderstedt (Halbinsel) 1, 3, 4, 5, 7, 11, 13, 14, 15, 19, 20, 22, 23, 26, 27, 28, 30, 31, 32, 33, 34, 35, 37, 38, 40, 41, 42, 43, 44, 45, 46, 47, 48, 49, 50, 51, 55, 56, 57, 58, 60, 61, 63, 64, 65, 66, 67, 68, 69, 70, 71, 72, 74, 75, 76, 77, 78, 79, 80, 81, 82, 83, 84, 85, 86, 87, 88, 89, 90, 91, 92, 93, 94, 95, 96, 97, 98, 99, 100, 101, 102, 103, 104, 105, 106, 107, 108, 109, 110, 112, 113, 114, 115, 116, 117, 118, 119, 121, 122, 123, 124, 126, 127, 129, 130, 131, 132, 133, 134, 135, 136, 137, 138, 140, 141, 142, 143, 144, 145, 146, 147, 148, 149, 150, 151, 152, 153, 154, 155, 156, 157, 158, 159, 161, 162, 164, 166, 170, 172, 173, 174, 177, 178, 180, 181, 182, 183, 186, 187, 188, 189, 191, 192, 193, 195, 196, 198, 199, 202, 204, 209, 210, 211, 212, 213, 214, 225, 228, 230, 231, 232, 233, 234, 235, 236, 239, 240, 243, 251, 252, 254, 258, 260, 262, 266, 267, 268, 269, 270, 271, 272, 273, 274, 275, 277, 278, 279, 280, 286, 287, 288, 290, 291, 292, 298, 302, 303, 336, 341, 342, 360, 361, 362, 363, 364, 365
Eiderstedt (Halligland, Harde) 4, 46, 64, 65, 102, 127, 340
Eiderstedt (Kirchenkreis) 64, 67, 71, 100, 104, 107, 155
Eiderstedt (Kreis) 19, 82, 88, 90, 91, 94, 100, 110, 112, 114, 178, 215, 300
Eiderstedt (Wasserbeschaffungsverband) 178
Eiderstedt, Deich- und Hauptsielverband (DHSV) 19, 20, 108, 169, 173, 179, 195, 306, 342
Eiderstedter Nehrung 186
Eiderstedter Nordermarsch 61, 185
Eiderstedter Strandwälle 58, 237
Eiderstedter Südermarsch 60
Eiderstedter Wasserkoog 87
Eiderstedt-West (Amt) 112
Eider-Treene-Niederung 40, 42, 212, 236
Eidervorland, -watt 45, 231, 283, 285, 304
Elbe 48, 77, 78, 297
Elbing 100
Elhorn (OT Welt) 274
Elisenhof (bei Tönning) 60, 113, 275, **287–302**
Ellworth 364, 365
Emden 131

England 13, 77, 115, 116, 117, 158, 159, 197, 200, 231, 274, 297, 298, 302, s. auch Großbritannien
Esing 127, 128, 242
Europa 13, 49, 67, 99, 107, 113, 129, 142, 149, 151, 155, 163, 167, 210, 251, 297
Europäische Union (EU) 197, 205, 286
Eutin 168
Everschop (Halligland, Harde) 4, 14, 41, 46, 64, 67, 69, 101, 102, 104, 127, 133, 155, 166, 180, 186, 190, 192, 261, 273, 347
Everschopsiel 14, 20, 186, 189, 196, 342, 346, 348

Fallstief 41, 61, 166, 174, 192, 257
Fehmarn 152
Fernost 266
Fief-Kommünen-Diek 281
Finkhaushallig (Sielverband) 347, 348
Finkhaushalligkoog 19, 93, 98, 117, 135, **199–204**, 341, 348
Flensburg 79, 168, 187, 214, 215, 220, 222, 224, 261, 292, 297, 302
Fleudenberg 270
Flöhdorf 212
Föhr 19, 124, 126, 131, 298
Franken, Fränkisches Reich 63, 239, 244, 289
Frankfurt an der Oder 276
Frankreich 77, 81, 115, 222
Frauenscher Hof (Grothusenkoog) 274
Freesenkoog 341, 364
Freudenthal (OT Welt) 274
Friedrichstadt 13, 14, 37, 43, 74, 80, 81, 82, 88, 89, 91, 92, 95, 110, 112, 113, 114, 119, 122, 123, 124, 126, 144, 146, 148, 153, 159, 173, 212, 213, 214, **216–228**, 235, 270, 362, 363
Friedrichstadt (Amt) 113, 227
Friesen 60, 64, 65, 66, 67, 68, 69, 86, 95, 113, 137, 138, 150, 157, 159, 178, 180, 190, 229, 239, 244, 245, 268, 289, 290, 301
Friesisch 128, 130, 131, 132, 150
Frieslande 63, 159
Fulda 63

Garde (Kotzenbüll) 270
Garding 3, 4, 5, 13, 15, 20, 35, 37, 40, 46, 47, 50, 58, 61, 65, 67, 68, 70, 72, 73, 74, 77, 80, 81, 82, 83, 84, 85, 86, 87, 88, 89, 91, 92, 93, 96, 101, 102, 103, 104, 105, 106, 107, 108, 112, 114, 115, 119, 122, 123, 124, 126, 127, 128, 132, 133, 134, 144, 145, 146, 147, 150, 151, 152, 154, 155, 156, 159, 164, 182, 185, 186, 190, 192, 195, 196, 211, 232, 250, **260–265**, 266, 267, 269, 270, 274, 275, 276, 278, 279, 280, 281, 282, 283, 292, 301, 302, 344, 362, 363
Garding (Kirchspiel) 104, 108, 112, 186, **266**, 281
Gardinger Geestgebiet 275
Gardinger Kornkoog 272, 340
Gardinger Nehrung 38, 276

373

Gardinger-Sielzug 344
Gardinger Strandwall 11, 191, 260
Gardinger Südermarsch 282
Gardingharde (Schiffsbezirk) 63, 102, 112, 127, 261
Gauting 149
Generalstaaten, s. Niederlande
Germanen 88, 128
Giftbude 250
Glasau 74
Glücksburg 261
Glückstadt 215, 271
Gotland 210
Gotteskoogsee 35
Gottorf, s. Schleswig-Holstein-Gottorf (Herzogtum)
Gottorf (Schloss) 144, 234
Gottorf (Vogtei) 69
Graffenkoog 190, 191
Gragehof 212
Gravenstein 157
Groningen 264
Grothusenkoog 45, 112, **272–274**, 276, 279, 280, 341
Grothusen-Sielzug 345
Großbritannien 78, 82, 94, 96, 107, 112, 297, s. auch England
Großer Hof (Neuaugustenkoog) 173
Großer Sielzug 348
Großhemme 231
Großmährisches Reich 289
Grudenkoog 41, 190, 340
Grüne Insel mit Eiderwatt (NSG, Natura 2000) 49, **283–286**, 304, 306, 307, 344, 360
Gunsbüttel 127, 364
Gunsbüttler-Sielzug 343

Haferacker 237, 238, 239
Haferacker-Sielzug 345
Haimoor-Sielzug 343, 347
Haimoorkoog 209, 340
Haithabu 60, 289
Hakens-Sielzug 348
Halbmond, -schleuse, -schöpfwerk, -siel 348
Hamburg 14, 19, 71, 93, 98, 119, 131, 132, 144, 145, 147, 149, 152, 154, 155, 156, 158, 166, 167, 177, 224, 226, 235, 245, 250, 251, 278, 291, 292, 297
Hamburg-Bremen (Erzbistum) 101
Hamkenshof 242
Hanredder (Hof bei Pinneberg) 87
Harblek, Harbleker Koog 231, 302, 341
Harmonie-Sielzug 345
Hauert (Tating) 128
Hauke-Haien-Koog 35
Hayenbüll, -koog 165, 168
Heide (Stadt) 98, 136, 198, 203, 262
Heider Geest 38
Heiliges Römisches Reich deutscher Nation 74, 165, 192, 296, s. auch Deutschland

Helgoland 23, 57, 63, 71, 127, 129, 237, 245, 297, 365
Helmfleeth 134, 190, 191, 193
Hemmerdeich 228
Hemminghörn 73, **266–269**
Henningshof 212
Hermann-Göring-Koog, s. Tümlauer-Koog (bis 1945 Hermann-Göring-Koog)
Herrnhallig 75, **212–215**, 341, 363
Hever (Insel) 63
Hever(-strom) 11, 14, 20, 37, 38, 41, 42, 44, 45, 46, 47, 49, 50, 63, 67, 68, 69, 150, 164, 170, 182, 183, 186, 188, 196, 209, 235, 252, 261, 273, 346, 347, 348, 361
Heverbund, -gemeinde 169, 172, 188, 189, 192, 195
Heverkoog 166, 174, 186, 190, 193, 194, 195, 340, 346
Hever-Sielzug 346
Heversommerkoog 182
Hinterpommern 114
Hitzsand 3, 162, 257
Hochbrücksiel 343
Hochdeutsch 130, 131, 132, 151, 154, 155
Hochdorf (bei Tating) 85, 146, 239, 241, 242, 363
Hochsichtsand 43, 45, 257
Hörnum 161
Hötjershus 186
Hohe Geest 50
Hohner See 304
Holland 14, 138, 148, 169, 194, 223, 225, 232, s. auch Niederlande
Hollingstedt 63, 71
Holm (Insel), Holmboharde 3, 63, 127, s. auch Utholm (Halligland, Harde)
Holmhof (bei Poppenbüll) 193
Holmkoog 166, 174, 190, 194, 340, 346
Holm-Sielzug 346
Holstein 19, 67, 68, 70, 71, 75, 79, 104, 105, 107, 132, 141, 155, 290, 303
Holten Peerd 267
Horst-Wessel-Koog, s. Norderheverkoog (bis 1945 Horst-Wessel-Koog)
Hoyerswort 33, 73, 74, 89, 112, 113, 145, 150, 153, 154, 155, 214, 231, **233–234**, 362, 363, 364
Hülck (bei Vollerwiek) 75, 281
Hülcker Schanze (bei Vollerwiek) 75, 76
Hülckhörn (bei Vollerwiek) 280
Hülckkoog (bei Osterhever) 185
Hülckwarft (bei Osterhever) 186
Hülkenbüll (bei Garding) 266
Hütten (Amt) 114
Hundeknöll 99
Hundorf 190, 191, 193
Husum 14, 68, 69, 70, 71, 72, 73, 76, 78, 79, 83, 84, 85, 89, 91, 92, 97, 103, 104, 107, 108, 112, 114, 115, 117, 118, 119, 122, 123, 126, 127, 144, 149, 150, 151, 154, 155, 156, 157, 161, 164, 169,

172, 173, 179, 182, 185, 190, 192, 195, 198, 199, 200, 201, 202, 203, 204, 209, 212, 214, 225, 228, **234–236**, 260, 261, 262, 266, 267, 292, 297, 299, 302, 303, 348, 362, 364
Husum (Amt) 110, 172
Husum (Kreis) 19, 91, 100, 110, 112, 202
Husum-Bredstedt (Kirchenkreis) 107
Husum-Eiderstedt (Kreis) 91, 112
Husumer Au 236, 348
Husumer Mühlenau und Nördliches Eiderstedt (Gewässer- und Landschaftsverband) 20
Husum-Schwabstedter Geest 37

Iberische Halbinsel 225
Ingwersfenne 128
Island 77
Italien 116
Itzehoe 143, 276
Iversbüll, Iversbüllerkoog 127, 190, 193, 340

Jappenkoog 340
Jena 155
Johann-Adolfs-Koog 209, 341, 363
Johanniskoog 190, 195, s. auch Poppenbüller St. Johanniskoog
Jordfleth (Kirchspiel) 67, 183, 184
Jordflether Koog 98, 182, **183–185**, 190, 341, 347
Jütland 78, 114, 115, 116
Junkernkoog 341

Kärnten 153
Kaiser-Wilhelm-Kanal 217, 283, 300, 303, s. auch Nord-Ostsee-Kanal
Kalifornien 149, 167
Kaltenhörn 183
Kampenhof 274
Kanada 283
Kantorhof (Tetenbüll) 196
Kassel 149
Katharinenheerd 3, 40, 56, 65, 66, 68, 73, 74, 103, 106, 114, 127, 133, 143, 145, 150, 151, 186, 232, **266–269**, 270, 281, 302, 362, 363
Katharinenheerd (Kirchspiel) 104, 108, 186
Katharinenheerder-Sielzug 344
Kating 13, 47, 65, 81, 86, 93, 102, 105, 106, 112, 114, 115, 132, 143, 152, 156, 157, 234, **277–279**, 282, 283, 301, 302, 360
Kating (Kirchspiel) 104, 108
Katinger Deich 278
Katinger Priel 285, 304, 306, 307, 344, 360, 361
Katinger-Sielzug 344
Katinger Vorland 43, 277
Katinger Wald 283, 284, 307
Katinger Watt 15, 37, 47, 283, 285, 286, 304, 341, 344, 360
Katinger Watt (Unterflurschöpfwerk) 360
Katingsiel 157, 261, 277, 278, 279, 282, 344, 360

Katrepel 190
Ketelskoog bei St. Peter 341
Kiek ut (Aussichtsturm) 285, 360, 361
Kiel 79, 80, 84, 85, 93, 95, 155, 156, 157, 211, 270, 292, 300, 303
Kieler Bucht 114
Kiel-Molfsee (Freilichtmuseum) 141, 279
Kirchberg (Wittendün) 244, 245
Kirchenkoog (Tetenbüll) 196
Kirchenleye 245, 248, 365, 366
Kirchkoog (Garding) 340
Kirchspiel Garding/Osterhever (Amt) 112
Kleihof (St. Peter) 209
Kleihörn 270, 344
Klein-Friesland 63, 64, s. auch Nordfriesland
Kleiner Peterskoog 341
Kleiner-Sielzug 348
Kleiner Tatinger Koog 341
Kleinhemme 231
Klerenbüll 127, 190
Kleve (in Garding) 65, 66
Klixbüll 242
Knappenberg (Hof bei Tholendorf) 57, 237
Knutzenswarft 165
Köhlbrand (Heim) 250, 365
Köln 71, 159
Kömdiek 172
Königsberg (Ostpreußen) 91
Königskamp (bei Oldenswort) 70
Königskapelle (Tetenbüll) 66, 67, 103, 198
Koldenbüttel 15, 20, 58, 65, 66, 67, 72, 73, 74, 75, 80, 89, 96, 100, 102, 104, 105, 106, 107, 108, 112, 113, 127, 143, 145, 153, 154, 156, 157, 209, **212–215**, 234, 362, 363, 364
Koldenbütteler Strandwall 210, 213
Kollmar (Unterelbe) 156
Koogs-Sielzug 346
Kopenhagen 75, 76, 95, 141, 156, 279
Kornkoog 275, 280
Kornkoog-Sielzug 345
Kotzenbüll 35, 65, 70, 71, 73, 102, 104, 105, 106, 107, 108, 112, 114, 129, 144, 145, 146, 152, 154, 192, **270–272**, 297, 362, 365
Kotzenbüll (LSG, SPA) 49, 171
Krauetief 41, 61, 67, 186
Krefeld 187
Kyffhäuser 151

Lagedeichsielzug 348
Langenhorn 115
Leck 155
Leeuwarden 264
Leglichheits-Sielzug 348
Leglichheitskoog 3, 11, 209, 235, 341
Lehnsmannshof (Vollerwiek) 282
Leiden 223
Leikenhusen 127, 165

Leipzig 157, 168, 292
Leitdamm 15, 286, 306, 307, 361
Leitdammsiel 344, 360, 361
Lesachtal 153
Leutnantshof (Uelvesbüll) 142
Limfjord 116
Linken-Sielzug 347
Lippe-Detmold 114
Lissabon 76
Loch 203
Lokert (Tating) 128
London 83, 115, 116
Los Angeles 167
Lübeck 71, 103, 245, 264
Lüneburg 204
Lüneburger Heide 153
Lund (Erzbistum) 101
Lunden 3, 144, 155
Lundenberg 3, 71, 200, 201, 202, 204, 207
Lundenbergharde 20, 201, 202, 235
Lundenberghardersiel 347, 348
Lundener Nehrung 11, 38, 40, 41, 42
Lundener Niederung 304
Lutter am Barenberge 74
Lyngby 141, 279

Maas-Sielzug 348
Mälarsee 244
Magdeburg 159
Margarethenkoog 340
Margarethen-Sielzug 348
Marienhof (Grothusenkoog) 274
Marne, -koog 67, 72, 73, 151, 340
Mars-Skipper-Hof 270, 271, 272, 362
Marsch-Eiderstedt 1, 3, s. auch Eiderstedt (Halbinsel)
Mauren 277
Mecklenburg 132
Mecklenburgische Seenplatte 23
Medehop 194, 242, 345
Medehop-Sielzug 345
Mehlbeutel (Koldenbüttel) 364
Michaeliskloster (Schleswig) 102
Milde 65
Mildstedt 75, 113, 127, 179, 199, 209, 212, 227, 235
Mildstedt-Rantrum (Wasser- und Bodenverband) 348
Milt 67, 127, 128
Mimhusenkoog 4, 186, 190, 340
Mitteldeich (Altaugustenkoog) 173
Mitteldeich (Brösum) 345
Mitteldeich (Neuaugustenkoog) 174
Mitteldeich (Norderheverkoog) 184
Mitteldeich (Osterhever) 187
Mitteldeich (Poppenbüll) 193
Mitteldeich (Siebenkirchspielsdeich) 348
Mitteldeichsiel (Tetenbüllspieker) 346
Mittelhof (Neuaugustenkoog) 173
Mittelmeer 28, 308

Mittelniederdeutsch, mndt. 150, 290
Mögeltondern 86
Möhlendiek (Olde Diek) 186, 187
Mölschow 204
Moordeich (Oldeswort) 92, **228–232**, 347
Moordeichsielzug 347
Moorhörn 209, 228
Mühlenberg 244
Mühlenkoog 340
München 148, 166, 187

Nackhörn 175
Namur 106, 267, 275
Neiße 129
Neuaugustenkoog 112, 135, **172–174**, 182, 341, s. auch Augustenkoog, -köge
Neuaugustenkooger-Sielzug 346
Neuer Koog 196, 341
Neukrug 194, 195, 346
Neumünster 89
New York 149
Nickelswarft 190
Niebüll 126, 214
Niederdeutsch, Plattdeutsch 113, 128, 130, 131, 132, 141, 151, 154, 155, 157, 159, 165, 211, 279
Niederlande 74, 104, 106, 107, 113, 129, 131, 138, 141, 142, 144, 145, 147, 148, 158, 189, 196, 201, 213, 215, 216, 217, 221, 223, 224, 225, 231, 234, 278, 282, 283, 291, 292, 293, 299, 300, s. auch Holland
Niedersachsen 130, 158
Niederweg-Sielzug 343
Nordatlantik 13, s. auch Atlantik
Norddeich (OT Koldenbüttel) 212
Norddeutsches Tiefland 26, 37
Norddeutschland 22, 23, 26, 50, 83, 107, 116, 131, 215, 221, 239, 291, 296, s. auch Deutschland
Nordelbien 107, 145
Norden 76, 77, 92, 95, 105, 113, 145, 150, 165, 173, 192, 213, 226, 231, 271, 296, s. auch Skandinavien
Norder-Sielzug 346
Norderbootfahrt 47, 196, 268, 271, **282–283**, 292, 344
Norderdeich 243, s. auch St. Peter-Ording
Norderdeich-Sielzug 345
Norderdithmarschen (Landschaft) 108
Nordereider 11, 42, 71, 201, 207, 234, 235, 361
Norderfenne 128
Norderfriedrichskoog 112, 121, 123, 124, **183–185**, 195, 341, 347
Norderfriedrichskoog (Sielverband) 196, 347
Norderhever 49, 170
Norderheverkoog (bis 1945 Horst-Wessel-Koog) 3, 37, 45, 93, 98, 117, 135, 172, **182–183**, 184, 185, 187, 261, 273, 341
Norderheverkoog-Schleuse (Sielverband) 196, 346
Norderlochgraben 304, 306, 344, 360
Norderlochsiel 344, 360

Norderlochsielzug 344
Nordermarsch 56, 61
Norderwasserlösung (Sielverband) 282, 344
Norderweg-Sielzug 345
Nordfeld 43, 284
Nordfriesisches Wattenmeer (NSG, Natura 2000) 38, 46, 49, 175
Nordfriesland 3, 4, 5, 37, 66, 67, 68, 69, 70, 77, 80, 83, 86, 100, 107, 113, 114, 119, 121, 123, 124, 126, 127, 128, 129, 130, 131, 132, 150, 152, 155, 156, 157, 161, 175, 180, 201, 209, 215, 238, 270, 277, 292, 297
Nordfriesland (Kirchenkreis) 100, 107
Nordfriesland (Kreis) 79, 97, 100, 112, 119, 121, 124, 126, 133, 202, 205, 212, 236, 272, 285, 300
Nordjütland 116
Nordkap 77
Nord-Ostsee-Kanal 303, s. auch Kaiser-Wilhelm-Kanal
Nordschleswig 86, 87, 157, s. auch Schleswig
Nordsee, -gebiet, -küste, -raum 1, 13, 14, 15, 17, 22, 23, 28, 34, 35, 37, 43, 46, 48, 50, 56, 58, 63, 78, 84, 94, 113, 114, 119, 123, 124, 130, 142, 143, 149, 156, 159, 169, 174, 177, 183, 196, 199, 201, 203, 210, 217, 230, 236, 249, 250, 253, 257, 264, 272, 286, 288, 289, 296, 297, 304, 308, 346, 348, 362
Nordsee-Treene (Amt) 113, 179, 199, 207, 209, 212, 216, 227, 234
Nordseebad (St. Peter-Ording) 243, 250, 262
Nordseeküste 22, 46
Nordstrand (Insel) 19, 103, 130, 136, 199, 245, 277, 361
Nordstrand (Propstei) 71
Normannen 63
Norwegen 13, 78, 94

Obbenskoog 20, 202, 207, 209, 235, 341, 361
Obernkirchen 158
Odenbüll 245
Oder 129
Österreich 222
Offenbüll 67, 127
Offenbüller Bucht 183
Ohlfeld 209
Oldenburg (Großherzogtum) 168
Oldenswort 13, 63, 65, 71, 75, 81, 82, 83, 102, 104, 105, 106, 107, 112, 113, 119, 127, 136, 144, 145, 147, 153, 154, 155, 156, 157, 183, 189, 195, 209, **228–232**, 240, 264, 271, 288, 292, 362, 363, 364
Oldenswort (Amtsbezirk) 112
Oldenswort (Kirchspiel) 65, 73, 102, 104, 108, 231, 290
Oldenswort-Riep 57
Oldensworter Vorland (NSG, Natura 2000) 49, 228, 283, 284, 285, 304, 306, 307, 360, 361
Oldesloe 150

Olsdorf 137, 245, 366
Olsdorfer-Sielzug 345
Olufhof 151, 269
Olversum 104, 127, 287, 298, 301, 302, 306, 360
Olversumer Eiderdeich 304
Olversumer Vorland 285, 307, 344
Op de Blök (Uelvesbüll) 181
Op de Burg (Vollerwiek) 282
Op de Lüb (bei Tating) 239
Op Dörp (Dorfwarft) 186
Ording 1, 3, 40, 43, 71, 84, 106, 137, 154, 159, 243, 245, 248, 249, 250, 251, 255, 257, 258, 260, 365, 366, s. auch St. Peter-Ording
Ording (Kirchspiel) 104, 108
Ordinger Binnendeichswiesen 255
Ordinger Deich 365
Ordinger Haken 44
Ordinger Priel 174
Ordinger Tief 137
Ordinger Wald 365
Ordinger-Sielzug 345
Ording-Nackhörn 177
Organistenfenne 128
Osterdeich (Westerhever) 164
Osterende (Oldenswort) 231, 242, 265
Osterender-Sielzug 345
Osterhever 4, 37, 61, 63, 66, 68, 70, 73, 100, 104, 106, 107, 108, 112, 114, 135, 144, 157, 164, 169, 172, 182, **185–189**, 192, 195, 196, 261, 266, 364
Osterhever-Koog 340
Osterhof (Neuaugustenkoog) 173
Osterhusum 212
Osterkoog 165
Osterkoog-Sielzug 347
Oster-Längsielzug 347
Osteroffenbüller-Sielzug 343
Oster-Offenbüllkoog 231, 340
Oster-Sielzug 216, 343, 346, 347
Osteuropa 289, s. auch Europa
Ostfriesland 3, 264
Ostgebiete 117
Osthof (Augustenkoog) 173
Ostholstein 94
Ostpreußen 100, 114
Ostsee, -küste, -raum 15, 22, 60, 210, 288, 289, 296, 302, 304, 308
Otteresing, Otteresinger Koog 242, 341
Otteresing-Sielzug 345

Padelack, -hallig 201, 202, 204
Paris 148, 166
Pastoratshauburg (Poppenbüll) 192, 193
Pastoratshauburg (Tating) 242
Pelikan (Militärlager) 250
Pellworm 19, 58, 143, 161, 245, 277
Pernör (Kating) 277
Peterskoog 213

Peters-Sielzug 343
Pfannenhausdeich 174
Pilkenkrüz 187
Pinneberg 87
Plattdeutsch. s. Niederdeutsch, Plattdeutsch
Plummenhof 190
Polen 93, 296
Pommern 94, 274
Poppenbüll 35, 37, 47, 65, 66, 68, 85, 94, 95, 100, 106, 107, 127, 134, 144, 146, 147, 155, 157, 169, 172, 185, 188, 189, **190–195**, 232, 261, 266, 275, 362
Poppenbüll (Kirchspiel) 104, 108, 186
Poppenbüll (LSG, SPA) 49, 171
Poppenbüller Köge 194
Poppenbüller St. Johanniskoog 4, 15, **190–193**, 340, s. auch Poppenbüll
Poppenbüll-Osterhever-Sielzug 347
Porrendeich (bei Uelvesbüll) 136, 142, 149, 179, 180, 181, 362
Preußen 78, 80, 81, 82, 86, 103, 110, 112, 115, 157, 159, 177, 183, 300
Primelfenne 128
Pulverturm 277
Purrenstrom 50, 287

Quer-Sielzug 346

Rampel-Sielzug 348
Rantrum 96, 235
Rechten-Sielzug 347
Reiche Reihe (Sieversflether Koog) 146, 199
Reimersbude 182, 347, 363, 364
Reimersbude (Sielverband) 181, 343, 347, 361
Reimersbude-Adolfskoog (Sielverband) 182, 347
Reimersbuder-Sielzug 343
Reinbek 234
Reinsbüll, -koog 67, 127, 340
Rendsburg 71, 119, 173, 270, 299, 303
Rethbohl-Sielzug 348
Reußenköge 126
Rhein 116
Rieper-Sielzug 344
Riesbüll 127
Riesbüller-Sielzug 343
Riesbüllhof, Riesbüllkoog 67, 209, 213, 214, 340
Ringpriel (Katinger Watt) 360
Ripen 69, 104
Rochelsand 11, 37, 43, 45, 162, 174, 252, 257
Rodenborg 235
Rödemis 204
Rödemis-Siel 348
Rom 103, 210
Rosenburger Deep (FFH) 20, 47, **234–236**, 361
Rosenhof 165, 166, 174
Rostock 156, 297

Roter Haubarg 85, 146, 150, 199, **207–209**, 211, 212, 362
Rothelau (Kating) 277, 279
Rothenspieker 20, 231
Rothenspieker (Sielverband) 343
Rudekloster (seit 1582 Glücksburg) 261
Ruhr (Fluss) 116
Ruhrgebiet 116, 152
Rungholt (Kirchspiel) 150
Russland 76, 78, 168, 210, 231, 296, 365
Rysum 264

Sachsen 76, 128, 231, 296, 365
San Francisco 167
Sand-Eiderstedt 1, s. auch Eiderstedt (Halbinsel)
Sandfenne 128
Sandkrug 180
Sandwehle (OT Garding) 266, 302
Sankt Peterskoog 340
Saxfähre 364
Saxfähre (Sielverband) 343, 361
Saxfährer-Sielzug 343
Schafsberg 285
Schipphamhof 244
Schlapphörn (Hof bei Oldeswort) 156
Schlei 86
Schlender (See bei Ording) 365
Schleswig (Bistum) 64, 73, 101, 126
Schleswig (Domkapitel) 64, 69, 72, 102, 126, 144, 245, 291
Schleswig (Herzogtum) 19, 66, 67, 69, 70, 71, 75, 76, 79, 80, 81, 85, 86, 92, 104, 105, 107, 115, 129, 132, 155, 157, 290, 291, 301, 302, 303
Schleswig (Kreis) 110, 112
Schleswig (Stadt) 63, 66, 69, 71, 102, 104, 144, 154, 187, 214, 220, 232, 267, 280, 289, 303
Schleswig-Holstein (Herzogtümer, preußische Provinz, Land) 1, 14, 15, 17, 19, 22, 31, 35, 37, 47, 48, 60, 71, 79, 80, 81, 83, 85, 86, 87, 88, 89, 94, 97, 98, 100, 101, 103, 104, 105, 106, 107, 108, 110, 112, 114, 116, 117, 119, 121, 123, 124, 132, 141, 142, 144, 145, 147, 150, 151, 152, 156, 158, 159, 169, 170, 183, 184, 187, 190, 210, 212, 214, 215, 220, 227, 230, 234, 250, 251, 252, 258, 260, 265, 270, 279, 284, 287, 291, 293, 296, 297, 298, 299, 300, 303, 336
Schleswig-Holstein-Gottorf (Herzogtum) 68, 70, 72, 76, 104, 142, 144, 189, 235, 282, 296
Schleswig-Holsteinisches Wattenmeer (NP, Natura 2000) 17, 19, 27, 46, 47, 48, 205, 286, 301, 345
Schleswiger Landenge 288
Schleswigscher Deichband 19, 78
Schockenbüll, Schockenbüller Koog 127, 186, 190, 196, 340
Schockenbüller Tief 61, 196
Schoolspäting 181
Schrapenbüll 127

Schreiershuck (OT Welt) 274
Schurbohmhaus (Simonsberg) 204
Schwabstedt 78, 103, 104, 235
Schwabstedter Westerkoog 110, 341
Schwarzhof (Kotzenbüll) 270
Schweden 74, 75, 76, 78, 148, 150, 153, 155, 222, 223, 231, 244, 274, 293, 296, 298
Schweinsgaard 190
Schweiz 168
Schwenkenkoog 213, 341
Seeland (dänische Insel) 75
Seeland (niederländische Provinz) 223
Seeth 112
Siebenkirchspielsdeich 347, 348
Siebenkirchspiels-Sielzug 348
Siekbüll 165
Siekhof 164
Sietwende 128, 275, 276
Sietwender-Sielzug 344
Sieversbüll 127, 164, 165
Sieversfleth, Sieversflether Koog 185, **189–190**, 196, 199, 341
Sieversflether Schleuse 186
Sieversflether Tief 61
Sieverts Anwachs 189
Simonsberg 19, 85, 94, 113, 114, 119, 153, **199–204**, 211, 362
Simonsberger Deich 136
Simonsberger Koog 45, 78, 98, 199, 202, 341, 348, 361
Simonsberger Koog (Sielverband) 347
Simonsberger Wehle 202
Sittwick 153
Skandinavien 22, 113, 244, s. auch Norden
Slawen 87, 289
Sommerkoog 93, s. auch Norderheverkoog (bis 1945 Horst-Wessel-Koog)
Sophienkoog 183, 184
Sophien-Sommerkoog 98, 196
Sorge 42, 304
Spallenbüll 277, 278
Spanien 142, 158, 225, 277
Sparhörn 165
Speckhaus (OT Welt) 274
Spreenfang 343
Spreenfang-Sielzug 343
Spuitsieler Sielzug 343
Spuitsiel (Sielverband) 343
St. Johannis zu Poppenbüll, s. Poppenbüller St. Johanniskoog
St. Peter 11, 78, 84, 89, 94, 97, 103, 106, 107, 137, 149, 151, 152, 159, 209, 243, 244, 245, 248, 249, 251, 257, 266, 267, 365, 366, s. auch St. Peter-Ording
St. Peter (Amtsbezirk) 112
St. Peter (Kirchspiel) 68, 69, 104, 106, 108, 158, 159, 245, 249, 366

St. Peter Bad 243, 250, 255, 257, 258, 302, s. auch St. Peter-Ording
St. Peter Dorf 243, 252, 253, 257, 366, s. auch St. Peter-Ording
St. Peter-Ording 4, 11, 13, 14, 22, 23, 26, 28, 31, 32, 33, 34, 37, 43, 45, 46, 47, 48, 50, 56, 84, 85, 92, 93, 96, 98, 112, 113, 114, 115, 119, 121, 122, 123, 124, 133, 137, 147, 149, 153, 162, 175, 178, 195, 198, 209, 228, 236, 239, **243–260**, 261, 262, 266, 270, 272, 274, 276, 279, 302, 303, 338, 342, 345, 363
Staatshof (Koldenbüttel) 153, 215, 364
Staatshof (Tetenbüll) 157, 199
Stapelholm 225, 298, 299
Stockholm 148, 153
Stormarn 71
Stralsund 144
Strand (Insel) 69, 71, 150, 180, 201
Stufhusen 127, 135, 161, 163, **164–171**, 363
Süddeutschland 102, s. auch Deutschland
Süderbootfahrt 47, 261, 275, 276, 278, **282–283**, 344
Süderdeich (OT Koldenbüttel) 212, 228
Süderdithmarschen (Landschaft) 108
Süderfriedrichskoog 112, **228–232**, 341
Süderhever 3, 5, 41, 61, 67, 261, 275
Süderheverkoog (vor 1861 Tümlaus Hallig) 3, 78, 177, 192, 193, 194, 273, 341, 346
Süderheverkoog-Schleuse (Sielverband) 174, 175, 194, 345
Süderheverkoogschöpfwerk 345
Süderhevermündung 45
Süderhof (bei Koldenbüttel) 364
Süderhöft 11, 43, 78, 104, 137, **243–260**, 366, s. auch St. Peter-Ording
Süderhöft (Querfeuer) 365
Südermarsch 19, 56, 71, 78, 110, 113, 201, **234–236**, 341, 347, 348
Südermarsch (Sielverband) 348
Südfall 277
Südfriesland 128, 129
Südosterkoog 65
Südtondern (Kirchenkreis) 107
Südtondern (Kreis) 88, 100, 112
Südwesthörn 281
Sylt 35, 46, 124, 126, 128, 131, 161, 252, 258, 290, 303

Tating 3, 4, 5, 13, 40, 58, 61, 65, 80, 85, 86, 87, 96, 101, 102, 106, 123, 127, 128, 133, 134, 144, 146, 157, 177, 178, 179, **236–243**, 261, 270, 271, 302, 363
Tating (Amt) 112
Tating (Kirchspiel) 68, 104, 108, 178
Tatinger-Sielzug 345
Tatinger Alter Koog 340
Tatinger Buerkoog 272, 340
Tating-Esing (Strandwall) 58

379

Tating-Gardinger Nehrung 41
Tating-Tholendorf (Strandwall) 58, s. auch Tholendorfer Strandwall
Tellingstedt 296
Tetenbüll 35, 61, 65, 66, 67, 68, 75, 88, 100, 102, 103, 104, 106, 107, 114, 117, 122, 127, 130, 144, 145, 156, 157, 158, 182, 184, 185, 189, 193, **195–199**, 268, 269, 274, 276, 282, 363
Tetenbüll (Amt) 112
Tetenbüll (Kirchspiel) 73, 104, 108, 186
Tetenbüll-Marsch 194
Tetenbüller Kirchenkoog 196, 340
Tetenbüller Marschkoog 61, 186, 197, 340
Tetenbüller Osterkoog 340
Tetenbüller Seeschleuse 194
Tetenbüller-Sielzug 347
Tetenbüller Trockenkoog 340
Tetenbüllspieker 149, 184, 186, 190, **195–199**
Tetenbüllspieker (Sielverband) 194, 196, 346
Tetenhusener Moor 304
Tetenshof (Altaugustenkoog) 173
Tetenskoog 231, 341
Teufelsinsel 175
Tholendorf 11, 58, 177, 242
Tholendorfer Strandwall 11, 57, 237
Thüringen 87, 157
Tideeider 46, 303, s. auch Eider(-strom)
Tideeider (Gewässer- und Landschaftsverband) 20
Tönning 13, 43, 47, 49, 50, 51, 58, 60, 65, 67, 69, 72, 73, 74, 75, 76, 78, 79, 80, 81, 82, 83, 84, 85, 87, 88, 89, 91, 92, 95, 96, 98, 102, 103, 104, 105, 107, 108, 110, 112, 113, 114, 115, 116, 119, 121, 122, 123, 124, 126, 127, 128, 133, 134, 144, 145, 147, 148, 149, 150, 151, 152, 153, 154, 156, 157, 158, 159, 162, 179, 195, 196, 198, 209, 215, 220, 221, 226, 228, 232, 233, 236, 250, 261, 262, 265, 267, 268, 270, 271, 274, 275, 277, 278, 279, 281, 282, 283, 285, **287– 302**, 303, 304, 306, 344, 360, 361, 362, 363, 364, 365
Tönning (Kirchspiel) 104, 108, 112, 290
Tönningharde 63, 102, 112, 127, 290
Tönning-Olversum 82
Toft (Westerhever) 165
Tofthof 164, 168
Tofting 58, 60, 113, 127, 134, 191, **228–232**, 267, 288, 363, 364
Toftinger Sielzug 343
Tondern 159
Travendal 76
Treene 38, 42, 43, 46, 67, 71, 114, 213, 214, 216, 217, 304, 363
Treene (Amt) 113, 204
Treene-Abdämmung 214
Treenefeld 226
Trindamm (Hof bei Tetenbüll) 156
Trockenkoog 196

Tümlauer Bucht 11, 45, 49, 61, 162, 170, **174–177**, 252, 255, 256, 345
Tümlauer Hafen 249
Tümlauer Moorniederung 41, 44
Tümlauer Prielsystem 44
Tümlauer-Koog (bis 1945 Hermann-Göring-Koog) 93, 117, 135, 147, 174, **177–179**, 236, 261, 273, 341, 363
Tümlauer-Koog-Schleuse (Sielverband) 174, 178, 179, 345
Tümmeldeich (Ording) 365
Turow 274
Twisit-Sielzug 348

Übersee, s. USA, (Nord-)Amerika, Übersee
Uelvesbüll 75, 112, 114, 119, 127, 136, 142, 143, 144, 149, 150, **179–182**, 183, 184, 185, 196, 207, 209, 211, 228, 245, 362
Uelvesbüll (Kirchspiel) 104, 108, 180, 185
Uelvesbüll-Adolfskoog (Sielverband) 181, 347
Uelvesbüller Koog 14, 93, 98, 117, 136, 179, 180, 181, 201, 341, 362
Uelvesbüller Koog (Sielverband) 181
Uelvesbüller-Sielzug 347
Uelvesbüll-Witzworter-Sielzug 343
Untereider (Natura 2000) 43, 286, 303, 304, 306
Untersberg 151
Unter-Sielzug 347
USA, (Nord-)Amerika, Übersee 50, 114, 116, 118, 149, 167, 274, 283, 298
Usedom (Insel) 204
Usedom-Wollin (Kreis) 94
Utholm (Halligland, Harde) 3, 4, 5, 14, 41, 46, 63, 64, 67, 68, 69, 70, 71, 101, 102, 104, 127, 128, 133, 155, 164, 166, 170, 186, 273, 340
Utholm (Insel) 61, 127, 273
Utholmer-Sielzug 345
Utlande 67, 137, 193
utlandfriesisch 251

Venedig 147
Verlorenhörn 281
Vineta 365
Vollerwiek 65, 66, 70, 74, 96, 99, 102, 104, 108, 144, 151, 152, 261, 266, 274, 276, **279–282**
Vollerwieker-Sielzug 344
Vollerwieker Westerkoog 272
Vosskuhle 80, 199
Vosskuhlen-Sielzug 348

Wallsbüller Koog 209, 340
Warmhörn 116, 151, 196, 197, 198
Wasserkoog 189, 190, 196, 341
Wattkoog 272, 340
Wattkoog-Sielzug 345
Weddingstedt 338
Weimar 149

Weimarer Republik 86, 87, 88, 90, 91, 92, 95, s. auch Deutsches Reich
Welt 60, 65, 66, 74, 85, 127, 128, 134, 143, 144, 147, 150, 232, 261, 266, 272, **274–276**, 279, 280, 281, 362
Welt (Kirchspiel) 102, 104, 108, 274, 276, 282
Welter Deich 275
Welter Kornkoog 272, 340
Welter Mühle 274
Welter-Sielzug 344
Weserbergland 215
Westdeutschland 94, s. auch Bundesrepublik Deutschland
Westeranflod 86
Westerbüllkoog 213, 340
Westerdeich (bei Südermarsch) 235
Westerdeich (bei Welt) 275
Westerdeich (OT Welt) 274
Westerende (Oldenswort) 231
Westerhever (Dorf) 14, 48, 49, 58, 61, 63, 67, 75, 85, 106, 114, 118, 128, 135, 137, 143, 144, 148, 151, 157, 163, **164–171**, 172, 174, 175, 177, 185, 186, 187, 188, 191, 192, 194, 195, 257, 345, 346, 363
Westerhever (Halbinsel) 4, 35, 41, 45, 57, 61, 70, 84, 130, 136, 161, 162, 163, 164, 169, 174, 340
Westerhever (Insel) 3, 61, 67, 135, 164, 166, 186, 273
Westerhever (Kirchspiel) 104, 108, 150
Westerhever (LSG, SPA) 171
Westerhever Hayenbüllkoog 340
Westerhever Osterkoog 186, 340
Westerhever-Altaugustenkoog (Sielverband) 174
Westerhever-Augustenköge (Sielverband) 173, 174, 346
Westerheverkoog 45
Westerheversand 11, 37, 45, **161–164**, 174, 178, 257

Westerhof (Neuaugustenkoog) 173
Westerland (Sylt) 98, 119, 220, 303
Westermark 67
Wester-Offenbüller-Sielzug 343
Wester-Offenbüllkoog 231, 340, 343
Wester-Sielzug 216, 217, 343, 363, 364
Wester Schnatebüll 155
Westerspätinge (NSG, Natura 2000) 49, 203, **204–206**, 361, 362
Westeuropa 162, 289, s. auch Europa
Westfriesland (Fryslân) 113, 138, 224
Westhof (Hof auf dem Augustenkoog) 173
Westküstenpark 252, 255
Westmarken 243, 260, s. auch St. Peter-Ording
Westmarker Deich 245, 248
Wiedingharde 156
Wildes Moor 304
Wilhelminenkoog 45, 78, 273, 341
Wisch 235
Wittenberg 103
Wittendün 239, 243, 244, 245, s. auch St. Peter-Ording
Wittenhof (Osterhever) 187
Witzwort 3, 11, 13, 46, 57, 58, 65, 75, 80, 83, 92, 94, 96, 97, 103, 106, 112, 114, 119, 122, 127, 136, 143, 146, 151, 152, 153, 154, 157, 180, 199, 204, 208, **209–212**, 213, 228, 230, 234, 235, 302, 362, 363, 364
Witzwort (Amtsbezirk) 112
Witzwort (Kirchspiel) 73, 102, 104, 108
Witzworter Sielzug 343, 364
Witzworter Strandwall 40, 41, 42, **209–212**
Wogemannsburg **164–171**
Wulfenbüll 196

N. Sachwortverzeichnis

Abfluss 15, 38, 41, 42, 43, 273
Ablagerung 1, 38, 50, 56, 67, 276
Ackerbau 5, 11, 47, 56, 57, 58, 78, 116, 182, 184, 212, 230, 266, 276, 289, s. auch Landwirtschaft
Akkumulation 1, 31, 40, 44
Amphibien, amphibisch 37, 42
Amt, Amtsbezirk, -sitz, -verwaltung 69, 70, 74, 76, 77, 79, 81, 85, 95, 100, 108, 110, 112, 113, 122, 123, 153, 157, 159, 164, 169, 172, 177, 179, 183, 185, 188, 189, 190, 192, 194, 195, 199, 204, 207, 209, 212, 216, 227, 228, 233, 234, 236, 243, 260, 262, 266, 267, 270, 272, 274, 279, 287, 292, 301
Amtleute, -mann, Amtsvorsteher 68, 69, 76, 81, 83, 108, 110
Amtsgericht 81, 84, 89, 262
Anlandung 179, 253
Anlegeplatz, -stelle 268, 292
Anmoor 33, 348

Arbeitersiedlung 177, 182, 202
Archäologie 57, 58, 60, 113, 132, 135, 164, 185, 190, 191, 200, 213, 228, 229, 230, 236, 237, 239, 267, 270, 274, 275, 277, 288, 289
Art 31, 32, 33, 34, 35, 48, 163, 175, 205, 206, 253, 254, 283, 284, 289, 306, 307
Artefakt 56, 57, 200, 236, 243
Aufforstung 11, 44, 47, 254, 260
Aufklärung (Epoche) 77, 79, 80, 155, 156
Aufschlickung 42, 45
Ausbau 83, 96, 180, 182, 209, 231, 233, 236, 261, 270, 282, 288, 296, 345
Aussichtsplattform 161, 257, 258

Backstein 138, 145, 166, 180, 198, 200, 214, 232, 239, 264, 267, 293, 296
Barock 107, 145, 146, 148, 151, 157, 198, 211, 233, 240, 242, 291

381

Baukultur 147, 232, 293
Beamte 68, 79, 81, 82, 85, 108, 249
Bedeichung 3, 5, 15, 42, 45, 61, 86, 133, 136, 164, 172, 173, 177, 182, 183, 186, 187, 190, 191, 194, 201, 231, 235, 261, 273, 280, s. auch Deichunterhaltung
Beherbergung 66, 119, 123, 124
Besatzung 65, 94, 95, 112, 117, 178
Besiedlung 14, 48, 56, 57, 60, 63, 86, 113, 130, 133, 134, 136, 159, 164, 185, 191, 192, 200, 228, 229, 236, 237, 239, 243, 289, 366
Besucher 92, 159, 161, 175, 209, 227, 256, 262, 285, 301, 362
Bevölkerung 4, 65, 66, 77, 78, 79, 80, 81, 83, 85, 90, 91, 93, 94, 95, 100, 101, 113, 114, 115, 117, 126, 129, 131, 140, 141, 142, 189, 260, 267, 296, 297, 365
Beweidung 30, 31, 32, 171, 175, 177, 284, 285, 307
Binnenentwässerung, Binnenwasser 15, 20, 42, 43, 48, 60, 96, 195, 230, 286
Binnenkolonisation 65, 66, 102
Biogasanlage 97, 118, 183, 266
Bioklima 22, 27, 28
Biotop 17, 49, 50, 203, 205, 206, 213, 256, 284, 304
Bistum, Erz- 101, s. auch Stift
Blausand 177
Blockflur 4
Blutrache 65, 68, 69
Boden 1, 4, 5, 11, 15, 22, 32, 45, 49, 51, 63, 84, 89, 95, 99, 110, 116, 133, 134, 136, 144, 163, 170, 171, 177, 185, 197, 205, 206, 216, 228, 230, 237, 239, 243, 245, 252, 257, 258, 260, 270, 275, 276, 306, 359, 365
Bodenerhebung, -senke 136, 168, 196
Bodenkarte, Bodensystematik 4, 5, 6, 8, 11, 258
Bodenreform 117
Bodenregion 4
Bodenverband 19, 348
Bootfahrt 74, 113, 261, 283, s. auch Kanal
Boßeln 82, 142, 178, 188, 204, 301
Brackwasser 28, 30, 37, 48, 170, 204, 205, 253, 255, 256, 304, 306
Bronzezeit 56, 57, 58, 236, 237, 239
Brücke 92, 98, 149, 151, 216, 217, 220, 250, 257, 273, 287, 299, 300, 360, 364, 365

Camping 124, 203, 226, 243, 248, 281, 298
Chronik 65, 66, 68, 101, 130, 152, 154, 155, 200, 302

Davidjoriten 74, 104, 155
Deichart 1, 3, 4, 5, 14, 15, 17, 19, 20, 28, 30, 31, 33, 38, 40, 43, 44, 46, 47, 55, 60, 61, 63, 68, 69, 70, 72, 74, 75, 98, 110, 128, 133, 136, 140, 149, 151, 152, 161, 162, 164, 165, 168, 169, 170, 172, 173, 174, 175, 177, 179, 181, 182, 183, 184, 185, 186, 190, 191, 192, 194, 196, 202, 204, 207, 209, 213, 228, 234, 239, 243, 245, 248, 249, 252, 253, 254, 256, 257, 260, 272, 273, 274, 275, 277, 278, 280, 281, 282, 284, 286, 287, 290, 301, 304, 306, 342, 343, 345, 347, 360, 361, 362, 363, 364, 365, 366
Deichbruch 37, 136, 180, 181, 183, 249, 274, 362
Deichgraf 20, 74, 81, 108, 154, 242, 245, 272, 279, 282
Deichkörper 4, 20, 41, 42, 44, 45, 55, 63, 66, 70, 93, 133, 135, 136, 164, 165, 168, 169, 170, 173, 175, 179, 180, 181, 186, 187, 189, 190, 195, 196, 198, 207, 248, 249, 257, 260, 268, 272, 280, 282, 342, 345, 361, 362, 365
Deichrecht 15, 69, 70, 73, 74, 77, 78, 107, 128, 154, 280
Deichunterhaltung 15, 19, 20, 44, 45, 66, 68, 70, 73, 75, 78, 98, 104, 108, 136, 159, 164, 168, 170, 172, 173, 174, 183, 184, 189, 191, 196, 203, 204, 207, 210, 213, 231, 260, 272, 274, 281, 289, 290, 343, 345, 346, 361, s. auch Eindeichung
Deichverwaltung 15, 20, 63, 69, 74, 77, 78, 108, 110, 156, 169, 173, 179
Denkmal, -pflege, -schutz 63, 85, 119, 145, 146, 147, 158, 161, 179, 190, 198, 213, 215, 228, 232, 242, 251, 265, 268, 271, 272, 276, 277, 292, 293, 296, 357, 362, 363, 364
Dialekt, Mundart 130, 131, 132, s. auch Sprache
Düne 1, 3, 4, 13, 14, 28, 31, 32, 35, 37, 38, 43, 44, 45, 46, 47, 48, 49, 56, 63, 78, 84, 94, 137, 151, 175, 237, 243, 244, 245, 248, 250, 252, 253, 254, 255, 256, 258, 259, 260, 342, 364, 365, 366
Dünenart 46

Ebbe 13, 14, 44, 45, 48, 252, 281, 284
Eindeichung 3, 5, 14, 15, 38, 42, 43, 61, 93, 101, 135, 165, 172, 177, 187, 190, 191, 194, 196, 213, 231, 272, 273, 280, s. auch Deichunterhaltung
Eisen 5, 158, 163, 221, 258, 276, 289, 300
Eisenbahn 79, 159, 217, 220, 243, 261, 267, 283, 297, 302, 303
Eisenzeit 58, 60, 236, 237
Eiszeit 38, 50
Entkalkung 5, 228, 276
Entwässerung 3, 15, 20, 32, 33, 40, 41, 42, 43, 44, 47, 64, 96, 136, 170, 174, 175, 178, 180, 181, 182, 190, 196, 203, 205, 210, 228, 236, 238, 239, 261, 282, 283, 289, 344, 345, 346, 347, 348
Epitaph 107, 142, 148, 158, 215, 278, 291, 296
Erosion 1, 17, 38, 40, 41, 42, 44, 47, 164, 343
EU-Vogelschutzgebiet, s. Special Protected Area (SPA-Gebiet)
Evangelisch, s. Protestantismus, Lutheraner, evangelisch

Fährhaus, -mann, -verbindung 216, 290, 299
Fehde, -wesen 65, 68, 69, 231, 271, 290
Fenne 3, 117, 118, 128, 152, 238, 239, 267
Festland 19, 37, 42, 46, 63, 101, 113, 119, 130, 131, 174, 175, 201, 252, 257

Fething 164, 165, 185, 191
Feuchtgebiet 205, 286, 304
Feuerlöschverband 178, 276
Feuerstein 56, 57
Feuerwehr 82, 181, 185, 188, 195, 204, 211, 227, 231, 232, 266, 269, 276, 282, 301
Fischerei 48, 71, 82, 84, 119, 135, 136, 140, 159, 167, 180, 183, 205, 236, 245, 249, 255, 273, 281, 298
Fischereifahrzeug 179, 205, 299, 345
Flachgewässer 48, 171, 204, 284, 307, 360
Flachsiedlung 58, 60, 63, 210, 213, 230, 245, 270, 277, 288
Flachwasserzone 303, 361
Fleet 20, 46, s. auch Priel
Flora-Fauna-Habitat (FFH) 49, 118, 205, 286
Flugplatz 243, 279
Flugsand, -decke 11, 32, 237
Flur, Gemarkung 1, 3, 49, 96, 126, 128, 130, 136, 180, 182, 184, 193, 194, 203, 230, 231, 239, 244, 251
Fluss 11, 13, 14, 31, 38, 42, 43, 44, 63, 127, 210, 212, 213, 216, 286, 288, 292, 303, 304
Flut 3, 13, 14, 15, 32, 41, 43, 44, 45, 48, 67, 72, 77, 78, 154, 162, 169, 170, 174, 183, 184, 191, 192, 198, 202, 203, 204, 206, 209, 252, 277, 278, 298, 307, 361, 362
Flüchtling 94, 95, 99, 100, 114, 117, 209, 231, 250
Forst 13, 34, 304
Freiberg 65, 270
Fremdenverkehr 89, 92, 94, 98, 114, 123, 140, 147, 169, 178, 181, 195, 203, 236, 281, 301
Frühe Neuzeit 63, 114, 134, 142, 204, 228, 292, s. auch Neuzeit
Fürst, Landes- 66, 72, 82, 108, s. auch Landesherr, -schaft

Gastgewerbe 84, 102, 119, 121, 122, 123, 124, 146, 151, 152, 159, 167, 169, 178, 180, 188, 189, 193, 195, 197, 198, 202, 203, 204, 205, 209, 212, 226, 231, 243, 248, 250, 257, 258, 260, 261, 266, 269, 276, 279, 281, 282, 301, 363, 364, 365, 366, s. auch Tourismus
Geest 1, 4, 11, 13, 15, 17, 30, 37, 38, 42, 43, 50, 65, 127, 129, 130, 131, 133, 134, 140, 154, 182, 234, 235, 243, 275, 303
Gemarkung, s. Flur, Gemarkung
Gemeinde 19, 68, 89, 91, 98, 101, 103, 104, 105, 110, 112, 113, 115, 119, 121, 122, 123, 124, 126, 137, 140, 164, 165, 168, 169, 170, 172, 177, 178, 179, 180, 182, 183, 185, 186, 188, 189, 190, 192, 193, 194, 195, 196, 197, 198, 199, 202, 203, 204, 205, 209, 210, 211, 212, 213, 214, 227, 228, 231, 232, 233, 234, 235, 236, 242, 243, 245, 249, 250, 256, 257, 260, 261, 262, 266, 267, 268, 269, 270, 272, 274, 275, 276, 277, 278, 279, 280, 281, 282, 283, 288, 366
Gemeindehaus, -saal 178, 204, 265
Geologie 1, 7, 61, 133, 212, 273

Getreide 51, 73, 87, 115, 173, 180, 237, 283, 293
Gewässer 3, 15, 20, 32, 33, 34, 35, 37, 46, 47, 127, 196, 216, 235, 236, 256, 284, 304, 306, 307, 342, 348
Gezeiten 13, 31, 38, 40, 41, 42, 43, 44, 45, 51, 162, 183, 207, 257
Glaubensgemeinschaft 113, 222, 223, 224
Gley 4, 11, 33, 239
Gliep 281, 298
Gotik 105, 106, 147, 187, 192, 198, 211, 214, 215, 240, 264, 271, 275, 277, 279, 291
Graft 138, 209, 233, 364
Grenze 1, 11, 20, 38, 44, 45, 46, 47, 48, 63, 65, 83, 117, 154, 172, 188, 209, 212, 216, 235, 239, 244, 275, 279, 285, 301, 303, 365
Grünland 5, 11, 13, 32, 33, 34, 35, 46, 47, 48, 49, 88, 99, 118, 171, 175, 184, 203, 205, 267, 285, 307, 361, s. auch Weide
Grundwasser 11, 32, 33, 40, 180, 228, 239, 258, 276, 304, 307
Gut, Gutsbezirk 89, 112, 150, 153, 233

Hafen 13, 14, 63, 78, 108, 114, 115, 161, 179, 190, 217, 222, 226, 231, 235, 249, 261, 271, 278, 282, 283, 292, 293, 296, 297, 298, 299, 344, 345, 348, 360, 362, 365, 366
Hafenstadt 119, 145, 154, 282, 298, 299
Haken 3, 43, 44, s. auch Nehrung
Halbinsel 77, 89, 92, 93, 94, 99, 100, 102, 113, 114, 121, 126, 130, 133, 137, 138, 145, 152, 153, 155, 172, 271, 362
Hallig 3, 46, 57, 60, 61, 135, 136, 148, 162, 164, 166, 168, 170, 171, 177, 185, 187, 191, 193, 214, 239, 277
Handel 13, 57, 66, 71, 73, 74, 83, 87, 88, 103, 113, 114, 115, 116, 122, 130, 131, 134, 142, 195, 197, 203, 217, 225, 230, 231, 237, 239, 244, 261, 262, 267, 271, 272, 279, 282, 283, 289, 292, 299, 301, 302
Hanse 130, 131
Harde 3, 4, 64, 68, 131, 159, 201, 202, 290
Haubarg 85, 86, 113, 124, 134, 135, 136, 138, 139, 140, 141, 143, 144, 145, 146, 147, 148, 150, 152, 153, 158, 165, 168, 169, 172, 173, 180, 186, 192, 193, 197, 198, 199, 207, 209, 211, 212, 214, 215, 229, 233, 234, 242, 243, 251, 266, 268, 271, 272, 274, 278, 279, 282, 362, 363, 365
Heimatschutz, -verein 84, 86, 142, 146, 147
Herrschaft 66, 69, 71, 73, 76, 88, 92, 94, 283
Herzog, -tum 70, 72, 73, 76, 77, 79, 86, 103, 104, 105, 108, 110, 115, 142, 145, 147, 148, 155, 157, 172, 209, 216, 273, 290, 291, 296, 303, s. auch Landesherr, -schaft; s. auch Fürst, Landes-
Hochmoor 30, 65, 228
Hochwasser 13, 15, 43, 136, 162, 213, 230, 284, 286, 287, 342, 366
Holozän 1, 4, 38, 50

383

Hotel 84, 94, 124, 137, 168, 203, 226, 250, 257, 365, 366
Humus 11, 237, 258, 276
Hydrographie 14, 17, 43, 44, 63, 303

Industrie 78, 82, 83, 88, 114, 115, 118, 119, 153, 158, 297, 301
Insel 3, 15, 19, 35, 40, 41, 46, 49, 58, 61, 63, 124, 126, 127, 130, 131, 135, 136, 143, 150, 152, 164, 165, 166, 168, 186, 187, 201, 204, 213, 216, 224, 244, 250, 252, 273, 283, 285, 286, 287, 304, 306, 307, 360

Juden 87, 88, 89, 91, 114, 157, 226
Jungsteinzeit, s. Neolithikum, Jungsteinzeit

Kanal 216, 217, 268, 282, 283, 296, 300, 303, 347, 348, s. auch Bootfahrt
Kate 136, 140, 143, 165, 168, 169, 173, 180, 187, 251, 268, 277, 279, 281
Katholik 107, 114, 224, 225, 252
Kirche 65, 66, 67, 69, 70, 71, 77, 85, 92, 101, 102, 103, 104, 105, 106, 107, 126, 133, 134, 143, 144, 145, 146, 147, 148, 152, 153, 154, 155, 158, 159, 166, 167, 168, 169, 171, 178, 179, 180, 184, 185, 186, 187, 191, 192, 193, 195, 196, 198, 200, 201, 202, 204, 210, 211, 213, 214, 215, 223, 224, 225, 226, 227, 228, 231, 232, 236, 239, 240, 245, 248, 249, 251, 252, 258, 260, 261, 262, 264, 266, 267, 268, 269, 270, 271, 274, 275, 276, 277, 278, 279, 280, 281, 287, 290, 291, 293, 296, 301, 362, 363, 364, 365, 366
Kirchspiel 64, 65, 66, 68, 69, 71, 73, 102, 104, 108, 110, 112, 157, 164, 169, 172, 179, 180, 181, 184, 186, 187, 193, 231, 235, 245, 249, 261, 266, 267, 275, 276, 277, 278, 279, 281, 282, 290, 302, 364
Klima 1, 17, 22, 23, 26, 27, 28, 33, 66, 67, 249, 272, 338
Klinik 124, 227, 248, 250, 301, 365
Kloster 102, 187, 261, 276
Koog 3, 4, 5, 11, 14, 15, 16, 18, 19, 20, 30, 35, 37, 41, 42, 45, 46, 47, 61, 67, 68, 70, 74, 78, 87, 93, 98, 110, 112, 114, 117, 118, 121, 123, 124, 126, 127, 128, 133, 135, 136, 146, 147, 165, 166, 169, 172, 173, 174, 175, 177, 178, 179, 180, 181, 182, 183, 184, 185, 186, 187, 188, 189, 190, 191, 193, 194, 195, 196, 197, 199, 201, 202, 203, 204, 207, 209, 210, 212, 213, 228, 231, 235, 236, 249, 261, 265, 272, 273, 274, 275, 276, 279, 280, 282, 340, 341, 343, 345, 346, 347, 348, 361, 362, 363, 364
König 63, 65, 66, 67, 68, 69, 70, 71, 72, 75, 76, 78, 81, 103, 105, 110, 150, 151, 172, 180, 198, 202, 231, 250, 261, 290, 296, s. auch Landesherr, -schaft
Krabben (Porren bzw. Garnelen) 94, 162, 179, 249, 281, 298
Krieg, Deutsch-Dänischer 81
Krieg, Deutsch-Französischer 81
Krieg, Dreißigjähriger 34, 105, 158, 165, 192, 213, 281, 296
Krieg, Erster Welt- 84, 85, 87, 88, 93, 117, 140, 148, 149, 298
Krieg, Großer Nordischer 76
Krieg, Napoleonischer 78, 231
Krieg, Nordischer 105, 145, 150, 173, 192, 213, 231, 271, 296
Krieg, Siebenjähriger 77
Krieg, Zweiter Welt- 87, 93, 94, 96, 97, 107, 112, 114, 134, 137, 177, 178, 180, 195, 212, 226, 231, 250, 251, 254, 262, 266, 267, 268, 269, 279
Küste 1, 11, 13, 14, 15, 17, 19, 23, 28, 31, 35, 37, 40, 41, 42, 43, 45, 47, 49, 51, 54, 56, 57, 58, 77, 87, 119, 130, 144, 152, 161, 162, 163, 165, 170, 182, 192, 200, 204, 209, 237, 238, 243, 245, 252, 257, 260, 277, 286
Küstenschutz 14, 15, 17, 19, 42, 44, 47, 48, 49, 84, 98, 99, 169, 170, 175, 184, 198, 249, 260, 301
Kultur, -land, -landschaft, Landes- 28, 40, 46, 61, 77, 92, 93, 101, 126, 131, 141, 142, 143, 144, 146, 149, 152, 153, 154, 180, 198, 211, 213, 231, 232, 237, 239, 360
Kunst 132, 145, 147, 148, 149, 157, 166, 187, 193, 227, 228, 362

Lahnung 14, 17, 45, 47, 50, 55, 174, 175, 179, 273, 361
Landesausbau, Landnahme 56, 58, 60, 61, 66, 113, 185, 190, 191, 213, 229, 244, 275
Landesherr, -schaft 66, 67, 68, 69, 74, 81, 103, 107, 108, 172, 186, 282, 292, s. auch Fürst, Landes-; s. auch Herzog, -tum; s. auch König
Landesschutzdeich 4, 15, 19, 46, 47, 169, 174, 181, 196, 258, 286, 287, 345, 346, s. auch Deichart
Landgewinnung 14, 41, 45, 50, 55, 108, 135, 144, 146, 152, 180, 181, 182, 202, 239, 261
Landnutzung 12, 107, 358
Landrecht 65, 67, 69, 70, 73, 104, 142
Landschaft (geographisch) 1, 4, 14, 20, 33, 37, 38, 39, 40, 41, 43, 46, 47, 51, 54, 56, 58, 61, 63, 94, 97, 127, 132, 133, 136, 140, 141, 144, 146, 147, 148, 149, 152, 153, 157, 158, 159, 162, 164, 169, 171, 181, 190, 192, 193, 203, 214, 228, 230, 232, 237, 239, 242, 243, 249, 253, 266, 267, 272, 307, 342, 361, 364
Landschaft (politisch) 71, 72, 74, 75, 76, 77, 78, 79, 80, 84, 86, 100, 101, 102, 107, 108, 109, 110, 153, 155, 156, 158, 159, 172, 173, 251, 252, 254, 268, 271, 279, 283
Landschaftsmalerei 148, 149, 166, 167, 187
Landschaftsschutz, -gebiet (LSG) 20, 49, 171, 256
Landschreiber 73, 108
Landtag 89, 95, 98, 99, 100, 103, 157, 177, 301
Landwirtschaft 5, 11, 13, 17, 22, 32, 34, 43, 48, 49, 54, 60, 76, 78, 79, 80, 83, 84, 87, 88, 89, 90, 93,

94, 96, 97, 99, 108, 113, 114, 115, 117, 118, 119, 124, 130, 134, 138, 140, 142, 146, 156, 159, 161, 169, 171, 173, 175, 177, 178, 180, 182, 183, 184, 188, 193, 195, 197, 198, 203, 205, 209, 212, 213, 231, 235, 245, 256, 266, 269, 271, 276, 277, 279, 281, 282, 289, 292, 304, 359, 360, 361, 363, 364, s. auch Ackerbau; s. auch Vieh, -zucht
Langhaus 134, 135, 137, 159, 240, 264, 271
Lehm 134, 138, 191, 203
Lehnsmann 69, 77, 108, 110, 151, 178, 186, 187, 260, 282, 290
Lesegesellschaft 80, 141
Leuchtturm 84, 161, 162, 163, 164, 167, 178, 249, 255, 363, 365, 366
Lockersyrosem 4, 11, 258
Luft 22, 26, 27, 28
Luftbild 170, 174, 258, 286, 291
Lufttemperatur 22, 23, 26, 28
Luthertum, Lutheraner, s. Protestantismus, Lutheraner, evangelisch

Malerei 83, 145, 147, 148, 149, 157, 158, 166, 187, 212, 215, 224, 227, 232, 264, 269, 282, 291
Markt 69, 78, 97, 104, 115, 117, 118, 134, 212, 216, 220, 231, 250, 257, 261, 265, 266, 290, 292, 293, 297, 300, 365, 366
Marsch 1, 3, 4, 5, 11, 13, 15, 17, 28, 30, 31, 32, 33, 37, 38, 40, 41, 42, 43, 46, 47, 50, 56, 57, 58, 60, 61, 63, 70, 78, 79, 83, 85, 96, 107, 108, 113, 115, 119, 128, 133, 134, 135, 136, 137, 140, 141, 142, 144, 146, 148, 153, 154, 156, 163, 164, 177, 182, 185, 186, 190, 191, 193, 194, 196, 200, 203, 209, 213, 228, 230, 232, 235, 236, 239, 243, 252, 257, 258, 261, 265, 266, 272, 274, 275, 276, 277, 288, 289, 292, 293, 303, 340, 364
Mating (alter Deichverband) 65
Meeresspiegel 1, 14, 15, 17, 38, 41, 44, 46, 58, 63, 133, 134
Meerwasserbad 13, 94, 163, 250, 301
Mennoniten 74, 76, 113, 114, 154, 173, 224, 225, 226, 227
Milchwirtschaft 113, 117, 118, 182, 266, 271, 292
Militär 77, 92, 250
Mittelalter 3, 4, 11, 30, 44, 56, 60, 61, 63, 65, 66, 67, 72, 97, 101, 102, 106, 107, 113, 127, 128, 129, 130, 134, 135, 137, 143, 147, 152, 185, 191, 200, 204, 212, 225, 228, 229, 231, 238, 243, 245, 249, 264, 267, 270, 273, 275, 277, 287, 288, 289
Mitteldeichsiel 174, 196, 346, 347, 348
Mittelschule 85
Moor 4, 5, 13, 30, 41, 42, 44, 56, 58, 66, 133, 180, 228, 253, 256, 303, 304
Mundart, s. Dialekt, Mundart; s. auch Sprache
Museum 84, 142, 148, 158, 159, 187, 198, 199, 201, 202, 209, 210, 215, 221, 222, 225, 227, 251, 254, 267, 271, 277, 279, 296, 362, 364

Musik 144, 232

Nährstoff 236, 260, 276, 306
Nationalpark (NP) 17, 19, 46, 47, 48, 49, 99, 118, 175, 205, 256, 285, 286, 301, 302
Nationalsozialismus 89, 91, 92, 93, 94, 96, 147, 157, 182, 202
Natura-2000-Gebiet (Natura 2000) 48, 99, 171, 205, 304
Naturdenkmal (ND) 179, 272
Naturraum 1, 38, 50, 56, 118, 230, 301
Naturschutz 17, 19, 46, 49, 99, 118, 162, 175, 197, 205, 206, 256, 258, 260, 283, 285, 304, 306, 342, 360
Naturschutzgebiet (NSG) 20, 49, 206, 256, 285
Nehrung 3, 5, 11, 28, 30, 34, 37, 38, 40, 41, 42, 58, 113, 133, 136, 137, 186, 239, 276, 366
Neolithikum, Jungsteinzeit 3, 11, 56, 243
Neubausiedlung 190
Neugotik 187, 214, 271, 291
Neulandgewinnung 3, 42
Neuzeit 34, 117, 135, 229, 230, 237, s. auch Frühe Neuzeit
Niedermoor 4, 5, 11, 13, 30, 33
Niederschlag 22, 26, 174, 182, 191
Niederung 3, 38, 40, 42, 43, 212, 236, 303, 304
Niedrigwasser 13, 174, 303, 347
Nobelpreis 156, 265
Nutzung 11, 13, 30, 34, 40, 43, 48, 56, 58, 99, 118, 140, 173, 187, 189, 205, 230, 236, 260, 285, 304, 306, 307

Orgel 107, 143, 144, 214, 215, 225, 226, 232, 240, 242, 264, 265, 271, 276, 292
Orkan 27

Park 33, 34, 138, 209, 214, 292
Pastorat 65, 67, 150, 166, 169, 180, 190, 196, 210, 215, 249, 269, 271, 276, s. auch Pfarrei; s. auch Kirche
Pension 94, 137, 239, 251, 366
Pfahlbau 243, 250, 251, 252, 363, 366
Pfarrei 101, 102, 105, 106, 192, 245, s. auch Pastorat; s. auch Kirche
Pfennigmeister 77, 110
Pflanze 3, 28, 29, 31, 32, 33, 34, 40, 45, 47, 163, 176, 204, 205, 253, 259, 304, 305, 306, 307, 365
Pleistozän 1, 38
Pollen 28, 57
Population 48, 256, 286
Priel 3, 5, 15, 17, 20, 30, 31, 35, 37, 41, 42, 44, 46, 48, 60, 61, 63, 67, 127, 133, 135, 136, 148, 164, 168, 173, 174, 186, 190, 194, 195, 196, 203, 230, 239, 253, 254, 257, 258, 260, 285, 288, 304, 306, 307, 344, 346, 360, 361, 365
Propst, Propstei 72, 79, 81, 101, 104, 107, 114, 155

Protestantismus, Lutheraner, evangelisch 72, 74, 103, 104, 105, 106, 107, 114, 155, 211, 223, 224, 225, 226, 250, 251, 264, 265

Quäker 223
Quartär 336
Queller 31, 45, 48, 162, 174, 175, 177, 204, 257, 306

Rastgebiet 35, 48, 162, 163, 171, 175, 205, 206, 236, 284, 285, 308, 365
Ratleute 68, 69, 73, 128, 129, 268
Rechtsprechung 68, 112
Reederei 79, 302
Reet 84, 134, 146, 158, 178, 180, 191, 192, 193, 198, 199, 202, 203, 204, 210, 271, 272
Reformation 72, 102, 103, 105, 106, 107, 215, 224, 245, 261
Regulierung 43, 228
Reichstag 82, 87, 89, 90, 300
Reihenbebauung 133, 135, 136, 168, 196
Reitsport 142, 204, 262
Relief (Fassade) 234, 269, 272
Relief (Geomophologie) 22, 38, 56
Religionsfreiheit 74, 217, 225
Remonstrant 113, 114, 222, 223, 224, 225, 226, 227
Renaissance 113, 145, 204, 221, 233, 293, 362
Restaurierung 145, 187, 212, 215, 225, 276
Ringreiten 80, 142, 185, 188, 195, 204, 211, 227, 235, 282, 301
Ritter 85, 267
Röhricht 30, 33, 46, 49, 206, 236, 255, 256, 284, 306, 361
Römische Kaiserzeit 11, 56, 57, 58, 59, 60, 63, 137, 213, 228, 229, 230, 236, 237, 238, 239, 243, 260, 261, 267, 270, 277, 288
Rosenkreuzer 74
Rückstau 42, 190, 196, 345

Saison 28, 89, 123, 230, 270
Salz 3, 5, 13, 45, 94, 170, 175, 204, 205, 306
Salzmarsch 5, 44, 45, 162, 253, 258
Salzpflanze 4, 11, 17, 19, 30, 31, 33, 35, 45, 47, 48, 49, 57, 134, 162, 163, 174, 175, 177, 205, 230, 237, 253, 254, 255, 256, 257, 258, 284, 304, 306, 365
Salzwasser 45, 48, 134, 170, 171, 191, 204, 230, 284, 285, 289, 344, 346, 360
Sanatorium 124, 168, 250
Sand 3, 11, 14, 28, 30, 31, 32, 34, 38, 43, 44, 45, 46, 47, 48, 49, 56, 57, 76, 84, 127, 133, 162, 163, 170, 199, 200, 203, 237, 239, 244, 252, 253, 254, 255, 256, 257, 258, 260, 266, 267, 287, 347, 365, 366
Sandbank 43, 45, 50, 51, 162, 174, 243, 245, 250, 254, 257, 258, 345, 365, 366
Sandstein 158, 166, 210, 221, 222, 225, 234, 242, 293
Sandwatt 11, 31, 43, 44, 45, 48, 162, 163, 303
Satellit 50, 51, 52, 53

Schifffahrt 49, 55, 63, 67, 71, 82, 84, 100, 116, 119, 131, 152, 200, 201, 217, 225, 231, 249, 278, 283, 287, 290, 292, 296, 297, 298, 299, 300, 303, 348, 362
Schilf 5, 30, 32, 35, 37, 42, 170, 171, 202, 204, 205, 206, 216, 229, 255, 283, 288, 304, 306, 361
Schleuse 19, 78, 348
Schlick 11, 30, 31, 40, 44, 45, 48, 67, 162, 174, 175, 177, 257, 303, 306, 347
Schluff 3, 5, 11, 45, 258, 289
Schöpfwerk 17, 20, 173, 174, 181, 182, 194, 195, 306, 342, 343, 344, 345, 346, 347, 348
Schriftsteller(in) 79, 92, 107, 115, 132, 138, 153, 156, 364
Schule 77, 82, 84, 85, 87, 92, 94, 96, 97, 101, 105, 123, 141, 144, 145, 149, 153, 154, 155, 168, 169, 178, 179, 180, 185, 187, 190, 192, 194, 195, 196, 198, 202, 203, 204, 211, 214, 226, 227, 231, 232, 242, 243, 251, 262, 266, 268, 269, 271, 274, 275, 276, 279, 281, 292, 298, 301, 366
Schutzstation 162, 257
Sediment 1, 3, 5, 19, 30, 31, 38, 40, 41, 42, 43, 44, 45, 47, 55, 58, 60, 191, 207, 236, 237, 257, 258, 260, 276, 280, 347
See (Meer) 15, 17, 19, 27, 43, 45, 47, 48, 75, 133, 135, 151, 174, 194, 207, 237, 243, 249, 255, 303, 347
See (Stillgewässer) 256, 365
Seebad 98, 137, 146, 147, 159, 251, 303
Seebrücke 250, 365
Seedeich 17, 33, 42, 43, 78, 118, 136, 161, 168, 172, 173, 177, 180, 182, 183, 184, 185, 186, 187, 195, 201, 203, 204, 206, 207, 256, 274, 277, 285, 304, 306, 361, 362, s. auch Deichart
Seefahrer 159, 167, 217, 281, 292, 298
Seeflieger 92, 298
Seehund 37, 48, 49, 162, 167
Seeraub 150, 166
Seewind 22, 27
Seezeichen 84, 161, 166, 299
Siedlung 13, 34, 47, 50, 57, 58, 60, 61, 63, 67, 126, 127, 164, 165, 177, 180, 183, 190, 196, 198, 200, 212, 213, 228, 230, 237, 239, 243, 248, 249, 267, 277, 279, 288, 289, 359
Siedlungsentwicklung 56, 57, 58, 60, 134, 137, 185, 203, 229, 230, 237, 245, 260, 274, 275
Siedlungsstruktur 11, 13, 56, 57, 58, 124, 129, 132, 133, 134, 135, 136, 137, 140, 147, 165, 168, 181, 190, 191, 210, 239, 242, 245, 253, 258, 274, 275, 277, 363
Siel 15, 20, 46, 55, 152, 178, 184, 187, 189, 194, 196, 201, 287, 292, 306, 342, 343, 344, 345, 346, 347, 348, 360, 361
Sielverband 19, 20, 21, 110, 169, 173, 174, 179, 181, 182, 194, 195, 196, 282, 306, 342, 343, 344, 345, 346, 347, 348, 360, 361

Sielzug 17, 20, 35, 136, 168, 171, 174, 187, 194, 196, 213, 282, 343, 344, 345, 346, 347, 348, 361, 363, 364
Sietland 58, 60, 230
Sozinianer 223
Spätinge 20, 46, 118, 204, 205, 346
Special Protected Area (SPA-Gebiet) 49, 171, 205, 286, s. auch Vogelschutz, -gebiet
Sperrwerk 4, 13, 14, 28, 43, 51, 55, 249, 250, 272, 277, 284, 286, 287, 298, 303, 304, 306, 360, 361
Sport 97, 179, 204, 213, 243, 276, 298, 301, 345
Sprache 104, 113, 128, 129, 130, 131, 132, 154, 157, 165, 211, 223, 279, s. auch Dialekt, Mundart
Spülsaum 31, 162, 252, 253
St. Annen-Österfeld 88, 117
Stadtrecht 133, 261, 292
Staller 67, 68, 69, 70, 71, 72, 73, 74, 75, 76, 81, 104, 108, 145, 153, 154, 155, 166, 172, 177, 186, 187, 189, 232, 233, 234, 265, 270, 271, 272, 280, 282, 292
Staunässe, -wasser 5, 11, 276, 304, 306, 307
Steinzeit 57, 200, 210, s. auch Neolithikum, Jungsteinzeit
Stift 71, 126, s. auch Bistum, Erz-
Stifter, -familie, Stiftung 69, 84, 85, 101, 102, 103, 209, 214, 215, 226, 243, 262, 267
Strand 1, 4, 11, 31, 37, 51, 77, 84, 119, 137, 140, 149, 150, 152, 162, 180, 201, 245, 249, 250, 251, 252, 253, 255, 256, 257, 259, 281, 282, 301, 363, 365
Strandung 77, 201
Strandwall 4, 5, 11, 13, 38, 40, 41, 42, 46, 48, 56, 57, 58, 60, 61, 63, 113, 163, 191, 199, 200, 209, 210, 212, 213, 236, 237, 238, 239, 243, 253, 256, 257, 258, 260, 261, 267
Streusiedlung 133, 135, 136, 137, 191, 281, s. auch Siedlung
Strömung 1, 17, 38, 40, 42, 45, 258
Sturm 27, 77, 183, 201, 274
Sturmflut 4, 11, 13, 14, 19, 30, 31, 42, 43, 44, 45, 56, 60, 63, 64, 68, 75, 76, 78, 98, 118, 130, 133, 136, 162, 164, 166, 169, 170, 175, 179, 180, 181, 183, 184, 186, 191, 192, 196, 201, 202, 204, 213, 224, 235, 237, 245, 248, 249, 252, 261, 271, 273, 275, 277, 281, 286, 287, 288, 290, 292, 299, 345, 361, 365
Substrat (Boden) 5, 30, 38, 44, 163, 258, 260
Substrat (Sprache) 130, 132
Süßwasser 3, 45, 48, 134, 135, 164, 170, 191, 237, 274, 284, 304, 344
Sukzession 40, 163, 307

Tannenbergbund 88, 91
Tauteich 134, 191
Temperatur 13, 22, 23, 26, 27, 28
Tide 1, 4, 11, 13, 14, 30, 31, 43, 44, 48, 50, 162, 169, 174, 257, 258, 277, 292, 304
Tierwelt 34, 36, 176, 259, 305

Ton 3, 5, 11, 30, 45, 163, 228, 239, 252, 276, 279
Tonfigur, Tongefäß 210, 237, 267
Torf 1, 3, 4, 30, 42, 57, 164, 209, 230, 235, 252, 278, 299
Tourismus 28, 48, 98, 118, 119, 122, 123, 124, 137, 143, 147, 169, 188, 195, 211, 212, 213, 226, 231, 250, 257, 262, 281, 304, 306
Transgression 1, 5, 11, 30, 41
Trinkwasser 134, 161, 178, 179, 239, 289, 292

Überflutung 3, 4, 5, 11, 41, 42, 44, 45, 70, 128, 177, 184, 258, 298, 306, 307
Übersandung 11, 44
Überschwemmung 20, 30, 61, 63, 249, 345
Umsiedlung 94, 96, 114, 117, 231, 250
UV-Strahlung 28

Vegetation 28, 30, 31, 32, 33, 34, 35, 46, 51, 162, 163, 170, 175, 177, 205, 230, 253, 257, 258, 260, 284, 359
Verband 19, 20, 142, 173, 174, 179, 182, 195, 342, 344, 345, 346, 348
Verein 80, 81, 82, 84, 86, 89, 90, 92, 95, 101, 142, 143, 159, 167, 178, 185, 188, 189, 195, 204, 211, 213, 227, 232, 235, 250, 262, 265, 276, 282, 297, 301
Verlagerung 44, 97, 174
Verlandung 33, 38, 41, 42, 45, 164, 173, 175, 196, 236, 258, 306, 345
Vermoorung 58
Vernässung 42, 239, 276
Versandung 17, 193, 195, 245, 249, 258, 260
Vertriebene 94, 99, 114, 117, 231
Vieh, -zucht 32, 66, 73, 75, 76, 78, 79, 83, 96, 115, 116, 117, 118, 137, 142, 146, 158, 170, 191, 210, 213, 229, 231, 238, 239, 266, 267, 268, 284, 289, 297, 302, s. auch Landwirtschaft
Völkerwanderungszeit 58, 59, 60, 63, 128, 213, 229, 230, 261, 267
Vogelschutz, -gebiet 49, 99, 118, 228, 283, 361, s. auch Special Protected Area (SPA-Gebiet)
Vogelzug 48, 304, 308, 360
Volksabstimmung 86
Vorflut 3, 20, 42, 43, 46, 131, 173, 174, 184, 196, 231, 306, 342, 343, 344, 345, 346, 347, 348
Vorland 11, 14, 17, 19, 38, 43, 44, 45, 46, 47, 48, 49, 50, 161, 162, 163, 168, 172, 174, 175, 177, 179, 182, 183, 189, 202, 207, 214, 228, 245, 252, 253, 255, 256, 273, 277, 283, 284, 285, 288, 303, 304, 306, 307, 308, 344, 360, 361, 366

Wahl 79, 81, 82, 86, 87, 89, 90, 91, 95, 96, 98, 99, 100, 103, 300, 301
Wald 13, 30, 31, 33, 34, 46, 47, 48, 50, 51, 171, 254, 256, 258, 260, 265, 283, 284, 285, 286, 304, 306, 307, 342, 344, 359, 360, 361, 365, 366

Warft 3, 4, 11, 40, 58, 60, 61, 62, 63, 65, 113, 133, 134, 135, 136, 138, 161, 162, 164, 168, 171, 180, 185, 186, 190, 191, 193, 196, 200, 204, 209, 210, 212, 213, 214, 228, 229, 230, 232, 238, 239, 271, 274, 275, 276, 277, 279, 282, 288, 289, 362, 365
Wasser 3, 13, 15, 17, 22, 28, 32, 33, 40, 46, 47, 49, 50, 61, 67, 70, 77, 96, 98, 123, 134, 163, 171, 174, 175, 182, 191, 196, 207, 227, 230, 239, 255, 260, 278, 285, 304, 343, 344, 346, 348, 358, 359
Wasser, -abfluss, -austausch, -beruhigung, -bewegung, -haltung, -haushalt, -scheide, -verlust, -zufuhr 13, 15, 38, 45, 195, 205, 236, 239, 306, 344
Wasser, -behälter, -graben, -landschaft, -loch, -straße, -tiefe, -weg, -werk 46, 49, 61, 96, 127, 135, 138, 178, 196, 216, 293, 303
Wasser, -bewirtschaftung, -management, -mangel, -massen, -qualität, -rand, -reichtum, -verband, -wirtschaft 19, 30, 33, 43, 48, 50, 96, 169, 171, 183, 205, 206, 231, 236, 285, 304, 306, 345, 346, 347, 360
Wasser, -versorgung, -zug 61, 96, 127, 128, 135, 140, 180, 182, 191, 231
Wasser- und Schifffahrtsamt 84, 298, 299
Wasserbau 84, 161, 198, 299
Wasserbeschaffungsverband 96, 178
Wasserdampf, -gehalt 26
Wasserfläche 33, 37, 46, 47, 51, 189, 203, 205, 206, 235, 236, 284, 303, 307
Wasserlauf 3, 33, 46, 47, 61, 127, 190, 196, 216, 239, 348
Wasserleitung 185, 245
Wasserlösung 15, 19, 20, 174, 186, 189
Wasserspeicherfähigkeit 191, 260, 276

Wasserstand 14, 19, 28, 33, 55, 170, 171, 206, 236, 257, 287, 298, 306, 343, 344, 345, 346, 348
Wasservogel 205, 206, 236, 283, 285, 286
Watt 3, 4, 5, 11, 14, 15, 17, 19, 27, 31, 35, 37, 38, 40, 41, 42, 43, 44, 45, 46, 47, 48, 49, 50, 51, 55, 57, 58, 92, 99, 162, 170, 175, 180, 196, 199, 200, 202, 205, 206, 207, 237, 256, 257, 277, 281, 283, 284, 285, 286, 287, 301, 302, 303, 304, 306, 341, 344, 345, 359, 360, 361
Wattstrom 20, 41, 42, 44, 45, 63, 127
Wehle 46, 136, 149, 180, 202, 204, 235, 248, 266, 274, 275, 302, 362
Weichseleiszeit 1, 38, 50, s. auch Eiszeit
Weide 114, 115, 130, 140, 171, 193, 257, 360, s. auch Grünland
Weigelianer 74
Welle 13, 14, 17, 19, 45, 170, 250
Wetter 22, 26, 27, 32, 76, 77, 89, 115, 129, 159, 293
Wikingerzeit 56, 60, 229, 236, 244, 275, 288
Wind 11, 14, 15, 17, 22, 26, 27, 28, 30, 33, 40, 43, 44, 45, 47, 83, 138, 146, 162, 196, 252, 258, 260, 346, 365
Windenergie 83, 97, 119, 121, 123, 126, 144, 173, 180, 187, 194, 203, 231, 243, 265, 280, 362
Wirtschaft 28, 32, 60, 61, 75, 78, 84, 87, 89, 92, 98, 112, 116, 117, 118, 119, 121, 122, 123, 126, 141, 165, 168, 173, 191, 193, 198, 226, 230, 234, 250, 261, 267, 279, 288, 289, 297, 304, 362
Witwe 79, 153, 172, 187, 233
Wohnkultur 77, 141, 158, 296
Wrack 201, 202, 362

Zeitung 79, 85, 90, 91, 93, 97
Zufluss 15, 46

LANDSCHAFTEN IN DEUTSCHLAND
WERTE DER DEUTSCHEN HEIMAT

HERAUSGEGEBEN VOM LEIBNIZ-INSTITUT
FÜR LÄNDERKUNDE E.V. UND DER SÄCHSISCHEN AKADEMIE
DER WISSENSCHAFTEN ZU LEIPZIG

böhlau

BD. 62 | LUISE GRUNDMANN (HG.)
SAALFELD UND DAS THÜRINGER SCHIEFERGEBIRGE
EINE LANDESKUNDLICHE BESTANDSAUFNAHME IM RAUM SAALFELD, LEUTENBERG UND LAUENSTEIN
2001. XVII, 293 S. 32 S/W- UND 49 FARB. ABB. 2 ÜBERSICHTSKARTEN IN RÜCKENTASCHE. GB. MIT SU.
ISBN 978-3-412-10800-7

BD. 63 | LUISE GRUNDMANN (HG.)
DER SCHRADEN
EINE LANDESKUNDLICHE BESTANDSAUFNAHME IM RAUM ELSTERWERDA, LAUCHHAMMER, HIRSCHFELD UND ORTRAND
2.,VERBESSERTE AUFLAGE 2005.
XV, 312 S. 24 S/W- UND 56 FARB. ABB. 2 ÜBERSICHTSKARTEN IN RÜCKENTASCHE. GB. | ISBN 978-3-412-23905-3

BD. 64 | FRAUKE GRÄNITZ, LUISE GRUNDMANN, ROLF SCHMIDT (HG.)
UM EBERSWALDE, CHORIN UND DEN WERBELLINSEE
EINE LANDESKUNDLICHE BESTANDSAUFNAHME IM RAUM EBERSWALDE, HOHENFINOW UND JOACHIMSTHAL
2., VERBESSERTE AUFLAGE 2008.
XV, 390 S. 28 S/W- UND 50 FARB. ABB. 2 ÜBERSICHTSKARTEN IN RÜCKENTASCHE. GB. | ISBN 978-3-412-02401-7

BD. 65 | FRAUKE GRÄNITZ, LUISE GRUNDMANN (HG.)
DAS MITTELRHEINISCHE BECKEN
EINE LANDESKUNDLICHE BESTANDSAUFNAHME IM RAUM ANDERNACH, BENDORF, KOBLENZ, MAYEN, MENDIG, MÜNSTERMAIFELD UND NEUWIED
2003. XVII, 345 S. 20 S/W- UND 66 FARB. ABB. 2 ÜBERSICHTSKARTEN IN RÜCKENTASCHE. GB. MIT SU.
ISBN 978-3-412-10102-2

BD. 66 | GÜNTHER SCHÖNFELDER, FRAUKE GRÄNITZ, HAIK THOMAS PORADA (HG.)
BITTERFELD UND DAS UNTERE MULDETAL
EINE LANDESKUNDLICHE BESTANDSAUFNAHME IM RAUM BITTERFELD, WOLFEN, JESSNITZ (ANHALT), RAGUHN, GRÄFENHAINICHEN UND BREHNA
2., VERBESSERTE AUFLAGE 2009.
XVIII, 367 S. 15 S/W- UND 65 FARB. ABB. 2 ÜBERSICHTSKARTEN IN RÜCKENTASCHE. GB. | ISBN 978-3-412-03803-8

BD. 67 | OLAF BASTIAN, HAIK THOMAS PORADA, MATTHIAS RÖDER, RALF-UWE SYRBE (HG.)
OBERLAUSITZER HEIDE- UND TEICHLANDSCHAFT
EINE LANDESKUNDLICHE BESTANDSAUFNAHME IM RAUM LOHSA, KLITTEN, GROSSDUBRAU UND BARUTH
2005. XXVI, 452 S. 12 S/W- UND 68 FARB. ABB. 2 ÜBERSICHTSKARTEN IN RÜCKENTASCHE. GB. | ISBN 978-3-412-08903-0

BÖHLAU VERLAG, URSULAPLATZ 1, D-50668 KÖLN, T:+49 221 913 90-0
INFO@BOEHLAU-VERLAG.COM, WWW.BOEHLAU-VERLAG.COM | WIEN KÖLN WEIMAR

LANDSCHAFTEN IN DEUTSCHLAND
WERTE DER DEUTSCHEN HEIMAT

böhlau

BD. 68 | HENRIETTE JOSEPH,
HAIK THOMAS PORADA (HG.)
DAS NÖRDLICHE VOGTLAND UM GREIZ
EINE LANDESKUNDLICHE
BESTANDSAUFNAHME IM RAUM GREIZ,
WEIDA, BERGA, TRIEBES,
HOHENLEUBEN, ELSTERBERG,
MYLAU UND NETZSCHKAU
2006. XXI, 498 S. 15 S/W- UND 65 FARB.
ABB. 2 ÜBERSICHTSKARTEN IN RÜCKEN-
TASCHE. GB. | ISBN 978-3-412-09003-6

BD. 69 | SEBASTIAN KINDER,
HAIK THOMAS PORADA (HG.)
**BRANDENBURG AN DER
HAVEL UND UMGEBUNG**
EINE LANDESKUNDLICHE BESTANDS-
AUFNAHME IM RAUM BRANDENBURG
AN DER HAVEL, PRITZERBE, RECKAHN
UND WUSTERWITZ
2006. XX, 457 S. 10 S/W- UND 70 FARB.
ABB. 2 ÜBERSICHTSKARTEN IN RÜCKEN-
TASCHE. GB. | ISBN 978-3-412-09103-3

BD. 70 | DIETRICH HANSPACH,
HAIK THOMAS PORADA (HG.)
GROSSENHAINER PFLEGE
EINE LANDESKUNDLICHE
BESTANDSAUFNAHME IM RAUM
GROSSENHAIN UND RADEBURG
2008. XIX, 397 S. 80 ABB. 2 ÜBERSICHTS-
KARTEN IN RÜCKENTASCHE. GB.
ISBN 978-3-412-09706-6

BD. 71 | KONRAD BILLWITZ,
HAIK THOMAS PORADA (HG.)
**DIE HALBINSEL FISCHLAND-DARSS-
ZINGST UND DAS BARTHER LAND**
EINE LANDESKUNDLICHE BESTANDS-
AUFNAHME IM RAUM WUSTROW,
PREROW, ZINGST UND BARTH
2009. XXII, 447 S. 80 S/W- UND FARB. ABB.
2 ÜBERSICHTSKARTEN IN RÜCKENTA-
SCHE. GB. ISBN 978-3-412-09806-3

BD. 72 | HAIK THOMAS PORADA,
THOMAS STEENSEN (HG.)
EIDERSTEDT
EINE LANDESKUNDLICHE
BESTANDSAUFNAHME IM RAUM
ST. PETER-ORDING, GARDING,
TÖNNING UND FRIEDRICHSTADT
BEARBEITET VON ULF DAHL UND
SUSANNE DIRCKS
2013. XXII, 388 S. 80 S/W- UND FARB. ABB.
4 KARTEN IN RÜCKENTASCHE. GB.
ISBN 978-3-412-09906-0

BD. 73 | JÖRG BRÜCKNER, DIETRICH
DENECKE, HAIK THOMAS PORADA,
UWE WEGENER (HG.)
HOCHHARZ – RUND UM DEN BROCKEN
EINE LANDESKUNDLICHE BESTANDS-
AUFNAHME IM RAUM BAD HARZBURG,
WERNIGERODE, ST. ANDREASBERG UND
ELBINGERODE
2014. CA. 400 S. CA. 80 S/W- UND FARB.
ABB. 2 ÜBERSICHTSKARTEN IN RÜCKEN-
TASCHE. GB. | ISBN 978-3-412-20467-9

BÖHLAU VERLAG, URSULAPLATZ 1, D-50668 KÖLN, T:+49 221 913 90-0
INFO@BOEHLAU-VERLAG.COM, WWW.BOEHLAU-VERLAG.COM | WIEN KÖLN WEIMAR

ANDREAS FÜLBERTH
RIGA
KLEINE GESCHICHTE DER STADT

2001 feierte die lettische Hauptstadt Riga ihren 800. Geburtstag. 2014 ist Riga Kulturhauptstadt Europas. Kaum eine andere Ostseemetropole blickt auf eine ähnlich wechselvolle Geschichte zurück und zeigt derart deutlich ein von mindestens vier verschiedenen Bevölkerungsgruppen – Letten, Deutschen, Russen und Juden – geprägtes Gesicht.
Das Buch verfolgt, wie Riga zu einem bedeutenden mittelalterlichen Handelszentrum aufstieg, wie es im 16. Jahrhundert an Polen-Litauen, im 17. Jahrhundert an Schweden und im frühen 18. Jahrhundert an das Zarenreich fiel und wie es nach 1850 schließlich zu einer pulsierenden Großstadt heranwuchs. Die unverkennbaren Narben, die das 20. Jahrhundert im Stadtbild hinterließ, waren für die UNESCO 1997 kein Hindernis, das Stadtzentrum mit seinem faszinierenden Nebeneinander von Backsteingotik, Jugendstil-Pracht und einzigartiger Holzarchitektur als Weltkulturerbe anzuerkennen.
Andreas Fülberths kleine Stadtgeschichte der größten Stadt im Baltikum ist eine fundierte Informationsquelle und zugleich ein lesenswerter Reisebegleiter.

2013. CA. 250 S. CA. 30 ABB. FRANZ. BR. 135 X 210 MM | ISBN 978-3-412-22165-2

BÖHLAU VERLAG, URSULAPLATZ 1, D-50668 KÖLN, T:+49 221 913 90-0
INFO@BOEHLAU-VERLAG.COM, WWW.BOEHLAU-VERLAG.COM | WIEN KÖLN WEIMAR

böhlau

DIRK ALVERMANN, NILS JÖRN (HG.)
BIOGRAPHISCHES LEXIKON FÜR POMMERN
BAND 1

(VERÖFFENTLICHUNGEN DER HISTORISCHEN KOMMISSION FÜR POMMERN. REIHE V: FORSCHUNGEN, BAND 48,1)

Pommern hat viele historisch bedeutsame Persönlichkeiten hervorgebracht, die es verdienen, in der Erinnerung lebendig gehalten zu werden. Der erste Band des Biographischen Lexikons stellt 60 Frauen und Männer vor, die zwischen dem 12. Jahrhundert und der Gegenwart in Vor – und Hinterpommern geboren wurden, hier gewirkt haben oder verstorben sind. Herzöge wie Wartislaw IX. stehen neben uradligen Familien wie den Bugenhagens oder Neuenkirchens, Schriftstellern wie Ida Hahn, Hans Fallada oder Uwe Johnson, Malern wie Louis Douzette, Medizinern wie Edmund Forster, Orgelbauern wie der Familie Grüneberg, Theaterdirektoren wie Karl Friedrich Hahn, Architekten wie David und Friedrich Gilly, Politikern wie Franz Mehring, Patrioten wie Friedrich Ludwig Jahn, Bürgermeistern wie Otto Voge oder Karl Gesterding, Juristen wie Philipp Balthasar Gerdes, Historikern wie Johannes Paul, Militärs wie Heinrich Ditlev Holck oder Naturwissenschaftlern wie Christian Friedrich Hornschuch und Carl Wilhelm Scheele. Von ausgewiesenen Experten vorgestellt, entfaltet sich in dem Band ein beeindruckendes Panorama des politischen, wissenschaftlichen und künstlerischen Wirkens in Pommern.

2013. 277 S. 51 S/W-ABB. GB. 170 X 240 MM | ISBN 978-3-412-20936-0

BÖHLAU VERLAG, URSULAPLATZ 1, D-50668 KÖLN, T:+49 221 913 90-0
INFO@BOEHLAU-VERLAG.COM, WWW.BOEHLAU-VERLAG.COM | WIEN KÖLN WEIMAR

KARSTEN BRÜGGEMANN /
RALPH TUCHTENHAGEN
TALLINN
KLEINE GESCHICHTE DER STADT

Die estnische Hauptstadt Tallinn, das alte Reval, geht in seinen Ursprüngen auf eine estnische Burg zurück, die zu Beginn des 13. Jahrhunderts von Dänen erobert wurde. Seit ihrem Beitritt zur Hanse führte die Stadt trotz wechselnder Oberherrschaften ein Eigenleben, das vor allem durch Handel und Handwerk geprägt war. Ungeachtet der Zugehörigkeit zu Schweden und zum Russischen Reich dominierten die deutschen Bürger die städtischen Belange bis in das 20. Jahrhundert hinein. In der Stadt lebten neben Esten und Deutschen auch Schweden, Finnen, Russen und Juden. Nach dem Sturz des Zaren wurde Tallinn für zwei Jahrzehnte Hauptstadt der Republik Estland. Infolge des Hitler-Stalin-Paktes und der sowjetischen Annexion des Landes lag Tallinn dann für ein halbes Jahrhundert jenseits des Eisernen Vorhangs. Nach der »Singenden Revolution« und dem Zusammenbruch der UdSSR wurde es wieder zur Hauptstadt Estlands. Heute ist die mittelalterlich geprägte Altstadt UNESCO-Weltkulturerbe, und im Jahre 2011 wird Tallinn Kulturhauptstadt Europas sein.

2011. 361 S. MIT 18 S/W ABB. UND 14 S/W U. 8 FARB. ABB. AUF 16 TAF.
FRANZ. BROSCHUR. 135 X 210 MM.
ISBN 978-3-412-20601-7

BÖHLAU VERLAG, URSULAPLATZ 1, 50668 KÖLN. T : +49(0)221 913 90-0
INFO@BOEHLAU-VERLAG.COM, WWW.BOEHLAU-VERLAG.COM | WIEN KÖLN WEIMAR